NOUVELLES DE LA RÉUNION

Miniatures
Collection produite par Marc Wiltz
dirigée par Pierre Astier
en partenariat avec le magazine COURRIER INTERNATIONAL

DANS LA MÊME COLLECTION :
- NOUVELLES D'HAÏTI
- NOUVELLES DE L'ÎLE MAURICE
- NOUVELLES DU BENGALE
- NOUVELLES DU LIBAN
- NOUVELLES D'ISRAËL
- NOUVELLES DU MALI
- NOUVELLES DE CORSE
- NOUVELLES DE TURQUIE
- NOUVELLES DU MEXIQUE
- NOUVELLES DE GUADELOUPE
- NOUVELLES DU SOUDAN
- NOUVELLES D'ALGÉRIE
- NOUVELLES DE CATALOGNE
- NOUVELLES DU SÉNÉGAL
- NOUVELLES D'ARGENTINE
- NOUVELLES DE MADAGASCAR
- INDÉPENDANCES CHA, CHA (HORS-SÉRIE)
- NOUVELLES DU CAMEROUN
- NOUVELLES D'ISLANDE
- NOUVELLES DU MAROC
- NOUVELLES DE SERBIE
- NOUVELLES D'UKRAINE
- NOUVELLES DE TUNISIE
- NOUVELLES DE SINGAPOUR

Nous tenons à remercier Jean-François Samlong pour l'aide précieuse qu'il a apportée à la conception de cet ouvrage.

Celui-ci a été réalisé avec le concours des élèves de l'EMI-CFD : Sophie Branquart-Boucheron, Nadège Kouévi, Anne-Lise Marill, Céline Millo, Emmanuelle Pittau et Sophie Tran Van.

MINIATURES

NOUVELLES DE LA RÉUNION

MAGELLAN & CIE

Nouvelles de La Réunion

Avant-propos, p. 5

Jean-François Samlong, *Avant le cri, il y a la faute*, p. 9

Monique Merabet, *Le Gouffre*, p. 35

François Dijoux, *Le Pays paille-en-queue*, p. 49

Monique Séverin, *Madame Sans-Langue*, p. 69

Isabelle Hoarau-Joly, *Meurtre dans un jardin*, p. 97

Monique Agénor, *Une sauvageonne chez Molière*, p. 119

Biographie des auteurs, p. 142

Avant-propos

Après un volume consacré à l'Île Maurice, et un autre à Madagascar, la collection « Miniatures » fait escale sur la Route des Indes, cette route des épices, en plein océan Indien, dans les Mascareignes, dans l'ancienne Île Bourbon, aujourd'hui Île de La Réunion, territoire d'outremer de la République.

À propos de Madagascar, le géographe Alfred Grandidier (1836-1921) définissait la grande Île, à la fin du XIXe siècle, comme le centre d'un « chaos de races », où la plupart des habitants étaient largement métissés et où, il est vrai, certaines ethnies se caractérisaient davantage par un ensemble de traditions communes que par un « type » physique reconnaissable.

Tout comme la Guadeloupe ou la Martinique, dans la Caraïbe, l'île de La Réunion, quant à elle, a été le lieu d'un vaste brassage. Témoignant de tous les trafics qui s'y sont pratiqués, y compris humains, hélas !, la population de La Réunion est issue de Madagascar (les Malgaches), de l'est de l'Afrique continentale (les Africains), de l'ouest et du sud-est de l'Inde – Gujarat (les Zarabes) et Tamil Nadu (les Tamouls) –, ainsi que du sud de la Chine, notamment de Guangzhou (Canton), et bien sûr d'Europe, populations toutes arrivées au cours des différentes phases de la colonisation et du développement de l'île.

Consacrer un volume de la collection « Miniatures » à un pays ou à un espace géographique donné, c'est se poser immédiatement la question de la langue. Et s'intéresser à la diversité des langues pratiquées. C'est aussi s'attacher à l'histoire et à la culture du lieu. Or La Réunion est un concentré de tout, une planète-terre miniature où l'Europe, l'Asie, le monde arabe et l'Afrique co-existent. Le monde entier est passé par là pendant cinq siècles. Cette position indianocéanique (ah, ce mot imprononçable !), au carrefour des routes commerciales, en a fait ce qu'elle est aujourd'hui. Du simple point de vue linguistique, si le français est la langue officielle de l'île, on y parle et écrit aussi le créole réunionnais, le hakka, le cantonais, le gujarati, l'urdu, l'arabe, le tamoul, le malgache et le comorien… Diable ! Où est-on quand on est à La Réunion ? En Afrique ? En Asie ? En France ? Dans l'espace « indianocéanique », pour sûr, au milieu de ces immensités d'eau.

Cette grande diversité soulignée, sur un territoire trois fois plus petit que la Corse, comment détecter autant d'influences et les retrouver dans sa littérature ? Car s'il est un domaine qui parvient à refléter l'histoire, le passé avec ses blessures, et le grand mélange, plus encore que la musique ou les arts plastiques, c'est bien la littérature. On est là, clairement, dans un espace post-colonial où la question de l'identité, des identités, dont la littérature est un véhicule, se pose. Et prioritairement. Ce langage multiple qui circule est l'instrument de constitution et de construction intime privilégié.

Insularité, discriminations raciales, famille, maternité, adultère : tels sont les thèmes vitaux abordés dans les six nouvelles de ce recueil. Avec pour toile de fond la nature spectaculaire de cette île généreuse : son volcan, ses forêts, ses plaines et plateaux d'altitude, sa flore, sa faune exceptionnels. La Réunion est une île-monde. Sa littérature est aussi, d'une certaine façon, une littérature-monde.

Pierre Astier

Avant le cri, il y a la faute

par Jean-François Samlong

Les blancs, les espaces libres que l'histoire laisse entre deux événements, ne doivent pas nous impressionner. C'est une illusion. Un décor en trompe-l'œil pour égarer notre jugement. Car les actes du destin s'écrivent sans intervalle, et le détail cache plus de vérités que de grandes révélations. Il faut remonter à ce mois de mars où Héva, sur un coup de tête, franchit la rivière pour aller promener ses rêves dans la forêt. Qu'espérait-elle y trouver ? Qui l'attendait dans le sous-bois ? Dommage que personne n'eût pensé à la suivre ce jour-là ni les autres jours. Elle ne se trompait ni d'heure, ni de sentier, ni de lieu. Sans se demander si on l'épiait ou pas, elle répondait à l'appel de la forêt qui l'accueillait dans un bruissement d'ailes et de feuilles. Elle s'évadait, et sa gaieté rayonnait.

Qui pour trahir son secret ?

On avait tout de même remarqué ceci : lorsqu'elle se retirait de l'ombre des arbres, le soir, elle chantait, riait ; elle célébrait l'amour. Le plus beau chant qu'une femme pût faire entendre. Oui, mais ce chant n'était pas de son âge. Alors, sur un ton moqueur, on murmura qu'Héva, comme à son habitude, partait cueillir des herbes médicinales pour son père, un tisaneur renommé, si bien que des étrangers venaient heurter à sa porte dans l'espoir de recouvrer la santé. Quant à ceux qui habitaient dans le village des Salazes, ils pâtissaient rarement d'un mal au dos ou au ventre, ils méprisaient les palpitations du cœur ou engorgements des reins, du foie, de la rate. La médecine de Bonâme faisait des miracles, grâce à Héva qui avait appris très tôt à reconnaître et à nommer les plantes ; et puis la fille vierge a la main heureuse, comme on dit dans le cirque de Salazie.

Une autre certitude ?

Celle-là, peut-être.

Un jour, avant le crépuscule, Héva quitta la forêt la robe froissée, comme si elle avait roulé sur un tapis de mousse, roulé à perdre haleine, à perdre la tête ; et Simon, le fils de Baldini le forgeron, n'obéissant qu'à sa jalousie, voulut la tuer – elle, sa fiancée. On l'entendit jurer, tempêter, crier vengeance. Il aboyait si fort qu'on le prit au sérieux. « Il devient méchant, disait-on d'une case à l'autre. S'il ouvre la bouche, c'est autant pour cracher son venin que pour mordre. Il peut faire n'importe quoi… » Nul doute que Simon imagina des scènes de vengeance, mais il ne les divulgua pas dans la lumière.

Grand et fort, il s'était initié au métier de forgeron et s'occupait des bêtes. Comme il tâchait de ressembler à son père, il portait les cheveux coupés ras, le tablier de cuir, et l'odeur de la forge lui collait à la peau. Avec une miette d'imagination, on le voyait déjà en train d'assassiner son rival. En tout cas, à l'époque des faits, tout le monde s'accordait à dire qu'il avait une excellente raison de le faire.

Simon, un meurtrier ? s'était interrogé Bonâme. Il n'y croyait pas une seconde. Malgré tout, ce matin-là, soucieux de prévenir le malheur, il rendit visite à Baldini, qui, Simon à ses côtés, réparait une pioche. Face aux deux hommes tout en muscles, la chemise ouverte et trempée de sueur, il marqua un temps pour observer la flamme qui bougeait dans leurs yeux bleus et perçants.

Puis il engagea la conversation.

– C'est la bonne vieille pioche d'Albacar, dit-il d'un ton neutre.

– Ouais, grogna Baldini le forgeron.

– Il n'y a que lui pour s'esquinter la santé à cogner le fer sur du galet à longueur de journée, continua Bonâme, et ça s'entend au loin. Ça fera bientôt une semaine que je n'entends plus le bruit de sa pioche, là-haut, dans son champ.

– Ça fera bientôt une semaine que l'acier résiste au feu. Va-t-on savoir pourquoi ?

– On ne sait pas tout...

– Bon sang, mais qu'est-ce qui t'amène alors ?

Baldini posa son marteau, puis il s'épongea le front du dos de la main – une main tannée et veinée, puissante. Il jeta un coup d'œil en biais à son vieil ami, mal à l'aise. Il ne voulait pas lui montrer que la rage et l'incapacité à retourner la situation en sa faveur avaient pénétré sous sa carapace d'homme bourru qui avait perdu son assurance en quelques jours, et il craignait de perdre la face demain. Un frisson courut sur sa peau comme si une horrible image avait traversé son esprit. À cet instant, Bonâme sut qu'il dévoilerait tout aux Baldini, il le fallait, c'était ce qu'il y avait de mieux à faire, vraiment, et conscient de la peine qu'il leur causerait, il ouvrit son cœur qui geignait comme le fer geint sous le marteau. Il leur avoua qu'Héva était « tombée de l'arbre » et qu'elle avait saigné du ventre. Il n'aurait pas dû la laisser partir seule dans la forêt. C'était sa faute. Il ne l'avait pas vue grandir. Quand elle riait, il n'avait pas vu le désir naître dans le regard des hommes et la jalousie dans celui des femmes. Suivit un silence. Un silence qui vous porte sur les nerfs. Bonâme se demanda s'il avait employé les bons mots, ou peut-être n'était-ce ni le moment ni le lieu. Peut-être n'aurait-il pas dû parler en présence de Simon qui, blessé dans son amour, enleva son tablier de cuir pour s'enfuir avec sa colère. Il devait venger l'injure. Mais son père posa la main sur son épaule. Il remit son tablier, lentement, comme à contrecœur. Tout n'avait pas été dit encore. Il ne fallait surtout pas en rester là de cette discussion ; mieux valait poursuivre.

À présent, sous les yeux rouges de son fils, Baldini le forgeron façonnait le fer à coups adroits, sur le côté, dessus, dessous, pour que demain la pioche d'Albacar fende la rocaille comme la parole de Bonâme venait de lui fendre l'âme, creusant un sillon pour une douleur secrète. Si le bonheur s'arrête en chemin, se dit-il, le malheur jamais ; il fonce droit sur vous. Il redressa son front en sueur, la main prête à frapper de nouveau. Il ne pouvait plus attendre que Bonâme parle. C'était une épreuve injuste et cruelle pour son fils qui, les poings serrés, pensait sans doute qu'il n'avait plus aucune chance de reconquérir Héva. Il l'avait perdue. Et, la perdant, il se retrouvait projeté par surprise dans un abîme de souffrance inacceptable ; sa vie n'avait plus de sens. Son cœur bondissait comme un marteau-pilon dans sa poitrine, et chacune de ses pensées donnait un rythme saccadé à son souffle.

– Qui a vu Héva fauter ? questionna Baldini père.

– Personne, je crois.

– Et l'arbre ?

– Quoi, l'arbre ? reprit Bonâme qui ne souhaitait pas trop se livrer, par pudeur.

– D'où vient-il pour faire dégringoler Héva dans la boue, et ma famille avec ? Sait-il de quel bois je me chauffe ?

– Personne n'a rien vu, je te dis.

Baldini caressait l'acier sur l'enclume avec le plat du marteau. En fait, il s'octroyait le temps d'affûter ses mots (c'est facile pour celui qui a du métier). Lui aussi respirait difficilement. Que me cache-t-il ? Pourquoi ? songea-t-il. Bonâme ignore-t-il combien c'est affreux de voir souffrir quelqu'un qu'on aime ?

Après une inspiration, il lança :

– Mais elle… C'est certain qu'elle a dû le voir avant de tendre les bras, d'ouvrir les jambes, les reins si souples que c'est une jument, la bouche béante (la hargne lui mit les nerfs à vif), et quoi d'autre sous la robe offerte au vent qui farfouille dans les feuilles, déchire les branches, et le fruit tombe par terre. Je vois le vent qui renverse Héva sur le dos, la voilà jument qu'elle est, volée à mon fils par on ne sait quel arbre voyageur. On sera la risée du village avec elle. Bonâme, tu sais bien que c'est une mauvaise vie de femme que de courir les bois et de monter si jeune à l'arbre !

Bonâme aurait pu lui dire d'une voix posée, et surtout d'un ton conciliant, qu'il comprenait son désarroi et le partageait, mais il répondit à la place :

– Arrête donc, Baldini ! Bon Dieu, le soir des noces, qui verra si Héva a gardé sa virginité ou pas, excepté Simon ?

Ce n'était pas dans ses habitudes de montrer des signes de nervosité.

Derrière lui, un ciel brumeux.

Ils croisèrent leur regard comme on croise le fer, tous deux placés devant un terrible dilemme. Dans le même temps, ils devinèrent que, au-delà de ce qui leur était possible à l'un de dire, à l'autre d'entendre, nul ne pourrait entrevoir ce qui adviendrait d'eux s'ils ne dominaient pas le ressentiment qui allait envahir leur cœur et s'ils n'en contenaient pas la violence. Le forgeron s'excusa de la rudesse de ses propos. Plongeant la pioche dans l'eau du bac, il dit pardon, pardon, mais ne parvint pas à noyer sa rogne dans le bouillonnement vaporeux. Haussant les épaules, il retourna à son inquiétude et, le corps lourd comme s'il avait des boulets aux pieds, il attendit une remarque de son fils, il patienta, attendit encore. Mais Simon garda le silence. On eût dit que ce silence gagnait ses veines, son corps, sa pensée, pour le transformer en une lance de fer tandis que la forge jetait des éclairs sur son visage. Ses calculs sentaient le complot déjà. Il attisait la braise à l'aide d'une pique et demandait à la flamme de sécher ses larmes. Mais la flamme ne sèche pas les larmes qui inondent le cœur alors que les yeux, secs et durs, embrassent les restes d'un amour trahi, défait. Au contraire. Chaque larme est une goutte de poison qui interdit à la plaie de se refermer.

– Comment te sens-tu, fils ? demanda Baldini père.

– Comme un cornard, gronda Simon.

– Pas de bêtise, hein ! lui conseilla Bonâme.

S'étant éloigné de la forge où brûlait la haine, Bonâme se dirigea vers la forêt, et les femmes se signaient à son passage, elles chuchotaient que le tisaneur devait cueillir lui-même ses herbes à présent qu'Héva ne quittait plus la case de crainte de montrer sa blessure au grand jour. À ces chuchotements, il déduisit, non sans trembler, que quelqu'un avait vu Héva tomber de l'arbre. Et le pas incertain, il marchait vers l'inconnu. On eût dit qu'il marchait dans sa tête tant ses pensées l'accaparaient, il revenait sans cesse sur l'instant douloureux, quand Baldini avait craché « la voilà jument qu'elle est », enfonçant le fer au cœur de la plaie, tout à coup ce sentiment de culpabilité qui vous saisit à la gorge, coupe votre respiration et vous scandalise. Il avait crié son exaspération et, piqué au vif, il aurait versé de l'huile sur le feu si le forgeron n'avait pas apaisé les mots de la discorde. Bonâme avait à apprendre la sagesse, plus qu'Albacar qui s'échinait à ensemencer son champ de rocaille. C'était lui le guérisseur et le gardien de la tradition. C'était à cela qu'il devait le respect qu'on portait à son nom, l'Ancêtre lui ayant remis le pouvoir de soigner par les plantes, et nul n'avait le droit de lui nuire. Face à l'absurdité de la vie, il ne pouvait pas se dire : Advienne que pourra !

Impatient, à juste titre, d'écarter le danger du village, il s'efforçait de poser les pieds sur la terre ferme, cherchant un rien auquel s'accrocher, comme s'il avait peur de la vérité qui, tapie dans l'ombre, lui sauterait aux yeux.

Dans le bois où Héva avait eu un moment d'égarement, Bonâme passa les arbres en revue, il s'accroupit pour étudier herbe, pierre, racine, et il s'aperçut que des traces d'un premier pas partaient vers le centre du village et que celles d'un second pas s'éloignaient dans la direction opposée. Intrigué, il s'engagea dans le sentier, mais une fois qu'il l'eut suivi sur une centaine de mètres, il se rendit compte que le second pas avait contourné les bambous pour revenir lui aussi au village. Il n'y avait plus rien à ajouter, si ce n'était un *Je vous salue Marie*. Quelqu'un mourrait bientôt. Qui, où, comment ? Le sage dit qu'on ne sait rien avant que ces choses-là n'arrivent. Quand elles sont là, c'est trop tard. Bonâme eut la conviction que l'essentiel lui échappait depuis le début de cette affaire. Sa tête ? Une enclume sur laquelle le forgeron tapait sans reprendre haleine.

Chaque coup le faisait chanceler.

Il se hâta de regagner la clairière.

Lorsqu'il put fixer le soleil, il eut réponse à ses questions, qu'il garderait pour lui, n'étant pas du genre à crier la vérité sur les toits. Il marchait maintenant du pas de l'homme qui sait ce qu'il a à faire. Ce qu'il avait à faire, il le ferait. Il ne s'arrêta pas sous la tonnelle de chouchous[1] pour dire à Nelly de faire attention à ce qu'elle verrait sur la colline, ni ne fit un détour pour implorer le

1. Les chayotes, cucurbitacées originaires du Mexique. (N.d.É.)

forgeron de veiller aux étincelles lorsqu'il battrait le fer, ni ne descendit vers les bords de la rivière pour demander à Estello le bûcheron de préparer des planches pour un cercueil et une croix pour la tombe.

Il ne perdit pas une minute sur le chemin du retour.

Dès qu'il entrebâilla la porte de sa case, il reçut une pique au cœur : dans la chambre à peine éclairée par la lumière, Héva était allongée par terre, comme morte. En regardant sa fille, c'est le souvenir de la mère qui entra dans l'esprit de Bonâme. Il revit Nossibée quand, hier encore, abattue par la fatigue, ses cheveux répandus autour d'elle, la tête sur le côté – du côté de ses rêves certainement –, le front détendu, la respiration douce, elle dormait. Si sa femme remuait, il était gardien de son sommeil ; si le froid la torturait, il l'étreignait avec ferveur ; si elle entrouvrait les lèvres, il soupirait pour deux ; si elle ne frissonnait ni ne bougeait, l'angoisse maintenait ouverts les yeux de Bonâme qui se penchait vers elle, disant : « Nossibée ! Nossibée ! », de cette voix qu'on prend pour parler à l'ange qui dort. Parfois, elle lui souriait ;

parfois, elle ne l'entendait pas, comme si son âme flottait dans l'atmosphère. Le regard de Bonâme couvrait le corps de Nossibée en la questionnant : « Dis-moi, où es-tu quand tu dors ? » Silence d'elle, qui l'obligeait à répondre à sa place : « Mais non, je ne dors pas ! Je fais semblant d'être morte. » Jusqu'au jour où elle mourut.

Brusquement une plainte.

Le tisaneur se ressaisit, ouvrit la fenêtre, et vit le vase à fleurs en morceaux, la nappe de table de travers, les chaises renversées. Dans un angle de la chambre, près de l'armoire, la robe de fiançailles, éclatante de blancheur mais déchirée, le bouleversa. Un rayon de soleil lui présenta les contusions sur le visage de sa fille, puis arracha du noir le fer à cheval souillé de sang – un cadeau que Simon avait forgé de ses propres mains. Héva dormait toujours. Il la gifla, deux fois. La voir ainsi entre la vie et la mort le rendit fou. Il l'aurait giflée encore si elle n'avait gémi et lâché ces mots inintelligibles qui éveillent la curiosité. Lui dévoilerait-elle l'identité de celui qui avait déshonoré son nom ? Le dénouement serait plus simple. Le guérisseur désirait tout savoir. L'espace entre le doute et le savoir, qu'il connaissait bien, c'était un champ en friche, une grotte d'ombre et de lumière, la rocaille d'Albacar. Lui seul arpentait ce champ de caillasse, qu'il pleuve ou qu'il vente. Quand il quitta l'aire du bien et du mal, ce marécage fertile en cris et larmes, ce bourbier putride, il ne se reconnut pas. Le sentiment que quelqu'un tenait sa fille sous le charme le projeta dans l'agitation d'un prochain orage. Il est des histoires qui tuent, se dit-il. Comme toutes les belles histoires d'amour.

– Héva, tu m'entends ?

Il sortit de sa poche un flacon d'élixir, le déboucha et le porta aux lèvres d'Héva. Sous les ecchymoses d'un bleu ingrat, les paupières frémirent, il put interroger les yeux de sa fille, deux points nés des ténèbres, de ce lieu où la souffrance ne sait pas qu'elle est souffrance. La joue enflée, elle lui apprit que Simon était passé une demi-heure avant. Il avait exigé un nom, si violemment qu'elle n'avait pu se taire. À son tour, son père voulut savoir quel était le nom du traître qu'elle avait rencontré dans la forêt, de l'autre côté de la rivière, dans ce paysage de brume où les marais ne renvoyaient pas l'image du voyageur, où la lumière ne révélait que le dessous des choses, où le vent, maudit vent se baladant d'un volcan à l'autre, semait le trouble dans la raison, où les arbres, enfin, ne donnaient que le fruit de la désobéissance. Elle répondit qu'il n'était pas d'ici. Il eut envie de répliquer qu'elle lui mentait, qu'il avait découvert les traces de pas qui revenaient vers le village, mais le ton de la voix lui laissait croire que sa fille parlait de quelqu'un qui n'était d'aucune contrée, un rêve d'homme né de la pluie et du brouillard, dans le pays des sept lacs où la rivière prenait sa source, l'amour aussi, dérobant au passage le cœur d'Héva, promise à Simon, le fils du forgeron. Elle n'avait pas tenu son engagement, légèreté de sentiment que les Salaziens ne pardonnent jamais et, prise entre le marteau et l'enclume, elle avait commencé à payer sa dette.

Bonâme comprit que les eaux du cauchemar étaient trop profondes pour eux, qu'elles les noieraient sous l'affliction, pourtant il ne lui vint pas l'idée d'accabler Héva, qui n'était pas désolée de ce qu'elle avait fait – la promesse trahie –, mais de ce qu'elle ne pourrait plus faire à l'insu de tous, au pied de l'arbre.

Bonâme dit avec gravité :

– Oublie-le, car tu ne le reverras plus.

– Pourquoi ?

– On le tuera bien avant.

– Je ne crois pas, non.

– Qu'est-ce qui te fait dire ça ?

– J'ai livré à Simon le nom d'Abel.

– Le fils du Boiteux ?

– Oui. Tant pis pour lui. Il n'avait pas à me suivre dans le bois, ni à me faire du chantage. Il mérite une leçon !

– Héva, qu'as-tu fait ?

Il la serra contre lui.

L'amour saurait-il être plus grand que le cauchemar ?

Si Bonâme ne s'attardait pas en chemin, peut-être n'y aurait-il pas de malédiction. Il s'en allait déjà, affligé, offusqué, horrifié par ce qu'il venait d'entendre de la bouche de sa fille, mais il s'en allait, décidé, tenant entre ses mains le sort du village. La terre de sable et de gravillon crissait sous ses pas, sans nuire pour autant au silence qui prélude à la fête des morts. Il marchait droit. Il ne tournait la tête ni d'un côté ni de l'autre, si bien qu'on se retournait pour épier sa démarche qui semblait présager l'inévitable. Derrière son dos, on parlait de fiançailles rompues, d'orages, de rivières en crue.

On reparlait de choses et d'autres.

Un bref instant, il voulut marquer le pas, discuter, expliquer, clarifier, mais il n'avait pas de temps à gaspiller. Le gravillon roulait sous ses pieds et l'entraînait vers la forge où le marteau cognait. Tant mieux. Que les intentions de Baldini, épuisant son énergie sur l'enclume, soient claires, amicales. Le soleil de midi cognait aussi ; il cognait sec, le marteau du ciel. Bonâme n'entendait plus que la plainte de l'acier qui, après tant d'efforts, devait être tranchant. Il avait chaud, le souffle court ; dans le vent tiède il marchait, jamais il n'aurait cru pouvoir marcher si loin dans la solitude et, le voyant s'approcher, Baldini releva le buste. S'accordant une pause, il s'épongea le front pour faire bonne contenance et garder le maintien de l'homme affairé, mais Bonâme flaira la colère d'autant que, par à-coups, la forge lançait des éclairs sur le visage qui devenait effrayant. C'est à l'intérieur que cela ne cessait de bouillir, comme dans la chambre magmatique de l'île.

Bonâme respira calmement. Plein de délicatesse à l'égard du forgeron, il s'en voudrait si ses mots fusaient en grenailles de plomb et ravivaient la rancune. Il voulait comprendre. Ressassant sa peine, il priait pour que le malheur s'en aille.

– Baldini ! Ton fils est venu chez moi, et il a battu ma fille ; il a tout renversé, puis il s'est sauvé comme un voleur.

– Chez moi, c'est la honte qui est venue en voleur ; elle a brisé la fierté d'un père et démoli le cœur d'un fils courageux.

– C'est vrai. Mais je dis (il haussa la voix pour que le ronflement de la forge ne couvre pas sa parole), je dis qu'il faut respecter la loi !

Le forgeron savait de quelle loi parlait le guérisseur, mais en parler ainsi, de façon si péremptoire, cela signifiait qu'aucun d'eux ne pouvait la transgresser, quel qu'en fût le motif, en se faisant justice ; cela signifiait que la mort rôdait autour des maisons telle la bête malfaisante qui inaugure les saisons de la chasse. Bien sûr qu'il aurait aimé l'éloigner d'eux, mais ce n'était pas en son pouvoir.

– Je t'ai entendu, répondit-il à Bonâme.

– Toi, oui ! mais Simon ?

– Il trouvera son chemin…

– Le tisonnier à la main ?

– Un bon forgeron ne joue pas avec le feu.

– Où est-il ?

– Chez Estello, pour lui remettre sa cognée. Il sera content, le bûcheron. Ça lui manque d'abattre le bois-de-fer, cet arbre aussi dur que le cœur des hommes. S'il a encore de la force, il recommencera à couper, à fendre, et de loin on dira que c'est la hache d'Estello qui fend le bois. En une semaine, il a déboisé la colline du Boiteux qui ne lui a pas baillé un sou. Tu peux rentrer te reposer. Tout est tranquille par ici !

Cette tranquillité durera-t-elle ? s'interrogea Bonâme, qui rentra surtout en lui-même, non qu'il craignît pour sa vie – il ne fuyait ni la souffrance ni la mort qui le surprendrait au détour du sentier –, mais pour le fils de Fontaine le Boiteux. Héva ayant mis un couperet sur la tête d'Abel, qu'il se prépare à écarter de sa route les forces malignes de la forêt, les esprits et autres incarnations du mal qui convoitaient son âme. Le devoir du guérisseur, c'était de l'alerter : « Il y a des choses que tu n'aurais pas dû voir. Comme tu les as vues, prends garde à toi ! On voudra te le faire payer. » Il répéterait payer, payer, comme si l'homme curieux n'avait cessé de verser un lourd tribut au diable.

Il hâta le pas.

Il ne voyait plus ses pieds blessés, ni la blessure à l'orgueil, et ne s'inquiétait que de la fuite du temps. S'il pouvait rattraper le temps, il n'y aurait plus l'ombre d'une menace nulle part. Ici, les jeux de l'enfant ; là-bas, le rire de la mère, ou encore les rêves des filles. Partout des chants d'amour qui rendraient l'homme disponible pour le bonheur. Mais si vieux soit-il, le monde n'inspire pas que l'amour. Héva s'était déchirée l'intime chair, et le village saignerait avec elle, Bonâme en était presque convaincu lorsque, haletant, il tendit le poing pour frapper à la porte de Fontaine le Boiteux.

– Qu'est-ce que c'est ? hurla une voix rugueuse.

– C'est au sujet d'Abel.

– Il n'est pas là.

– Où est-il ? Ça presse.

– Sur la colline…

Bonâme avala sa salive, laissa tomber les bras pour mieux saisir ce que lui disait le vent dès lors que le sort en avait décidé ainsi, malgré lui. Abel n'était pas là pour écouter ses conseils. En revanche, toutes les âmes errantes s'étaient donné rendez-vous pour contrecarrer ses plans.

Que pouvait-il tenter d'autre ? Tout à coup, tout s'accélérait. Tout à coup, il ne maîtrisait plus rien. Quel que soit l'angle sous lequel il envisageait la situation, il la trouvait angoissante, désespérée ; et que dire de l'inutilité de sa démarche ?

Entre les mains de Simon, une hache s'impatientait.

Dieu sait ce qu'il en coûterait au village si jamais il s'en servait, se dit Bonâme en rebroussant chemin.

C'est alors que Nossibée lui parla, comme si elle était encore de ce monde. Il lui prêta une oreille bienveillante pour qu'il n'eût plus à vaciller quand la route était si longue, si brûlant le soleil, qu'elle le guidât à travers ce champ de déshonneur, car la mort, partie devant avec une bonne longueur d'avance, avait creusé l'écart entre eux. Il était maître en breuvages magiques, mais pas coureur de fond, et encore moins le serviteur d'un dieu distrait. Il marchait les épaules affaissées, sans quitter la brève conversation qu'il avait eue avec le Boiteux, brève et hostile. Cette hostilité était un signe, l'irrémédiable annoncé en peu de mots, et la vie d'Abel ne tenait plus qu'à un fil. Mais ne devait-il pas attribuer à ce fil une dimension qui ne fût pas celle de la poussière, même si le soleil séchait l'herbe, fendillait la terre et si, derrière le rideau d'arbres, la rivière s'évaporait comme toutes choses ici-bas ?

Lorsqu'il retraversa le village, il prit conscience d'avoir fait un détour alors qu'il aurait dû commencer par le commencement : la tombe de Nossibée. L'idée n'avait effleuré son esprit qu'à l'instant où, s'approchant de sa case, il avait pressenti qu'elle était vide. Héva avait certainement profité de son absence pour gagner la forêt et s'égarer à la lisière de l'interdit une fois de plus. Mais il n'abandonna pas la partie. Il ne s'arrêta pas devant son portail mais continua sur sa lancée. Il savait qu'au pied d'une croix plantée au milieu des fleurs, sensitive, liane aurore, rose, liseron, un mélange de couleurs et de parfums, Nossibée l'attendait. Le pas ferme sur le gravier, il reprit confiance. Il avait une action importante à accomplir : prier à genoux sur sa tombe. C'était la seule issue à l'obligation de s'amender, de se racheter, et la sagesse conseillait le sentier le plus court, la prière. Un itinéraire qu'avait choisi Nossibée dès leur première rencontre, une âme soudée à l'autre pour la vie, avait-elle murmuré, et même pour l'au-delà de la vie, sans savoir ce que cela signifiait exactement, une intuition d'elle lorsque, les yeux levés vers le ciel, elle lui assurait que la mort ne pourrait pas les séparer ni supprimer de sa mémoire cet avant-goût de l'éternité qui l'intriguait. Lui, il se taisait. C'était elle le ciel, la lune, les étoiles. Il l'aimait, et cet amour comblait le presque rien en lui. C'est ainsi qu'il entra dans le cimetière comme on entre dans un rêve.

Mais rêvait-il ?

Il suivait l'allée de muguets et de pierres blanches, des ombres flânaient aux alentours des tombes, d'autres méditaient dans une attitude de contemplation, des hommes, des femmes, des enfants, accompagnés de bêtes, des chiens sans doute, impossible d'être précis face aux formes qui devenaient indistinctes dès qu'elles bougeaient.

Une porte de lumière s'ouvrit.

Il vit Nossibée s'avancer, à ses côtés des filles nubiles, la robe colorée et la ceinture de toile autour de la taille, prêtes à danser un maloya créole, mais elles n'esquissèrent pas le moindre geste, immobiles.

Seule Nossibée dansait au son des tambours.

Nossibée, seule dans la danse, se déhanchait, se cambrait, et les filles la regardaient virevolter au milieu du cercle. Soudain, une voix dit à Bonâme : « Prends-la ! Mais prends-la donc… » Dès qu'il tenta de rejoindre Nossibée, un cri le fit sursauter et le ramena à la réalité. Ce cri, sur lequel s'était écrasé son rêve, que personne ne l'entende en plein jour, pensa-t-il. Car, au pays des Salazes, ce cri enfante des monstres.

Le Gouffre

par Monique Merabet

L'Étang-Salé[1], le 8 novembre 2001.

Demain, je reprendrai mon chemin d'amertume jusqu'au gouffre final : pour elle, sentier de dentelle vers le paradis des anges ; pour moi, sombre cloaque de l'enfer.

Demain, j'offrirai en sacrifice au soleil naissant la confiante colombe que j'ai piégée, pour ainsi dire, à mon insu. Je verrai la robe légère tourbillonner comme une rose blanche, puis se confondre avec l'écume de la mer en furie. Et tout sera accompli. Pour la dernière fois, Garou, le bourreau sans cœur et sans âme, aura fait son office en éteignant le souffle de vie d'un innocent pigeon.

---

1. L'Étang-Salé est une commune de La Réunion d'une dizaine de milliers d'habitants, qui doit son nom à un petit plan d'eau autrefois alimenté par les marais. (N.d.É.)

Je les aimais bien, pourtant, les pigeons. J'aimais sentir leur cœur palpiter au creux de mes doigts ; j'aimais leur odeur et leur douceur. La voix grinçante de grand-mère vient tout saccager dans mon souvenir.

– Y a qu'à les donner à Garou. Lui, il les tuera sans faire de chichis. Garou, il a un galet à la place du cœur et, dans la tête, plus de mauvaiseté que dans toutes les cornes des diables de l'enfer !

Tout ça pour une portée de malheureux chatons que j'avais, paraît-il, étranglés… Je tenais à peine debout sur mes jambes que me voilà catalogué pour le reste de mes jours : le tueur, le monstre ! C'est à cette époque que j'ai hérité du surnom de Garou, celui qui me colle à la peau où que j'aille. À cause de quelques bestioles qu'ils allaient noyer de toute façon dans la ravine ; mais, à un âge si jeune, ça ne se faisait pas.

C'est vrai que, par la suite, j'ai donné raison à toutes les étiquettes qu'ils m'avaient collées depuis ma première brassière. J'étais le fils indigne, la *zoumine*, la mauvaise herbe, le scorpion du foyer, le mauvais fond, le malfaisant. Et les punitions tombaient dru sur mon crâne de vermine, sur ma caboche de cancre, de koko dur qui n'avait pas appris ses tables de multiplication et refusait de retenir les prières du catéchisme. Les punitions claquaient sur les mollets du petit vaurien qui gobait les œufs mis à couver, sur le derrière du petit vicieux qui glissait des cancrelats dans les culottes des filles, ces mijaurées qui venaient faire leurs sucrées sur les bancs de l'unique classe de l'école : « Monsieur, c'est Garou qui… c'est Garou que… » Le maître mettait en pratique des châtiments bien raffinés et, croyait-on, « pédagogiques », comme envoyer le fautif couper lui-même le fouet sur le pêcher de la cour, le bois qui causait les plus vives douleurs ; pendant ce temps, les autres ricanaient, se réjouissant de voir le bras justicier s'abattre sur quelqu'un d'autre qu'eux-mêmes ; j'aurais bien ricané avec eux si, l'autre, cela n'avait pas été presque toujours moi, Garou le Vilain. La chair de mes genoux a gardé l'empreinte piquante des graines de filao qu'on semait à pleines poignées dans le « coin d'infamie » où je devais me tenir agenouillé pendant des heures sans bouger, sans faire tomber le dictionnaire en équilibre sur ma tête. De même, mon crâne résonne encore des taloches appliquées par ma mère, une femme à poigne qui n'hésitait pas à se colleter avec quiconque lui manquait de respect ou malparlait de son employeur à qui elle était toute dévouée.

– Espèce de p'tit maudit, tu me fais honte ! Tu t'es encore bagarré avec le garçon de monsieur le maire ! Tu veux quoi ? Que je perde ma place de cantinière ? Tu ne respectes donc rien, monstre dégénéré !

Alors, pour échapper aux criailleries maternelles, et surtout pour oublier cette école détestée, je m'évadais par les sentiers du bord de mer vers le souffleur de L'Étang-Salé.. J'étais fasciné par la force sauvage de l'eau qui jaillissait de la faille dans un bouillonnement d'écume : sa rage qui me délivrait de la mienne dans cette bave blanche que j'imaginais à mes lèvres. Et quand la mer se retirait avec un sinistre gargouillement, je le ressentais au plus profond de mes entrailles. Le temps d'un ressac, on découvrait les parois recouvertes d'une gluante couche rougeâtre. Je me disais que c'était là le sang des malheureux noyés par accident ou, comme c'était souvent le cas en ce sinistre endroit, celui des désespérés qui avaient largué leur corps et leur âme à la mer. Le grand départ ! L'océan ne rendait jamais rien de ce qu'on lui donnait ; on disait que les requins attendaient, pas loin... Cela me faisait frissonner. Et je demeurais là, fasciné et paradoxalement apaisé devant cette petite croix, une fillette imprudente qui avait glissé, racontait-on, une petite croix blanche autour de laquelle on avait noué le long ruban blanc qui lui servait de ceinture et qui était resté accroché aux pierres pendant la chute. Et cette simple inscription : « Amélie. Priez pour elle. »

Amélie ! Oh ! Mon Dieu ! Prémonition... peut-être qu'un jour...

Pour avoir joué si souvent au cabri sur les blocs disloqués, je connaissais la falaise dans ses moindres recoins et je passais là des matinées entières d'école buissonnière, à l'abri d'une anfractuosité, une grotte connue de moi seul. Un jour, un couple de touristes s'était aventuré jusqu'à ma cachette ; devant mon air enfiévré de bête traquée, la femme s'était inquiétée de mon sort et m'avait offert un bonbon. Elle ressemblait à Suzanne, ou, ce qui est plus vraisemblable, c'est en souvenir de sa gentillesse, de son air de réelle compassion, que je me suis attaché à Suzanne. Mais je ne veux pas penser à Suzanne ; cela m'a fait trop mal qu'elle m'abandonne ainsi, sans daigner m'expliquer.

– Tu me feras mourir ! disait maman en m'administrant une raclée quotidienne, sans doute destinée à me remettre dans le droit chemin.

Et c'est comme ça qu'elle est morte pour de vrai, maman ! Son bras, levé pour corriger son bon à rien de fils, est resté bloqué en pleine course. J'ai vu son corps basculer, elle a battu l'air de ses bras quelques instants, puis l'immobilité : crise cardiaque ! Sur ses lèvres qui remuaient sans produire de bruit, j'ai cru lire la signature de ma culpabilité : « Ta faute… Ta faute. »

En tout cas, c'est ce qu'a retenu toute la famille réunie. Brebis triplement galeuse, j'ai été mis au rebut, définitivement. Je n'avais plus ma mère pour me supporter. Malgré tous les problèmes que je lui posais, elle, elle ne m'aurait jamais abandonné : c'était une femme de devoir qui portait ses croix jusqu'au bout. Pauvre maman ! Je suis content qu'elle ne soit pas là en ce moment. Je lui aurai au moins épargné le rôle de mère d'assassin.

Grand-mère a recueilli mes sœurs aînées ; moi, on m'a expatrié dans un orphelinat de la Creuse[2], enterré au fin fond d'une lointaine métropole ; comme s'il fallait que je saute la mer afin de conjurer le mauvais sort que je trimballais dans mes veines. Ballotté de faux foyers d'accueil en vrais centres de rééducation, j'ai poursuivi ma galère de déraciné. De cette époque, tout se confond dans ma tête ; je passais de main en main, tel un sac de linge sale dont personne ne voulait. Je n'étais jamais à ma place. J'ai servi de main-d'œuvre gratuite à des tas de patrons, cultivateurs ou artisans qui voulaient tous m'apprendre un vrai métier comme balayer la crasse du garage,

2. Cet épisode de l'histoire française, très connu à La Réunion, est communément appelé l'affaire des enfants de la Creuse. De 1963 à 1982, 1630 enfants réunionnais « abandonnés » et immatriculés à la Ddass furent placés par les autorités en vue de repeupler les départements victimes de l'exode rural, comme la Creuse, le Tarn, le Gers, la Lozère, ou les Pyrénées-Orientales. Les enfants réunionnais déplacés en Creuse étaient accueillis lors de leur arrivée dans un foyer de Guéret. Puis ils étaient envoyés dans des familles d'accueil à travers le département. En 2005, l'association des Réunionnais de la Creuse a décidé d'assigner l'État français devant le tribunal administratif de Limoges afin que la « déportation » dont ont été victimes ces 1630 enfants soit reconnue juridiquement. (N.d.É.)

nettoyer la porcherie, décharger les camions... Devant mon évidente mauvaise volonté, ma flagrante ingratitude, ils s'empressaient de me rendre à l'administration compétente qui, sans relâche, tentait un impossible placement. Seules embellies, la rencontre de quelques paumés comme moi, vite arrachés à mon affection, comme s'il fallait dissoudre sans état d'âme toute « association » d'enfants perdus risquant de mettre en péril le système social de notre beau pays. Les rares personnes qui avaient su apprivoiser ma nature sauvageonne et qui m'avaient offert un peu de tendresse, un sourire, toutes ont connu bizarrement des fins tragiques. Comme Amélie !

Je regarde la petite ; elle repose, un peu pâle, comme une poupée sur la nappe brodée que j'ai dérobée dans l'armoire de ma sœur absente. Un scandale de plus : « Comment ! Il a osé déchirer ma nappe en jours de Cilaos[3], celle qui m'a coûté les yeux de la tête ! » Mais je me fiche de ses jérémiades posthumes ! Amélie mérite bien cette

---

3. Broderie d'art pratiquée à Cilaos, sur l'île de La Réunion. Elle est faite sur un tissu de coton blanc, avec du fil également blanc, en utilisant un tambour. (N.d.É.)

marque d'honneur ; c'est le moins que je puisse faire pour elle.

Il y a deux ans, lorsque je suis revenu dans l'île natale, « une main devant, une main derrière », l'accueil familial avait manqué de chaleur. Bien sûr, on n'allait pas tuer le veau gras pour le retour du réprouvé. Surtout que, rapidement, s'est répandue la rumeur que je portais la guigne, que j'avais le mauvais œil : la fille de l'Entre-Deux que j'ai fréquentée un moment, on lui a découvert un cancer foudroyant ; la partie de pêche à laquelle j'avais participé a viré au drame d'une noyade dont je fus l'unique rescapé. Seul le cousin Marcel s'était montré généreux. Il m'invitait chez lui, me procurait des petits boulots qui me tenaient la tête hors de l'eau ; il m'aidait aussi dans mes démarches pour trouver un logement et quelques subsides d'assistance. Une existence acceptable pour une épave de mon espèce avec, en prime, l'affection de sa petite Amélie ; elle m'appelait « tonton » et, même si ses parents tiquaient un peu de voir sa petite main se glisser dans la mienne, ils avaient fini par admettre que leur fille ne risquait rien avec moi.

Puis, Suzanne est arrivée, une amie de Carine, la femme de Marcel. Suzanne, elle était douce, attentionnée, elle savait écouter et consoler. Elle ne m'avait pas repoussé quand je lui avais confié quelques-unes de mes souffrances. On s'entendait bien tous les deux. J'ai cru que ses sentiments répondaient aux miens. Quelle importance ces trente années qu'elle avait de plus que moi ? J'étais prêt à la chérir, à m'occuper d'elle, et je me réjouissais qu'elle ait décidé de venir s'installer à La Réunion. Alors, je lui ai parlé mariage ; je voulais que tout soit clair, honnête entre nous ; elle m'a regardé bizarrement, comme si elle me découvrait seulement, et puis elle m'a dit qu'elle réfléchirait, qu'il lui fallait du temps pour penser à tout ça… Et elle est repartie pour la métropole. Puis la lettre est arrivée, au nom de Carine et Marcel. Ils seraient plus à même de m'expliquer ! Moi, je n'ai pas eu droit à un petit mot, pas même à un bonjour : comme si je n'existais pas. Et la Carine qui devait en faire des gorges chaudes derrière mon dos ! « Vous vous rendez compte ! Ce moins que rien qui voulait épouser une femme comme elle… qui aurait pu être sa mère. Elle l'a bien jeté, allez ! » Et patati…

et patata… Les langues de commères devaient battre un l'a dit l'a fait d'enfer ! C'est surtout cette pensée qui m'a humilié : voir ainsi mes misères étalées sur la place publique. Et rien ne m'ôtera de l'idée que c'est Carine qui a dû empêcher Suzanne de me revoir. Elle se méfiait tellement de moi, Carine : je voyais bien ses regards inquiets, ses lèvres pincées quand je m'approchais d'Amélie. Je suis persuadé qu'elle a dû brûler la lettre que Suzanne m'avait adressée, à moi, personnellement.

Depuis, je n'ai plus eu qu'une idée en tête : me venger de leur trahison. Je n'ai jamais été dupe de la fausse gentillesse qu'ils m'ont manifestée pour me faire avaler la pilule, sans doute. Même quand ils m'ont invité pour les six ans de leur fille. Cet après-midi d'anniversaire, donc. On avait fini de déjeuner ; les enfants s'amusaient à cache-cache. Je me trouvais sur le petit parking derrière la maison ; je réparais le rétroviseur de la voiture que ma sœur, en pèlerinage à Lourdes, m'avait prêtée. Un rideau de palmiers multipliants me cachait aux yeux des invités de Marcel. Amélie est arrivée, tout excitée, et m'a demandé de lui trouver une super cachette. Elle avait l'air d'une fée, toute rose dans sa robe blanche. J'ai ouvert le coffre et je lui ai dit : « Grimpe là-dedans, princesse ! Ils ne te trouveront pas. Je viendrai te tirer de là dans quelques instants. »

La gamine n'a pas réfléchi. Elle m'a obéi. Elle me faisait confiance. Et puis, une sale idée m'a traversé l'esprit. Je me suis mis au volant et je suis parti vers la forêt. Je me disais : « Ça leur fera une belle frousse à ces faux-culs ! » J'avais l'intention d'emmener la petite faire une promenade et de la ramener, mine de rien, à la nuit tombante. J'imaginais déjà l'affolement et tout le tremblement ! Je jouerais à l'étourdi qui a oublié de les prévenir. Quant à Amélie, elle serait sûrement ravie de faire une balade avec son tonton. Je me suis arrêté devant la case déserte de ma sœur, juste trois virages au-dessus. Et j'ai ouvert le coffre. Le plus horrible moment que j'ai vécu dans ma chienne de vie !

Elle ne respirait plus… Bon sang ! J'avais oublié cette histoire d'asthme.

Le Pays paille-en-queue

par François Dijoux

C'était à l'Îlet-à-Cordes, ce plateau suspendu entre les remparts[1] où, selon les *gramouns*[2] du village, l'on n'accédait qu'avec des cordes dans le temps longtemps[3]. Drossé sur les récifs montagneux, tel un vaisseau fantôme, il émerge aujourd'hui comme jadis au pied de la masse imposante du Grand Bénare dont la cime voit fuser quelquefois la flèche d'argent des pailles-en-queue avides de découvrir le Piton des Neiges, les Salazes et le curieux obélisque de Peter Both[4]. Terre de rosée, de brumes et d'arcs-en-ciel, elle a toujours attiré les oiseaux s'abattant en nuées sur les champs de lentilles dont certains semblent vouloir escalader

1. Les précipices. (N.d.A.)
2. Les vieux. (N.d.A.)
3. Le temps jadis. (N.d.A.)
4. Village voisin. (N.d.A.)

la montagne. Et comme tous les coins les plus reculés de ce monde clos, l'Îlet-à-Cordes garde jalousement le secret des Noirs marrons traqués par les chasseurs d'esclaves. Au temps de la traite négrière, des fugitifs assoiffés de liberté se lancèrent sur les hauteurs de l'île pour échapper à leurs maîtres. L'Îlet-à-Cordes où ils préféraient accéder à l'aide de cordes, plutôt que laisser leurs traces sur les sentiers escarpés qui y conduisaient, fut longtemps pour eux un précieux refuge. Et, sur les contreforts du Grand Bénare, la forêt du Tapcal, vierge alors de toute présence humaine, les dissimula aux regards de leurs impitoyables poursuivants. L'abondant gibier qui y prospérait assura leur subsistance. Plus de deux siècles après, la découverte des restes de ces malheureux devait témoigner de leur présence ici. L'un d'eux, Cilaos, laissa son nom au cirque et au village où survivent encore les descendants de ses compagnons de misère originaires de la lointaine métropole, les Petits Blancs des Hauts.

Courbée sur son tambour, le métier à broder au double cerclage de margosier et de bois jaune, Léontine tirait l'aiguille. Comme toutes les autres, elle continuait la tradition immémoriale des brodeuses venues de Bretagne. Sans relâche, elle traçait des carrés sur la toile tendue à se rompre et tirait les fils pour créer un motif qui n'était ni fleur, ni papillon, ni escargot, ni simplement dessin géométrique comme ceux de ses compagnes. Seuls les pailles-en-queue la faisaient encore rêver. Elle n'avait guère le temps de profiter du spectacle qui se jouait chaque jour sous ses yeux fatigués par un labeur harassant. Elle ne voyait même plus le soleil descendre graduellement chaque matin sur les parois du cirque pour embraser, comme par miracle, la vie des hommes et remonter chaque soir pour annoncer la nuit qui tombait d'un coup sur ce bout du monde. Elle avait hâte de terminer l'ouvrage qu'elle irait proposer le samedi de bonne heure à la marchande de Cilaos. Il faudrait alors discuter âprement pour en tirer le meilleur prix car c'était son seul moyen d'existence depuis qu'elle avait perdu Vivian avec qui elle comptait finir paisiblement ses jours après avoir élevé les marmailles.

Elle l'avait connu un soir où elle était allée danser et, tout de suite, il lui avait plu. C'était un grand gaillard aux pommettes rosées et aux immenses yeux bleus des Petits Blancs des Hauts. Il descendait des marins sans fortune qui avaient accosté jadis sur l'île Bourbon. Très vite, ceux-ci avaient dû monter toujours plus haut dans la montagne pour défricher la terre entièrement vierge qu'on leur avait octroyée car ils n'avaient pas les moyens de s'établir dans les Bas. Vivian était comme eux, pauvre mais fier, et dans tout le village il avait la réputation de faire partie des jeunes gens crâneurs. Léontine avait la peau bronzée mais n'était pas moins fière que lui car elle avait pour ancêtre l'esclave Furcy. Ce dernier, disait-elle, avait donné son nom, au pied du cirque de Cilaos, à un îlet relié au monde par un pont de bois tout branlant qu'on franchissait avec la crainte de tomber dans le vide et de s'écraser en contrebas. Furcy était né d'une mère libre et il avait eu le courage de poursuivre son maître en justice pour réclamer une liberté qu'il n'obtiendrait qu'à titre posthume, après un interminable procès.

Léontine avait épousé Vivian après une longue cour d'amour, comme l'on disait alors. Leurs rencontres s'étaient toujours déroulées sous l'œil suspicieux de matrones toutes de noir vêtues.

Celles-ci les chaperonnaient à bonne distance mais en épiant leurs moindres gestes, quand ils s'en allaient le dimanche en promenade, bras dessus bras dessous. Après bien des mois de fréquentation, ils furent pris en main par le curé de Cilaos qui avait été mis au courant de leurs projets. Il commença par les chapitrer sévèrement sur leurs devoirs puis les invita à faire retraite pendant trois jours au petit séminaire. Il eut alors tout loisir de leur expliquer ce qui était permis et ce qui était interdit aux futurs époux, sans omettre les règles à respecter pour assurer une éducation chrétienne à leurs enfants. Lorsqu'ils furent enfin prêts, ils retournèrent à l'Îlet-à-Cordes et le samedi suivant, un beau jour d'été austral, ils se préparèrent pour la cérémonie. Vivian mit le costume noir qu'il gardait depuis longtemps dans la grande armoire de natte vernissée léguée par ses parents et se coiffa du traditionnel chapeau de feutre assorti. Léontine se vêtit d'une belle robe blanche brodée et plaça soigneusement dans une tente, cette sorte de panier en vacoa tressé utilisé habituellement ici pour faire les courses, la couronne de fleurs d'oranger qu'on lui avait préparée pour la circonstance. Elle en ceindrait sa tête dès qu'ils approcheraient du village. Quant à leurs chaussures, Vivian se chargea de les transporter dans un sac à dos. C'est donc nu-pieds qu'ils empruntèrent de bon matin les sentiers accrochés aux flancs des monts et qu'ils franchirent bientôt la rivière Patience en contrebas de l'îlet pour aller se marier à l'église Notre-Dame-des-Neiges. D'obligeants voisins leur avaient proposé de les y transporter en chaise à porteurs mais Vivian, qui passait parfois sur ses épaules les bretelles de chanvre pour faire visiter, avec un autre malheureux comme lui, l'Îlet-à-Cordes aux touristes fortunés confortablement installés sur cette chaise longue fixée à des brancards, refusa cette offre tant par principe que par esprit de simplicité. Pauvre il était et pauvrement il entendait organiser ses épousailles. Quand ils approchèrent des premières maisons, ils se chaussèrent enfin et Vivian déposa sur les cheveux de jais de sa fiancée la couronne fleurie. Ils cheminèrent par les rues, accompagnés d'une foule de curieux, avant d'arriver au sanctuaire où les attendaient impatiemment leurs témoins et quelques voisins. La cérémonie fut simple mais émouvante et l'officiant sut, dans son sermon, trouver les mots pour les exhorter à croître et à multiplier, selon ce qu'il est dit dans les Saintes Écritures. Avant de repartir, ils firent une courte halte pour prier sur la tombe du révérend père Boiteau qui était depuis longtemps en odeur de sainteté dans le cirque. Munis de ce viatique, ils s'en revinrent chez eux où, jusque tard dans la nuit, ils firent bombance avec leurs amis avant d'aller danser le séga et le maloya au son de l'accordéon. Dès la fin de la noce, ils s'installèrent en ménage dans la case en bardeaux construite par Vivian et, quelques mois après, la jeune épouse fut en voie de famille pour la première fois. Au fil des années, trois autres naissances vinrent apporter un supplément d'âmes à ce foyer du bout du monde.

Tout comme Furcy, Léontine et Vivian n'avaient jamais manqué de courage et ils avaient dû travailler dur tous les deux pour parvenir à faire vivre leurs quatre enfants tout en leur donnant leurs chances à l'école. La vente des lentilles qu'ils cultivaient, d'une partie des fruits et des légumes de leur jardin et du vin qu'ils tiraient de leurs treilles n'aurait pas suffi si elle n'avait été complétée par celle des produits de leur élevage.

Les chouchous[5] poussaient en abondance et nourrissaient les animaux de la ferme engraissés également au maïs qui ne venait pas mal les bonnes années et dont ils faisaient toujours d'amples réserves pour les temps de disette. Mais la famille profitait elle aussi des chouchous et Léontine disait souvent qu'ils étaient la providence des pauvres qui consommaient leurs jeunes pousses en bouillons de brèdes[6], leurs fruits à la peau hérissée de piquants en cari et en rougail. Même les tubercules de cette plante prodigieuse, les patates-chouchous, n'étaient pas dédaignés. Quant aux vaches, leur fourrage préféré était les antaques[7] et les cannes *fataks*, ces cannes sauvages qui proliféraient jusqu'aux abords des remparts.

Un soir où il revenait l'échine courbée sous le poids d'une énorme brassée de cannes *fataks*, Vivian ne sentit pas son pied quitter la terre ferme et roula dans le précipice. On ne parlait plus ici de

5. Les chayottes. (N.d.A.)

6. Jeunes pousses ou feuilles de diverses plantes comestibles utilisées en bouillon ou en fricassée. (N.d.A.)

7. Herbacée donnant des sortes de fèves rustiques. (N.d.A.)

rouleurs de remparts depuis longtemps car il y avait moins d'adeptes de la grande plume[8] pour le rude travail des champs et moins de buveurs d'arack, le rhum blanc du pays qui, selon les *gramouns*, réchauffait le matin et rafraîchissait aux heures plus chaudes du jour. Mais le malheur avait encore frappé. Léontine attendit en vain le retour de son mari puis alla, dans la nuit noire donner l'alerte à ses plus proches voisins. Il fallut patienter jusqu'à la descente des rayons sur les montagnes qui emprisonnaient comme un sépulcre cette épouse éplorée pour partir à la recherche du disparu. Les hommes parcoururent l'îlet dans tous les sens, en scrutant le fond des gouffres escarpés qui bordent de toutes parts cette langue de terre suspendue au-dessus du vide et ils allaient abandonner, quand un vol groupé de papangues les intrigua. L'œil perçant de ces busards d'altitude avait repéré une proie. On alla chercher des cordes et les villageois les plus robustes, ceux qu'on appelait ici les gabiers costauds, descendirent jusqu'en bas de la faille profonde. Ils ne tardèrent guère à trouver celui

8. La pioche. (N.d.A.)

qu'ils avaient cherché vainement tout le jour. Vivian était là, face contre terre. Ils souquèrent[9] son corps tout disloqué et parvinrent, non sans mal, à le remonter. Au loin, la cloche de l'église sonnait déjà l'angélus. Chacun s'agenouilla autour du malheureux et se signa comme si c'était le glas qui tintait pour lui dans le lointain. Il fallut aller quérir la veuve qu'on dut soutenir pour la conduire jusqu'au gisant. De ce jour, Léontine ne put supporter le vol des papangues. Quand elle voyait leurs longues pattes tomber du ciel, elle ne pouvait retenir ses larmes.

Le temps s'en était allé…

Maintenant elle était seule car les marmailles étaient partis depuis longtemps. Et ils ne semblaient pas pressés de retourner vivre à Cilaos, même si c'est, dit-on, le pays où l'on revient toujours. Cyril, l'aîné, avait été poussé par son instituteur qui avait remarqué ses excellentes dispositions pour l'étude. Celui-ci lui avait fait obtenir une bourse qui lui avait permis d'aller au lycée puis à l'université dans les Bas. Quand son fils était entré en sixième, Léontine l'avait de bon

9. Ils saisirent. (N.d.A.)

matin accompagné au départ de l'un des derniers cars courant d'air[10] qui assurait encore une navette régulière avec la Côte. Elle avait pris soin de vérifier elle-même qu'il avait trouvé une place au milieu d'une des banquettes ouvertes de chaque côté du tacot pour éviter qu'il aille s'écraser dans le vide qui semblait vouloir happer les voyageurs à chaque virage au bord des remparts sans fond. Elle avait vécu ce départ comme une déchirure. Et cette plaie s'était encore avivée lorsqu'il avait sauté la mer pour aller travailler comme professeur à Clichy. Léontine qui n'avait jamais pris l'avion pour la métropole ne savait pas exactement où l'endroit se situait. Dans ses lettres, Cyril lui racontait sa vie dans son HLM et il semblait à sa mère qu'il aurait été bien plus heureux dans une petite case à La Réunion. Elle n'avait jamais osé le lui écrire, tout comme elle lui avait caché son immense chagrin quand il avait quitté l'île. Elle n'avait jamais voulu empêcher ses enfants de se réaliser, surtout lorsqu'ils réussissaient comme son aîné. Mais elle supportait de plus en plus mal cette séparation et elle ne cessait d'évoquer

10. Cars sans vitres sur les côtés, ouverts à tous les vents. (N.d.A.)

avec ceux qui étaient restés au pays les moments heureux qu'elle avait passés avec lui. Madeleine, la cadette, lui demandait souvent :

– Pourquoi tu me parles toujours de lui ? On dirait que tu le préfères à nous.

– C'est qu'il est tellement loin, mon enfant ! lui répondait-elle.

– Alors, je vais partir, moi aussi. Comme ça tu m'aimeras comme lui ! Et puis, je pourrai peut-être t'aider, tout comme Cyril, en t'envoyant de temps en temps un petit mandat.

Et un jour, Madeleine s'envola à son tour pour Paris et sa mère ne sut jamais si c'était la jalousie ou le sincère désir de lui venir en aide qui avait motivé cette décision. Elle ne revint jamais et donnait rarement de ses nouvelles.

Léontine plaça alors ses espoirs en sa seconde fille, Constance. Celle-ci venait d'épouser un instituteur dans les Bas. Elle finit par céder au désir de sa mère et convainquit son mari, Théocème, de demander sa mutation pour l'école de l'Îlet-à-Cordes. Son vœu fut exaucé car personne d'autre n'avait pensé à postuler au poste vacant. Constance put alors apporter un peu de réconfort à la malheureuse. Mais cela ne dura guère car Théocème ne supporta pas longtemps sa nouvelle vie. Tout lui devint éprouvant : la rigueur du climat, l'éloignement de tout, le parler si différent ici de celui qu'il avait connu jusque-là, les mœurs d'un autre temps, le monde clos du cirque... Il se sentait comme pris dans la nasse des montagnes qui l'entouraient. La nuit, il étouffait d'angoisse dans son lit en dépit de la présence rassurante de son épouse et, chaque matin, il prenait, le cœur lourd, le chemin de l'école. Il fallut se décider à quitter ce qui l'affectait tant pour redescendre vers la mer. Et une fois de plus Léontine se retrouva seule.

Elle n'osa même plus solliciter le dernier enfant qui vivait lui aussi sur la Côte. Joseph était facteur et s'était établi avec sa femme et ses cinq enfants à Saint-Denis. Lorsqu'il montait voir sa mère pour le Nouvel An, il lui vantait les agréments de la capitale de l'île avec ses grands-cases encore ivres d'un passé prestigieux, ses cinémas aux néons éblouissants dans la nuit, ses rues marchandes colorées et toujours pleines de vie, ses supermarchés qui offraient tout ce dont on pouvait rêver, ses marchés pittoresques où piétinait devant les étals un peuple avide de bonnes affaires, son jardin d'État avec ses immenses palmiers qui ombrageaient le vaste bassin aux nénuphars et aux eaux glauques zébrées çà et là par le surgissement furtif des poissons multicolores, son Barachois[11] aux canons pointés vers l'océan… Léontine ne pouvait exiger de Joseph le même sacrifice que celui qu'elle avait demandé à Constance. Elle se mura dans son silence et se laissa aller au fil des jours mauvais.

La solitude se mit alors à couler dans ses veines comme un poison. Elle se sentait de plus en plus une îlette dans l'îlet qui la retenait loin de ses enfants. Tout était toujours tellement semblable ici et tellement différent. Elle vivait toujours dans la petite case en bardeaux au plancher de bois ciré que Vivian avait construite pour elle au début de leur mariage. C'était l'une des rares qui subsistait encore car voilà bien des années que la tôle avait remplacé ici les bardeaux. Les minces planchettes qui recouvraient le toit et les façades de sa maison étaient maintenant moussues et rongées par le temps. Mais Léontine pensait qu'elles tiendraient bien jusqu'à la fin de sa vie. Tout autour, le jardin

---

11. Quartier de Saint-Denis. (N.d.A.)

n'avait pas changé, lui non plus, même si les arbres avaient poussé. Les pieds de bibasses[12] étaient devenus immenses mais se couvraient toujours de baies juteuses et délicieuses quand arrivait l'hivernage. Les pieds de goyaves s'étaient étoffés eux aussi, tandis que les pieds de figs[13] ne manquaient pas d'apporter régulièrement leur provende de figs gabou et de bananes carrées qui ressemblaient aux bananes plantains des Antilles. Les pieds de pamplemousses, les pieds de citrons, les pieds de mandarines et d'oranges plantés par le défunt avaient prospéré également. Léontine faisait appel à un voisin qui l'aidait à cueillir tous ces fruits qu'elle allait vendre au marché de Cilaos. Mais elle gardait pour elle les légumes du potager qu'elle avait encore la force de cultiver et consommait à peu près tout, même les tomates arbustes et les tomates poc-poc. Quant aux plantes fleuries, les azalées formaient d'énormes touffes près de la case, tandis que les lanternes couleur de feu égayaient l'allée qui y conduisait.

---

12. Les néfliers. (N.d.A.)

13. Les bananiers. (N.d.A.)

Ce qui avait changé c'était, autour du jardin, l'espace qui avait rétréci comme peau de chagrin. Après la disparition de Vivian, il avait fallu vendre toutes les terres plantées de lentilles ou recouvertes de treilles. Léontine devait maintenant payer au prix fort les lentilles de Cilaos au goût si fin qu'on les dit toujours les meilleures du monde. Les barriques où mûrissait jadis le vin fruité et sucré provenant de l'isabelle, ce raisin qui rendait fou, gisaient çà et là, à moitié pourries et disloquées. Les cyclones lui paraissaient moins violents, mais l'on disait souvent qu'ils détruisaient moins les maisons en dur modernes que les cases en bardeaux du temps longtemps. Elle avait encore en mémoire le cataclysme de 1948 qui avait coupé la route en lacets non asphaltée conduisant au cirque, broyé les cases sous lesquelles on avait retiré tant de victimes écrasées sous les pièces disjointes des charpentes… Les familles n'avaient plus quinze ou vingt marmailles et rares étaient ceux qui restaient dans le cirque. Léontine n'était donc pas la seule à se sentir abandonnée. Chacun était fier de voir réussir ses enfants, et personne ne se plaignait de solitude. C'était un sujet qu'on n'évoquait jamais ici. La population était plus métissée et l'on apercevait moins de Petits Blancs des Hauts, le chapeau de feutre sur la tête et la bertelle[14] au dos. Pourtant l'on ne voyait toujours pas les Malbars[15] partir en procession pour la fête du Cavadee ou pour celle du Pongol, car ils restaient dans les Bas. Maintenant, pour aller à Saint-Louis, la route avait été élargie et asphaltée, et Léontine pouvait prendre de temps à autre un bus climatisé et non plus le car courant d'air du temps longtemps.

Quand elle revenait dans les Hauts, elle se retrouvait chaque fois îlette dans l'îlet, prisonnière à jamais du carcan de sa solitude. Elle était un monde ancien dans un monde nouveau et elle avait même gardé le parler traînant et presque chantant de ceux qu'on appelait les *yabs*[16], ainsi que leurs manières surannées et leur vocabulaire de vieille France. Elle avait surtout conservé son bien le plus précieux, l'âme d'enfant qu'elle avait

---

14. Sac de vacoa tressé en forme de hotte, muni de deux bretelles qu'on porte sur le dos pour transporter les provisions. (N.d.A.)

15. Les Tamouls. (N.d.A.)

16. Surnom péjoratif qu'on donnait aux Petits Blancs des Hauts On les surnommait encore Pattes Jaunes ou Pipelachaud (N.d.A.)

à l'époque où elle passait des heures à guetter le passage des pailles-en-queue dans l'azur infini. Lorsqu'elle admirait alors ces grands oiseaux jaillis de l'océan, effleurant de leur trait d'argent les cimes des monts tapissés de bois de couleur aux noms étranges : bois de natte, bois de pomme, bois de remparts, bois de rose, bois de nèfles, bois de savon, bois de catafaille, tan rouge…, tout lui semblait possible, même la réalisation de ses rêves les plus fous. Leur vol altier avait sûrement enchanté, bien avant le sien, le ciel de son ancêtre Furcy et celui des Noirs marrons dont elle croyait encore entendre dans l'alizé la sourde mélopée, quand ils chantaient la liberté en dansant le maloya au rythme envoûtant des tam-tams. Et lorsque la glace faisait scintiller le Piton des Neiges, l'adolescente qu'elle était ne sentait plus les rafales glaciales du vent de la Plaine des Palmistes qui s'engouffrait dans le cirque pour figer dans l'étau de ses doigts les hommes, les bêtes, les terres, les ravines, les bassins, les cascades jusqu'à l'Îlet-à-Cordes…

Les années avaient passé mais le souvenir de ces temps d'heureuse insouciance où elle était toujours si proche du firmament ne l'avait pas quittée. Rivée à son métier comme une esclave à sa chaîne, elle brodait des pailles-en-queue, rien que des pailles-en-queue, à la lumière du jour ou à la lueur de sa lampe. Et quand, non sans malice, on lui demandait pourquoi elle ne variait pas ses motifs comme les autres brodeuses, elle répondait toujours :

– *Rode pas quoi l'a dit l'a fait, quoi l'a fait l'a dit ! Mi habite même le pays paille-en-queue, moin*[17] *!*

---

17. Ne me cherchez pas d'histoires ! ou : Laissez-moi tranquille J'habite au pays paille-en-queue, moi ! (N.d.A.)

Madame Sans-Langue

par Monique Séverin

Prologue : Prière sans voix

Pardon à toutes celles dont l'enfant a rejoint la vallée des ombres ! Pardon à toutes celles qui n'ont pas vu mûrir le fruit de leurs entrailles ! Pardon à toutes celles qui n'ont pu glisser entre les lèvres inertes la triste obole ! Pardon à toutes celles dont la Parque implacable a tranché le lien d'amour ! Pardon à toutes celles qui ont dû arracher de leur ventre le profit magistral ! Pardon à toutes celles qui ont trouvé sous les bombes les morceaux de leur propre chair ! Pardon à toutes celles qui ont vu le mal absorber l'aimé ! Pardon à toutes celles dont l'amour n'a pas retenu l'enfant en peine de vie ! Pardon à toutes celles qui ont lavé de leurs larmes un corps inanimé ! Pardon à toutes celles qui scrutent un tombeau vide ! Mes sœurs, je vous supplie de pardonner celle qui pleure un fils vivant !

Longue tresse d'or, la prière sans voix monta vers les hauts remparts. Elle plia soigneusement le papier sur lequel elle avait écrit les formules sacrées et le rangea dans une bourse minuscule. Elle prépara encore trois grains d'encens et sept graines noires, un morceau d'étoffe et une aiguille à coudre. Dans le grand matin frais, elle descendit de Bé-Maho par le sentier lissé à foulées ancestrales, le petit sac serré sur son cœur.

Les racines crevaient le sol et y dessinaient un chemin secret. Des feuilles de longoze vinrent déposer sur sa joue une rosée lourdement parfumée qui se mêla à ses larmes. La liqueur odorante se glissa sur ses lèvres et elle la laissa s'insinuer en elle, grossissant le lac salé de sa douleur. Le tec-tec familier sautilla à ses côtés, de branche en branche, mais elle était aveugle aux joyeux mouvements que l'oiseau dessinait dans l'entrelacs de goyaviers, de filaos et de camphriers.

Comme elle ne voyait plus la sarabande des *ti zoizo blan* plongeant leur bec minuscule dans les poinsettias, elle n'entendait plus depuis longtemps les chants débridés des *zoizo la Vierge* et les trilles impériales des merles. Toute cantate se heurtait désormais à sa complainte sans voix.

Même maloya, lamento érigé en peau d'humanité lui était peau chagrin, roulant les vagues de sa souffrance.

Ce jour-là, elle s'était vêtue d'une robe de chanvre tissée par petites mains équitables, offrande subtile ramenée par un ami d'une lointaine contrée guatémaltèque. Elle ne supportait plus sur son corps que toile première et dépouillée. Elle ne se retourna pas pour contempler, accroché au rempart, l'îlet dont les cases colorées tentaient de faire oublier la détresse.

Mes sœurs, je vous supplie de pardonner celle qui pleure un fils vivant ! Mes sœurs, je vous supplie... L'antienne silencieuse accompagna ses pas.

Elle n'essuyait plus les larmes qui lui coulaient des yeux en permanence. Au début, elle avait tenté d'endiguer la fuite, mais celle-ci se reconstituait inéluctablement. Elle saignait aussi. Elle avait passé depuis longtemps l'âge des cycles lunaires, et pourtant un fluide sombre sourdait sans arrêt entre ses jambes. Elle se diluait en sang et larmes.

– Regarde ! C'est Madame Sans-Langue qui descend…

– Oui… Mais elle ne marche pas comme d'habitude…

– C'est vrai… elle a l'air plus légère qu'une plume !

– Regardez ! C'est Madame Sans-Langue…

L'intruse

– J'ai toujours rêvé de rencontrer une brunette, lui avait-il dit.

Elle avait été heureuse qu'il dise « brunette » plutôt que « cafrine ». Elle était plutôt claire, comme on disait ici, avait un « petit nez fin », comme il se plaisait à lui dire : « Plus fin que le mien, même ! » Sa cafrité s'était installée dans des cheveux presque crépus qu'elle s'efforçait alors de dresser à coups de défrisant. Elle lui avait annoncé un jour qu'un enfant poussait dans son ventre et ils s'étaient mariés dans la plus grande discrétion. Lorsque la grand-mère du jeune homme fut informée, elle se mit en colère, parla de Pâques avant carême, d'avenir gâché, leur souhaita d'avoir un enfant « comme il faut ». La redoutable vieille dame proposa cependant au jeune couple de loger dans la vieille maison familiale. Plantée au milieu d'un grand domaine, trop isolée, la demeure avait été délaissée par sa propriétaire au profit d'une maison en ville.

C'était pourtant une belle maison, une de ces imposantes maisons créoles en bois et bardeaux, aux pièces immenses, tapie au bout d'une allée bordée de muguet. La varangue longeant la façade principale avait été fermée, mais sa fonction initiale de pièce extérieure se lisait dans le carrelage gris et rouge à motifs floraux. Dans les autres pièces, le plancher alternant de fines lattes claires et foncées gardait le souvenir des brosses coco qui avaient conservé aux fibres du bois toute leur chaleur. Témoin d'un certain faste, une salle de bains avait été installée dans une des pièces arrière : le bassin de marbre rouge qui tenait lieu de baignoire, un grand carré légèrement surélevé, était creusé dans le sol et une marche permettait d'y accéder. Un meuble aux lignes élégantes, recouvert de marbre gris et blanc, l'avait émue : creusé en son centre, il contenait la vasque en faïence décorée de bouquets aux tonalités épousant celles du marbre. Elle vit le pot à eau ancien et le bandège aux contours évocateurs de son utilisation intime, qui avaient dû servir aux ablutions de ces dames créoles aux yeux clairs comme ceux de sa belle-mère trop tôt disparue. Elle vit aussi la nénène leur présentant l'enfant pour le baiser du soir…

Oo zaza… Dors, mon tout petit, dors ! Zoizo Papang va emmener loin de toi les mauvais rêves…

La pièce était sinistre et froide à présent, et Lara devait se forcer pour la fréquenter, surtout pendant la deuxième partie de sa grossesse. Elle s'arrangeait pour se laver quand il faisait encore jour, car elle s'était vite sentie mal à l'aise à la nuit tombée. La baignoire lui faisait l'effet d'un sépulcre, et elle s'attendait à y trouver l'homme noir de ses cauchemars.

Le jour, la grande maison se laissait aspirer par la lumière et la végétation. Le jardin bruissait de vies imperceptibles, et les fragrances d'orangine rivalisaient avec celles du tangor. Lara aimait s'insinuer dans les allées aux pavés de basalte envahies de pluies d'or et d'anthuriums. Il lui arrivait souvent de sourire en admirant les turgescences des anthuriums, dressées fièrement au milieu des spathes en forme de cœur. Elle se sentait effleurée par les feuilles délurées et elle se laissait faire, harmonisant sa respiration à celle de la terre, éprouvant jour après jour le formidable élan vital qui l'alourdissait. Là, elle vivait sa gravidité, dans le grand Mouvement.

La maison s'acharna, semblant recouvrer une énergie nouvelle pour chasser l'indésirable. Les planchers bois de natte grincèrent sous les pieds de l'intruse, et une longue et grasse couleuvre se lova au-dessus de la porte des toilettes. Lorsqu'elle l'ouvrit, l'inoffensif reptile, déséquilibré, s'échoua à ses pieds avant de s'enfuir, terrorisé. La nuit, mille vies hostiles hantaient les parois et le sommeil de la jeune femme. Elle était debout en haut d'un escalier menant à une pièce somptueuse où l'avait sommée de le retrouver l'homme noir sans visage. Par la porte ouverte, elle devinait une silhouette enveloppée d'une cape d'ombre et elle se sentait attirée, happée… Au moment où l'ombre allait l'absorber, elle parvenait à se sauver. Mille souffles se mêlaient alors à son propre souffle, et elle s'éveillait, asphyxiée.

Elle tenta de résister, s'emplit à longues inspirations de l'air embaumé du plein jour, embrassa le gros pied de letchi bienveillant et obtint une rémission. Mais la maison eut raison d'elle et, au huitième mois, elle s'en alla. Ses parents acceptèrent de l'accueillir, non sans réticence :

– Tu es mariée maintenant. Qu'est-ce que tu veux de plus ?

Elle se rebiffa, dit : amour, plus fort que l'hostilité de sa famille, de ses amis. Il l'avait épousée malgré eux... Mais il était jeune, il lui fallait du temps... Sa mère l'avait interrompue :

– Tu te fais des illusions, ma fille ! Il t'a épousée derrière la cuisine... Et puis, s'il t'aimait autant que tu le dis, il ne te laisserait pas seule, enceinte, dans cette vieille maison hantée ! On dit qu'on le voit souvent en ville, bien accompagné. Mais tu devrais t'estimer heureuse... D'autres n'ont pas eu ta chance !

C'est une sage-femme qui vint l'assister lorsque arriva le moment de la délivrance. Elle entendit le cri de l'enfant, puis ce fut sa mère, présente elle aussi, qui emmena le nouveau-né hors de la pièce, sans un regard pour sa fille. Celle-ci, affolée, entendit des voix, une discussion, dans le salon contigu probablement. La sage-femme avait tenté de la calmer puis était sortie elle aussi. La jeune accouchée avait retenu son souffle, réprimé ses gémissements pour entendre ce qui filtrait par la porte entrouverte :

– … nez un peu fort mais, en passant du beurre de cacao tous les jours, il s'affinera !

Elle avait reconnu le ton péremptoire de la grand-mère, qui avait continué :

– On s'en occupera bien, rassurez-vous ! Votre fille ne peut pas, vous voyez bien ! On se chargera d'elle.

Elle avait cru entendre la voix de son mari aussi… Il faut la soigner… hallucinations, peur du noir, folie… Sa mère était revenue avec l'enfant, et elle avait été soulagée :

– Merci, maman. Comme il est beau !

Tout à la joie de tenir son petit dans ses bras, Lara n'avait pas remarqué le silence de sa mère : celle-ci était pêcheuse de malheurs. Des abîmes de l'île, elle en remontait en abondance, et elle s'en gorgeait, s'en remplissait comme une goule. Elle était issue de la nuit, et son milieu d'élection charriait la souffrance du monde. Ainsi se déployait-elle au chevet des agonisants ou des femmes difficiles à délivrer. Triste fruit, elle avait tué sa mère, morte en couches sans avoir pu se réjouir de la peau claire de la nouvelle née. La carnation tant désirée, elle l'avait héritée d'un père qui n'avait jamais manifesté d'intérêt pour les produits de ses amours avec une petite bonne cafrine. Il disparut d'ailleurs à la mort de la jeune femme. Sa fille garda de lui l'image, restituée par ses deux frères, d'un riche monsieur blanc qui venait voir leur maman et leur apportait des gâteaux. Elle grandit, fut détestée par ses frères, ne parla jamais de sa maman trop brune et devint Dame-des-Douleurs.

Une lueur étrange dans le regard, elle était là, debout au pied du lit de sa fille. Avec fascination et délicatesse, la mère toute neuve avait effleuré, touché, caressé le petit homme qu'elle avait imaginé fille aussi, même si son père avait décrété : « Ce sera un garçon ! » Elle, elle s'était contentée de sentir la vie, mâle ou femelle, croître en elle. C'était doux, tendre. Comme était doux et tendre le contact avec l'enfant idée devenu enfant chair. Elle avait décollé un à un les orteils minuscules, séparé les doigts de poupée, les comptant machinalement.

Lorsque sa mère lui avait repris le nouveau-né, elle le lui avait remis, trop épuisée pour sentir le malheur.

Le rêve

L'homme des ténèbres l'appelait de nouveau et elle luttait pour s'échapper. Elle n'était plus dans la chambre somptueuse, mais dans une pièce qu'elle ne reconnaissait pas. Elle sortait parfois de ses cauchemars et appelait son mari, sa mère, réclamait son enfant. Une femme qu'elle ne connaissait pas prenait soin d'elle et prononça un jour des paroles terribles :

– Votre enfant est mort, madame. Il était trop fragile, il n'a vécu que quelques heures. Vous êtes très malade, il faut vous reposer…

Il avait fallu remèdes et tisanes pour la calmer. Elle avait sombré dans un sommeil lourd et habité : elle avait senti la bouche de son petit sur son sein et avait hurlé lorsque la morsure de l'homme de la nuit s'était substituée à la douce succion. *Dézatan ou la arivé, mon ti baba*[1]... Était-ce sa voix qui murmurait ce refrain qu'elle aimait tant ? Était-ce son enfant qu'elle entendait rire ? Était-elle morte elle aussi ?

La femme lui faisait avaler des potions au goût amer. Pour son bien, disait-elle, en la forçant à boire lorsqu'elle tentait de se rebeller. Elle avait dormi longtemps, longtemps. C'est le chant familier et agréable du pigeon ramier qui l'avait sortie d'une nuit où elle avait encore rêvé de son fils. Il était devenu un homme et il lui apportait des fruits magnifiques au nom étrange.

Elle se trouvait dans une pièce occupée d'un petit lit, d'une table sur laquelle étaient posés une cuvette et un broc, et d'une multitude d'objets au rebut. Elle se leva, s'assit pour se laver le visage, et l'eau immobile lui renvoya l'image d'une femme aux cheveux déjà blancs. Effrayée, elle attendit que se calment les battements de son cœur, puis elle regarda autour d'elle et reconnut les lieux : c'était l'ancien logis des domestiques. Il jouxtait la grande maison où elle avait vécu les premiers mois de son mariage et de sa grossesse.

---

1. Tu es arrivé, mon tout petit, il était temps... (N.d.A.)

La porte de la case était entrebâillée et laissait filtrer un rai de lumière. Elle comprit qu'elle pouvait partir. Elle ne jeta pas un regard à la vieille maison mais elle laissa sa main effleurer les tiges fleuries qui semblaient la reconnaître, accepta le gazouillis d'adieu des oiseaux.

Elle marcha de longues heures durant, et ses pas la menèrent au cœur de l'île devant une case abandonnée. Les derniers rayons du soleil éclairèrent la modeste demeure aux volets disloqués : les couleurs passées se ravivèrent, la tôle se teinta de rouge et d'orangé, et elle sut qu'elle était arrivée. Les habitants de l'îlet la regardèrent avec une sorte de crainte mêlée d'attente et lui dirent… Une vieille femme aux grands pouvoirs avait vécu là jusqu'à sa mort, et personne n'avait pu réinvestir les lieux. Le fantôme de la vieille hantait encore la case, murmurait-on. Lara s'y installa. Elle trouvait tous les matins sur son pas-de-porte ce dont elle avait besoin : patates douces et manioc, tomates-arbuste, maïs tendre, brèdes et autres feuilles bonnes à manger. Lui arrivaient aussi premiers goyaviers de la saison et fruits rares des Bas : pommes de lait à la peau violine, mangues et girimbelles à manger avec sel-piment… Et, à la fin de l'année, un beau chou-palmiste faisait son apparition au milieu des autres fruits et légumes.

Elle apprit à soulager les fièvres, à panser les blessures des êtres qui vivaient là, hors du temps, reliés au bourg par un sentier, à la terrible histoire de l'île par leur peau et leur dénuement. Elle devint Femme-qui-Aide. L'esprit de la case lui apprenait à distinguer l'espèce bénéfique de l'espèce poison. Et, lorsque des ombres se glissaient dans son sommeil, elle savait qu'elle pouvait appeler au secours. La Vieille supportait ses cris, ouvrait ses ailes et la berçait.

Oo zaza… Dors, mon tout petit, dors ! Zoizo Papang va emmener loin de toi les mauvais rêves…

Un jour qu'elle était à trier des brèdes « dort-bonne-heure » pour son repas du soir, elle entendit appeler à son barreau. Lorsqu'elle s'approcha du portillon qui ne fermait pas grand-chose, elle se sentit chavirer : elle avait devant elle, chair et os, l'enfant de ses rêves, son fils. Lui aussi la reconnut et la serra dans ses bras dès qu'elle eut détaqué le barreau :

– Pourquoi m'as-tu abandonné, nénène ?

Nénène... Le mot la frappa et elle comprit qu'on lui avait volé son enfant. Il n'était pas mort comme on le lui avait fait croire. C'était elle, la mère, qu'on avait tuée. En elle fusionnèrent la joie et l'horreur, mais elle accueillit avec avidité l'affection déviée de son petit. Il revint souvent, lui raconta : une ancienne terre cannière à cultiver avec une maison dessus ; le soleil déclinant dans une douce harmonie. Ils partagèrent encore : plantes mystérieuses offrant unique fleur vanillée aux visiteurs du soir, secrets de fécondation...

Lara vit aussi, hélas, la fragilité du jeune homme. Il montait parfois chez sa nénène et demeurait longtemps silencieux, debout, face aux pitons, la fumée bleue de son joint rejoignant la brume montante. Elle notait la barbe de plusieurs jours. Tunique et sandales avaient remplacé pantalon et chemise de marque. Et puis un jour il lâcha :

– Mon père ne m'aime pas, il préfère mes autres frères !

– Mais non...

– Je sais de quoi je parle ! Dans sa famille, on préfère les Blancs... Il refuse de me recevoir lorsqu'il y a du monde chez lui et que mes cheveux ont poussé ! Regarde, ils sont presque crépus.

– Ta mère, peut-être…

– Ma mère, elle nous a quittés pour rentrer dans son pays froid, de l'autre côté de la mer. Elle ne supportait pas la vie ici. Je ne me souviens plus de son visage. C'est toi qui m'as élevé quand j'étais tout petit, nénène. Et puis tu es tombée très malade, tu ne me reconnaissais pas…

Elle s'était tue, parce qu'il n'y avait rien à dire. Une femme dehors, qui-parlait-aux-esprits et qui-savait, entra un jour sur les terres du jeune homme. Elle en fit le tour et décréta : purifier, chasser les puissances mauvaises malbaraises, africaines, malgaches, chercher la vérité. Elle dit : île pourrie par ses habitants, Gros Blancs à rejeter, retrouver les valeurs de la terre, tout nettoyer, couper les racines contaminées. Elle vint à Bé-Maho, s'assit à la table de Lara : elle se sentait bien dans l'île, mais il y avait du travail à faire. Trop de grosses voitures, habitat prétentieux, paresse généralisée. Elle, elle avait fui une banlieue triste, et ici, elle avait trouvé son île jardin. Elle voulait contribuer à sa régénération. Elle dit encore : *zamal*, herbe mauve, mieux qu'alcool, antidépresseurs, consommation–compensation.

Et Lara les vit planer de plus en plus haut, de plus en plus loin. Elle vit le malheur aussi dans les yeux de l'étrangère, entendit la double tonalité de ses discours. Mais elle refoula sa méfiance et se boucha les oreilles pour ne pas entendre les chants castrateurs d'espoir montant des enfers. Même si elle sentait confusément la présence de l'Autre maléfique.

Vous vous ressemblez, je trouve, lui avait dit une fois la jeune femme dont les yeux inquisiteurs passaient souvent de Lara à son fils. Vous êtes un peu plus brune, comme vous dites ici, mais il y a quelque chose… Le cœur de Lara s'était emballé, mais elle s'était contentée d'esquisser un vague sourire en murmurant très vite : « Ici, on est tous un peu cousins, même si c'est par la main gauche ! »

Quand le jeune homme vint la voir un soir, plus tard que d'habitude, accompagné de sa nouvelle amie, elle sut que le malheur allait frapper encore.

Il parla en serrant les poings, sans la regarder, de la fureur dans la voix :

– Vous m'avez menti. Tous les deux. Tout est faux depuis ma naissance, et je le sentais ! Je sentais que j'étais différent. Je me sentais à part !

Il continua, avec une espèce de rire sans joie, comme s'il mesurait au fur et à mesure qu'il les proférait, la portée de ses mots :

– J'étais mal dans ma peau. C'est amusant, n'est-ce pas ?

Puis il redevint grave :

– Je me disais que je rejoindrais un jour ma mère, dans son pays, un pays qui n'est plus à faire. Ici, je t'avais, toi, ma nénène, mais tu es dans le même train fou que les autres… J'avais des écailles sur les yeux et je ne voyais pas que tout était faux dans cette île !

Elle ne pouvait, elle ne devait pas lui dire l'indicible, alors elle essaya l'amour :

– On t'a aimé aussi. Ton père a été rattrapé par son milieu. Moi, n'ai-je pas été une nénène aimante ? C'est ce que tu dois retenir de tes parents…

– J'avais besoin d'une vraie mère, besoin d'un vrai père ! Je ne veux pas de ces parents ! Je ne veux pas de cet amour immonde, je ne veux pas de vous qui avez fait de moi un monstre !

Alors Lara se tut. Tout était dit.

Pardon mes sœurs…

Plus un mot ne franchit le seuil de sa bouche. Le soir même tout s'était déchaîné. Le cyclone s'était pourtant contenté d'effectuer autour de l'île une danse folle : pluies et vents trois jours durant il avait largué, et le Voile de la Mariée, pérenne et fier, avait dû rivaliser avec des rideaux entiers d'eau en folie. Lara Sans-Langue avait ouvert grand la case pour faire entrer l'air et chasser l'humidité qui commençait à se sentir chez elle. Quand gros soleil revint, elle était partie.

Elle marcha des jours et des mois, à travers forêts et champs, sur bitume et sur sentiers à peine ouverts, de monts en bords de mer. Pas une fois, elle ne fut importunée. Ceux qu'elle croisa la laissèrent respectueusement passer.

Elle fit sa première halte au discret cimetière où avaient été enterrés des enfants malgaches arrachés à leur terre natale. On les avait emmenés là, dans cette île inconnue, pour servir les projets du pays colonisateur et en être les suppôts. Puis on les avait oubliés. Ils avaient longtemps reposé en terre inhospitalière, jusqu'à ce que des mains compatissantes déposent sur leurs tombes une poignée de terre malgache. Elle ouvrit son petit sac et prononça les paroles expiatoires : elle se relia à toutes les femmes qui, par-delà l'océan, avaient prié pour le bonheur de leurs enfants. Elle vit la mère d'Antsoina – baptisée Cécile par les bons Pères – debout sur la plage de Nosy Be, face à l'horizon : sa longue chevelure dénouée s'enroulait autour de ses épaules et ses larmes se fondaient dans l'océan. Personne ne put la ramener à la raison et elle vint tous les jours guetter le retour de sa fille. *Pardon, ma sœur…*

Madame Sans-Langue reprit son chemin, vit les cordons aériens et les cargos pansus garantissant les allégeances à la lointaine mère-patrie, les routes suspendues dans le vide, amarrées aux parois des grandes ravines, les lambeaux souvenirs de forêt semi-sèche, les cases misère côtoyant les cases luxe, la fumée mauve paravent d'une jeunesse perdue. Sentit franciscéa le jour, jasmin la nuit, odeurs de rose des letchis en décembre, des longanis en janvier. Son regard accrocha aussi les tresses bougainvillées d'une modeste maison parée comme une reine éthiopienne en exil.

Elle entra à Cilaos par le col du Taïbit où elle fut dépassée à plusieurs reprises par des coureurs de la Diagonale des fous. Où couraient tous ces hommes, toutes ces femmes, embarqués ensemble dans une nef indianocéanienne qui avait accueilli toutes les faiblesses du monde – toutes les splendeurs aussi – et dont le navire amiral croisait en eaux septentrionales ? Les vivants, les fous que nous sommes, prennent tous le départ, certains mieux placés que d'autres. Elle marcha dans les pas de celle qui avait fui le maître. Elle entendit les cris, les ordres, les aboiements, les pieds glissant sur les racines mouillées, les lianes croc de chien s'emmêlant dans les cheveux, sentit l'affolement, la peur, respira l'odeur âcre de la pleine souffrance. Dans le boucan latanier abandonné par des Marrons où s'était cachée l'encore enfant, elle vit le fœtus mort, les yeux clairs grand ouverts, entraîner sa trop jeune mère, bâillonnée, forcée, déchirée, loin des horizons mazambron. *Pardon, ma sœur…*

Lors de sa troisième halte, dans l'ouest, la Sans-Langue n'était plus seule… Le temps ne s'était pas figé là-haut, mais tout ce que son rêve lui avait envoyé était là : si les champs de canne avaient été supplantés par des potagers, la maison se devinait toujours derrière un rideau de bananiers. Elle sentit les larmes lui tomber des yeux en flots désormais anodins. Pittayas, pépinos, ces plantes dont son garçon lui avait donné les noms, piments-martin qu'elle lui avait offerts à son tour, la douceur de la varangue éclairée par le petit soleil du soir, les bananes carrées s'imposant aux bananes mignonnes. La joie… Tout était là, vif, dans les fibres de son corps, dans les grands fonds de sa mémoire, dans les doubles parois de sa vie.

Elle n'appela pas. Elle poussa la barrière en bois goyavier et remonta lentement l'allée. Les chiens se précipitèrent, mais ils n'aboyèrent pas, se contentant de l'escorter. Personne ne vint à sa rencontre. Elle posa ses deux mains sur le tronc d'un arbuste en plein élan :

– Regarde ce benjoin comme il est beau, nénène ! Tu sais, on fait de la tisane avec son écorce mais il ne faut pas trop en prélever. L'arbre en souffre et peut mourir.

Peut-être un jour, dans un autre rêve, l'appellerait-il maman... Il avait dit encore jolis noms de plantes :

– Tiens, sens la feuille bois d'arnette ! Tu reconnais l'odeur ?

– Ça sent la pomme...

– Oui, la pomme de rainette ! Un tour de langue bien d'ici, et on a le bois d'arnette !

Lara Sans-Langue ancra les mots complices, refusa la pensée arbre écorché, chassa toutes les paroles galets qui chaboulaient[2] son esprit, son cœur, son corps, depuis des années. Entourée de ses sœurs, elle prit dans le petit sac trois grains d'encens qu'elle posa sur le seuil de la maison. Elle tourna sept fois dans sa bouche les sept graines noires, puis elle les enferma dans le morceau d'étoffe qu'elle cousit avec soin. *Que soient closes les bouches malveillantes !* Elle confierait le paquet à la terre et au feu là-haut volcan.

2. Caillasser, en créole. (N.d.A.)

Épilogue : Dodo ti baba…

À présent, elle pouvait rentrer chez elle. Parmi les siennes, là-bas dans les hautes terres de l'est, elle joindrait ses paroles à celles de ces femmes qui, jadis, avaient dû condamner leur enfant à la nuit, au silence, pour le protéger des chasseurs d'hommes.

Fille de la Nuit,
Fils du Silence,
Longtemps tu seras.
Mais je te guiderai jusqu'aux bords de Toi, dans le pays de Mémoire,
Pour ta Nation élever.

Tu fuiras les terres d'Oubli, sinistres arpents brûlés aux flammes d'Inconscience !
Tu t'élèveras contre la Dame de l'Eau, celle qui mêle la chair à la boue,
Celle qui lave les péchés du monde, celle qui efface le sang sur les pierres…
Alors tu ne remettras pas tes pas dans leurs pas.
Tu prendras les os des ancêtres et tu les jetteras un à un devant toi,

Pour gravir la Montagne Sacrée.
Tu y trouveras, enclose en ses orbites, la Flamme Perpétuelle.

Au point du jour sur le cirque matriciel, face au Belouve, elle accepta le Grand Héritage. Elle sentit remonter la sève et elle sut que le lumignon n'était pas éteint. Son corps se mit spontanément en mouvement et il retrouva la danse immémoriale, créatrice. Elle dansa sous les rayons du soleil, elle dansa sous la lune bleue et se gorgea de fluide vital. Ses pieds nus frappèrent le sol pour y puiser l'énergie primordiale. Elle retrouvait le plaisir d'être au monde et ses gestes réinscrivaient les courbes de sa féminité dans l'espace. Elle fut sourcière, gitane, Kalla la Noire, fille du vent, vouivre, gardienne du feu, *terra mater.* C'était lascif, somptueux, primaire.

Lorsqu'en elle monta l'extase, la Sans-Langue entonna un chant venu des profondeurs de son amour. Sa voix, recluse des années durant, partit de son ventre, là où s'était fabriquée la Vie, se déploya par-delà les champs de canne en fleur, traversa les ravines, enjamba les pitons, se répandant partout en fine pluie sonore. Lien d'amour sacré, le chant, vibration de la peau tendue sur ventres gravides, porta à son enfant la berceuse originelle…

Dors, mon tout petit… Demain, tu pleureras peut-être mais je te montrerai les sentiers de la vie, je te raconterai encore… Dodo, ti baba, dodo… Demain, je te chanterai fado et maloya, mélopées qui te diront le destin, le chagrin et l'exil, mais qui te feront aussi vibrer au rythme de la Joie.

Dodo, ti baba… Oo, zaza…

Meurtre dans un jardin

par Isabelle Hoarau-Joly

Irma se regardait dans le miroir. Sur son visage, elle lisait les stigmates de la vie. Chaque ride était un épisode qui racontait une histoire. Les pattes-d'oie autour de ses yeux s'étaient davantage creusées après cette nouvelle nuit sans sommeil. Ses insomnies reflétaient un passé qui lui pesait : les rêves de jeunesse, les illusions tombant une à une comme les écailles.

Mais qu'est-ce que j'ai pu être bête ! se dit-elle. J'aurais pu voir depuis longtemps qu'il y avait un malaise, une fêlure chez lui… J'étais trop fleur bleue, je croyais au grand amour pour la vie. Je me souviens de cette première soirée. Nous fêtions la fin des épreuves du bac. Ce grand garçon à l'allure un peu insolente avait tout de suite retenu mon attention. Il n'était pas doué pour la danse, gauche comme un goéland sur la piste, mais, quand il m'a prise dans ses bras, je me suis sentie bien. J'avais trouvé mon nid. De fil en aiguille, on s'était revus lors de ces fêtes impromptues organisées sur la plage de Grande-Anse où tous les copains se donnaient rendez-vous le week-end. Les soirées s'égrenaient au son d'une guitare et des chants avec nos voix de casseroles.

On en vidait des verres ! Et les bouteilles de rhum qui s'entassaient sur le sable ! Je posais ma tête sur sa cuisse et je m'endormais en fixant la Croix du Sud. Parfois, on restait ainsi jusqu'au soleil levant. Puis c'était à qui se précipitait tête la première dans le bassin de baignade, affolant les bandes de poissons au milieu des coraux.

J'y croyais.

Nous étions alors unis par cette tendresse, un amour qui n'avait pas encore de nom. Qu'est-ce qu'on était bien en ce temps-là !

Oui, mais d'autres fois les éclats de voix brisaient la tranquillité de la nuit. Il y en avait toujours un qui commençait à blaguer ou à rapporter un *ladi lafé*[1]. Les mots jaillissaient comme des flèches pour choquer, blesser… Cela dégénérait en

1. Un ragot. (N.d.A.)

bataille. C'était à qui criait le plus fort, comme dans un rond de coqs[2]. On n'entendait plus que le choc des vagues, se mêlant en écho aux cris et aux paroles grossières.

Irma se bouchait les oreilles. Elles résonnaient encore, ces injures qui traînaient les femmes dans la boue. Parfois, elle réussissait à mener son ti-coq[3] à l'autre bout de la plage, à le calmer jusqu'à ce qu'il tombe d'un seul coup sur la plage, emporté par les vapeurs du rhum, bafouillant des mots incohérents.

Elle restait là, gardienne solitaire, assise sur le sable qu'elle marquait de son empreinte, emportée à son tour dans un sommeil sans rêve.

Tout cela aurait dû m'éclairer sur le malaise qui hantait Romain, pensait-elle. Mais je n'ai rien vu. Ce n'était que des rituels de passage de l'adolescence. Il fallait bien marquer son intégration dans la tribu, faire comme les autres. Avec le temps, cela passerait…

Leur histoire douce-amère les avait conduits au mariage.

---

2. Espace de combats où s'affrontent deux coqs. (N.d.A.)

3. Image qualifiant la virilité. (N.d.A.)

Ils s'étaient unis à la chapelle des « Trois-Sans-Hommes » de Manapany. Nom symbolique donné par trois vieilles filles qui l'avaient fait construire de leurs deniers pour garder une trace de leur passage sur la terre. Les invités avaient ri de leur choix. Une bonne farce ! La chapelle des « sans-hommes » ! Un signe de virilité dont Romain se vantait quand il racontait leur mariage. L'oratoire était consacré à la Vierge, qui devenait ainsi la déesse tutélaire des nouveaux mariés. Irma lui avait offert son panier de fleurs de mariage, comme le voulait la tradition.

Le jeune couple s'était installé dans la vieille demeure familiale de Carrosse après avoir parcouru l'île au hasard des mutations professionnelles du mari. De ce fait, elle avait préféré devenir femme au foyer, s'occuper des enfants, offrir à Romain une maison bien tenue, de bons petits plats. Une vie bien rodée, sans histoire, à part quelques disputes sans conséquence. Comme tout le monde.

Aux yeux des autres, j'avais de la chance, se dit-elle. Mon mari n'était pas un coureur de jupons comme nombre de ses copains qui se vantaient entre hommes de leurs exploits amoureux.

Dans l'île, les vestiges de l'esclavage avaient laissé leur empreinte. Combien de couples cachés où l'homme, bigame, entretenait deux familles, avec des enfants qui ne se connaissaient pas ? Les femmes s'ignoraient, comme si de rien n'était. Elle était sûre de sa fidélité ou, du moins, elle n'en avait jamais rien su, c'est ce qui comptait. Ses copines étaient un peu jalouses d'elle : elle avait un bon mari.

Elle ne s'imaginait pas leur raconter que son couple battait de l'aile.

Le samedi soir, Romain disparaissait souvent pour une virée chez les copains, des soirées de matchs de foot. Ou bien ils jouaient aux cartes autour de quelques bouteilles. Au début, cela arrivait une fois par mois. Il revenait à l'aube, dormait sur le canapé pour ne pas la réveiller, l'haleine et les vêtements imprégnés par l'odeur lourde et écœurante du rhum. Il traînait ainsi toute la journée. Elle préférait emmener les enfants à la plage en pique-nique pour qu'ils ne s'habituent pas à la déchéance de leur père. Quand la famille rentrait le soir, le repas était prêt. Chacun faisait comme si rien ne s'était passé, et la vie reprenait son cours.

Ils ne parlaient jamais de ce sujet. Cela faisait partie de sa vie d'homme. D'ailleurs, chez ses copains, c'était pareil, elles l'évoquaient parfois entre femmes, mais le sujet restait tabou, dissimulé dans l'intimité des couples. Chacun chez soi avec ses tracas et ses marmites sales !

Peu à peu, Romain se mit à sortir deux soirs par semaine. Il rentrait de plus en plus tard, ivre. Parfois, à la sortie du travail, il s'arrêtait devant la boutique, debout sous le manguier avec quelques traîne-savates, une bouteille à la main, sur le trottoir. C'était le lieu de rendez-vous des compagnons de beuverie. Quand elle passait devant eux, elle feignait de ne pas les voir. Elle sentait que la pente devenait glissante. Une routine délétère s'imposait dans leur vie comme une gangrène. Elle devenait même la norme !

Irma avait bien glissé quelques mots à sa bellemère. Peine perdue ! Abandonnée très tôt par son mari, celle-ci avait élevé seule son enfant et en avait fait son dieu. Elle s'était privée pour qu'il ne manque de rien, pour financer ses études. Son fils était son petit gâté, dont les moindres caprices étaient exaucés, pourri par une tendresse maternelle censée remplacer un père disparu. En grandissant, l'enfant s'était transformé en despote à la maison. Il avait toujours raison, sa parole était d'évangile. Sa belle-mère n'acceptait donc aucune critique remettant en cause le piédestal sur lequel elle avait placé son rejeton. Romain était fonctionnaire, marié : il avait réussi sa vie.

Quand elle lui avait parlé de son addiction à l'alcool, sa belle-mère lui avait répondu sans ambages : « Ma fille, c'est à toi de faire un effort et de prendre sur toi. S'il boit, c'est que tu ne lui apportes pas ce dont il a besoin dans son foyer. Et tu as de la chance, moi je me suis retrouvée seule avec un enfant de trois ans. »

Cette remarque l'avait fait réfléchir. Irma s'était encore plus appliquée à complaire à son mari. Quand il rentrait de sa journée de travail, elle se précipitait pour l'accueillir, lui préparait les plats qu'il aimait, jouant le même rôle que sa belle-mère. Romain ne levait plus le petit doigt pour l'aider. Il se conduisait comme un coq en pâte à la maison, n'acceptant pas la moindre critique. Traité comme un pacha, il devenait de plus en plus autoritaire : tous devaient obéir au doigt et à l'œil. Même les cris des enfants lui étaient pénibles. Ceux-ci avaient pris l'habitude de chuchoter en sa présence, masquant leurs rires, faisant le moins de bruit possible pour éviter les réprimandes.

Un dimanche, à la vue de son laisser-aller empuanti par l'alcool, de sa tenue débraillée, ne supportant plus de le voir avachi sur le canapé, elle avait craqué et vidé le trop-plein de son cœur.

– Quand même, Romain, tu te rends compte de l'image que tu donnes aux enfants. On pourrait sortir, aller se promener, ça ne peut pas continuer comme ça…

– De quoi te plains-tu ? lui avait-il répondu. Ce sont mes affaires ! Je te fais vivre, je ne lésine pas sur l'argent que je te donne. Je rentre à la maison. Qu'est-ce que tu veux de plus ? Si cela ne te convient pas, retourne chez ta mère.

Elle avait ravalé ses larmes et commencé à se rendre compte qu'elle devait accepter son sort ou s'en aller. Rien ne changerait.

Après cette altercation, la vie avait repris son train-train. Il lui était de plus en plus difficile de supporter le poids qui pesait sur son cœur et les pensées lancinantes qui composaient son quotidien. Elle dormait mal et s'était mise à prendre des somnifères.

Certains dimanches, toute la famille partait en pique-nique sur la plage. Oncles et tantes se retrouvaient en « partie ». Les hommes se regroupaient pour jouer aux cartes ou aux dominos, les femmes faisaient cercle. On parlait du petit dernier, des potins de la ville, de la réussite scolaire des enfants, du temps et du ciel. Mais tout ce qui était important restait caché dans le silence. On faisait bonne figure. « Cela faisait honte » de dévoiler ses souffrances et ses chagrins. Les maux restaient enfouis dans le fénoir[4] des mémoires : lave incandescente bouillant sous le vernis social. Une tempête qui pouvait s'éveiller au moindre souffle, prête à se transformer en drame. Alors, rien ne pourrait plus l'arrêter. La violence se nourrissait à la source de tous ces silences.

Aussi, lorsqu'elle se retrouvait seule, elle soliloquait, cherchant vainement une voie de sortie, un semblant d'espoir, enracinée dans sa souffrance.

Le malaise devenait de plus en plus palpable.

Romain s'était mis à compter l'argent qu'elle dépensait pour la maison, à lui demander des

---

4. La souffrance, le désespoir. (N.d.A.)

comptes sur ses achats, critiquant ses choix, lui reprochant de gaspiller son salaire. Le quotidien devenait pénible. Ils ne se parlaient que par monosyllabes, les repas s'éternisaient dans un silence pesant. L'atmosphère devenait irrespirable. Alors on allumait la télé, qui meublait les soirées, personnage désincarné qui occupait l'espace sonore, dans un ronron familier. Puis on se retrouvait dans une couche où elle devait accepter ses étreintes rapides, parfois avinées, sans plaisir, souvent avec dégoût. Le temps s'écoulait ainsi, impavide. Elle se sentait engluée comme une mouche prise dans une toile d'araignée, où chaque mouvement renforçait sa sujétion. Irma s'épuisait et lâchait prise, désespérée. Son couple allait droit vers un tunnel dont elle ne voyait pas la sortie. L'oiseau tournait en rond dans la cage !

Sa seule distraction était le jardin. Elle y puisait sa force, bercée par l'eau qui tombait en pluie sur les feuilles, lavant ses sombres pensées. Elle cultivait des capillaires fragiles dont les noms poétiques l'enchantaient : la pluie, prince et princesse de Galles… Se comparant à leur grâce légère. Elle s'entourait d'orchidées dont la beauté froide l'aidait à se cuirasser contre les sarcasmes que son mari lui assenait de plus en plus souvent. La contemplation des plantes l'aidait à reprendre son sang-froid. Elle les prenait à témoin lorsque la solitude était trop pesante. Leur compagnie amicale la réconfortait.

– Vous avez entendu ce qu'il m'a dit, ce monstre ! Il n'a rien dans les veines. Mais si ! Ce n'est pas du sang, mais du rhum qui y coule et lui vide le cerveau. Je le hais ! Il est méprisable ! Comment peut-il se laisser aller de cette façon ? Jusqu'où va-t-il descendre ? Et nous deux, où allons-nous ?

Mais ces plaintes dérisoires ne suffisaient pas à éliminer ce tourment qui s'accumulait depuis des années. Elle supportait son quotidien comme un fardeau de plus en plus lourd sur les épaules.

Le jardin s'était rempli de fleurs chinées au hasard des rencontres. Les lianes s'agglutinaient autour de la maison. Des merles de Maurice y nichaient. Leur chant régalait ses matins. Une thunbergia aux larges corolles mauves et à la gorge d'or se mêlait aux vrilles de la liane de jade : le trésor de son jardin.

Irma avait eu un vrai coup de cœur pour ces fleurs vertes, irisées de bleu turquoise. Elle aimait leur exubérance. La liane volubile courait sur la clôture. Son feuillage vernissé, couleur de bronze, envahissait les arbustes, ceignant l'entrée de ses pousses vigoureuses, enrubannant le poteau téléphonique. Elle attendait chaque année la floraison spectaculaire de ses grappes en forme de becs de perroquet retournés, d'un vert opalin, avec des griffes recourbées. Elle restait alors en contemplation pendant des heures, comme fascinée par ces fleurs. Elle était tombée par hasard sur la légende polynésienne qui l'appelait « *moea i te'o pua rau* », ce qui veut dire « la femme endormie dans le jardin des fleurs ». C'était l'histoire d'une jeune fille qui, transformée en fleur, aurait été délivrée de ce sort par un homme patient et amoureux.

Irma se comparait à cette femme endormie et prisonnière de ce destin auquel elle ne pouvait échapper. Que faire ? Quitter son mari ? Pour aller où ? Sans travail, sans revenus. Sa famille la traiterait d'idiote et refuserait de l'héberger. Combien rêvaient d'un mari fonctionnaire ? Personne ne comprendrait ! Il y avait tant de femmes, dont sa mère qui avait enduré toute une vie un homme qu'elle n'aimait plus, pour qui il ne restait que l'habitude du quotidien : une laisse à laquelle on est attaché ! On s'y accroche par peur de l'inconnu ou du qu'en-dira-t-on ! Elle subissait son mari, malgré les paroles insultantes et le mépris qui grandissait dans son regard quand il la fixait.

Elle était sa créature. Cet état de toute-puissance satisfaisait son orgueil de mâle. Sa mère en avait fait un roi dont la cour était le foyer où tout marchait selon son bon vouloir. Sa femme se pliait à ses désirs. Il y trouvait son compte. Il ne l'aimait plus depuis des lustres, mais elle suffisait à ses besoins, elle s'occupait bien de la maison et des enfants. Pourquoi changer ? Ses copains s'égaraient dans des histoires de filles avec leur lot de ralé-poussé[5], de scènes de jalousie épuisantes. Il n'en avait pas envie. De plus, une nouvelle femme voudrait lui donner un enfant. Il en avait assez comme ça. Encore des complications !

Un soir, il rentra chez lui. Le repas n'était pas prêt !

Toute heureuse de la floraison de la liane de jade, Irma s'était oubliée dans sa contemplation.

5. Disputes incessantes. (N.d.A.)

Elle avait admiré pendant des heures les grappes opalines, elle avait suivi le vol des oiseaux blancs cueillant le nectar de leur fin bec. Elle s'était laissé emporter par la félicité offerte par le jardin. Cette promenade au cœur des fleurs la libérait de ses souffrances, estompait ses sombres pensées. Elle plongeait avec délice dans le vert des feuillages, les jeux de lumière du soleil. Ce voyage onirique la ressourçait, la délivrant du piège où elle se débattait depuis trop longtemps.

Elle se sentait renaître, s'immergeant dans le miellat butiné par les abeilles, y puisant une nouvelle force. Elle trouvait enfin là l'harmonie et la paix dont elle rêvait. Irma se rendait compte que le jardin était bien le paradis, en opposition à l'enfer de la maison.

Quand elle retourna dans la maison, son visage était illuminé de ce voyage intérieur où elle avait retrouvé son calme.

Il était déjà cinq heures. Romain allait rentrer. Elle n'avait pas encore mis le riz à cuire. Elle était comme éblouie, un peu absente, allégée de son fardeau intérieur.

Quand son mari arriva chez lui, il vit sa femme gaie et souriante. Il s'était arrêté à la boutique et avait bu deux, trois coups de secs[6] avec les copains du bar. Il avait le visage congestionné, les yeux injectés de sang. Elle sentit toute la violence qui émanait de lui et se prépara à l'affronter.

– Qu'est-ce qu'on a pour le dîner ? interrogea-t-il d'un ton revêche en entrant dans la cuisine, soulevant le couvercle des marmites. Comment ? Tu n'as encore rien préparé ? Mais tu as fait quoi cette après-midi, demanda-t-il en haussant le ton, lui serrant le bras. Puis, il la tourna brutalement vers lui. Il aperçut son teint frais, ses yeux brillants. Tu n'es pas comme d'habitude, remarqua-t-il, en la secouant violemment. Tu as un amant ? Tu l'as rencontré aujourd'hui ? Avoue ! cria-t-il.

– Mais non, qu'est-ce que tu vas inventer ? J'ai passé la journée à la maison, j'ai jardiné. C'est tout. C'est vrai que je n'ai plus pensé à l'heure. Il n'y a rien d'autre, répondit-elle d'un ton effrayé en voyant son air soupçonneux.

– Tu vas me dire que tu as perdu toute ta journée dans le jardin. Qu'est-ce qu'il a donc pour

---

6. Le rhum est servi dans de petits verres que l'on boit d'un seul trait. (N.d.A.)

t'attirer comme cela ? Ce n'est pas normal, rugit-il en la lâchant si brutalement qu'elle tomba.

Quand il constata qu'elle était par terre, il vit rouge, la violence qui sommeillait depuis longtemps explosa. Il se mit à la gifler, lui tira les cheveux, lui assena des coups de pied. Elle était tellement surprise par sa colère qu'elle ne réagit pas et se laissa battre, souhaitant seulement ne plus rien sentir, et surtout ne plus entendre les insultes qui accompagnaient chaque coup.

Que cela s'arrête ! Sainte Vierge, aidez-moi ! suppliait-elle en repensant à son bouquet de noces.

Il la laissa subitement, comme s'il s'était délesté de sa rage.

L'homme sortit dans le jardin pour se calmer. C'est alors qu'il aperçut les grappes vert turquoise qui brodaient la haie en un rideau fleuri. Les fleurs retombaient en guirlandes d'un vert lumineux, comme étincelant dans la lumière du couchant. Les griffes recourbées des bractées semblaient le narguer, aiguillonnant sa rage. Elles se moquaient de lui, l'humiliaient. Il entendait leur persiflage. Elles riaient et le ridiculisaient.

– C'en est trop ! Alors, vous vous moquez de

moi ! Ça ne va pas se passer comme ça. Je suis chez moi ici, rugit-il.

Il se précipita vers la remise, prit son sabre à canne et se mit à tailler la liane avec rage. Les bractées pleuvaient autour de lui dans leur jupe verte. Elles tournoyaient un instant, comme surprises, puis chutaient en silence, recouvrant le sol de leur absinthe, vaincues sous sa frénésie de destruction. Tristes trophées ! Bientôt, il ne resta sur le sol que leurs couleurs déjà livides dans la mort qui avait fauché leur éclat. La liane mutilée sembla se replier sous les arbustes, la sève de la vie s'écoulant goutte à goutte de ses blessures.

Dans la cuisine, Irma se remettait lentement des coups qu'elle avait reçus. C'est la première fois qu'il me bat ! se répétait-elle. Elle pensa aux enfants qui s'étaient réfugiés dans leur chambre. Elle se redressa. Tout son corps était douloureux. Puis elle s'enferma dans la salle de bains, essayant de recouvrer ses esprits. Elle se doucha, laissant longuement couler l'eau sur son bras écorché, se calmant peu à peu.

Cela ne doit plus se reproduire, se répétait-elle, il faut que je m'en aille. Il finira par me tuer. Ne plus jamais vivre ça ! Je ne peux pas accepter cette violence. Cela recommencera.

Irma resta longtemps accablée par le souvenir de cet épisode qui marquait le début d'une tragédie.

– Qu'est-ce que nous allons devenir ?

Soudain, revenant du jardin, Romain tambourina violemment à la porte en criant :

– Je m'en vais. Quand je rentrerai, il vaut mieux pour toi que le repas soit prêt.

Il ne faut pas que j'oublie les enfants, se répétait-elle pour trouver le courage de sortir de son état de prostration. Après le départ de leur père, les enfants se précipitèrent, affolés. Elle les reçut contre sa poitrine, se mettant enfin à pleurer, murmurant bêtement les seuls mots qui lui venaient aux lèvres.

– Ce n'est rien, ça va passer, les serrant contre elle pour se rassurer.

Elle leur servit leur dîner et les coucha en leur chantant une berceuse.

– *Dodo l'enfant do, si l'enfant y dodo pas, chat marron va souque à lu…*

Ensuite elle éteignit les lumières, demeurant longtemps dans le noir. L'obscurité seule lui permettrait d'oublier.

Je vais contempler ma belle liane de jade. La beauté de ses fleurs m'aidera à recouvrer mon calme.

Elle éclaira la varangue, découvrant avec horreur le désastre.

Les lambeaux de la plante pendaient, mutilés, amputés de leurs grappes fleuries. Il semblait à Irma que c'était son âme qui avait été meurtrie. Chaque fleur tombée était une blessure infligée à sa propre chair. Chacune symbolisait une peine, une larme qu'elle n'avait pas versée, une épine fichée dans sa peau, le venin qu'elle n'avait pas lancé qui corrompait son sang figé dans ses veines.

– Oh, monstre vomi du sein de ta mère ! Pourquoi es-tu né ? Quelle lâcheté t'habite pour avoir osé massacrer des fleurs innocentes ? Tu seras puni. Elles se vengeront. Elles me vengeront. Mais non, tu continueras à pourrir nos vies. Personne ne peut rien pour moi, acheva-t-elle, désespérée, devant l'impasse où elle se débattait. Il finira par m'assassiner, comme dans ces faits divers qui font la une des journaux. Il n'acceptera jamais que je le quitte.

Les larmes coulaient, ravinant son visage. Elle pleurait sur sa vie détruite, sur un passé qui l'avait piégée, sur un présent qu'elle aurait voulu fuir, trop pesant.

La vue du jardin massacré avivait son chagrin, son cœur était comme celui de la liane, lardé de coups de sabre. Elle était anéantie par toute cette violence qui avait fait de son paradis un *caro de zépines*[7], un désert dont la vie s'enfuyait comme la sève qui s'écoulait des tiges décapitées.

Pendant des heures, elle pleura sans pouvoir s'arrêter. Irma versait des larmes sur sa vie qui partait en quenouille, sur cet amour qui s'était perdu dans les vapeurs du rhum. Elle ne savait comment mettre un terme à cette histoire.

L'homme rentra au chant du coq, imbibé de rhum, titubant dangereusement. En passant le portail, il se prit le pied dans une liane qui le retint dans son lacet et tomba tête la première dans le lit de jade qu'il avait érigé avec son sabre. Sa tempe heurta un coin du parterre, le sang se mêla à la sève blanchâtre de la liane, fleur rouge au milieu du linceul des grappes opalines. L'alizé se leva, les feuilles frissonnaient, la vie continuait dans le jardin. Une fleur couleur de jade s'épanouit…

---

7. Lieu de souffrances. (N.d.A.)

Irma se calmait. Demain sera peut-être un jour nouveau, se dit-elle en sombrant dans un sommeil sans rêve.

Une sauvageonne chez Molière

par Monique Agénor

« Allons petit garçon, qu'on tienne bien ma queue, et qu'on ne s'amuse pas à badiner ! »

Oh là là ! Oui, je m'en souviens encore comme si c'était hier. Je n'avais pas commencé à déclamer mon texte du *Mariage forcé* de Molière devant les membres du jury du théâtre de l'Ambigu que déjà ils se penchaient les uns vers les autres, chuchotaient, me reluquaient en coin, me lançaient des sourires compatissants sans même m'écouter.

Mais foutre alors, je n'avais que quatorze ans ! C'est vrai, j'en paraissais seize, mais quand même ! Qu'attendaient-ils d'autre de moi, ces messieurs de l'Ambigu, que mon désir de faire du théâtre, de partager avec eux un métier que j'avais choisi et pratiqué depuis l'âge de quatre ans ?

Il me faut le dire, car ils ne le savent pas ces gens qui sont là pour juger de mes talents, que j'appartiens à une famille d'artistes moi aussi, que je suis de la roulotte, sacrebleu !

Avec mes parents, j'en ai fait des tournées théâtrales. Dès grand-matin, jusqu'à tard dans la nuit, on était en action, on a couru par monts et par vaux, paradé dans toutes les villes de province, joué pour toutes sortes de spectateurs, dans toutes sortes de répertoires.

Et, au moment où j'ai eu envie de proposer mes capacités artistiques pour un spectacle, ces ronds-de-cuir de la scène, au lieu de me prêter une oreille attentive, s'étaient employés à jauger mon physique. À me parcourir des yeux de la tête aux pieds. Et à fixer mes jeunes tétons lorsque le partenaire qui me donnait la réplique s'était collé à moi, désignant d'un doigt fébrile le bout de mon petit sein qui pointait sous mon corsage : « Vous allez être à moi depuis la tête jusqu'aux pieds, et je serai maître de tout : de vos petits yeux éveillés, de votre petit nez fripon, de vos lèvres appétissantes, de vos oreilles amoureuses, de votre petit menton joli, de vos tétons rondelets, de votre… »

Et ce fut avec rage que je pris le parti de Dorimène, ce beau personnage du *Mariage forcé* que j'avais si bien travaillé, mais travaillé autrement. Je lançai à la tête des vieux messieurs assis à l'orchestre tout ce que Molière avait relevé de ridicule chez les vieux Géronte qui emberlucoquaient les petites filles de quinze-seize ans.

Le résultat ne se fit pas attendre. Je fus interrompue dans ma prestation.

– Descendez par ici mademoiselle, m'ordonna l'un d'eux, que j'ai su plus tard être l'un des directeurs du théâtre.

Je descendis du plateau jusqu'à son fauteuil à l'orchestre, et me tins debout.

– Vous vous appelez comment ?

– Blanche.

– Blanche ? Et il s'était mis à rigoler, allez savoir pourquoi. Eh bien Blanche, pour beaucoup de raisons, nous avons décidé de ne pas vous engager à l'Ambigu. D'abord, le rôle de Dorimène n'est pas pour vous.Vous n'avez pas la gueule de l'emploi, si je peux m'exprimer ainsi. Vos cheveux frisés, votre teint soutenu, votre nez inexistant qui n'accrochera jamais la lumière d'un projecteur, et votre accent qui vient de je ne sais où, ne correspondent en rien à l'idée que nous nous faisons de Dorimène. Cependant, avait-il ajouté en se rinçant les yeux encore davantage sur mon corsage, là où ça se soulevait quand je respirais, et je respirais d'indignation, cependant, avait-il répété, vous joueriez très bien le rôle de la bohémienne en fin de pièce. Vous êtes jolie malgré tout, et si vous savez chanter et danser, il vous sera attribué un petit cachet.

Je me souviens leur avoir balancé en les fusillant du regard :

– C'est du pipi de sansonnet que vous me proposez là ! Merci bien.

Et je m'étais enfuie en sifflant entre mes dents serrées : « Pauvres couillons ! »

***

Jamais, je crois, je n'avais tenu de revanche aussi retentissante lorsque, deux ans plus tard, je débaroulais sur la scène de l'Ambigu, avec à la main le texte de la pièce que j'allais jouer dans le rôle principal, mon père à mes côtés comme partenaire, et ma mère en coulisses comme costumière.

J'avais très mal supporté le mépris que ces messieurs les administrateurs de théâtre m'avaient témoigné à propos de mes cheveux soi-disant trop frisés, de mon teint soi-disant trop basané, de mon nez soi-disant trop petit, etc.

De ce cuisant dédain fait à mon physique et à mon honneur de jeune théâtreuse, je m'étais plainte à tout le monde, à moi-même d'abord, puis à mes parents, à mes amis et à tous les artistes avec lesquels j'avais joué. Il se trouve que, dans notre entourage, mon père avait pour ami un homme d'exception, le plus étonnant dramaturge de notre siècle, le plus prolifique des auteurs de théâtre, le plus admiré, le plus riche et le plus célèbre, bref, Victorien Sardou en personne.

Sardou fut le premier à détecter chez mon père un véritable talent de mime et de clown. Jusque-là, c'est-à-dire avant sa rencontre avec Victorien, mon père s'était cru amateur de théâtre, amateur seulement, parcourant les routes, les villages et les villes juste pour nous nourrir ma mère et moi. Ma mère était modiste et créait nos costumes. Moi, je les aidais comme je pouvais du haut de mes quatre ans jusqu'à mes dix ans, et puis je me sentis réellement comédienne à la signature de mon premier contrat. Je devais avoir une douzaine d'années. Et c'était dans un petit théâtre de Bruxelles. Sardou était devenu un habitué de notre logement parisien. Il aidait mon père dans ses spectacles de mime. Il aidait ma mère à dénicher des travaux de costumière de théâtre, et il m'a aidée à retrouver ma dignité de petite fille sans défense.

J'entrai donc à l'Ambigu avec une pièce de Victorien, écrite spécialement pour moi. Ma fierté devant une telle distinction avait effacé toute rancœur, toute animosité vis-à-vis des malgracieux directeurs et régisseurs du théâtre. Je n'avais pas cherché non plus à les goguenarder. Après les premiers étonnements, les premiers mouvements de rage ou de mauvaise humeur, mais n'étant pas de taille à lutter avec un auteur qui remplissait les salles, qui attirait les foules et qui faisait tinter les tiroirs-caisses des administrateurs, ils firent finalement très bon cœur à très bonne fortune.

Mon passage à l'Ambigu fut, de mon fait, de courte durée malgré le succès. La pièce tenait encore l'affiche depuis presque deux ans, ce qui n'était pas mal. Mais j'avais envie d'ailleurs. À dix-huit ans, je rêvais aux sommets de la gloire.

Mais pour cela, je savais qu'il me fallait plonger dans les mondanités, accepter les sorties galantes, et ne pas tourner le dos à la presse. Alors, avec l'insouciance et l'inconscience de mes jeunes années, je décidai tout à coup de démissionner de mon rôle, de quitter mes parents pour aller m'installer dans un petit logis de la rue Saint-Honoré. Et, à sa grande tristesse, je dis aussi adieu à Victorien Sardou, notre bienfaiteur.

***

À peine éteintes toutes les lumières du théâtre, les rampes et les herses, à peine descendu le rideau du devant de scène, à peine remonté le cyclorama du fond de scène, Blanche s'était réfugiée dans sa loge, faite à son image, au décor sensible et provocant à la fois. Elle est émue, la talentueuse et belle comédienne. Émue et épuisée. C'était la dernière d'un bon nombre de représentations qu'elle avait données, ici, au théâtre du Gymnase, depuis la signature de son contrat voilà une dizaine d'années.

Elle avait interprété, avec un succès grandissant, les pièces d'auteurs dans l'air du temps, très en vogue et appréciées des spectateurs de la haute bourgeoisie, de l'aristocratie, et même de Napoléon III, qui venait souvent, accompagné de l'impératrice Eugénie. Pour son dernier spectacle, *Le Monde où l'on s'amuse* d'Édouard Pailleron, acclamée du public, ovationnée à tout rompre, la jeune actrice avait invité chez elle, dans son nouvel hôtel particulier de la colline de Chaillot, tout ce que Paris comptait du monde des arts, de la presse et de la littérature. Mais aussi de la bohême : des chanteurs, chanteuses, des danseurs, danseuses, des peintres et auteurs de théâtre peu chanceux, de jeunes gourgandins, gourgandines, pique-assiettes et sans-le-sou.

Pourtant, c'était sans grand enthousiasme qu'elle s'était décidée à quitter sa loge, son refuge, pour retrouver ses invités qui, elle le savait, n'allaient pas manquer, sous des dehors polis et raffinés, de critiquer, de calomnier ou de médire d'elle. Sourires en coin. Ricanements. Elle savait bien aussi, que la comédie continuait après le spectacle. Qu'elle serait jouée non plus par des acteurs payés au cachet, mais par les spectateurs eux-mêmes. Pas de grande différence, finalement, entre les personnages d'un théâtre et ceux de la vie. Sauf qu'elle en faisait les frais, la petite Blanche, la sauvageonne aux pieds nus, au nez serti d'un anneau – de diamant, il est vrai, mais anneau quand même –, à la chevelure blonde, certes, mais si frisée. D'où venait-elle, cette créature étrange, si différente des autres ? Tellement imprévisible, tellement insolente ! Personne pour le dire.

Quelques-uns de ses amis formant le cercle de son intimité l'avaient vue s'élever jusqu'au sommet de la réussite, entraînant dans son sillage les retombées de sa bonne fortune : un goût immodéré du luxe, des dépenses excentriques, des caprices incontrôlés et incontrôlables, mais une générosité sans bornes. Cependant, le plus dérangeant, que beaucoup d'entre eux ne pouvaient pardonner, c'était sa liberté. Une liberté qui ne sied pas à une jeune demoiselle de son rang.

Allergique au mariage, elle l'était aussi au concubinage, et traitait d'un dédain féroce les messieurs riches et puissants qui tenaient tant à la prendre sous leur protection, à la vie, à la mort. Car succès oblige : si durant ces dernières années elle avait été portée aux nues, il n'en restait pas moins qu'elle fut aussi cruellement vilipendée. La jalousie, les cabales, les rivalités à l'intérieur même du théâtre auraient suffi à n'importe quelle jeune actrice pour accepter les « protections », quitte à être prise pour une cocotte. La seule manière de vivre qu'elle se reconnaissait était de ne jamais faire de concessions contraires à sa façon d'être, à sa façon de penser ou de se comporter. Elle reconnaissait bien, par-devers elle, que, grisée par ses triomphes, elle avait le sentiment de s'être embourbée progressivement dans la fange d'une notoriété qu'elle avait fini par juger artificielle, mais c'était ce qu'elle avait cherché et, si elle n'arrivait plus à s'en protéger, elle ne devait s'en prendre qu'à elle-même. N'en vouloir qu'à elle-même. Paris et ses plaisirs. Paris et ses mondanités, ses folies, ses excès, elle les a goûtés, expérimentés, elle en a joui jusqu'à l'écœurement, au point de passer pour la scandaleuse des faubourgs auprès de la bourgeoisie bien-pensante. Maintenant, elle voudrait se sauver de cet enlisement. Se défaire de ce personnage public qui lui collait à la peau et qui lui apportait un certain dégoût. Cette dernière représentation allait, pensait-elle, lui permettre de se retrouver. Elle n'avait signé aucun autre contrat. Avait prévenu la direction du Gymnase que, après tant d'années passées au service du théâtre, elle éprouvait le besoin de reprendre souffle.

Derniers regards autour de sa loge aménagée en galerie de tableaux avec, accrochées aux murs, les œuvres contemporaines de ses peintres préférés Courbet, Manet, Delacroix, choisies parmi leurs œuvres érotiques, des nus principalement, qui faisaient dire aux détracteurs entrant pour la première fois dans sa loge que tout cela n'était que laideur et vice, tout en pouffant de rire. Ces tableaux, pourtant, baignaient dans l'atmosphère d'un luxe baroque apprécié des mondains et mondaines du Tout-Paris : meubles dorés, coussins et canapés en velours satiné, rideaux de soie moirée, lampadaires rococo. La jeune actrice eut un sourire ironique et las. Elle l'aimait cet antre où, pendant si longtemps, avant ou après les représentations, elle s'était enfermée soit avec un de ses amants, soit tout simplement pour lire, rêver, ou travailler à ses textes.

Au cocher qui l'attendait à la porte d'entrée des artistes : « Chaillot, s'il vous plaît. »

***

Je me suis enfermée durant deux ans. Je n'ai voulu voir personne. J'ai refusé des rôles, vendu mes biens et accepté l'hospitalité de Victorien Sardou en son château de Marly-le-Roi. Je n'avais pas encore trente ans.

La politique et la vie allaient très mal à Paris. Napoléon III avait joué avec le feu en déclarant la guerre à la Prusse. La défaite fut humiliante. Humiliante aussi l'armistice et déshonorants les accords de paix qu'aucun peuple n'aurait pu accepter, et que n'a pas acceptés le peuple français.

N'étant pas particulièrement sensible à la politique du Second Empire, je n'avais suivi les péripéties de cette guerre que de loin en loin. Et quand Victorien, pour m'être agréable, m'avait proposé de venir me reposer dans son château, je n'ai rien vu de ce qui se fomentait à Paris. Mes journées étaient occupées à lire, à jouer du piano, à monter à cheval et à m'amuser avec mon hôte, grand fervent du spiritisme, à faire tourner les tables. Je trouvais une certaine excitation en me mêlant à ces jeux-là : forcer les morts à clapoter dans leur langue de l'au-delà.

Mais, au mois de mars de l'an 1871, les Parisiens n'en veulent plus, d'un gouvernement qui les trahit, qui les méprise.

L'année précédente, ils avaient pourtant bien annoncé la destitution de Napoléon III et proclamé avec enthousiasme l'arrivée de la nouvelle république représentée par Gambetta, mais le gouvernement Thiers, loin de répondre à leurs attentes, renvoya la république à la Saint-Glinglin.

C'était un dimanche pluvieux. Les morts avaient répondu à toutes nos stupides questions, lorsque le cocher de Sardou, qui rentrait juste de Paris, nous apprit qu'une foule de femmes, essentiellement de femmes, avait grimpé jusqu'à la butte Montmartre pour s'emparer des canons pointés sur Paris. Débâcle, peur et lâcheté chez les membres du gouvernement qui se sont tous réfugiés à Versailles. Aussitôt, encore une femme, inconnue du cocher, mais véritable meneuse de troupes, avec quelques révolutionnaires et insurgés, a constitué et fait élire une Commune. Avec pour mots d'ordre : se battre et résister ! Se battre et résister jusqu'à la mort s'il le fallait !

Dans un réflexe inconscient, dans un sursaut d'humanité, ou par une sorte de civisme politique attardé, je ne sais pas, je ne sais toujours pas pourquoi, j'ai renversé la table des âmes errantes avec rage, arraché avec non moins de rage manteau et chapeau de la patère et ordonné au cocher de me conduire immédiatement à Paris.

***

C'était une très belle cave, cette cave du théâtre de l'Odéon. Très belle et douloureuse à la fois. Car c'était là que toute une équipe de bénévoles soignaient et pansaient les blessés, réconfortaient les mourants. Venait de se passer la semaine la plus abominable d'entre toutes. Celle du 21 au 28 mai. La soldatesque gouvernementale avait tiré sur la foule des artisans et ouvriers, hommes, femmes et enfants. De la butte Montmartre arrivaient chaque jour, par dizaines, des hommes amputés, des femmes mutilées, des enfants estropiés.

Je m'étais employée à leur venir en aide en les approvisionnant en médicaments, vêtements, nourriture. En louant des ambulances.

Maisons effondrées. Arbres brisés. Paris barricadé. Paris incendié. Ensanglanté. Enfermé dans sa nuit noire, dans ses feux rougeoyants. Dans ses morts. Plus de trente mille morts, dont des centaines devant les pelotons d'éxécution. Une boucherie.

La jeune meneuse à la tête des insurgés dont m'avait parlé le cocher s'appellait Louise Michel. Avec les révolutionnaires, elle avait effectivement créé la Commune, seule capable d'instaurer la IIIe République à laquelle aspirait le petit peuple de France. Une vraie république ! Une république européenne ! Elle s'était donné pour but de tuer Adolphe Thiers, « ce gnome », criait-elle, « ce nabot, ce jocrisse à la voix de crécelle ».

Je n'ai jamais rencontré Louise Michel, mais elle me fascinait. « Louise la Pétroleuse », disaient d'elle les personnalités politiques gouvernementales. La Pétroleuse qui allume les incendies. Les grenouilles de bénitier se signaient au seul nom de la Pétroleuse. Mais la jeune femme s'en foutait. Pour elle, la lutte sociale était aussi la lutte pour la libération des femmes. La lutte pour les droits de la femme. Pour l'égalité entre les sexes. De grands écrivains engagés étaient dans son camp, comme Émile Zola ou Victor Hugo. Lorsque la Commune, vaincue par les forces militaires du gouvernement, a dû se rendre, Louise Michel fut envoyée au bagne en Nouvelle-Calédonie. Et moi, j'ai regagné ma loge au théâtre du Gymnase. Partagée avec celle du théâtre du Vaudeville. Des loges simples en peau de chagrin. J'avais mangé mon blé en herbe. J'avais rangé au vestiaire ma vie de patachon. Je ne regrettais rien. Cela n'avait nullement éloigné les convoiteux et convoiteuses, les chagrineux et chagrineuses pour qui je m'étais lancée dans la bohème par pure provocation. Vraiment, je m'en balançais !

Au Vaudeville, ce fut pour moi un régal d'interpréter les œuvres d'Eugène Labiche, que je considérais comme des œuvres légères, amusantes, sans ambitions politiques certes, mais extraordinairement fines et intelligentes. Je ne peux pas oublier Octave Mirbeau, que j'ai interprété des dizaines et des dizaines de fois. Grand pamphlétaire, épris de justice, de moralité, dont le *Journal d'une femme de chambre* avait fait hurler le petit monde puritain des arts et des lettres. Je l'appréciais pour son humour noir, ses révoltes, et ses positions anti-cléricales. Et aussi et surtout parce qu'il avait soutenu la Commune.

Victorien Sardou, quant à lui, s'était fait méchamment houspiller avec *Madame Sans-Gêne* par les mêmes donneurs de leçons.

Au Gymnase, j'ai joué tous les grands auteurs contemporains du répertoire dramatique. Des auteurs chez qui la satire sociale et la comédie de mœurs tenaient une grande place. Parmi tous ces rôles, celui qui m'a le plus marquée, tant en négatif qu'en positif, fut celui de Marguerite Gautier dans la pièce d'Alexandre Dumas fils *La Dame aux camélias*. Les répétitions étaient déjà bien engagées lorsque j'appris par ouï-dire les propos qu'avait tenus cet auteur que je croyais apprécier par ailleurs : « Ces femelles de la Commune ! », aurait-il lancé en parlant des femmes de la Commune en général, et de Louise Michel en particulier. Cela sous-entendait que ces « femelles » ne pouvaient être autres que des putains, des vendues, des encornaillées. Un tel dérapage de la part de quelqu'un qui avait signé un article sur l'émancipation des femmes m'avait beaucoup choquée, au point que j'avais failli quitter de nouveau le théâtre en disant adieu à sa *Dame aux camélias*. Mais il m'était très vite apparu qu'il s'était soumis au goût du jour en fustigeant les révolutionnaires féminines et en réclamant l'émancipation, non pas des femmes de la classe populaire, mais de celles de sa classe à lui, la classe de la haute bourgeoisie. Tant d'hypocrisie m'avait révulsée, mais cela ne méritait pas le sacrifice de mon travail d'artiste. *La Dame aux camélias* fut un triomphe et le déclencheur de tous mes rêves de théâtreuse auxquels je n'aurais jamais osé donner forme.

***

Et par une belle soirée, occupée à me démaquiller après le spectacle, dans le miroir de ma loge, j'eus un poignant coup au cœur. Deux silhouettes se tenaient sur le pas de ma porte. Je les connaissais toutes les deux. L'une s'était rapidement approchée de moi, c'était celle de l'incontournable critique littéraire Francisque

Sarcey qui, par ses articles dans *Le Figaro*, faisait et défaisait, à son gré et selon ses humeurs, les succès ou les échecs des représentations théâtrales ; l'autre, emmitouflée dans ses fourrures, si belle et si simple à la fois : Sarah Bernhardt ! La grande Sarah Bernhardt ! Mon émotion était trop forte pour que je puisse, aujourd'hui encore, mettre des mots sur la sorte d'agitation qui s'était emparée de moi. Tout ce dont je me souviens, c'est de m'être brusquement levée, le visage dégoulinant de crème démaquillante, les yeux au beurre noir, les lèvres barbouillées de fard ; bref, face à la comédienne de mes chimères et illusions je me suis sentie à contre-courant de moi-même et, au lieu de me plaindre d'avoir été si brusquement dérangée (ce que j'aurais fait avec n'importe qui d'autre), je me suis excusée du désordre de ma personne.

Mon trouble avait dû être évident ; l'admirable femme me prit seulement les mains et, de sa voix inimitable, m'exprima son plaisir d'avoir découvert la justesse et la passion que j'avais mises dans le personnage de Marguerite Gautier, et elle me proposait, si cela me convenait, de venir travailler à la Comédie-Française. J'ai cru m'évanouir.

***

Mon entrée par la grande porte dans la maison de Molière, à l'âge de quarante ans, avait soulevé quelques points sensibles de ma personnalité que j'avais volontairement occultés jusque-là. Les propos des vieux minables du théâtre de l'Ambigu au sujet de mon physique, alors que je n'avais que quatorze ans, me revenaient inlassablement en mémoire : oser jouer Molière quand on a le teint couleur miel, les yeux en amande, les cheveux frisés, un accent de sauvage, quelle outrecuidance ! Jouer pieds nus, des anneaux aux oreilles et au nez, quelle sorte de barbare était-ce là ? Mais voilà : la barbare avait été reçue en toute amitié et sincérité par Sarah Bernhardt, Mounet-Sully, qui devint son seul et unique amour (mais cela est une autre histoire), Réjane, Coquelin et tous les comédiens et comédiennes incomparables de la Comédie-Française !

Ils m'ont tendu la main. Et ma vie a pivoté. C'est la raison pour laquelle je ne veux plus aujourd'hui laisser mes origines enfouies dans des cartons. Mes parents, s'ils étaient encore de ce monde, auraient été très fiers de moi. Et je suis fière aussi de la petite fille, Blanche, Blanche Pierson, créole blonde, née à Saint-Paul, dans l'île de ses parents, appelée île Bourbon à sa naissance, en 1842, et appelée maintenant île de La Réunion.

J'ai soixante-dix ans et la folle envie de me promener dans ma mémoire. J'ai conçu le projet de m'écrire, de me raconter, à ma façon bien sûr, mais j'ai besoin surtout de la parole perdue de mon enfance. Nécessité vitale. C'est un long voyage que je me propose de tenter.

Je ne sais encore comment je vais m'y prendre pour être fidèle à cet heureux temps que j'avais gardé secret par désir forcené de réussir dans ma vie de comédienne. Mais le souvenir de la petite fille que j'étais, traînant à l'école, se perdant dans les forêts, s'immergeant dans les cascades, se récitant des poèmes sous le ciel étoilé, crée en moi des remous et des frissons aussi forts que ceux qui m'assaillaient quand j'étais sur scène. L'île Bourbon entière avait été notre domaine. Mon père, en créant le théâtre de Saint-Paul, avait surtout pour but d'amener la population saint-pauloise à sortir d'elle-même, par le biais de saynètes créoles, de chansons, de danses, de pantomimes aussi, en donnant des représentations dans toute l'île les dimanches matin après la messe et les dimanches après-midi après les vêpres. Ce fut ainsi que, dès l'âge de quatre ans, heureuse d'être ballottée de chemin en chemin, de village en village, des bords de mer aux flancs des montagnes, et par la force de la fascination de mon père pour ce métier, je m'initiais à la vie de saltimbanque et la gardais pour toujours dans la peau.

C'est Victorien Sardou qui a mis fin à cette vie errante, bien que passionnante. Il avait entendu parler de mon père par un ami commun. Aussitôt, et en bon mécène qu'il était, toujours prêt à faire découvrir des artistes, surtout ceux venus d'une île si lointaine, il nous fit remettre des billets des Messageries maritimes pour une belle traversée jusqu'en France. Une nouvelle vie nous attendait. Mon père eut beaucoup de succès à Paris comme mime. Ma mère fut une des plus demandées parmi les costumières de théâtre. Et moi, la maison de Molière me souriait.

BIOGRAPHIE DES AUTEURS

Monique Agénor est née à Saint-Denis de La Réunion et a poursuivi ses études universitaires (théâtre/cinéma) à la Sorbonne. D'abord comédienne, elle crée sa société de production de courts métrages et réalise avec son fils des documentaires sur les Dom-Tom, principalement à La Réunion, et les autres îles de l'océan Indien. Elle est aussi romancière et a publié : *L'Aïeule de l'Isle Bourbon* (prix des Mascareignes 1993) chez L'Harmattan, *Bé-Maho : chroniques sous le vent*, *Comme un vol de papang* et *Cocos de Mer* au Serpent à Plumes, et *Le Châtiment de la déesse*, *Plongée dans l'île aux tortues* et *Les Enfants de la colline sacrée* chez Syros. Elle collabore également à la revue *Riveneuve-Continents.*

François Dijoux est né en 1939 à Saint-Denis. Après des études de lettres et de sciences économiques à Aix-en-Provence, il s'est établi en métropole où il a mené toute sa carrière professionnelle. Parvenu à la cinquantaine, il a commencé à écrire. Il a publié plusieurs romans : *Heurtebise* aux Presses du Midi ; *L'Âme en dose* aux éditions Autres Temps, qui a reçu en 1995 le prix des Mascareignes décerné par l'association des écrivains de langue française ; *Les Frangipaniers* et *Le Marlé* tous deux parus aux éditions L'Harmattan. Ces trois derniers titres constituent la trilogie romanesque réunionnaise : « Dans le souffle de l'alizé ».

Isabelle Hoarau-Joly, née en 1955, est diplômée de l'université de La Réunion en anthropologie et spécialisée en ethnobotanique. Elle a publié *L'Art du jardin créole* en 2002, aux éditions Orphie. Elle a fait des recherches sur les traditions réunionnaises et a publié plusieurs recueils de contes. Écrivain voyageur, Isabelle Hoarau-Joly a fait le tour du monde avec sa famille sur un voilier de 1998 à 2001. De ce périple est né un récit coécrit avec son mari : *Des îles... à l'horizon*, paru en 2010 aux éditions

Orphie. Elle a reçu le premier prix du livre insulaire de littérature jeunesse à Ouessant en 2008 pour son album *Ma boîte à bonheur*, publié en 2007 chez Océan éditions.

Née en 1949 à La Réunion, **Monique Merabet** a enseigné les mathématiques au lycée. Lectrice passionnée, elle écrit depuis une vingtaine d'années poésie, nouvelles, contes et haïkus, aussi bien en français qu'en créole. Ses écrits ont été plusieurs fois récompensés : *Danse avec la nuit* (Publibook, 2001) a reçu le prix Jules-Ferry ; *Lambrequins et vieux bardeaux* (Ars Terres créoles, 2003) a eu le prix du roman jeunesse de l'océan Indien 2003 et le prix Regards 2004. Enfin, le prix Regards 2011 lui a été décerné pour *L'Arbre chanson* (éd. Surya, 2010).

Né en 1949 à La Réunion, **Jean-François Samlong**, poète et romancier, a publié chez Stock *Le Défi d'un volcan*, chez Grasset *La Nuit cyclone* (prix Charles-Brisset en 1992) et *L'Arbre de violence* (prix de la Société des gens de lettres en 1994), et au Serpent à Plumes *Le Nègre blanc de Bel Air* et *L'Empreinte française*. Son dernier roman, *Une guillotine dans un train de nuit*, est paru chez Gallimard en 2012. Il est par ailleurs président de la maison d'édition Udir (Union pour la défense de l'identité réunionnaise).

Née en 1954 à Saint-Joseph, dans l'île de La Réunion, **Monique Séverin** a été enseignante et militante féministe. L'écriture accompagne aujourd'hui sa quête spirituelle autour du rapport à soi, à l'autre, à la féminité. Co-rédactrice du Dictionnaire kréol rénioné-français d'Alain Armand paru en 1987 (Océan Éditions), elle a publié en 1989 *Némésis et autres humeurs noires* aux Éditions caribéennes, et en 2003 *Femme sept peaux*, chez L'Harmattan.

Nouvelles de La Réunion

MAGELLAN & Cie, Paris 2013

34 rue Ramey – 75018 Paris – France
Tél : 01 53 28 03 05 – E-mail : magellan-infos@sfr.fr

www.editions-magellan.com

ISBN : 978-2-35074-248-9

Impression & brochage sepec - France
Numéro d'impression : 02281130312

Dépôt Légal – 1er trimestre 2013

IMPRIM'VERT®

À PROPOS DE L'AUTRICE

Journaliste, **Florie C.** a l'habitude de raconter des histoires. Les vraies, tirées du quotidien, et celles qu'elle puise dans son imagination. En grandissant au milieu de livres, elle n'a pu s'empêcher d'écrire les siens, d'inventer ses personnages et de les faire évoluer dans son univers, en s'inspirant de ce qui l'entoure : rencontres, romans, musiques et voyages.

Lovers

FLORIE C.

Lovers

ROMAN

HARPERCOLLINS FRANCE
83-85, boulevard Vincent-Auriol, 75646 PARIS CEDEX 13.

www.harlequin.fr

ISBN 978-2-2804-8051-2 — ISSN 2271-0256

PROTAGONISTES

Famille Hamilton

DAËL, *fils aîné*
MILES, *père de Daël, Charlie et Tess*
JANETTE, *mère de Daël, Charlie et Tess*
CHARLIE, *sœur de Daël et Tess*
TESS, *sœur de Daël et Charlie*

DAN, *oncle de Daël, frère de Miles*
HOLLY, *tante de Daël, femme de Dan*
AIDEN, *cousin de Daël, frère de Stan et Ellen*
STAN, *cousin de Daël, frère d'Aiden et Ellen*
ELLEN, *cousine de Daël, sœur d'Aiden et Stan*

PATRICIA, *tante de Daël, sœur de Miles*
JACKSON, *oncle de Daël, mari de Patricia et beau-père de Noah et Maha*
FALLONE, *cousine de Daël et demi-sœur de Noah et Maha*
NOAH, *cousin de Daël, frère de Maha et demi-frère de Fallone*
MAHA, *cousine de Daël, sœur de Noah et demi-sœur de Fallone*

Famille Rosenbach

LIOR, *fils cadet*
JENSEN, *père de Lior et Grace*
ABBIE, *mère de Lior et Grace*
GRACE, *fille aînée, sœur de Lior*

LAUREN, *tante de Lior, sœur de Jensen*
ROBIN, *oncle de Lior, mari de Lauren*
GREG, *cousin de Lior, frère de Ian et Lili*

IAN, *cousin de Lior, frère de Greg et Lili*
LILI, *cousine de Lior, sœur de Greg et Ian*

KATE, *tante de Lior, sœur de Jensen*
GEOFFREY, *oncle de Lior, mari de Kate*
EDWARD, *cousin de Lior, frère d'Ethan*
ETHAN, *cousin de Lior, frère d'Edward*

NEIL, *proche de Lior*
KAREN, *proche de Lior*
JADE, *meilleure amie de Lili*

« My only love sprung from my only hate :
Too early seen unknown and known too late :
Prodigious birth of love is it to me,
That I must love a loathed enemy. »

— *William Shakespeare,* Romeo and Juliet

ACTE I

Les règles sont là pour être respectées, sans elles, ce serait le chaos.

— *Et que penses-tu des règles qui instituent le chaos ?*

Chapitre 1

Lior Rosenbach

Drogue dans le sang. Vision brouillée par l'alcool. Suçon encore brûlant de désir plaqué sur la peau de ma nuque. Londres endormie. Ma ville. Mon monde. Cette fin de nuit qui m'appartient.

Il doit être 6 heures du matin et je flâne dans les rues avec un sourire niais sur le visage. Je crois que les gens me lorgnent d'un air mauvais. Je les emmerde. Eux et leurs vies parfaites. Eux qui partent au travail et moi qui déambule, sans but et sans destination. J'ai mes écouteurs dans les oreilles, j'écoute ma chanson. Les paroles résonnent. Ça danse à l'intérieur, je me sens bien, vivant. Jolie ironie pour quelqu'un complètement défoncé à la cocaïne.

Je m'arrête sur le pont de Westminster. Je regarde la Tamise en dessous et pose mes mains sur la peinture verte écaillée. J'adore cet endroit. J'adore ce pont et la neutralité qu'il représente. Cette zone tampon entre deux mondes. Le nôtre et le leur. *Rosenbach* contre *Hamilton*.

J'observe le London Eye, au loin. Ma tête tourne, je m'en fiche. Je ne m'arrête pas pour autant. Mes mains se resserrent sur la rambarde et je passe une jambe par-dessus. J'essaie de me stabiliser, je me concentre. Comme d'habitude, je sens mon cœur qui palpite dans ma poitrine. Je pourrais tomber, m'enfoncer dans l'eau sombre de la Tamise. Pour être honnête, je ne suis pas certain que cela me dérangerait.

Je ne tombe pas, pas encore. Je m'assois sur le rebord, les pieds dans le vide et le vent dans mes cheveux bouclés. Je souris face à la facilité de mon existence et je souris surtout parce que je ne sais même pas comment je fais pour y croire encore.

Je ferme les yeux et respire. Je suis tellement bien. J'aimerais tellement me sentir comme ça plus souvent, sans avoir besoin de me foutre de la merde dans le sang.

— Putain, pas ce soir.

Je rouvre les paupières. Je crois que cette plainte m'est adressée. Je n'ai pas envie de parler. Je referme les yeux, en priant pour que mon silence soit à la hauteur du dédain que je ressens pour celui qui a osé me déranger.

— Merde, j'ai autre chose à foutre que de sauver un gamin dépressif.

Là, je me retourne, furieux.

Le type ne me parle pas, en fait. Il parle au ciel. Il est encore plus débile que ce que je pensais. Je l'observe, le méprisant déjà. Le gars se tient à quelques mètres de moi. Son visage est si fin que ses joues semblent creusées, bien qu'une barbe naissante accentue les traits fermes de sa mâchoire. Il a les cheveux bruns, une mèche lui tombe sur le front, volant légèrement sous les coups de vent de cette fin de nuit. Je ne vois pas ses yeux dans l'obscurité, mais je sens qu'il pose un regard présomptueux sur moi, et son sourire arrogant dévoile une dentition parfaite. Il porte un slim noir retroussé au niveau des chevilles, des derbys cirés et un blazer avec un revers en soie, qui laisse apparaître une chemise blanche, sans plis. Il fait propre sur lui, comme le font toujours les gens qui mentent.

— Tu ne veux pas descendre de ce pont et te tuer plus loin si ça te chante ? De préférence, loin de ma vue.

Cette fois, il me parle à moi. Je crois qu'il n'est pas assez con pour croire que Dieu lui aurait répondu.

— Je ne vais pas sauter.

— Alors, qu'est-ce que tu fous assis là-dessus ?

— J'oublie.

— Qu'est-ce que tu oublies ?

— Pourquoi resterais-je ici si je m'en souvenais ?

Il reste sans voix. Je crois qu'il n'a pas réfléchi à la débilité de sa question.

— Je vois, commente-t-il. Ça doit être efficace.

Je ne sais même pas pourquoi je viens sur ce pont. Je n'ai jamais eu envie de sauter, enfin je crois. Je pourrais le faire, il n'y a pas tant de choses qui me retiennent sur terre. Je crois que je préfère laisser pendre mes pieds dans le vide en écoutant ma chanson. Je préfère libérer mon esprit en regardant le soleil se lever sur la Tamise.

En fait, dès que je suis perché là-haut, j'oublie surtout pourquoi je devrais sauter.

— Donc je peux partir sans craindre d'être arrêté pour « non-assistance à personne en danger » ?

Il est toujours là, celui-là ? Je me retourne une nouvelle fois vers lui. J'ai envie de lui dire de partir et de me foutre la paix, mais ce sont d'autres mots qui sortent de mes lèvres.

— Tu me retiendrais ?

— Pardon ?

— Si je sautais, tu me retiendrais ?

— J'arriverais trop tard.

Je le regarde alors qu'il avance d'un pas. Son visage apparaît un peu mieux à la lumière du réverbère. Ses yeux sont bleus. Bien sûr qu'ils sont bleus, comme si la nature n'avait pas déjà été assez clémente avec lui. Ça me fait le détester encore davantage.

— Es-tu un Rosenbach ? reprend-il, contrarié.

Mon souffle se coupe immédiatement. Je n'ai pas l'habitude de croiser des Hamilton, mais ça me paraît évident maintenant. Tellement évident que je me demande pourquoi je ne l'ai pas réalisé plus tôt. Cette arrogance dans le regard, cette nonchalance, cette classe. Il fait forcément partie de l'autre clan.

— Si je te réponds « oui », tu me pousseras dans le vide ?

— J'aurais de bonnes raisons de le faire.

Il n'a pas tort. Si je réponds à l'affirmative à sa question, je lui donne un milliard de bonnes raisons de me pousser. Alors, je suis peut-être encore trop bourré ou défoncé pour réfléchir correctement, mais je hoche la tête positivement. Je le fais même avec fierté, parce qu'un Rosenbach est toujours fier de porter ce nom.

Je le vois pincer les lèvres sous le coup de la colère.

— Donc ma première impression était la bonne, conclut-il. Tu es bien suicidaire.

— Qu'est-ce qu'un Hamilton fait ici ?

Je sais que ma question n'a pas de sens. Tout simplement parce que l'on est dans une zone tampon et que nos deux familles ont le droit d'y être. Ça paraît ridicule, cette histoire de quartiers délimités, mais c'est l'unique initiative que l'on a à peu près réussie dans ce conflit. Les Rosenbach ont leur coin de Londres, les Hamilton aussi, et tout le monde s'en porte mieux. Après, il y a ces histoires de quartiers libres, des endroits « pacifiques » où l'on n'a pas le droit de se sauter dessus, où l'on a juste le droit de s'ignorer comme on aurait dû le faire depuis le départ. Moi, j'y vais souvent. J'aime bien ces coins-là et j'y suis tranquille. Les Hamilton n'y vont pas. Je le sais, parce qu'ils sont cachés dans leurs résidences de riches à Knightsbridge, le quartier le plus huppé et détestable de Londres. Enfin, détestable parce qu'il sonne « Hamilton », et je ne m'imagine même pas fouler de mes pieds ces rues qu'ils traversent tous les jours.

Alors, pour moi, ces quartiers libres sont hors du temps, hors du conflit, ce sont des quartiers où je suis Lior sans Rosenbach.

Ça m'énerve de le voir là, dans mon endroit.

— Et qu'est-ce qu'un Rosenbach de ton âge fait ici ?

Je le regarde pendant qu'il me toise d'un air mauvais. On pourrait penser que je suis dans une position de faiblesse, parce que je suis au-dessus du vide. Ce n'est pas le cas. Il ne me fait pas peur. Je n'ai jamais eu peur des Hamilton. Je ne sais pas pourquoi il a pris ce ton dédaigneux, comme si j'étais un gamin de six ans pris à faire une bêtise. Je ne suis pas encore majeur, mais je porte mes dix-sept ans sans honte. Je sors, je bois, je baise.

Mes parents sont au courant. Je ne me cache pas vraiment, cela dit. Dans le fond, je crois qu'ils s'en fichent. Je ne suis pas l'aîné de la fratrie, je n'ai pas des milliards de livres sterling sur le dos. C'est Grace, ma grande sœur, qui va reprendre la société de mon père, Jensen Rosenbach. C'est elle qui va porter l'entreprise familiale, elle qui va devoir se confronter à Daël Hamilton, le futur héritier de l'autre clan.

Moi, je suis là, bien présent dans le conflit, même s'il a assez peu de valeur à mes yeux. À la base, c'était une histoire de fric entre les deux familles les plus riches d'Angleterre. Maintenant, c'est juste une histoire de fierté et de revanche.

— Aurais-je l'honneur d'avoir rencontré le fameux Lior Rosenbach ?

Je fronce les sourcils en me rendant compte que l'autre abruti continue de me parler. Je me retourne vers lui. Là, je me dis que je suis courageux, mais pas si suicidaire.

Je réponds simplement :

— Mon cousin ne fréquente pas ces lieux.

— En effet, commente le garçon d'un air songeur. Il doit être cantonné à Mayfair.

Mayfair, c'est mon quartier, enfin le quartier de mon père donc le lieu principal du clan Rosenbach. Il n'a pas totalement tort. Mes parents me tueraient s'ils me savaient ici, en « zone libre ». En fait, c'était des conneries ce que je disais tout à l'heure. Elles ne sont pas libres ces zones, elles sont même tout le contraire, parce que l'on ne peut pas y marcher sans se retourner sur son chemin pour être sûr de ne pas faire une mauvaise rencontre. C'est devenu dangereux. Pour chacun des deux clans. La haine s'est tellement envenimée que l'on en vient aux mains facilement. C'est pour ça que les Hamilton n'ont jamais vu mon visage. Moi non plus, je ne sais pas trop à quoi ressemble, disons, « le noyau dur », puisque, bien entendu, j'ai déjà rencontré les toutous dont leur clan s'entoure, des familles en manque de gloire et d'attention qui sont prêtes à entrer dans le conflit juste pour faire partie d'un tout. Je critique, mais il y en a de notre côté aussi.

— Donc tu es… Edward ? Ou Ethan ?

Je ne réponds pas. Je ne sais même pas pourquoi ce type a appris les prénoms de mes cousins.

— Ou alors Ian ?

Je me crispe et il le sent, bien sûr.

— Non, se corrige-t-il. Ian ne pourrait pas se tenir ainsi.

J'aurais dû le tuer pour avoir osé me sortir ça, mais je suis tellement choqué que je préfère me taire. Il me provoque et je sais que je ne dois pas tomber dans son piège. Mieux vaut se jeter de ce putain de pont que de lui montrer qu'il m'a touché en plein dans le cœur.

Je reprends ses mots, avec tout le dédain et l'ironie dont je suis capable :

— Et moi… aurais-je l'honneur d'avoir rencontré le fameux Daël Hamilton ?

Le nom m'écorche les lèvres, parce que tout son être répugne à mon âme.

— Mon cousin ne fréquente pas ces lieux, répond-il en reprenant mes mots.

Je crois qu'il ment. Enfin, j'en suis presque sûr, on dirait de l'ironie dans son regard. Peut-être est-ce bien Daël Hamilton ? Je ne sais pas. Je n'en ai aucune idée. J'ignore de quoi il a l'air, ce foutu héritier, mais je crois que je voudrais à tout prix qu'il ne ressemble pas à l'ange que j'ai sous les yeux.

— Et tu restes planté là parce que… ?

Ma question a l'air de l'amuser, un sourire éclaire soudain son visage. Je dois admettre qu'il est vraiment beau, ce con.

— Je réfléchis.

— C'est possible ?

— Ça m'arrive.

Il n'a même pas l'air vexé. En même temps, il doit s'en foutre de ce que je pense de lui. Il est un Hamilton et je suis un Rosenbach. C'est presque un miracle que l'on ne se soit pas encore sautés dessus. D'ailleurs, c'est probablement à ça qu'il réfléchit. Il se demande si ça vaut le coup de me frapper à cette heure-là de la nuit. Peut-être qu'il se dit que j'ai un trop joli minois pour ça.

Je soupire, blasé par mes propres réflexions. La seule chose à laquelle j'aurais dû penser, c'est lui éclater la gueule et non qu'il épargne la mienne.

— Tu comptes attendre là jusqu'à ce que je saute ?

— Parce que tu t'es enfin décidé à le faire ?

— Je ne te ferai pas ce plaisir.

Il hausse les épaules, l'air de le penser lui aussi. Ma mort, je suppose qu'il l'imagine autrement. Ou qu'il ne l'imagine pas. L'ennemi des Hamilton, c'est Grace. Moi, je n'existe pas pour eux.

— Je ne sauterai pas ce soir, insisté-je.

— Donc je vais devoir revenir ici plus souvent.

— Si tu as du temps à perdre.

Le gars me regarde et sourit. Il plante les mains dans les poches de son slim bien trop serré et réplique :

— Ce fut un honneur de te rencontrer, Lior Rosenbach.

Et là, je le sais, je le sens. C'est Daël Hamilton. L'unique héritier de HBG, le Hamilton Banking Group, un géant bancaire britannique. Enfin, un géant parmi les autres.

Nous, entre autres.

Daël Hamilton

Je tire une dernière taffe sur mon joint avant de me vautrer dans mon canapé. Mon corps s'enfonce dans le cuir et je ferme les yeux. Je laisse la beuh s'infiltrer dans toutes les parcelles de mon corps, dans chaque recoin oublié. Mes muscles se relâchent. Enfin, je me détends un peu.

Daël Hamilton. Vingt ans. Héritier de la plus grosse fortune du pays et d'un métier de merde. Bel autoportrait.

Je me crispe, comme chaque fois que j'y pense. Je ne suis pas comme l'autre saleté de Grace Rosenbach. Je ne vais pas me la couler douce jusqu'à mes quarante ans pour récupérer une entreprise déjà pleine aux as. Moi, je la récupère dans quelques mois, quelques années, au mieux. Mon père, Miles Hamilton, a un cancer du sang. Il va crever bientôt et il le sait. J'ai arrêté mes études pour apprendre le métier à ses côtés. Ça fait deux ans que je bouffe ses réunions tous les jours, que je le suis dans tous ses déplacements et que j'essaie d'apprécier cette vie-là.

Je regarde l'horloge accrochée dans mon salon. Il est 4 heures du matin, je reviens d'une fête avec Fallone, Aiden et Stan, mes cousins. J'ai encore un peu d'alcool dans le sang, ça m'aide à tenir. Pas pendant la soirée, je parle de la vie en général. Souvent, je suis rongé par la colère. Les autres moments, je suis ivre.

Je soupire, je dois aller travailler dans quelques heures. Dans mon monde, on bosse aussi le dimanche. En fait, on bosse chaque foutue minute de notre existence. Je ne sais toujours pas si c'est de l'acharnement ou de l'ambition.

Je passe une main sur mon visage et regarde par la baie vitrée. J'adore la perspective de Londres que l'on a de mon appartement, situé en plein cœur de Kensington, avec vue sur Hyde Park. J'ai décidé l'année dernière de quitter la résidence familiale pour m'installer tout seul. J'avais besoin de mon indépendance, surtout de pouvoir ramener mes conquêtes pour la nuit. De toute façon, je ne suis pas parti très loin. Kensington est juste à côté de Knightsbridge, c'est un peu notre quartier par extension. Je sais bien que les Rosenbach feront pareil. Ils étendront leurs frontières dans Londres dès qu'un de leurs gamins surprotégés décidera de quitter la demeure familiale.

Sans me l'expliquer, je repense à celui aux cheveux bouclés que j'ai rencontré, il y a deux semaines. J'ai tout de suite su qu'il s'agissait de Lior Rosenbach. Je l'ai reconnu, en quelque sorte. Pourtant, je ne l'avais vu qu'une seule fois. Mauvais timing. On rentrait tous les deux de vacances avec nos parents, on était à l'aéroport Charles-de-Gaulle, à Paris. J'ai senti mon père m'attraper fermement par le bras et me cacher dans son dos. J'avais sept ans, mais même à cet âge j'ai compris ce qu'il se passait. Alors, j'ai regardé derrière son bras et j'ai vu le gamin Rosenbach. La seconde d'après, sa mère l'attrapait dans ses bras et cachait son visage dans le creux de son cou.

Je ne sais même pas pourquoi je me suis arrêté sur ce pont, cette nuit-là. Enfin si, peut-être parce que c'était lui, justement, et que j'avais besoin de mettre un visage sur ce nom que l'on m'avait appris à détester.

Je pousse un énième soupir et étends mes jambes sur ma table basse. Je n'y suis pas retourné. Pourquoi le ferais-je ? Je regarde une fois de plus Londres plongée dans la nuit et je me dis qu'il doit y être en ce moment, peut-être même qu'il va sauter.

Peut-être qu'il a déjà sauté ?

Je me lève, attrape ma veste en jean et sors de l'appartement. J'ignore pourquoi je fais ça. Je descends les marches de l'escalier, pas envie d'attendre l'ascenseur. Je sors dans la rue et me dirige vers le parking privé de l'immeuble, je joue avec mes clés dans ma poche. Qu'est-ce que je fous ? Je n'ai même pas le temps de m'insulter que le moteur de ma Lamborghini démarre en un ronronnement sonore. Je traverse Londres. Pas la peine de mettre la radio. Je crois que j'ai besoin de silence.

En quelques minutes, j'arrive au pont de Westminster et m'arrête plus loin, sur le trottoir. J'hésite. Je me dis que je ferais mieux de repartir. J'observe le pont au loin et aperçois une ombre assise sur la rambarde. Je sors de la voiture, je crois que j'oublie même de la verrouiller. Je marche vers le pont, et l'ombre se dessine. Ses boucles en désordre, d'abord, puis son profil. Ses cheveux châtains encadrent son visage encore juvénile. Il semble aussi grand que moi, mais son allure fait bien plus débraillée, accentuant son côté adolescent rebelle. Épaules légèrement voûtées, regard absent, moue boudeuse. Il a les joues rosies par le froid, des fossettes incroyables au coin de ses lèvres charnues, les yeux verts. Il est objectivement beau. Seulement objectivement.

Il écoute sa musique. Il ne m'a pas vu. Il a l'air bien, paisible. Je me demande pourquoi je veux déranger ça, pourquoi je ne lui fous pas la paix, alors que c'est probablement le seul moment de sa vie où il arrive à se supporter lui-même. Puis je me dis qu'il ne mérite pas ce moment de tranquillité. Parce que c'est un Rosenbach. Parce que c'est Lior Rosenbach.

Je m'accoude sur le rebord. Il sursaute, mais ne tombe pas, dommage.

— Toujours pas ce soir.

Je me retourne vers lui et souris. Je sais qu'il ne va pas sauter ce soir. Il n'a aucune raison de sauter, ni ce soir ni aucun autre soir. Après tout, c'est Grace qui reçoit toute la pression de sa famille. Lui, c'est le cadet, il a juste à profiter du fric des Rosenbach sans se poser de questions. Je ne dis pas ça comme ça. Je le sais. Il y a beaucoup de rumeurs qui circulent sur lui. Je sais qu'il sort tout le temps alors qu'il n'est encore qu'un gamin de lycéen, je sais qu'il est drogué, aussi. Peu importe, je m'en fiche.

Ce soir, je m'en fiche.

— Tu montes ?

Il m'interroge. Moi ? Monter sur ce pont ? Il délire, ce type.

— Je sais que tu me pousseras, rétorqué-je.

— Si je le faisais, tu me ferais tomber dans ta chute, non ?

— Ce serait donc un suicide collectif ?

— Ou un meurtre raté ? Je suppose que je n'ai pas prévu de mourir avec toi.

Mes mains parcourent la peinture écaillée du pont. Ça n'a pas l'air si dangereux. Je relève les yeux vers la Tamise et écoute le bruit de l'eau qui coule sous nos pieds.

— Tu montes ? répète-t-il.

Je regarde Rosenbach, je suis incapable de lui répondre. Je ne comprends pas pourquoi je fais ça. Après tout ce que sa famille a fait subir à la mienne, la seule pensée qui devrait embrouiller mon esprit serait de savoir si je le pousse dans l'eau. Il n'y aurait aucune trace. Avec la vie qu'il mène, les enquêteurs concluraient à un suicide. Sauf que je ne pense pas à ça, enfin pas complètement. L'autre partie de mon cerveau se demande si je peux monter sur ce pont avec lui. J'hésite. Je regarde la grande roue de Londres, devant moi. Mes mains s'agrippent au rebord et je passe une jambe, puis l'autre. Là, comme ça, je suis assis à quelques mètres de Rosenbach. J'ai mis assez de distance entre lui et moi. Tout son être me dégoûte. Je ne veux pas être à côté de lui, je ne veux pas le toucher, ni même le sentir. Il y a une aura tout autour de lui, quelque chose de malsain. Honnêtement, je crois que je préfère m'éloigner, parce que je pourrais si facilement le pousser que je me fais peur moi-même. J'ai peur de toute cette violence que j'ai à l'intérieur.

Je me retourne vers l'horizon pour ne plus penser qu'il est aussi proche de moi. J'ai les pieds dans le vide. Je crois que c'est le truc le plus inconscient que je n'ai jamais fait. Pour la première fois de ma vie, un sentiment étranger m'envahit. Une bouffée de chaleur qui s'immisce dans mes veines, qui efface peu à peu la colère et la haine, qui efface la rage et la peine, qui efface la pression et l'avenir morose qui m'attend. Je comprends ce qu'il voulait me dire. Il oublie. Il oublie, parce qu'il pourrait se donner la mort en si peu d'efforts que ses problèmes paraissent futiles.

Je sens le vent dans mes cheveux et me mets à trembler. Il fait froid. Pourtant, je suis bien. Je remercie le ciel que Rosenbach ne me parle pas et qu'il me laisse profiter de mon premier moment de liberté. Je ne crois pas que ce soit de la gentillesse de sa part. Je pense juste qu'il s'en fout que je sois là ou pas. Il remet ses écouteurs dans ses oreilles et il plonge son regard dans l'horizon. Je me demande quel genre de musique il écoute, puis je réalise que ça ne doit pas m'intéresser. Je dois ignorer tout ce qui concerne ce type. Cet être arrogant à qui tout est trop facile. Je déteste ce genre de gamin superficiel. Des fois, je me dis que j'ai de la chance, finalement, d'être l'aîné de ma famille, l'héritier. Au moins, j'ai quelque chose à porter, quelque chose à « être ».

Lui, il n'a rien à faire, il a juste à suivre les autres. Ça doit être fatigant d'être aussi inutile. Il pourrait ne pas exister que ça ne changerait rien pour personne. C'est pour ça qu'il se drogue. Enfin, je pense. Pour avoir l'impression de vivre quelque chose de plus grand, de plus fort, de plus intense.

Je me demande s'il y parvient.

Chapitre 2

Lior Rosenbach

Je descends l'escalier en titubant, avec une gueule de bois encore tenace et le nez qui me démange. Je le gratte, c'est presque devenu machinal, comme pour vérifier qu'il n'y reste pas de poudre blanche. La soirée de la veille a été difficile et je ne sais même pas comment j'arrive à faire avancer mon cadavre jusqu'à la cuisine. Je me laisse tomber sur une chaise au hasard et regarde la table recouverte de nourriture. Je n'ai pas faim et encore moins l'envie d'aller au lycée. Je déteste les débuts de semaine, principalement parce que mes week-ends se résument à des nuits blanches interminables.

— Tu prends quoi, Lior ?

Mona, la gouvernante de la maison, me sort de mon demi-coma. Je la regarde avant de lui donner un semblant de réponse.

— Un grand verre d'eau.

Elle soupire, sachant pertinemment ce que ça signifie.

— Nuit difficile ? lance Ethan.

Je lève la tête vers mon cousin, assis en face de moi. Ethan est un gars costaud, un beau brun à la tête carrée, à la mâchoire puissante et aux cheveux en brosse. Mon antithèse, en quelque sorte. Je ressemble à un chaton inoffensif en comparaison. Une métaphore assez juste, sachant que je me cache derrière lui dès qu'il y a un problème.

Ethan a un an de plus que moi, mais il a redoublé l'année dernière, donc on est ensemble au lycée. Je hoche la tête pour répondre par l'affirmative à sa question. Enfin, vu la gueule que je tire, il n'attendait pas spécialement de réponse.

— Tu aurais pu m'inviter, enchaîne-t-il.

— J'étais avec Neil.

— Salut, les gars ! J'espère que vous avez déjà vos masques pour le week-end prochain ?

Ethan et moi relevons la tête vers la tornade blonde pailletée qui vient de pénétrer dans la pièce. Lili ne marche pas, elle sautille, tout le temps, et c'est totalement insupportable. Elle se jette sur Mona, plante un baiser sur sa joue rebondie et s'installe à côté de moi.

— Je persiste à dire que c'est une idée stupide, commente Ethan.

— Ce sont mes seize ans, rétorque-t-elle. Vous êtes obligés de faire ce que je veux.

Ça me gonfle déjà d'entendre parler de cette soirée, parce que ça veut dire un week-end sans coke et avec mes parents. Je me rassure en constatant qu'Ethan tire la même tronche que moi. J'en conclus qu'il n'est pas plus emballé par l'anniversaire de notre cousine. Et puis, une soirée masquée, merci, mais on n'a plus dix ans.

— Ça va être drôle, réplique Lili en mordant dans une brioche.

Cette fille respire tellement la joie de vivre que c'en est presque consternant. Je ne sais pas comment elle fait pour être aussi heureuse. Sincèrement, je ne vois pas ce qui peut encore la faire sourire. De nous tous, je crois bien que c'est son côté de la famille qui a le plus souffert du conflit avec les Hamilton.

— « Drôle » si on était à un goûter d'anniversaire, Lili.

J'ignore pourquoi je me suis donné la peine de participer à la conversation, mais je l'ai fait et je le regrette déjà. Elle se retourne vers moi en fronçant des sourcils d'un air mauvais. Le contraste est saisissant, les paillettes étalées de ses paupières jusqu'à ses tempes détonnent avec son expression maussade. Je ne sais pas pourquoi elle s'entête à se tartiner ces trucs sur la figure. Au début, elle en mettait juste une fine trace au-dessus des yeux, mais notre lycée de bourgeois a désapprouvé ce look. Donc, en fait, je sais pertinemment pourquoi elle s'en étale exagérément. Elle veut les faire chier. Ce matin, elle arbore des paillettes vert pomme.

Ma cousine continue de me toiser d'un regard noir. Je n'aime pas quand elle fait cette tête. Malgré tout, j'adore la voir sourire. Ça fait du bien dans cette maison de fous.

— Lior, tu porteras un masque comme tout le monde, rétorque-t-elle. Crois-moi, ça nous fera du bien de ne pas voir ta gueule pendant toute une soirée.

Je m'apprête à répondre, mais mon père entre dans la cuisine. On sait qu'il va se mettre à parler. Quand il parle, tout le monde l'écoute, c'est comme ça et ça l'a toujours été. La famille patriarcale par excellence. Un père tout-puissant, une femme transparente et des enfants dévoués.

— Bonjour, tout le monde, en forme aujourd'hui ? Ne m'attendez pas pour manger ce soir, je rentrerai tard. J'ai une réunion avec des investisseurs brésiliens, mais Lauren sera là.

On retient tous un rire jaune, parce que l'on ne voit pas vraiment la différence quand Lauren est là ou pas, mais personne ne commente.

Mona se dirige vers lui et il attrape la thermos de café qu'elle lui a préparée, comme tous les matins.

Jensen Rosenbach est un homme occupé, il n'a pas le temps de prendre son petit déjeuner avec sa famille.

— Grace ! appelle-t-il. Dépêche-toi !

Ma grande sœur entre à son tour comme une furie dans la pièce. Grace ne me regarde pas, mais passe tendrement sa main dans mes bouclettes. On se ressemble beaucoup, elle et moi, la même taille, les mêmes joues pleines, le même regard un peu triste. Seuls ses cheveux sont différents, bien plus longs et tirant presque sur le blond, s'éloignant de la couleur caramel de la famille. Elle n'a pas mes boucles indisciplinées, mais quelques mèches ondulées sur les pointes. Ça fait plus chic et plus ordonné. Grace et moi, c'est un peu comme l'œuvre d'art et sa pâle copie.

Ma sœur porte un tailleur, comme d'habitude. Des vêtements sérieux qui cachent bien le fait qu'elle n'a que vingt-deux ans. Elle a l'air tellement professionnelle, vue comme ça, que l'on a l'impression qu'elle aime ce qu'elle fait. Elle s'empare d'un verre dans un placard et fait tomber un comprimé effervescent à l'intérieur avant de remplir le récipient avec l'eau du robinet. Elle a déjà mal à la tête et je la comprends. Je peine à suivre mon paternel plus d'une heure alors qu'elle se le coltine toute la journée, en plus de suivre ses cours à l'université.

— Quelqu'un peut aller réveiller Ian, s'il vous plaît ? reprend-il. Il m'énerve à rester dans son lit toute la journée, celui-là !

On baisse tous les trois notre visage vers la table en bois, comme si l'on n'avait pas entendu. Ça ne se fait pas, je le sais, mais je crois que je préfère le laisser dans son lit plutôt que de voir sa tête de déprimé dès le matin.

— J'y vais, déclare Lili en se levant. Le fauteuil est dans sa chambre ?

Mon père acquiesce. Avec Ethan, on la regarde partir. Cette fois, on sait que le sourire affiché sur ses lèvres n'est pas sincère. Lili a mal, elle aussi, mais elle essaie de ne pas le montrer, parce que c'est son frère et qu'elle rêve secrètement de le revoir heureux. Alors, elle se dit en lui souriant que peut-être un jour il le lui rendra. Ça n'est jamais arrivé et je doute de plus en plus que ça se produise.

Sa vie a basculé, il y a trois ans. La nôtre aussi, par la même occasion. C'était un soir comme les autres pourtant. Ils étaient de sortie. Mes cousins que je considère comme mes meilleurs amis, Ethan et Ian, et leurs frères respectifs, Edward et Greg. Ils étaient bourrés, ils marchaient dans Londres, ils faisaient les cons, comme d'habitude quand ils sont ensemble. Je n'étais pas là, heureusement pour moi. Ils sont tombés sur les Hamilton. Le noyau dur, j'entends. Il y avait Daël et ses cousins. Sans grande surprise, ils se sont foutus sur la gueule. Je n'y étais pas, mais ils m'ont raconté. Dans la bagarre, l'un d'entre eux a empoigné Ian et l'a balancé sur la route. Une voiture est passée à ce moment-là. Sentence irrévocable : paralysie des jambes.

Je me souviens du jour où on lui a annoncé qu'il ne pourrait plus jamais remarcher. Il s'est mis à hurler, je n'avais jamais entendu un tel cri. Je me rappelle surtout à quel point mes propres larmes me noyaient de l'intérieur. J'avais quinze ans, tout comme lui. Je suis sorti de la maison, je ne pouvais plus l'entendre pleurer. J'ai picolé comme ce n'est pas permis. Ce soir-là, je perdais ma virginité à l'arrière d'un bar friqué de la capitale. C'était immonde et douloureux. Encore aujourd'hui, j'ignore pourquoi j'ai fait ça. Le mec avait la trentaine passée, j'aurais pu le faire tomber pour détournement de mineur, mais j'ai renoncé. C'était ma faute aussi, je l'avais chauffé toute la soirée et j'avais encore de la poudre dans le nez. D'ailleurs, c'était une première ça aussi… Comme quoi, ce n'était vraiment pas ma soirée. Bref, ça fait bientôt trois ans que Ian est en fauteuil roulant et je ne l'ai jamais vraiment revu sourire depuis son accident. Parfois, je l'entends encore pleurer dans sa chambre.

C'est à partir de ce moment-là que tout a dérapé avec les Hamilton. Enfin, *vraiment* dérapé. Greg, le grand frère de Ian, était au bord du gouffre. On savait tous qu'il finirait par faire une connerie, mais personne ne l'a vraiment retenu. Je crois que l'on tenait plus à notre vengeance qu'autre chose. Il a agressé Ellen, la cousine de l'héritier. Disons qu'il a voulu lui faire peur, et puis surtout faire comprendre aux Hamilton que l'accident de Ian ne resterait pas impuni. Il voulait marquer le coup. Alors, c'est elle qu'il a marquée, avec ses coups à lui. Justice était rendue. Je n'ai pas cherché plus loin.

Bien sûr, les juges n'ont pas été de mon avis. Aujourd'hui, Greg est en prison. Il a pris dix ans, les Hamilton ayant inventé une sordide histoire de viol pour être certains de le faire plonger. J'ignore pourquoi les juges les ont crus. Moi, je n'étais pas présent. C'est Grace qui nous a raconté le procès, à mes cousins et moi. Il n'y avait qu'Edward et elle au tribunal, parce que ma famille ne voulait pas donner l'occasion aux Hamilton de voir nos visages.

Alors, je ne sais pas vraiment ce qu'il s'est passé, mais je sais que la justice n'a pas pris notre parti, malgré ce mensonge honteux. Peut-être que les juges ont voulu nous faire passer un message. Pour des familles aussi riches et puissantes que les nôtres, toutes ces histoires dans la presse faisaient tache. C'était une manière de nous dire d'arrêter de déconner.

Depuis, Greg purge sa peine, mais je crois qu'il ne se punit pas pour ce dont on l'a accusé. C'est pour Ian qu'il s'en veut, parce que c'était lui le grand frère et que c'était son rôle de le protéger. Le plus triste, dans cette histoire, c'est qu'il n'est pas plus prisonnier que Ian. On sait que Greg sortira un jour de sa cage, alors que son frère est assis dans la sienne pour la vie.

— Allez, on y va, déclare Jensen. À demain, les enfants.

Personne ne lui répond, mais il ne se vexe pas pour ce genre de détails. Je vois Grace attraper un morceau de brioche sur la table, puis elle sort de la cuisine à son tour en nous faisant un signe de la main à Ethan et moi. Je sais que ça fait bizarre que l'on vive tous sous le même toit, mais ça a toujours été comme ça. C'est mon grand-père qui l'a décidé et on a toujours respecté son choix, même après sa mort. Il disait qu'on était une famille unie et qu'on devait le rester pour toujours. Il a acheté une immense baraque en plein cœur de Mayfair et l'on y vit tous ensemble, depuis notre naissance. Mes cousins et moi. D'ailleurs, j'ai le culot de penser qu'ils ont de la chance d'avoir mes parents, parce que les leurs ne sont clairement pas des cadeaux.

D'abord, il y a la sœur de mon père, Kate, et son mari, Geoffrey. Ils ne vivent plus ici. Ils sont partis s'installer en Chine pour ouvrir une filiale de notre banque. Maintenant, ils attendent qu'Ethan ait fini le lycée pour qu'ils les rejoignent, lui et son frère, Edward. Moi, ça ne m'emballe pas du tout cette histoire. Ethan est mon meilleur ami et je n'ai pas envie de me retrouver tout seul avec Ian. Ethan non plus, d'ailleurs, ça ne l'emballe pas cet avenir. Je le comprends, la Chine, ça ne vend pas du rêve.

Il y a aussi l'autre sœur de mon père, Lauren, et son mari, Robin. Alors eux, c'est une autre histoire. Lauren est bourrée d'anxiolytiques et d'antidépresseurs, elle alterne entre les crises de dépression et les fugues. Parfois, on met plusieurs jours à la retrouver. Et Robin, il s'en fout de tout ça. Enfin non, j'exagère. C'est seulement qu'il s'est réfugié dans le travail pour oublier. Je n'arrive pas trop à leur en vouloir. Avec un fils en taule et un autre en fauteuil, je crois que tout le monde aurait des envies de meurtre à leur place. Alors, tant que c'est dirigé contre eux-mêmes, on ne peut rien leur dire. C'est juste dommage pour Lili. Elle n'a pas demandé à vivre dans cette famille de tarés. Heureusement qu'elle nous a, Grace, Ethan, Edward, Ian et moi. Les Rosenbach au complet.

— Tu ne parles pas beaucoup ce matin, me fait remarquer mon cousin.

— C'est cette histoire de bal masqué, rétorqué-je en soupirant. Ça me gonfle. Il n'y aura que des lycéens.

— On est lycéens.

— Lior, tu manges.

Je relève la tête vers Mona, et son regard sévère me dissuade de lui tenir tête ce matin. J'attrape une tartine de pain grillé sur la table et croque dedans sans grand appétit.

— Excuse-moi, Ethan, mais on ne se tape pas tous des lycéennes de seize ans. Donc, si, ça me gonfle de traîner avec des gamins.

Mon cousin me lance un regard noir en m'intimant de me taire. Ce con, il baise avec la meilleure amie de Lili. Elle n'est pas au courant, bien entendu. Enfin, je dois reconnaître qu'ils s'en sortent plutôt bien, lui et Jade. En public, ils s'adressent à peine un regard, je crois que je ne les ai même jamais vus s'échanger une seule parole depuis que je les connais. Il faut dire qu'ils s'échangent autre chose, apparemment.

— Neil va venir ? m'interroge Ethan pour changer de conversation, au cas où notre cousine ait l'idée de réapparaître maintenant.

— Heureusement qu'il vient, tu veux que je me tire une balle ?

Il hausse les épaules, l'air vexé que sa présence ne soit pas suffisante pour couvrir mes envies de suicide.

— Tu seras planqué dans les chiottes avec Jade, qu'est-ce que ça change ?

— Ça t'arrive de fermer ta gueule ?

Je m'apprête à m'offusquer, mais je comprends pourquoi il se froisse. Lili vient de rentrer dans la cuisine, suivie de Ian, qui fait rouler son fauteuil jusqu'à la table. Encore une fois, elle a dû insister pour qu'il daigne se lever.

Je croise le regard d'Ethan. Il a l'air encore furieux. Pourtant, je suis certain que Lili n'a pas entendu ce que je lui ai dit. En fait, c'est plus que certain, sinon elle hurlerait déjà dans tout le quartier.

Je me renfonce dans mon siège et sens Ethan faire de même, tandis que Lili s'occupe du petit déjeuner de son frère. Ian ne parle pas. Il n'a jamais été du matin, mais depuis qu'il est dans son fauteuil il n'est pas non plus du midi, de l'après-midi ou de la soirée. En fait, il n'est plus, tout simplement. Ça fait tellement mal au cœur que je n'arrive même pas à le regarder en face.

Je termine ma tartine grillée sous le regard inquisiteur de Mona, puis me lève de table pour rejoindre ma chambre et récupérer mon sac de cours. On a un chauffeur avec une voiture spécialisée pour le fauteuil de Ian qui nous emmène au lycée tous les matins. Je ne la prends jamais. Je préfère marcher avec ma musique dans les oreilles. De toute façon, je ne crains rien, on est tous scolarisés dans un quartier étiqueté « Rosenbach ».

Je rentre dans ma chambre et m'affale sur mon lit. Mauvaise idée. J'ai encore dix minutes avant de partir, je sais que je risque de me rendormir. Avec tout l'effort du monde dans les bras, je m'extirpe du lit moelleux que je n'ai côtoyé que deux petites heures la nuit passée. Je me dirige vers mon bureau et allume mon ordinateur portable. Mon fond d'écran, c'est la vue du pont de Westminster.

Je repense à Hamilton, soudainement. Il est revenu une seule fois, au pont, c'était il y a pratiquement deux mois. L'héritier s'est assis à quelques mètres de moi, il n'a rien dit, puis il est parti au bout d'une heure.

Parfois, je me demande même si c'est vraiment arrivé.

J'avale une gorgée de mon whisky-Coca en m'affalant sur le canapé rouge derrière moi. Instinctivement, je pose mes pieds sur la table basse comme si je m'installais tranquillement devant la télévision. Ce n'est pas le cas. Je ne suis pas chez moi. Enfin, c'est tout comme. Je suis au Boujis, un club privé de la capitale situé à la sortie de South Kensington. Cet endroit est un peu ma deuxième adresse. J'y suis presque tous les week-ends.

Je n'apprécie pas spécialement de passer mes nuits à côtoyer la famille royale, ni même la haute bourgeoisie londonienne, sauf que j'en fais partie, alors je me force. Comme tout le monde, en fait. Avec un peu d'alcool dans le sang, c'est supportable. Tout dépend du dosage.

Je n'ai jamais su doser.

La musique résonne à fond entre les murs opaques et sombres. Des néons de toutes les couleurs brillent partout autour de nous et j'ai l'impression de planer dans un rêve. Enfin, l'histoire des lumières, c'est plutôt pour faire genre, parce que ce n'est pas ça qui me fout dans cet état, mais plutôt l'ivresse.

Ma nuque se cale contre le dossier et je regarde les gens bourrés qui se trémoussent sur la piste de danse. Je regarde les corps s'entrechoquer et les langues se mélanger comme si ce n'était pas profondément dégueulasse. Mon regard s'arrête sur un mec au corps d'apollon, de larges épaules, grand, musclé, un sourire de rêve. Mes yeux se perdent sur son fessier rebondi et je pousse un soupir à peine perceptible lorsque j'entends la voix d'Aiden à côté :

— Vas-y, suce-le, ça t'évitera de baver.

— Sans façon.

— C'est vrai, reprend mon cousin en passant son bras autour de mes épaules. Toi, tu ne te mets pas à genoux. Tu es Daël Hamilton.

Je lui lance un regard assassin, même si je ne peux pas m'empêcher de sourire. D'accord, ça paraît arrogant, dit comme ça, mais il n'a pas totalement tort. Je suis gay, ça, toute la ville est au courant, mais je ne suis pas le genre de garçon à chercher ma proie. Je déteste draguer ou faire du rentre-dedans. Je préfère que l'on vienne à moi ; si le mec est assez intéressant pour que je l'écoute plus de trente secondes, il finit généralement dans mon lit. Ensuite, chacun son truc. Mais le mien, ce n'est pas de sucer le type. Je ne vois pas bien l'intérêt de lui donner du plaisir si je n'en reçois pas en retour. Du moins, je n'ai jamais connu quelqu'un qui méritait que je fasse ce sacrifice.

— Tu es chaud ce soir, Daël.

— Ça fait longtemps que je n'ai pas baisé, c'est tout.

— Quoi ? Deux jours ?

— Trois semaines.

Depuis la nuit du nouvel an, en fait. Ça commence à dater.

— Eh bien ! fait Aiden, étonné, en s'emparant de son verre sur la table. J'en connais un qui va demander à papa de sortir.

Je le regarde, blasé, ça fait vraiment beauf comme remarque. Aiden est le grand frère de Stan et Ellen. Il est le plus âgé de notre bande, mais paradoxalement il en est aussi le plus con. Il pouffe de rire, fier de sa blague, avant de se retourner vers la piste de danse.

Je me renfonce dans mon siège, bien calé dans notre coin VIP. Mon autre cousin, Stan, est en train de danser… Enfin « danser », il donne des coups de reins contre le corps d'une brune bien sculptée, sa langue enfoncée dans sa bouche.

Je commence à sentir mon entrejambe me démanger, moi aussi. Ça fait longtemps que je n'ai pas baisé. D'un côté, je n'ai pas eu beaucoup de temps pour moi, ces dernières semaines. Le cancer de mon père est en train d'empirer et tout s'accélère autour de moi. Les réunions, les conférences, les déjeuners. On veut me faire entrer au plus vite dans le milieu pour que je gagne la confiance des gens. Contrairement à ce que l'on pourrait croire, ça ne s'achète pas. Je discute avec les collègues de mon père, je réponds à leurs questions. Je sens bien qu'ils me testent et que je n'ai pas droit à l'erreur. Ce n'est pas un métier que j'ai sur le dos, mais une des plus grosses fortunes du pays et l'honneur de ma famille. Alors, forcément, ça occupe l'esprit un avenir comme le mien.

Mon regard traverse la piste de danse. J'ai vraiment besoin de baiser. D'échapper quelques heures à ce fardeau. Mes yeux parcourent les différents hommes. Les gros, les petits, les trop vieux, les trop jeunes et rien ne me tente. Je serre mon verre d'alcool dans ma main et avale son contenu d'une traite. Je n'ai pas trop le choix, ce soir, donc je vais devoir boire un maximum pour ne pas faire le difficile. L'alcool passe mon œsophage et me réchauffe. Je n'en avais pas vraiment besoin, vu que l'on a déjà l'impression d'être dans un four.

— Je viens de payer une quatrième tournée, déclare soudainement Fallone en se vautrant sur le canapé à côté de moi.

Je regarde ma cousine, puis l'alcool qui envahit la table.

— On a à peine fini la troisième, fais-je remarquer.

— Et alors ? réplique-t-elle d'un haussement de sourcils. Quand on l'aura finie, on n'aura pas à attendre, comme ça.

J'approuve d'un geste de la tête. De toute façon, je viens de me convaincre de me mettre une mine, autant y aller en beauté.

— Toi, c'est comme ça que je t'aime, enchaîne Aiden à son intention.

Les deux débiles se font un check au-dessus de ma tête avant que Fallone ne se retourne vers la piste de danse.

— On dirait que ton frère s'amuse bien.

— Ouais… lâche Aiden. Enfin, j'espère qu'il ne va pas encore se taper une MST, ce con. La dernière fois, c'est moi qui ai dû gérer son traitement.

— Tu es vraiment le frère le plus protecteur au monde, commenté-je en riant.

Je me raidis, instantanément. Quel con, pourquoi j'ai dit ça ? Je vois le sourire d'Aiden disparaître et je m'en veux. Je n'ai pas réfléchi.

Je reprends, gêné :

— Désolé, je ne voulais pas faire référence à…

— C'est bon, me coupe-t-il. Je sais. Ce n'est pas grave.

Je vois bien dans ses yeux que ça ne va pas.

— Ce n'est pas ta faute, Aiden.

Mon cousin ne répond pas, principalement parce qu'il pense que j'ai tort. On a déjà eu un milliard de fois cette conversation et j'imagine qu'il n'a pas particulièrement envie de relancer le sujet. D'ailleurs, moi non plus, ça ne m'intéresse pas d'en reparler sans cesse. Ça fait trois ans maintenant que sa sœur s'est fait violer par cet enfoiré. Depuis, on se déteste, parce qu'on n'était pas là pour la protéger et qu'on aurait dû se douter que les Rosenbach se vengeraient de ce qui était arrivé à Ian. Mais lui, il se hait presque aussi fort qu'il hait l'autre clan et ça me rend malade. Les pourritures dans cette histoire, ce sont les Rosenbach, comme toujours.

— Vos verres sont vides, les gars ! s'exclame Fallone pour détendre l'atmosphère. C'est quoi ce bordel ?

— Alors, sers-nous au lieu de parler, réplique Aiden.

Fallone s'empare de nos verres qu'elle remplit de nouveau de whisky-Coca. Je la regarde faire du coin de l'œil. Ma cousine a un an de plus que moi. Elle a un corps fin, mais puissant et musclé par les longues heures d'athlétisme qu'elle pratique depuis qu'elle sait marcher – enfin, pratiquement depuis ce jour, j'en suis certain. Son visage est toujours détendu, naturel et souriant, comme si rien ne l'atteignait vraiment. Ses cheveux sont coupés au carré, légèrement ondulés sur les pointes avec une frange épaisse qui lui arrive aux sourcils. Une délimitation marquée, puisque ceux-ci sont bruns, leur couleur d'origine, alors qu'elle a décoloré ses cheveux en un blond polaire, quasi blanc. Sa peau est pâle, et seul son bras gauche détonne, recouvert entièrement de tatouages. Elle se maquille peu, hormis un trait d'eye-liner au-dessus de ses paupières, et un anneau doré orne sa narine.

Je l'aime bien, Fallone. Pourtant, elle ne fait pas vraiment partie de la famille. Enfin, pas par le sang, j'entends. Fallone est la fille de Jackson Grant, le nouveau mari de ma tante, Patricia, la mère de mes deux autres cousins : Noah, dix-sept ans et totalement en crise d'adolescence, et Maha, une gamine adorable de dix ans. Fallone n'est que leur demi-sœur, mais elle prend soin d'eux autant que je le fais avec Charlie et Tess, mes petites sœurs. Elle a le sens des responsabilités et la famille est sa priorité. C'est une fille bien. La meilleure d'entre nous, sans hésitation.

Fallone me tend mon verre et je trinque avec mes cousins. Enfin, le dernier de la bande se ramène, sans sa nouvelle conquête sous le bras – merci bien – et réplique avant de s'affaler sur le canapé :

— Et moi, on ne me sert pas à boire ?

— Non, on te laissait choper ta syphilis en toute tranquillité, ironise son frère.

Stan se met à rire, même si je ne vois pas ce qu'il trouve de drôle, vu qu'il en a déjà eu une, cet abruti.

— Vous devriez plutôt me remercier, enchaîne-t-il fièrement.

— De tout faire pour disparaître de cette terre ? relance Aiden. C'est vrai que l'effort est à saluer.

Je me retiens de rire.

— Écoutez-moi, merde ! La fille que je viens de me taper, c'est Isa Cyrus.

— Qui est Isa Cyrus ? l'interroge Fallone.

— Elle est dans la même classe que Lili Rosenbach.

Toute la table se penche immédiatement vers lui, on est tous suspendus aux lèvres de Stan.

— Lili fête ses seize ans le week-end prochain et Isa peut s'arranger pour nous avoir des cartons d'invitation.

— Vraiment ? lâche son grand frère.

— C'est une soirée masquée. On peut entrer facilement.

Je me redresse sur le canapé et l'arrête aussitôt.

— Il y aura des agents de sécurité partout. Aucune chance qu'on entre là-dedans. Si l'on se fait prendre, on est morts.

— Et qu'est-ce qu'on irait foutre à l'anniversaire de cette gamine ? enchaîne Fallone.

Si je disais que je l'aimais bien tout à l'heure, c'est aussi parce qu'elle se range toujours de mon côté.

— Vous êtes sérieux ? s'exclame Stan en frappant d'un coup ferme sur le dossier du canapé. On a un moyen de rentrer chez les Rosenbach ! On va foutre la merde à leur soirée, ça va être jouissif de voir leurs gueules de cons ! Allez, bande de tapettes…

Il s'arrête, me lance un regard, avant d'ajouter :

— Désolé, Daël, ce n'était pas une insulte contre ta communauté, mais une façon de parler.

— Ma communauté et moi, on te prie d'aller te faire foutre, et non, c'est mort.

— Pourquoi prends-tu toujours les décisions ?

J'ai bien envie de lui répondre : « Parce que c'est moi, le chef ! », mais ça paraîtrait trop prétentieux. Surtout connaissant mon cousin : il se rendrait tout seul à la soirée juste pour ne pas aller dans mon sens. Stan est le plus jeune de notre groupe, il a dix-neuf ans. J'ai l'impression qu'il en est complexé, il en fait souvent trop comme pour nous prouver quelque chose, même si l'on ne sait pas bien quoi.

— Parce que ton idée est encore plus stupide que ta personne, rétorqué-je.

— On ne se fera pas prendre ! insiste-t-il. C'est une soirée masquée. Personne ne nous reconnaîtra !

— Et quel est l'intérêt d'y aller si personne ne sait qu'on y est ? l'interroge son frère avec un froncement de sourcils.

— Justement ! On se la joue discret, on se rapproche de Lili, de Ian, d'Ethan… Peut-être même que, si l'on est bons, on peut choper Lior.

Stan continue, sans même remarquer la brève tension qui a traversé mon corps :

— Une fois qu'on les a éloignés de leur clan et qu'on est seuls avec l'un d'entre eux, BAM !

— Et « bam » ça veut dire quoi dans ton langage ? demande Fallone, sceptique. Tu veux les buter ?

On sourit, parce que l'idée nous a tous traversé l'esprit.

— On se venge, réplique Stan.

— Je ne touche pas aux Rosenbach, dit de suite Fallone. Je ne veux pas finir en taule.

— On peut juste leur faire peur.

— Et une fois qu'on est découverts par notre victime, c'est quoi la suite ? On se retourne vers le reste des Rosenbach et on essaie de ne pas finir en bouillie ?

Tout le monde se retourne vers moi, l'air d'approuver ma remarque. Trop fier de m'être redonné de la crédibilité, je continue :

— Et puis, c'est con ton histoire. On n'entrera pas, je te dis. Il y aura la sécurité à l'entrée.

— Juste une personne à l'entrée pour vérifier les cartons, rétorque Stan, l'air d'y avoir déjà réfléchi. On les aura, donc pas de problème. Franchement, réfléchissez… Comment voulez-vous que les Rosenbach imaginent une seule seconde qu'on se ramène à leur soirée ? Ça paraît tellement suicidaire !

— Ça ne « paraît » pas suicidaire, ça l'est vraiment, rétorque son grand frère.

— Je vous ai connus plus drôles que ça ! lâche-t-il en s'affalant contre le dossier du canapé. Pourquoi vous flippez autant ? Imaginez plutôt le kiff d'entrer à cette soirée sans que personne le sache… Imaginez juste leurs gueules quand ils sauront comment ils se sont fait avoir à leur propre fête. Putain, les mecs, on a une occasion en or de casser du Rosenbach ! Ils y seront tous ! Les grands, les petits, les parents ! On n'aura même pas besoin de révéler qui l'on est ! On reste masqués toute la soirée. On a juste à tout gâcher et observer le spectacle.

Je sens que Stan arrive à moitié à nous convaincre. Bien sûr, je persiste à penser que c'est une idée stupide et que ça va nous retomber dessus. Pourtant, ça me donne envie d'essayer. En fait, je crois que j'ai juste envie de faire une folie avant que mon père clamse et que je me retrouve définitivement à la tête de la société. J'ai envie de m'amuser et de profiter des derniers moments avec mes cousins. Ce goût d'interdit me fait palpiter le cœur. Tant pis pour les conséquences.

— Elle pourrait vraiment nous avoir des cartons d'invitation, ta copine ?

Je vois les lèvres de Stan se relever en un sourire victorieux. Il a gagné et il le sait.

— Oui, on en a parlé tout à l'heure. Elle déteste Lili et c'est elle qui a eu l'idée.

— Pourquoi est-elle invitée alors ? demande Fallone qui semble la seule à ne pas être encore convaincue.

— Lili a invité presque tout son lycée, genre « fête de l'année », tu vois. C'est une Rosenbach donc, classique, elle veut être le centre de l'attention.

— Il y a les noms sur les cartons d'invitation ? enchaîne-t-elle, toujours aussi suspicieuse.

— Lili a dit qu'elle pouvait inviter des amis à elle. Isa donnera de faux noms.

— Ils ne vont pas vérifier sur les cartes d'identité ?

— Il y a au moins quatre cents invités, rétorque Stan. Ils ne le feront pas... Et s'ils le font, on dira qu'on a oublié nos papiers chez nous. On ne va pas chez la reine d'Angleterre non plus !

J'en doute sincèrement. Les Rosenbach sont aussi paranoïaques que nous en ce qui concerne la sécurité. Après tout ce qu'il s'est passé entre nos deux familles, je ne pense pas que l'on ait tort de se protéger comme on le fait depuis quelques années.

— Alors ? fait Stan en se retournant vers moi. On s'incruste au bal des Rosenbach ?

C'est une mauvaise idée. Une putain de mauvaise idée qui va nous coûter cher.

— On y va.

Je crois que je m'en fous.

Chapitre 3

Daël Hamilton

— Je t'en supplie !

— C'est non, laisse tomber.

Noah soupire et relâche mon bras. Il me fait la gueule, je le sais. Je l'entends taper contre le mur du couloir et je crois qu'il se fait mal à la main, il camoufle un cri dans son poing. Je me retourne vers lui et il m'assassine du regard, rendant ses yeux marron encore plus sombres qu'à l'accoutumée.

— Cette tête de caniche désespéré ne me fera pas changer d'avis, Noah.

— Pourquoi ? s'emporte-t-il en venant se raccrocher à mon bras. Pourquoi tu ne veux pas ?

— Trop dangereux.

— Vous y allez tous ! Je suis toujours mis de côté.

— Parce que tu es trop jeune.

— J'ai dix-sept ans ! s'exclame-t-il en resserrant encore un peu plus son étreinte, comme pour me prouver qu'il n'est plus un gamin. À mon âge, tu faisais déjà des trucs comme ça !

— Non, on n'a jamais fait quelque chose d'aussi risqué… Donc tu ne viens pas.

Je l'entends grogner et m'insulter, mais je ne relève pas. Je comprends qu'il soit en colère et qu'il en ait marre d'être exclu de notre groupe. Il nous voit sortir avec les cousins, traîner dans des clubs, boire et fumer, sans que nos parents disent rien.

— Tu n'étais pas comme ça avant.

Je me retourne vers lui et remarque désormais qu'il a les yeux rougis. Passé la colère, il est désormais submergé par la tristesse. Je le comprends, parce qu'il a raison. Je n'étais pas comme ça avant. En fait, on s'entendait même très bien. Au fond, on n'a que trois ans de différence tous les deux, ce n'est presque rien, c'est même moins que mon écart avec Aiden, qui a vingt-cinq ans. Il ne comprend pas pourquoi je ne l'inclus plus dans l'équation. Enfin, je lui ai expliqué des millions de fois que je voulais seulement le protéger, que si les Rosenbach s'en étaient pris à Ellen – une gamine de quinze ans qui n'avait jamais rien demandé – ils étaient tout à fait capables de s'en prendre à lui. Je le connais. Noah est impulsif. Il se ferait griller dès le départ et je n'ose même pas imaginer le sort que lui réserveraient les Rosenbach. Alors, c'est toujours non, même si je sais qu'il me déteste comme jamais à cet instant.

— Je vais le dire à nos parents.

La menace classique.

— Si tu le fais, je raconterais à ta mère comment tu as perdu ta virginité avec une de ses cougars de copines.

Il ferme sa gueule. Je vois vraiment qu'il essaie de se retenir de me frapper. Je sais que je suis cruel. Il m'avait fait confiance le soir où il m'a raconté cette histoire et je viens de la lui balancer à la gueule d'une manière totalement dégueulasse. Tant pis, il ne peut pas venir, je ne prendrai pas ce risque.

— Tu es qu'un enfoiré, Hamilton.

Je me raidis, n'ayant pas l'habitude de l'entendre utiliser notre nom de famille comme ça, comme si c'était une insulte.

— De toute façon, je ne vois pas pourquoi tu viens m'en parler à moi. Tu sais très bien que Fallone ne sera pas d'accord, dis-je.

— Justement, j'espérais que tu arrives à la convaincre pour que je puisse vous accompagner.

Il délire complètement, là. Convaincre Fallone de mettre son frère en danger, il a vu la Vierge.

— Elle ne voudra jamais, et tu le sais aussi bien que moi.

— Ce n'est même pas ma vraie sœur, lance-t-il.

Ça y est. Il m'a cherché. Je me retourne brusquement vers lui et l'empoigne par le col de sa chemise en crachant à son visage :

— Tu redis encore la moitié de cette merde et je t'arrache les yeux !

— Lâche-moi !

— Ferme-la ! Tu veux savoir pourquoi on ne veut pas de toi dans le groupe ? Prépare-toi, parce que j'ai un scoop : ce n'est pas une question d'âge, mais de maturité. Tu es qu'un gamin, Noah. Tes caprices de diva et toutes tes merdes, on en a marre ! Fallone est la meilleure sœur qu'on puisse rêver d'avoir, et toi, tu l'as et tu lui craches dessus à longueur de journée. Tu as de la merde dans les yeux ou tu es juste trop con pour reconnaître tout ce qu'elle fait pour toi ?

Il baisse la tête et marmonne un : « Ouais, je sais » à peine compréhensible. Il est tellement embarrassé face à moi que je ne vois plus que le sommet de ses cheveux ébène. Je relâche ma poigne, et mon cousin se recule instinctivement, passant sa main sur sa nuque et la grattant inconsciemment. Noah relève brièvement son regard vers moi, il semble hésiter à ajouter quelque chose, mais sa bouche se referme en un son quasi inaudible. Il est pâle, malgré sa peau basanée. Un contraste si saisissant que j'en viens presque à regretter mes propos. Je ne me mets pas souvent en colère, enfin moins depuis quelque temps, mais lorsque ça arrive il vaut mieux ne pas être dans le coin. Noah finit par disparaître dans sa chambre et j'essaie de me calmer. Ma respiration se fait moins bruyante et je sens mes muscles se détendre peu à peu.

J'entends un mouvement à côté de moi et me retourne vers une jolie brunette aux sourcils froncés, plantée au milieu du couloir, les bras croisés sous sa poitrine.

— Tout va bien. Ne t'inquiète pas.

Ellen soupire, blasée par mes mensonges.

— Qu'est-ce qu'il se passe encore ici ?

Je regarde ma cousine et sens mon cœur se pincer. Ellen a bientôt dix-huit ans. Elle aussi, elle aurait pu organiser une superbe soirée d'anniversaire, mais elle en est privée à cause des Rosenbach. Enfin, nous l'en privons, parce que nous sommes terrorisés à l'idée que l'histoire recommence.

— Tout va bien, je m'engueulais juste avec Noah.

— Pourquoi ?

— Pour des conneries. Tout va bien, répété-je. Je t'assure.

Ellen acquiesce d'un mouvement de la tête, même si je me doute bien qu'elle ne m'a pas cru. Cependant, elle retourne s'enfermer dans la chambre d'une de mes sœurs, sans insister. Je ferme les yeux, fatigué par tout ça. Je sens mes jambes faiblir et me réfugie dans la salle de bains, que je referme à clé derrière moi. Je laisse mon dos descendre le long de la porte jusqu'à ce que mes fesses touchent le carrelage froid. Je vais craquer. Je n'en peux plus de voir de la douleur toute la journée.

Ellen, c'est qu'une partie du problème. Elle souffre, bien sûr, et elle a entraîné tellement de monde dans sa chute. À commencer par ma sœur, Charlie. Ça fait trois ans qu'elle est rongée par la culpabilité de ce qui est arrivé à notre cousine. Charlie était avec elle, à la base, ce soir-là. Elle est partie avec un copain et a laissé Ellen rentrer seule à la maison. C'est sur le chemin qu'elle est tombée sur Greg. On ne lui en veut pas, à Charlie. On ne lui en a jamais voulu. Elle le fait assez bien toute seule, de toute façon. Et puis, il y a ma mère et ma tante Holly, elles sont totalement dévastées et terrifiées à l'idée de sortir de nos quartiers. Elles se barricadent et refusent de voir la misère autour d'elles.

Ça m'énerve que tout le monde fasse comme si tout allait bien. C'est aussi pour ça que j'ai pris un appartement.

Je passe mes mains sur mon visage et j'empêche à tout prix les larmes d'y couler. Je déteste être ainsi, m'effondrer comme un faible. Tout ça à cause des Rosenbach. Je les hais d'une force que je serais incapable de décrire. Ils doivent payer. Ils doivent souffrir comme on souffre, c'est le juste retour des choses.

Je ne sais pas encore ce que l'on va faire ce soir, mais j'ai envie que ça fasse mal. J'ai envie que leurs yeux brillent de la même douleur que ceux d'Ellen et de ses frères, ou de Charlie, ou de ma mère et ma tante. Je veux qu'ils souffrent. Je veux qu'ils payent le simple fait d'exister sur cette terre.

Mes poings se crispent à m'en faire mal aux articulations et ma respiration devient de plus en plus saccadée. À nouveau, mes problèmes de colère refont surface. Parfois, mes crises sont si fortes que je peux à peine respirer.

Je laisse tomber ma tête sur la porte derrière moi et essaie de prendre de grandes inspirations comme les médecins m'ont montré. Je sens mon cœur ralentir et réalise que ça marche un peu, leurs conneries.

Je me relève pour me diriger vers le lavabo. Je passe mes mains sous l'eau froide du robinet et j'asperge mon visage pour retrouver une température normale. De fines gouttes d'eau coulent le long de mes joues et on pourrait les confondre avec les quelques larmes que je laisse échapper. J'attrape une serviette en coton à côté de moi et y enfouis mon visage. Lorsque j'en ressors, tout est parti. Le masque a repris sa place et plus aucune émotion ne marque mes traits.

Je me regarde dans le miroir et apprécie ce que je vois. Tout simplement parce que je suis redevenu Daël Hamilton et que, ce soir, les Rosenbach sauront ce que ce nom signifie vraiment.

Lior Rosenbach

Je pousse un soupir, regardant tout autour de moi. Je ne sais même pas pourquoi je suis venu ici. Enfin si, je le sais, parce que je n'ai pas vraiment eu le choix. Lili a insisté pour que je vienne l'aider à décorer la salle de réception. Ce que j'ignore, par contre, c'est la raison pour laquelle j'ai accepté.

— Lior, tu penses que j'accroche le cadre photo à l'entrée ou au niveau du buffet ?

— Et toi, tu penses que j'en ai quelque chose à faire ?

Lili lève les yeux au ciel, telle une incomprise, et part avec son cadre sous le bras pour demander un avis plus pertinent que le mien, ce qui ne sera pas difficile à trouver. Je m'affale sur une chaise derrière moi et observe les employés en train de s'agiter dans la salle de réception. Ma famille a loué un château à une heure de Londres pour les seize ans de Lili. C'est un rituel chez nous. Le passage à l'âge adulte, blague à part. On est tous bien loin de la maturité, mais on aime faire les choses rapidement chez les Rosenbach.

Je regarde une employée de l'hôtel aux cheveux frisés répandre des plumes blanches sur le sol. Lili a insisté pour avoir un anniversaire de princesse. Je me dis que ça lui correspond bien d'enjoliver la réalité. On se croirait dans un conte de fées et ça me retourne le cœur. Tout est blanc, tout est doux, tout est beau. C'est bien trop pur pour nous ressembler.

Je rumine mes pensées noires, lorsque la voix de ma mère m'interpelle au loin :

— Dis, Lior, quitte à être inutile, tu ne veux pas remplacer la plante verte dans l'entrée ?

Je me retourne vers elle, un sourire sarcastique sur les lèvres. Abbie se tient en face de moi, une main sur la hanche et me fixant de ses grands yeux noisette. Un regard tendre qu'elle n'arrive jamais à dissimuler, même pour me crier dessus. Je l'aime, ma mère, mais elle me fait de la peine. Écrasée par cette trop grande famille, écrasée par cette stupide guerre des gangs, écrasée tout court. On ne lui demande jamais son avis, à elle.

Je me lève et la rejoins en traînant des pieds.

— Avec un sourire, s'il te plaît.

Je tire sur les muscles de mon visage jusqu'à le déformer et elle pouffe de rire, m'assénant un coup à l'épaule avec un air désapprobateur.

— Qu'est-ce que j'ai fait au monde pour avoir un fils aussi stupide ?

— J'apprends du maître.

— Ce n'est certainement pas moi qui t'ai donné cette éducation.

— Facile, quand on n'en donne aucune.

De nouveau, elle me frappe au même endroit, et j'esquisse un sourire amusé. Elle m'a à peine effleuré, ma mère n'oserait jamais lever la main sur moi.

— Où est Neil ?

Je vois ses yeux pétiller quand elle me pose la question et je laisse les miens rouler d'une manière exagérée.

— Quoi ? fait-elle innocemment. Tu as le droit de ramener ton petit ami ici. Ça ne me dérange pas, tu le sais.

— Neil n'est pas mon copain, mais mon plan cul.

Ma mère s'offusque pour la forme. Elle sait bien comment fonctionne le monde d'aujourd'hui. Elle sait que l'amour est une vaste connerie à laquelle plus personne ne croit. Elle sait qu'il n'y a que le cul qui retient les gens et que c'est déjà pas mal d'avoir quelqu'un capable de me retenir. Alors, Neil, elle l'a plus ou moins accepté comme moi je l'ai accepté dans ma vie. Comme une parenthèse.

Elle et mon père ont bien réagi à mon homosexualité. Ce jour-là, j'aurais pu leur annoncer qu'il pleuvrait le lendemain qu'ils auraient tiré la même gueule. Ça peut paraître étonnant que mon orientation sexuelle ne pose pas de problème dans une famille où la lignée et les liens du sang sont aussi importants, mais ce n'est pas le cas. Principalement parce que l'honneur des Rosenbach, c'est l'invincible Grace. Une des conditions pour épouser la fille parfaite sera de conserver notre nom de famille. Franchement, je ne connais personne qui pourrait refuser, vu notre renommée… À part un Hamilton, bien sûr, mais la question ne se pose même pas. Mes parents ont mis tous leurs espoirs en Grace, donc le cadet peut bien baiser qui il veut, quand il veut, ce n'est pas ça qui les empêche de dormir le soir.

— Tata ! se met soudainement à hurler Lili en traversant la salle de réception au pas de course. Le fleuriste a oublié la moitié des roses ! Il y a eu une erreur sur le bon de commande !

Les yeux de ma mère s'ouvrent d'un air paniqué et je les regarde toutes les deux, totalement hébété. J'hallucine, elles sont capables de s'arracher les cheveux pour de pauvres fleurs que personne ne remarquera.

— Lior ! s'exclame ma mère en se retournant vers moi.

Je me dis que, si j'avais été intelligent, j'aurais déguerpi avant qu'elle ne se souvienne de mon existence.

— S'il te plaît, chéri, est-ce que tu veux bien aller acheter les roses qui manquent ?

— Il en faut combien ?

— À peu près deux cents, me répond Lili.

— Qu'est-ce que vous allez foutre de tout ça ?

— C'est de la décoration, se défend-elle.

— Oui… Pas un parterre de fleurs.

Ma mère fronce les sourcils, l'air de me dire de la fermer, et je soupire d'un air las.

— Aucun fleuriste n'aura deux cents roses pour ce soir.

— C'est pour ça qu'il faut que tu fasses tous les fleuristes de la ville, achètes-en le plus possible à chaque endroit.

— Vous vous foutez de moi ?

— Lior ! insiste Lili. Ce sont mes fleurs préférées !

— Des roses blanches ? De quelle comédie romantique sors-tu ?

— S'il te plaît, fais ça pour ta cousine adorée.

Lili prend sa petite voix mielleuse et me fait les yeux doux. Elle m'énerve. Je craque chaque fois qu'elle me regarde ainsi, avec son air innocent, ses yeux verts, comme les miens, ses éternelles paillettes sur les paupières et ses longs cheveux blonds qui encadrent son visage de porcelaine. C'est définitivement une princesse de conte de fées. Elle est juste tombée dans la mauvaise famille, parce que nous autres sommes loin d'être des héros.

— Bien, j'y vais.

Ma mère et Lili se tapent dans la main d'un air victorieux et je me dirige vers la sortie de la salle. D'un côté, ça va me faire prendre l'air et je ne servais vraiment à rien, planté comme un con au milieu de tout ce bordel.

— Appelle Paul ! me crie ma mère. Il te conduira.

— Pas la peine.

Je sors de la pièce, sans donner plus d'explications. De toute façon, elle sait très bien qui je vais appeler. Je marche un peu dans le jardin à l'entrée du château et me décide à fumer une cigarette avant de partir à la recherche de ces foutues fleurs. Je coince la clope entre mes lèvres et l'allume. Je récupère mon portable et enfonce la touche numéro un. Raccourci pour joindre Neil plus rapidement.

Les sonneries se succèdent puis j'entends sa voix ensommeillée. À peine étonnant, ce type vit la nuit et dort le jour. Il fonctionne à l'envers. C'est ça que j'aime bien chez lui, parce que je suis pareil. Peut-être qu'à deux ça nous remet dans le bon sens.

— Allô ?

— J'ai une faveur à te demander.

— Je te déteste déjà, lâche-t-il en soupirant.

— Je n'ai pas fini.

— Ne commence pas, merci.

Je tire une taffe sur ma cigarette et reprends, même s'il m'a clairement fait comprendre que ça ne l'intéressait pas :

— Je dois acheter deux cents roses pour l'anniversaire de Lili. Il faut que je me tape tous les fleuristes du coin.

— Genre ? Te les taper vraiment ?

— Tu peux arrêter deux secondes dans ta vie d'être con ?

— Non.

— Bref, tu m'emmènes ?

— Tu n'as pas un putain de chauffeur pour ce genre de truc ?

— Si, il s'appelle Neil, je te le présenterai un jour.

— Putain, tu soûles là, j'ai autre chose à foutre.

Je connais ce ton et je sens que je vais avoir du mal à gagner. Alors, j'aurais préféré ne pas utiliser cette méthode, mais… tant pis.

— Je te récompenserais, si tu m'aides.

— Quel genre de récompense ?

— Comme si tu n'avais pas déjà deviné.

Je l'entends grommeler derrière le combiné et je souris, amusé. Ce mec ne pense vraiment qu'avec sa bite.

— J'arrive.

Il raccroche et je range mon téléphone dans ma poche tout en terminant ma clope. Ça fait longtemps que le tabac ne me détend plus, mais je continue de fumer, plus par principe qu'autre chose. En plus, je sais que je ne pourrai pas toucher à ma came ce soir, donc autant m'habituer à la cigarette et son effet pathétique.

Je relève mon visage vers le ciel. On est au mois de février. Le ciel est grisâtre et dégueulasse, à l'image de la soirée qui m'attend.

— Tu fais quoi, planté là ?

Je me retourne vers Edward, le frère d'Ethan, qui vient de s'arrêter devant moi, un carton rempli de photographies dans les mains. Ils se ressemblent un peu, tous les deux, bien que le grand frère ait été moins gâté par la nature. Ils ont la même physionomie – même si le corps d'Edward est un peu plus robuste et sculpté avec ses vingt-quatre ans –, les mêmes cheveux bruns et courts, le même regard dur avec des sourcils épais, le même air un peu renfrogné... seul son visage est moins harmonieux que celui d'Ethan. Un nez large et de travers, cassé, souvenir d'une altercation avec les Hamilton. Ses yeux sont un peu plus globuleux et ses dents, légèrement jaunies par la clope et l'alcool. Je ne lui ai jamais connu de copines et je ne suis pas certain qu'il en cherche. Il ne fait confiance à personne, hormis la famille. Le sang, qu'il nous appelle, comme si l'on était des putains de mafieux italiens.

— Je vais acheter des fleurs, l'informé-je.

— Flagrant.

— Tu fais quoi avec tout ça ?

— C'est ta mère qui m'a demandé de les sortir du grenier. Elle veut recouvrir un mur avec ces vieilles photos.

On esquisse tous les deux un sourire avant qu'Edward ne fasse tomber le carton sur le sol. On se penche au-dessus et on attrape chacun un paquet pour les regarder. Je me mets à rire parce que – merde – c'qu'on était moches à cet âge-là.

Je vois des photos de moi, Ethan et Ian, des dents en moins et affublés de vieux joggings de toutes les couleurs que plus personne n'oserait porter aujourd'hui. Quoique le ringard ait tendance à revenir à la mode. Les gens sont stupides. Ils porteraient n'importe quoi pour se persuader qu'ils sont originaux.

Il y a aussi beaucoup de photos de Lili. Des photos de toutes ses comédies musicales avec lesquelles elle nous faisait chier et qu'il fallait aller voir tous les ans. Des photos d'elle à l'équitation, une de ses nombreuses passions. Des photos d'elle dans notre jardin, toujours prête à faire des conneries.

Mon regard s'arrête sur une vieille image écorchée dans un coin. Cette photo est une des plus récentes. Une qui date de l'époque où ma vie n'était pas encore cette merde sans nom. On y voit Lili au milieu d'un terrain de foot, entourée de ses deux frères. Trois têtes blondes souriantes qui contrastent avec le vert pétant du gazon synthétique. Ian porte la tenue de l'équipe de Chelsea. Normal, il jouait dans ce club depuis ses douze ans. La photo a été prise le jour d'une finale importante que son équipe a remportée. Il était excellent dans ce sport et, s'il n'y avait pas eu cette saleté d'accident, je pourrais mettre ma main à couper qu'il serait devenu professionnel. Sur la photo, il a un immense sourire. Un sourire comme il est rare d'en voir. Ça me fait mal parce que son grand frère, Greg, a exactement le même. Sauf que quelques semaines plus tard, l'un se retrouvait en fauteuil et l'autre, en taule. Aucun des deux ne sourira ainsi de sitôt.

— On n'est pas obligés de mettre celle-là, murmure Edward.

— On n'est pas obligés de les oublier non plus.

Je remets mon paquet de photos dans le carton avec celle du foot bien en évidence, sur le dessus.

— Ce n'est pas ce que j'ai dit.

— Pas besoin de le dire, tu le fais très bien sans paroles.

— Je t'emmerde, Lior. Ce n'est pas moi qui ai abandonné mon meilleur pote.

Je me tais, parce que je sais qu'il a raison, et il en rajoute une couche :

— Je vais le voir en taule, Greg, alors que, toi, tu ne te donnes même pas la peine de passer du temps avec Ian.

— Je n'étais pas…

— Ouais, je sais que tu n'étais pas là le soir de l'accident, me coupe-t-il. Tu l'as assez répété pour qu'on le comprenne. Je sais que tu nous en veux de l'avoir embarqué avec nous. Je sais que c'est notre faute s'il est dans ce foutu fauteuil, mais prends-toi-en aux bonnes personnes ! Ian, il souffre déjà assez de la situation pour en plus devoir supporter ton indifférence. Tu es qu'un sale égoïste… D'accord, tu n'étais pas là le soir de l'accident et ce n'est pas ta faute, mais tu n'as jamais été là après. Tu n'as jamais été là quand il en avait le plus besoin et je te le dis, ça, c'est ta putain de faute.

Edward se penche et attrape le carton de photos avant de me tourner le dos pour rejoindre le château, derrière nous. Je reste comme un con, planté sur le trottoir. J'ai mal à la tête et au ventre. Cette soirée n'est pas encore commencée que j'ai déjà envie de me tirer une balle entre les deux yeux.

Je me pose sur un muret et enchaîne clope sur clope. J'observe les employés faire des allers-retours, des camions jusqu'à la salle de réception. Il fait froid, mais je n'ai pas envie d'attendre Neil à l'intérieur. Hors de question de prendre le risque de recroiser quelqu'un de ma famille. Je préfère faire une hypothermie.

Un coup de klaxon me sort de mes pensées et je me retourne vers la route. Je vois Neil dans sa voiture, ou plutôt dans la vieille carcasse métallique qui lui sert d'automobile. Les vitres sont baissées alors qu'il doit faire moins quarante dehors. Bordel, il a fait vite. Il doit être en manque de cul.

— Tu te magnes ?

Je me dirige vers la voiture et m'engouffre à la place du passager.

— Par où commence-t-on ?

— Chez toi.

Neil se retourne vers moi, l'air de ne rien comprendre à ce que je lui raconte.

— On ne va pas acheter des fleurs ?

— Je m'en branle, de leurs fleurs. J'ai besoin de coke. On va chez toi.

Il fronce des sourcils, puis finit par démarrer le moteur sans rien ajouter. J'adore ce type. Il me connaît si bien maintenant qu'il sait quand il doit fermer sa gueule ou pas.

Là, je le remercie de ne pas sortir un mot de tout le trajet.

Chapitre 4

Lior Rosenbach

Tout se brouille autour de moi et je me demande si les plumes qui volent devant mes yeux sont réelles. Je plane complètement. Je délire même. Je n'arrive plus à reconnaître les gens qui m'entourent, c'est à cause de ces masques à la con. Je ne vois plus personne. Je me demande pourquoi ça me dérange, parce qu'il y a quelques heures j'aurais tout donné pour que la soirée se passe ainsi, c'est-à-dire sans moi. Sauf que je n'aime pas ça. J'ai trop de drogue dans le sang et je ne supporte pas ce sentiment de ne rien contrôler. Enfin, d'habitude, j'adore. Là, ça me fait peur, parce qu'il y a mon père, ma mère et toute ma famille. Je ne veux pas qu'ils me voient comme ça. Je ferme les yeux et essaie de reprendre mon équilibre, je n'y parviens pas. Tout tangue. Je recule d'un pas et m'adosse au mur derrière moi. C'que ça fait du bien.

— Tu es une sacrée merde, Lior.

Belle entrée en matière. Je me retourne vers Ethan et le toise d'un air mauvais. Il est élégant ce soir, dans son costume sombre, un masque noir et sobre sur les yeux et une cravate fine autour du cou. Enfin, il est à son image. Rien ne dépasse, comme d'habitude. Moi, je n'ai pas pu m'empêcher de détonner, juste pour le plaisir d'emmerder le monde. J'ai enfilé un slim et un T-shirt noir, rien de grandiose, mais pour marquer à quel point je trouve ce bal débile, je porte un masque acheté au rayon enfants d'un magasin de jouets. Il est rose, avec des paillettes et des plumes couleur lavande tout autour. C'est parfaitement ringard, comme cette soirée.

Mon cousin reprend en s'appuyant au mur, à côté de moi :

— Franchement, tu me fais de la peine. Tu ne peux pas passer une soirée sans ta coke ?

— Je t'emmerde.

— Quelle répartie.

Je me fous de ce qu'il pense. Je me retourne vers la salle de réception et regarde les gens danser. J'aimerais trouver la force de me barrer d'ici, parce qu'il commence à me soûler à me fixer comme ça. Surprise, je ne la trouve pas.

Je reste planté près du mur et Ethan en profite pour continuer :

— Tu ne pouvais pas faire un effort pour l'anniversaire de Lili ?

— Je suis là, c'est un effort.

— Tu es là, mais dans quel état ?

Un sale état, je le lui accorde.

— Tu as les yeux défoncés, même à travers ton masque ridicule on le voit.

— Tu as qu'à ne pas me regarder.

Ethan soupire et s'écarte du mur pour rejoindre la soirée. Je suis soulagé de m'en être débarrassé, mais je pense déjà à demain matin et à tout ce que je vais devoir faire pour récupérer cette connerie. Ce n'est pas gagné. Tant pis, je n'ai pas envie de réfléchir à ça pour le moment.

Je me relève à mon tour. Je me demande, l'espace d'un instant, où est passé Neil, puis je réalise que je n'ai pas spécialement envie de recevoir un énième sermon. C'est peut-être une bonne chose qu'il soit sorti. Le connaissant, il ne doit pas supporter ce genre d'événements bourgeois.

J'avance sans but dans la salle de réception. Toutes les plumes qui étaient sur le sol sont en train de voler autour de nous et je n'arrive pas à comprendre pourquoi. Est-ce que ce sont les mouvements des danseurs ? Est-ce qu'il y a un ventilateur quelque part ? Mes pensées s'embrouillent et je continue de déambuler au rythme de la musique crachée par les haut-parleurs. Je suis dans un état déplorable, mais je pense être assez lucide pour reconnaître que cette soirée est une réussite. C'était con, son truc de plumes, mais c'est beau quand on se promène à l'intérieur. On se croirait dans un rêve.

La musique change. Elle s'adoucit et ça me fait du bien. Ça ne crie plus dans mes oreilles. C'est juste beau et mélodieux. C'est juste… parfait pour le moment. Je déambule entre les danseurs, j'ai l'impression de flotter avec eux, même si je ne doute pas de plutôt tituber comme un con. Peu importe. Je me sens tellement bien, et c'est trop rare pour que je n'en profite pas.

Je lève les yeux vers le plafond, je vois les plumes qui tombent, qui volent, qui dansent. J'ai envie de danser avec elles. Les couples tournent autour de moi, ils valsent les yeux dans les yeux. Je dois les déranger à traîner comme ça, au milieu de toute cette perfection.

Mes yeux s'habituent aux plumes blanches qui volent dans l'air, et là, je la vois, Lili. Il n'y a pas plus magnifique que cet instant. Elle porte une robe beige qui fait ressortir son teint de poupée. Son masque lui couvre la moitié du visage. Il est pailleté d'or et il brille, comme elle. Cette fille est un rayon de soleil. Cette fille est *mon* rayon de soleil.

Je m'approche pour la voir de plus près, mais un garçon est plus rapide que moi et la saisit par la main. Lili se laisse entraîner dans la danse. Merde, elle se fait plaisir. Son partenaire est sublime. Tellement sublime que ça m'étonne de ne l'avoir jamais vu. Je m'approche encore tandis qu'ils valsent au milieu de la piste. J'ai envie de crier à tout le monde d'arrêter de danser pour qu'ils regardent la beauté de ce qu'il se passe sous leurs yeux. Ils sont tellement beaux, ils dansent tellement bien. La main du garçon encercle sa taille. Ils tournent, ils continuent de tourner, sans jamais arrêter de se fixer. *Les yeux sont le miroir de l'âme*. Ça n'a jamais eu autant de sens. Ça crève d'amour. Ça crève de beauté, de jeunesse et d'amour. Je crois que j'aimerais être à sa place, j'aimerais que l'on me regarde ainsi. Mes yeux se perdent partout sur eux, comme si je voulais ne pas louper une seconde de ce qu'il se passait là.

Ils ne se regardent plus, ils se dévorent, littéralement. Moi, je suis son cousin. Mon rôle, mon *devoir* même, c'est de m'offusquer de ce trop-plein de passion, de m'offusquer de ce type sorti de nulle part et qui emmène ma cousine dans un autre monde, juste avec son regard, mais je suis complètement scotché.

Je viens de vivre un coup de foudre sans en faire partie.

Ils dansent toujours et je la vois rire. J'imagine déjà ce qu'il se passe dans sa tête de petite fille qui rêve du grand amour. Je la vois déjà s'esclaffer comme une folle, frapper ses neurones les uns contre les autres pour faire le maximum de bruit possible.

Je m'arrête de marcher. Je crois que je délire complètement. Si ça se trouve, je viens de rêver. Peut-être qu'il n'existe pas, ce gars. Je me concentre sur lui. Il est dans un costume noir, comme presque tous les hommes de la soirée, qui ne se sont pas étouffés dans leur originalité. Ça n'empêche pas qu'il dégage un charme fou. Ses cheveux ébène, sa peau basanée, ses yeux sombres et envoûtants. Il est bien réel, mais je ne sais pas de quel foutu monde il est sorti.

Le son de la musique diminue et j'ai envie de m'approcher pour les voir de plus près. J'ai envie de leur parler et qu'ils me confirment que je ne suis pas fou. Je m'avance tout doucement lorsque j'entends un bruit sourd derrière moi.

Je me retourne et vois Ian, par terre, parce qu'il vient de se jeter sur un invité.

Je suis tétanisé lorsque mon cousin se met à crier :

— C'est un Hamilton !

Deux iris bleus me transpercent et mon monde de plumes s'écroule sous mes pieds. Je revois le pont de Westminster, je revois la grande roue de Londres, je revois la nuit qui nous enveloppe. Et ces deux yeux foutrement trop bleus.

Je regarde mes cousins et un sourire s'esquisse sur mes lèvres. On est entrés chez les Rosenbach sans problème. C'était trop facile, j'en suis presque déçu. On avance dans la salle de bal du château, là où se déroulent les festivités. La pièce est immense, les murs recouverts de tapisseries en tout genre, et de longues colonnes en marbre, avec des moulures en or, donnent une profondeur presque vertigineuse au lieu. Des employés traversent la salle avec de lourds plateaux en argent, proposant coupes de champagne et petits-fours. Eux aussi portent des masques sur les yeux. Le sol est parsemé de plumes blanches, je me retiens de rire. Qu'ils sont kitsch, sérieux ! Enfin, je trouve que ça les représente bien. Beaucoup de paillettes et de doré pour pas grand-chose. C'est superficiel, à l'image de leur famille.

Je lance un regard en biais à Fallone. J'ai finalement réussi à la convaincre de venir alors qu'elle était vraiment contre, à la base. Maintenant, elle sourit, donc ça me rassure. Je ne voulais pas qu'elle se force pour me faire plaisir. Je voulais qu'elle profite, comme moi, de notre dernière connerie, tous ensemble.

Stan se dirige vers un plateau de flûtes et Aiden le regarde partir Je vois bien qu'il le surveille du coin de l'œil, ça l'inquiète qu'il soit ici.

Quant à moi, j'essaie de ne pas trop y penser. Si jamais on se fait prendre, on est morts. Littéralement morts. Enterrés dans leur jardin après avoir été découpés en morceaux. Je frissonne à cette pensée et me rassure comme je peux. La plupart des gens ici ne connaissent pas mon visage et, pour les rares dont c'est le cas, ils sont probablement occupés à autre chose que de scruter l'allure de leurs quatre cents invités. Et puis, il y a toujours ce masque ridicule que nous portons tous, en dentelle noire, noué derrière la tête avec un cordon en soie. On n'est pas venus pour se faire remarquer, cela dit.

— Je n'ai toujours pas compris ce qu'on foutait là, mais c'est cool

Je me retourne vers Fallone et lui rends son sourire. Ça l'est, en effet. Je n'en reviens toujours pas que l'on ait eu le culot de s'incruster à cette soirée d'anniversaire pour lycéens.

— J'ai faim, dit-elle. Tu viens ?

— Je te rejoins.

Fallone part sans moi vers le buffet et je lance un coup d'œil circulaire à la pièce. J'essaie de me convaincre que je ne le cherche pas du regard, mais c'est faux.

La musique s'adoucit soudainement et je vois plusieurs couples se rejoindre sur la piste de danse. Je suis percuté. Instinctivement, j'attrape le bras de l'homme qui vient de me pousser. Je n'ai pas l'habitude de me faire bousculer et de fermer ma gueule. Sauf que, cette fois, je relâche ma prise à l'instant où je croise le regard du type.

Noah.

Il fuit. Il profite de mon moment d'hébétement pour disparaître à travers les danseurs. Je veux le poursuivre, mais je n'y arrive pas, j'ai les pieds cloués au sol. C'est un pur délire. Est-ce que j'ai trop fumé avant de venir ? Mon cousin ne peut pas être là. Il n'a pas eu de carton d'invitation. Surtout, je lui avais interdit de venir, il ne m'aurait pas désobéi ? Non. J'ai mal vu. C'est quelqu'un qui lui ressemble, c'est tout.

C'est faux. J'ai vu ses yeux et je suis quasi sûr que c'est lui. Je le cherche du regard de nouveau et l'aperçois en train de danser avec une jeune fille blonde au masque doré.

Il n'a que ça à foutre, celui-là ? Je suis tellement en colère que je préfère ne pas y aller maintenant, sinon je vais tous nous griller et on aura l'air encore plus cons. Il faut que je réfléchisse. Non, il faut d'abord que je me calme. Mon pouls s'accélère et ma respiration devient bruyante. Ce n'est pas bon du tout. Il faut que je trouve Fallone. Elle saura quoi faire. C'est la plus raisonnable d'entre nous. Ma cousine a toujours une solution. Oui, il faut que je trouve Fallone avant d'agir n'importe comment et de me laisser emporter par ma rage. Je regarde de nouveau Noah. Il danse, je n'ai pas l'impression qu'il va bouger de là, mais je dois faire vite, on ne sait jamais.

Je reprends de grandes inspirations pour calmer les palpitations de mon cœur. *Relax, Daël. Tout va bien se passer. Tu vas trouver Fallone et elle va t'apporter une solution. Elle va peut-être même te dire que ce con n'est pas son demi-frère et que tu t'es fait un délire tout seul, comme le paranoïaque que tu es.*

Je détourne mon regard de la piste de danse et me dirige vers le buffet que j'aperçois au fond de la pièce. Je suis sûr que Fallone sera dans le coin, à surveiller discrètement Aiden et Stan. J'avance rapidement entre les danseurs, j'en pousse même certains, je m'en fiche. Il faut que je trouve ma cousine. Je scrute les gens devant moi. Bien sûr, Fallone l'a joué sobre, elle aussi. Elle porte une combinaison noire, rien qui ne pourrait m'aider à la distinguer parmi la foule.

Soudain, mes jambes percutent quelque chose de dur et un cri plaintif s'échappe de mes lèvres.

— Désolé.

Je baisse mon regard pour voir d'où vient cette voix et découvre Ian. Assis dans son fauteuil, il vient sérieusement de s'excuser. Il me regarde dans les yeux, et là, il me reconnaît. On reconnaît forcément le regard de l'homme qui vous a brisé la vie.

Je n'ai même pas le temps de réagir qu'il se jette sur moi. Il se propulse de son fauteuil à l'aide de ses bras et me plaque sur le sol. Je tombe en arrière et ma tête cogne le carrelage.

Je sens tous les regards converger vers nous et je l'entends hurler :

— C'est un Hamilton !

Bordel. Je me relève brusquement et laisse le garçon sur le sol, alors que l'on me fusille du regard, l'air de ne pas vouloir y croire.

— Ian ! s'exclame une dame brune en le rejoignant.

Elle l'aide à se rassoir sur son fauteuil, tout en l'interrogeant :

— Qu'est-ce qu'il se passe ici, bon sang ?

— C'est un Hamilton ! C'est lui… C'est lui qui m'a…

— Ne vous approchez pas de lui !

Tout le monde se retourne vers la voix qui vient de résonner dans la salle et je crois que si ma mâchoire avait pu se décrocher, elle serait tombée par terre.

Putain de bordel de merde.

Qu'est-ce qu'il fout ? Un cri d'effroi s'échappe de la foule lorsque les invités comprennent que le mec devant eux est en train de les braquer avec un flingue. Moi, je suis toujours sur le cul. Je suis bloqué sur l'image de Stan avec une arme dans les mains. Mon cousin de dix-neuf ans. Une arme dans les mains. Où l'a-t-il eue ? Et puis non, ce n'est pas important, qu'est-ce qu'il est en train de faire surtout ?

— Ne l'approchez pas.

Stan continue, comme ça, les mains aussi tremblantes que sa voix. Ça ne lui va pas. Ce flingue, ce regard, ces menaces en l'air. Putain, ce n'est pas lui, ça.

— Calmez-vous, murmure la dame brune de tout à l'heure. Reposez ça doucement. Nous sommes à une fête de famille.

Une tête bouclée se plante soudainement devant la femme. Il est enfin là, même si je crois que j'aurais préféré le revoir dans d'autres circonstances. Le fils Rosenbach porte un masque pour enfants et ça m'étonne à peine. Il est ce genre de personnes à faire ce genre de choses, se faire remarquer désespérément, j'entends.

Le garçon protège la femme dans son dos, il place ses bras autour d'elle pour la cacher derrière lui. Je percute qu'il s'agit certainement de sa mère.

— Détourne ça d'elle tout de suite.

Ses mots sont froids et il détache bien chaque syllabe pour lui montrer qu'il n'a pas peur de lui. Moi aussi, j'aimerais dire à Stan de reposer son flingue et d'arrêter ses conneries, mais je suis toujours tétanisé par le retournement de situation.

— On va partir.

Je me retourne vers Fallone. Alléluia, elle est là.

— Vous êtes combien, au juste ? demande un mec en s'approchant de nous.

Je crois que c'est Edward. Son visage me dit vaguement quelque chose.

À moins que ça ne soit son petit frère, Ethan ? Je ne sais plus, ça fait longtemps que je ne les ai pas vus et encore moins d'aussi près, comme ce soir.

— Juste nous, enchaîne Aiden en se joignant au groupe. On va partir. Laissez-nous sortir et on ne tirera pas.

Je le regarde avec des yeux ronds. Bien sûr que l'on ne tirera pas. Il est taré. On n'est pas des assassins dans cette famille. Il me lance un regard qui me dit de la fermer et je comprends qu'il les fait juste marcher. Putain, oui, je suis con.

— D'accord, déclare prestement une voix féminine.

Cette voix autoritaire, justement, je l'ai déjà trop entendue dans ma vie pour savoir qu'elle appartient à Grace Rosenbach. Elle avance vers moi, brisant le cercle qui s'est formé autour de nous. L'héritière Rosenbach porte une robe rose pâle, le tissu glisse sur ses longues jambes rehaussées par des talons. Ses cheveux sont relevés en chignon, et ses lèvres, exagérément rouges. Ses bijoux en or brillent de partout, à ses oreilles, son cou, ses poignets. Elle porte son masque vénitien à bâton entre ses doigts fins, exposant son visage avec fierté, presque avec orgueil. Je la toise du regard et le sien est si froid et dédaigneux qu'il me fait presque frissonner. Je déteste cette fille jusque dans mes os et c'est réciproque au point que l'on n'arrive même pas à croiser nos regards sans avoir envie de vomir.

— Dégagez, maintenant.

Là, c'est son petit frère qui parle. Bouclette est toujours posté devant sa mère, qui serre ses mains sur sa taille, l'air affolé de finalement comprendre que son fils est en train de la protéger d'un fou furieux avec un flingue. Je la trouve égoïste de rester derrière lui alors que tout le monde sait que le clan Hamilton voudrait sa peau à lui. Ou bien, elle est inconsciente. Ou elle a trop peur pour réfléchir correctement. Enfin, je ne sais pas, mais c'est stupide.

— On part, reprend Stan avec l'arme toujours pointée devant lui. Et personne ne nous suit ou je tire dans le tas.

— On a compris, répond le fils Rosenbach, sèchement. Barrez-vous.

Je suis tellement hébété que je remercie Fallone de m'attraper par le bras pour m'emmener. On sort tous les quatre de la salle sous le regard noir des invités. Les gens s'écartent sur notre passage. Normal, Stan continue de les braquer avec son flingue.

On rejoint rapidement ma voiture et on entre à l'intérieur, sans même parler. Mon cousin a toujours son arme dans la main, au cas où l'on nous bloquerait la route. Je fais démarrer la voiture, mes mains tremblent tellement que j'ai peur que l'on se prenne un fossé. En plus, il fait nuit, je ne vois rien du tout. Quel abruti, je n'ai pas allumé les phares. Je les actionne et la lumière éclaire soudainement la route, On est seuls. Pas suivis. Et sortis d'affaire.

Je me relâche complètement tandis que j'entends mes cousins soupirer à côté de moi. Puis je réalise soudainement ce qu'il s'est passé et freine brutalement en plein milieu de la route. On cale.

Ils crient derrière sous l'effet de surprise, mais je laisse éclater ma colere.

— Putain, c'était quoi cette connerie ? Un flingue, mec ? Tu es sérieux ? Je vais te buter, faut être débile, ma parole ! Bordel. Merde de conneries de branleurs ! Un flingue quoi. Mais… Putain !

Là, ça commence à ne plus avoir de sens, mais ils me laissent me défouler alors je continue d'insulter la terre entière avant de me calmer. Enfin, c'est Fallone qui pose sa main sur mon épaule et ça me fait comprendre que je ne vais pas tarder à faire une crise et que ce ne serait vraiment pas le moment. Je ferme les yeux et prends de grandes inspirations. Ça va mieux. Je ne sais pas combien de temps je reste comme ça. Juste assis derrière le volant à reprendre ma respiration. Les gars ne disent rien ils attendent, et Stan a rangé son arme, il a compris que je ne veux plus jamais voir ça dans ses mains.

Tout doucement, mon pouls reprend un rythme régulier et je rallume le moteur. On recommence à rouler en silence. Stan ne parle pas, je crois qu'il n'a rien à dire pour sa défense. Je continue mes respirations calmement et coupe la radio au moment où Fallone veut l'allumer. Elle murmure un « désolée », et son regard bifurque vers le paysage.

Je reste concentré sur la route. Je repense à la soirée et, d'un coup, j'ai un déclic qui fait mal au cœur. Mon pied enfonce la pédale de frein et on cale pour la deuxième fois, encore plus brusquement.

— Merde ! s'emporte Aiden. On sait que tu es en colère, mais pas besoin de nous tuer !

— Noah.

— Quoi, Noah ? demande Fallone en fronçant les sourcils d'un air inquiet.

Je me retourne vers elle, totalement paniqué et prêt à clamser une deuxième fois.

— On l'a laissé là-bas.

— Qu'est-ce que tu racontes ? Il est chez nous.

— Non. Il est là-bas. Je l'ai vu. Je voulais te le dire et puis je suis tombé sur Ian…

— Tu… Non. Tu blagues ? Dis-moi que tu blagues.

Je vois Fallone blanchir. Elle sait que je ne pourrais pas plaisanter sur un sujet pareil. Pas sur son frère. Je ne me le permettrais jamais.

— Bordel, lâche Aiden en se laissant tomber sur le dossier de la banquette arrière. Qu'est-ce qu'on fait ?

— On va le chercher.

Je redémarre la voiture et fais demi-tour, sans même réfléchir, alors que Stan beugle derrière :

— Tu veux tous nous faire tuer ?

— Ta gueule.

— Réfléchis ! reprend Aiden qui semble, pour une fois, rangé à l'avis de son petit frère. On leur a dit qu'il n'y avait que nous, ils ne vont pas en chercher d'autres. Si Noah n'est pas trop con et qu'il a vu ce qu'il s'est passé, il va s'enfuir tout seul !

— Je ne prends pas le risque.

J'appuie sur l'accélérateur pour leur faire comprendre que je ne reviendrai pas en arrière.

— Tu es en train de tous nous condamner !

— Non. J'irai tout seul.

— Hors de question, rétorque Fallone.

— J'y vais tout seul. Point barre. Si on y va tous ensemble, ils vont se sentir agressés. J'y vais tout seul et je le récupère.

— Jamais, dit ma cousine. Je ne te laisserai pas faire ça.

— J'aurais besoin de quelqu'un à l'extérieur si jamais ça se passe mal, mais laissez-moi essayer tout seul. Si au bout de quinze minutes Noah n'est pas revenu à la voiture, vous venez voir ce qu'il se passe.

Plus personne ne me répond, validant à contrecœur ce plan totalement merdique, mais quand j'ai décidé quelque chose, ils savent que l'on se contente de le faire.

Lior Rosenbach

J'allume ma cigarette en sentant mes doigts trembler. Je n'en reviens pas. Les Hamilton ont osé venir ici, chez nous, à l'anniversaire de ma cousine de seize ans. J'ai le cœur qui bat encore tellement vite que je n'arrive même pas à fumer tranquillement et je m'étouffe à chaque taffe.

Il fait froid dehors, un temps horrible, mais je m'en fiche. Le vent frais me tient éveillé et empêche mes yeux de pleurer. Ils ont braqué un flingue sur ma mère. Ils ont vraiment braqué un putain de flingue sur ma mère. Je suis choqué, malgré toutes les crasses que l'on a déjà vécues. Nos deux familles ont fait des choses dont elles ne sont pas fières, je le sais, mais de là à menacer à mort l'autre camp. Ce n'était jamais arrivé. Je sens que ça risque de se reproduire, désormais. Une fois la limite franchie, c'est bien plus facile de la repasser.

Je me demande ce qu'il se serait passé s'ils n'avaient pas eu d'arme. On ne les aurait certainement pas laissés repartir. Alors quoi ? On aurait demandé une rançon ? On les aurait tabassés à mort ? Je n'en ai aucune idée, mais je crois que je préfère ne pas connaître la réponse.

Alors, une infime partie de moi est soulagée qu'ils aient eu ce flingue sous la main, parce qu'ils sont partis et qu'il n'y a pas eu de blessés. Depuis l'accident de Ian, je ne crois pas être capable d'assumer un autre dommage collatéral.

— Je ne sais pas encore ce que je vais leur faire, mais on ne les laissera pas s'en tirer comme ça.

J'entends Edward qui parle avec ses potes, du clan Rosenbach bien évidemment, des garçons qui soutiennent notre famille depuis qu'ils sont adolescents. Le visage de mon cousin est rouge, avec des veines épaisses qui apparaissent sur son front. Je sens qu'il bouillonne de rage, mais qu'il essaie de se contenir à cause de nos parents qui sont dans les parages.

Je me retourne vers Ethan, qui fume juste à côté de moi. Il ne parle pas. Je crois qu'il s'en veut d'avoir loupé la confrontation. Tout ça parce qu'il était en train de coucher avec Jade dans les toilettes du château.

Je tire une autre taffe sur ma cigarette et m'étouffe à la vision qui m'apparaît. Je suis stupéfait. Daël Hamilton, marchant au loin dans son costume sombre et portant toujours ce demi-masque à la con. Ça ne peut pas être lui. Ça ne peut pas être lui qui revient vers nous.

— Il déconne, là ?

C'est la voix d'Edward. D'un pas rapide, il rejoint Hamilton, qui lève les mains en l'air pour nous montrer qu'il n'est pas armé. Il est suicidaire de revenir tout seul, qu'est-ce qu'il nous veut ? Je me rapproche, comme tous ceux autour de moi.

Edward lâche, sèchement, en se plantant devant lui :

— Je te donne trois secondes avant de t'éclater la gueule.

— Il nous en manque un.

— Un quoi ?

— Un Hamilton.

On se regarde tous, se demandant s'il ne se fout pas de notre gueule. Je vois Edward resserrer son poing sauf que la voix de ma sœur l'arrête avant qu'il n'ait le temps de le défigurer.

— Edward, tu ne le touches pas. Je m'en occupe.

Grace se plante devant Hamilton. Son regard ferait trembler le pays entier. Elle a la classe, ma sœur. Je l'ai toujours su, mais là, ça saute tellement aux yeux que j'en ressens de la fierté. Il n'y a plus aucun bruit autour d'eux tandis qu'ils se dévisagent. C'est un peu con de penser ça, mais je trouve cet instant magique. Les deux futurs héritiers de chaque clan, l'un devant l'autre, la haine au fond des pupilles comme seul point commun.

Hamilton retire son masque, le laissant tomber à ses pieds.

— Pourquoi es-tu revenu ? reprend Grace.

— Il y a encore un Hamilton à l'intérieur, explique-t-il. Je suis venu le récupérer.

— Pourquoi as-tu imaginé qu'on te le rendrait ?

— Noah n'a que dix-sept ans, il n'a jamais participé au conflit. Sa présence est une erreur de notre part, alors laissez-le repartir.

— En échange de quoi ?

— Moi.

Je sens mon cœur se contracter dans ma poitrine. D'accord, il se la joue un peu héros ténébreux à se sacrifier pour sa famille, mais il est tellement beau que ça rend son geste profondément dramatique. Il se rend compte qu'il n'aura plus de visage après ça ? Ou potentiellement plus de vie ?

— Quel intérêt de tabasser un Hamilton si on peut en avoir deux ? interroge Edward.

Je vois l'héritier se tendre, car ses poings se resserrent, et perdre peu à peu le contrôle. Sa constante assurance se fissure sur son visage en un rictus nerveux. Il est inquiet pour son cousin et je crois que ça le rend plus humain.

— S'il te plaît, Grace, il n'a rien à avoir là-dedans… S'il te plaît.

Ça lui écorche les lèvres, bien sûr, de s'abaisser à faire ça, mais c'est rassurant de constater que la protection de sa famille passe avant son sale honneur.

— De quoi a-t-il l'air ?

— Grace, tu n'es pas sérieuse ! s'emporte Edward en fusillant ma sœur du regard. On ne leur rend pas ! Ils ont apporté un flingue à notre fête. Je ne comprends même pas pourquoi on n'est pas déjà en train de lui éclater la gueule.

— Son cousin a l'âge de Lior, murmure Grace. On leur rend.

Le regard de Hamilton bifurque immédiatement vers moi et nos regards se rivent l'un à l'autre. En fait, non, on ne se regarde pas. On se percute, violemment. Je me perds si loin dans la profondeur de ses yeux bleus que j'en oublie de respirer. *Les yeux sont le miroir de l'âme*. Putain, ça n'a plus aucun sens, maintenant. C'est impossible de lire dans son âme.

— Je t'interdis de regarder mon frère.

Hamilton revient sur ma sœur.

— Tu le regardes encore une fois et je te crève les yeux, lâche-t-elle.

Je vois un sourire à peine perceptible sur sa face. Forcément, il se doute que Grace n'est pas au courant que l'on s'est déjà croisés, même parlé. Ça me paraît à des années-lumière tant ce qu'ils ont fait ce soir me fait regretter chacun de mes mots. J'aurais dû le pousser quand j'en avais l'occasion.

— Alors ? enchaîne-t-elle, froidement. À quoi ressemble-t-il, ce cousin ?

— Tu crois que je suis assez con pour te le décrire sans que je vous accompagne ? Je viens avec vous le récupérer.

— Pas moyen que tu rentres de nouveau là-dedans, fait Edward.

— Tu n'es pas en position de négocier quoi que ce soit, ajoute Grace. Dépêche-toi avant que je ne change d'avis.

Il hésite. Je le vois dans son regard. J'avoue que, à sa place, je ne sais même pas si j'aurais confiance en nous. D'ailleurs, c'est le cas. Je ne sais pas ce que Grace et Edward ont en tête. S'ils veulent sa description pour lui faire passer un sale moment ou pour le rendre aux Hamilton. Je n'en ai aucune idée. Même moi, je ne sais plus quand ils sont sincères ou non. Il faut croire que cette guerre nous a tous ravagé le cerveau.

— Dépêche, insiste Edward que son poing démange affreusement.

— Vous ne lui ferez rien ? Vous me donnez votre parole ?

Notre parole. J'ai envie d'en rire. Elle ne vaut rien, pas plus que la sienne.

— Oui, répond Grace.

— Il est brun foncé, taille moyenne, la peau mate.

J'ai l'impression de recevoir un coup de poing dans le ventre. *Lili.* Son prénom sort de mes lèvres sans que je le contrôle et je vois ma sœur qui se retourne vers moi, l'air de ne pas comprendre ce que notre cousine vient foutre là. Je sens mes jambes flancher. Elle est avec un Hamilton. Je l'ai laissée à un Hamilton. Non, pas elle. Juste pas elle.

Je me retourne et pars en courant vers la salle de réception. J'entends Ethan m'appeler, mais je ne réponds pas. Je continue de courir et m'engouffre dans le bâtiment en hurlant à pleins poumons :

— Lili !

Ma mère débarque, affolée, et m'attrape par les épaules.

— Qu'est-ce qu'il y a, Lior ?

— Lili, elle est où... Lili... Maman ! Où est-elle ?

— Je n'en sais rien ! Qu'est-ce qu'il se passe ?

Je n'ai pas le temps de lui répondre. Je sais que je viens de l'inquiéter, tant pis, il y a plus urgent. Je me mets à courir dans la salle. Je passe entre tous les invités et j'ai envie de leur arracher leurs masques. D'ailleurs, je le fais à toutes les jeunes filles plus ou moins blondes que je croise sur ma route. Elles poussent toutes des cris d'indignation, mais aucun ne sort des lèvres de ma cousine. Bordel, elle est introuvable. Le mec basané non plus. Elle n'est nulle part et ce n'est pas son genre. C'est sa soirée d'anniversaire. Elle devrait être là, au milieu de la piste de danse, en train de sourire, mais elle n'est pas là. Mon Dieu, je me jure à cet instant que, si ce mec l'a touchée, je le tue de mes propres mains, même si je dois finir en taule comme Greg.

Je finis par m'avouer vaincu. Elle n'est plus là. J'ai envie de pleurer, mais ma haine est tellement forte qu'elle m'en empêche. Elle me lacère le cœur. Je vais le tuer. Je vais tous les tuer. Tous les Hamilton, un à un.

Je ressors de la salle et me dirige vers l'entrée de la propriété. Hamilton y est toujours, entouré de Grace, Edward, Ethan et leurs amis. Il va passer un sale moment et je n'en ai plus rien à faire. Ils me regardent tous revenir et je vois dans les yeux d'Ethan qu'il est mort de trouille. Moi aussi. J'essaie de ne pas le montrer.

Je me jette sur Hamilton, accrochant son col de smoking trop soyeux, et hurle :

— Elle est où ? Il lui a fait quoi ?

L'héritier se dégage d'un coup brusque et je n'ai même plus la force de le retenir. Mes bras retombent le long de mon corps. Je suis pathétique.

— De quoi tu parles ?

— Lili ! Ton connard de cousin est avec Lili !

Je sens un crissement général. Le poing d'Edward va partir. On le ressent tous. Il y a trop de violence dans l'air pour que ça ne parte pas en baston.

— Je n'en sais rien, bafouille Hamilton, semblant aussi surpris que nous.

— Ne te fous pas de notre gueule, crache Edward. Tu fais diversion, c'est ça ? Pendant que ta famille est en train de l'embarquer ?

— Tu ne repartiras pas d'ici vivant si tu ne nous dis pas où elle est maintenant.

Là, c'est Ethan qui a parlé. Ça m'étonne que ces mots sortent de sa bouche bien qu'il ait l'air convaincant… Et convaincu, surtout. C'est bien ça qui fait le plus peur.

— Vous êtes fous ! s'écrie l'héritier, affolé. Il ne la touchera pas. Et puis, je ne sais même pas à quoi elle ressemble !

Je comprends qu'il panique. Là, il va *vraiment* passer un sale moment.

— Je te donne cinq secondes pour nous dire où elle est, reprend Grace.

— Pourquoi serais-je venu vous parler de Noah si on avait prévu qu'il se barre avec elle ? Je ne suis pas au courant. Je ne sais pas où il est. Je ne sais pas où elle est. Moi, je voulais juste récupérer mon cousin.

C'est vrai que ça se tient, son raisonnement, mais je crois que l'on est à une heure de la nuit où on n'a pas envie de trop réfléchir.

— Et nous, on veut juste te péter la gueule, renchérit Edward.

— Dix personnes contre un gars tout seul ? Très classe, les mecs.

On se retourne tous au son de cette voix et je devine qu'il s'agit du reste du clan Hamilton. La personne qui vient de s'adresser à nous se démarque du groupe. C'est une grande blonde, cheveux au carré avec une frange hideuse. Elle a un visage fier, affichant une expression qui ressemble à celle de Grace, en moins réussie. Elle n'arrive pas à la cheville de ma sœur.

Derrière elle, il y a deux autres gars. Ils doivent être frères, parce qu'ils se ressemblent comme deux gouttes d'eau. Bruns, cheveux lisses et courts, visages ronds. Insignifiants tous les deux. On dirait des jumeaux, bien qu'il y en ait un plus costaud. Et plus âgé aussi, je suppose. Il porte une barbe alors que l'autre, celui qui avait le flingue, a encore le visage lisse d'un adolescent.

— Je sens qu'on va bien s'amuser.

Je regarde Edward, et sa remarque me fait vomir. Il sourit, comme si c'était marrant. Comme s'il avait vraiment envie de revivre une bagarre générale qui a déjà coûté les jambes à notre cousin.

Je sens Grace me prendre la main et me retourne vers elle brusquement.

— Qu'est-ce que tu fais ?

— Tu ne restes pas là.

— Quoi ?

— Tu ne restes pas là, Lior... Ethan, tu viens aussi.

Son ton et son regard me font frissonner. C'est bien une Rosenbach, elle. Quand elle ordonne quelque chose, personne ne désobéit. C'est comme ça. Je la laisse glisser son bras sous le mien et elle m'entraîne vers la salle de réception. Ethan nous suit. Je crois qu'il n'avait pas très envie de rester non plus.

Grace se retourne vers Edward et elle lâche d'une voix si neutre que j'en reste estomaqué :

— Vas-y. Envoie.

Le premier coup retentit derrière moi et je reconnais le cri de Hamilton. En fait, je ne sais même pas comment je le reconnais, parce que je lui ai très peu parlé, mais je sens que c'est lui. Les coups continuent. Les cris aussi. Je ne veux pas entendre ça. Grace resserre sa prise sur mon bras pour m'empêcher de me retourner. Je ne sais pas comment elle fait pour supporter cette vie. Comment elle fait pour donner l'ordre de tabasser quatre personnes sans rien ressentir de particulier. Là, tout de suite, j'ai mal de voir ma sœur faire ça sans regret. J'ai peur pour Lili. J'ai peur de la vengeance des Hamilton, qui va être terrible. J'en ai marre d'avoir peur. Marre de ce merdier dans lequel je m'enfonce tous les jours un peu plus.

Nous entrons dans le château tous les trois. Grace lâche soudainement mon bras pour rejoindre notre mère. Elle va la rassurer, pas comme moi, son con de fils qui est incapable de gérer un foutu problème. Puis, elle retournera certainement dehors pour s'assurer que le travail a été fait, peut-être même pour y prendre part elle-même.

Ethan pose sa main sur mon épaule et murmure :

— Ne t'inquiète pas, on va la retrouver.

J'ai envie de me foutre une baffe à cet instant. J'arrive encore à ne penser qu'à moi alors que notre cousine a disparu avec un connard de Hamilton. Edward avait raison, ce matin. Je suis qu'un sale égoïste. J'en arrive à un point où je suis même fatigué de me détester.

— Occupe-toi de lui.

C'est Ethan qui vient de parler, mais je ne sais pas à qui il s'adresse. En tout cas, ça n'a pas l'air d'être à moi. Je le fixe, mais mon cousin s'éloigne après avoir posé sa main sur l'épaule de Neil. Merde, j'avais presque oublié qu'il était là, avec tout ce bordel.

Neil avance vers moi. Il porte un costume bleu marine et je me demande soudainement où il l'a trouvé. Il ne s'habille jamais comme ça, au grand jamais. Lui, il est plutôt affublé d'un vieux jogging confortable toute la journée. Il passe une main dans ses cheveux châtains, ils ont un peu trop poussé, tombant sur son front et sa nuque, trop épais sur le dessus de sa tête. Ça le rend attendrissant, sans me l'expliquer.

Il se plante devant moi, me surplombant de quelques bons centimètres. Neil est plus âgé que moi, il a dépassé la vingtaine le mois dernier.

— Hé, lance-t-il. Tu vas bien ?

— J'ai l'air d'aller bien ?

— Tu n'as jamais l'air d'aller bien, me fait-il remarquer.

— Tu peux juste fermer ta gueule et me prendre dans tes bras ?

Neil sourit, puis m'attrape fermement pour me serrer contre lui. Je ferme les yeux, me laissant aller contre son corps musclé et la chaleur de sa peau.

— Je suis là, me murmure-t-il à l'oreille. Je suis là et je ne laisserai jamais ces bâtards te toucher.

Extra un

Noah Hamilton

— C'est un Hamilton !

Je frissonne au son de cette voix alarmée.

Je me retourne vers le mouvement de foule alors que je sens ma partenaire se crisper sous mes doigts. Je reconnais Daël et un gars handicapé par terre, certainement Ian Rosenbach.

Sans réfléchir, ma main glisse dans celle de la jeune fille avec qui j'ai partagé une danse et je la tire vers moi. Je tourne les talons et je l'emmène. Je ne sais même pas où je vais, mais je ne veux pas la lâcher. C'est impossible. Je sens ses doigts se resserrer autour des miens. Elle me suit. On file entre les danseurs alors que tout le monde se rapproche de ce que l'on est en train de quitter. La guerre des clans.

Ce n'est pas lâche, c'est courageux, au contraire. Il y a trop de gens qui rentrent dans cette guerre sans savoir pourquoi. Trop de gens qui se font souffrir sans raison. Et moi, c'est ça que je trouve le plus lâche. Faire des choses insensées simplement parce qu'on nous a dit de les faire, parce qu'on nous a fait croire qu'il fallait les faire.

Je reconnais que je ne pensais pas comme ça, il y a dix minutes. J'étais venu à cette soirée pour faire comme mes cousins, pour entrer dans leur bande et leur prouver que j'étais l'un d'entre eux. Je voulais qu'ils sachent que je n'ai pas peur des Rosenbach et que je suis capable d'agir autrement qu'en gamin immature. Sauf que je viens de réaliser que ce sont eux les immatures, depuis le début, et je me demande pourquoi je voulais leur ressembler. Ils sont pathétiques. Ils ne vivent qu'à travers ce conflit, qu'à travers leur haine. Ils n'ont rien d'autre dans leurs vies. Moi non plus, je n'avais rien d'autre avant ce soir.

Maintenant, j'ai une paire d'yeux magnifiques qui me regarde et une main dans la mienne. Surtout, un sentiment dans le cœur que je n'avais jamais connu auparavant. Je me demande sincèrement si j'aurai besoin d'autre chose dans ma vie après ça.

Nous sortons tous les deux de la salle de réception, côté parc, à l'arrière du château. Nous partons en courant. Sa main serre la mienne et elle frissonne, le vent est glacial. Il fait nuit dehors et les étoiles brillent dans le ciel sombre. Tout est tellement beau et parfait que je n'ai pas envie de penser à ma famille restée à l'intérieur. Je cours, mais je sens la jeune fille me tirer en arrière. Je m'arrête et me retourne vers elle. La jolie blonde est en train de retirer ses chaussures à talons. Elle glisse ses pieds nus dans la pelouse verte, puis repart de plus belle en courant. Cette fois, elle est devant moi. Elle court vite, j'arrive à peine à la suivre. Nos mains se retrouvent, se serrant encore plus fort, et nous continuons de nous échapper. Finalement, peut-être que nous sommes lâchement en train de fuir. On fuit la réalité et on prie pour qu'elle ne nous rattrape jamais.

On s'arrête, totalement essoufflés, au bord d'un étang. On ne peut pas aller plus loin. Qui sait, si cette foutue flotte n'avait pas été là, on aurait peut-être couru jusqu'en Écosse.

— Merde, souffle mon ange masqué en se laissant tomber sur la pelouse du parc. C'est de la pure folie.

Je m'allonge à côté, mais je ne me sens pas assez proche, alors je passe au-dessus d'elle. Mes coudes plantés dans le sol pour ne pas l'écraser complètement.

— Qu'est-ce qui est fou ?

— Toi, murmure-t-elle du bout des lèvres en venant caresser ma joue.

Je frissonne. Je ne me suis jamais senti comme ça. Je veux dire, aussi vulnérable. C'est trop agréable pour que je m'en inquiète. J'esquisse un sourire et elle passe ses deux mains derrière ma nuque. De ses doigts, je la sens dénouer la ficelle en soie qui retient mon masque. Elle le retire doucement de mon visage et m'observe pendant quelques secondes.

— Je ne t'ai pas invité.

Je ne réponds pas, mon regard perdu dans le sien. Ses yeux clairs ressortent derrière son masque à paillettes et elle est tellement belle qu'aucun mot cohérent ne pourrait la décrire à cet instant.

— Tu es avec eux, n'est-ce pas ?

Je hoche la tête.

— Tu es l'un d'entre eux ?

Sa question me fait mal, parce qu'un haut-le-cœur la saisit au moment où elle prononce ces mots. Un sourire triste se devine sur son visage, mon absence de réponse ne lui laisse aucun doute sur mes origines.

Je me mords la lèvre d'un air gêné et ajoute à voix basse :

— Est-ce que tu peux enlever ton masque, toi aussi ?

La jeune fille passe ses mains derrière sa nuque et le fait glisser le long de son cou. Je le lui enlève totalement et la regarde. J'ai un pincement au cœur, si fort que j'ai envie d'en pleurer. Cette vie est injuste.

— De qui es-tu la sœur ?

Son regard se voile et je crois que j'ai à peine besoin de la réponse, même si elle me la donne, la voix tremblante :

— Greg et Ian.

Je comprends, à contrecœur.

— Lili ?

Elle acquiesce et le même sourire peiné apparaît sur mon visage.

— Et toi ? murmure-t-elle. Je suppose que tu es Noah ?

Elle était sûre de voir juste, je suis le seul métis de la famille Hamilton. Ma mère a épousé un Pakistanais, j'en ai récolté une peau mate et un père absent. Ils ont divorcé quand j'avais huit ans, ma sœur, trois. Il est parti loin, je ne l'ai jamais revu, puis ma mère a rencontré Jackson Grant. Un bon Anglais sous tout rapport, au grand plaisir de mes grands-parents maternels. Ce second mariage m'a amené une demi-sœur : Fallone.

— Es-tu responsable de l'accident de Ian ?

— Je n'étais pas là.

Lili reste silencieuse, enregistre l'information, tandis que je lui pose à mon tour la question qui me brûle les lèvres :

— Est-ce que tu savais ce que ton frère allait faire à Ellen ?

— Il ne lui a pas fait ce que vous dites.

Je l'observe, interdit, et elle reprend en me fixant :

— Mon frère n'est pas un monstre.

Mon regard se voile. Ellen ne s'est jamais vraiment remise de son viol, comme toute ma famille. J'avais déjà eu vent que les Rosenbach prétendaient qu'elle avait menti au tribunal, mais je refuse d'entendre ça pour de vrai. Je me relève aussitôt de ma position et Lili suit mon mouvement.

— Mens-toi à toi-même si la vérité est trop difficile à supporter, mais ne me mens pas. Pas à moi, déclaré-je sèchement.

Je vois ses lèvres trembler et des larmes cruelles se devinent dans ses yeux clairs. La souffrance dans son regard me submerge et je pose une main sur sa joue, sans même y réfléchir.

— Je ne sais pas ce qu'il s'est passé…, bégaie-t-elle. Mais Greg ne ferait jamais ça. Il y a un malentendu. Il ne peut pas…

Sans me l'expliquer, je pose mes lèvres sur les siennes pour l'empêcher de me torturer davantage. C'est loin d'être un baiser romantique, il a tout sauf un sens à cet instant précis. Mes lèvres glissent sur les siennes, c'est trop bon et trop douloureux à la fois. Cette fille me transporte. Ses lèvres, son odeur, son souffle, ses mains dans mon dos, son être me ravit littéralement.

Je voudrais ne plus jamais la voir pleurer et je voudrais que ma famille ne soit pas à l'origine de cette douleur qu'elle ne mérite pas. Mes mains sont sur ses joues, puis partent jouer dans sa chevelure blonde. Ses lèvres s'entrouvrent et je glisse ma langue jusqu'à la sienne. Elles se touchent, s'effleurent, apprennent à se connaître avant de valser ensemble dans un plaisir indescriptible.

Je ne sais pas combien de temps on reste ainsi. À s'embrasser, se toucher, se caresser, mais tout perd sens. Nos familles, la nuit, ce château, le froid de l'hiver. Ma seule raison d'exister est sur mes lèvres et je suis incapable de penser à autre chose. Nos doigts se lient et on continue de s'embrasser. On ne s'arrête que pour respirer et encore, même ça, c'est insignifiant.

J'ai l'impression de perdre mon temps dès que mes lèvres quittent les siennes, dès que ma peau frissonne parce qu'elle n'est plus collée à la sienne, dès que nos regards ne sont plus fixés l'un à l'autre.

Je crois que je suis déjà amoureux d'elle. Est-ce que c'est même possible ?

— Lili !

La réalité.

Elle est revenue trop vite et j'ai envie de lui tordre le cou. Blague à part, c'est mon bras que je sens se tordre. On me tire en arrière brusquement et je reçois un coup de poing en pleine face. Je m'écroule sur la pelouse et entends mon ange hurler. Un autre de ses cousins l'attrape dans ses bras et l'empêche d'avancer vers moi.

Je croise le regard du type qui m'a frappé. Il est jeune. Il a l'air d'avoir mon âge. Il a les cheveux très courts, châtains, mais la noirceur dans son regard m'indique qu'il est loin d'être aussi innocent qu'il en a l'air. À cet instant, je trouve ça triste. D'avoir un regard pareil à cet âge-là.

— Ethan ! continue de hurler Lili. Lâche-le ! Il ne m'a rien fait !

— Il avait la langue enfoncée dans ta bouche et il ne t'a rien fait peut-être ? beugle son cousin dans une rage noire. Tu te fous de ma gueule ?

On pourrait tout aussi bien leur expliquer que c'était volontaire, que l'on avait tous les deux envie de s'embrasser, qu'ils n'y auraient jamais cru, ni lui ni le mec bouclé qui tient Lili fermement contre son torse. Je me relève pour me remettre sur les genoux. Je sais que je ne suis pas capable de me défendre. Il est beaucoup plus musclé que moi. Et puis, de toute façon, je ne veux pas le frapper, pas devant elle.

— Arrête ! continue-t-elle.

Trop tard, ledit « Ethan » m'attrape le bras d'une main. L'autre étant posée sur mon épaule pour me forcer à le tendre au maximum. Je n'ai même pas le temps de comprendre l'intérêt de ce geste que sa jambe se relève et percute violemment mon bras tendu.

Le bruit de craquement de l'os résonne jusque dans mes entrailles. La douleur m'envahit. Un hurlement s'échappe de ma gorge et je m'écroule sur le sol. Les larmes dévalent mes joues et je tremble de la tête aux pieds. La souffrance me donne la nausée et j'ai juste la force de continuer à respirer pour ne pas tourner de l'œil.

— Vous êtes malades ! s'égosille Lili.

— Tu ne sais même pas qui est ce type ! s'écrie Ethan. Toi, tu fais confiance à tout le monde aveuglément. Ouvre les yeux, c'est un Hamilton !

Lili ne répond pas, mais la surprise feinte sur son visage lui fait croire qu'il vient de lui apprendre la nouvelle. Elle sauve sa peau et elle a bien raison.

Je sens leurs regards converger vers moi, mais je continue simplement de gémir pathétiquement.

— Lior, ramène-la à l'intérieur.

— Qu'est-ce que tu vas faire de lui ? interroge le gars bouclé.

— Je ne sais pas, fait Ethan en soupirant. Tu peux demander à Grace de me rejoindre ici une fois que tu l'auras trouvée ?

— D'accord.

Je crois que le type s'éloigne avec Lili, je n'en suis pas certain, mais les sons deviennent de moins en moins compréhensibles. Je rouvre les yeux et vois le ciel étoilé malgré ma vision brouillée par les larmes. C'est bien moins joli que tout à l'heure.

Ethan s'approche de moi et murmure à mon oreille :

— Si je te vois encore une fois avec ma cousine, ce n'est pas ton bras que je brise, mais ta bite. Tu m'as compris ?

Je hoche la tête.

— Bien, conclut-il.

Chapitre 5

Lior Rosenbach

Je plante mes mains dans les poches de mon slim en frissonnant. Une vraie nuit d'hiver. Février est certainement le pire mois de l'année. Il fait si froid que je n'ai pas eu envie de rester bien longtemps sur le pont de Westminster. Pour le moment, la seule chose dont je rêve est de me blottir sous ma couette, au chaud, même si je sais que mon réveil va sonner dans quelques heures. J'aurais pu rester dormir chez Neil, je sors de chez lui, mais… je ne sais pas. On est souvent tous les deux et je ne sais pas trop ce qu'il représente pour moi. Alors, de temps en temps, je rentre chez moi après que l'on a baisé. Pour qu'il se souvienne que je ne lui appartiens pas et que l'on n'est pas ensemble.

Franchement, c'est con ces moments-là, parce que j'aurais vraiment voulu rester blotti dans ses bras. Au moins pour cette nuit. Il fait tellement froid que quelques flocons finissent par tomber du ciel. Si j'avais été romantique, j'aurais aimé ça, mais je trouve ça moche. Je n'aime pas la neige. C'est froid, c'est sale et ça glisse. J'essaie d'enfoncer mes mains un peu plus loin dans mes poches pour les réchauffer, mais c'est encore ces foutus jeans trop serrés… Il y a à peine de la place pour mes jambes, alors mes mains. Je laisse tomber. Je les retire et les laisse pendre dans le vide.

J'ai encore une bonne vingtaine de minutes de marche. Je sais que je pourrais prendre un taxi, mais j'ai la manie de tout faire à pied. J'adore marcher. Je mets mes écouteurs et j'écoute *ma* musique. J'aime cette sensation.

Je tourne à l'angle d'une rue en fredonnant les paroles du bout des lèvres, lorsque je sens une main m'attraper sauvagement le bras. J'ai à peine le temps de comprendre ce qu'il se passe que je reçois un violent coup sur la tête.

Est-ce que j'ai été inconscient ? Je rouvre les yeux et me découvre allongé par terre, dans une ruelle sombre et isolée, alors je suppose que j'ai dû perdre connaissance à un moment donné, parce que je n'étais pas là, à la base. Et puis, il y a plus de neige sur le sol que tout à l'heure. Je laisse mes yeux s'habituer à l'obscurité et, après un temps interminable, je percute que je suis en danger. Ce n'est pas normal que je sois allongé sur le sol, pas normal que je sois dans un endroit où je ne me suis pas rendu et pas normal que j'aie aussi mal à la tête.

Je pose la main à l'arrière de mon crâne et sens une croûte, du sang séché probablement. Je sors mon portable de ma poche, prêt à enfoncer la touche numéro un, lorsque l'on me prend l'objet des mains. Putain de merde, je ne suis pas seul. Je crois que je suis le mec le plus stupide de cette ville. Je n'avais même pas pensé à regarder autour de moi. Je relève les yeux vers mes agresseurs et je suis à peine étonné de reconnaître les Hamilton.

Je ne peux pas m'empêcher de sourire, ils ont tous une sale gueule après la raclée qu'ils ont reçue à l'anniversaire de ma cousine. On voit encore les marques sur leur peau, les endroits plus enflés et violacés. Pourtant, ça fait déjà deux semaines. Bien fait pour eux.

D'abord, il y a cette fille aux cheveux presque blancs, Fallone, je crois. Elle se tient devant moi, les bras croisés contre sa poitrine, un geste qu'elle doit supposer intimidant. Je ne lui ferai pas le plaisir de lui donner raison. Derrière, les deux frères de la dernière fois, des sourires mauvais sur leurs sales visages. Et le meilleur d'entre eux. Daël Hamilton.

Lui, il ne se donne même pas la peine d'avancer. Il a le dos calé contre le mur de briques de la ruelle, à quelques mètres de nous. Je me dis qu'il doit être en train de surveiller que personne n'arrive, mais ça m'étonne qu'on lui donne ce rôle-là. Alors, je réalise qu'il doit juste se foutre de ce qu'il va se passer. Il se fout de ce qu'ils vont me faire. Il est comme Grace. Il donne les ordres, ensuite il regarde. Monsieur Connard ne les applique pas lui-même, il ne se salit pas les mains.

Mes yeux s'arrêtent sur lui, mais il refuse de se retourner vers moi. Je vois bien qu'il fait exprès de ne pas croiser mon regard. Ça m'énerve. Putain, il n'est même pas foutu d'assumer ce qu'il fait.

Un violent coup au niveau de l'estomac me sort brutalement de mes pensées et je me retourne vers mes agresseurs.

— Tu sais pourquoi on est là ? m'interroge Fallone.

— Vous voulez me casser la gueule. Je ne crois pas que vous ayez besoin d'une raison pour le faire.

Elle sourit, mais je suis loin de la déstabiliser. Et puis, qu'est-ce que je crois ? Bien sûr que je suis loin de la déstabiliser. Ils sont trois et je suis tout seul. Ils savent manifestement se battre et je n'ai jamais frappé quelqu'un de ma vie. Merde, j'ai juste envie de rentrer chez moi. Je me retiens de pleurer, parce que je sais que leur plaisir en serait d'autant plus grand.

— Vous n'avez pas respecté votre parole, reprend Fallone. On ne respecte pas la nôtre.

— Quelle parole ?

— Vous aviez promis de ne pas toucher à Noah.

Je ne sais même pas où je trouve la force d'esquisser un sourire, mais je le fais et ça ne leur plaît pas du tout.

— Vous touchez à nos enfants, on touche à vos enfants, ajoute le grand baraqué à la barbe mal rasée.

— Je ne suis pas un enfant.

J'ignore pourquoi je me défends sur ce genre de détails insignifiants. On s'en fout. Je devrais plutôt essayer de me sortir de cette situation.

— Ethan a frappé Noah, parce qu'on l'a retrouvé en train d'agresser notre cousine... Même s'il n'avait pas été un Hamilton, il se serait pris un poing. C'est comme ça.

— Il ne s'est pas juste pris un poing, il a dû aller à l'hôpital. Ton connard de cousin lui a cassé le bras.

Je reconnais la voix de l'héritier. Cette fois, c'est moi qui refuse de le regarder. Je me fiche de ce qui est arrivé à son cousin. En réalité, on en a à peine parlé, de ce foutu anniversaire. On s'est juste accordés sur le fait qu'Ethan et moi étions arrivés à temps et que c'était le principal.

Sauf que moi, je sais que c'est faux. Enfin, je l'ai senti. Lili savait très bien qu'il était un Hamilton avant que l'on arrive. Ça se voyait dans ses yeux, elle ne sait pas mentir. Du moins, pas à moi. En laissant ce type avec Ethan, alors que je la ramenais au château, elle le regardait de la même façon que dans la salle de bal, quand ils dansaient tous les deux. Ça m'écœure tellement que je préfère oublier cette partie de l'histoire. Alors, le fait que Noah a fini à l'hôpital, c'est le dernier de mes soucis. Je voudrais même qu'il y reste le plus longtemps possible et qu'il n'approche plus jamais ma cousine de sa vie.

— C'est l'heure de la vengeance.

Ça m'étonne à peine, cette phrase. Notre conflit ne se résume qu'à ça. Des coups bas, puis des vengeances. Ça se succède si vite que l'on ne sait plus très bien dans quelle étape on est. Peut-être qu'ils se vengent, ou peut-être que c'est nous qui nous vengerons après. À ce moment précis, je n'en ai pas grand-chose à faire.

Les deux frères arrivent vers moi et me prennent chacun un bras. J'essaie de me défendre, mais je ne fais pas beaucoup d'efforts, je sais que ça ne servira à rien. Autant ne pas s'épuiser maintenant. Fallone s'allume une cigarette pendant que les deux autres me tiennent fermement. Elle n'a vraiment que ça à foutre, cette conne ? Ils comptent vraiment me torturer toute la nuit ?

Je préfère ne pas y penser et me retourne vers Daël. Il est toujours adossé contre le mur et il me regarde. Enfin, non, ce n'est pas vraiment son regard. Je ne sais pas, c'est indescriptible. Il n'y a rien qui passe dans ses yeux, un vide monstrueux et effrayant. Un vide à l'image de son âme. Il n'y a rien dans ce type, juste sa haine et sa rancœur.

Je me demande pourquoi je ne l'ai pas vu plus tôt.

— Prêt ?

Je me retourne vers Fallone, qui a osé me poser cette question, comme si j'allais acquiescer. Donc, sans trop de suspense, elle n'attend pas ma réponse et soulève brusquement la manche gauche de mon manteau, laissant mon avant-bras à l'air libre. Je viens de capter. La cigarette. Je donne un violent coup de bras, mais ces bâtards me tiennent fermement. Je m'apprête à hurler à l'aide, mais le type à la barbe pose sa main sur ma bouche et couvre mon cri de désespoir. C'est trop tard. J'aurais dû réagir avant et ne pas attendre sagement en regardant Daël Hamilton alors que l'autre folle faisait chauffer sa cigarette.

La voilà qui arrive, justement. Fallone tient la clope entre ses doigts et je vois le bout du tabac rougir sous le crépitement du feu. Elle ne fait pas durer le suspense. Elle enfonce la cigarette dans la peau de mon avant-bras. Putain de douleur. Je hurle, mais la main puissante du gars derrière moi couvre si bien ma bouche que je me contente de lui baver dessus. Je me mets à chialer. Je gigote dans tous les sens, mais ils me tiennent si fort au niveau des poignets que j'ai l'impression que je suis en train de me les tordre. La sensation sur ma peau est atroce. Ça brûle, ça pique, ça me consume. Fallone enfonce une deuxième fois la cigarette sur mon avant-bras, à l'intérieur, à l'endroit où la peau est sensible. Elle la laisse, elle la laisse, elle la laisse. Bon Dieu, je vais tourner de l'œil. Je me mets à convulser sous la douleur et j'ai envie de vomir tellement c'est insoutenable. Je n'en peux plus. Je veux que ça s'arrête maintenant. Elle retire la cigarette, mais le mal est toujours là. Ma peau est tellement brûlée que la chair semble disparaître lentement.

Je continue de hurler, même si j'entends bien qu'aucun son ne sort de cette ruelle pourrie. J'ai si mal. J'observe Fallone d'un air paniqué, je la supplie du regard d'arrêter cette torture, parce que je n'ai plus rien à perdre, pas même ma dignité devant une Hamilton.

Tant pis si je ressemble à une victime apeurée. C'est ce que je suis. Je suis qu'une putain de victime et j'ai jamais demandé à entrer dans leur conflit. Je n'ai pas agressé Ellen, ce n'est pas moi qui ai cassé le bras de Noah, pas moi qui ai ordonné leur passage à tabac à la soirée d'anniversaire de Lili. Je ne leur ai jamais rien fait, mais je souffre comme si je méritais de recevoir toute leur haine, leur rancœur et leur peine.

Je n'en suis pas à l'origine, bordel.

Je pleure toutes les larmes de mon corps et mon bras tremble. Il me brûle si fort. J'ai besoin d'eau froide. Surtout, j'ai peur. Je suis même terrifié. Je suis à deux doigts d'appeler ma mère à l'aide comme un gosse désespéré. Désespéré au point d'être prêt à faire n'importe quoi pour que ça s'arrête.

Mais ça ne s'arrête pas et je sens une troisième brûlure, juste en dessous de la première. C'est toujours aussi douloureux. Je ne m'y habitue pas. J'ai même l'impression que je pourrais m'évanouir si Fallone me fait revivre ça une quatrième fois. Je pleure encore. Mes larmes coulent sur mes joues, c'est la seule chose qu'il me reste pour canaliser la douleur.

— C'est bon.

Honnêtement, je ne sais pas qui leur a demandé d'arrêter, mais je m'en fous. Ils me lâchent, tous les trois, et je m'écroule comme une merde sur le sol. Mon bras convulse et je le plante dans la neige. C'est froid et ça fait du bien. Tant pis pour les risques d'infection. J'ai trop mal pour réfléchir correctement. Je me retourne vers les Hamilton. Je veux les voir une dernière fois. Je veux voir leur lâcheté. Je veux voir dans leurs regards s'ils réalisent qu'ils viennent de torturer un mec de dix-sept ans juste pour se venger d'une connerie qu'ils avaient provoquée. Ça me tue parce que je ne vois pas ça. Je vois juste leurs sourires satisfaits et Fallone qui écrase sa cigarette sur le sol gelé du trottoir avec la semelle de sa basket.

Mon regard tombe sur l'héritier et je crache malgré toute la douleur qui me prend au corps :

— Connard !

J'aurais pu le dire à mes tortionnaires. Sur mes lèvres, c'est à lui que c'est adressé. Même s'il n'a pas de sang sur les mains, c'est lui qui le répand. Lui qui répand sa haine au nom de sa famille. L'intouchable Daël Hamilton. Il me dégoûte.

Ma tête retombe sur le trottoir et tout se brouille autour de moi. Je crois que c'est à cause du froid, mais je n'en suis pas sûr. Je me sens partir et c'est tout ce dont j'ai besoin. Je veux m'en aller, ne plus rien ressentir.

Je les entends s'éloigner et je tends mon autre bras pour attraper mon portable. Je me souviens soudainement qu'ils me l'ont pris et je ne sais pas où ils l'ont foutu. Je n'ai pas la force de le chercher maintenant.

Je ferme les yeux, tant pis, je reste là. Je ne suis pas si mal, couché sur le ventre, le bras planté dans la neige et les larmes qui continuent de couler sur mes joues. Je ne sais même pas où je suis. J'ai bien l'idée d'appeler à l'aide, mais vu le quartier je crains que ça ne m'amène plus d'emmerdes qu'autre chose. Je devrais peut-être attendre demain matin. Si je suis encore vivant à ce moment-là, bien sûr.

Je frissonne et crève de chaud en même temps. Je ne capte plus rien. Je ne sais même plus ce que je ressens, je ne sais même plus quel bras est brûlé.

Je crois que je finis par perdre connaissance.

Je gare ma voiture sur le trottoir et reste là, les mains agrippées au volant. Je lance un coup d'œil à ma gauche et regarde la petite ruelle dans laquelle on a brûlé le bras du fils Rosenbach. Je sens ma respiration s'accélérer. J'essaie de convaincre mon cerveau d'appuyer sur la pédale d'accélérateur pour continuer ma route, mais mon corps ne semble pas réagir. Je frissonne et je ne sais pas quoi faire. Ça fait déjà une heure. Il est parti. Il est forcément parti. Mais s'il... Non. J'arrête de penser à ça. Il faut que j'arrête de penser tout court.

Il l'a mérité. Son clan l'a mérité. Ce sont eux qui ont commencé. Ils avaient promis de ne pas toucher à Noah et ils lui ont éclaté le bras juste après cette putain de promesse. Ils ont prétendu qu'il avait agressé Lili, mais je sais pertinemment que c'est encore un de leurs mensonges. Mon cousin n'est pas comme ça. Ils ont inventé ça pour se justifier. De toute façon, j'aurais dû savoir qu'on ne peut pas leur faire confiance. On ne peut jamais faire confiance à un Rosenbach.

Je frissonne de nouveau et regarde la neige tomber. Il fait vraiment froid. Si jamais il est resté là-bas, il ne risque pas de passer la nuit. Je n'en peux plus de rester là sans rien faire. Mes mains se décrochent du volant et je quitte ma voiture. J'avance dans le vent glacial de l'hiver. Il faut que j'en aie le cœur net. Il faut que je voie cette ruelle vide et...

Putain de merde. Qu'est-ce qu'il fait encore là ?

Je m'approche rapidement du corps étalé dans la neige et le secoue. Il a les yeux fermés. Je pose une main sur le front de Rosenbach. Il est brûlant de fièvre. J'attrape son bras toujours enfoui dans la neige et retiens un haut-le-cœur. C'est immonde. Putain, on est immondes. Il y a trois trous suintants sur son avant-bras. J'ai envie de vomir. Son bras est totalement gelé. Il l'a mis dans la neige et le froid n'a fait que brûler sa peau davantage. Elle est rouge vif et contraste avec la blancheur de son teint naturel.

— Rosenbach !

Je le secoue, mais il ne répond pas. Il fait chier. Pourquoi suis-je revenu ? Je suis vraiment stupide.

— Rosenbach !

Je le vois rouvrir un œil doucement. Merci, il n'est pas totalement mort.

— Casse-toi.

Il a du mal à parler et il utilise ses dernières forces pour me dire ça. Quel idiot. Je ne peux pas le laisser dans cet état. Je n'en ai pas le droit. C'est écrit dans la loi. C'est de la « non-assistance à personne en danger ». Enfin, dans le cas où je l'ai moi-même mis en danger, je ne sais plus très bien si ça marche ce truc-là. Bref, on s'en fout.

— Tu peux te lever ?

Rosenbach me regarde comme si j'étais le dernier des enfoirés. Je ne peux pas trop lui en vouloir. Je crois que la situation me dépasse. Je me retourne sur la ruelle, j'espère trouver une réponse quelque part. Je ne sais pas, un truc écrit sur un mur qui me dirait quoi faire.

Il n'y a rien. Je vois juste son portable tombé plus loin sur la route et je pars le ramasser. Ça n'aide pas beaucoup, mais c'est déjà ça.

— Dégage.

Je baisse mon regard vers lui. Cette fois, ses yeux sont bien ouverts et il pleure. Il pleure parce qu'il souffre et qu'il a peur. Ça se voit sur ses traits juvéniles.

Je l'interroge :

— Sérieusement ? Tu veux vraiment que je te laisse tout seul ?

— Oui.

C'est sa fierté qui le fait parler, mais j'ai la mienne aussi. Alors, je tourne les talons et je me barre. J'avance sans me retourner vers lui, même si je sens son regard dans mon dos. Il va craquer. Il a besoin d'aide et il le sait.

— Putain…

Je m'arrête sans me retourner vers lui pour autant et je l'entends dire d'une voix haletante :

— R'viens…

Il pleure. J'entends les sanglots étrangler sa voix, et mes poings se resserrent.

— J'veux pas… crever là.

Je suis le pire des connards. Je lui ai infligé ces brûlures, je l'ai laissé une heure dans la neige et, là, je m'amuse encore à lui faire croire que je vais réellement partir. Depuis quand suis-je devenu comme ça ? Ce n'est qu'un gamin. Un gamin arrogant, drogué et détestable, mais un putain de gamin qui a l'âge de Noah.

— Steuplé.

Je le rejoins immédiatement. Maintenant, j'arrête les conneries. Je ne suis plus un Hamilton et il n'est plus un Rosenbach. Je dois m'en persuader, je dois le croire. Là, c'est juste quelqu'un qui a besoin d'aide et je suis la seule personne présente.

Je passe ma main sur sa nuque et l'aide à se relever. Il tombe dans mes bras et je le serre quelques instants contre moi, sans trop savoir pourquoi. Pour le réchauffer, probablement, il est mort de froid malgré la fièvre qui rend son visage brûlant. Sa tête tombe sur mon épaule et je sens sa bouche s'échouer contre ma peau. Ses lèvres sont bouillantes et son souffle s'écrase dans mon cou. Il va me mourir dans les bras si je ne me bouge pas très vite.

Je ne suis pas très costaud donc je puise dans toute la force qu'il me reste de cette fin de nuit. Je descends mon bras dans le creux de son dos et nous relève tous les deux, bien que Rosenbach soit toujours affalé contre moi.

— Tu peux… Tu peux essayer de bouger les jambes ? Je te tiens, mais il faut qu'on aille jusqu'à la voiture et je ne peux pas te porter.

— D'accord.

Je sens encore son souffle chaud contre ma peau et j'avance d'un pas. Il me suit, avec difficulté, je vois ses jambes se mouvoir bien qu'elles tremblent si fort que je me demande comment il parvient à rester debout. Je resserre mon étreinte au niveau de son dos. Nos hanches sont quasiment collées l'une à l'autre. On sort de la ruelle après des minutes qui me paraissent interminables.

— Ma voiture est juste là.

Je le vois lever les yeux vers l'endroit que je lui indique et il sourit d'un air soulagé. On est à seulement quelques pas de la délivrance. Je m'arrête devant ma Lamborghini et ouvre la portière arrière.

— Allonge-toi là. On est chez moi dans quinze minutes.

Rosenbach se crispe et je le comprends. « Chez moi », chez les Hamilton. Je sais bien qu'il ne va pas applaudir mon idée, mais je n'ai pas d'autre solution. Enfin si, il y en a des dizaines. Appeler ses parents, ses cousins, une ambulance, l'hôpital, les pompiers… mais c'est trop risqué. Ça veut dire que je reste avec lui jusqu'à leur arrivée et ce serait impossible à expliquer à nos deux familles.

Je sais que je peux y arriver tout seul. Ça ne doit pas être si grave, quelques brûlures et une mauvaise grippe. Rosenbach a l'air de le penser lui aussi, parce qu'il entre dans la voiture. En même temps, c'est ça ou mourir sur le trottoir, il n'a pas beaucoup hésité.

Il s'allonge sur la banquette après un cri de douleur lorsque son bras effleure le cuir des fauteuils et je m'assois à ma place, derrière le volant.

Je démarre le moteur et entends derrière moi :

— Vous êtes des monstres.

Je regarde dans mon rétroviseur, le fils Rosenbach est en train d'observer son bras, un air dégoûté sur le visage. Je reconnais que nous ne l'avons pas loupé. Je roule en silence jusqu'à mon appartement, je n'arrive pas à réfléchir correctement avec l'autre qui geint de douleur derrière moi.

Sérieux, qu'est-ce que je suis en train de faire ? Je ramène un Rosenbach dans mon quartier, c'est presque suicidaire. Je me gare en catastrophe devant mon immeuble. Heureusement que je vis seul. Et si on me voyait ? Si un Hamilton me voyait ? Maintenant, mes cousins savent à quoi il ressemble.

Je chasse ces sombres idées et ouvre ma portière arrière. Il ne parlait plus depuis quelque temps et je comprends pourquoi, vu qu'il a de nouveau tourné de l'œil. Merde. Je suis sûr qu'il est au bord de l'hypothermie. Il ne pourrait pas être dans cet état à cause de simples brûlures au bras. Je grommelle et essaie de le tirer de la voiture.

Il est trop lourd, je n'y arriverai jamais. Je le laisse choir sur la banquette arrière et cours jusqu'à mon immeuble. Je me précipite vers le gardien, à l'entrée. L'homme à la peau blanche et au crâne dégarni fait presque trois fois mon poids et doit bien approcher les deux mètres. Il a une barbe grisonnante, anciennement rousse vu les quelques reflets qui y restent, et un tatouage hideux de bouledogue sur le bras.

Je me mets à crier en arrivant à sa hauteur :

— Besoin d'aide ! Venez !

Il ne réfléchit pas plus longtemps et me suit jusqu'à ma voiture. Je lui montre Rosenbach sans vraiment chercher à m'expliquer davantage et ajoute, mal à l'aise :

— Vous pouvez le porter jusque chez moi, s'il vous plaît ? Il est trop lourd.

L'homme au bouledogue acquiesce et je me sens soulagé. Je le vois prendre Rosenbach par la taille et il le cale sur son épaule.

— Faites attention à son bras !

Il me toise d'un regard mauvais, l'air de me dire : « Débrouille-toi tout seul, si tu n'es pas content » et je me tais. On avance tous les trois vers l'immeuble, et le mouvement réveille Rosenbach qui regarde tout autour de lui. Il a l'air trop épuisé pour commenter cette situation surréaliste. D'ailleurs, moi aussi, je m'en étonnerai plus tard. Là, j'ai autre chose à faire.

Le gardien le repose devant les ascenseurs et j'actionne le bouton d'appel tandis qu'il m'interroge :

— C'est bon ?

— Oui, merci.

L'homme s'éloigne et je vois Rosenbach ricaner, vautré contre le mur. Il n'arrive pas à tenir debout tout seul. Je me retourne vers lui et lâche sèchement :

— Quoi ?

— Tu lui as sérieusement demandé de me porter parce que tu n'avais pas assez de force ?

— Je t'emmerde.

— D'un côté, vu que tu te contentes de regarder les autres se faire tabasser, je comprends.

— Va te faire foutre, Rosenbach. Tu veux que je te laisse crever dehors ?

— Ne l'as-tu pas déjà fait ?

Je ne réponds pas, il m'énerve tellement. Je me tourne vers l'ascenseur et, lorsque les portes d'acier s'ouvrent, je m'y engouffre. J'appuie sur le bouton de mon étage et les portes se referment… sauf que je suis tout seul. Je pousse un soupir en appuyant sur le bouton d'arrêt de la machine avant de ressortir dans le hall. Rosenbach est toujours adossé contre le mur.

— Tu me fais chier ! Dépêche, je n'ai pas que ça à foutre !

— Pourquoi te suivrais-je ?

— Je t'aide, là.

— Je n'aurais pas besoin d'aide si tu n'avais pas ordonné à tes toutous de me torturer.

« Torturer ». Tout de suite les grands mots. Ce n'est pas un Rosenbach pour rien celui-là.

— Viens. Tu ne vas pas rester dans le hall d'entrée. C'est un quartier Hamilton ici. On ne peut pas te voir là.

— Je n'ai pas confiance en toi, tu es…

— Quoi ? Le méchant ?

— Oui.

Je me foutais de sa gueule, alors ça m'étonne qu'il ait répondu par l'affirmative, du coup.

— C'est ça, tu as raison, continué-je. Je suis le grand méchant loup. Et toi, tu es quoi, au juste ? Boucles d'or ?

— Ce n'est pas le même conte, abruti.

Je ne commente pas et l'attrape par son bras valide pour le tirer vers l'ascenseur. Bien entendu, ce con s'écroule sur moi et je repose tout de suite mon bras dans le creux de son dos pour le maintenir debout. J'enfonce le bouton de mon étage, et les portes se referment sur nous.

— Tu ne vas pas me violer ? m'interroge Rosenbach.

— Je vous laisse cette spécialité.

Il ferme sa gueule, enfin.

— Greg ne l'a pas touchée, gronde-t-il.

— Ce n'est pas ce qu'Ellen dit.

Le fils Rosenbach lève les yeux au ciel. Je connais leur version, celle qu'ils s'inventent pour ne pas croire que leur cousin est un violeur. Ils disent que nous avons manipulé Ellen pour qu'elle mente sur la nature de son agression. Ils sont pathétiques et j'espère que ce type va encore croupir de longues années en taule.

J'observe Rosenbach, avachi contre la paroi d'acier. Je ne sais même pas pourquoi j'essaie de le sauver. Il ne le mérite pas. Même s'il n'a jamais rien fait, il soutient l'action des autres et c'est tout aussi critiquable.

L'ascenseur s'arrête à mon étage, au quatrième, et on sort sans parler. Je crois que l'on mesure à quel point chacun de nous déteste l'autre et surtout à quel point le fait que l'on soit collés ainsi n'est pas cohérent.

Je le dirige vers la porte de mon appartement et sors les clés de ma poche, bien que ça soit difficile avec le poids de Rosenbach contre moi.

J'arrive à attraper le trousseau et tourne la clé dans la serrure. On entre et je referme la porte derrière nous en donnant un coup de pied dedans.

La chaleur de l'appartement a l'air de détendre Rosenbach, je le sens se détacher un peu de moi. Je le lâche et il se remet debout, passant une main dans ses cheveux trempés à cause de la sueur.

— Va t'allonger sur mon lit, je vais te chercher un médicament.

— Et je suis censé savoir où se trouve ta chambre ?

Il m'énerve avec son air dédaigneux. C'est un loft, ce n'est pas si compliqué de deviner où est ma chambre. Je suppose que sa fièvre l'empêche de réfléchir correctement. Je lui indique la verrière dans le fond de la pièce principale, derrière laquelle on devine un lit. Il hoche la tête et s'y dirige sans rien dire. Je l'entends s'affaler dessus et me permets de lâcher un long soupir.

Putain. Réfléchis, Daël. Réfléchis.

Je regarde tout autour de moi et essaie de calmer ma respiration. Ce n'est absolument pas le moment de faire une crise. J'inspire. J'expire. J'inspire. J'expire. C'est bon.

Je me dirige vers ma salle de bains et ouvre les placards au-dessus du lavabo. Je prends tous les médicaments que j'y trouve : des compresses, des pansements, des préservatifs, des… Que ? Quoi ? Je m'empare de la boîte de capotes et la balance derrière moi. Comme si j'allais avoir besoin de ça ! Je me concentre sur ma pharmacie. Je n'ai que du paracétamol et de l'aspirine. Je ne vais pas aller très loin. Je ne sais pas quoi faire.

Je sors de la pièce et me précipite vers mon bureau. Je démarre mon ordinateur portable. Le temps qu'il s'allume, je prépare le médicament de Rosenbach. Je mets deux comprimés dans un verre, vu son état il en aura besoin, puis je le remplis d'eau du robinet.

Je rejoins ma chambre avec le verre dans les mains. Il n'est pas endormi, mais il pleure en regardant son bras. Au moment où il me voit arriver, il essuie rageusement ses larmes sur ses joues et se relève.

— Vous êtes des enfoirés.

— Pas le moment de s'attarder sur ce sujet… Bois.

Je lui tends le verre et il le regarde d'un air sceptique.

— Si j'avais voulu te tuer, je t'aurais laissé là-bas, je n'aurais pas pris la peine de te ramener ici pour t'empoisonner.

Il prend le verre en continuant de me fixer, puis il lâche amèrement :

— La culpabilité ne te rend pas plus humain, Hamilton.

Je sais, sauf qu'elle est là alors j'essaie de m'en sortir comme je peux. Je sors de la pièce et me dirige vers l'ordinateur. J'ouvre une page Internet et recherche sur Google comment soigner des brûlures de cigarette. Je lis les pages qui s'ouvrent devant mes yeux et ça ne calme pas mon anxiété. Ils disent qu'il faut appeler les pompiers si les brûlures dépassent le deuxième degré. Qu'est-ce qu'ils appellent premier, deuxième, troisième degré ? Je n'en ai aucune putain d'idée. Je lis les instructions. Ils disent qu'il ne faut surtout pas utiliser de la glace, au risque d'endommager encore un peu plus les tissus. Génial, on est déjà bien partis pour lui sauver la vie. Je continue de faire défiler la page Internet. Il faut passer une pommade antibactérienne pour les infections et de l'aloe vera pour la cicatrisation, comme si j'étais un putain de botaniste et que j'avais ça chez moi. Je passe mes mains sur mon visage, résigné, et retourne dans la chambre. Rosenbach a fini son verre et l'a reposé sur la table de chevet. Il est assis sur mon lit. Cette vision est tellement surréaliste que je reste un instant face à lui, sans rien dire.

Je retrouve mes esprits quand il pose son regard déchiré par la douleur sur moi.

— Il faut te déshabiller et te mettre sous ma couette pour te réchauffer.

— Je le fais tout seul.

— Tu es sûr ?

Il commence à se mouvoir pour enlever son manteau, mais je vois une grimace se dessiner sur ses traits. La fierté, qu'est-ce que ça rend con. Je crois que je suis assez bien placé pour le savoir également.

— Laisse.

Je m'avance vers le lit et m'assois sur le bord. J'attrape la manche de son bras valide et l'aide à la retirer. Je fais glisser le manteau derrière son dos. Il porte juste un T-shirt blanc en dessous et celui-ci est trempé de sueur. On arrive à la deuxième manche. Elle est toujours relevée jusqu'à son coude et je me demande comment on va réussir à la faire passer sans frotter ses brûlures.

— Tu es prêt ?

— Ouais.

Je tire au maximum sur la manche et la fais glisser le long de son bras. J'arrive à ne pas toucher les plaies et lui retire totalement le manteau, que je laisse tomber sur le sol.

— Tu devrais aussi enlever ton T-shirt. Il est trempé.

— Hors de question.

— Comme tu veux.

Je me relève et me dirige vers la sortie en ajoutant :

— Je vais à la pharmacie de nuit, je reviens dans dix minutes, reste là.

Il pouffe de rire, l'air de dire qu'il ne risque pas d'aller bien loin, et je sors de ma chambre. Je prends un papier sur mon bureau et écris les soins dont je vais avoir besoin dessus. Je sors de l'appartement, puis de l'immeuble, croisant le gardien. Il me regarde d'un œil noir, se demandant probablement pourquoi il m'a aidé, vu que je n'ai pas l'air très net. Pourtant, il ne dit rien et ouvre la porte pour me laisser sortir.

J'entre dans ma voiture et pars pour la pharmacie de nuit. Elle n'est pas très loin de chez moi. Je me gare en double file devant le magasin et vais directement à la caisse. Il n'y a aucun client. Pas étonnant à cette heure-là. J'explique brièvement la situation à la pharmacienne – je *mens* à la pharmacienne – et achète tout ce qu'elle me conseille. Je ne pense même pas à regarder la liste que j'avais préparée.

Je suis de retour à l'immeuble en quelques minutes. Le gardien me lance encore un regard blasé, me faisant comprendre qu'il en a marre de voir ma gueule ce soir et je me dirige vers les ascenseurs en lui souriant, histoire de le faire chier une dernière fois.

Une fois arrivé dans mon loft, je retourne directement dans ma chambre. Rosenbach y est encore, bien sûr, mais il comate sur mon lit. Je pose une main sur son front, il est toujours brûlant. Je pousse un soupir avant de me ressaisir. Je vide le sac plastique de la pharmacie, et tous les produits tombent sur la couverture.

Je place ma main sous la nuque de Rosenbach et le soulève pour le redresser. Je l'entends grommeler contre moi et glisse mes mains dans son dos pour retirer son maillot.

— Qu'est-ce que tu fais ? souffle-t-il dans mon cou.

— Laisse-moi te l'enlever. Tu ne vas pas te réchauffer si tu es mouillé.

Il ne répond rien, donc je prends sa réponse pour un « oui » silencieux. Je lui enlève son T-shirt en passant d'abord son bras valide, puis sa tête, et je n'ai plus qu'à retirer brièvement le vêtement en prenant soin de ne pas toucher son autre bras. Il se laisse tomber contre mon torse et je sens sa peau humide contre la mienne. Étonnamment, ses bras se resserrent autour de mon corps et ses doigts agrippent ma veste en jean. Il pleure, encore. Je crois qu'il n'a pas conscience de ses gestes, ni de qui je suis. Les comprimés de tout à l'heure et sa fièvre doivent le faire planer et c'est surprenant pour un drogué comme lui. Je le pensais plus résistant.

— Allonge-toi, Rosenbach. Tout va bien.

Il ne bouge pas, je dois me pencher vers l'avant pour l'obliger à se recoucher. Il glisse lentement vers le matelas, accroché à mon dos, et je me retrouve complètement au-dessus de lui alors que sa tête se cale sur mon oreiller.

— Lâche-moi. Je dois soigner ton bras.

Ses doigts relâchent ma veste et ses deux bras retombent de part et d'autre de son corps. Je reste un instant couché sur lui. Je ne l'avais jamais vu de si près. Ses lèvres sont épaisses et roses, sa peau est si lisse que l'on dirait celle d'un nouveau-né, ses fossettes creusent sa mâchoire, ses yeux verts sont envoûtants, et surtout il y a un frisson inexplicable qui traverse tout mon corps.

— Ne me regarde pas comme ça… Tu n'as pas le droit.

Sa voix éraillée me fait sortir de mes pensées et je me relève brutalement. J'attrape les produits que je viens d'acheter et me remémore les conseils de la pharmacienne. Je prends son bras délicatement et nettoie ses blessures avec du produit antiseptique. Je laisse sécher en soufflant un peu dessus, puis applique une crème grasse pour calmer la douleur, avant de bander son bras. Je le repose alors qu'il m'a regardé faire, sans rien dire.

Je crois que ses yeux veulent me dire « merci », mais je sais qu'il ne s'abaissera pas à le faire. Je me contente de me lever et murmure simplement avant de m'éclipser :

— Tu peux dormir ici.

Je rejoins mon salon et m'affale sur le sofa. Je n'en reviens pas. Qu'est-ce que j'ai fait ? Et qu'est-ce que je suis en train de faire ? Je suis complètement paumé. Ma tête tombe vers l'avant et je la prends entre mes mains. Je pousse un long, très long soupir. Quelle merde.

Je m'enfonce dans le canapé tandis que je plonge mes mains dans les poches de ma veste. Je sens un objet dur au bout de mes doigts. Son portable. Je ressors l'objet et l'observe, dévoré par la curiosité. Il n'a pas mis de code alors je vais dans sa bibliothèque. Je parcours les photos et vois souvent le même mec. Un beau brun qui semble plus âgé, probablement la vingtaine comme moi. Je ne sais pas qui il est, je ne l'ai jamais vu. Je ne crois pas qu'il fasse partie de la famille Rosenbach. Je tombe sur une image de Grace et lui, et frissonne. Tout son être me répugne au point que je ne suis même pas capable de la regarder plus longtemps.

Je sors de la galerie photo et parcours sa musique. Je suis surpris, il n'y a qu'une seule chanson. *Running Up That Hill*, la reprise de Placebo. Je ne comprends pas bien l'intérêt d'écouter en boucle le même morceau. Surtout celui-ci. Cette *cover* est vieille, elle date du début du millénaire. On est en 2015, mec. Mets-toi à la page.

Je continue de fouiller dans son portable, puis le referme. Je n'ai même pas envie d'aller lire ses textos. Ça ne me regarde pas. D'ailleurs, rien ne me regarde le concernant et j'ignore pourquoi j'ai été chercher dans son téléphone à la base. Je repose l'objet sur ma table basse et ferme les yeux.

Je ne dors pratiquement pas de la nuit… Enfin, « nuit », disons, les trois dernières heures qu'il me reste. Je suis toujours dans mon salon alors que les premières lueurs éclairent faiblement la pièce. Je me relève et me dirige vers ma cuisine d'un pas lent pour préparer du café. Il est 6 heures du matin et il faut que je me prépare pour aller travailler.

D'ailleurs, on est lundi et je suppose que Rosenbach doit se rendre au lycée. Je ferais mieux de le réveiller avant que tout le quartier fasse de même et le reconnaisse dans la rue.

Je rentre dans ma chambre et l'aperçois, profondément endormi. Le con. Je me tape une nuit blanche alors que lui s'est reposé tranquille dans mon pieu. Enfin, d'un côté, je n'ai pas sa blessure au bras.

J'appuie sur l'ouverture automatique des volets et l'entends grommeler lorsque la lumière commence à s'échouer sur mon lit. La peau de son torse brille légèrement, humidifiée par une fine pellicule de sueur.

— Lève-toi.

— Ta gueule.

— Il faut que tu te casses d'ici, Rosenbach. Tu as cours.

On dirait un père qui parle à son adolescent. Je devrais simplement tirer la couette et le foutre dehors, parce qu'il a l'air d'aller mieux. Je n'ai pas besoin de le faire, il rouvre enfin les paupières. Il se relève brusquement, l'air de se souvenir de la veille, et observe son bras bandé, les yeux écarquillés.

— Tu m'as touché ?

Je lève mon regard au ciel en soupirant. Ce mec est d'un dramatique, c'est consternant. En revanche, je ne m'attends pas du tout à ce qui arrive. Il se plante devant moi et me crache à la gueule. Comme ça. Sans autre explication. Il attrape son T-shirt resté sur le sol et son manteau sans prendre la peine de les enfiler. Il quitte ma chambre et, moi, je reste cloué au sol avant de sentir sa bave couler le long de ma joue et toucher ma lèvre.

Je passe ma main sur mon visage, dégoûté, avant de lui hurler dessus :

— Rosenbach !

Je débarque dans mon salon, il est en train d'enfiler son T-shirt. Il grimace à cause de son bras et je trouve que c'est bien fait pour lui. Quel gosse capricieux et arrogant. J'ai bien envie de lui rappeler qu'il faisait moins le fier quand il chialait dans mes bras comme la merde qu'il est et qu'il a toujours été.

— Ne m'approche plus, Hamilton, rétorque-t-il en enfilant son manteau. Ni pour soulager ta conscience ni même jamais.

— Tu crois que j'ai eu pitié de toi ? Tu as pris pour ton clan hier soir, mais rassure-toi, tu connaîtras des choses pires dans ta vie.

Il passe une main dans ses cheveux et rétorque, sèchement, en plantant son regard dans le mien :

— Tu as raison, garde ta pitié pour toi. Tu en as plus besoin que moi.

Il tourne des talons pour quitter mon loft, mais je l'arrête avant qu'il ne franchisse la porte :

— Ton portable. Table basse.

Rosenbach se retourne d'un geste brusque et fait demi-tour en soupirant. Il s'empare de son téléphone qu'il glisse dans la poche de son manteau et je l'interroge sans réussir à retenir mes propres mots :

— Pourquoi n'as-tu qu'une seule musique ?
— Tu as fouillé dans mon portable ?
— Oui. Pourquoi n'as-tu qu'une seule musique ?
Il fronce des sourcils, l'air de réfléchir à ma question, avant de répondre :
— Parce que je suis quelqu'un de très exclusif.
Il referme la porte de l'appartement sur ces mots.

Chapitre 6

Daël Hamilton

Je passe mes mains sur mon visage pour au moins la millième fois de la matinée. Je vois mon père me fusiller du regard, alors je me redresse et tente de me concentrer sur la conversation vidéo que l'on mène avec des investisseurs russes.

Le rétroprojecteur nous diffuse l'image de ces hommes d'affaires au teint blanchâtre sur le mur de notre salle de réunion. Ils ont tous une sale gueule, mais je réalise que l'on ne doit pas avoir meilleure mine. On est une vingtaine de l'équipe autour de la table et on a tous un visage déconfit. Moi, parce que je n'ai pas dormi de la nuit et que je me demande toujours pourquoi j'ai sauvé le fils Rosenbach. Les autres, parce qu'ils ont une vie de merde et qu'ils le réalisent un peu plus à chaque seconde de leur existence. C'est ce que j'imagine, en tout cas.

Je retiens de nouveau un bâillement quand je vois le regard froid de mon père qui se tient à côté de moi. Je suis le futur président de l'entreprise. Je n'ai pas le droit de bâiller devant notre nouveau contrat à je-ne-sais-combien-de-millions-de-dollars. Je fronce des sourcils, l'air de m'intéresser à ce que ces hommes racontent, mais les mots m'échappent. Il y a leur accent pourri que je ne comprends pas et que je n'ai pas envie de comprendre non plus.

Je repense sans arrêt à hier soir. Je repense à Rosenbach allongé dans la neige, je repense à tout ce que j'ai fait pour l'aider et je repense à tout ce que ça aurait pu me coûter. L'entreprise. Clairement. Je crois que mon père serait capable de me déshériter s'il savait que j'ai aidé un Rosenbach. Il se ficherait bien que ça soit moi qui l'ai mis dans cet état avant. Lui, ce qu'il veut, c'est le résultat. Et un Rosenbach en moins, même de dix-sept ans, je suis sûr qu'il serait assez cruel pour s'en réjouir.

J'entends des bruits de chaise à côté de moi et sors de mes pensées brusquement. La réunion s'est terminée sans que je m'en rende compte et je n'ai pas remercié nos nouveaux investisseurs. Mon père va me tuer. Je l'observe du coin de l'œil. Il reste assis sur son grand fauteuil en cuir, le plus imposant autour de la table, rappelant un roi sur son trône. Ses doigts épais tapotent la surface en bois et son regard semble suspendu, perdu dans ses réflexions. Ses cheveux noirs, parsemés de mèches grisonnantes, ondulent légèrement sur les pointes. Il se gratte la nuque d'un air pensif avec son autre main et mordille ses lèvres. Un tic nerveux que je lui connais bien, j'ai le même. Sa barbe est taillée à la perfection, encadrant sa mâchoire carrée. Des lunettes sobres cachent les rides autour de ses yeux, mais on devine les autres tout autour, surtout celle entre les sourcils. La ride du lion, qu'ils l'appellent. Celle de la colère. Je pense qu'elle trône sur le visage de mon père depuis sa naissance.

Nos collègues s'échappent un à un de la salle de réunion, rejoignant leurs bureaux. Je reste comme un con, assis sur ma chaise. J'attends que Miles daigne m'adresser la parole, mais ça ne vient pas. Bien sûr que ça ne vient pas. Mon père ne fait aucun effort. Jamais. C'est à nous de venir vers lui, même si l'on sait que c'est pour se faire engueuler. C'est débile, je pourrais juste sortir de la salle sans demander mon reste, mais je n'ai pas été habitué à faire ça. Les reproches de mon père, je les connais, d'autant plus qu'il est malade et qu'il se sait condamné.

Je me retourne vers lui, plante mes yeux dans les siens et déclare, sans baisser le regard :

— Je m'excuse pour la réunion, je n'ai pas été assez réactif.

— J'ai remarqué.

— Ça ne se reproduira plus.

— J'en doute.

— Je…

— Tu ne pourras pas tenir cette banque si tu sors en boîte tous les soirs, Daël, me coupe-t-il sèchement. Il faut savoir faire des sacrifices dans la vie. Je pense que des millions de dollars valent le sacrifice de beuveries pour adolescents mal baisés.

Mon père a toujours été comme ça. Il parle crûment et sans aucune arrière-pensée. Même en étant habitué, ça me fait mal de l'entendre.

— Je serai plus sérieux, désormais.

— Regarde tes yeux, tu n'as pas dormi de la nuit, enchaîne-t-il, exaspéré. Et ton visage tuméfié depuis des semaines… Quelle image donnes-tu à nos investisseurs ? Grandis un peu.

— Je vais bien et je suis capable de reprendre la société, tu le sais.

Mon père esquisse un sourire en se levant de sa chaise. Il réajuste sa chemise hors de prix dans son pantalon de smoking qui l'est tout autant et il ajoute, narquois :

— Je sais surtout que tu en as l'arrogance… mais pas le talent.

Je reste assis sur ma chaise sans rien dire et il part. Cette discussion a été claire et concise, à l'image de la relation que j'entretiens avec lui.

Je me prends la tête en soupirant. Je suis épuisé et j'ai juste envie d'aller me coucher. Sauf que j'ai encore tout un après-midi à tenir ici et je n'ai pas le droit à l'erreur.

— Salut !

Je me relève en sursautant et vois Fallone qui se tient à la porte du bureau. Mon sourire se ravive et ma cousine enchaîne :

— Tu as le temps pour une pause-déjeuner avec moi ?

— J'ai le temps pour tout ce qui me sortira de cet enfer.

Je la rejoins tandis qu'elle me rend mon sourire. Fallone est scolarisée dans une école de commerce à côté de notre banque et on se rejoint souvent pendant nos pauses. Ça me fait sacrément du bien, c'est la seule personne de mon âge que je côtoie dans la journée.

Je tire un peu sur ma cravate pour la desserrer et nous nous engouffrons dans l'ascenseur.

— McDo ? dit Fallone.

Je voudrais répondre par l'affirmative, parce que j'ai envie de bouffer dans un fast-food comme les jeunes de mon âge, mais je ne peux pas. Je ne peux plus.

— Nos actionnaires ne doivent pas me voir dans ce genre d'endroit, ça ne fait pas sérieux, que leur futur patron s'enfile un Big Mac.

— Je te l'accorde. Où va-t-on alors ?

— Au restaurant de l'autre côté de la rue ?

Elle acquiesce, mais je vois bien qu'elle est un peu déçue. Elle aurait préféré se goinfrer de frites et de Coca-Cola. Moi aussi, bon sang.

— Il y a un truc que je ne comprends pas, Daël, reprend Fallone en sortant de l'ascenseur.

Je lui emboîte le pas, et elle continue, en se retournant vers moi :

— Pourquoi ne dis-tu pas à ton père que tu ne te sens pas prêt à reprendre la banque ?

— Hors de question.

— Je ne dis pas que tu ne la reprendras jamais, mais juste… Je ne sais pas, pas tout de suite. Tu es jeune, tu n'as que vingt ans, il peut comprendre que tu n'as pas les épaules pour porter ce fardeau.

— Bien sûr qu'il le comprend, et ça ne lui fait clairement pas plaisir que je sois obligé de la reprendre aussi tôt, mais il va crever, il n'a pas le choix.

— Arrête, souffle-t-elle alors que nous sortons tous les deux de l'immeuble. Il pourrait la transmettre à notre oncle le temps que tu grandisses un peu. Ou bien au conseil d'administration. Et puis, toi, tu continuerais de te former tranquillement jusqu'à ce que tu te sentes prêt.

Ce n'est pas comme si je n'y avais jamais pensé, alors ça me fait mal au cœur quand ça sort de ses lèvres. Ça paraît tellement simple dit comme ça. Trop facile, même.

Mon père est accro à tout ce qui peut me pourrir la vie.

— Miles ne voudra jamais, il est vieux jeu. Il veut que la société me revienne. Il n'a pas confiance en ses actionnaires. Il pense qu'ils feront tout pour le profit, en dépit des valeurs familiales blablabla.

— Et Dan alors ?

— Mon père n'a pas confiance non plus. Il craint qu'il refile la société à un de ses fils… Et, soyons honnêtes, Aiden et Stan sont beaucoup trop cons pour ça.

— Pas faux, commente Fallone.

— Laisse tomber, ajouté-je en soupirant. Quand mon père a une idée en tête, c'est impossible de le faire changer d'avis. Il est le fils aîné de sa famille et a repris l'entreprise de son père. Je suis le fils aîné de la mienne donc je dois faire pareil. Point barre.

Fallone me lance un regard en biais, un sourire peiné sur le visage.

— On peut changer de sujet ? lancé-je.

Nous pénétrons dans le restaurant. Comme à notre habitude, on va s'installer dans le fond de la pièce pour être tranquilles. La serveuse nous apporte les cartes, puis s'éloigne tandis que Fallone lâche, pensive :

— Tu crois que Rosenbach est toujours dans la ruelle ?

Je sursaute légèrement et mes mains se crispent sur le menu. Je repose la carte dans mon assiette, avant de répondre le plus naturellement possible :

— Non, je ne pense pas.

— On ne l'a pas loupé quand même.

— *Tu*, rectifié-je.

Ma cousine fronce des sourcils, hébétée par ma remarque. C'est la première fois que je sous-entends que l'on n'a pas fait un coup ensemble. En plus, c'est terriblement faux. On a décidé tous les quatre de ce plan et je l'ai validé. Je ne sais même pas pourquoi j'ai dit ça.

Je tente de me rattraper désespérément.

— Je veux dire que tu as bien géré. Il souffrait le martyre et je ne suis pas sûr que l'un d'entre nous aurait été capable d'aller jusqu'au bout. Donc… Félicitations.

— J'ai juste pensé à Noah, marmonne-t-elle avec un haussement d'épaules. Ça justifiait sa souffrance.

— Je sais.

— Sinon, dit Fallone. As-tu enfin baisé ?

J'éclate de rire en voyant son air sérieux. Putain, enfin une conversation de notre âge. Ça avait fini par me manquer.

— Toujours pas ! Je n'en peux plus !

— Baise, baise, baise. Qu'est-ce que tu attends ?

Bien sûr, la serveuse choisit de rappliquer à ce moment-là, et je la vois esquisser un sourire en me regardant.

— Pas besoin de lui faire les yeux doux, il est gay à 1000 %.

Je regarde Fallone, qui ne perd jamais une occasion de mettre les gens mal à l'aise, et la serveuse se met à rougir. Ma cousine pouffe, ce qui rehausse ses fossettes et accentue sa grande mâchoire. Elle est fière de sa connerie. Je l'ignore, commandant mon repas et le sien pour abréger la conversation. La serveuse s'éclipse rapidement, puis je me retourne vers ma cousine en soupirant.

— Tu es vraiment stupide.

— Je te remercie, rétorque Fallone avec son plus beau sourire.

Lior Rosenbach

— Je te promets qu'on ne laissera pas passer ça, Lior.

Je lance un coup d'œil discret à ma mère, qui grommelle dans sa barbe depuis le retour de l'hôpital. Je ne réponds pas et elle se gare devant notre garage en continuant :

— Je ne te laisserai jamais revoir ce garçon. Je peux te jurer que, quand ton père verra l'état de ton bras, tu vas passer un sale quart d'heure.

— Papa est en déplacement.

— Je l'ai appelé ce matin.

Je rouvre grand les yeux en me retournant vers ma mère, alors qu'elle coupe le moteur de la voiture et détache sa ceinture l'air de rien.

— Tu as fait quoi ? Pourquoi tu lui as dit ?

— Il rentre ce soir de toute urgence.

— Maman !

Abbie ne m'écoute pas et sort de la voiture en claquant violemment la portière derrière elle. Merde. Je détache ma ceinture, grimaçant à cause de mon bandage qui frotte contre le cuir du siège automobile. Je m'extirpe à mon tour du véhicule. Ma mère est déjà loin dans l'allée fleurie menant à notre maison.

Je presse le pas pour la rattraper et continue, exaspéré :

— Ce n'est pas si grave ! L'hôpital a dit que Neil m'avait fait les bons soins !

— Sauf que Neil n'aurait pas eu besoin de t'en faire s'il t'avait arrêté avant que tu ne te mutiles ! s'emporte ma mère. Donc tu peux être certain que tu ne referas pas de soirée avec ce garçon.

Abbie ouvre la porte de la maison avec fracas. Mona, la gouvernante, s'apprête à l'accueillir, mais le visage déconfit qui doit apparaître à sa vue l'en dissuade et elle tourne les talons rapidement, repartant aussitôt dans la cuisine.

J'entre à mon tour, déposant mon manteau et mes chaussures dans le hall d'entrée, avant de suivre ma mère jusqu'au salon.

— Je ne me suis pas mutilé, précisé-je. C'était juste un jeu.

— Très amusant, tu m'as habituée à plus intelligent.

Ma mère me plante là et monte l'escalier, sans même prendre la peine de se retourner vers moi. Je déteste quand elle est comme ça. Là, elle n'est pas en colère, juste déçue. C'est insupportable. Insupportablement douloureux. Je donnerais tout pour lui dire la vérité, lui expliquer que ce sont les Hamilton qui m'ont infligé ces plaies et que ce n'est pas ma faute, mais je ne peux pas le faire. Alors, j'ai dû trouver la première excuse qui m'est venue à l'esprit ce matin. J'ai raconté que j'étais trop bourré à la soirée de Neil et que l'on m'a lancé le pari stupide de me brûler le bras avec une cigarette. Et moi, trop fier et trop soûl pour réaliser la portée de mon geste, je n'ai pas hésité.

Je ris intérieurement quand je pense que ma mère a gobé une histoire pareille. Ça paraît tellement stupide que je suis presque vexé qu'elle m'en croie capable. Enfin, au moins, elle ne sait rien, hormis le fait qu'elle est désormais persuadée d'avoir engendré un débile profond.

Je déglutis, me dirigeant d'un pas lent vers la cuisine où j'aperçois Lili en train de prendre son goûter. Mona est derrière les fourneaux, touillant le liquide qui chauffe dans sa marmite.

Je m'assois en face de ma cousine et la regarde d'un air mauvais alors qu'elle continue de manger sa tartine de beurre avec indifférence, faisant exprès de m'ignorer. Lili a fait deux chignons de chaque côté de sa tête, ce qui la rajeunit encore plus que d'habitude. Aujourd'hui, ses yeux sont soulignés par des paillettes turquoise. Elle porte encore son uniforme du lycée, un tailleur bleu marine avec une chemisette blanche. Le logo du lycée – un aigle doré – est brodé au niveau de sa poitrine. Elle a retiré sa jaquette, la laissant pendre négligemment sur le dossier de sa chaise. Lorsque Mona s'en aperçoit, un bafouillis réprobateur sort de ses lèvres fines et elle retire le vêtement de la chaise, l'emportant avec elle, probablement pour le ranger en lieu sûr.

Lili et moi nous retrouvons seuls dans la cuisine. Ma cousine arrête enfin son regard sur moi, ses yeux se posant plus longuement sur le vieux jogging que je porte. Je n'ai pas été au lycée à cause de toute cette histoire de mutilation et de ma mère qui ne m'a pas lâché de la journée.

En y repensant, tout est sa faute. Si elle n'avait pas fricoté avec un Hamilton à sa soirée d'anniversaire, on n'en serait pas là.

— Tu es fière de toi ? lancé-je.

— Ça va faire deux semaines, Lior. Est-ce que tu peux passer à autre chose ?

Lili se lève de sa chaise pour reposer son verre de lait dans l'évier.

— Tu l'as revu ? continué-je.

— Non.

— Tu ne le reverras jamais ?

— Occupe-toi de tes affaires.

Mes affaires ? J'hallucine. On m'a bousillé le bras à cause de ses foutues affaires et elle ose me parler comme ça. J'en ai marre. Tout me gonfle dans cette famille et je me lève brusquement. Lili se crispe au son strident de la chaise sur le carrelage, puis se retourne vers moi pour me faire face.

— Tu devrais plutôt t'estimer heureuse que je n'aie rien dit aux parents de tes sales fréquentations.

— Mes sales fréquentations ? répète-t-elle. Excuse-moi, mais ce n'est pas moi qui ai un copain qui me regarde me mutiler en soirée sans rien dire.

Vraiment ? Ils ont tous gobé mon mensonge ?

D'ailleurs, je suis en train de me dire qu'il va peut-être falloir que j'informe Neil de l'histoire… Lui non plus ne va pas beaucoup apprécier le rôle que je lui ai donné.

— Neil n'était pas avec moi à ce moment-là, dis-je dans un soupir. Surtout, ce n'est pas le sujet ! Un Hamilton ! Est-ce que tu es lucide ?

— Je ne savais pas que c'était un Hamilton.

— Pas à moi.

Lili se tait, n'essayant même pas de paraître plus convaincante. Je pousse un long soupir. J'en ai marre de toutes ces histoires. Pourquoi personne ne reste à sa place, après tout ?

— Je ne le reverrai plus, de toute façon, rétorque-t-elle. L'histoire est close.

— Bien.

Je ne crois pas spécialement qu'elle me dise la vérité.

— Et Pâris ? enchaîné-je.

— Quoi, Pâris ?

— Tu as pu le rencontrer à ton anniversaire. Il est sympa, non ?

— Très sympa, répond-elle, si distraitement que je me demande si elle a vraiment vu de qui il s'agit, puisqu'elle était obnubilée par l'autre connard.

— Tu vas le revoir, lui ?

— Je ne cautionne pas les mariages arrangés.

— Moi, ce sont les amants maudits que je ne cautionne pas, donc j'espère que tu ne feras pas de connerie.

Je vois que Lili s'apprête à me répondre, mais elle se tait soudainement. Je me retourne vers ce qu'elle regarde avec cet air soucieux. Grace se tient à l'entrée de la cuisine, plantée dans l'entrebâillement. Nos regards se croisent brièvement, mais très vite ses yeux se posent sur l'épais bandage qui recouvre mon bras. Elle serre la mâchoire si fort que l'on pourrait entendre ses dents s'entrechoquer.

— Tu es déjà rentrée ? fait Lili, surprise.

— Je dois parler à mon frère.

Son ton est si froid que je frissonne instantanément. Bordel, je suis sûr que c'est ma mère qui l'a prévenue. Forcément, Grace est rentrée sur-le-champ à la maison pour reprendre le contrôle de la situation. C'est devenu comme ça, chez nous. En bonne grande sœur protectrice, Grace a endossé le rôle de la cheffe, que ce soit dans l'entreprise ou dans la famille. Je serais à peine étonné qu'elle pense que les deux se dirigent de la même façon. Du management familial, c'est ce qu'elle fait. Elle tient ses employés d'une main ferme, tout ça pour rendre à la célèbre famille Rosenbach le prestige qu'elle a perdu il y a bien longtemps.

J'avance vers elle, d'un pas lent. Mes parents ne savent pas pour la coke. Elle, si. Enfin, je ne lui ai jamais dit, mais elle est loin d'être naïve, alors elle s'en doute. Elle ne me dit rien tant que ça reste en soirée et que ça ne me détruit pas. Connerie mise à part.

— Dans ma chambre, murmure-t-elle, les lèvres pincées.

Elle aurait pu dire « mon ancienne chambre », mais ça aurait sonné faux. Bien qu'elle ait pris un appartement dans un quartier voisin de Mayfair, plus proche de notre banque, Grace passe presque toutes ses nuits dans la demeure familiale. Au fond, c'est bien ce qu'une cheffe ne peut pas lâcher : son entreprise.

Je la suis, en silence. On monte l'escalier, puis on s'engouffre dans la pièce. Une chambre sobre, aux tons gris avec quelques touches d'orange. Tout y est rangé, soigneusement décoré. Les meubles lisses, le lit fait, la penderie accueillant toutes ses fringues de haute couture. On est ici comme dans un magasin d'ameublement, tout y est faux, mais on s'y sent bien.

Grace s'avance vers le fond de la chambre, passe ses mains dans sa longue chevelure blonde et je l'entends soupirer à de multiples reprises. Je ne sais plus où me mettre et referme la porte derrière moi.

Je déteste devoir mentir à ma sœur.

— Ce sont les Hamilton qui t'ont fait ça.

Je m'arrête, le souffle coupé. Le pire, c'est que ce n'est même pas une question. Elle s'est retournée vers moi et, désormais, ce n'est plus de la colère dans ses yeux, mais une profonde inquiétude qui me retourne le cœur.

— Non.

C'était un murmure si faible que je ne suis même pas sûr qu'elle l'ait entendu.

— Qui t'a fait ça ? Aiden ? Stan ? Fallone ?

Je reprends une grande inspiration et essaie de me calmer. Je ne dois pas repenser à ce qu'il s'est passé hier soir, sinon je risque de défaillir et je serais incapable de mentir plus longtemps.

Alors, je me concentre sur ma haine et ma rancœur et je mets la peur de côté pour répondre :

— C'est moi qui me suis fait ça, Grace. C'était un pari.

— N'essaie même pas de me faire croire ce mensonge. Qui t'a fait ça ?

— Moi.

— Lior !

— Moi.

— Putain, mais qui est-ce que tu protèges ?

Elle est en train d'exploser. Je le sais, parce que ses joues rougissent et que ses mains tremblent contre ses cuisses qu'elle masse d'une manière exagérée.

Grace répète, sèchement :

— Qui tu protèges, Lior ?

« Toi ! » ai-je envie de lui hurler. Toi, putain, et Ethan, Lili, Edward, Ian et toute ma famille. Ce sont eux que je protège et personne ne le comprend. Je sais que si je leur dis ce que les Hamilton m'ont fait, ça va repartir en Troisième Guerre mondiale, et je ne le veux pas. Je veux juste qu'on les ignore, qu'on ne les voie plus jamais, qu'on n'entende plus parler d'eux. J'en ai marre de subir les dommages collatéraux de ce conflit. On a cassé le bras de Noah, ils ont brûlé le mien. On est à égalité, sauf que Grace ne comprendrait jamais.

Je ne peux pas lui dire ce qu'il s'est passé.

— C'était un pari.

— Neil ne t'aurait jamais laissé te faire subir ça.

— Il n'était pas là.

— Il ne te lâche pas des yeux lorsque tu es drogué ! s'exclame-t-elle, furieuse, en empoignant mes épaules pour m'obliger à la regarder dans les yeux. Ton histoire n'a aucun sens ! Arrête de me prendre pour une conne. Tu me mens et ça me tue. Dis-moi ce qu'il s'est passé.

Sa voix tremble et je sais qu'elle est inquiète pour moi. Les larmes perlent dans ses yeux et ce n'est pas normal. Ce n'est pas normal, car Grace ne se laisse jamais aller. Elle porte un masque en permanence. Un masque de fierté qui est en train de se fissurer devant moi. Ça m'emporte soudainement. Sa détresse me fait palpiter le cœur et je plonge dans ses bras. On se serre l'un contre l'autre, ça me fait bizarre. On s'entend bien avec Grace, mais on n'est pas particulièrement tactiles. Pourtant, c'est tellement agréable. De sentir ses bras m'encercler et son souffle contre mon cou. Elle est morte de peur. Elle sait que quelque chose ne va pas et elle est la seule à l'avoir vu.

— Ils t'ont menacé, c'est ça ? me murmure-t-elle dans l'oreille. Ils t'ont dit que tu n'avais pas le droit de m'en parler ? Tu ne dois pas les croire. Moi, je suis là. Je vais te protéger. Ils ne feront rien contre toi. Je te le promets.

— Ce n'est pas ça.

— Arrête.

— Je ne veux pas que vous vous vengiez.

Je la sens se crisper contre moi. Mon aveu implicite vient d'effacer les doutes qu'elle avait encore.

— Qui t'a fait ça ?

— Ça n'a pas d'importance. Ne vous vengez pas.

— On doit répondre.

— S'il te plaît.

Ma voix s'étrangle. Je ne veux pas qu'elle se venge. Pas pour eux, bien sûr. Je me fiche de ce qu'il pourrait leur arriver et je pense même qu'ils mériteraient de souffrir. Ce que je ne veux pas, c'est qu'on leur offre une autre possibilité de se venger. Depuis hier soir, je sais de quoi ils sont capables.

— On a cassé le bras de Noah, rétorqué-je. On a reçu ça en retour. C'est tout.

— C'est tout ? s'étrangle-t-elle. Ils n'ont pas le droit de te toucher. Pas toi. Pas après ce qu'ils ont fait à Ian.

— Alors, ignore-les. Arrête cette guerre une bonne fois pour toutes.

— C'est trop tard.

Peu à peu, je la sens se retirer de moi et j'ai envie de pleurer. Je sais qu'elle est en train de reprendre son masque et que, bientôt, ses yeux doux et protecteurs ne crieront que vengeance et destruction. Je déteste voir ce visage sur ma sœur. Je déteste voir cette haine, je la ressens jusque dans mes os.

Grace détourne son visage et s'éloigne plus loin dans sa chambre en murmurant :

— Je te promets qu'ils ne te toucheront plus jamais.

— Fais attention à toi.

Elle acquiesce, mais je sais qu'elle n'a pas écouté. Elle ne m'écoutera plus tant que son plan de vengeance n'aura pas détruit les Hamilton. Ça m'insupporte quand sa vie ne tourne plus qu'autour de ça. Sans rien ajouter, je quitte sa chambre et rejoins la mienne. Celle qui est juste à côté, bien évidemment.

Je m'arrête devant la porte. Ethan est affalé sur mon lit.

— Qu'est-ce que tu fous là ?

— Je viens juste de rentrer du lycée. Lili m'a dit ce qu'il s'était passé avec Neil, à la soirée.

— Foutez-lui la paix, à Neil !

Mon cousin me regarde avec des yeux ronds, ne comprenant pas ma réaction. Je traverse la pièce pour me jeter sur mon lit, juste à côté de lui, et énonce pour la énième fois :

— Je me suis brûlé le bras tout seul pour gagner un pari et Neil m'a soigné.

— Si tu veux.

— C'était bien, le lycée ?

— Tu me poses vraiment la question ?

Je me tais. En effet, je ne sais même pas pourquoi ces mots sont sortis de ma bouche, comme si j'en avais quelque chose à faire.

Ethan se retourne vers moi pour m'interroger :

— Je peux prendre ton portable pour appeler mon père ? Je n'ai plus de batterie sur le mien et il voulait que je l'appelle à 17 heures.

— Vas-y.

Je plonge ma main dans la poche de mon slim et lui tends l'objet. Je cale un oreiller sous ma nuque, fermant les yeux pour me reposer, tandis qu'Ethan parcourt le répertoire.

— C'est qui, ça ? demande-t-il.

— Qui quoi ?

— « Grand méchant loup » ?

Mes paupières se rouvrent aussi vite que la pulsation du sang dans mes veines. Je me relève brusquement, lui reprends le portable des mains et regarde le contact affiché sous mes yeux.

Putain, le con.

— C'est qui ? m'interroge Ethan, de plus en plus curieux.

— Juste quelqu'un que j'ai rencontré à la soirée d'hier.

— Celui qui t'a cramé le bras ? fait mon cousin, amusé.

Je le regarde, un air absent sur le visage. L'ironie de la situation est à son apogée, je crois.

— N'importe quoi, c'est moi, je t'ai dit.

— Je sais, tu es vraiment con.

Ethan me reprend mon portable, puis sélectionne finalement le numéro de son père avant de sortir de ma chambre pour l'appeler.

Je me rallonge sur mon lit, fixant mon plafond. Un soupir s'échappe de mes lèvres, je suis encore abasourdi par la provocation de l'héritier. Peu importe. J'inspire calmement pour me détendre, profitant du fait que je suis enfin seul. Je ne l'avais pas été depuis ce matin. Au moment où j'ai franchi la porte de chez moi, ma mère m'a sauté dessus et a fait une crise parce que j'avais découché un dimanche soir. Puis elle a découvert l'état de mon bras… Il s'est ensuivi une crise de larmes et une claque majestueuse qui a longtemps laissé sa marque sur ma joue. C'était la première fois qu'elle me giflait.

Je passe les mains dans mes cheveux bouclés tout en repensant à ma conversation avec ma sœur. Grace va se venger. Enfin, nous sommes tranquilles pendant un petit bout de temps, elle n'agit jamais sous le coup de la colère. Greg l'a fait et il en a payé les frais. Ma sœur est plus intelligente et manipulatrice. Je sais qu'elle va préparer son coup en douce, elle va travailler chaque détail pour faire mal là où il faut, elle va attaquer le point sensible, puis elle va attendre le moment où ils n'y penseront même plus, où ils auront baissé leur garde et elle va frapper. Fort.

Je laisse mon bras blessé retomber contre le matelas.

Je connais la suite de l'histoire. Les Hamilton vont se venger. Mais pas sur elle, bien sûr. Ils veulent faire mal, et qu'est-ce qui fait plus mal que de s'en prendre à un innocent ? Comment mieux réveiller la douleur et la haine qu'en blessant une personne qui n'a rien à voir là-dedans ?

Je sais que c'est comme ça qu'ils pensent, parce que c'est comme ça que nous pensons. C'est comme ça que les Hamilton ont pensé quand ils ont poussé mon cousin sur cette route et lui ont fracassé la colonne vertébrale. C'est comme ça que Greg a pensé lorsqu'il a attaqué une gamine de quinze ans qui n'avait fait de mal à personne. C'est comme ça que tout le monde pense et c'est comme ça que *je* pense.

Pour la première fois de ma vie, je réalise que l'on pense de travers.

✉ **SMS de** Numéro inconnu **à** Grand méchant loup
22 h 58. Tu es sérieux ? Tu as enregistré ton numéro ?

✉ **SMS de** Grand méchant loup **à** Boucles d'or
23 h 10. « Sois proche de tes amis et encore plus proche de tes ennemis. »
23 h 15. Au passage, tu me dois 26 £.

✉ **SMS de** Boucles d'or **à** Grand méchant loup
23 h 16. ?

✉ **SMS de** Grand méchant loup **à** Boucles d'or
23 h 16. Pharmacie de nuit.

✉ **SMS de** Boucles d'or **à** Grand méchant loup
23 h 16. Toi, tu me dois un bras, connard.

Extra deux

Lili Rosenbach

J'entrouve la porte de ma chambre, je jette un coup d'œil au couloir vide. Il est minuit passé et je sais que mes cousins sont en train de regarder un film dans la chambre de Ian. Mes chaussures à talons dans les mains, je pose un pied sur le parquet grinçant, retenant ma respiration. Je peux le faire.

Je traverse le couloir tel un fantôme. Je fais si peu de bruit que, même en croisant quelqu'un, je ne suis pas certaine qu'il m'entende passer. J'arrive à l'escalier, mais je ne suis pas soulagée pour autant. Je sais que les marches vont couiner sous mon poids. Je me mords la lèvre inférieure, puis me décide à me lancer. De toute façon, je ne peux pas rebrousser chemin maintenant.

Je descends les marches une par une. Je suis presque en apnée lorsque j'arrive enfin dans le hall de notre maison. Parfait. Le plus dur est passé. J'expire et me dirige vers la porte d'entrée. Je m'observe une dernière fois dans le miroir. J'ai lâché mes cheveux blonds sur mes épaules. Jade, ma meilleure amie, m'a fait des boucles plus tôt dans la journée. Ma chevelure est plus épaisse ainsi, enveloppant mon visage fin. Je voulais avoir l'air plus âgé et je suis assez satisfaite du résultat. Je passe un doigt sous mon œil gauche et ôte une trace disgracieuse de mascara. Quelques paillettes dorées sont étalées sur mes paupières. Je glisse mes pieds dans mes escarpins et tire sur ma robe noire pour la faire redescendre sur mes cuisses. Je vérifie une dernière fois que tout est bien à sa place, enfile mon trench beige, valide mon apparence, puis enfonce mes clés dans la serrure. Toutes les chambres sont à l'étage, hormis celle de mes parents, mais mon père n'est jamais là et ma mère, Lauren, n'entend rien d'autre que le bruit de ses cachets. Celle de mon oncle et de ma tante est également au rez-de-chaussée, mais je les entends ronfler d'ici. Je sors et inspire l'air frais qui s'engouffre dans mes poumons.

Le goût de la liberté. J'ai envie de partir en courant et de sautiller partout dans la rue. J'ai envie de chanter à tue-tête, mais ça serait ridicule. Surtout, ça attirerait l'attention et je n'ai pas fait tout ça pour rien.

J'avance dans l'allée pour rejoindre le trottoir, les cheveux ébouriffés par le vent. Je sais que tout ça n'a pas de sens. J'ai seize ans, on est un samedi soir et je suis en train de faire le mur. En réalité, ma famille ne m'interdit pas de sortir. Seulement, j'ai pour obligation d'être accompagnée d'un de mes cousins. C'est comme ça depuis l'histoire avec Ellen. Mes parents ont peur que les Hamilton se vengent, puisque je suis la seule fille de la famille Rosenbach… Enfin, hormis Grace, mais personne ne serait assez stupide pour s'en prendre à elle. Cette fille fait des arts martiaux depuis qu'elle a six ans. Ce qui est drôle, c'est qu'elle n'a jamais eu besoin de s'en servir. Rien que son regard dissuade les gens de l'approcher.

D'habitude, ça ne me dérange pas que mes cousins m'accompagnent en soirée. J'aime bien même, mes amies me les jalousent. D'ailleurs, c'est souvent Ethan qui se dévoue. Je crois qu'il apprécie d'être le *sex symbol* de ma bande de copines.

Ce soir, je ne pouvais pas me permettre qu'il vienne avec moi. C'était inimaginable. Pas alors que j'allais le voir, lui, lui et rien que *lui*. Je suis tellement impatiente de revoir son visage, de plonger mes yeux dans les siens et de… l'embrasser. Encore et encore. Je frissonne à cette simple pensée, comme la jeune fille en fleur que je suis, et passe enfin notre portail.

Je m'arrête sur le trottoir, figée. Des yeux verts plantés dans les miens et mon espoir qui se brise à l'instant.

— Qu'est-ce que… tu fais là ? bégaie mon cousin.

Lior. J'étais persuadée qu'il regardait le film avec Ethan et Ian. N'importe quoi. Comme si mon cousin allait vraiment passer sa soirée avec mon frère. Je suis foutue, surtout qu'il est bien le seul à avoir compris ce qu'il se passait avec Noah Hamilton.

— Lili, déclare-t-il en ôtant les écouteurs de ses oreilles. Dis-moi que tu sors les poubelles.

— Tout à fait.

— Dans cette tenue ?

Je préfère ne pas répondre à sa question. D'ailleurs, je n'aime pas trop la façon dont il vient de me reluquer, comme si je n'avais pas le droit de porter une robe aussi courte. C'est ridicule. Si les Rosenbach ont un trait commun avec les Hamilton, c'est bien celui-là. Ils sont tous devenus plus machistes les uns que les autres. Ils me voient juste comme une petite fille fragile qu'il faut protéger des hommes. Ils me l'ont fait croire à moi aussi, cela dit. C'est la raison pour laquelle j'ai accepté ces conneries de chaperons pendant toutes ces années. Je le paie aujourd'hui.

— Lili, réponds à ma question.

— Je vais en soirée, rétorqué-je. Ethan me rejoindra plus tard.

— Donc tu ne vois pas d'inconvénient à ce que je l'appelle maintenant pour qu'il me le confirme ?

Je le déteste. Il ne pouvait pas rester plus longtemps chez Neil ? Pour une fois qu'il rentre à minuit, un samedi, il fallait que ça tombe sur le soir où je fais le mur. Le premier soir où je fais le mur. Je ne suis pas du genre adolescente rebelle, en réalité.

Je l'entends pousser un long soupir de fatigue. Je me prépare à l'interrogatoire. Je sais que mon cousin est doué pour ça et je ne dois pas me louper.

— Bien, reprend Lior en passant une main dans sa chevelure bouclée que je rêve de massacrer à cet instant. Où est-ce que tu vas ?

— À la Fabric.

— Toute seule ?

— Avec Jade.

— Pourquoi n'est-elle pas avec toi ?

— On se retrouve là-bas. Elle y va avec son mec.

— Faux. Elle n'en a pas.

Putain, mais comment le sait-il ?

— Qui d'autre vous accompagne ? enchaîne-t-il, imperturbable.

— Jess et Anna.

— Juste les filles ?

— Et leurs copains.

— Pourquoi Ethan ne vient-il pas avec vous ?

— J'ai envie de m'amuser sans mes cousins sur le dos.

— Comment comptes-tu rentrer ?

— Le copain d'Anna me ramènera. Il a une voiture.

— Tu n'as pas le droit de boire de l'alcool.

— Je sais.

— Tu veux vraiment te rendre au club à pied ?

— Non, j'allais prendre un taxi.

— Il ne peut pas venir te chercher ?

Le piège. Le voilà. Je commence à le connaître et je ne me fais plus avoir comme avant.

— Je ne vais pas voir un garçon, rétorqué-je.

— Pourquoi mens-tu ?

— Je ne mens pas.

Son regard est noir, presque foudroyant, et ça me fait bizarre de le voir comme ça. Je sais que Lior déteste les Hamilton, comme tout le monde, mais ce n'est pas dans son regard à lui qu'on y lit le plus de haine. Généralement, ce sont les yeux d'Edward ou de Grace, les plus effrayants. Cette nuit, Lior est en train de tous les battre. Qu'est-ce qu'il lui arrive ?

Lui, il est plus du genre à se foutre de tout ce qu'il se passe au sein de cette guerre de gangs.

— Comment as-tu fait pour être en contact avec lui ?

J'ai envie de rire. Ils ont pensé à tout pour ne plus jamais que je le revois, sauf au truc le plus simple du monde : les réseaux sociaux. C'est bien la preuve que ce conflit est aussi vieux que leur façon de réfléchir.

— Tu l'as déjà revu ? s'enquiert-il, inquiet.

— Non.

Lior sait que je dis la vérité. Il se calme légèrement, puis se masse les tempes comme le fait sa grande sœur lorsqu'elle est face à une situation critique.

— Je peux garder tout ça pour moi si tu rentres à la maison tout de suite, reprend-il en levant les yeux dans ma direction.

— Non.

Je m'étonne moi-même de ma réponse, ce courage ne me ressemble pas. Je vois ses yeux se plisser de colère.

— Pardon ?

— Non, répété-je. Je ne rentre pas maintenant.

— Tu ne vas pas sérieusement y aller ?

— Si je le fais, tu feras quoi ? Tu vas appeler Grace ou Edward pour t'aider, parce que tu n'es pas foutu de prendre une décision par toi-même ?

Mon cousin reste la bouche ouverte de stupéfaction et je souris, fière de moi. Ça fait du bien de le remettre à sa place, celui-là.

— Tu vas trop loin, Lili. Il est hors de question que je te laisse rejoindre un Hamilton.

Ce n'est pas parce qu'il a peur d'eux que je dois être comme lui. Ou comme eux tous, d'ailleurs. Je ne veux pas finir aussi seule que mes cousins.

Je réponds sèchement :

— Si tu m'interdis de partir ou que tu préviens qui que ce soit, je dis à tes parents que tu es drogué. Tu sais qu'ils me croiront, car ta mère a déjà de sérieux doutes à ce sujet.

Je vois toutes les émotions passer sur son visage. D'abord la colère, la honte, puis l'angoisse. Il me fixe de ses prunelles brûlantes et je vois bien qu'il m'interroge du regard. Il me demande si j'en serais véritablement capable. Je crois que la façon dont je le fixe à mon tour ne lui laisse pas de doute sur la question.

Je m'en veux un peu de lui faire ce chantage. Je sais que, comme tout drogué, il est accro et qu'il n'y peut rien. Pourtant, Lior sait qu'Ethan, Grace, Edward, Ian et moi, on le soutiendrait. Il pourrait arrêter. Il sait qu'il le pourrait, mais il ne le veut pas. Il n'a jamais essayé, en tout cas. Maintenant, il assume les conséquences.

— S'il t'arrive quelque chose, reprend-il. Ce sera ma faute.

— Il ne va rien m'arriver.

— Tu ne les connais pas.

— Je sais que je peux lui faire confiance.

— On ne peut pas faire confiance à un Hamilton.

Lior a bien détaché chaque syllabe pour me faire comprendre le sens de sa phrase, mais je m'en fiche. J'ai confiance en Noah, et ce n'est pas mon paranoïaque de cousin qui me fera changer d'avis.

— Bien, fait-il en soupirant lorsqu'il comprend enfin que je ne reviendrai pas sur ma décision. On fait un compromis.

— Quel compromis ?

— Tu me laisses vous accompagner.

— Quoi ?

— Tu as peut-être confiance en lui, mais pas moi. Je vais m'angoisser toute la soirée si tu pars. Tu ne peux pas me faire ça. Je vous surveillerai, je resterai à une distance raisonnable, mais vous ne quitterez pas mon champ de vision.

J'avais imaginé une autre soirée que celle-ci, mais je n'ai pas l'impression que j'aurai le droit à mieux. Dans le fond, j'ai quand même de la chance d'être tombée sur Lior. Si ça avait été Ethan, Edward ou Grace, je suis certaine que je serais déjà attachée aux barreaux de mon lit à l'heure qu'il est. Finalement, je me dis que Lior n'est pas si différent de ce à quoi il m'a habituée. Ce qu'il protège avant tout, c'est son cul et rien d'autre.

— Tu promets que tu n'interviendras pas ? Tu resteras plus loin ?

— Sauf s'il t'approche de trop près.

Je l'observe d'un regard en coin avant que mes lèvres ne se retroussent vers le haut. Je connais Lior, mais surtout son penchant pour la drogue. Je sais qu'il ne résistera pas à l'envie de sniffer quelques grammes, une fois qu'il sera dans l'ambiance du club. Il est incapable de se contrôler et son addiction passera avant l'intérêt de sa famille. Je pourrais m'échapper sans même qu'il s'en rende compte. En plus, il ne pourra rien me reprocher, il n'osera jamais dire à sa sœur qu'il m'a perdue de vue parce qu'il était trop défoncé.

C'est un plan parfait.

— Marché conclu, dis-je en lui tendant ma main.

Chapitre 7

Lior Rosenbach

Quelle merde. Je suis défoncé. Complètement défoncé. Je renifle. Ça pique, mais je suis si loin de mon corps que je ne pense pas à me gratter. Mes yeux restent fixés sur Lili, assise à quelques tables devant moi. Elle parle avec *lui*. Avec ce Hamilton au bras plâtré et à la gueule d'ange. Ça me dégoûte.

Je renifle encore. Je ne peux rien dire, Noah ne fait pas un seul faux pas. Il ne la touche pas. Il sait que je le surveille et il veut me prouver que je suis venu là pour rien. Connerie. Je suis sûr qu'il va craquer. Il va l'embrasser à nouveau. Là, je pourrais enfin agir. Je défoulerai toute l'énergie et la colère que je ressens depuis le début de cette soirée improvisée.

Excepté que ça fait déjà une heure et ce con n'est toujours pas passé à l'attaque. Je commence sérieusement à m'ennuyer. C'est pour ça que j'ai sniffé un rail, tout à l'heure. J'avais un peu de réserve du week-end dernier. Je sais que ce n'est pas raisonnable, mais je n'ai presque rien pris par rapport à d'habitude. Pour pouvoir garder un œil sur eux.

Je reporte rapidement mon attention sur le reste de la boîte, reniflant machinalement. La Fabric est un des clubs les plus populaires de Londres, et surtout l'un des moins regardant sur l'âge des fêtards. J'aime bien cet endroit, j'aime bien l'ambiance et la musique, mais ça me fait bizarre d'être là sans Neil. Ça fait une semaine que je ne l'ai pas vu. Je crois que c'est le plus longtemps que l'on ait tenu.

Je lui ai expliqué toute l'histoire avec les Hamilton. Il s'est énervé, genre vraiment énervé. Pas parce que j'ai raconté à mes parents que je m'étais brûlé le bras chez lui, mais parce que je ne l'ai pas appelé cette nuit-là. Surtout parce que j'ai suivi cette saleté d'héritier jusqu'à son appartement et, selon ses propres mots, je suis « qu'un putain d'inconscient ».

Je renifle en me frottant le nez. Après ça, il est parti, furieux, et il m'a laissé tout seul chez lui. J'ai senti qu'il allait faire une connerie alors j'ai appelé Grace. On a eu chaud. Elle l'a récupéré juste à temps à Knightsbridge, en plein quartier Hamilton. Il voulait leur casser la gueule, ce taré. Il aurait juste envenimé la situation. Je ne lui parle plus depuis cet incident. Ce n'est pas que je sois en colère qu'il ait voulu me défendre – en réalité, ça m'a touché – mais je suis énervé qu'il soit entré dans ce conflit. Neil avait toujours été en dehors de toutes ces disputes familiales. En faisant ça la semaine dernière, il a pris parti pour la première fois pour un clan. D'accord, ça semblait logique qu'il soit déjà dans le mien… C'est juste qu'à la base il se fichait de tout ça, lui. Il était mon monde extérieur. En plus, ça a mis ma sœur en danger. Heureusement qu'aucun Hamilton ne les a vus dans le quartier, cela revient à enfreindre une de nos règles les plus importantes.

Je renifle une nouvelle fois. Mes jambes tressautent nerveusement. Je suis une boule d'énergie et je ne peux rien exprimer, je suis là à les regarder alors que j'ai envie de tout péter autour de moi. Ça me démange. Je crois que j'ai besoin de plus. Noah et Lili discutent toujours. Ils se bouffent du regard et je vois bien que leurs corps se retiennent de se sauter dessus. Je ne sais même pas si je réalise ce que j'ai sous les yeux. Je ne sais pas si je me rends bien compte qu'une Rosenbach et un Hamilton sont en train de se retenir de baiser en plein milieu d'un club et que je suis en train d'accepter ça.

Enfin, « accepter », je suis tellement en train de planer que je ne suis pas sûr de pouvoir m'étonner d'un gorille en train de baiser une gazelle. Je fixe les deux adolescents en rut en face de moi et éclate de rire. Je les vois déjà, en fait. Le gorille et la gazelle. Ce n'est même pas drôle, mais je suis mort de rire. Je passe une main sous mon nez et me lève de mon fauteuil. Il me faut plus de coke. Je m'ennuie trop. J'en ai besoin.

Je me dirige vers les toilettes en titubant. Ça me fait bizarre de chercher un dealer des yeux. D'habitude, je l'ai sous la main. Je repère un mec un peu louche qui se tient dans le couloir des chiottes, alors je vais l'aborder. Je sors un billet de ma poche et le lui montre discrètement. Il hoche la tête et me suit à l'intérieur des toilettes.

— Je n'ai presque plus rien.

— Donne-moi ce qu'il te reste.

Je lui tends mon billet. Je pense lui avoir donné beaucoup plus que ce que ça vaut, mais il ne le précise pas. Je m'en fiche, en réalité. J'ai le sachet de poudre blanche et il sort de la pièce. Moi, je rentre dans une cabine libre et referme la porte derrière moi. J'ai les mains qui tremblent d'excitation, ça veut dire que je suis encore sous l'effet de mon dernier rail, mais je n'arrive pas à me contrôler. J'en veux plus. J'ai envie de rester dans cet état de béatitude. Si je n'en reprends pas maintenant, je sais que je vais chuter. Je déteste ça. Les tremblements, les nausées, la peur qui me tiraille le ventre, l'irritabilité.

Je desserre mes doigts pour ouvrir le sachet de poudre floconneuse.

Et merde… Un spasme au bras me fait renverser mon paquet par terre. Je le récupère et me ressaisis. Je respire un grand coup. Je me concentre et pose une fine ligne de poudre sur l'abattant des WC. Ouais, je sais, c'est dégueulasse. Je ne suis pas en état de réfléchir non plus.

Je sors ma carte bancaire de ma poche pour reformer la ligne. Je snife. Tout d'un coup. Ça me fait vibrer jusqu'aux orteils. Je me frotte le nez pour faire tomber la poudre restante et me relève. Je tangue violemment sur mes jambes et me vautre contre la porte des toilettes. Un gémissement s'échappe de mes lèvres lorsque la poignée s'enfonce dans ma hanche et je frotte la zone endolorie en me remettant debout.

Je sors de la cabine. Je commence à avoir mal au crâne et l'impression que l'on me hurle dans les oreilles. J'ai la gorge si sèche que je pourrais avaler une fontaine. Je me dirige vers le lavabo. Les gens me regardent en riant, l'air de comprendre ce que je viens de faire. Je les pousse pour avoir de la place et regarde dans le miroir des toilettes. J'observe mon reflet comme si je croisais un inconnu. Je ne reconnais ni mes yeux exploses, ni mon teint blafard. J'actionne le robinet, fuyant la vision. Je plonge mes mains dans le filet d'eau froide et m'asperge le visage.

« Visage. » Blague à part. J'éclabousse à cinq mètres autour de moi. J'ai les cheveux trempés et mon T-shirt en coton s'imbibe d'eau. Toute la flotte que je me prends me réveille soudainement.

Putain ! Le gorille et la gazelle. J'ai failli les oublier avec ces conneries de cocaïne. Je sors des toilettes rapidement. Enfin, j'essaie. En réalité, je suis en train de me prendre tous les murs que je croise sur ma route. Après un temps interminable, je retrouve finalement leur table.

Ils n'y sont plus.

Normal.

Je me retourne d'un air paniqué vers le reste de la boîte et manque de m'emmêler les pieds. Je trébuche et me tape contre quelqu'un qui me repousse brutalement. J'arrive à me stabiliser et continue d'avancer dans le club. Je passe entre les danseurs, j'ai envie de leur vomir dessus. Ils sont tous sales et en sueur. Ils m'énervent à hurler les paroles des chansons. Ils ne peuvent pas se la fermer ? Il faut que je me concentre, là.

Je déambule pendant un bon quart d'heure dans la Fabric, avant de me rendre à l'évidence : ce bâtard s'est barré avec ma cousine pendant que j'avais le dos tourné. C'était probablement leur plan depuis le départ. Je suis un abruti. C'est pour ça qu'ils ne se sont pas sautés dessus pendant que je les regardais. Ils se sont dit qu'ils allaient m'amadouer et que j'allais baisser ma garde. Eh bien, ça n'a pas loupé. Si j'étais sûr que je n'allais pas me vautrer, je me foutrais une baffe.

Je sors de la boîte sans même passer par les vestiaires. Tant pis, je leur laisse mon manteau. Je sors du bâtiment, et le froid de la nuit me pétrifie.

Bordel. J'ai l'impression que je prends des décisions toutes plus stupides les unes que les autres. Je vais tomber en hypothermie et les videurs ne me laisseront jamais entrer de nouveau dans la boîte pour récupérer mes affaires. Vu mon état, je ne vais pas le leur reprocher.

Je m'assois par terre, m'adossant au mur du club derrière moi. Je relâche mes jambes, les allongeant sur le goudron froid. Mon corps est engourdi et lourd. Ça ne m'avait encore jamais fait autant d'effet. Saleté de dealer. Je n'ai aucune idée de ce qu'il m'a vendu, mais je suppose que sa drogue a été coupée avec d'autres substances de merde, genre laxatif ou benzocaïne. Ça ferait chier. J'ai toujours été habitué à la coke de qualité donc j'ai de mauvaises réactions quand je touche aux merdes premier prix. Je suis con. Je n'ai pas fait gaffe au mec à qui j'achetais. Avec Neil, au moins, je n'ai jamais de mauvaises surprises.

Je renifle d'un coup sec, puis sors mon portable de ma poche. Je n'en reviens pas que je m'abaisse à faire un truc pareil, mais je n'ai pas d'autre choix. Je ne peux pas prévenir ma famille, ils ne me le pardonneraient jamais. Alors que lui…

Je sélectionne son numéro et attends que l'héritier daigne décrocher. Je ne sais même pas quelle heure il est.

— Allô ? me répond une voix endormie.

Donc tard, probablement.

— C'est moi. Rosenbach.

— Boucles d'or ? lance-t-il, moqueur.

Même en planant à trente mille mètres au-dessus de la terre, j'arrive à le trouver encore plus insupportable que moi.

— Pourquoi est-ce que tu m'appelles ? reprend-il, plus sèchement.

Probablement qu'il réalise enfin l'absurdité de mon appel.

— On a un problème.

— On ? fait-il.

Je lui accorde. Ça fait bizarre ce « on » qui nous enveloppe tous les deux, comme si on partageait autre chose que notre haine.

— Ton cousin et ma cousine sont ensemble, annoncé-je platement.

— Qui ça ?

— Noah et Lili.

Quelques secondes de silence s'écoulent, jusqu'à ce que sa voix gronde à mon oreille :

— Où ?

— Je ne sais pas où. Ils sont partis. C'est tout.

— Ils sont partis d'où ? Comment est-ce que tu le sais ?

— J'étais avec eux.

— Quoi ? s'étrangle-t-il.

Il vient de hurler dans le téléphone et je sens ma main trembler. J'ai l'impression que je vais bientôt lâcher mon portable, alors j'abrège la conversation :

— Je t'explique plus tard, viens me chercher sur le parking de la Fabric.

— Va te faire foutre, je ne vais pas me faire avoir par un piège aussi con.

— Putain, il n'y a que moi.

— C'est ça, Rosenbach.

Une crampe me serre le ventre et je me tords de douleur. Merde, j'ai mal partout. Au ventre, au nez, à la tête. Qu'il est con, ce type. Il ne comprend jamais rien.

— Rosenbach ?

— Viens, c'est tout.

Il ne répond pas et je cale l'arrière de ma tête contre le mur, profitant du bref soulagement que me procure ce geste.

Je ferme les yeux, essayant de ralentir les battements de mon cœur qui pulsent violemment dans ma cage thoracique. Je ne peux pas me laisser aller. Je ne peux pas craquer maintenant. Il faut que je retrouve Lili. Elle est peut-être en danger avec le gorille, même si j'en doute. Je me souviens de leurs regards quand ils ont dansé à son anniversaire… Quoique, on ne sait jamais, ça peut être un bon comédien. Et puis, coup de foudre ou non, ça reste un Hamilton. On ne croit pas un Hamilton. Règle de base. Règle de vie.

Un coup de vent me fait frissonner et je repense à Neil. J'aurais dû l'appeler. J'aurais dû m'excuser pour avoir évité ses appels. J'aurais dû lui demander de venir avec moi, ce soir. Il sait toujours me gérer, moi et mes crises de panique, moi et mes peurs irrationnelles, et moi qui ne sais pas me droguer correctement.

— Rosenbach ?

Merde, je l'avais presque oublié celui-là.

— Hum.

— J'arrive dans dix minutes. Ne bouge pas.

— Je ne risque pas.

Je l'entends simplement raccrocher et relâche mes doigts. Mon portable tombe par terre. Je referme les yeux et pense à Lili. Et si Noah lui faisait du mal ? Et si je l'avais vraiment mise en danger en proposant ce compromis débile ? Tout ça pour me protéger, moi.

Je ne pense jamais aux conséquences de mes actes. J'avais tellement peur qu'elle dise à mes parents que je me drogue que j'ai accepté qu'elle retrouve un Hamilton. Ça ne tourne plus rond dans ma tête. En fait, je crois que ça tourne à l'envers et toujours autour du même point : moi. Moi. MOI.

Je n'ai même pas essayé de l'appeler. Je doute qu'elle me réponde, mais je sélectionne le numéro de Lili. Les sonneries retentissent dans le vide et je finis par tomber sur son répondeur. J'entends sa voix joyeuse et ma gorge se resserre.

J'éclate en sanglots, trop défoncé pour me retenir. Les videurs de la Fabric me regardent, consternés. Il n'y en a pas un qui a l'idée de bouger son cul pour m'aider.

Je crois que la misère est plus intéressante à regarder qu'à toucher, et moi, je suis *vraiment* misérable.

Daël Hamilton

Je coupe la radio qui résonne à fond dans ma caisse. Je n'en reviens toujours pas. Comment Noah a-t-il pu rejoindre Lili alors que ses cousins lui ont cassé le bras ? Et puis, le fils Rosenbach qui ose m'appeler en plein milieu de la nuit ! Ça m'a fait un choc, quand j'ai entendu sa voix alors que je dormais encore à moitié.

J'accélère un peu plus, même si je suis déjà au-dessus de la vitesse autorisée. J'essaie de me souvenir de la route pour rejoindre la Fabric. Ça fait longtemps que je n'ai pas été dans ce club, j'y allais pendant mes années lycée avec Fallone, Aiden et Stan… À des années-lumière de ma nouvelle vie.

Je conduis n'importe comment. En fait, je suis tellement énervé contre tout que je ne fais pas attention au trajet et ne compte même plus tous les trottoirs que j'évite.

J'en ai marre. De cette route. De cette nuit. De ma vie. Demain, j'ai une réunion avec mon père et nos actionnaires pour discuter du futur de la banque. Ouais, un dimanche. Ça me fait chier. Je m'étais couché tôt pour être en forme et je me retrouve à 3 heures du matin en train de rouler dans Londres.

J'essaie de me rassurer. Je me dis que l'on va bientôt les retrouver. Peut-être qu'ils baiseront à l'arrière de la boîte et je mettrais des années à me remettre de cette image immonde, mais au moins on les aura retrouvés.

J'arrive devant le bâtiment et me gare un peu plus loin sur le trottoir. J'esquisse un bref sourire en repensant à mes années d'adolescence. La Fabric, le club électro de Farringdon, un quartier neutre. On n'a pas eu le choix, les deux clans voulaient cet endroit. Il faut dire que la notoriété du club attire pas mal de touristes et qu'aucune famille n'a lâché le morceau. Maintenant, j'ai passé l'époque de me taper ces arrogants de Français.

J'avance vers le bâtiment et repère rapidement le fils Rosenbach qui est assis à même le sol. En T-shirt et trempé. Ce mec cherche-t-il à se tuer chaque fois qu'il me voit ? Me déteste-t-il au point qu'il veuille que je sois accusé de sa mort ?

Je le rejoins et m'agenouille devant lui. Il a les lèvres bleuies par le froid, et pourtant il semble en sueur, son front couvert de petites gouttes brillantes.

— Rosenbach ?

Il me regarde brusquement, ce qui m'indique qu'il était tellement dans son monde qu'il ne m'avait même pas entendu arriver. Il plonge ses yeux dans les miens et je vois ses pupilles dilatées comme jamais. D'accord, je comprends mieux.

— Tu te fous de ma gueule ?

Il ne répond pas et j'enchaîne en me relevant :

— Je m'en fous, de tes overdoses, moi. Où sont-ils ?

— J'sais pas, murmure-t-il, tremblant et toujours assis comme une merde sur le trottoir.

— Pourquoi est-ce que tu étais avec eux ? Tu les suivais ? Tu savais qu'ils allaient se voir ? Ou tu es tombé sur eux par hasard ? Et après, ils t'ont vu alors ils se sont barrés en courant ? Et toi, t'es tellement drogué que tu n'as pas été foutu de les rattraper, c'est ça, hein ? Putain ! Réponds-moi !

— Arrête de crier, j'ai mal à la tête.

J'hallucine. Le mec me réveille en pleine nuit pour me demander de me la fermer. Il a un sérieux problème de cohérence. J'en ai marre, bon sang. Mon pied part voler dans une poubelle de la rue et je vois les videurs du club me lancer un regard noir. Je m'en fiche. Je me fiche de tout et j'ai envie de le hurler au monde entier.

— Putain !

Je tape une nouvelle fois contre la poubelle déjà tombée par terre et Rosenbach relève son regard vers moi. Il pleure. Encore. Il est le mec le plus paumé que j'aie jamais rencontré.

— Ils sont où, Rosenbach ? Ils sont partis où ?

— J'sais pas, je te dis !

— Réfléchis, tu les as vus partir par où ?

— Ils sont partis quand j'étais aux toilettes.

Il bafouille entre ses sanglots et tremble tellement que j'ai envie de le secouer pour qu'il arrête.

Je continue de m'époumoner :

— Pourquoi étais-tu avec eux à la base ? Pourquoi n'as-tu pas agi plus tôt ? Pourquoi est-ce que tu…

— Ils s'aiment.

Je reste la bouche ouverte de stupéfaction. Il délire, là. Ce sont des adolescents en mal de reconnaissance. Ils veulent baiser comme n'importe qui et traînent ensemble pour faire chier leurs familles. C'est tout, ça ne va pas plus loin. Ce type est tellement stupide.

— Non, ils ne s'aiment pas.

— Bien sûr que si, reprend Rosenbach, la gorge nouée. Je l'ai vu dans leurs yeux.

Que des conneries. Comme si je n'avais que ça à faire de perdre mon temps en plein milieu de la nuit pour ses délires de drogué. Lui, ce n'est qu'un gamin, il s'en fout de tout ça. Il pourra dormir toute la journée s'il le veut et recommencer toutes ses merdes le week-end prochain. Moi, je ne peux pas. Je ne peux plus. Ça me tue tellement que j'en veux à la terre entière. Et à lui, surtout à lui.

Je m'agenouille pour me mettre à sa hauteur et le prends par la nuque pour qu'il me regarde dans les yeux. Ce qu'il fait, après un temps exagéré à essayer d'éviter mon regard.

— Tu sais ce que, moi, je vois dans tes yeux, Rosenbach ? Tu sais ce que je vois dans tes pupilles dilatées et tes paupières gonflées ? Je vois toute la merde que tu avales. Je vois ce que tu t'infliges jour après jour, parce que tu ne supportes pas ta vie. Je vois de la haine, de la rancœur et de la peur. Alors, comment ces yeux-là, qui brillent de tout ce que le monde ne veut pas, pourraient voir de l'amour ?

Son corps est secoué de spasmes et les larmes perlent si fort dans ses yeux que ça donne encore plus de sens à tout ce que je viens de dire. Il me hait, mais il a peur. Il ne sait plus quel sentiment est plus fort que l'autre. Alors, il est paumé entre les deux.

— Noah et Lili ne s'aiment pas, continué-je, d'une voix dure. Mais tu es tellement aveuglé par ta propre destruction que tu ne sais pas voir celle que les autres s'infligent. Maintenant, tu vas arrêter de ne penser qu'à ta gueule, tu vas te décoller de ce putain de mur et tu vas m'aider à les chercher. Toi, tu mérites peut-être cette souffrance… mais je pense que tu es d'accord avec moi sur le fait que ta cousine mérite mieux que ça.

Le fils Rosenbach opine de la tête et les larmes ne coulent plus sur ses joues, même si elles restent cruellement incrustées dans ses yeux. Il se remet sur ses jambes, titubant. Je ne le porterai pas. J'ai assez donné. Cette fois, c'est lui qui s'est mis dans cet état, donc il ne peut s'en prendre qu'à lui-même.

— On prend ma voiture et on va rouler doucement dans Londres. Ils sont peut-être encore quelque part dans la rue. De toute façon, ils ne peuvent pas rentrer chez eux.

Rosenbach ne répond pas. Il se contente de me suivre et ça me va. Je rejoins ma voiture et il prend place du côté passager. Il tremble toujours et je me demande à cet instant pourquoi il est en T-shirt dehors en pleine nuit d'hiver. Bref, il est con, je crois que je vais arrêter de chercher plus loin.

Je démarre le moteur, puis tends mon bras vers la banquette arrière pour attraper une couverture qui repose sur les sièges. C'est Charlie qui me l'avait offerte pour Noël. Un plaid rouge, bien épais et tout doux. Je le lui balance et il me regarde d'un air interloqué.

— Couvre-toi.

Je fais vrombir le moteur et enfonce la pédale d'accélération pour reprendre la route. Je sens du mouvement à côté de moi et comprends que Rosenbach est en train de s'envelopper avec ma couverture. Sérieux, j'en ai marre de passer mon temps à lui sauver la vie. Je ne lui dois rien. Comment est-ce que je me fais embarquer dans ce genre de situation ?

On roule en silence. Je n'allume pas la radio. Ça serait trop intime et ce n'est pas une promenade amicale. Loin de là. On essaie de récupérer nos cousins respectifs avant qu'ils ne fassent une connerie.

« Ils s'aiment. » Non mais, j'hallucine.

— Je ne pense pas qu'ils soient encore dehors.

Je me retourne vers Rosenbach. Ça faisait longtemps que je n'avais pas entendu le son de sa voix.

— Ils seraient allés où ?

— Dans un hôtel ? propose-t-il.

Je hoche la tête. En effet, c'est ce qui paraît le plus probable. Saletés d'adolescents aux hormones détraquées. Moi aussi, j'ai envie de baiser, mais ce n'est pas pour ça que je vais sauter sur un Rosenbach. Plutôt crever.

— Lequel ?

— Peut-être le…

Il s'arrête au milieu de sa phrase, portant sa main à sa narine d'un air paniqué. Du sang se met à couler le long de ses doigts et je pousse un soupir. Ça ne s'arrêtera donc jamais.

— Merde.

Je l'entends se crisper à côté de moi. Je lui jette un rapide coup d'œil. Il essaie de stopper le saignement, sauf que ses mains tremblent trop et qu'il s'en met partout. Ça coule sur ses vêtements, sur ses lèvres, ses dents sont tachées de rouge et les larmes se remettent à couler le long de ses joues.

Il panique. Il est en train de faire une attaque de panique. Comme si c'était le putain de moment !

— Rosenbach, calme-toi.

— Arrête-toi ! beugle-t-il.

Je me retourne de nouveau vers lui. Le sang coule si abondamment de son nez qu'il n'arrive pas à le pincer correctement.

— Deux secondes ! Je roule ! Calme-toi ! Je vais m'arrêter !

— Non, non !

Il geint et gigote dans tous les sens. Il va nous faire avoir un accident s'il continue comme ça. Surtout, il va tacher les sièges de ma voiture.

— Bouche-toi le nez ! Tu en fous partout !

— Je n'y arrive pas !

Je me gare brusquement sur le bas-côté de la route et il actionne la portière pour se jeter sur le trottoir, la couverture retombe sur le siège en cuir, derrière lui. Qu'est-ce qu'il fout ? Je sors à mon tour du véhicule et le contourne pour le rejoindre.

Rosenbach est allongé par terre. Il accroche le béton avec ses doigts. Je ne sais pas quoi faire. Avec sa respiration saccadée et le sang qui coule toujours de son nez, on dirait qu'il va clamser. C'est à cause de la cocaïne. Sniffer affaiblit la cloison nasale, j'ai lu ça quelque part. Ça ne doit pas être la première fois que ça lui arrive, alors ça m'étonne un peu qu'il soit aussi angoissé.

— Rosenbach ! Regarde-moi ! Tu dois te calmer.

Il ne m'écoute pas. On le dirait parti dans un autre monde. J'imagine que la drogue ne doit pas arranger son cerveau. Il continue de perdre du sang. Ça coule vraiment partout. Ses lèvres, son menton, son cou, tout est recouvert du liquide rouge foncé, presque noir. Je vais finir par paniquer, moi aussi. Il faut vraiment que j'arrête de voir ce type. Il ne m'apporte que des emmerdes.

Je plonge ma main dans la poche de mon manteau et retrouve un paquet de mouchoirs. J'en prends un avant de me mettre dans son dos. Je le relève pour qu'il s'asseye sur le sol et le force à se caler sur mon ventre. Je l'encercle pour qu'il arrête de trembler et lui mets la tête légèrement en avant, même s'il se débat, car il n'en a pas envie. Je pose ma main sur son front pour lui interdire de bouger, puis je pose le mouchoir sur son nez avec l'autre. J'appuie sur la narine qui coule.

Rosenbach ne crie plus, c'est déjà ça.

— C'est bon, je gère. Tu ne saignes plus, d'accord ?

Il se détend peu à peu dans mes bras, mais ses larmes roulent toujours sur ses joues et je ne sais plus quoi faire. Ce ne sont pas mes bras qui vont l'empêcher de faire une overdose. Si toutefois il était en train d'en faire une. En fait, je n'ai aucune idée de ce qu'il se passe.

— Rosenbach ? Tu m'écoutes ?

— Oui, dit-il faiblement.

— Est-ce qu'il y a quelqu'un à appeler quand tu fais tes… crises ?

— Ouais.

Je le sens gigoter sous moi et comprends qu'il est en train d'essayer de prendre son portable dans son pantalon.

— Ne bouge pas.

J'avance ma main qui tenait son front vers son bassin et la glisse dans la poche de son jean. On tressaille au même moment, parce que c'est un contact trop intime et auquel aucun de nous deux ne s'était attendu, pas même moi, alors que j'étais pourtant à l'initiative de ce geste.

J'attrape son portable dans sa poche et sors rapidement ma main de là. Elle n'a vraiment rien à y faire.

— Je dois appeler qui ?

— Mon dealer.

— Ça ne me dit pas son nom.

— Neil.

Je parcours son répertoire et tombe rapidement sur le numéro, vu qu'il est dans ses contacts les plus récents. J'appuie sur le bouton d'appel et colle son portable à mon oreille.

J'entends enfin une voix rauque et légèrement cassée :

— Tu t'es enfin décidé à me rappeler ?

— Euh… Non. Enfin, ce n'est pas Rosenbach au téléphone.

Il me donne un coup de coude dans le ventre et je le regarde, interloqué. Quand je croise son regard, je comprends ce que je viens de faire. Je ne suis pas censé l'appeler Rosenbach aussi sèchement, parce que je ne suis pas censé être un Hamilton.

— Qui est-ce ?

Je sens de la colère dans la voix de mon interlocuteur et j'ai l'impression qu'il est loin d'être stupide. Il sait qu'il se passe quelque chose de pas net et je ne peux que lui donner raison.

— Ton pote est en train de faire une crise, rétorqué-je. Il faudrait que tu viennes le chercher.

— Il a pris de la drogue ?

— Forcément, lâché-je.

— Il fait chier. C'est quoi l'adresse ?

Je regarde rapidement tout autour de moi, avant de répondre :

— Route de Chaterhouse, pas loin de la Fabric, on est à quelques mètres de Holborn.

— Dis-lui que j'arrive… Quoique, non. Attends. Tu peux me le passer ? Où est-ce qu'il est, là ?

— Dans mes bras.

C'est au moment où je le dis que je réalise l'absurdité de la situation. Je m'éloigne du corps de Rosenbach tout en continuant à le maintenir comme je peux, alors que j'entends dans le combiné :

— Passe-le-moi.

Le ton du type est soudain devenu plus froid et je colle le téléphone à l'oreille de Rosenbach. Je n'entends pas ce qu'il lui dit, mais sa respiration ralentit instantanément. Ça me cloue sur place. Que ce mec arrive à faire ça juste avec sa voix alors que je galère depuis bientôt dix minutes.

Rosenbach finit par hocher la tête et murmure un « d'accord » à peine audible. Je comprends qu'il a terminé de parler.

Je reprends le téléphone et dis :

— Tu peux venir ?

— Je suis là dans vingt minutes maximum. Tu veux bien…

— Quoi ?

— Rester avec lui en attendant que j'arrive ? C'est con, je ne sais même pas qui tu es, mais je… Je préfère qu'il ne reste pas seul.

— Il est calme maintenant.

— Sa crise pourrait recommencer, rétorque-t-il. Il s'angoisse facilement. Ça ne suffit pas ce que j'ai fait.

— Alors, je fais quoi ?

— Toi, rien. Tu attends que j'arrive et je m'en occuperai. Surveille juste qu'il ne se jette pas sous une voiture… Et parle-lui de temps en temps.

Génial. De toute façon, ma nuit était perdue à l'instant où j'ai décroché ce foutu téléphone pour répondre à l'appel de Boucles d'or.

— Tu peux le faire ? m'interroge le gars.

— Je dois le garder dans mes bras ?

Là, il met plus de temps à répondre, comme si ça le faisait chier, puis il répond vaguement :

— Euh… Ouais… C'est mieux… 'Fin, comme tu veux.

Il raccroche et je n'ai même pas le temps d'en placer une. Je repose le téléphone portable sur le sol, juste à côté de moi, et observe Rosenbach, toujours appuyé contre mon torse… sauf que je suis à genoux derrière lui et que ce n'est pas très confortable comme position, surtout si je dois attendre vingt minutes.

Je soupire, essayant de ne pas penser à ce que je m'apprête à faire.

— On peut s'installer mieux ? lancé-je.

Il hoche la tête, et je desserre mes bras, qui tenaient son corps contre moi. Il se penche en avant pour me laisser bouger et je recule jusqu'à ma voiture pour m'adosser contre la carrosserie. Je m'assois par terre et écarte les jambes.

— C'est bon.

Rosenbach se retourne vers moi. Il a posé sa main sur son nez pour tenir le mouchoir, mais elle tremble tellement que le sang recommence à couler jusqu'à ses lèvres. Il a l'air terrorisé.

— Tu peux venir.

Ma voix n'est sûrement pas aussi assurée que celle du mec tout à l'heure, et pour cause… Je n'ai aucune foutue idée de ce que je suis en train de faire.

Rosenbach recule doucement vers moi et se glisse entre mes jambes. Il hésite, puis finit par se caler contre mon torse, même si je sens bien qu'il résiste pour ne pas s'affaler entièrement. Tout son corps est tendu. Le mien aussi, probablement.

Je n'arrive toujours pas à comprendre comment je me suis retrouvé ici, en plein milieu de la nuit. Pourquoi est-ce que je suis sorti de mon lit à son appel ? Pourquoi est-ce que je ne l'ai pas laissé seul devant la Fabric ? Pourquoi est-ce que je continue de rester auprès de lui, putain ?

Abandonne-le, Daël. Il ne mérite pas ton aide.

Un spasme le secoue brusquement et un gémissement plaintif s'échappe de ses lèvres. Le fils Rosenbach est toujours en T-shirt, tremblant de froid et de peur. Moi, je suis calé contre la carrosserie de ma Lamborghini et je ne fais rien. Il est installé entre mes jambes, seul son dos effleure parfois mon torse, bien qu'il essaie de se maintenir tout seul. Il continue de se pincer le nez avec son mouchoir imbibé de sang.

Merde, abandonne-le.

Je ferme les yeux, je n'arrive ni à supporter cette situation ni à partir. Qu'est-ce que je dois faire, bon sang ?

J'aperçois les épaules de Rosenbach s'affaisser brusquement et il se tord de douleur et agrippe son ventre, lâchant le mouchoir en papier. Il reste quelques instants plié en deux, puis son bras tremblant essaie de récupérer le tissu souillé sur le sol pour le ramener à son nez.

La requête s'échappe de mes lèvres sans que je puisse m'en empêcher.

— Attends.

Le fils Rosenbach ne bouge plus, comme s'il avait oublié ma présence.

Je prends une grande inspiration pour calmer mes nerfs, puis sors un autre mouchoir de mon paquet. Je le déplie, imaginant que ce n'est pas à un Rosenbach que je viens en aide – encore une fois – et avance ma main jusqu'à sa narine.

— Je m'en occupe.

Il acquiesce, n'ayant pas la force de me repousser davantage. J'appuie le mouchoir contre sa narine pour stopper le sang et le force à mettre sa tête un peu plus en avant. Il respire bruyamment et son cœur joue au tambour dans tout son corps.

— Parle-moi.

— Pourquoi ? m'interroge Rosenbach.

— Je ne sais pas, le mec a dit qu'il fallait que je te fasse parler.

— Qu'est-ce que tu veux que je te dise ?

— Comme tu veux.

Il reste silencieux un moment, puis lâche finalement :

— Je suis gay.

Pourquoi m'annonce-t-il ça ? Je le sais déjà. Toute la ville le sait déjà. J'ai l'impression que le monde entier le sait déjà.

— Toi aussi, non ? reprend-il.

— Oui.

— Tu as déjà eu un copain ?

— C'est quoi cette question ?

— Je ne vais pas parler tout seul.

Il n'a pas tort. Et puis, ça peut toujours m'occuper l'esprit.

— Oui, j'ai déjà eu un copain.

— Vous avez rompu ?

— Il y a longtemps.

— Pourquoi ?

J'ai l'impression de subir un interrogatoire, mais je réponds quand même :

— Parce qu'il ne voulait pas aimer quelqu'un comme moi.

— C'est quoi, quelqu'un comme toi ?

Je connais la réponse, mais je ne crois pas qu'il ait envie de l'entendre. Puis je réalise que je me fiche de ce qu'il ressent et je ne comprends pas pourquoi ça devrait me préoccuper.

— C'est quelqu'un capable de paralyser un mec de quinze ans sans rien ressentir.

Je crois que je m'attendais à une réaction de sa part, mais pas celle-ci. Il se tait et sa respiration s'arrête brutalement. Je ne sais plus quoi dire. Je me sens con. Il est complètement inerte dans mes bras et je me demande s'il n'a pas tourné de l'œil. Je n'ose pas le regarder. Il reste dans mon étreinte et je ne dis plus rien, lui non plus. Ça dure comme ça, quelques minutes interminables.

— Donc c'était bien toi…

Je ne sais pas si ça sonne comme une question ou une affirmation, mais j'aurais juré entendre dans sa voix qu'il voudrait que je lui dise que c'est faux.

Sauf que je ne peux pas faire ça.

— Oui. C'était moi.

— Lâche-moi.

Son ton est froid et je retire immédiatement mes bras, je sens qu'il ne plaisante pas. Je cale ma tête sur la carrosserie de ma voiture et l'observe se relever en titubant. Il a lâché sa narine, mais il ne saigne plus. Rosenbach se remet debout. Il est toujours couvert de sang au niveau du menton, ses cheveux bouclés sont désordonnés sur sa tête, ses yeux brillent et je devine les muscles tendus derrière son T-shirt gris anthracite.

Il est tellement beau. Ce n'est pas juste.

— C'est vrai ? murmure-t-il.

— Que je l'ai poussé ?

— Que tu n'as rien ressenti ?

— Ton cousin a violé Ellen.

— Il ne l'a pas violée, dit-il en s'énervant. C'est vous qui avez inventé ça pour qu'il aille en taule !

Je lève les yeux au ciel, même si je suis à peine étonné qu'il se contente d'un mensonge aussi gros.

— Alors, tu n'as rien ressenti ? répète-t-il, écœuré. Au moment où tu as poussé Ian, tu n'as rien ressenti ?

— Je ne sais plus, rétorqué-je en me relevant à mon tour, car je n'aime pas la position supérieure dont il dispose. C'était il y a longtemps. Je ne sais plus ce que j'ai ressenti, mais je peux te dire que le jour où j'ai appris ce que ton cousin a fait à Ellen, j'étais heureux du sort réservé à Ian.

— Heureux ? s'emporte Rosenbach. Mais il n'avait rien demandé !

— Ellen non plus ! Et nous, c'était juste un accident !

Je vois ses yeux se plisser de colère et il réduit brutalement la distance qui nous sépare. Il me pousse contre ma voiture et hurle en laissant de nouvelles larmes dévaler ses joues :

— Ce n'était *pas* un accident ! Un accident, c'est quand on ne fait pas exprès, quand on a du remords, quand ça arrive par hasard ! Ce n'était pas du hasard ! Rien n'est du hasard quand ça vous concerne ! Vous êtes des monstres !

— Autant que vous !

— Tu n'as même pas conscience de ce que tu as fait !

Rosenbach recule. Il tremble de tout son corps et je crois que je n'ai jamais vu quelqu'un pleurer autant. Les larmes strient son visage, lui donnant des spasmes violents. Malgré ça, il continue, parce que je crois qu'il a envie de sortir ce qu'il a sur le cœur et qu'il l'a gardé bien trop longtemps pour lui.

— Tu n'as pas juste foutu Ian en fauteuil, Hamilton ! Tu as détruit nos vies… À tous, tu as détruit ma famille ! Mon cousin est en prison. Ma tante, en dépression. Mon oncle nous a abandonnés et on ne le voit presque plus. Grace est devenue une personne froide et insensible. Edward est violent. Ethan aussi.

Ses propres mots lui brisent le cœur. Il est secoué par la colère et je vois enfin son vrai visage. Un gamin totalement terrorisé.

— Et moi ! éclate-t-il finalement. Je me drogue ! Tout a commencé à ce moment-là et, maintenant, je ne suis plus qu'une merde incapable de se gérer.

La façon dont il le dit montre tout le dégoût et la haine qu'il a pour lui-même. Je sais qu'il a mal, mais il n'est pas le seul à souffrir, et ça, il ne le voit pas.

— Et tu n'as aucun putain de remords ? s'étrangle-t-il alors que sa voix se brise sur la question.

— Tu veux jouer à ça, Rosenbach ? À qui souffre le plus ?

— Ce n'est pas un jeu, crache-t-il.

— Alors c'est quoi, ton énumération débile, là ? Tu veux que l'on compte les points ?

Ça y est. Moi aussi, je m'énerve. Il faut dire qu'il m'a cherché, avec son rôle de victime.

— Donc à mon tour, maintenant ? Ma cousine s'est fait violer par ton enfoiré de cousin et toute ma famille essaie de vivre avec la culpabilité de ne pas avoir pu la protéger. Mon père va crever sous peu et je vais devoir porter la société. Alors quoi, Rosenbach ? Tu es le seul à souffrir ? Tu ne penses pas que, vous aussi, vous avez détruit nos vies ?

Il se remet à trembler et du sang coule de son nez. Je sais que je devais le garder calme et j'ai seulement fait tout l'inverse. Je ne sais même pas pourquoi j'ai engagé cette conversation. C'est ridicule, on ne se mettra jamais d'accord sur laquelle est la plus coupable de nos deux familles.

En plus, il ment. Ce n'est pas ma faute s'il se retrouve dans cet état et je ne comprends pas pourquoi c'est moi qui dois m'en occuper. J'en ai marre de m'occuper des gens, de porter leurs responsabilités. Il se drogue. J'ai peut-être poussé son cousin sur cette foutue route, mais je ne l'ai pas forcé, lui, à sniffer de la merde. Il n'a pas le droit de m'accuser. C'est sa faute, rien que sa faute.

Le sang continue de couler sur ses lèvres et il porte la main à son nez. Il a déjà les doigts recouverts de son propre sang séché et ses yeux se révulsent de frayeur devant cette vision.

— Calme-toi, dis-je.

Je le vois prendre de grandes inspirations et, soudainement, l'atmosphère se détend. Je crois que l'on avait besoin de se dire ce genre de choses, de reposer les bases et de se rappeler ce que l'on représente l'un pour l'autre. On avait besoin de hurler ça, parce que notre relation était en train de se transformer en quelque chose que l'on ne voulait pas.

— Bouche ton nez.

Il essaie, mais n'y parvient pas. Je m'approche d'un pas.

— Ne me touche pas ! s'énerve-t-il en me voyant arriver.

Je recule et retourne m'asseoir contre la voiture. Lui, il s'installe plus loin, sur le trottoir, et son mouchoir imbibé de sang coule sur ses vêtements. Je ferme les yeux. Je ne sais pas ce que je fais encore ici. Je pourrais simplement prendre ma voiture et me barrer. Je pourrais retourner me coucher et oublier toute cette histoire.

— Pars, réplique Rosenbach, comme s'il lisait dans mes pensées.

— Pourquoi ?

— Je préfère crever tout seul que sous tes yeux.

Je souris. En toutes circonstances, il garde sa fierté alors que, pour moi, il l'a perdue depuis que je l'ai retrouvé en train de pleurer devant la Fabric. Ce con l'a même perdue une deuxième fois lorsque j'ai compris qu'il était tellement défoncé qu'il était incapable de se pincer le nez correctement.

On reste silencieux pendant un long moment, chacun sur notre bout de trottoir. Il fait froid et je le vois frissonner, mais je n'ai pas envie de bouger. J'écoute simplement le bruit des voitures qui passent sur la route à côté, jusqu'à ce que j'entende un grincement de pneus strident.

Il est arrivé. Je ne bouge pas et attends que l'on me débarrasse de mon fardeau. Ledit « Neil » se jette sur le fils Rosenbach pour le prendre dans ses bras. Il jure, regarde ses mains pleines de sang et inspecte son visage rapidement. Puis, comme ça, il plante ses lèvres sur les siennes

Putain, c'est *son mec*. Un gosse de riche qui se tape son dealer. Classique. Il me déçoit un peu sur le coup. Je le croyais plus original que ça.

Je déglutis et me remets debout lentement. Mon mouvement lui fait remarquer ma présence et le type se retourne vers moi. Je reste bloqué face à lui. Il est vraiment canon, lui aussi. Le mec est grand, plus que Rosenbach et moi. Brun, assez costaud, une barbe naissante et un regard profond et sévère. Il porte un jogging Adidas et des baskets de sport à peine lacées correctement. Il ne vient pas de notre milieu, je le vois juste à sa façon d'être. Neil s'approche encore un peu de moi et, sous la lumière d'un réverbère, je réalise brusquement qu'il s'agit du type que j'ai vu en photo sur le portable de Rosenbach.

— Pourquoi est-il comme ça ? m'interroge-t-il sèchement. Qu'est-ce qu'il a pris ?

— Les merdes que tu lui vends, je présume.

Le type me toise d'un regard noir. Probablement qu'il n'aime pas le ton dédaigneux que je viens de prendre avec lui.

— Tu es qui, au juste ?

— Personne, répond Rosenbach à ma place.

— Alors, qu'est-ce qu'il fait avec toi ?

— Je passais par là, interviens-je.

Je mens et il le sait. Pourtant, ce n'est pas tellement un mensonge. Je suis passé par là par hasard. Dans sa vie, je veux dire. J'y suis passé et, sans me l'expliquer, j'y suis resté.

— Je te le laisse, rétorqué-je. Bon courage avec lui.

Désormais, il est temps que je me tire.

🖂 **SMS de** Grand méchant loup **à** Boucles d'or
4 h 28. Tu es mort ?

🖂 **SMS de** Boucles d'or **à** Grand méchant loup
4 h 30. Tu aimerais ?

✉ **SMS de** Grand méchant loup **à** Boucles d'or
4 h 32. Je ne me suis pas donné la peine de te sauver pour que tu crèves quelques jours plus tard.

✉ **SMS de** Boucles d'or **à** Grand méchant loup
4 h 32. Pourquoi t'es-tu donné la peine de m'abîmer ?

✉ **SMS de** Grand méchant loup **à** Boucles d'or
4 h 32. Tu étais déjà abîmé.

Chapitre 8

Lior Rosenbach

Mes doigts s'accrochent à la cuvette des toilettes et le vomi remonte mon œsophage pour rejoindre l'eau des chiottes. C'est dégueulasse. À mon image. À l'image de la soirée que j'ai passée à boire et à l'image de ma vie tout entière. Je supporte de moins en moins la coke. Mes saignements de nez deviennent plus fréquents et j'ai continuellement des nausées. Neil m'a dit que c'était normal. Enfin, « normal », disons que ce sont les effets secondaires d'un consommateur régulier. Ça m'a fait un coup quand il a sorti ça comme ça, comme si c'était évident depuis le début. *Régulier.* Je suis un camé et je finirai probablement comme tous les antihéros de ces films à la con avec un bras coupé après une injection ratée. À cet instant, je n'ai pas très envie de m'attarder sur le sujet.

Mes doigts se resserrent sur la céramique des toilettes et mon corps se crispe tandis que je continue de vomir. C'est tellement douloureux, les crampes dans l'estomac, ma tête qui résonne et l'odeur de vomi qui parvient aux narines. Je déteste ça. Je déteste la drogue. Je me déteste.

Une main puissante relève mon front de la cuvette des toilettes. Je continue de rendre alors que Neil me frictionne le dos avec son autre main. Je ne mérite pas tout ce qu'il fait pour m'aider. Lui, il n'est pas comme moi. Il vient d'un milieu défavorisé. Vendre de la cocaïne est le seul moyen qu'il a trouvé pour s'en sortir. Et moi, je l'enfonce. Jour après jour. À cause de mes crises, de mon tempérament à la con et de mes caprices. Je l'empêche de travailler, il est obligé de me surveiller, de s'occuper de moi. Encore maintenant, il est assis dans les chiottes à me tenir contre lui au lieu de vendre sa came pour se faire un peu de fric.

Je sais que l'argent, je pourrais le lui donner directement. Ça lui éviterait bien des emmerdes. Il a toujours refusé. Par orgueil, bien sûr, parce qu'il en a tellement besoin, de ce fric, que ça me tue de le voir s'acharner avec son job de serveur dans un pub pourri de la capitale et dealer. Ça me tue aussi de foutre ma thune en l'air pour de la merde, mais l'argent lui revient donc ça soulage ma conscience. Enfin, je crois.

J'entends que la soirée continue dans les pièces d'à côté. On est chez une amie à Neil et moi, une des seules que l'on ait en commun, d'ailleurs. Karen Jay. Une fille plutôt cool, mais légèrement trop portée sur la coke. Une Lior Rosenbach au féminin, en quelque sorte. Quoiqu'elle n'ait pas grand-chose à envier à mon patronyme, puisque le sien sonne déjà assez classe. Son père possède une des plus grosses maisons de disques du pays et elle n'est pas du genre à le cacher. Elle est toujours en train de se vanter de toutes les stars qu'elle rencontre alors que tout le monde s'en fout.

— On va rentrer chez moi, fait Neil.

— Non, je vais bien.

— Pardon, j'ai mal interprété la situation. On se refait un rail dans la cuisine ?

Je pourrais sentir de l'ironie dans sa voix, mais c'est plus que ça. C'est de la colère. Il en a marre de moi, je le sais. Je suis imbuvable ces derniers temps, imbuvable depuis que l'héritier m'a vu faire ma crise d'angoisse dans sa voiture. Ça fait un mois et je devrais passer au-dessus de ça, mais je ne le peux pas. Je repense à son regard. À la pitié et au dédain qu'on lisait dans ses yeux. Ça m'énerve. Surtout les soirs comme ça, les soirs où je suis tellement mal en point que ça lui donne raison.

Un nouveau spasme me secoue le ventre et je vomis de nouveau dans la cuvette des chiottes. Je crache ce qu'il me reste dans la bouche, puis me tourne vers Neil. Je l'aperçois à peine à travers mes cils collés par mes larmes, pourtant je devine quand même ce qui va suivre.

— Tu me gonfles, Lior. Je te jure, c'est tous les soirs pareil avec toi. Je vais arrêter de te fournir.

Un rire s'échappe de mes lèvres encore collantes de salive et de vomi. Je suis son meilleur client, il ne pourra jamais faire ça.

— Je ne déconne pas, reprend-il, comprenant ce qui a traversé mes pensées. J'en ai marre de te voir comme ça.

— Tu en as surtout marre qu'on ne puisse plus baiser.

Sa main attrape mes cheveux à l'arrière de mon crâne et il projette violemment ma tête vers l'avant. J'avais relevé l'abattant avant de vomir, alors ma pommette gauche s'écrase directement contre la cuvette en céramique. Un cri de douleur s'échappe de ma gorge. Je me retrouve étourdi quelques instants par le choc, mais je l'entends quand même lancer :

— Va te faire foutre.

Neil se barre de la salle de bains en claquant la porte derrière lui et je me laisse tomber sur le carrelage. Ma joue me lance si fort que j'ai l'impression de sentir les pulsations du sang sous ma peau. Je pose ma main sur la zone douloureuse, mais la retire aussitôt, grimaçant juste à l'effleurement de mes doigts. Je retiens un juron et lève mon regard vers la porte, fermée après le départ de Neil. Je ne sais même pas pourquoi je lui ai dit ça. Malgré ce que l'on prétend, on sait tous les deux que c'est plus que du sexe entre nous. D'ailleurs, ce n'est clairement pas ma partie préférée, mais il sait, il accepte. Ça fait deux ans que l'on traîne ensemble. Et le cul, ça ne dure pas deux ans. Il y a quelque chose en plus. Aucun de nous deux ne veut mettre un mot sur ça, mais je crois qu'il y a quelque chose, en tout cas. Comme un con, je viens de nier ce quelque chose d'inexplicable. Je viens d'effacer toutes ces fois où il m'a sorti de la merde. Toutes ces fois où il m'a fait passer, moi, avant lui. Je lui ai balancé ça comme si je prétendais que la seule chose qui l'intéressait chez moi, c'était le sexe. Je ne suis qu'un connard. Je ne sais même pas pourquoi j'ai voulu lui faire du mal. Peut-être pour qu'il souffre comme je suis en train de souffrir maintenant, parce que je suis égoïste et que je n'aime pas être seul, même dans mon malheur.

Je me relève en titubant. J'ai la gorge brûlée, je me dirige vers le lavabo pour me rincer les lèvres. L'eau fraîche me fait du bien et j'en profite pour passer ma joue endolorie sous le jet. Je me retrouve soudain en face de mon reflet… Merde, il ne m'a pas loupé. J'ai la pommette gauche tout enflée et déjà un peu violacée. J'ai la flemme de me soigner maintenant. D'ailleurs, j'ai la flemme de tout. De rester à cette soirée, de rentrer chez moi, de m'excuser auprès de Neil. Je n'ai pas envie de faire d'efforts.

Je sors de la salle de bains et me dirige directement vers le canapé du salon. Les gens continuent de danser et crier autour de moi. La pièce est immense, puisque Karen est immensément riche. D'ailleurs, je l'aperçois, dansant avec un verre à la main. Karen ressemble à un mannequin, elle est grande, élancée et avec un air supérieur qui lui colle parfaitement à la peau. Ses cheveux noirs, longs, doux et brillants. Son teint pêche fait ressortir ses grands yeux noisette, son petit nez fin et ses lèvres roses. En fait, Karen est si belle que l'on ne sait jamais sur quelle partie de sa perfection s'attarder. Elle rabat sa chevelure derrière son épaule, glissant un regard dans son appartement avant de s'arrêter sur moi. Elle me sourit, levant son verre de sa main délicate pour me faire comprendre que l'on devrait s'en servir un autre. Je décline sa proposition d'un mouvement de la tête, puis me contente de récupérer mon manteau qui traîne sur le dossier du canapé. Je l'enfile, passe entre les invités et parviens jusqu'à la sortie après avoir évité quelques coups de coude et verres renversés. J'actionne la poignée, puis claque la porte derrière moi.

Silence total. Bonheur.

Je reprends ma respiration et me dirige vers l'escalier. Je déteste les ascenseurs. Je crois que je suis claustrophobe là-dedans. Je dévale les marches quatre à quatre. Il y a six étages dans son immeuble, mais je m'en fiche. J'ai encore la tête qui tourne, et la vitesse à laquelle je descends me fait penser que je risque de m'étaler d'un instant à l'autre. Quitte à être défiguré, autant le faire en beauté.

Je continue de dévaler les étages jusqu'à ce que je sente une main m'attraper sauvagement par le bras. Je trébuche de deux marches sous l'effet de la surprise, alors que Neil me plaque contre la rambarde de l'escalier. Il m'éclate le dos au passage.

— Tu ne pars pas sans moi !

— Lâche-moi ! m'écrié-je. Je fais ce que je veux.

— Pas dans cet état ! beugle Neil en serrant de plus en plus fort mes poignets. Tu n'es qu'un déchet. Je ne te laisse pas rentrer dans cet état.

— Tu n'as pas le choix !

J'arrive à me dégager de son étreinte. Lui aussi, il est drogué et il n'a pas tout à fait la maîtrise de son corps. Je pose mes deux mains sur sa poitrine et le repousse un grand coup. Il descend d'une marche et je continue, sans trop savoir pourquoi :

— Tu n'as aucun droit sur moi ! Tu n'es pas mon copain. Tu n'es rien, Neil. Tu es juste le mec qui m'a fait couler.

— Tu te fous de ma gueule ?

— Quoi ? Ce n'est pas vrai, peut-être ? Ce n'est pas toi qui t'es dit que j'étais un pauvre gosse de riche qui allait tomber dans ton piège en me refilant ta merde ? Putain, j'avais quinze ans ! Quinze ans ! Alors quoi ? Je dois te remercier, c'est ça ? Eh bien, merci d'avoir foutu ma vie en l'air.

— Tu es dégueulasse de me dire ça.

Je vois ses pupilles briller. C'est la première fois que je lui sors un truc pareil. Peut-être même la première fois que je le pense. Ça fait bizarre. Pour être honnête, je n'y avais jamais vraiment réfléchi avant ce soir.

Neil ne me répond pas. Normal. Il sait que j'ai raison. C'est comme ça qu'ils font dans ce genre de trafic. Ils repèrent une proie facile, ils l'amadouent, lui vendent leurs merdes pour qu'elle devienne accro, alors elle reste accrochée à eux, dépendante. Ça a marché avec moi, comme ça marche avec tout le monde. Je ne sais pas pourquoi je sors du lot des clients de Neil. Sauf que, là, je n'ai plus envie de sortir du lot. Je veux juste n'être plus rien pour lui, plus rien pour personne.

— Je ne te fournis plus à partir de ce soir, déclare Neil, comme s'il cherchait vraiment à se redonner de la crédibilité.

— Si tu ne m'en vends plus, j'irais voir ailleurs.

— Jamais, me coupe-t-il. Jamais tu ne recommences un truc pareil. Je ne veux pas recevoir de nouveau un coup de fil d'un inconnu pour me dire que tu clamses sur le trottoir. Tu m'entends ?

J'entends, mais je n'ai pas envie de répondre.

— Lior ?

— Je veux un sachet, maintenant.
— Hors de question.
— Tout de suite.
— J'ai dit non.
— J'irai acheter à quelqu'un dehors. Au mec le plus louche que je pourrai trouver dans Londres.
— C'est quoi ce chantage à la con ? m'interroge-t-il, blasé.
Je lui tends la main et dit, sèchement, pour lui faire comprendre que je ne plaisante pas :
— Donne.
— Va te faire mettre.
— Donne.
— Non.
Honnêtement, je ne sais pas qui gagnera à ce jeu-là. On est tous les deux plus têtus que l'autre.
— Donne, répété-je encore.
— Non.
— Alors tu veux quoi ? lancé-je. De la thune, c'est ça ?
Je fourre mes mains dans les poches de mon slim et j'en retire des billets. Je les lui balance à la gueule, sans même regarder combien il y a. Les billets tombent par terre. Bien sûr, il a trop de fierté pour les ramasser.
— Prends ! m'écrié-je. Qu'est-ce que tu attends ? C'est ça que tu veux depuis tout ce temps, non ?
— Ta gueule, Lior. Je vais t'en foutre une.
— Vise l'autre joue, ça sera symétrique comme ça, ironisé-je.
— Ferme ta gueule.
— Et toi, donne-moi ma came. J'ai payé.
— Tu as balancé de l'argent et je ne l'ai pas ramassé.
Mes poings se serrent et ma mâchoire se crispe. Je ne sais pas pourquoi je suis aussi furieux. Je crois que j'ai accumulé trop de colère à l'intérieur et que j'ai besoin de l'extérioriser. Je me baisse vers le sol, ramasse mes billets et me relève en les enfonçant dans les poches de son jean.
Neil ne bouge pas. Il me regarde faire, consterné. Non, même pas consterné. Il me regarde avec dédain et je vois bien qu'il se retient de toutes ses forces de me pousser dans l'escalier. Franchement, je sais bien que je le mériterais.
— Tu l'as, mon fric, dis-je. Je veux ma came. Maintenant.
Je le provoque, sans savoir pourquoi. Peut-être pour tout casser, pour tout arrêter là. Tout va trop loin et j'ai l'impression que je n'arrive plus à suivre. Comme si j'étais accroché à une seule main à l'arrière d'une locomotive et que mon corps heurtait tous les cailloux sur la voie. J'ai envie de tout lâcher, de libérer ma poigne et de m'écraser sur le ballast.

Ça sera douloureux au moment de la chute, mais ce sera plus rapide que cet enfer.

— Tu n'es qu'un bouffon, Lior.

— Tu parles, finalement ? Quoi, tu n'as pas eu assez ?

— Arrête ça.

— Tu veux quoi de plus ? Mon cul ?

Je déboutonne mon bouton de jean et commence à baisser mon pantalon. Il m'arrête brutalement en posant ses mains sur mes avant-bras. Il serre mes brûlures, même à travers l'épais tissu de mon manteau, je le sens. Une grimace se dessine sur mon visage et il me lâche tout de suite, reculant d'un pas.

— Arrête tes conneries, bon sang.

— Alors, donne-moi ma came, ordonné-je.

Neil serre des dents et je comprends que j'ai gagné. Je sais qu'il veut m'aider, mais il ne faut pas trop lui en demander non plus. Ce soir, j'ai clairement abusé. Il enfonce sa main dans la poche de sa veste et en ressort un paquet de poudre blanche. Il me le balance à la gueule et je le reçois dans l'œil avant que le sachet ne termine sa course par terre.

— Sniffe-le et va crever plus loin. Je n'ai pas que ça à foutre et je t'interdis de me rappeler.

Neil remonte l'escalier sans m'accorder un regard. Voilà. C'est fini. Ma main a lâché la locomotive et je viens de m'étaler sur le sol. Je sens mon corps s'érafler sur tous les graviers. Je sens les cailloux entrer dans ma peau et creuser des cicatrices pour y rester. Je sens ma respiration se stopper sous l'effet du choc. C'est plus douloureux que ce que j'imaginais, mais c'est trop tard. La locomotive continue sa route et je n'ai plus la force de la rattraper. Je suis trop loin pour lui courir après. Je peux juste la voir s'éloigner.

Et elle s'éloigne.

Je ne sais pas combien de temps je reste dans l'escalier, mais je finis par me mouvoir. Gestes robotiques et tête vide. Je sors de l'immeuble et hèle un taxi. Une voiture s'arrête devant moi et je m'y engouffre, amorphe.

— Où dois-je vous déposer ?

— Pont de Westminster.

— À quelle adresse ?

— Juste au pont.

Le chauffeur ne répond pas et finit par démarrer. Je regarde Londres à travers les vitres, sans trouver la force de pleurer. Je ne peux pas vraiment en vouloir à Neil. C'est moi qui ai lâché, pas lui. La seule façon de me récupérer aurait été de se jeter avec moi et je sais qu'il n'en a pas envie.

Je n'en vaux pas le coup. Il y a des millions de façons de sombrer, mais en suivant quelqu'un, c'est pathétique.

Le véhicule s'arrête au pont et je remercie le ciel d'avoir pensé à emporter ma carte bancaire, car j'ai balancé tous les billets qui me restaient à Neil. Je paie, puis sors du taxi pour me diriger vers le pont. Vers cette vue qui m'apaise sans y parvenir réellement. Je pose mes mains sur la peinture écaillée, je passe mes deux jambes et je m'assois. Dans le vide, comme si je rentrais à la maison.

Je repense à tout ce qu'il s'est passé, ces derniers temps. À Ethan qui continue de baiser Jade en prétendant ne pas en être amoureux. À ma sœur qui croule un peu plus tous les jours sous le travail que lui refile mon père. À Ian, cloué dans son fauteuil roulant. À son frère qui n'est pas mieux en taule. À Edward qui est devenu une boule de nerfs incontrôlable. À ma mère qui ne voit rien ou qui fait semblant de ne rien voir. Puis à Lili, celle qui est finalement revenue de cette soirée avec Noah. Revenue différemment je suppose, mais revenue quand même. Je ne lui ai pas adressé un seul mot depuis ce soir-là. Aucun. Je n'en reviens pas qu'elle ait pu me trahir de la sorte. Le pire, c'est qu'elle se fiche totalement de mon indifférence. Je crois même qu'elle continue de voir le gorille. Ça me répugne.

Je sors de ma poche le sachet de drogue et le pose devant mes yeux. Je le fixe. Je fixe cette merde qui me pourrit la vie. Je fixe cette merde qui me permet pourtant de continuer à la vivre. Mes doigts se resserrent sur le sachet. Je n'en ai même pas envie. Ça devient grave, là. Je n'ai même plus envie de cocaïne. Je ne sais même plus de quoi j'ai envie.

Je range le sachet dans ma poche et en profite pour sortir mon téléphone portable. Je le fais rouler entre mes doigts. Sans réfléchir, je me mets à écrire.

✉ **SMS de** Boucles d'or **à** Grand méchant loup
3 h 23. Une seule bonne raison de ne pas sauter ?

✉ **SMS de** Grand méchant loup **à** Boucles d'or
3 h 24. L'eau est froide.
3 h 36. Tu es au pont ?
3 h 47. Hey, connard, tu ne me réveilles pas en plein milieu de la nuit pour m'annoncer ton suicide.

✉ **SMS de** Boucles d'or **à** Grand méchant loup
3 h 49. Oui, je suis au pont.

🖂 **SMS de** Grand méchant loup **à** Boucles d'or
3 h 51. Attends que j'arrive avant de sauter. Je veux être aux premières loges.

🖂 **SMS de** Boucles d'or **à** Grand méchant loup
3 h 53. Pourquoi devrais-je t'accorder cette faveur ?

🖂 **SMS de** Grand méchant loup **à** Boucles d'or
3 h 53. Ne saute pas.
3 h 55. Je suis en chemin.

Daël Hamilton

J'avance vers lui, sans savoir ce que je fais ici. Je ne sais *plus* ce que je fais ici. Sur le coup, quand j'ai reçu son message, je savais que je devais le rejoindre. J'ai enfilé les premières affaires qui me sont tombées sous la main – un jogging et un pull de sport trop grand que Aiden a dû laisser traîner chez moi – et je suis sorti de l'appartement. Maintenant, je ne sais plus. Il est 4 heures du matin et je ne comprends pas ce que je fous sur ce pont. Pourtant, je continue d'avancer.

Je m'arrête à sa hauteur. Le fils Rosenbach est assis et regarde l'horizon. Je sais qu'il m'a entendu arriver. Je m'accoude à la rambarde et regarde la Tamise en dessous de nous, avant de lui jeter un coup d'œil discret. Il est défoncé. Pas au sens propre du terme, même si je me doute bien qu'il est drogué. Je veux dire, défoncé par la vie. Il n'a pas la gueule que devrait avoir un gamin de dix-sept ans.

Il ne me regarde pas. Il continue de fixer l'horizon et la grande roue de Londres devant lui… Puis je remarque l'ecchymose sur sa joue.

Je détourne le regard et déclare :

— Alors, laisse-moi résumer : Lior Rosenbach. Dix-sept ans. Fils de riche. Solitaire. Drogué. Suicidaire. Sort avec son dealer qui lui tape dessus.

Il ne répond pas, ne fait aucun mouvement de tête dans ma direction.

— Est-ce le fait de porter tous les clichés du monde sur ton dos qui te pousse à te jeter de ce pont ? lui demandé-je.

Je vois ses mains se reposer sur la rambarde et il ôte la peinture écaillée avec ses doigts avant de jeter les bouts secs dans l'eau.

Il finit par dire :

— Je ne sors pas avec mon dealer.

— Donc je suppose que l'autre partie de ma phrase est vraie. Il te tape dessus ?

Cette fois, il se retourne vers moi et je vois l'étendue du travail de ce connard sur sa pommette gauche. La peau est enflée et violacée.

— Je l'ai mérité.

Bien sûr qu'il le croit. Ce gars n'en finit pas d'être un cliché. Je reste à quelques mètres de lui et m'arrête de parler. Je ne sais pas quoi lui dire. Ce n'est pas à moi de lui ouvrir les yeux sur ce pauvre type. Il est assez grand pour le faire tout seul. Je ne veux même pas savoir pourquoi il pense l'avoir mérité. Je n'ai rien à voir avec lui, rien à avoir avec…

— La locomotive est partie, me coupe-t-il dans mes pensées.

— Je ne sais pas ce que ça veut dire.

Il sourit d'un air triste, puis ajoute :

— Moi non plus.

Je n'ai aucune idée de ce qu'il est en train de me raconter avec son histoire de locomotive.

— Tu es venu pour me voir sauter ? poursuit-il.

— Je sais que tu ne le feras pas.

— Alors, pourquoi es-tu là ?

La question que je me pose depuis vingt minutes. Qu'est-ce-que je fous là, bordel ?

— Tu es quelqu'un d'étrange, Hamilton.

— Dit celui qui est assis au-dessus du vide.

Là, je vois ses lèvres se relever en un petit sourire. Presque rien. Presque pas perceptible. Pourtant, ça fait tilt tout d'un coup et je sens la colère monter en moi.

— Tu crois vraiment que tu impressionnes les gens avec tes conneries ? Avec tes appels à l'aide et ton suspense à la con… Je saute, je ne saute pas, je saute, je ne saute pas. Tout ça pour savoir si quelqu'un t'aime assez pour t'en empêcher. Et tu m'appelles, moi ? Le mec qui a toutes les raisons du monde de te pousser de ce satané pont. Je ne t'aime pas, Rosenbach. Et je crois que si tu es assis là-haut, c'est parce que tu as assez conscience que personne ne t'aime vraiment. Pas ton camé de copain qui te cogne dessus. Pas ta sœur aveuglée par sa haine. Pas tes cousins isolés dans leur monde. Pas tes parents qui ne se rendent compte de rien. Pas tes amis, parce que tu n'en as pas. Personne.

Le rictus sur ses lèvres disparaît aussitôt et je continue, imperturbable, bien que j'aie conscience qu'il pourrait se jeter à l'eau d'une minute à l'autre :

— On souffre tous les deux. La seule différence entre toi et moi, c'est la façon dont on le gère. Moi, je survis et j'apprends à faire avec. Alors que toi, tu subis, tu t'enfonces et tu te réfugies dans la drogue.

— On n'a pas le même âge non plus, lâche-t-il.

Il n'a pas tort. Le conflit existe depuis longtemps, mais il s'est vraiment envenimé depuis trois ans. J'avais dix-huit ans à l'époque, lui, quinze. Ça paraît peu, trois ans, vu comme ça, mais c'est un gouffre énorme, surtout à cet âge-là. Peut-être qu'à sa place je serais aussi devenu un drogué dépressif. Peut-être même que j'aurais déjà sauté. Sauf que je ne suis pas à sa place et que je n'arrive pas à entrer dans sa tête. Jamais. Comme s'il était entouré d'un brouillard si épais que l'on peut seulement distinguer la forme, mais pas son contenu. Je ne sais pas ce qu'il y a en dessous de son visage, en dessous de ses traits juvéniles qui ont déjà tant vécu, en dessous de ce trop-plein d'apparence.

Merde, j'en ai marre de réfléchir, marre de me poser des questions. Je pose mes mains sur la rambarde du pont et grimpe à mon tour. Je m'assois dans le vide. Moi aussi, j'ai envie de le faire. Moi aussi, je veux être comme lui, juste quelques secondes. Un gamin assis sur un pont et qui ne pense pas aux conséquences de ses actes. Excepté que, même perché là-haut, je n'y arrive pas.

Je me retourne vers lui et le regarde, je ne peux pas m'en empêcher. Je lâche, comme ça, sans vraiment y réfléchir :

— Pourquoi rends-tu ma vie si compliquée ?

— Comment je fais pour la rendre compliquée ?

— Je n'en ai aucune foutue idée, mais je sais que je n'aime pas ça. Alors, juste… arrête.

Il sourit et plonge sa main dans son manteau. Il en ressort son portable et des écouteurs. Je sais ce qu'il a l'intention de faire.

— N'écoute pas cette chanson.

— Pourquoi ?

— Elle est déprimante.

— Non. Moi, elle me parle.

Running Up That Hill[1], reprise par Placebo. C'est ça, *sa* chanson.

— De quoi parle-t-elle ? demandé-je.

Il hausse les épaules, répondant :

— Quand deux personnes ne se comprennent pas, elles devraient échanger leur place.

Et merde, je n'avais même pas saisi l'ironie de la situation.

Rosenbach branche ses écouteurs à son portable et je m'en empare sans réfléchir. Il me regarde, totalement déconcerté et se demandant probablement si je ne vais pas jeter son téléphone à l'eau. Je me contente de le ranger dans la poche de ma veste en jean et de sortir le mien à la place. Je mets ses écouteurs dans mon appareil.

— Qu'est-ce que tu fous ? me demande-t-il, suspicieux.

— Je te fais découvrir d'autres musiques. Il est temps, non ?

— Je t'ai déjà dit que j'étais exclusif.

1 Chanson originale de Kate Bush.

— J'ai une chanson pour toi.

Je sais que je l'ai intrigué. Je vois une lueur briller dans ses prunelles. Je lui tends un écouteur et il le prend, sans me répondre. Je crois qu'il est déjà assez énervé de me laisser gagner. Il place l'écouteur dans son oreille droite et moi, dans la gauche. Je lance la musique. *Everybody Hurts*, de R.E.M. Les premières notes retentissent et je nous sens partir. Loin de nos familles, loin de Londres, loin de nous-mêmes.

« Don't throw your hand. »
R.E.M – Everybody Hurts

Chapitre 9

Lior Rosenbach

Je sors de ma chambre d'un pas lent. J'ai la tête qui tourne et le cœur lourd, c'est le même scénario depuis déjà deux semaines, à chaque nouveau réveil. Neil n'est jamais revenu me parler. Il ne m'a envoyé aucun message et n'est jamais repassé me prendre à la sortie du lycée, comme à son habitude. Je n'existe plus pour lui et je ne peux pas vraiment lui ôter ce cadeau. Alors, je me tais, moi aussi. Je ne fais rien et je continue de vivre sans lui.

Heureusement que j'ai fait des réserves de coke. Je ne sais pas encore comment je ferais quand je l'aurais finie. Pour l'instant, je préfère ne pas y penser. J'enfonce mes mains dans les poches de mon jogging et descends l'escalier.

Lili, Ian et Ethan sont tous les trois dans la cuisine en train de prendre leurs petits déjeuners. On est dimanche matin et je sais que l'on est seuls dans cette immense baraque. Mona, notre gouvernante, ne travaille pas aujourd'hui. Mon père, Robin et Grace doivent être au travail. Lauren, ma tante, en train de comater quelque part dans un bar de la capitale.

Je reste planté devant mes cousins. Lili lève son regard vers moi. Ses yeux sont sombres et il n'y a plus la brillance amusée qu'on y lisait autrefois. Elle ne porte même pas de paillettes, ce qui est si rare que son visage semble vide.

Lili m'en veut. J'ignore pourquoi, mais elle m'en veut. Elle prend son bol de lait, le repose dans l'évier et quitte la cuisine, comme si elle ne pouvait pas supporter d'être dans la même pièce que moi trois secondes de plus.

Je ne dis rien et la laisse partir avant de m'affaler sur une chaise de la cuisine. Mon geste a l'air de sortir Ethan de ses pensées et il tourne son visage vers moi pour m'interroger, intrigué :

— Qu'est-ce qu'il se passe avec Lili ?

— Crise d'adolescence, marmonné-je d'un air je-m'en-foutiste totalement détestable.

Je vois Ian lever les yeux au ciel. Il sait que je mens. Il connaît sa petite sœur, et Lili n'est pas du genre à se comporter en gamine capricieuse. Il sait qu'elle a de bonnes raisons de m'en vouloir. Enfin, s'il savait lesquelles, il aurait dix mille bonnes raisons de lui en vouloir à son tour. Je préfère qu'il pense que je suis juste un con plutôt que de briser l'image de la seule personne qu'il apprécie encore. De toute façon, pour moi, c'est trop tard.

— Et toi, ça va ? dis-je à Ethan.

Mon cousin me regarde, à la limite de l'étonnement. Je sais qu'Ethan ne parle pas beaucoup de ses sentiments, mais il faudrait être aveugle pour ne pas voir que ça fait une semaine qu'il tire la gueule.

— Ouais, ça va, répond-il brièvement, croquant dans un morceau de pain. Je n'ai rien de…

— C'est à cause de Jade, le coupe Ian.

Ethan le fusille du regard et je sens un pincement au cœur. Je savais qu'ils étaient proches tous les deux, mais pas au point que mon meilleur pote se confie à Ian plutôt qu'à moi.

Je fais l'air de rien et continue de les écouter.

— Ferme ta gueule, Ian. Ce n'est pas ça.

— Arrête. Tu crèves de jalousie.

— N'importe quoi…

— Ethan, tu vois rouge depuis que tu sais qu'elle a un copain.

C'est donc ça, le problème ? Jade a un mec ? Il faut dire que c'était sûr que ça allait arriver. Ethan n'avait rien de plus à lui offrir que des coups d'un soir, je comprends qu'elle ait décidé de le lâcher. À seize ans, on rêve d'autres choses que d'un mec incapable d'assumer ses sentiments.

— Elle couche avec qui elle veut, réplique-t-il sèchement. Je m'en fiche.

— Vous continuez de baiser même si elle a un mec ? demandé-je, intéressé.

— Non, répond Ian à sa place. C'est bien le problème.

Je vois les muscles de la mâchoire d'Ethan se crisper et il repose sa tartine à peine entamée sur la table avant de déclarer :

— Vous me soûlez. Je me casse.

Je me retrouve seul avec Ian. Je déteste ces confrontations, je ne trouve jamais rien à lui dire et, quand je le fais, ça sonne faux. J'ai presque réussi à toutes les éviter depuis l'accident, mais là, je suis à court d'idées. Je viens juste de descendre pour prendre mon petit déjeuner. Je ne vois aucune raison logique de remonter dans ma chambre maintenant.

Je baisse mon visage vers la table, faisant mine d'être concentré à beurrer ma tartine.

— Dis-moi ce qu'il se passe avec Lili.

— Rien de spécial.

— Elle est différente depuis le bal, reprend Ian, imperturbable. Depuis que ce connard a essayé de la toucher.

Ma main se crispe sur le couteau et je réponds distraitement :

— Elle a dû avoir très peur. C'est difficile de se remettre d'une agression.

— Ne me prends pas pour un con. Elle n'est pas effrayée, elle est en colère.

Je m'apprête à insister à propos de l'incident de sa soirée d'anniversaire, mais il ajoute durement :

— Contre nous.

Je crois qu'il sait. Je crois qu'il a deviné. Lui et Lili sont tellement proches qu'il a forcément senti que quelque chose avait changé en elle. Mais comment pourrait-il supporter une telle trahison ? Non, c'est impossible. Il ne peut pas avoir compris. Il n'a pas *bien* compris.

J'observe ma tartine, le cœur au bord des lèvres.

— Je n'ai plus très faim, dis-je alors que j'ai à peine entamé mon morceau de pain.

Ian lâche un rire amer. Il sait que j'évite encore une fois la confrontation, mais cette fois-ci ce n'est pas par rapport à lui. Ian a compris que je lui cache quelque chose à propos de sa sœur, et cette pression sur mes épaules devient de plus en plus insupportable.

Je lâche la tartine dans mon assiette et me lève. Les pieds de ma chaise grincent sur le carrelage en un bruit strident. Je sors de la cuisine et me dirige vers l'escalier, essayant d'ignorer le regard brûlant de mon cousin dans mon dos. Je monte les marches rapidement. Il est temps que je mette fin à cette mascarade. J'arrive dans le couloir et frappe deux coups secs à la porte de Lili.

Ma cousine ne répond pas et ça ne me surprend pas vraiment, alors j'entre dans sa chambre sans son accord. Bien que Lili essaie sans cesse de ressembler à Grace, la pièce dans laquelle elle vit n'a rien à voir avec celle de ma sœur. Sa chambre est désordonnée, des fringues traînent partout sur le sol et des objets inutiles s'accumulent en plusieurs tas difformes sur son bureau. Ses murs sont recouverts de différents posters de musique ou de films, ainsi que de nombreuses photographies – toutes écornées sur les coins – d'elle et ses copines. Même ma chambre n'est pas autant en bordel que la sienne. Au fond, je crois que ça reflète bien son état d'esprit : elle part en vrille.

Lili est allongée sur son lit, son ordinateur portable posé sur le ventre, et elle réagit à peine lorsque je me plante devant elle.

— Arrête de voir ce type, déclaré-je.

— Arrête de voir Neil, me réplique-t-elle sur le même ton.

— Je ne le vois plus.

— Pour combien de temps ? me demande-t-elle, amusée. Jusqu'à ce que tu sois à sec ?

— C'est lui qui ne veut plus me voir.

Ça ne répond pas vraiment à sa question, mais je ne savais pas quoi dire d'autre. Un sourire se dessine sur ses lèvres.

— Tant mieux pour toi, murmure-t-elle en continuant de fixer son écran d'ordinateur. À part de la drogue, je ne vois pas vraiment ce qu'il t'apportait.

Ça, ça fait mal. Je ne le montre pas et me contente de l'interroger en retour :

— À part faire chier tout le monde, qu'est-ce que t'apporte le fait de baiser avec l'ennemi ?

Cette fois, elle lève son regard vers moi, en me fusillant de ses grands yeux clairs. Elle déteste quand je parle comme ça. Quand je prétends qu'elle baise alors que, dans sa tête, elle doit juste faire l'amour et c'est magnifique et blablabla. C'est con, les gens amoureux.

— Ne le revois plus jamais.

— Tu n'es pas en position de me donner des ordres.

— Eh bien, vas-y ! Balance ce que tu veux ! Dis à ma mère que je me drogue. De toute façon, ça ne lui fera pas de mal d'ouvrir les yeux.

Je me tais, halluciné par ce que je viens d'oser dire. Lili se referme à son tour. Elle réalise l'absurdité de la situation, c'est-à-dire qu'elle est en train de me faire du chantage sur mon addiction pour se taper un Hamilton. Surtout, elle réalise que l'on ne s'écoute pas. Que l'on ne s'écoute plus dans cette famille. Comme un dialogue de sourds en permanence. Comme si chacun ne voyait pas plus loin que son petit malheur personnel. Tu parles d'une famille. Je crois que l'on n'a en commun que notre patronyme. Rien de plus.

— Tu ne comprends pas, rétorque Lili. C'est pour toi que je dis ça. Je n'en ai rien à faire que tes parents l'apprennent. Tout le monde le sait déjà, putain ! Ethan, Ian, ta sœur, Edward, et moi, ça ne te suffit pas ? Tu as besoin que la ville entière soit au courant que tu as un problème pour que tu te décides enfin à le régler ? Tu es pathétique.

— Je t'emmerde.

— Quelle répartie, ironise-t-elle. Tu n'es même pas foutu de tenir une soirée sans prendre ta merde.

— Et toi, pourquoi t'es-tu barrée avec ce type ? m'emporté-je à mon tour. Tu n'avais pas le droit ! On avait un accord !

— Je serais peut-être restée si tu avais été réglo, mais tu n'étais qu'une merde, Lior. Un pantin désarticulé... J'ai eu honte de toi. Je me suis barrée.

— Honte ? répété-je. Honte ? Tu es sérieuse, là ? C'est toi qui devrais avoir honte. Toi qui baises le cousin du type qui a foutu ton frère en fauteuil.

Je vois la couleur de ses yeux disparaître derrière ses larmes et je continue, trop énervé pour me souvenir que je déteste la voir pleurer :

— Tu peux penser ce que tu veux, que je ne suis qu'une merde pathétique qui mérite juste de crever d'une overdose. Sauf que la seule personne à qui je manque de respect, c'est à moi. Alors que, toi, tu manques de respect à toute ta famille. À ton frère handicapé, à celui en taule, à Grace qui s'acharne pour faire tenir cette famille debout, à Edward et Ethan qui font tout pour te protéger. Je ne sais même pas comment tu arrives à te regarder dans une glace. Tu es la honte de cette famille.

— Pour ce que vaut notre famille.

Je me tais, profondément blessé. Même si je le pense parfois, je n'oserais jamais le dire à voix haute. Elle n'a pas le droit de dire ça. Elle n'a pas le droit de me regarder dans les yeux après tout ce que je viens de lui dire. Elle devrait juste s'excuser et arrêter de voir le gorille. Elle devrait juste m'écouter et...

— Tu ne parles plus à Ian, reprend Lili. Tu ne fais plus attention aux problèmes d'Ethan et tu ne te rends même pas compte que ta sœur est en train de devenir complètement folle. Alors, ne me parle pas de respect dans cette famille, il n'y en a jamais eu.

Je la déteste, elle et ses grands yeux brillants, comme si elle avait tout vécu, tout compris. Elle est juste tombée amoureuse de la mauvaise personne et elle croit m'apprendre la vie. Personne n'a le droit de me donner des leçons de morale et surtout pas elle.

— Je suis plus forte que ce que tu penses, Lior. Je n'ai pas besoin de ta protection ou de celle de notre famille. Noah ne me fera jamais de mal.

— Ne prononce pas son nom devant moi.

Elle sourit et ça me révolte encore plus.

— C'est un Hamilton, continué-je, d'une voix dure.

— Je le sais.

— C'est interdit.

— Les règles sont faites pour être brisées.

Je me tais. À cet instant, je la hais au point de vouloir lui cracher à la figure. Je la hais, parce que je ne vois aucune once de doute dans son regard, comme si elle savait pertinemment ce qu'elle faisait, alors que moi, je suis juste paumé.

Paumé et terrifié.

Daël Hamilton

Je repose mon verre de whisky sur la table tout en lançant un coup d'œil à mon père. On est tous les deux au Princess Louise, assis dans l'un des salons privatifs de ce pub victorien, l'un des plus vieux de la capitale. On est installés en face de trois riches hommes d'affaires aux crânes dégarnis. Des Russes qui désirent faire du business avec notre groupe.

On leur a donné rendez-vous ici pour faire genre. On est habillés en smoking de marque pour faire genre. On fume leurs cigares pour faire genre. Et tout ici fait *genre*. Genre, je me prends pour ce que je ne suis pas : un gentleman. Genre, je te prends pour ce que tu es : une merde.

Je passe la langue sur mes dents pour savourer encore une fois le goût de whisky imbibé dans mes gencives. Je pourrais autant reprendre un verre, mais ça n'entre pas dans le protocole. Ça ferait pochtron. Pas que je ne le sois pas, mais surtout je ne dois pas le montrer. Je ne dois rien montrer. À part que cet entretien m'intéresse, ce qui est, évidemment, loin d'être le cas.

Peu importe. Je sors deux, trois phrases bien placées, parce que je vois bien que mon père me fait de l'œil pour m'être absenté cinq minutes de la conversation. Ils repartent de plus belle sur un nouveau sujet. Lorsque j'entends le grand Miles Hamilton se lancer dans un long monologue, je me permets de retourner à mes pensées.

Mon regard s'attarde sur la pièce dans laquelle on se trouve. Les bars victoriens sont tout en finesse et en grossièreté en même temps. Les hauts plafonds sont ornés, le mobilier, en acajou, et les murs, recouverts de carreaux de faïence colorés et exotiques. Tout y est sombre, même la lumière de la fin de journée s'infiltre difficilement par les vitraux colorés. La plupart des hommes sont en costard-cravate et les femmes, en tailleur. Ils font tous *genre*.

Parfois, je rêverais juste de me lever de cette chaise, de leur balancer mon verre à la gueule et de leur hurler de se réveiller. De leur hurler qu'ils confondent tout. Qu'ils confondent réussir et écraser. Qu'ils confondent travailler et s'acharner. Qu'ils confondent aimer et posséder. Je voudrais leur dire tout ça, mais les mots restent coincés dans ma gorge. Je les ravale. Un par un. Avec une gorgée de whisky. Avec trop de gorgées de whisky.

Mon regard s'arrête soudainement sur une silhouette familière franchissant la partie privée du bar. Mon sang ne fait qu'un tour. Comme si sa seule direction à présent était mon cerveau. Je bous de l'intérieur, sentant ma peau me brûler et mes muscles se contracter sous la colère.

Grace Rosenbach.

Elle vient d'entrer dans le bar. Elle porte un tailleur sobre et chic, pantalon et veste noire. Ses longs cheveux blonds sont remontés en un chignon serré, mais quelques mèches bouclées s'en échappent pour encadrer son visage de garce. Elle sourit, dévoile une blanche et parfaite dentition. Elle est accompagnée d'un homme en costard d'une quarantaine d'années. Un associé de leur banque, probablement. La plupart des rendez-vous ici sont professionnels. Je ne pense pas qu'elle se taperait quelqu'un d'aussi vieux.

J'avale ma salive avec gêne, lorsque je la vois s'installer avec cet homme à quelques tables de nous. Bien sûr, elle ne m'a pas encore vu. En revanche, son entrée a été remarquée, et je sens mon père se crisper à mes côtés.

Je me retourne vers lui et il pose légèrement sa main devant la bouche pour me murmurer ces quelques mots :

— Débarrasse-nous d'elle.

J'acquiesce, puis prétexte le besoin d'aller aux toilettes devant les trois hommes d'affaires, qui sont loin de s'imaginer ce qu'il se passe. Quand bien même, je ne suis pas sûr qu'ils en aient quelque chose à faire.

Je me lève et rejoins sa table. Cette fois, elle m'a reconnu. J'aperçois son sourire se retourner vers le bas. Je passe devant leur table et en profite pour en tapoter le bois avec mes doigts. Je ne me retourne pas vers eux, mais je sens du mouvement derrière moi et je sais qu'elle me suit.

Je continue de m'éloigner, Grace Rosenbach sur mes pas, jusqu'à ce que je me retourne brusquement pour lui faire face.

— Dégage d'ici.

— C'est une zone libre, réplique-t-elle.

— J'y étais avant, donc tu pars. C'est la règle.

Je vois ses lèvres se relever en un doux sourire qui me fait sortir de mes gonds. J'essaie de ne pas le laisser transparaître, et elle me répond :

— Il n'y a plus de règles, Hamilton.

— Tu dis ça par rapport à ce qu'on a fait à ton frère ?

Cette fois, elle ne sourit plus.

— C'est vous qui avez commencé avec Noah, enchaîné-je.

— Si on n'était pas intervenus à temps, il aurait pu s'en prendre à Lili.

Je n'ai jamais cru le fils Rosenbach quand il prétendait qu'ils s'aimaient. Je ne la crois pas non plus. Je ne sais pas ce qu'il se passe entre ces deux idiots, mais ce n'est certainement pas une agression ratée qui aurait donné envie à Lili de revoir mon cousin.

Je chasse cette pensée de ma tête. Je ne veux pas savoir ce qu'ils ont fait, cette nuit-là.

— Jusqu'à preuve du contraire, le seul détraqué sexuel vient de ta famille, fais-je remarquer.

— Vous avez su convaincre les juges, pas nous.

Je n'ai même plus envie de me battre sur ce sujet, alors je ne lui réponds pas. Grace finit par jeter un coup d'œil derrière elle. Probablement pour s'assurer que son rendez-vous l'attend toujours à sa table.

— Qu'est-ce que tu me veux, Hamilton ? Je ne bougerai pas d'ici et tu le sais très bien. De quoi voulais-tu me parler ?

— Je sais que tu as prévu de te venger pour ce qu'on a fait à ton frère.

— Vous l'avez torturé.

— Il n'a pas besoin de moi pour se torturer.

Elle soupire, avant de reprendre, un air amusé sur sa sale face :

— Tu as peur de notre vengeance ?

— Je ne veux pas qu'elle tombe sur quelqu'un d'autre que…

— Toi ? me coupe-t-elle. Ne t'inquiète pas pour ça. C'était déjà prévu.

Je reste un instant déconcerté devant elle. C'est la première fois qu'une vengeance est tournée contre moi, je veux dire, directement. D'habitude, on passe par l'entourage. Pas nous deux. Jamais. Aucun Hamilton n'oserait s'attaquer à Grace Rosenbach tout comme aucun Rosenbach n'oserait s'attaquer à Daël Hamilton. Sauf elle, bien sûr, parce qu'elle n'a peur de rien. Cette fille est un bloc de glace. Je crois qu'il n'y a rien à l'intérieur. Je crois que le froid et l'indifférence ont gelé son âme.

— Je ne sais pas ce que tu as prévu de me faire, mais sache que…

— Je n'ai rien prévu, Daël, m'interrompt-elle. Je n'ai pas besoin de faire quoi que ce soit. C'est ce qui est le plus jouissif dans ta destruction.

— Qu'est-ce que tu racontes ?

— Je sais que ton père va crever et que tu vas bientôt être promu P-DG. Par la même occasion, tu vas tirer un trait sur ta vie. Tes cousins, tes plans cul, tes soirées. Tu vas devoir bosser comme un acharné jusqu'à ta mort.

Cette garce continue en se rapprochant de moi :

— C'est la fin de ton insouciance, Daël. La fin de cette vie que tout le monde t'envie alors qu'elle te file entre les doigts et que tu ne pourras jamais rien faire pour la retenir. Tu vois, pour moi, c'est la souffrance la plus cruelle qui puisse t'être infligée. Alors… bonne chance avec ça.

Elle pose sa main sur mon épaule et tout son être me répugne au point que je me mets à trembler. Je ne peux rien répondre, parce que – merde – elle a raison. Elle a tellement raison que je sens mes yeux me piquer et ma gorge se serrer. Je ne veux pas finir comme mon père. Je ne veux pas traîner dans ce genre de bars le dimanche soir. Je ne veux pas de cette vie. Je ne veux rien de tout ça. De ce fric. De ce patronyme. De cette haine ridicule. Je veux m'enfuir. Je veux partir loin d'ici.

Grace est retournée à sa table et je la vois s'installer en s'excusant poliment auprès de son interlocuteur.

Mon cœur bat à une vitesse folle. Si je ne retournais pas à l'intérieur ? Si je séchais notre rendez-vous avec les Russes ? Si je me contentais de partir ? Comme je l'ai toujours rêvé. Je suis à deux doigts de faire la plus grosse connerie de ma vie. Je suis à deux doigts de tout planter. De tout foutre en l'air. De tout casser. Juste pour le plaisir. Juste pour la beauté du geste.

Est-ce que je peux vraiment abandonner mon père ? Est-ce que je serais capable de lui faire un tel affront ? Je ne sais plus quoi faire. Je reste debout, les pieds plantés dans le sol et l'esprit à l'abandon. Je vois Grace se redresser légèrement sur sa chaise. Dans ses yeux, je crois que je vois de la peur. Je crois qu'elle a peur de me voir partir. Elle a peur que je l'abandonne toute seule dans cette vie qu'elle ne veut pas non plus. Elle a peur de m'avoir ouvert les yeux sur quelque chose qui l'effraie peut-être plus que moi. Elle a peur de mon choix. J'ai peur de mon choix.

Qu'est-ce que je fais ? Qu'est-ce que je *dois* faire ? Mon corps entier se met à vibrer et mes pieds restent cloués au sol. Je ne sais pas ce que je veux faire de mon existence. Je ne sais pas si je veux reprendre la société. Je ne sais pas si je veux construire la même vie que mon père. Je ne sais pas. La seule chose que je sais, maintenant, c'est que je ne veux pas être là.

Je tourne les talons. Enfin, mes jambes se meuvent et je sors du bar, comme ça, comme si c'était facile. Je me mets à courir, sans vraiment réfléchir. Je l'ai fait. Je suis parti. Je suis vraiment parti. Mes foulées s'allongent, mes cheveux sont secoués par le vent glacé de Londres et je crois que ce sont des larmes de joies qui naissent dans mes yeux.

Je cours, je cours toujours plus vite, sans avoir l'impression d'aller quelque part, mais en sachant que je m'éloigne de ce dont je ne veux pas. Et c'est déjà pas mal.

J'ai envie de hurler au monde que je suis libre, même si je sais que c'est seulement pour une nuit. Probablement que, demain, tout redeviendra comme avant. Peu importe. J'ai cette nuit, juste pour moi. Je veux en faire ce que je veux.

Je sors mon portable de ma poche et fais le premier truc qui me vient à l'esprit.

Je lui envoie un message.

🖂 **SMS de** Grand méchant loup **à** Boucles d'or
23 h 31. Cap ou pas cap ?

🖂 **SMS de** Boucles d'or **à** Grand méchant loup
23 h 31. De quoi ?

🖂 **SMS de** Grand méchant loup **à** Boucles d'or
23 h 31. Franchir la colline, comme dans ta chanson.

🖂 **SMS de** Boucles d'or **à** Grand méchant loup
23 h 32. Comment ?

🖂 **SMS de** Grand méchant loup **à** Boucles d'or
23 h 33. Fuis avec moi, cette nuit.

🖂 **SMS de** Boucles d'or **à** Grand méchant loup
23 h 41. OK.

🖂 **SMS de** Grand méchant loup **à** Boucles d'or
23 h 41. Je te récupère au pont dans 20 minutes.

Chapitre 10

Lior Rosenbach

On roule à fond sur l'autoroute. Hamilton a ouvert le toit de sa voiture, et le vent est si fort sur mon visage que je ne peux rien faire d'autre que de respirer à m'en crever les poumons. On ne peut même pas parler à cause du bruit, mais je ne crois pas que Hamilton en ait vraiment envie, ni même qu'il ait quelque chose à me dire.

Je ne sais pas pourquoi il m'a envoyé ce message. Je ne sais pas non plus pourquoi j'ai accepté. La situation est tellement étrange qu'aucun de nous deux n'a vraiment envie de la commenter. Alors, on s'en fout. On roule depuis déjà trente minutes, sans parler, sans se regarder et sans savoir où on va. Enfin, si. Lui, je suppose qu'il sait où il va, car il a l'air de suivre des panneaux depuis tout à l'heure, mais je n'ose pas lui demander plus d'informations. Dans le fond, je préfère qu'il se concentre sur la route, vu la vitesse à laquelle on roule. Je ne dis rien. Je me contente de fermer les yeux. Je me sens bien pour une fois.

Après plusieurs minutes, je sens la voiture ralentir et réalise que l'on a quitté l'autoroute. Je regarde le paysage pour voir où on est et il me semble reconnaître Brighton, une ville au sud du pays plutôt appréciée dans la capitale et connue pour ses plages de galets. J'y allais souvent quand j'étais enfant. Je souris, ça m'amuse de repenser à cette période de ma vie, tout y était plus simple.

La voiture s'arrête sur un parking quasiment désert et Hamilton coupe le moteur. Il se retourne brièvement vers moi, puis sort de sa bagnole sans un mot. Je le suis, même si je me demande de plus en plus ce que je fais ici. Je viens de croiser son regard et j'ai vu ses yeux rouges. Il a pleuré. J'en suis sûr. Ça me fait réaliser que j'aurais peut-être dû me poser plus de questions sur cette fuite précipitée.

Je continue de le suivre jusqu'à la plage et on s'arrête à quelques mètres de la mer, là où l'on peut voir les vagues s'échouer sur les galets en un bruit apaisant. On s'assoit sur le sol, presque au même moment, comme si on avait décidé d'un commun accord que c'était l'endroit parfait pour y rester la nuit. Juste en face de nous, on aperçoit une masse de fer rouillée qui s'avance dans la mer. Ce sont les restes du *West Pier*, un ancien bâtiment qui a succombé à plusieurs incendies. Il n'en reste aujourd'hui que le squelette. Un squelette sombre et imposant.

Hamilton attrape les galets pour les jeter au loin, alors je me lance, sans trop savoir pourquoi.

— Tu sais, tout à l'heure, quand tu roulais à fond, je me suis dit qu'on allait avoir un accident. Genre, un grave, où l'on risquait de mourir… mais ça ne m'a pas fait peur.

Il se retourne vers moi et je percute ses yeux bleus que je suis incapable de déchiffrer. Je percute tout son être, en fait, réalisant seulement maintenant qu'il est assis juste à côté de moi. On n'a encore jamais été aussi proches l'un de l'autre, à l'exception de ma crise d'angoisse, mais je n'étais pas vraiment en état de réagir à quoi que ce soit à ce moment-là. Mes yeux se posent sur lui. Sur sa peau légèrement dorée, ses cheveux châtains qui lui tombent sur le front, son profil élégant, comme si chaque élément de son visage s'était harmonieusement installé là où il fallait être, le rapprochant d'une écœurante perfection.

Je continue en tournant mon regard vers l'horizon :

— Quel genre de vie je mène si je supporte aussi bien l'idée de ma propre mort ?

Ma question le laisse un instant déconcerté, puis il finit par murmurer en se retournant à son tour vers la mer :

— Le même genre de vie que la mienne.

Je trouve ça tellement triste comme réponse que je ne trouve rien d'autre à ajouter. Je ne sais pas quoi lui dire, je ne sais pas quoi faire, je ne sais même pas pourquoi je l'ai suivi.

Hamilton s'allonge sur les galets, les yeux plantés dans le ciel étoilé, et je suis son mouvement en prenant soin de mettre assez de distance entre nos deux corps.

Je me retourne vers lui et murmure du bout des lèvres :

— Tu peux la mettre ? Notre chanson.

Daël Hamilton

Je crois qu'il vient de me provoquer une crise cardiaque. *Notre* chanson ? Je sens mon cœur qui essaie de repartir après cet arrêt brutal et inattendu. Je plonge ma main dans la poche de mon manteau pour en sortir mon portable. Je vois s'afficher sur l'écran tous les appels en absence de mon père et les messages qui s'accumulent dans ma boîte vocale. Je les ignore même si je sens un pincement au cœur, cette connerie m'a quand même ramené à la réalité. Je vais vraiment passer un sale moment en rentrant.

Je regarde Rosenbach et réalise que, lui, il s'en fout d'être là ou pas. Que personne ne va le tuer pour avoir fui toute une nuit alors que mon père va mourir en me détestant. Ça me soûle. Ça me rappelle pourquoi on est si différents tous les deux et pourquoi je le déteste au plus profond de moi.

J'empêche un rire de s'échapper de mes lèvres. Au fond, ce n'est pas de la haine que je ressens pour lui, mais de la jalousie. Une putain de jalousie qui me bouffe les entrailles et me fait perdre la tête.

— Tu ne veux pas la mettre ?

Je me retourne vers lui, me remémorant soudain sa demande. Je n'en sais rien si je veux la mettre ou même si je veux prétendre que l'on a une chanson.

— Pas grave, laisse tomber.

Rosenbach repose sa nuque sur les galets et regarde les étoiles. Je fais de même. J'ai froid, mais regarder le ciel m'apaise. Je n'en reviens pas, que j'ai osé faire ça. Que je suis parti. Que j'ai laissé mon père en plan au Princess Louise. Que j'ai roulé jusqu'ici. Que j'ai emmené le fils Rosenbach dans ma fuite. Que j'aime ça. Cette sensation. Cette liberté. Ce goût d'interdit.

Alors, juste, merde. Je prends mon portable et sélectionne la musique : *Everybody Hurts*, celle que l'on a écoutée sur le pont, la dernière fois.

Le fils Rosenbach se tourne vers moi, et je crois lire un « merci » dans son regard. Je souris même si je réalise que ça devient grave si l'on arrive à communiquer sans parler. Je replace ma nuque contre les galets pour me concentrer sur l'Univers. Je me sens tellement petit face à cette immensité. Tellement misérable et tellement remis à ma place.

Je me crispe au contact de ses doigts. Il vient de m'effleurer la main. Je pense qu'il ne l'a pas fait exprès, car je sens son corps se contracter à mon toucher… sauf qu'aucun de nous deux ne prend l'initiative de bouger. On reste là. Comme ça. Sans parler. Avec nos mains l'une à côté de l'autre. Ce n'est qu'un effleurement, presque rien, on se touche si peu que l'air passe encore entre nos deux peaux, mais c'est là quand même. Cette chaleur. Je la sens si fort que ma main semble être la seule partie de mon anatomie à réagir.

Je ne le regarde pas. Je ne veux pas le regarder. Je ne veux pas comprendre ce qu'il se passe. C'est tellement absurde qu'il puisse me retourner le cerveau juste en effleurant ma main. Tout semble irréaliste à côté, toute cette violence, toute cette rancœur, ce conflit que l'on n'arrive même plus à justifier.

Je crois que notre point commun n'a jamais été la haine, mais la douleur qu'elle engendre. Et cette souffrance s'efface un peu quand on est ensemble. Elle n'a aucune raison rationnelle de s'effacer, mais elle le fait. Lentement. Doucement. Sûrement.

Lior Rosenbach

J'ignore depuis combien de temps sa main effleure la mienne. Le contact est tellement inattendu, incohérent, effrayant… Doux ? Je suis perdu. J'ai l'impression que sa main est la seule chose qu'il me reste pour m'accrocher à la réalité. Et encore, je ne suis pas sûr que ce soit réel. Il n'y a jamais rien eu qui m'ait fait planer comme ça, pas même la drogue. Alors, ce n'est pas sa main, ce n'est pas cette musique, ce n'est pas cette nuit et ce n'est pas son souffle régulier qui vont m'emmener là où je n'ai jamais pu aller.

Je ne peux pas laisser ça arriver. Je ne peux pas laisser cette atmosphère m'envahir, parce que ce n'est qu'un mirage et que je ne veux pas souffrir de cette illusion.

Je me relève brusquement.

Daël Hamilton

Un spasme me secoue lorsque je sens sa chaleur s'éloigner, lorsque tout s'écroule soudainement et que cet imbécile se relève pour se remettre debout. Ma main est vide de tout contact. J'ai même l'impression qu'elle se glace sous l'effet du vent.

— On va se baigner ?

Je regarde Rosenbach avec des yeux ronds, pas certain de comprendre sa question. Il est malade, ce type. On est en plein mois d'avril. L'eau doit être glaciale et on n'a rien pour se sécher.

— D'accord.

Je crois que je suis encore plus con que lui. Ou alors c'est lui qui me rend con.

Enfin, peu importe. Il me donne envie de le suivre.

Lior Rosenbach

Un cri d'effroi s'échappe de mes lèvres lorsqu'une vague s'échoue au niveau de mes genoux. Je suis frigorifié. J'ai l'impression que je pourrais m'évanouir tellement j'ai froid. Je me retourne vers la plage. Hamilton n'a mis que les pieds dans l'eau et il me regarde comme si je faisais le truc le plus stupide de toute ma vie. C'est peut-être le cas, d'ailleurs. C'est totalement suicidaire de se baigner dans la Manche à cette période de l'année. Même en été, c'est difficile, alors à la sortie de l'hiver…

Mon regard se perd sur le corps dénudé de l'héritier, sur ses abdominaux dessinés sous sa peau, ses muscles contractés à cause du froid. Il est juste en caleçon et il hésite à me rejoindre. Je vois la lune éclairer sa poitrine, et ma tête se met à tourner.

Non, il faut vraiment que je me calme. Il faut que je me refroidisse. Maintenant.

Je plonge totalement sous l'eau.

Daël Hamilton

Rosenbach disparaît dans les vagues et son nom s'échappe de mes lèvres. Il est fou, l'eau est bien trop gelée pour s'immerger complètement. Il ne remonte pas. Je m'enfonce un petit peu plus loin dans la mer, sentant l'inquiétude remonter jusque dans ma gorge. Je reste fixé sur l'endroit où il a disparu, n'apercevant que l'ondulation régulière de la mer.

Le bon Dieu a-t-il décidé de me faire accuser de sa mort chaque fois que nos chemins se croisent ?

J'avance encore un peu, avec l'impression de recevoir des coups de poignard dans les jambes. Je trébuche contre les galets sous mes pieds. L'eau est si froide qu'elle me brûle la peau. Étrange paradoxe qui reflète bien cette nuit insensée.

— Rosenbach ? appelé-je dans le vide.

Je vois soudainement sa tête brune remonter à la surface, et le poids dans ma poitrine est tout de suite plus léger.

— Putain d'sa mère ! hurle-t-il en revenant vers moi en courant. C'est trop froid !

— Pourquoi est-ce que tu as plongé ? Tu le cherches aussi !

— Je ne sens plus mes couilles !

Je le regarde et éclate de rire. J'en ai presque un sursaut. Ça faisait tellement longtemps que je n'avais pas entendu mon rire que je me demande si ce son rauque qui est sorti de mes lèvres m'appartient réellement.

Le fils Rosenbach finit par s'arrêter, restant à quelques mètres devant moi. Je n'ai vraiment pas la force de le rejoindre. L'eau lui arrive à la taille. La zone sensible. Je n'ose même pas m'imaginer à sa place.

— Merde ! jure-t-il. Je pourrais chialer tellement j'ai froid.

Son corps entier est pris de spasmes violents. Même de ma position, je vois ses lèvres bleuies par le froid. Qu'il est con… L'eau coule de ses boucles, glissant le long de son torse éclairé par la lumière de la lune. Et qu'il est beau, bordel.

— Je crois que je suis en hypothermie, Hamilton.

— Mais sors de l'eau ! m'exclamé-je.

Les vagues continuent de s'échouer sur mes mollets et je ne comprends même pas ce que lui fout encore là-bas.

— Dépêche ! insisté-je. Moi aussi, je veux sortir !

Le fils Rosenbach me rejoint, lentement et en grimaçant à chaque pas. Les gouttes d'eau continuent de dégouliner de ses bouclettes brunes, traçant leur route le long de son cou, puis de sa poitrine, pour finir par s'échouer jusqu'à sa taille. Je vois l'élastique de son boxer ressortir peu à peu de la surface, à mesure qu'il se rapproche de moi. Je déglutis péniblement.

Ça fait trop longtemps que je n'ai pas baisé. Je remercie presque la nature de nous avoir offert une eau aussi froide, car je ne suis pas certain que j'aurais pu contrôler mon corps dans le cas contraire.

— C'était une mauvaise idée, déclare Rosenbach en arrivant à ma hauteur.

— C'était *ton* idée.

— Ça ne change rien au fait qu'elle était mauvaise, réplique-t-il.

Je veux répondre quelque chose, mais il se jette sur moi. Je veux dire, littéralement. Moi aussi, je crois. On se jette dans les bras l'un de l'autre, comme un noyé se jetterait sur une bouée de sauvetage. Son torse mouillé rencontre le mien et je sens ses doigts s'enfoncer dans la peau de mon dos. Mes bras se resserrent autour de son corps sans trop savoir pourquoi.

On s'en fout, non ? Que ce ne soit pas cohérent ? Que ce ne soit pas bien ? C'est bien pour ça que je suis parti. Pour m'en foutre. De tout. Juste une nuit.

Ma main glisse sur la courbe de son dos. Sa peau est glacée, mais je crois qu'elle s'embrase au contact de mes doigts. Son visage s'enfonce un peu plus dans mon cou. Ses bras me serrent contre son torse. Son souffle sur ma nuque s'intensifie et je crois que j'en perds le mien.

— Pourquoi voulais-tu t'enfuir, Hamilton ?

Sa question me laisse comme un con. Je ne pensais pas qu'il oserait me la poser.

Pourtant, il continue en me serrant toujours un peu plus fort contre lui :

— Qu'est-ce qu'il se passe ?

— Ma vie, murmuré-je. Il y a ma vie qui passe et je ne peux rien faire pour l'arrêter.

— Comme le commun des mortels.

— Le commun des mortels n'a pas ma vie.

Je le sais bien. Je sais que personne n'a sa vie et que personne ne voudrait l'avoir. Je suis bien placé pour le savoir. Moi qui, chaque jour, remercie le ciel d'être le deuxième de ma famille. Alors, qu'est-ce que je peux lui dire ? Je n'ai pas l'habitude de réconforter les gens. Et puis, c'est un Hamilton. Ce n'est pas comme si c'était mes affaires… Alors, pourquoi est-ce que je le serre dans mes bras ? Ce n'est pas une case qu'il me manque, mais un cerveau tout entier.

— Mon père va mourir, reprend-il.

— Je sais.

— Je vais être promu P-DG de la société.

— Je sais.

— Je n'en ai pas envie.

— Je sais.

On reste silencieux. On est juste serrés l'un contre l'autre, comme si on était une seule et même personne. Les vagues continuent de nous briser les jambes et le monde continue de tourner, sans nous. Comme il l'a toujours fait, en réalité.

— Qu'est-ce qu'il a ? demandé-je. Ton père ?

— Lymphome.

— Je ne suis pas médecin.

Je le sens sourire contre ma peau, puis il me répond :

— C'est un cancer des ganglions… Il est tellement pourri de l'intérieur que son propre sang est en train de le détruire.

J'entends la haine dans sa voix et je le serre encore plus fort contre moi. Je le comprends. Bien sûr qu'on leur en veut à nos parents de nous avoir fait naître ici. Dans ce conflit de merde et dans toute cette colère. Dans ce fric et dans cette jalousie. Dans ce trop-plein de paraître et d'indifférence. J'en veux même à la terre entière d'avoir reçu cette vie. J'en veux au monde de ne rien aimer et de ne rien vouloir. Et je lui en veux un peu à lui aussi, de me ressembler, parce qu'il me montre à quel point je suis banal et pathétique.

Il frissonne contre ma peau et je réalise soudainement que je suis un foutu bloc de glace.

— C'est très émouvant tout ça, murmuré-je. Mais si on allait crever autre part ?

L'héritier rit contre ma peau et on relève tous les deux le visage. On n'est plus l'un contre l'autre. On est l'un en face de l'autre. Ça me fait bizarre.

— J'ai tellement froid, commenté-je.

Hamilton me regarde, un sourire apparaît sur ses lèvres pincées.

— Tu es un abruti.

— Tu m'as suivi.
— Moi, je n'ai pas plongé, me fait-il remarquer.
Donc là, comme l'idiot que je suis, je passe ma jambe droite derrière les siennes et je le fais tomber dans l'eau. Sauf que ce con était bien accroché et que je m'affale avec lui. C'est presque plus douloureux que la première fois. Ce froid qui s'immisce dans les parties sensibles du visage ; les narines, les paupières, les gencives. C'est atroce. Je sens Hamilton se débattre sous moi et je m'éloigne de lui pour remonter à la surface. Il met plus de temps à le faire, j'en profite pour partir en courant, parce que je sais pertinemment qu'il va me tuer.
Je l'entends déjà hurler derrière moi :
— Rosenbach ! Tu es un homme mort !
Je continue de courir dans l'eau, mais avec la force des vagues et mes jambes paralysées par le froid, ça se révèle plus difficile que prévu. Je trébuche, presque à chaque pas, m'enfonçant dans l'eau.
Hamilton n'est pas prêt de me rattraper, je l'entends jurer dans mon dos et je sais qu'il a autant de mal que moi à avancer.
— Sérieux, la prochaine fois qu'on se croisera au pont, je te pousse dans le vide. Tu m'as compris ?
Je m'arrête pour me retourner vers lui et je répète, halluciné :
— La prochaine fois ? Tu as prévu de me revoir ?
Ses yeux se plissent sous l'effet de la colère et il rectifie aussitôt :
— Non. Je vais te tuer MAINTENANT.
Je me remets à courir et sors enfin de l'eau. Le vent fouette ma peau nue et je m'arrête là où on a abandonné nos affaires, essoufflé. Mes poumons sont sur le point d'éclater à cause de l'effort et de l'air glacial qui y pénètre. Je suis tellement absorbé par ma lente agonie que je n'entends pas Hamilton arriver derrière moi.
Je tombe sur la plage de galets, percuté de plein fouet. J'ai juste le temps de passer sur le dos pour me mettre face à lui.
— Pourquoi as-tu fait ça ? me demande-t-il.
Je déglutis. Ce con est à demi allongé sur moi. Beau comme un dieu, en caleçon et trempé. Si c'est comme ça qu'il veut ma mort, il l'aura.
— Pour rire. Détends-toi.
— Ce n'est pas drôle. Il gèle dehors, et on n'a rien pour se sécher.
— Tu penses trop, Hamilton. Agis dans l'instant présent.
— Crois-moi, tu ne veux pas que j'agisse dans l'instant présent.
— Pourquoi ? Tu penses à m'égorger ?
Il fixe mes lèvres pendant trois secondes qui me semblent interminables, puis il lâche :
— Non, pas à *ça*.
Hamilton ne me laisse pas le temps de répondre et se relève pour se

remettre debout. Je reste allongé, inerte. Je ne suis pas sûr d'avoir compris l'insinuation. Enfin si, je crois que j'ai très bien compris, justement. Ce que je ne comprends pas, c'est ma réaction. J'ai tellement chaud tout d'un coup que je repense sérieusement à aller me jeter dans la mer.

— Debout, Rosenbach. On va mettre le chauffage dans ma bagnole.

L'héritier s'éloigne et je suis toujours allongé sur le sol. Il faut vraiment que je réagisse, mais j'en suis incapable. Est-ce qu'il a vraiment insinué qu'il voulait m'embrasser ? Bon sang. Je revois son regard brûlant se poser sur mes lèvres.

— Rosenbach ! s'exclame Hamilton. Je sais que tu aimes frôler la mort tous tes putains de week-ends, mais j'ai autre chose à foutre.

Je me relève lentement et le vent d'hiver qui s'échoue sur mon visage me ramène brusquement à la réalité. Je passe une main dans mes cheveux et des gouttes d'eau se mettent à couler le long de mon dos, m'extirpant un énième frisson.

Je suis debout, devant Hamilton. Il est en train d'enfiler son pantalon, enfin… son bas de smoking, et les muscles de ses bras sont tendus par l'effort et le froid. Il grimace à cause du vent, puis finit par remonter son pantalon jusqu'à la taille, me privant de la délicieuse vision de son entrejambe. Il ramasse sa chemise et l'enfile lentement. J'ai l'impression qu'il cherche à me torturer, mais je suppose que ses mouvements sont juste ralentis par la fraîcheur de notre baignade.

— Tu peux arrêter de baver sur mon corps ?

Oups.

— Dans tes rêves, Hamilton. Je ne tape pas dans cette came-là, moi.

— Oui, je connais ta came, Rosenbach.

— Non. Je voulais dire…

— Tu voulais dire ?

— Tu n'es pas mon genre.

— C'est quoi ton genre ? Les dealers des bas quartiers qui te tapent dessus ?

Je ne réponds pas, préférant ne pas engager cette conversation. Il me toise du regard, remarquant probablement que je suis toujours en caleçon.

— Habille-toi.

Je ne sais pas pourquoi je lui obéis à cet instant précis, mais j'ai froid, alors je me contente de me baisser sur le sol pour attraper mon jean.

Je l'enfile alors qu'il reprend :

— Sérieusement, c'est quoi ton genre ?

— Je ne sais pas, rétorqué-je en haussant des épaules. Tout sauf toi.

Il rit.

— C'est précis. Tout sauf moi.

— Et toi ? Ton genre ?

— Eh bien, dit-il en faisant semblant d'y réfléchir. Tout sauf toi, moi aussi.

— Il y a une sacrée incompatibilité entre nous deux.

Je le vois sourire de nouveau et je ramasse mon sweat que j'enfile par-dessus mon torse gelé. La sensation du vêtement sur ma peau nue me fait un bien fou. Je remonte la capuche sur ma tête pour protéger mes cheveux mouillés du vent.

— Elle existait avant notre naissance, reprend Hamilton en enfilant sa veste de costard par-dessus sa chemise.

— De quoi ?

— Notre incompatibilité.

Il plante ses mains dans ses poches de pantalon et commence à marcher vers le parking. Je le suis, sans commentaire. Hamilton ouvre sa voiture, referme le toit et met le chauffage au maximum, tandis que je me glisse sur le siège passager.

Comme ça, sans trop réfléchir, je me décide enfin à lui répondre :

— « Existait », je ne crois pas, mais « créée », oui, elle l'a été avant notre naissance.

— Ça ne revient pas au même ?

— Tout dépend si l'on décide de respecter les règles.

Il me lance un regard en coin. Je vois une lueur indescriptible, pendant une seconde, jusqu'à ce que ses yeux se voilent légèrement et qu'il lâche sourdement :

— Tu n'es qu'un gamin. Tu ne peux pas comprendre.

— Comprendre quoi ?

— Que les règles sont là pour être respectées. Sans elles, ce serait le chaos.

— Et que penses-tu des règles qui instituent le chaos ?

Il ne répond pas et je vois sa main se resserrer sur le levier de vitesse.

— On devrait rentrer à Londres.

— Pour que tu reprennes ta vie emmerdante et chiante à mourir ? lui demandé-je. Vas-y, je te regarde faire.

— J'ai des responsabilités.

— Et un libre arbitre ?

Hamilton démarre le moteur et je laisse tomber, ce gars ne voudra jamais rien entendre, il a été programmé comme ça à sa naissance… tout comme Grace.

— Parler de libre arbitre est assez mal venu de ta part, dit-il lorsque l'on sort du parking.

— Pourquoi ça ?

— Parce que tu n'en as pas assez pour arrêter de te droguer.

Il s'arrête à un feu rouge et me regarde dans les yeux, comme pour me montrer qu'il ne dit pas ça en l'air ou pour me provoquer. Comme s'il… s'inquiétait pour moi ?

— Ce n'est pas le libre arbitre qu'il me manque pour arrêter, rétorqué-je.

— Quoi alors ?

— Du courage, je suppose.

Hamilton acquiesce. Lui aussi, je crois qu'il en manque pour s'échapper de cette vie merdique et déprimante. Je le comprends. Ce n'est pas si facile. Je ne sais même pas où ça se trouve, ce courage-là. Je ne sais même pas si ça existe vraiment.

Il commence à accélérer, mais il ne va pas aussi vite qu'à l'aller.

— On peut brancher ta musique dans la voiture ?

Il se tourne vers moi et m'interroge, d'un air blasé :

— Quoi ? Tu veux encore l'écouter ?

— Je veux tout écouter. Toute ta musique.

— Je croyais que tu étais quelqu'un d'exclusif.

— Le courage, ça commence par changer ses habitudes, non ?

Il a l'air d'approuver ma remarque et glisse sa main dans son pantalon de smoking. Il en ressort son portable et le connecte à la chaîne hi-fi de sa bagnole.

— Qu'est-ce que tu veux écouter ? me demande-t-il.

— Ce que tu veux.

Il sourit et lance une chanson, au hasard. Les premières notes résonnent et je colle mon front contre la vitre de la voiture, me contentant de regarder le paysage défiler sous mes yeux sans relancer la conversation.

On a roulé toute la nuit, la musique à fond. Je crois qu'il a fait un détour, parce que l'on a presque mis deux fois plus de temps à rentrer que ce que l'on avait fait à l'aller. Peu importe. Je me foutais de la route, parce que j'étais bien.

Pour une fois, je n'avais pas besoin de me mettre de la merde dans le sang pour ça.

ACTE II

Les deux rives continuent de se regarder, mais elles savent désormais qu'elles ne peuvent plus exister l'une sans l'autre.

Parce que ça n'a pas de sens, un pont qui ne mène nulle part.

Chapitre 1

Daël Hamilton

Je repose ma fourchette dans mon assiette, observant la nourriture sans grande conviction. Je n'ai pas faim et l'ambiance à table me coupe l'appétit. On est dimanche soir. Comme toutes les semaines, on partage notre traditionnel repas de famille dans la joie et la bonne humeur. Bien que, aujourd'hui, je n'aie pas envie de faire d'efforts.

Mon père se tient au bout de la table. Il ne m'adresse pas un seul regard ni même une seule parole. Tout ça parce que je l'ai planté, il y a une semaine, à ce foutu rendez-vous d'affaires. J'ai prétexté un léger malaise. Bien sûr, il n'a pas cru un seul mot de ce que j'ai pu lui dire. Je me suis excusé et il a simplement répondu : « Je n'ai pas besoin d'excuses, mais d'un fils compétent. Peux-tu seulement t'excuser d'être toi ? » Quel connard. Je n'ai rien trouvé à lui rétorquer. Je ne comprends même pas pourquoi je m'apprête à gâcher ma vie pour répondre à ses attentes.

J'avance la fourchette jusqu'à mes lèvres pour avaler la nourriture. Autant me débarrasser au plus vite de ce repas. Mon regard continue de divaguer sur la grande table. En face de moi, Ellen mastique son morceau de gratin d'un air absent. Enfin, son air habituel, en fait. Je détourne rapidement les yeux et observe ma petite sœur, assise à côté d'elle. L'image est presque pire. Ça fait longtemps que je ne l'ai pas vue sourire, Charlie. Mes parents prétendent qu'elle est simplement en crise d'adolescence. J'aimerais leur rappeler qu'on lui rabâche à longueur de journée que l'extérieur est dangereux et qu'on la confine à la maison alors qu'elle a déjà quinze ans, mais ce n'est pas vraiment le genre de ma famille. De dire les choses telles qu'elles sont, j'entends. C'est bien plus simple de prétendre qu'elles n'existent pas. Et puis, elle a un psychologue. Il paraît que ça lui suffit.

Je me retourne ensuite vers Fallone qui m'adresse un sourire timide. Elle sait probablement à quoi je pense, ce qui ne doit pas être difficile à comprendre, vu la gueule que je tire.

Noah, assis à côté de moi, continue de manger sa nourriture avec appétit. L'air de prétendre que tout va bien. Quel égoïste, celui-là. Le monde pourrait s'arrêter de tourner qu'il tournerait encore sur lui-même, juste pour nous prouver que personne n'aura jamais aucun impact sur sa vie. Je suis sûr qu'il voit encore cette fille. Lili Rosenbach.

Je déglutis lentement la nourriture que j'ai dans la bouche et n'arrive même pas à en apprécier le goût. Ma mère a dû passer des heures dans la cuisine à nous préparer ce repas.

Tiens, parlons d'elle : Janette Hamilton. La quarantaine. Chrétienne. Bien sous tous rapports. Chargée de la communication de l'entreprise. Elle sourit. Elle mange en souriant et je la regarde pendant un instant. Je n'ai aucune pensée qui me vient à l'esprit, ça me fait presque peur, comme si je regardais une parfaite inconnue. C'est l'impression que ça me fait, des fois, quand je la regarde. Depuis le viol d'Ellen, elle ne veut plus rien entendre à propos des Rosenbach. Pas un mot. Alors, elle fait comme s'ils n'existaient plus et je me dis souvent qu'elle a réussi. On dirait qu'elle plane dans un autre monde. Dans un monde où tout va bien, un monde où on est une famille heureuse. Un monde où on a tout ce qu'il faut pour être heureux. Un monde où on a envie de l'être.

— Où est Stan ?

Je porte mon regard vers Dan, mon oncle. Sans le réaliser, il vient de relancer la conversation, et tout le monde semble se réveiller autour de la table.

— Chez sa copine, répond Aiden avec la bouche encore pleine de nourriture.

Première nouvelle. Je me demande bien qui pourrait supporter un tel type.

— Tu lui diras que ce n'est pas correct de louper un repas de famille, ajoute mon père en reposant son verre d'eau sur la table.

— Est-ce plus correct de prétendre qu'on en est une ?

J'aurais pu lâcher ma fourchette de stupeur si seulement je n'étais pas aussi scotché. Ces mots pourraient tellement sortir de mes lèvres que je me demande pendant une seconde si ce n'est pas moi qui ai dit ça, finalement… mais non. Ellen se tient toujours droite sur sa chaise. Tout le monde la regarde d'un air ahuri, mais elle s'en fiche. Elle prend une autre bouchée de gratin et la porte à ses lèvres.

— Pardon ? bégaie sa mère.

— Ça fait trois jours que Stan découche pour dormir chez sa copine. Il était peut-être temps de s'en rendre compte, répond-elle tout naturellement.

Je me retiens de lui sauter dessus pour l'embrasser. Ça faisait tellement longtemps que je ne l'avais pas vue comme ça. Je l'adore, cette fille. J'adore l'assurance avec laquelle elle parle et j'adore l'incompréhension que je lis dans le regard de nos parents.

— Ellen, chérie, reprend Dan. Tu vas bien ?

J'ai bien envie de l'étrangler. Pourquoi lui pose-t-il cette question ? C'est dit d'une manière qui suggère que, forcément, elle ne va pas bien. Comme si chaque mot qui sortait de ses lèvres devait forcément être déformé par tout ce qu'elle a vécu. Comme si son traumatisme devait régler chacune de ses pensées jusqu'à la fin de sa vie. Alors que, là, elle dit juste la vérité.

Dans ma famille, il n'y a jamais personne pour l'écouter.

— Pourquoi elle irait mal ? dis-je à mon oncle. Elle a juste remarqué que son frère était absent depuis quelque temps. Elle te dit que tu aurais pu faire de même. C'est ton fils, après tout.

— Daël, ne te mêle pas de ça.

Mon père qui intervient, bien sûr.

— Tiens, tu me reparles, toi ?

— Change de ton tout de suite, me coupe-t-il.

Je vois Fallone m'observer d'un air inquiet, consciente que ça va péter d'une minute à l'autre, alors que le regard de ma mère se voile derrière sa question tremblante :

— Je vais chercher le dessert peut-être ?

— On s'en fout de ton dessert ! Tu ne peux pas nous foutre quelque chose dans la bouche chaque fois qu'on a envie de l'ouvrir.

Ma mère se tasse dans son siège, et le regard de mon père m'arrête dans mon élan. Je crois que sa femme est la seule personne qu'il arrive encore à aimer, alors il ne supporte pas quand on lui crie dessus. Comme si Janette était une pauvre petite chose trop fragile. Ça me fait rire. Tout est trop fragile dans cette famille. Il faut toujours tout prendre avec des pincettes, faire attention à ce que l'on dit, à ce que l'on fait, à ce que l'on pense. Il ne faut jamais rien bousculer, rien changer, rien perturber. Comme si on était tous enveloppés d'une couche de polystyrène pour éviter que l'on ne se brise. Ce qu'ils ne réalisent pas, c'est que tout est déjà brisé à l'intérieur de la protection. Que les morceaux cassés se recassent entre eux, parce que plus personne ne veut les laisser sortir de leur emballage trop serré. Que cette surprotection est ridicule et que l'on se fait encore plus de mal à l'intérieur. Que l'on étouffe. Que *j'étouffe*. J'ai envie de leur dire, de tout sortir, mais ce repas deviendrait un tel chaos que je préfère me taire.

Je me retourne vers Fallone, et ma cousine me sourit, m'assurant avec son regard que l'on pourra en parler plus tard. Donc j'abandonne, comme d'habitude, parce que je suis aussi lâche que toutes les personnes autour de cette table.

— Je suis désolé, maman. Tu as raison, il vaut peut-être mieux passer au dessert maintenant.

— Bien, me répond Miles comme si j'avais donné la bonne réponse.

— J'y vais tout de suite. C'est une tarte aux pommes… Pour mes petites princesses !

Ma mère presse gentiment l'épaule de Tess, mon autre sœur, et de Maha, celle de Noah, en passant derrière elles. Je les regarde d'un air absent. Les petites dernières de la famille, toutes les deux âgées d'une dizaine d'années, mangent en silence depuis tout à l'heure et ne doivent rien comprendre à ce qu'il se passe. Elles sont jeunes et encore à peu près préservées du conflit. Tant mieux pour elles. Je préfère voir l'innocence dans leurs yeux que la peine que je lis dans ceux de Charlie ou Ellen.

— Je sais déjà que ça va être excellent, Janette, déclare Fallone en observant ma mère rejoindre la cuisine.

Ma cousine essaie de détendre l'atmosphère. C'est bien la seule qui a encore le courage de le faire. Je lui souris discrètement, puis tourne mon regard vers Ellen. Son visage est caché par ses longs cheveux bruns, mais je crois que je n'ai pas besoin de voir ses yeux pour comprendre qu'elle est déçue. C'est vrai que c'est toujours pareil, on ne va jamais au bout de nos pensées. Moi aussi, ça me rend malade.

— Hum, regardez ce qui sort du four ! reprend joyeusement ma mère en débarquant avec son plat chaud dans les mains.

Voilà, tout est reparti. Le masque, la comédie, les sourires de faux-culs et la famille surjouée. Je suis fatigué de tout ça. Fatigué d'afficher des sentiments qui ne sont pas vrais et fatigué d'ignorer ceux qui le sont. Ces choses qui sont devenues importantes pour moi et qui me sont interdites.

Ces choses stupides.

Cette chose stupide.

🖂 **SMS de** Grand méchant loup **à** Boucles d'or
22 h 10. Tu fais quoi demain soir ?

🖂 **SMS de** Boucles d'or **à** Grand méchant loup
22 h 13. Heaven avec une pote.
22 h 15. On fête mon anniversaire.

🖂 **SMS de** Grand méchant loup **à** Boucles d'or
22 h 15. Oh.
22 h 32. Je viendrai.

Lior Rosenbach

Je fulmine, intérieurement. Pire, je bous de rage. J'ai envie de tuer tout le monde. Karen, à côté de moi, qui s'aligne les shots de vodka depuis tout à l'heure, son copain au bord de l'overdose et Hamilton avec sa putain pour la nuit. J'hallucine. Il m'envoie un message pour me dire qu'il va venir me voir au club et passe sa soirée avec un type sorti de nulle part. Il essaie de faire quoi, au juste ? Me provoquer ? Me rendre jaloux ? Je ne lui ai jamais demandé de venir. Je ne sais même pas ce qu'il fout ici.

Je ne sais pas non plus pourquoi ça me met autant en colère. On est au Heaven, un bar gay à Charing Cross, une zone libre. On a tous les deux le droit d'y être. Pourtant, j'ai l'impression qu'un de nous est de trop. L'atmosphère est lourde et j'ai envie de tout fracasser.

Hamilton continue de danser avec le mec. Non, ils sont presque en train de baiser sur la piste de danse et ça me rend malade. Il est en manque ?

Je suis sûr qu'il le fait exprès. Il me rappelle sans cesse que je ne suis qu'un gamin. Et là, forcément, il se tape un vieux. On dirait que ce type a au moins quarante ans. Je ne tiens vraiment plus en place.

— Tu n'es pas drôle, ce soir.

Je me retourne vers Karen. Je suppose qu'elle m'aurait imaginé plus enjoué pour mon anniversaire. Je suis majeur, c'est vrai que ça se fête. Ma famille voulait le célébrer, mais le bal de Lili m'a vacciné. Ils n'ont pas trop insisté, on s'est contentés d'un bon repas avec un excellent gâteau, de mon cadeau – une montre de luxe, signant le passage à la majorité selon mon père – et ils m'ont même autorisé à sortir un lundi soir puisque ce sont les vacances de printemps. Tant mieux, car c'est le meilleur moment de la semaine pour aller au Heaven. Leurs traditionnelles soirées « Popcorn » sont mes préférées.

Pourtant, je reconnais que je ne suis pas de très bonne compagnie, en ce moment. Karen l'a remarqué. Bien que ma meilleure amie soit complètement défoncée. Je ne sais même pas comment elle a réussi à capter que j'étais encore là, vu le silence dédaigneux que je lui réserve depuis bientôt une heure.

— Neil te vend toujours ta came ? demandé-je.

— Oui… Pas toi ?

Elle est complètement à côté de la plaque, cette fille.

— Je sais que tu ne regardes que toi, trésor, mais tu aurais quand même pu remarquer que je ne vois plus Neil.

— Depuis quand ? s'exclame-t-elle en ouvrant ses grands yeux de biche.

— Depuis ta soirée… Genre, il y a trois semaines.

— Je suis aussi défoncée que ça ? me demande-t-elle d'un air inquiet.

Son petit ami répond à ma place, puisqu'il se contente d'un rire rauque, et cette conne se joint à lui. Je laisse tomber cette soirée. Ce n'est pas en traînant avec des détraqués que je vais prouver à Hamilton que je ne suis pas un gamin. D'ailleurs, où est-il passé, celui-là ?

Je me retourne brusquement vers la piste de danse, mais ils n'y sont plus. J'ai une sale impression de déjà-vu. Je me lève et traverse la piste. Je regarde partout. Des couples se galochent devant mes yeux et ça me donne envie de vomir. Les baisers, ça m'écœure. Au cinéma, ça a toujours l'air magnifique et romantique. Dans la réalité, c'est juste dégueulasse et baveux. Vraiment, je n'aime pas ça. Les gens mettent trop de promesses dans leurs baisers, et les trucs avec les promesses, ça me fait peur, c'est plus fort que moi. Je ne veux même pas en entendre parler.

D'ailleurs, c'était plutôt cool avec Neil, parce qu'il était de mon avis. Je le laissais m'embrasser quelques fois... Lui, il aimait bien, mais il savait que ça ne voulait rien dire pour moi. Il savait que ça ne voulait pas dire : « Je serai toujours là demain » ; ni même : « Je serai toujours là dans une heure. » Bref, je suis en train de m'égarer en repensant à lui. Il ne veut plus me voir et il ne peut que mieux s'en porter. Et puis là, j'ai vraiment plus important à faire.

Je bouscule quelques danseurs en essayant de me frayer un chemin. Merde, où est-ce qu'ils sont partis ? Il ne l'a quand même pas ramené chez lui pour le baiser ? Il ne va pas...

Je m'arrête. Ils sont juste devant mes yeux, au bar. Le mec plus vieux est accoudé au comptoir tandis que Hamilton est installé sur un des tabourets. Une jambe sur le sol et l'autre reposant sur l'appuie-pied. Ce sale type est en train de glisser ses doigts le long de sa cuisse.

Je ne sais pas pourquoi, mais ça me rend fou. Totalement fou. Le problème quand je suis énervé, c'est que j'agis à l'instinct. Alors, sans réfléchir davantage au pourquoi du comment, je traverse les derniers mètres qui me séparent d'eux et me plante devant Hamilton.

— Il faut qu'on parle, déclaré-je.

Il ouvre des yeux ronds en me regardant. Je sais, c'est la première fois que je lui parle dans un lieu public aussi bondé. Je m'en fiche. De toute façon, je ne connais personne ici, à part Karen et son copain, mais ils sont trop défoncés pour réaliser quoi que ce soit. Et lui, je sais qu'il est venu seul. Pas de Fallone. Pas d'Aiden. Pas de Stan. Alors, pas besoin de me regarder comme si je venais de commettre un crime impardonnable.

— Qu'est-ce qu'elle a, la Bouclette ?

Je me retourne vers l'autre type tandis que Hamilton s'esclaffe, avant de rectifier :

— « Boucles d'or » lui va mieux.

— Pas faux. Dis, il est l'heure d'aller au lit, maintenant, mon garçon.

Ils sont vraiment en train de se foutre de ma gueule ? Ils pensent que je vais laisser passer ça ? On ne me traite pas de gamin. Personne ne me traite de gamin. Pas après toutes les merdes que j'ai déjà vécues.

Je ne prends même pas la peine de répondre à l'autre connard et attrape le bras de Hamilton. Je le tire pour le faire se lever de sa chaise et l'emmène avec moi. Bien sûr, j'entends son foutu prétendant gueuler dans mon dos, mais je l'ignore.

Hamilton me suit, sans rien dire, son avant-bras toujours serré dans ma poigne. Je suis étonné qu'il soit aussi docile. Il est probablement juste curieux. Moi aussi. Je ne sais même pas ce que je suis en train de faire et j'aimerais bien demander une explication à mon cerveau… sauf que je sens bien que c'est une autre partie de mon anatomie qui est en train d'agir à ma place.

Je l'embarque avec moi dans les toilettes pour hommes et prends la première porte ouverte que je trouve. Je nous enferme à l'intérieur de la cabine et l'entends grommeler lorsque je le pousse contre la paroi.

— Qu'est-ce que tu fous Rosen-*bach* ?!

Je viens de poser ma main sur son entrejambe. Juste comme ça, sans réfléchir. Je sens une bosse sous mes doigts et mets plus de deux secondes à réaliser la portée de mon geste.

Je suis bourré, certes, mais je ne crois pas que ça soit la raison.

— Dégage ta main d'ici.

Je relâche un peu ma poigne pour mieux étendre ma main à cet endroit-là et le sens gémir à contrecœur. Les muscles de son corps sont totalement contractés et je vois bien qu'il résiste à l'envie de se frotter contre moi.

— Rosenbach, enlève ta main tout de suite.

— Tu n'aimes pas ça ? murmuré-je en la faisant doucement glisser le long de son jean.

Je sens son sexe gonfler sous mes doigts donc je sais que ma question est rhétorique, mais je ne peux pas m'en empêcher.

— Rosenbach, tu n'es qu'un gamin. Arrête ça.

— Un gamin *majeur*, fais-je remarquer.

— Un gamin quand même, dit-il.

J'exerce une pression un peu plus forte. Son jean semble devenir de plus en plus encombrant.

— Un « gamin quand même » te ferait cet effet ?

— Arrête tes putains de conneries.

— Je n'ai pas l'impression que tu veux que j'arrête.

L'héritier se mord les lèvres et il a les joues rouges. Son être entier me supplie de ne pas le lâcher, mais il me regarde et déclare sèchement :

— J'ai une main pour ça, merci.

L'enfoiré. Je lève mon regard vers lui et la rencontre devient soudainement violente. Je crois que l'on hésite entre s'étrangler ou se jeter dessus. Hamilton a un air provocant sur le visage et un sourire crispé aux lèvres. Il est tellement beau que la suite n'a pas plus de sens.

— Moi aussi, j'ai une main pour *ça*.

J'enlève la boucle de sa ceinture sous son regard perplexe. Sans lui laisser le temps de m'interrompre, je glisse ma main à l'intérieur du vêtement desserré au niveau de la taille alors qu'il étouffe un juron entre ses lèvres. Mes doigts frôlent le tissu de son boxer. Il est incapable de retenir plus longtemps ses gémissements. Merde, je commence à être excité, moi aussi. Ma main finit par s'immiscer sous le caleçon. Je n'arrive plus à me contrôler, je me demande même pourquoi j'ai fait ça, à la base. Un frisson me parcourt en même temps que je sens son corps secoué par un spasme. Je ne pensais pas que ça me ferait autant d'effet, tout à coup, de le toucher.

Il grommelle quelque chose que je ne comprends pas et je m'arrête pendant un instant. Sérieusement, qu'est-ce que je suis en train de faire ? C'est Hamilton. Bordel de merde. *Daël Hamilton.*

— Continue, souffle-t-il en ondulant du bassin contre ma main. Putain, ne t'arrête pas maintenant.

— Je croyais que tu voulais…

— Continue, me coupe-t-il en se mordant la lèvre inférieure. Je t'en supplie.

Je souris, tout en reprenant mes caresses. Je ne sais pas vraiment ce que j'essaie de lui prouver à cet instant précis. Que je ne suis pas un gamin ? Qu'il éprouve plus de désir pour moi que pour l'autre tache au bar ?

— Putain, grince-t-il entre ses dents, tandis que j'accélère mes mouvements de va-et-vient.

Hamilton ouvre la bouche pour ajouter quelque chose, puis se ravise. Il se contente de me regarder avec ses yeux bleus qui me font chavirer. Son regard se pose sur mes lèvres, légèrement entrouvertes par l'excitation. Il reste bloqué sur cette vision, puis avance doucement vers moi. *Non.*

Je me crispe, ce qui le fait réagir aussitôt :

— Quoi ?

— Ne m'embrasse pas.

— Tu me branles et je ne peux pas t'embrasser ? me dit-il, hébété. Tu as un problème d'échelle dans l'intimité, mon gars.

— Ne m'embrasse pas, répété-je. Ou alors j'arrête tout.

— Tu joues à quoi là ? *Pretty Woman* ?

— Va te faire foutre.

— Je ne suis pas ton client, Rosenbach, déclare-t-il en m'attrapant le menton pour relever mon visage vers lui. Et moi, j'embrasse les mecs que je baise.

— Sauf que tu ne me baises pas, Hamilton.

Pour lui faire comprendre que c'est moi qui contrôle la situation, je le repousse contre le mur et reprends mon mouvement de main. Je crois qu'il veut protester, mais bientôt les seuls sons qui sortent de ses lèvres sont des soupirs de plaisir. Je le sens se gonfler encore et encore sous mes doigts. Ça m'atteint aussi, pour être honnête. Les bruits qu'il fait, son regard fiévreux, son souffle saccadé, la chaleur qui émane de son corps. Je crois que j'en perds définitivement la raison.

J'enlève ma main de son boxer et un son plaintif sort de sa bouche. Je m'en fous. Il n'est pas le seul à vouloir prendre son pied. Sans réfléchir je me colle à son bassin. Son érection est là, contre ma cuisse, et la mienne me fait tellement mal que je plonge mon visage dans son cou pour m'empêcher de parler. Il manquerait plus que je le supplie de me toucher.

J'inspire son parfum et la légère odeur d'alcool et de sueur qui émanent de sa peau brûlante. Lentement, nos deux bassins se rapprochent, se frottant l'un contre l'autre. J'en oublie presque où on est. Ces chiottes glauques qui puent la mort. Je me pince les lèvres, je refuse qu'il sache à quel point ça me fait du bien, même s'il faudrait être aveugle pour ne pas le voir.

Hamilton pose ses mains sur mes fesses, de manière à presser encore un peu plus nos bassins l'un contre l'autre. Il écarte doucement les cuisses. Je me love à l'intérieur comme si la place avait été faite pour moi, c'est si fort que c'en est douloureusement bon.

— Laisse-moi t'embrasser, Rosenbach, murmure-t-il à mon oreille.

— Toujours pas.

— J'ai envie de ta bouche.

Il passe distraitement un doigt sur ma lèvre inférieure. Je le mordille gentiment et il sourit avant d'ajouter, sûr de lui :

— Je t'embrasserai. Un jour.

— Dans tes rêves, peut-être.

— Déjà fait.

Je veux m'offusquer, mais un petit cri plaintif s'échappe de mes lèvres quand il me fait basculer contre le mur, échangeant nos positions. Il attrape mes poignets et les place au-dessus de mon corps, de manière à ce que je sois totalement vulnérable face à lui. Il presse un peu plus son bassin contre le mien, comme si c'était possiblement supportable, et reprend :

— Maintenant, c'est moi qui contrôle… Donc on peut le faire à ma manière ?

— Tu ne m'embrasseras pas, Hamilton. Jamais.

— Pourquoi ?

— Parce que.

Il me regarde longuement, essaie de lire une explication dans mon regard, puis finit par lâcher mes poignets.

— D'accord.

D'accord ? Il n'insiste pas ? Je n'ai jamais connu un mec qui n'a pas insisté pour m'embrasser. D'ailleurs, la plupart parviennent à leurs fins quand je suis assez excité pour ne plus avoir la force de protester. Alors là, j'avoue, je suis un peu déstabilisé. Presque déçu, je crois.

— Tu me perturbes, Boucles d'or, reprend Hamilton. Plus tu t'approches et moins ma vie a de sens.

— En a-t-elle seulement eu un ?

L'héritier ne répond pas et je vois une lueur de tristesse traverser ses yeux. Sans trop savoir pourquoi, ça me fait mal. Mon sexe est toujours contre lui et je suis excité comme un fou, mais il n'y a pas que ça. Il y a *plus*. Il y a une douceur qui émane de tout son être et qui me transporte. Qui *le* transporte aussi.

Hamilton se rapproche, non pas que ce soit physiquement possible. Je veux dire, il se rapproche autrement, sans armure. Il me prend dans ses bras et c'est comme s'il n'y avait rien d'autre que lui. Son front se pose contre le mien quelques instants, puis son visage glisse dans mon cou, ses yeux sont fermés, ses bras pressés dans mon dos.

Je tremble, parce que j'ai trop chaud, trop envie, trop peur et trop de sentiments en même temps. Des bras je viens chercher son dos, à mon tour, et je lui rends son étreinte, même si je suis dépassé. Ma main descend doucement le long de sa colonne vertébrale, elle glisse entre ses omoplates et continue sa course jusqu'à l'élastique de son boxer. Hamilton frissonne à chacune de mes caresses, son visage toujours dans mon cou.

— Ici, dit-il, les mots étouffés contre ma peau. J'ai le droit ?

— Oui.

Il inspire et m'embrasse dans le creux du cou. Pas du bout des lèvres, non. Les siennes s'écrasent sur ma peau et sa langue chaude et humide s'immisce quelque part dans ce bordel incroyable de baisers parsemés jusqu'à mon oreille. Je ferme les yeux pour mieux profiter et arrêter de penser que je ne suis qu'un putain de con pour apprécier ça.

Hamilton continue de m'embrasser partout dans le cou et, Seigneur, je ne devrais pas aimer autant ses lèvres. Je repense à cette histoire de pont. À l'endroit où l'on s'est rencontrés, la première fois. La fois où il m'a demandé si j'allais sauter. J'ai dit « non ». Quelle connerie. Bien sûr que j'ai sauté.

Et il m'a accompagné.

Hamilton relève son visage vers le mien. Ses lèvres viennent effleurer ma mâchoire, puis elles remontent, lentement et douloureusement, vers l'endroit que je lui ai interdit.

Je rectifie. On n'a pas sauté, on s'est jetés dans le vide. J'ai si peur du moment où l'on va s'écraser.

— Arrête, murmuré-je.

— Je ne t'embrasse pas, me taquine-t-il en survolant mes lèvres des siennes.

Son souffle me brûle la peau. Il me provoque clairement et je suis incapable de résister. Incapable de le supplier de m'embrasser, incapable de le repousser et d'arrêter ce délire. C'est comme si j'étais un pantin entre ses mains. Comme s'il pouvait faire ce qu'il voulait de moi. Et merde ! Ce n'était pas ça, mon plan. C'était moi qui devais lui faire perdre la tête, pas l'inverse.

Avec toute la force et le courage dont je suis capable, je pose mes deux mains sur sa poitrine et le repousse brusquement. Je tiens à peine debout tant le désir me consume. Par chance, il est trop abasourdi par mon geste pour réaliser quoi que ce soit.

Je profite de son égarement pour m'éloigner de son corps et déclare sous ses yeux ébahis :

— Je ne passe jamais en second choix, Hamilton. Si tu veux baiser, retourne voir le type que tu as abandonné au bar.

Je sors des toilettes, sans me retourner vers lui. En fait, je cours presque pour lui échapper, parce que je ne suis pas sûr d'avoir la force d'arrêter ça. Je sens que je suis vraiment à deux doigts de faire marche arrière et de recommencer là où l'on s'est arrêtés. Non. Je ne peux pas. Je ne suis pas faible. Je ne suis pas son jouet. Je ne suis le jouet de personne et surtout pas celui d'un Hamilton. Et je…

— Lior, mais où étais-tu passé ? m'interroge Karen en m'attrapant sauvagement par le bras.

Je me retourne vers elle et vois son regard se poser sur mon entrejambe. Elle ouvre grand les yeux, puis s'exclame, ahurie :

— Tu es sérieux, mec ?! C'est complètement dégueulasse.

— Pas plus que ce que tu es capable de faire pour avoir ta coke, rétorqué-je en secouant mon bras pour qu'elle le lâche.

— Et toi, tu ne viens pas de baiser pour avoir ta came peut-être ?

— Ça, c'est une autre sorte de came, tu peux me croire.

— Je veux bien te croire, vu l'effet que ça te fait.

Cette conne se permet encore de baisser son regard vers mon jean trop étroit et je lui donne un coup à l'épaule.

— Dégage.

— Va te faire foutre, Lior. Et arrête ce regard dédaigneux, tu ne vaux pas mieux que moi.

Comme si je n'étais pas déjà au courant.

Pourtant, Karen continue :

— La seule façon que tu as trouvé de retenir les mecs, c'est ton fric et ta bite… comme tu as fait avec Neil pendant toutes ces années. Alors, ne me regarde pas comme si j'étais la dernière salope de cette ville. Tu fais pitié.

— Ferme ta…

— Ma gueule ? me coupe-t-elle. Je ferme ma gueule, c'est ça ? Tu veux que je te dise, j'en ai marre de fermer ma gueule et de jouer à la bonne copine innocente. Bien sûr que j'ai remarqué que vous ne vous parliez plus tous les deux... et ça me fait chier. Vous étiez mes meilleurs potes. Je ne sais pas quel con tu viens de te faire dans ces chiottes pourries, mais tu le laisses tomber et tu vas t'excuser auprès de Neil si tu as un minimum de cervelle.

Elle s'arrête, puis finit par lâcher les mots en trop :

— Il t'aime. Je ne sais pas comment il fait, mais il t'aime. Arrête de tout gâcher.

Dommage. C'est ma spécialité depuis dix-huit ans.

🖂 **SMS de** Grand méchant loup **à** Boucles d'or
3 h 26. Ne recommence jamais ça.

🖂 **SMS de** Boucles d'or **à** Grand méchant loup
3 h 27. Le plaisir a été partagé :)

Chapitre 2

Lior Rosenbach

— Vous avez conscience d'être lourds, au moins ?

Ma question résonne dans la pièce, mais ne reçoit aucune réponse. Normal, Ethan et Edward sont trop occupés par leurs propres ego pour remarquer ma présence. Les deux frères sont en face du miroir de notre salle de bains commune et se préparent pour leur soirée. Enfin, *leur*… Blague à part. Ils suivent Lili et sa bande de copines qui sortent à la Fabric.

J'aurais pu venir avec eux, moi aussi. Après tout, c'est souvent comme ça que les événements se passent. Lili prévoit une sortie, demande l'autorisation à nos parents, ne la reçoit que si elle est accompagnée par l'un d'entre nous. Il n'y a jamais personne qui est vraiment emballé pour les suivre, elle et ses copines. Alors, généralement, on s'arrange pour y aller tous ensemble. Ethan, son frère et moi. Parfois, quand il est d'humeur, même Ian se joint à nous. On se marre bien tous ensemble, de notre côté, mais on la surveille quand même du coin de l'œil.

Ce soir, j'ai refusé de venir. On est samedi, pourtant. Ce n'est pas habituel chez moi de refuser une sortie, mais je ne suis pas motivé. Pour être honnête, j'ai juste envie de m'enfermer dans ma chambre pour sniffer ma coke. C'est mon dernier sachet, ma dernière réserve. Après, j'arrête. Enfin, je vais essayer, c'est déjà pas mal.

Je crois que le fait que Neil ne m'en vende plus va m'aider. Je n'ai pas envie de retenter l'expérience de la dernière fois et me foutre en l'air avec de la merde bon marché.

Donc, cette nuit, je me détends une *dernière* fois. Je suis tout seul à la maison. Enfin, c'est tout comme. Lauren et Ian sont enfermés dans leurs chambres, et mes parents dormiront dans la leur sans rien remarquer. Comme d'habitude, je n'intéresserai personne. Tous les autres sont de sortie, même Grace.

— On n'est pas lourds, finit par me répondre Ethan. On est vigilants.

Je ne dis rien, parce qu'il y a son frère dans la salle de bains, mais je ne suis pas dupe. Je sais très bien que s'il va à cette soirée, c'est pour voir Jade… qui n'en a plus grand-chose à foutre de lui depuis qu'elle est casée, au passage.

— Comment suis-je ? m'interroge-t-il.

— Désespéré.

Il me regarde d'un air blasé.

— Sinon, ta tenue est passable.

— Va te faire, Lior.

— La ferme vous deux, souffle Edward.

Je souris, amusé. Nos conversations ressemblent toujours à ça, à une vague succession d'injures. Dans le fond, ce n'est pas méchant. On a juste toujours été comme ça. On préfère un « va te faire foutre » à un « j'ai besoin de toi ».

— Allez, bonne soirée, lancé-je avant de sortir de la salle de bains.

Je traverse le couloir. Je passe devant la chambre de Ian et entends le rire de Lili qui résonne à l'intérieur. Je m'arrête. Je ne peux pas m'en empêcher.

La porte est légèrement entrouverte et je les observe discrètement. Ian est assis dans son fauteuil et sa sœur est allongée sur son lit. Et elle parle, elle parle, elle parle si vite que je ne comprends pas tout ce qu'elle raconte. Cette fille ne s'arrête jamais de parler. Elle a un débit impressionnant. Ça pourrait être gonflant, mais ça ne l'est pas. Principalement parce que tout le monde déteste parler dans ma famille, donc elle comble les blancs, à longueur de journée. Elle nous donne l'impression d'être normaux.

Ian la regarde avec des yeux brillants. Je sais qu'il aime sa sœur plus que tout. C'est la seule qui n'a pas changé de comportement avec lui depuis l'accident. Elle lui parle comme avant, elle blague comme avant, elle le taquine comme avant. Nous, on en est incapables. On a trop peur de sortir le mot de trop, de faire un regard de travers, une insinuation qui ne passe pas. Lili n'a pas la trouille comme nous. Alors, oui, elle fait des gaffes, mais je crois que Ian aime bien quand ça arrive. Il a l'impression qu'au moins une personne dans cette famille ne prétend pas qu'il ne s'est rien passé.

Lili lui raconte sa journée, allongée sur son lit, et elle parle de tout ce qu'il ne peut plus faire. Ça ne me viendrait jamais à l'esprit, mais elle le fait tellement naturellement que ça pose à peine problème. C'est vrai qu'au fond elle a raison. Ian est handicapé. Il ne marchera plus jamais de sa vie. Qu'est-ce que l'on peut y faire, maintenant ? Elle l'a accepté et est passée au-dessus de ça. Pas nous.

Et *lui* ? Je n'en ai aucune idée.

Un grincement de lit me sort de mes pensées et je vois Lili se relever. Aussitôt, je m'éloigne de la porte et fais mine de marcher dans le couloir pour rejoindre ma chambre. Trop tard.

Je l'entends murmurer dans mon dos :

— Pas très poli d'écouter aux portes.

— Je n'écoutais pas.

En plus, ce n'est même pas un mensonge. Je n'ai absolument rien compris de ce qu'elle racontait.

— Pourquoi voulais-tu connaître les secrets que je partage avec Ian ? continue-t-elle en me rejoignant.

— Je connais déjà ton secret et je doute que tu aies partagé celui-là avec ton frère, rétorqué-je.

Son doux sourire disparaît derrière ce que je pense être de la culpabilité. Je m'en veux un peu, de lui sortir ça comme ça. Surtout après ce que j'ai fait avec Hamilton, il y a tout juste une semaine. Quoique, ce n'est pas pareil. Moi, c'était juste de la provocation, un peu d'attirance sexuelle, certes, mais de la provocation. Elle, c'est de l'amour, et c'est écœurant, interdit et immoral. Elle n'a pas le droit. Elle devrait avoir honte.

Lili croise les bras sur sa poitrine. Ce soir, elle arbore des paillettes rouges.

— Pourquoi est-ce que tu ne viens pas ? dit-elle pour changer de conversation.

— Flemme.

— Qu'est-ce que tu vas faire ?

— Rien de spécial.

Ma cousine sourit. Je sens qu'il y a une connerie qui se prépare, mais j'ignore ce qu'elle a derrière la tête.

— Bonne soirée alors, conclut-elle avant de s'éloigner pour rejoindre les gars, qui viennent tout juste de sortir de la salle de bains.

Je leur fais à tous un signe de la main et pars m'enfermer dans ma chambre. Je m'allonge sur mon lit directement, profitant de la sensation de solitude. J'attends d'entendre la porte d'entrée claquer et le rire de Lili qui continue de résonner partout, alors même qu'elle a quitté la maison. Puis la voiture d'Edward démarre et je me sens mieux.

Je reste ainsi, une dizaine de minutes, histoire d'être sûr que je suis bien seul. Je n'ai jamais sniffé chez moi. Ça fait vraiment drogué, je le sais, mais j'ai envie d'être tranquille.

Je me lève de mon lit et me dirige vers mon placard. J'enlève toutes les baskets et chaussures qui traînent dans le fond et en ressors une boîte noire. Ce n'est pas très discret comme cachette, mais mes parents ne sont pas du genre à fouiller nos chambres. J'ouvre l'opercule et je crois, très sincèrement, que mon cœur s'arrête de battre à cet instant.

Il n'y a plus de sachet. Juste un mot. Un putain de mot. Mon cœur s'emballe si fort que j'arrive à peine à ramasser le papier. Mes yeux s'efforcent de lire.

Je suis peut-être la honte de cette famille et je finirai probablement en enfer. Mais toi, je ne te laisserai pas y aller. Arrête cette merde. Lili.

Elle m'a piqué mon paquet. Mon *dernier* paquet. C'était pour ça, son sourire... Je... Merde. Je titube et retombe lourdement sur le parquet de ma chambre, juste sur le cul, comme un gamin ramassant sa première gamelle. J'ai l'impression que l'on vient de me couper les jambes.

Je sais que j'avais prévu d'arrêter, mais je suis en colère qu'elle m'ait fait ça sans prévenir. Une colère sourde qui gronde et résonne, faisant vibrer mon corps. Je n'étais pas *encore* prêt. Une nausée me prend, ma tête est lourde, je me sens étourdi. Mes mains se mettent à trembler et j'ai la gorge sèche. Les syndromes du manque ? Non. Pas si vite. Pas à ce point-là. Je connais bien ces sensations intenses et incontrôlables. Les palpitations, les bouffées de chaleur, l'impression d'étouffer... Ce n'est pas le manque, c'est une attaque de panique. La même qui m'a pris dans la voiture avec Hamilton, sauf que cette fois... je suis tout seul.

Mon pouls s'accélère et j'ai du mal à reprendre ma respiration. La crise s'installe, s'incruste dans chaque fibre de mon corps, me broie l'estomac et me pourrit la vie. L'angoisse. Ce sentiment d'incertitude qui t'écrase. Tu ne sais plus. Tu ne sais plus où tu vas. Tu ne sais plus ce que tu veux. Ce que tu avais prévu s'écroule et il y a le vide, devant toi. Alors, tu paniques, tu as peur de tomber dedans, de rester dedans.

Je plonge ma main à l'intérieur de la boîte. Je ne sais pas trop pourquoi. Pour m'assurer que ce n'est pas une blague peut-être, qu'elle a oublié d'enlever vraiment le sachet, qu'elle a fait tomber de la poudre à l'intérieur. Connerie. Elle est complètement vide cette boîte, et moi aussi.

Je la balance dans ma chambre et me retiens de hurler. Je ne veux pas attirer l'attention. Pourtant, il faut que j'extériorise. Je prends tout ce qui me tombe sous la main et le balance dans ma chambre. Je retourne toute la pièce. À la recherche de quelque chose. À la recherche d'un dernier espoir qui m'évitera de sombrer complètement. Je fais toutes mes poches de pantalon, mais je suis quelqu'un de vigilant. Je ne laisse jamais rien traîner. Je sais que toute la drogue que j'avais se trouvait dans cette boîte.

Mon cœur s'emballe de plus en plus, ma cage thoracique se resserre et l'air refuse d'entrer dans mes poumons. Il me faut ma dose de cocaïne pour me calmer. Il me la faut, maintenant. Lili n'a pas le droit de m'en priver. J'hésite sincèrement à lui courir après, mais je ne veux pas que mes cousins me voient comme ça. Ils me prendraient pour un fou, même si je suis conscient que c'est ce que je suis.

Fou. Fou. Fou.

Je veux ma came. Je ne peux pas rester comme ça. Je sors en trombe de ma chambre et me rue dans celle de ma cousine. Je me dirige vers son lit et attrape sa couverture, que je balance à l'autre bout de la pièce. Je dégage tout ce que je trouve sur mon passage, même si je sais que je ne trouverai pas mon sachet. Lili est loin d'être stupide. Elle l'a probablement jeté dans les toilettes. Mon Dieu, je la hais.

Je trébuche sur un coussin que j'ai balancé et étouffe un juron entre mes lèvres. J'ai envie de tout casser, tout péter, tout fracasser, tout…

Mon cœur s'emballe. Il n'a jamais battu aussi vite. Il ne m'a jamais fait aussi mal. Je me relève en titubant. J'ai la tête qui va éclater. Je veux ma dose. Il faut que j'aille la chercher tout de suite. À n'importe quel mec dans Londres, je m'en fous. Ce n'est même plus un besoin, mais une question de survie. J'ai l'impression que ce n'est plus mon corps. Il souffre trop, il me démange, il me fait mal, je dois le soulager. Tant pis pour moi. Tant pis pour mon cerveau que je déglingue. Tant pis pour mon âme damnée. Mon corps en a besoin, tout de suite.

Je retourne dans ma chambre et m'écroule au sol, m'emmêlant dans mes propres jambes. Je ne trouverai jamais la force de sortir d'ici. J'attrape mon portable dans le fond de ma poche et sélectionne le numéro de Neil. Il ne me répond pas. Normal.

Mes doigts tremblent et je l'appelle *lui*, comme si ce n'était pas ce que je voulais faire depuis le début.

— Boucles d'or ?

Seule ma respiration saccadée répond à sa question et je l'entends soupirer :

— Où es-tu, *encore* ?

— Moi.

— Toi ?

— Chez moi.

— Qu'est-ce que je suis censé faire, au juste ?

— Je… vais… crever.

— Oui, c'est habituel chez toi, ça t'arrive tous les week-ends, Rosenbach.

Je ne réponds pas donc il continue, d'un ton las :

— C'est moi qui vais crever si je viens chez toi… Rosenbach ? Tu m'écoutes ?… Tu n'es pas sérieux ? Tu ne veux pas que je me ramène chez toi, quand même ?… Tu vas vraiment mal ?… Tu fais chier… Bien, j'arrive.

Il raccroche et j'ai envie de vomir. Encore plus que tout à l'heure. Je suis tellement pathétique. Est-ce qu'il va vraiment venir ici ? Ça serait suicidaire, il a raison. Je n'y ai même pas pensé. Je ne pense qu'à moi, de toute façon, c'est bien connu. Je m'insupporte parfois… *Parfois ?* N'importe quoi. Je m'insupporte chaque microseconde de ma vie. Je m'insupporte le matin, le midi, le soir et encore plus la nuit. Ce moment où il n'y a que moi et mes pensées. Ça tourne là-dedans. Ian. Neil. Lili. Grace. Hamilton. Ça ne s'arrête jamais de tourner. Les cours. La drogue. Le conflit. La solitude. Ça tourne. C'est un cercle infernal. Ça fait mal. Pas comme une pointe que l'on t'enfonce dans le cœur. Non, moi c'est plus constant, régulier, comme si l'on pressait mon cœur tout doucement, mais sans jamais s'arrêter. Une manière de me rappeler toutes les erreurs que j'ai faites dans le passé, celles du présent et celles que je m'apprête à faire.

Je ne sais pas où j'arrive à trouver le courage, mais je parviens finalement à écrire un dernier message sur mon téléphone.

🖂 **SMS de** Boucles d'or **à** Grand méchant loup
23 h 05. Vien pa. Tro riské.

🖂 **SMS de** Grand méchant loup **à** Boucles d'or
23 h 06. J'arrive dans 10 minutes. Ouvre-moi la porte de derrière.

Daël Hamilton

Je m'arrête devant la grande baraque de briques rouges, en plein cœur de Mayfair. J'ai le cœur qui bat à tout rompre et tout bonnement l'impression de me jeter dans la gueule du loup. C'est ce que je m'apprête à faire, d'ailleurs. Entrer dans la maison principale des Rosenbach. C'est tellement inimaginable que je me demande si ce moment est bien réel.

Quand je repense à ma réaction quand Stan a proposé de s'incruster dans leur bal, comme si c'était l'idée la plus stupide et dangereuse au monde, je me demande comment j'en suis arrivé là. À hésiter sérieusement à pénétrer chez eux. Je suis sûr que toute sa famille est à l'intérieur, en plus.

Je regarde une dernière fois derrière moi. J'ai garé ma voiture à quelques pâtés de maisons, de peur que quelqu'un ne la reconnaisse. Les mains dans les poches de ma veste en jean, je continue de peser le pour et le contre, me balançant d'une jambe sur l'autre. Ce n'est probablement pas le moment, sachant que l'autre imbécile est en train de crever là-dedans pendant que je compte les étoiles dans le ciel. Quoique, en réalité, je ne suis pas tellement inquiet pour lui. Je commence à le comprendre. Le fils Rosenbach, il est juste flippé à l'idée de mourir. Je l'ai lu dans ses yeux, la nuit où Fallone lui a brûlé le bras avec sa cigarette. C'est pour ça qu'il fait toutes ces crises de panique, c'est pour ça qu'il avait aussi peur le soir où il s'est mis à saigner du nez. Il sait qu'il n'est pas si loin de clamser. Avec toutes les merdes qu'il prend, il en a au moins conscience. Donc il flippe, il se provoque lui-même pour se prouver qu'il s'en fout, mais je sais que ce n'est pas le cas. C'est pour ça que je ne suis pas inquiet. S'il était vraiment sur le point de rendre l'âme, il aurait appelé ses parents. Enfin, quelqu'un dans sa maison. Quelqu'un capable d'agir réellement.

Je ne marcherai pas dans ses conneries. Je ne lui donnerai pas raison. Il faut qu'il se prenne en main. Il faut qu'il s'assume tout seul. Je suis venu, certes, mais ce n'est certainement pas pour jouer au héros. C'est pour lui foutre deux bonnes baffes et qu'il arrête ses coups de pression ridicules.

Décidé, je me dirige vers la maison, évitant délibérément l'allée fleurie pour rester à l'ombre des réverbères. Je contourne l'imposant manoir des Rosenbach, rejoignant le jardin à l'arrière de la bâtisse. La pelouse y est soigneusement tondue, une balancelle sur la terrasse couine à cause du vent. Un garage en bois occupe le fond du jardin, fermé par un épais cadenas. Le barbecue et le mobilier extérieur sont recouverts par des bâches pour les protéger du mauvais temps londonien. Je bifurque vers la maison. Tout est silencieux et il y a très peu de lumière à l'intérieur, je suppose que ses occupants dorment sans se douter un seul instant qu'un Hamilton s'apprête à s'inviter chez eux.

J'espère qu'ils n'ont pas de chien. Je n'y avais même pas pensé. Je me retourne brusquement pour m'assurer qu'il n'y a pas de niche ou, potentiellement, quelque chose susceptible de me bouffer aux alentours. Rien ne sort de la quiétude de la nuit.

Je me dirige vers une baie vitrée. Elle est légèrement entrouverte, comme je lui avais demandé. Je la fais glisser et m'engouffre à l'intérieur. Je fais quelques pas. Je suis presque en apnée. J'entends mon cœur battre si fort dans ma poitrine que j'ai peur que ce simple bruit ne réveille tout le quartier.

Je suis dévoré par la curiosité, j'aurais aimé fouiller chaque recoin de cette maison, observer chaque bibelot, chaque tableau, chaque photographie suspendue au mur et imaginer tout ce qu'il s'y passe, mais je préfère rester en vie, alors je rejoins les marches que j'aperçois dans le salon. Je les repère facilement avec le fauteuil monte-escalier de Ian dont les rails longent le mur jusqu'à l'étage.

Je grimpe l'imposant escalier en acajou massif. Le bois est foncé, les marches, épaisses, émettant un grincement à chaque pas. C'est tout eux. Les Rosenbach en font toujours trop, jusque dans leur mobilier.

Je parviens finalement à l'étage. C'est un long couloir avec de nombreuses pièces de part et d'autre. Je ne dois pas me louper. J'avance doucement. J'ai envie d'appeler son nom, mais j'ai trop peur que quelqu'un d'autre que lui m'entende. Je continue mon inspection. Une des portes est légèrement ouverte. Je suppose que, s'il n'est pas trop con, il s'agit de la sienne.

Je me plante devant et regarde à l'intérieur. Je ne le vois pas, mais je e sens. C'est indescriptible. Je sais que c'est sa chambre, peut-être l'odeur qui en ressort, la façon dont elle est faiblement éclairée par une lumière bleutée, le poster de Placebo sur le mur et le bordel qu'il y a partout.

J'entre dans la pièce et referme la porte derrière moi. Mes yeux finissent par s'habituer à l'obscurité et je l'aperçois enfin. Recroquevillé par terre, enroulé dans sa couverture. Il n'y a que sa tête bouclée qui ressort de cette boule de nerfs.

— Rosenbach ?

Il sursaute et me regarde.

— Je t'avais dit de ne pas venir.

— Tu m'attendais.

Il ne répond rien et replonge son visage dans ses genoux qui s'entrechoquent sous la couverture. Je le rejoins et m'agenouille devant lui pour me mettre à sa hauteur.

— Qu'est-ce que tu as ?

— Manque. Crise. J'sais pas.

Bien sûr. Quoi d'autre ?

— Regarde-moi.

Rosenbach plante son regard dans le mien, je vois que ses yeux sont gonflés par les larmes et rouges de sang. Il continue de me regarder sans parler et il grimace de temps à autre.

— Qu'est-ce que tu fais ?

— Rien.

— Qu'est-ce que tu *te* fais ?

Avant d'attendre sa réponse, je retire brusquement la couverture qui le recouvre. Ses ongles sont plantés dans son avant-bras. Il vient de gratter ses brûlures jusqu'à la chair. Elles saignent et c'est absolument dégueulasse. Un haut-le-cœur me prend, alors que j'attrape son poignet pour l'empêcher de se torturer davantage.

— Arrête ça, grondé-je.

— Ça m'aide à penser à autre chose, se défend-il en tentant de reprendre son geste, mais ma poigne prive d'y songer ne serait-ce qu'une seule seconde.

— Sauf que tu ferais mieux d'y penser justement, craché-je. À quel point t'es con. À quel point t'es qu'un gamin immature qui veut juste attirer l'attention sur lui. À quel point t'es égoïste, aussi.

— Égoïste ? répète-t-il. Tu me traites d'égoïste alors que ton père est en train de mourir et que tu ne penses qu'à ta gueule et à la société qui va te retomber dessus. Tu n'en as rien à foutre que ton père disparaisse ! Tu ne penses qu'à toi et ton petit malheur. Hamilton, tu es mal placé pour me dire ça.

Il me parle comme s'il me connaissait. Il ne me connaît pas, ni moi ni ma famille. Surtout que, avec la sienne, il n'a pas vraiment la légitimité de l'ouvrir.

— Ma relation avec mon père ne te regarde pas. Si je ne ressens aucune tristesse, c'est peut-être qu'il ne la mérite pas.

— Pourquoi ? Qu'est-ce qu'il t'a fait de mal, à part faire de toi le plus riche héritier de la ville ?

— Il n'y a pas que ça.

— Alors quoi ? Il te frappe ? Il est alcoolique ? Il a eu des gestes déplacés quand tu étais petit ?

Je souris d'un air ironique et Rosenbach reprend, de plus en plus furieux :

— Pourquoi est-ce que tu souris comme ça ? Est-ce que tu trouves ça drôle ?

— Ouais, je trouve ça drôle. J'avais failli oublier qu'avec toi il faut des drames à répétitions. Il ne m'a jamais fait de mal à proprement parler. Il n'en a juste rien à foutre de moi. L'indifférence, ça blesse, et les mots peuvent être plus violents que les coups, quelquefois. Mais toi, tu ne comprends pas. Tu as besoin de sang pour justifier ton malheur, tu as besoin de coups, de drames, de larmes. Tu te drogues pour accentuer ton côté dépressif, et moi, c'est tout ton cinéma qui me gonfle. Tout ce que tu construis autour de toi pour qu'on te plaigne alors que, crois-moi, on n'a pas besoin de toutes ces conneries surjouées pour ça.

Le fils Rosenbach se tait et je crois qu'il se retient encore de pleurer. Il tremble de tout son corps. Je l'observe avec plus d'attention. Il a l'air si jeune, tout d'un coup, nageant dans un T-shirt trop grand pour lui, ses cheveux mouillés à cause de la transpiration et ses joues rosies par sa respiration douloureuse.

Au fond de moi, je sais que ce n'est pas de la comédie. Je vois bien qu'il souffre. Je sais ce que causent les attaques de panique, cette angoisse qui te coupe le souffle et tout bon sens. Moi aussi, je suis déjà passé par là. C'est juste que je ne le montre pas. Je ne supporterais pas que l'on me voie aussi faible, pas même devant Fallone.

Rosenbach, lui, il me montre sa faiblesse alors que je l'enfonce. Peut-être que j'exagère, en fait.

— Alors, casse-toi, murmure-t-il.

Non, ça, c'est une des dernières choses que j'ai envie de faire.

— Où est ta salle de bains ?

Il ne répond pas.

— Rosenbach. Ta salle de bains.

— La porte à gauche, au fond du couloir.

Je me relève en l'attrapant par le bras et il me suit en faisant semblant de protester. On traverse le couloir, sans bruit, puis je nous enferme à l'intérieur de la pièce. Je sais pourquoi il m'a appelé. Il veut que l'on s'occupe de lui. Et si je suis venu, c'est parce que j'ai envie de le faire. Je ne sais pas comment il y parvient, mais quand je suis avec lui, j'ai l'impression d'être important.

— Déshabille-toi.

— Je ne veux pas être à poil devant toi.

— Tu ne m'as pas demandé mon avis dans les toilettes du Heaven, l'autre soir.

Rosenbach se tait et baisse la tête avant de murmurer du bout des lèvres :

— As-tu couché avec lui ?

— Qui ?

— Le type, le vieux. As-tu couché avec lui après que je suis parti ?

— Non.

Ça me fait rire parce qu'il a vraiment l'air soulagé de l'apprendre.

— Alors, tu as fait quoi, après ?

— J'ai dû finir le boulot tout seul.

Là, il s'esclaffe carrément et j'ai bien envie de le tuer pour son insolence.

— Allez, dépêche.

— Je garde mon caleçon.

— Si tu veux. Tu fais trop pitié pour que je te saute dessus, de toute façon.

Rosenbach enlève son jogging et son T-shirt, vexé. Je ne sais pas trop pourquoi j'ai dit ça, alors qu'il est tellement sexy que je pourrais vraiment lui sauter dessus.

Ce n'est pas le sujet.

Il entre dans sa douche, puis finit par se retourner vers moi, avec un air curieux sur le visage.

— Tu as prévu de me regarder ?

Je réponds, un peu pris au dépourvu :

— Euh… Je t'attends dans ta chambre. Nettoie bien l'endroit où tu t'es gratté.

Il me répond un « oui » que je crois à peine et je me fais une note mentale pour vérifier qu'il s'est bien soigné. Je retourne dans sa chambre et récupère sa couverture sur le sol. Je la repose sur son lit et m'affale dessus.

Je profite de ma solitude pour scruter la pièce, laissant mon esprit vagabonder en même temps que mon regard. Sa chambre est à son image, plutôt vide. Les murs sont beiges, sauf celui où repose la tête de lit, qui est entièrement noir. Il y a peu de décorations, hormis le poster du groupe Placebo. Une vieille affiche de concert avec des dates inscrites au-dessus de son bureau. Celui-ci n'est ni rangé ni en désordre, recouvert simplement de quelques bouquins et de crayons, de son ordinateur portable et d'enceintes pour la musique. Mon regard s'arrête sur l'entrée de son dressing, je suis presque surpris de ne pas avoir remarqué avant le bazar qui s'y trouve. Des boîtes ont été retournées, des paires de chaussures et divers vêtements traînent en vrac, éparpillés partout sur le sol devant les portes encore ouvertes. Le reste de la chambre est plutôt ordonné. Je croise mon reflet dans le miroir suspendu à un des murs, m'arrêtant à cette vision.

Je réalise peu à peu que je suis allongé dans le lit de Lior Rosenbach et que j'ignore comment ma vie a pu basculer ainsi, en l'espace de quelques mois, juste à cause de lui.

Je ressasse mes pensées, en boucle. Je suis près de m'endormir lorsque j'entends la porte de la chambre s'ouvrir. Il est là, debout, devant l'entree de la pièce. Il a remis son jogging qui lui tombe délicieusement sur les hanches et son T-shirt souple, évasé, laissant apparaître la peau blanche de ses clavicules. Ses cheveux sont encore mouillés, dégoulinant le long de ses tempes et glissant jusqu'à sa mâchoire. Une odeur de savon à la vanille envahit la pièce trop petite pour nous deux. Il a pris une douche brûlante. Ça se sent rien qu'à la chaleur qui est entrée dans la chambre. Ou alors c'est juste moi qui déconne. Certainement. En tout cas, ça devrait être interdit d'être aussi désirable.

Je déglutis sans réussir à le lâcher du regard et Rosenbach s'approche. Je remarque enfin ce qu'il tient dans les mains. Du désinfectant, des cotons et des pansements.

Sans rien dire, il s'assoit en face de moi sur le lit et pose ses affaires sur la couverture avant de me tendre son bras. J'attrape les différents produits et commence à nettoyer ses brûlures.

Ça me rappelle la première fois que je l'ai soigné. Je refais les mêmes gestes. Sauf que, cette fois, il est pleinement conscient et il me regarde faire. J'aimerais bien comprendre ce qu'il lui passe par la tête. Personne ne m'a encore jamais regardé avec ces yeux-là. J'essaie de me concentrer sur ce que je fais. Je nettoie bien le sang séché, passe de la pommade, puis recouvre les blessures avec des pansements.

— Voilà, déclaré-je.

— Merci.

— Tu vas mieux ?

— Un peu.

— Bien.

Je quitte le lit et le vois bâiller. Il doit être épuisé. Quand je faisais des crises d'angoisse, il m'arrivait de dormir toute la journée du lendemain. Ça te pompe toute ton énergie, ces conneries.

— Dors.

— Est-ce que tu veux rester un peu ?

— Faire quoi ?

— On peut regarder un film.

— Je ne sais pas si tu te rends bien compte de l'endroit où je suis, fais-je remarquer.

— Mes cousins ne sont pas là. Ils vont rentrer tard.

— Tu ferais mieux de dormir, Rosenbach.

Je vois sa poitrine se soulever un peu plus que la normale et comprends qu'il a peur de rester tout seul. Peur de faire une autre crise. Peur de s'endormir dans cet état-là et de ne pas se réveiller. Oui, je sais tout ça, je l'ai déjà vécu un million de fois.

— Je peux rester un peu, dis-je.

— Merci.

Je m'assois sur le bout du lit et il ferme les yeux. Il s'étire de tout son long en balançant ses bras vers l'arrière, et son T-shirt remonte sur son torse, laissant apparaître son nombril et un fin duvet descendant jusqu'à l'endroit que je ne préfère pas imaginer. Le V de ses hanches est parfaitement dessiné et je me sens presque défaillir à cette vision. J'avoue que c'est un peu mon point faible chez un homme.

Je m'arrête tout de suite. Qu'est-ce qu'il me prend de le regarder comme ça ? On dirait que je vais le bouffer. Mon regard s'attarde de nouveau sur son nombril, sur sa peau laiteuse et ses muscles étirés. Je crois qu'il s'est endormi. Son souffle gonfle sa poitrine à intervalles réguliers et laisse apparaître à chaque inspiration toujours un peu plus de peau.

D'accord, je suis en train de devenir complètement fou. Il faut vraiment que je parte d'ici. Je me relève sans faire de bruit pour ne pas le réveiller et me dirige vers la porte. Je m'arrête, la main sur la poignée. Je peux peut-être regarder une dernière fois, non ? Ça ne fera de mal à personne ?

Je me retourne lentement et l'observe encore, encore et encore. En fait, je n'arrive pas à décrocher mon regard. J'ai l'impression que toute cette peau m'appelle. Je ne peux pas rester là sans rien faire. J'avance doucement vers le lit. Sans réfléchir davantage, je me penche sur lui et dépose mes lèvres sur son nombril.

Juste ça.

Un effleurement.

Rien de plus.

Je me relève, coupable et heureux de l'avoir fait.

— Continue.

Mon cœur tressaute dans ma poitrine. Il vient de me parler ? Il ne dormait pas ?

— Continue, répète-t-il, à moitié endormi. J'aime bien.

Il va vraiment me faire péter un plomb, ce mec.

— S'il te plaît, ajoute-t-il, les yeux clos.

J'abandonne l'idée d'abandonner. Je ne peux humainement pas résister. Je repose mes lèvres sur son nombril et l'embrasse un peu plus fort que la première fois. Mes mains viennent chercher le tissu en coton de son T-shirt et je le relève un peu plus haut sur son torse. Je glisse mes lèvres le long de ses côtes, sur sa poitrine, ses tétons. J'embrasse chaque recoin de peau comme si j'en avais besoin, aucun millimètre n'est laissé de côté. Je crois qu'il bande, mais je n'ai pas envie de vérifier. Ce n'est pas sexuel, là. C'est juste… Je ne sais pas, différent de d'habitude. Agréable. Je souffle contre sa peau et il frissonne. Je l'embrasse encore. Je joue comme ça, pendant peut-être dix minutes. Je ne m'en lasse pas. Je ne m'en lasserai jamais.

En réalité, j'ai envie d'aller plus loin. J'avoue que mon regard s'est perdu plusieurs fois sur la bosse qui déforme son jogging et j'avoue, plus que tout, que je meurs d'envie de le toucher, de le caresser, mais je ne veux pas avoir l'air de profiter de la situation. Je sais qu'il n'est pas vraiment en état de réfléchir correctement. Enfin, après ce qu'il m'a fait au Heaven, je crois que j'ai quand même le droit à ma petite vengeance.

De temps en temps, je glisse ma main sur son torse pour caresser sa peau, mais je préfère embrasser son ventre. Il réagit à chacun de mes baisers et ça me rend fou. Il couine doucement, se tortille un peu quand je le chatouille. Je sens que sa peau devient de plus en plus brûlante et qu'il commence à être vraiment excité. Je prends conscience que je dois me calmer. On ne peut pas aller plus loin. On a déjà été trop loin.

Je me relève et redescends son T-shirt sur son ventre.

— Je devrais te laisser.

Il ne répond pas, j'en conclus qu'il s'est peut-être endormi entre-temps. Je le regarde. C'est la première fois que je vois son visage aussi paisible. Une part de moi se dit que j'y suis peut-être pour quelque chose.

Je tourne les talons et rejoins la porte de sa chambre jusqu'à ce que sa voix résonne, hésitante :

— Reste.

Je me retiens de sourire. Je me retiens de penser que c'était ce que je voulais entendre depuis le début.

— C'est trop risqué, Rosenbach.

Je me retourne vers son lit, il a ouvert les yeux.

— Si tes parents ou tes cousins me voient ici, continué-je. Je suis mort.

— Je te protégerai.

— Tu es incapable de te protéger toi-même.

— Certaines personnes en valent plus la peine que d'autres.

Un *martyr*.

C'est l'image qui me saute aux yeux, tout d'un coup. Ce mec est un véritable martyr. Il continuera de se faire souffrir juste pour la beauté du geste. Moi, je trouve ça moche. Tout ce qu'il pense de lui-même. Tout ce qu'il fait de lui-même. Il n'a rien d'héroïque. Il est juste désespéré. Désespéré de trouver une place dans ce monde. Désespéré de justifier son existence. Alors, il s'en invente une. Une facile à remplir. Une facile à respecter. Il prend tous les malheurs du monde et les porte sur son dos pour s'en sentir coupable, comme une sorte de rédemption.

— Tu n'as pas le droit de me demander de rester, murmuré-je.

— Je sais.

— Pourquoi le fais-tu ?

— Parce que j'ai envie que tu restes.

C'est sincère. Pourtant, ça ne lui arrive pas souvent, j'ai l'impression. De dire les choses telles qu'elles lui viennent.

— Et toi ? Tu veux rester ? m'interroge-t-il.

Je sens que l'on est en train de franchir l'étape de trop. Celle de l'acceptation. Il n'y a plus rien qui justifie le fait que l'on reste ensemble, excepté que l'on en crève d'envie tous les deux.

Je me surprends à répondre :

— Oui. J'ai envie de rester.

Il sourit et s'écarte légèrement du lit, m'invitant à le rejoindre. Je sens mes jambes défaillir. Je ne sais même pas comment j'arrive à trouver la force d'enlever ma veste en jean, mes baskets et de me blottir avec lui dans son lit.

Rosenbach relève la couverture sur nous deux. Il nous recouvre jusqu'au milieu du visage. Il a raison, la seule façon de supporter la situation est de se cacher, de créer un endroit où il n'y a que nous deux, comme sur la plage. On n'est pas dans le monde des Hamilton, on n'est pas dans le monde des Rosenbach. On est dans notre monde à nous.

— Merci d'être venu, dit-il.

— As-tu conscience qu'on est tous les deux morts demain matin ? dis-je avant qu'il ne ferme les paupières.

— Au moins, je me serai senti vivant avant que ça n'arrive. Je n'ai pas à me plaindre.

Le fils Rosenbach s'endort, en me laissant avec sa déclaration à la con et mon estomac en état de guerre nucléaire. Je le déteste, lui et ses phrases qui ne veulent rien dire. Enfin, ses phrases qui disent ce qu'elles ne devraient pas dire. Et puis, merde. J'en ai marre de trop penser.

Je glisse une main dans les boucles brunes qui lui tombent devant les yeux et dépose un baiser sur son front avant de poser mon bras sur le sien.

— Bonne nuit, Boucles d'or.

Je ferme les yeux, et il semble mettre moins de cinq secondes avant de s'endormir complètement, ma main dans la sienne. Paisible.

Du moins, jusqu'à ce qu'une voix vienne résonner jusque dans mes entrailles :

— C'EST QUOI CE BORDEL ?!

Extra un

Lili Rosenbach

Je repose mon verre sur la table, jetant un coup d'œil tout autour de moi. Jess est en train de danser avec trois mecs sur la piste, Anna discute avec son copain au bar et Jade, ma meilleure amie, est assise à côté de moi. Elle passe son temps à regarder son téléphone en soupirant. Elle attend son mec. Elle veut nous le présenter, ce soir. C'est un peu pour ça que l'on est toutes sorties, d'ailleurs. Également parce que l'on est samedi soir et que c'est ce que font les jeunes de notre âge.

— Il va venir, arrête de stresser pour rien, dis-je pour la rassurer.

— Et toi, quand est-ce que tu comptes nous présenter Noah ? réplique-t-elle en lâchant enfin son téléphone portable des yeux.

Jade le repose sur la table et en profite pour prendre son verre à la place. Elle est si belle, avec sa coupe afro qui encadre son visage plein de grâce, sa peau noire, brillante sous les lumières aveuglantes de la boîte de nuit. Nous trinquons toutes les deux.

Ma meilleure amie repose son verre sur la table après avoir bu une gorgée et je me décide enfin à répondre à sa question :

— Quand les deux autres abrutis qui nous surveillent dans le fond ne seront pas là, rétorqué-je.

Jade lance un bref coup d'œil à Ethan et Edward, mes deux cousins à l'allure sombre et aux épaules carrées, installés à une table plus loin. Elle pousse un léger soupir avant de reporter son regard dans ma direction.

— Autrement dit, jamais ?

— C'est à peu près ça.

Je ris, même si je ne trouve pas ça drôle du tout. Ce n'est pas de l'ironie. Mes cousins suivent le moindre de mes faits et gestes. Heureusement, avec Noah, on a réussi à trouver quelques stratagèmes. On se voit à la fin de notre journée de cours, généralement. Je prétends rester travailler à la bibliothèque du lycée pour rentrer plus tard à la maison. Lior et Ethan ne mettent jamais les pieds là-bas, ils ne peuvent pas savoir que je leur mens. Je pense qu'ils sont même incapables de l'imaginer.

— Enfin, fait Jade. On peut voir le bon côté des choses.

Elle me montre son verre de whisky-Coca en souriant. On est mineures, donc on n'a pas le droit de boire d'alcool. C'est Edward qui nous a payé nos verres. « Juste un, bien sûr », a-t-il précisé.

Je me retourne vers la piste et observe Jess en riant. La jolie rousse est toujours en train de danser avec ses trois mecs. Son copain l'a larguée, il y a quelques semaines, donc maintenant elle se venge sur tout ce qui bouge. Elle n'a que seize ans, comme nous toutes.

Je sais que les gens collent souvent des étiquettes, « salope » serait la sienne, j'imagine. Moi, je ne la juge pas. D'ailleurs, de quel droit pourrais-je la juger ? Je leur ai tout raconté à propos de Noah. Elles ont trouvé ça mignon, enfin, *romantique*. Cette histoire d'amants maudits, de secret, de familles ennemies. En réalité, c'est un cauchemar. Je suis tout le temps stressée à l'idée que les Hamilton découvrent quelque chose, on se voit peu avec Noah, et pas plus d'une heure. Pire que tout, on n'a encore jamais passé une nuit ensemble.

Enfin si, on en a passé une. Celle où l'on a semé Lior, après qu'il nous a accompagnés en boîte. Noah m'a emmenée dans un hôtel et on y a dormi. Vraiment dormi. Dans les bras l'un de l'autre. C'était notre premier rendez-vous et, d'un côté, je le remercie de ne pas avoir été plus loin, ça m'a prouvé qu'il tenait vraiment à moi. Sauf que, depuis cette soirée, on n'a jamais réussi à repasser une nuit ensemble. Et c'est...

— À quoi penses-tu ? dit Jade. On dirait que tu vas commettre un meurtre.

— Je n'ai toujours pas couché avec Noah, lâché-je.

C'est sorti plus vite que je ne le pensais. En fait, je n'avais pas prévu d'en parler, à la base. Surtout pas à Jade qui est « la meuf incapable de tenir un secret ».

— Mais ça fait plusieurs mois que vous êtes ensemble !

— Deux, presque trois.

— Qu'est-ce que vous attendez, au juste ?

— De l'intimité ?

Jade me lance un regard blasé et ajoute, à voix basse :

— Tu es sûre ?

Elle me connaît trop bien. Je me dis que c'est probablement pour ça qu'elle est ma meilleure amie depuis l'école primaire.

— Tu flippes encore à cause de ta famille ? fait-elle en reposant son verre sur la table. Lili, réveille-toi ! On s'en fout de ce qu'ils pensent !

— Pas lan.

— C'est Daël qui a fait ça ! Noah n'était même pas là le jour de la bagarre !

— Pour ma famille, ça ne change rien. J'ai l'impression que coucher avec lui... ce serait aller trop loin.

— Tu es complètement amoureuse de ce type ! s'exclame Jade. Bien sûr que tu es déjà allée trop loin, chérie.

Je soupire et vois Jess s'installer avec nous à la table. Visiblement, elle s'est débarrassée de ses bouche-trous.

— Qui est amoureuse ? interroge-t-elle, ses yeux verts pétillant de curiosité.

— Lili, réplique Jade.

— De Noah, complète Jess. Qui n'était pas déjà au courant ?

— Elle a peur de baiser avec lui à cause de ce que va penser sa famille.

Tiens. Qu'est-ce que je disais ? Incapable de garder un secret.

— Vous n'avez toujours pas conclu ? s'exclame Anna en nous rejoignant, suivie de Léo, son copain de trois ans de plus qu'elle.

Génial. Ma vie sexuelle n'est plus un secret pour personne. Mais l'a-t-elle seulement été ? Je suis toujours vierge et j'ai l'impression que c'est écrit sur mon front.

— Merci de le crier encore plus fort, ironisé-je. Pour que mes cousins l'entendent, comme ça on est sûres de ne jamais ressortir.

— Ne nous mets pas dans le « on », réplique Anna avec un froncement de sourcils à mon égard, ce qui plisse davantage ses yeux en amande. Nous, on peut sortir comme on en a envie. C'est plutôt cool de notre part qu'on accepte tes chaperons à chacune de nos soirées.

Changement de ton d'un seul coup. Je sens le reproche dans sa voix. Même si je savais qu'elle n'était pas toujours d'accord avec la présence de mes cousins, je ne pensais pas qu'elle le vivait aussi mal.

— Je ne te force pas à rester avec moi, répliqué-je, feignant ne pas être vexée.

— Tu ne comprends rien, fait-elle en soupirant. Je dis ça pour ton bien, Lili. Jusqu'à quand vas-tu te faire bouffer par ta famille ? Regarde-nous ! On a seize ans ! Nos parents nous laissent sortir entre amies. On peut avoir des copains. On peut dormir chez eux. On a le droit de se promener partout dans Londres. Jusqu'à quand tu vas prétendre que cette vie est normale ?

— Mais je…

— Tu n'es pas flippée de ce que ta famille va penser, Lili, me coupe-t-elle de nouveau.

Ses cheveux au carré frôlent ses joues à mesure qu'elle parle d'un ton désapprobateur.

— Tu es flippée, *toi*. Juste toi. Ils t'ont tellement foutu dans le crâne que le monde extérieur était dangereux que tu es une foutue poule mouillée maintenant. Qu'est-ce qui t'empêche de te rebeller, au juste ? Pourquoi est-ce que tu leur obéis encore ?

— Ma famille est différente des vôtres, elle est plus…

— Elle est différente, parce que vous la rendez différente, riposte Anna. Vous êtes tous plus tarés les uns que les autres. Grace la première ! Bordel, ouvre les yeux !

Je sais qu'elle a raison. J'ai toujours pensé ça de ma famille. Par contre, l'entendre de la bouche de quelqu'un d'autre, ça m'énerve. Je crois que c'est ma fierté Rosenbach qui se réveille. Je ne supporte pas qu'elle les insulte comme ça, sans rien connaître, sans rien savoir. D'accord, le conflit avec les Hamilton, c'est tout ce qu'il y a de plus stupide dans cette ville, mais il existe et elle n'a pas le droit de prétendre que ce n'est rien. Pas lorsqu'il a mis Ian en fauteuil, pas lorsque Greg est en prison, pas lorsque Lior est un drogué à moitié dépressif, pas lorsque Grace n'est plus que l'ombre d'elle-même, pas lorsque Ethan et Edward sont devenus violents et impulsifs.

Et merde, je ne sais plus quoi penser. J'ai passé mon temps à défendre Noah, mais je réalise brusquement que Lior n'avait peut-être pas tort, finalement. C'est honteux et irrespectueux ce que je leur fais.

— Chéri ! s'exclame Jade. Je suis là, mon cœur !

Cool, son copain. On va pouvoir changer de conversation et je connais assez bien les filles pour savoir que le premier petit ami de Jade est une rencontre assez importante pour leur faire oublier cette dispute, du moins pour la soirée.

Je me retourne vers le mec qu'elle est en train d'appeler et aperçois vaguement un garçon s'approcher de notre table.

— Il est trop beau, hein ? piaille Jade en tapant dans ses mains, tout excitée.

J'ai du mal à le voir à travers la lumière de la boîte, sauf qu'au moment où il se plante devant nous, je ne pense pas à sa beauté. Je ne pense plus à rien, en fait. À part juste MERDE, MERDE, MERDE.

Avant que le type n'ait le temps d'ouvrir la bouche, Ethan le percute brutalement. Ils tombent tous les deux sur le sol, dans un brouhaha épouvantable. Jade se met à hurler sur mon cousin, prête à se jeter sur lui pour l'empêcher d'abattre son poing sur le visage de son petit ami.

Je la retiens par le bras, hurlant :

— Non !

— Lâche-moi ! s'emporte-t-elle. Il faut les arrêter !

— C'est Stan ! hurlé-je en resserrant ma poigne sur son bras.

— Oui, je sais, mon copain !

— Stan *Hamilton* !

Son visage se fige instantanément et ses bras retombent lourdement le long de son corps. Nous savons toutes les deux que ce n'est pas un hasard.

Edward débarque à son tour, l'air encore hébété par la rapidité de son petit frère.

— Barrez-vous, les filles, on s'en occupe.

— C'est impossible, murmure Jade. Il ne savait pas…

Je me retourne vers Stan et Ethan qui sont toujours en train de se battre dans la boîte. Un cercle se forme autour d'eux. Brusquement, j'aperçois Fallone et Aiden s'immiscer dans le groupe. Edward ne met pas plus de deux secondes avant d'interférer à son tour, juste après nous avoir hurlé de dégager d'ici.

Sauf que l'on reste là, à les regarder se battre comme des animaux, tandis que la sécurité essaie de se frayer un chemin dans le tumulte de l'altercation. Je regarde Stan, la lueur d'amusement dans ses yeux, la fierté sur son visage et son sourire. Son faux sourire. Il savait. Il savait précisément ce qu'il faisait. Il savait qu'il allait me rencontrer, ce soir.

Quand est-ce qu'ils vont arrêter ? Quand vont-ils *enfin* arrêter de nous faire autant de mal ? De nous vouloir autant de mal ? Ce sont eux qui ont mis Ian dans un fauteuil. Eux qui ont tout commencé. Je les méprise. Chacun d'entre eux. Chaque membre de cette famille.

Pourquoi s'en sont-ils pris à Jade ? Pourquoi à ma meilleure amie ? Qu'est-ce qu'ils cherchent, à la fin ? À rendre tout le monde fou ? N'ont-ils toujours pas réalisé que c'était déjà le cas ? Que l'on était déjà tous à moitié bancals. Ils ont quoi dans les yeux ? De la merde ? Leur merde ?

Je les déteste si fort à cet instant que des larmes de rage coulent sur mes joues. Je veux partir d'ici. Je ne veux plus jamais voir toute cette violence. Toute cette haine. Tous ces cris. Tout ce sang.

Je les hais.

✉ **SMS de** Zorro **à** Mon ange

2 h 31. Je viens juste d'apprendre ce qu'il s'est passé ce soir. Tu vas bien ?

2 h 33. Chérie ?

2 h 35. Je t'appelle…

2 h 36. Pourquoi tu ne me réponds pas ? Je sais que tu n'es pas déjà couchée.

2 h 38. S'il te plaît, je m'inquiète.

2 h 38. Ils t'ont fait du mal ?

2 h 38. Je suis désolé pour ta copine.

2 h 39. Je ne savais pas ce que faisait Stan, je te jure que je te l'aurais dit.

2 h 40. Bébé, réponds-moi !

2 h 41. Pourquoi tu m'associes à ça ? Tu sais que je n'ai rien à voir là-dedans. Je ne te ferai jamais de mal à toi.

🖂 **SMS de** Mon ange **à** Zorro
2 h 41. Et aux autres ?

🖂 **SMS de** Zorro **à** Mon ange
2 h 41. Aux autres ? De qui tu parles ?

🖂 **SMS de** Mon ange **à** Zorro
2 h 42. À mes cousins, tu ne leur ferais pas de mal ? Si tu les avais en face de toi ? Tu ne leur ferais pas de mal à eux ?

🖂 **SMS de** Zorro **à** Mon ange
2 h 43. Tu n'es pas eux.

🖂 **SMS de** Mon ange **à** Zorro
2 h 43. Donc tu serais capable de leur faire du mal à eux ?

🖂 **SMS de** Zorro **à** Mon ange
2 h 43. Je ne sais pas.
2 h 44. Ne me lâche pas, Lili. Tu n'as pas le droit.
2 h 45. Tu n'as pas le droit de me reprocher quoi que ce soit. Ce conflit marche dans les deux sens. Tes cousins ne sont pas parfaits non plus.
2 h 50. ?

🖂 **SMS de** Mon ange **à** Zorro
2 h 53. Je n'ai pas le temps de parler. Je dois réconforter ma meilleure amie que ton cousin a utilisée contre moi.

🖂 **SMS de** Zorro **à** Mon ange
2 h 54. Ne fais pas ça.

🖂 **SMS de** Mon ange **à** Zorro
2 h 54. Faire quoi ?

🖂 **SMS de** Zorro **à** Mon ange
2 h 54. M'accuser.
3 h 10. Lili ?
3 h 15. Tu me gonfles.

✉ **SMS de** Mon ange **à** Zorro
3 h 16. Tant mieux, c'est réciproque.

✉ **SMS de** Zorro **à** Mon ange
3 h 20. Bien, on joue à ça si tu veux, mais n'oublies pas que tu n'es pas moins coupable que moi.

Chapitre 3

Lior Rosenbach

— *C'EST QUOI CE BORDEL ?!*

Je me réveille en sursaut, ouvrant mes paupières si vite que ça m'en fait mal au crâne.

— *EST-CE QUE QUELQU'UN PEUT M'EXPLIQUER…*

C'est la voix de mon père. Je me retourne en trombe dans mon lit, le cœur au bord de l'explosion.

— *… CE QU'IL SE PASSE ICI ??*

Hamilton s'est réveillé, lui aussi. Les cris viennent du rez-de-chaussée. J'entends quelqu'un pleurer. C'est Lili. Je la reconnais tout de suite. Puis il y a une multitude de voix, tout d'un coup. Des voix suppliantes, suffocantes. On essaie de répondre à mon père, mais ça fait un brouhaha épouvantable entre les pleurs, les cris et les soupirs exaspérés.

— Qu'est-ce qui…, commence Hamilton.

Je pose un doigt sur ses lèvres. Il ne dit plus rien, trop tétanisé pour réagir.

J'essaie de me concentrer sur la conversation.

— *Vingt-deux ans !* gueule mon père. *Vingt-deux ans et une cervelle de cinq !*

— *Mais je n'ai pas…*

— *Ne me réponds pas !*

— *Et toi, arrête de chialer, putain.*

— *Ethan, ferme ta gueule.*

— *Ce n'était pas l'amour de sa vie non plus !*

— *Tu ne peux pas comprendre !*

— *Tiens, tu arrives à parler ?*

— *Ta gueule, Ethan,* intervient Lili sourdement. *Tu nous soûles.*

— *Est-ce que quelqu'un m'écoute ?* s'emporte mon père.

Tout redevient silencieux et je me retourne vers Hamilton. Il a l'air complètement anéanti, presque prêt à creuser sa tombe. Putain. On le savait, en plus, que ça finirait comme ça.

— Je vais crever, murmure-t-il, d'une voix faible.

— Non.

— *Mais qu'est-ce qu'il… MON DIEU !*

Là, c'est la voix de ma mère. Je n'en peux plus de rester là sans rien faire. Il faut que je sache ce qu'il se passe en bas.

— Je reviens !

Je m'apprête à sauter du lit, mais Hamilton me retient en m'attrapant par les hanches et me ramène violemment contre le matelas. Il monte sur moi et m'interroge en tentant de chuchoter, malgré l'énervement que j'entends dans sa voix :

— Tu ne me laisses pas ici tout seul.

— Reste dans le lit. Je vais juste voir ce qu'il se passe en bas.

— Et s'ils savent déjà que je suis là, hein ? m'interroge-t-il. Ils ont peut-être vu ma voiture dehors, ils ont peut-être…

— *Pourquoi ?* demande ma mère, en sanglots.

Merde, je ne peux pas être là à discuter pendant que ma famille est en train de péter un plomb dans mon salon.

— S'ils savaient, ça ferait longtemps qu'ils seraient montés.

Je repousse doucement Hamilton en posant mes mains sur son torse – je savourerai ce geste plus tard – et il finit par se laisser faire, retombant lourdement contre mon matelas.

— On est foutus.

— Arrête, murmuré-je, sans trop savoir si j'y crois moi-même. Je vais juste voir ce qu'il se passe.

— Et s'ils…

— Ne bouge surtout pas, le coupé-je avant de sortir du lit en trombe.

Bien sûr, je me prends les pieds dans un objet que j'ai dû laisser traîner par terre. Je grommelle et sors de la chambre, boitant légèrement du pied gauche. Connerie de soirée.

— *Je n'en reviens pas que vous soyez si immatures !*

Tiens, mon père est de retour dans la conversation. Je me rue dans l'escalier et descends les marches quatre à quatre avant de me tétaniser dans le salon. Oh… Merde, de merde, de merde.

Ethan semble avoir le bras en sang, celui-ci étant recouvert d'un T-shirt imbibé du liquide rouge qui dégouline sur le sol. Edward n'est pas dans un meilleur état, ses lèvres gonflées l'empêchent presque de parler tandis que mon père continue de gueuler sur lui :

— C'est toi le plus âgé ! Pourquoi as-tu emmené ton frère dans cette bagarre ? Ça ne t'a pas suffi, ce qui est arrivé à tes cousins ? Tu veux rejoindre Greg en taule ?

Edward baisse la tête et j'entends Ethan renifler bruyamment derrière lui. Il esquisse une grimace. Je ne sais pas ce qu'il est arrivé à son bras, mais ça ne doit pas faire du bien.

Je me retourne ensuite vers ma mère, dont le visage est couvert de larmes ; elle a l'air de réaliser encore une fois dans quelle famille de tarés elle est tombée. Elle ne m'a pas encore vu. Elle se contente de tenir Lili dans ses bras. Ma cousine pleure, elle aussi. Pas de tristesse, mais de colère. Je connais ce regard et cette respiration bruyante. Son mascara et ses paillettes rouges ont coulé le long de ses joues.

Dans le fond de la pièce, je remarque qu'elle a ramené ses copines et je comprends d'où venaient tous ses piaillements, tout à l'heure. Jade est effondrée sur le sol et ses deux autres amies tentent de la réconforter à coup de caresses dans les cheveux et de mots murmurés à l'oreille. Je ne vois pas comment elles comptent apaiser la situation, vu l'ambiance qui règne ici, un mélange de haine, de déception et de colère.

— Et il n'y a pas que toi ! continue de hurler mon père en se retournant vers les autres.

Là, il me voit enfin. Sauf qu'il n'a pas le temps de s'attarder sur ma présence, puisqu'il poursuit :

— Qu'est-ce que diraient vos parents s'ils vous voyaient dans cet état, hein ? J'ai votre garde. Je ne vous ai jamais fliqués, parce que je vous pensais plus intelligents que ça.

— C'est les Hamilton qui ont commencé, murmure Ethan.

Il ne faut jamais répondre à mon père. Au grand jamais.

— Les Hamilton ? répète-t-il en se rapprochant de mon cousin. Les Hamilton, tu dis ? Et moi, je lui tape dessus à Miles Hamilton ? Je lui pète les dents et je lui casse le bras tous les quatre matins ? Réponds, Ethan ! Est-ce que je fais ça, moi ?

— Non.

— Alors, pourquoi le faites-vous ? On vous a dit d'arrêter de vous voir ! Pourquoi croyez-vous qu'on les a faits, ces quartiers délimités ? Pour passer le temps ? Vous pensez que ça m'amuse, moi, de ne pas pouvoir traverser Londres comme j'en ai envie ? Vous croyez que j'ai que ça à faire, de me trouver des excuses dès que je dois avoir des rendez-vous d'affaires à Knightsbridge ? C'est pour vous qu'on a fait ça, parce que vous n'êtes pas capables de vous contrôler ! Vous êtes des animaux, ma parole !

— Mais il sortait avec Jade pour nous provoquer et…

La meilleure amie de Lili éclate en sanglots, et je commence à comprendre ce qu'il s'est passé.

— Qui ? Quoi ? interroge mon père. Non, en fait, je ne veux même pas savoir, parce que ça donnerait l'impression de justifier ce que vous avez fait, et rien ne le justifiera. Vous vous êtes mis en danger, vous et votre cousine ! Votre cousine ! répète-t-il en désignant Lili, toujours en larmes dans les bras de ma mère.

Pourquoi est-ce qu'elle pleure encore, au fait ?

— Votre cousine et ses copines ! enchaîne mon père, que je n'ai jamais entendu parler autant. Elles qui n'ont rien à voir là-dedans ! Quand est-ce que vous allez ouvrir les yeux ? Quand est-ce que vous allez réaliser le mal que vous faites autour de vous ?

— Ils ont…, tente d'intervenir de nouveau Edward.

— Je sais ce qu'ils ont fait, l'interrompt mon père. Je le sais. Je le vois tous les jours. Je m'en occupe tous les jours. Moi non plus, je n'aime pas le voir dans ce fauteuil. Est-ce que c'est pour ça que je vais aller saboter la voiture des Hamilton ? Pour me venger ? Pour finir comme Greg et croupir en prison ? Ça suffit, la vengeance. Je ne veux plus perdre l'un d'entre vous. Je vous le redis une dernière fois : vous laissez tomber les Hamilton !

La pression retombe brusquement et je vois Ethan relever son visage vers moi. Mon cousin se retient de pleurer, continuant de serrer le tissu imbibé de sang sur son bras.

— L'ignorance est la pire des vengeances, reprend mon père en passant ses deux mains sur son visage fatigué et creusé par les rides. Prétendez qu'ils ne sont rien et ils le deviendront. Montrez-leur leur véritable nature.

Je n'ose même pas ouvrir la bouche. Pourtant, j'ai des milliers de questions à leur poser. Ça se bouscule tellement dans ma tête que j'en ai presque le tournis.

— Je vais m'occuper d'Ethan, dit Edward. Le soigner, l'emmener à l'hôpital.

— Bien sûr, rétorque mon père, avec une pointe d'ironie dans la voix. C'est moi qui vous emmène tous les deux à l'hôpital. Allez, dans la voiture, tout de suite !

Les deux frères ne rechignent pas davantage et ils quittent la pièce, avant que je ne les interrompe, la voix tremblante :

— Où est Grace ?

Mon père sort brusquement de sa colère, l'air de se souvenir qu'il a aussi une fille.

— Elle n'était pas avec nous, me rassure tout de suite Edward. Elle va bien, ne t'inquiète pas.

— Bien sûr qu'elle va bien, rétorque Jensen Rosenbach. Son cerveau fait le double du tien.

Ils sortent tous les trois de la maison. L'air est tellement lourd que j'arrive à peine à respirer, comme si je pouvais juste suffoquer. Je me retourne vers ma mère, qui me sourit entre ses larmes, contente de me savoir à l'abri dans mon lit et à des années-lumière de s'imaginer avec qui je le partage. Je déglutis péniblement. Quelle foutue mauvaise idée. Pourquoi est-ce que je lui ai dit de venir ? Surtout, pourquoi est-ce que je lui ai dit de *rester* ?

Je ne pense vraiment pas aux conséquences de mes actes.

— Les filles, murmure ma mère en embrassant le front de ma cousine. Tout est fini maintenant. On va vous mettre un matelas dans la chambre de Lili.

Le matelas gonflable, réalisé-je. Il est dans ma chambre à moi. Dans mon placard.

— J'y vais ! m'exclamé-je un peu trop brusquement, ce qui me vaut quelques froncements de sourcils. Je l'apporte dans la chambre ! Ne bougez pas !

Je remonte les marches en courant, priant pour que personne ne me suive. Arrivé dans le couloir, je me rue dans ma chambre et ouvre la porte brusquement. Hamilton sursaute si fort que je crains de lui avoir fait frôler la crise cardiaque.

— Seigneur ! peste-t-il, énervé et posant la main sur son cœur. Tu veux me tuer avant l'heure ?

Je n'ai pas le temps de lui répondre. Je sais que Lili va bientôt débarquer si je ne lui apporte pas ce qu'elle veut tout de suite. Je me dirige vers mon placard et sors une grosse boîte en carton qui comporte le matelas gonflable deux places que l'on a acheté il y a des millions d'années, et dont on ne se sert jamais. Comme si on faisait du camping dans cette famille de bourgeois.

— Qu'est-ce que tu fous avec ça ? m'interroge Hamilton.

— Deux secondes ! répliqué-je avant de sortir de la pièce, mon carton sous le bras.

Je tente de refermer la porte, mais je lâche la boîte et elle s'écrase sur mon pied. Je camoufle un cri dans mon poing tandis que je me retrouve nez à nez avec Lili dans le couloir.

— Toujours aussi doué, lâche ma cousine.

— Je t'emmerde.

— Pourtant tu devrais être *clean*, insinue-t-elle.

— Si tu n'étais pas déjà en train de pleurer, je te jure que je te le ferais regretter.

— Je tremble de peur.

Je la toise, mais ses yeux sont si tristes que j'ai du mal à conserver mon masque de froideur.

— Qu'est-ce qu'il s'est passé ? demandé-je plus doucement.

Son visage s'assombrit soudainement et elle baisse les yeux.

— Qu'est-ce qu'il s'est passé, Lili ?

— Le copain de Jade était en fait un Hamilton. Ethan et Edward ont pété un câble, ils se sont jetés sur lui. Puis la routine, bagarre.

— Quel Hamilton ?

— Stan.

Un des deux frères, donc.

— Comment va Jade ? Il lui a fait…

— Mal ? me coupe-t-elle. Comment tu prendrais le fait de te faire manipuler à cause d'une vengeance qui n'est même pas la tienne ? Elle lui a donné sa virginité, et ce bâtard l'a utilisée pour atteindre ma famille. Je suis la pire meilleure amie du monde. Alors oui, elle va mal et moi aussi.

Sa virginité ? Elle plane à dix mille, là. Si elle savait le nombre de fois où Jade s'est envoyée en l'air avec Ethan… Enfin, ce n'est pas le moment de sortir un truc pareil. Et puis, ce n'est pas le sujet, surtout. Stan reste un enfoiré, que ça soit sa première ou sa centième fois. Alors, à la place, je tente de la réconforter.

— Ce n'est pas ta faute.

— Ouais… Ce n'est jamais notre faute, c'est bien connu.

Lili tourne les talons après avoir récupéré le matelas gonflable et rejoint sa chambre. Bien sûr, je l'entends gueuler, parce que j'y ai foutu un bordel monstre, mais je crois qu'elle ne trouve même pas le courage de ressortir de la pièce pour m'engueuler. Tant mieux, je m'en passerai bien.

Je m'apprête à retourner dans la mienne lorsque j'entends du bruit dans la pièce d'à côté, comme si on tapait sur le mur. Je me dirige vers la chambre de Ian et l'ouvre doucement.

— Bon sang ! s'exclame-t-il en m'apercevant. Qu'est-ce qu'il se passe en bas ? Je vous appelle, mais personne ne me répond ! Vous êtes chiants !

— Désolé, on n'avait pas entendu.

— Qu'est-ce qu'il se passe ?

— Une bagarre.

— Une bagarre ? répète-t-il, affolé. Avec les Hamilton, c'est ça ? Qu'est-ce qu'il s'est passé, putain ? Où est Lili ? Ils ont touché à Lili ? Et Ethan ? Et…

Je le vois s'agiter dans son lit. Non, je le vois s'agiter dans son corps qui l'emprisonne. Je le vois bouger avec affolement, exaspéré qu'une partie ne suive pas.

— Lili va bien, dis-je, espérant le calmer. Elle est dans sa chambre. Ethan est blessé au bras et Edward à la lèvre. Mon père les emmène à l'hôpital, tout va bien.

— Tout va bien ? Pitié, j'espère que tu n'y crois pas quand tu le dis.

Je ne réponds pas et il soupire, exaspéré.

— Je vais me coucher, bonne nuit, murmuré-je avant de refermer la porte de sa chambre.

Je soupire un bon coup avant de me ressaisir. J'ai encore un autre problème sur le dos et pas des moindres en plus.

Je ne veux pas que ça recommence. Je n'en avais plus. C'était fini, merde. Je pose la main sur mon cœur et essaie de respirer. Comment faut-il faire, déjà ? Je ne me souviens plus. Respirer vite ? Non. C'est stupide, ça, je suis déjà en train de me vider de mon air. Respirer lentement, alors ? Je ne peux pas. C'est impossible. Mon cœur bat trop fort. Je ne la contrôle pas, ma respiration. Je continue de haleter, mais l'oxygène n'entre toujours pas. Il reste coincé dans ma gorge et me fait encore plus mal.

La porte s'ouvre soudainement sur le fils Rosenbach. Il la referme rapidement pour que personne ne me voie, car je suis quand même planté en plein milieu de sa chambre.

— Bien, commence-t-il. On va attendre que tout le monde dorme, et après… Euh, qu'est-ce qu'il t'arrive ?

Je continue de suffoquer en essayant de faire le moins de bruit possible. Donc je lui accorde que je dois avoir l'air con, là, tout de suite.

— Merde ! s'exclame Rosenbach en se plantant devant moi. Qu'est-ce que tu me fais, là ?

— Panique, arrivé-je à articuler.

— Quoi ? Toi aussi ? On a de sérieux problèmes, nous deux.

Je ne peux pas lui donner tort, mais ce n'est quand même pas le moment de le remarquer. Il doit le réaliser lui aussi, car il m'attrape par les épaules, plantant ses yeux dans les miens.

— Tout va bien. Personne n'a rien vu. Personne ne sait. Dans une demi-heure, ils seront tous couchés et on sortira ensemble de ma chambre. Je te raccompagne jusqu'à ta voiture. Tout va bien, déclare-t-il en détachant bien chaque syllabe comme s'il parlait à un enfant.

Conneries.

— Calme-toi.

Il vient de poser sa main sur mon cœur. Quoi ? Il pense qu'il a des pouvoirs magiques et qu'il va réussir à le faire ralentir juste avec ce contact ?

— Calme-toi, répète-t-il. Tout va bien.

— Mes cousins, dis-je, haletant. Qu'est-ce qu'ils ont ?

Son front se plisse et une grimace effleure ses traits. Ça y est. Il a capté. Il a capté que je ne stresse pas pour moi et l'endroit où je me trouve, mais pour mes cousins qui se sont manifestement fait tabasser. Et si Noah était avec eux ? Et Fallone ? Et si Stan avait encore fait une connerie ? Et Aiden était-il là pour les protéger ? J'ignore ce qu'il s'est passé. J'ai juste entendu crier. Je sais qu'Ethan et Edward ont dû aller à l'hôpital… Alors, je n'ose même pas imaginer dans quel état sont mes cousins.

J'espère que Noah n'y était pas.

— Il n'y était pas.

Quoi ? Maintenant, il lit dans mes pensées ? Comment j'ai pu laisser ça arriver ?

— Qu'est-ce que tu en sais ? Ils te l'ont dit ?

— Il y avait Lili à la soirée, murmure-t-il. Elle ne l'aurait pas laissé se faire tabasser, j'en suis sûr. Alors, ils auraient compris. Et là, personne ne serait rentré en vie jusqu'ici. Fais-moi confiance. Il ne pouvait pas être là-bas.

— Et les autres ? demandé-je, un peu apaisé. Qu'est-ce qu'on t'a dit ?

— Stan sortait avec Jade, la meilleure amie de Lili. C'est tout ce que j'ai compris, mais je pense qu'il n'était pas seul.

— Fallone ? Aiden ?

— Je ne sais pas, Hamilton. Je n'y étais pas non plus.

— Pourquoi n'as-tu pas demandé ? m'emporté-je. Ce n'est pas compliqué !

— Pourquoi je demanderais ça ? Ce n'est pas censé me préoccuper, ce qui leur est arrivé !

Le pire, c'est qu'il a raison. Qu'est-ce que ça peut lui foutre, en réalité, que l'on ait pété les dents à Fallone ? Pour lui, c'est juste la fille qui lui a brûlé le bras avec une cigarette. Qu'est-ce qu'il en a à foutre du sort de Stan ? Le mec qui a pointé un flingue sur sa mère. Et qu'est-ce qu'il en a à foutre d'Aiden ? De Noah ? D'Ellen ? De Charlie ? Ou même de moi, putain ? Moi. Je suis le mec qui a rendu son cousin handicapé. Je suis le mec qui a pour seul objectif de détruire la carrière de sa sœur. Je suis le mec qui contrôle tout ça, qui décide tout ça, qui veut tout ça. Ce conflit, c'est d'abord le leader qui le crée. Grace et moi sommes les responsables.

Alors, oui, qu'est-ce qu'il en a à foutre ?

— Je veux partir, maintenant, rétorqué-je. Je m'en fous qu'on me voie.

— Je sais que tu veux les retrouver, me coupe Rosenbach, la main toujours posée sur mon cœur. Je le comprends, mais attends encore un peu.

— Pour faire quoi, putain ?

— Chut, gronde-t-il. On va t'entendre.

— Tu ne comprends pas ! Je veux partir maintenant !

— Ferme-la, bordel !

Brusquement, il pose sa main sur ma bouche pour m'empêcher de parler davantage et me pousse contre le mur de sa chambre. Je suis complètement bloqué entre lui et la cloison. Je sais que je pourrais largement me débattre, sauf que je suis plutôt concentré à respirer. Ce con m'en empêche avec sa main.

Je commence à ouvrir des yeux de panique et il ordonne, sèchement :

— Respire par le nez.

Qu'il aille se faire foutre.

— Doucement. Respire doucement par le nez.

Je tente un léger coup d'épaule et cet abruti ne trouve pas une meilleure idée que de venir se coller totalement à moi pour m'empêcher de bouger davantage. Il n'y a plus une seule partie de mon corps qui n'est pas en contact avec le sien. On est collés des pieds à la tête et on serait déjà en train de s'embrasser s'il n'y avait pas la main de Rosenbach sur ma bouche.

Ça a presque l'air de l'emmerder, cette main. En tout cas, moi, elle m'emmerde.

— Respire, répète-t-il, les mots à moitié étouffés contre le dos de sa main.

Son front se pose sur le mien. Ses yeux s'ancrent à mes pupilles. Nos deux torses se rencontrent à chacune de nos respirations. Enfin, c'est surtout le mien, d'ailleurs, qui se soulève brusquement et le percute à chaque fois.

— Respire.

Je finis par faire ce qu'il me demande, énervé de n'avoir que cette option pour qu'il s'éloigne. J'accorde ma respiration à la sienne, mes yeux dans les siens, et je sens mon souffle devenir de moins en moins saccadé, de moins en moins douloureux, de moins en moins mortel.

Au bout de quelques minutes, je crois même avoir repris une respiration normale. Je sens Rosenbach se détacher de moi peu à peu et il finit par lâcher sa main, libérant mes lèvres.

— Tu vas mieux ? demande-t-il.

— Oui.

Il regarde derrière lui, l'air concentré sur ce qu'il se passe à l'intérieur de la maison.

— Les filles sont allées se coucher et je pense que ma mère est dans sa chambre, dit-il. Elle doit appeler Grace. Il faut qu'on parte avant qu'elle n'arrive. Je connais ma sœur et ça va être une véritable tempête quand elle va débarquer.

— Tu es sûr qu'elle n'est pas déjà en chemin ?

— Non, elle va passer à l'hôpital avant de venir ici. Pour voir les dégâts.

— Elle s'occupe vraiment de vous, hein ?

— Elle ne s'occupe pas, elle *contrôle*, rectifie-t-il avec une pointe d'amertume dans la voix.

Je ne vois pas vraiment ce que je peux répondre à ça. C'est un peu ce que j'ai l'impression de faire aussi avec mon clan.

— On se dépêche, déclare Rosenbach.

On sort tous les deux de la chambre. Il a raison. Je suis coincé ici, autant faire ça rapidement. Plus on attend, plus le risque que quelqu'un me découvre grandit. On se dirige dans le couloir, sans allumer la lumière bien sûr. Je me concentre sur le fils Rosenbach. Je suis ses pas sans réfléchir. Il pourrait sauter de l'escalier que je ferais pareil tellement je me concentre pour reproduire les mêmes gestes.

On arrive aux marches et il se retourne vers moi. Nous nous regardons, comme si on se préparait à se dire adieu. Nous savons que c'est l'étape la plus difficile. D'un commun accord silencieux, nous commençons à descendre. Les marches grincent et c'est insupportable, mais nous continuons de descendre. Si on s'arrête toutes les cinq minutes et que quelqu'un l'entend, c'est là que ça deviendra suspect.

On arrive finalement au rez-de-chaussée. Je sais que je ne suis pas encore tiré d'affaire, mais je me sens déjà mieux. Au moins, on s'est éloignés de la chambre de ses cousins.

Flash dans les yeux. Je me fige instantanément. Rosenbach aussi. La lumière vient de s'allumer et nous sommes en plein milieu du salon. Tétanisés. Apeurés. À la limite de la perte de connaissance.

Elle arrive. Une femme, je ne sais pas qui, mais elle fait peur. Elle est squelettique, de longs cheveux blonds qui paraissent tout cassés, comme de la paille. La femme porte un vieux jogging délavé et trop large pour elle, des cernes énormes creusent ses joues déjà dévastées par la vieillesse.

— Tata, lâche Rosenbach dans un murmure.

Je me fige. Non, je suis déjà figé depuis dix secondes. Je suis une statue. Je ne respire même plus. Ladite « tata » se plante devant moi. Elle m'observe de long en large. Ses yeux se plantent dans les miens et j'ai tout bonnement l'impression d'avoir une morte-vivante face à moi. C'est étrange, comme si elle ne me voyait pas vraiment. Elle passe toutefois une main sur ma joue doucement, puis se retourne vers Rosenbach. Elle effectue le même geste avec son neveu, toujours dans le silence le plus total.

— Bonne nuit, mon chéri, murmure-t-elle. Bonne nuit, Neil, ajoute-t-elle dans ma direction.

Sérieusement ? Elle ne sait pas qui je suis ? Elle me prend pour son camé de copain ?

— Bonne nuit, tata, lui répond son neveu, l'air de rien.

Je sais que c'est la bonne méthode à adopter pour se sortir de ce merdier, mais je suis trop tétanisé pour faire comme lui. Je suis vexé aussi, je crois. Elle me prend pour Neil ? Ça veut dire que ce mec est déjà venu dormir ici ?

— On bouge, me lance Rosenbach, me sortant de mes pensées.

Je réalise que la femme a disparu dans la cuisine, sauf que je suis toujours dans l'incapacité de réagir. Il me prend le bras pour me forcer à le suivre.

J'ai du mal à me souvenir des événements, mais on a fini par sortir de la maison. On a même été bien plus loin que ça, commençant à marcher dans la rue, côte à côte sur le trottoir, sans se parler.

Je sais que nous sommes sauvés, mais il y a quelque chose qui fait que je ne me sens pas bien, que je me sens encore plus mal que lorsque j'étais coincé dans la maison.

Je sais très bien pourquoi, mais je pose quand même la question.

— C'était qui ?

— Lauren, la mère de Greg, Ian et Lili.

— Elle est comme ça depuis combien de temps ?

— À ton avis, murmure-t-il avec un sourire peiné.

Nous restons silencieux, la nuit s'étirant devant nous, avec pour seul bruit nos pas sur le béton. Sa tante est comme ça à cause de moi, à cause de ce que j'ai fait à son fils, à cause des Hamilton, mon clan. Voilà pourquoi.

— Je l'ai entendu, murmuré-je.

— Qui ça ?

— Ian. Tout à l'heure, quand ton père gueulait en bas, il hurlait, lui aussi. Il demandait ce qu'il se passait, et personne ne lui répondait. Alors, il s'est énervé.

Je ne sais pas pourquoi je lui raconte tout ça. Peut-être parce que ça tourne en boucle dans ma tête depuis tout à l'heure et que j'avais besoin de mettre des mots sur ça, même si je sais que ça lui fait du mal.

— Il a tout perdu depuis l'accident, finit par répondre Rosenbach. Ses jambes, son frère, le sport, ses parents et moi.

J'ai l'impression de recevoir un coup de poing dans le ventre. Je le savais tout ça, enfin quelque part dans le fond, je le savais. L'entendre est différent. Je sens mon corps fléchir et m'arrête au milieu du trottoir, incapable d'avancer davantage. Ma respiration s'accélère.

— C'était un accident, Rosenbach, dis-je à bout de souffle. Je n'ai jamais voulu ça. Je ne savais pas qu'une voiture passerait à ce moment-là. Si je le pouvais, je ferais tout pour revenir en arrière.

— Tu ne le peux pas.

La vérité m'éclate à la figure. Qu'est-ce que je croyais, au juste ? Qu'est-ce que je pensais ? À flirter avec lui comme si de rien n'était ? Bien sûr que tout est là. La honte, la culpabilité, surtout. C'est ce qu'il y a entre nous. Qu'est-ce qu'il pourrait y avoir d'autre ?

Je le regarde dans les yeux et je lis dans les siens qu'il est en train de penser à la même chose que moi.

— Je suis désolé pour Ian, murmuré-je. Je sais ce que ça fait.

— D'être à sa place ? s'étrangle-t-il.

— D'être à la tienne. De voir ton cousin souffrir sans rien pouvoir y faire. De fermer les yeux pour ne pas voir la douleur, parce que tu n'as pas envie de la subir tous les jours un peu plus que celle qui te ronge déjà.

Le fils Rosenbach acquiesce de la tête, tandis que ses yeux sont voilés d'un liquide transparent… et ça me fait mal à moi aussi.

— Greg n'aurait pas dû s'en prendre à Ellen, admet-il. Pour l'agression.

Ce n'était pas qu'une agression, mais il n'aura jamais la force de le reconnaître. Je ne veux même plus insister. Qu'il continue de vivre avec ce mensonge, si ça l'aide. Au fond, on vit chacun avec nos illusions pour tenir le coup.

— Il y a beaucoup de choses qu'on n'aurait pas dû faire, continué-je.

— À commencer par notre rencontre, fait Rosenbach avec l'air de le réaliser à l'instant.

— Oui… À commencer par *ça*.

🖂 **SMS de** Boucles d'or **à** Grand méchant loup
10 h 45. Comment vont tes cousins ?

🖂 **SMS de** Grand méchant loup **à** Boucles d'or
11 h 02. Amochés.

🖂 **SMS de** Boucles d'or **à** Grand méchant loup
11 h 03. Comme nous tous, hein ?

🖂 **SMS de** Grand méchant loup **à** Boucles d'or
11 h 03. Ouais… Comme nous tous.

🖂 **SMS de** Boucles d'or **à** Grand méchant loup
11 h 05. Alors… On arrête de se voir ?

🖂 **SMS de** Grand méchant loup **à** Boucles d'or
11 h 09. C'est préférable.
11 h 36. Désolé.

🖂 **SMS de** Ethan **à** Jade
14 h 10. Je sais que tu n'as plus envie de me parler, mais je voulais juste te dire que ce n'était pas ta faute. Tu n'es pas idiote, tu n'es pas naïve, tu n'es pas faible. Stan t'a menti et il est l'unique responsable de la situation. Alors, ne te culpabilise pas et ne te blâme pas. Tu n'as pas le droit de penser du mal de toi, car tu es quelqu'un de bien et un type aussi sale que lui ne doit pas te faire croire le contraire.

🖂 **SMS de** Jade **à** Ethan
14 h 15. Merci.

🖂 **SMS de** Jade **à** Stan
15 h 17. Tu es un enfoiré.

🖂 **SMS de** Stan **à** Jade
15 h 17. En vrai, je t'aimais bien. Dommage que tu fasses partie de l'autre clan.

🖂 **SMS de** Jade **à** Stan
15 h 20. Dommage que tu aies besoin de mentir sur qui tu es pour que quelqu'un ressente pour toi autre chose que de la pitié.

🖂 **SMS de** Stan **à** Jade
15 h 23. Outch.

Chapitre 4

Daël Hamilton

— Notre Père, qui es aux cieux, que ton nom soit sanctifié, que ton règne vienne…

Je regarde Tess qui récite le passage qu'elle a appris par cœur, toute cette semaine. Je ne sais même pas si elle comprend ce qu'elle dit, mais elle est tellement adorable avec ses joues roses et ses longues tresses brunes que je ne peux m'empêcher de sourire.

— Que ta volonté soit faite sur la terre comme au ciel. Donne-nous aujourd'hui notre pain de ce jour…

Je me retourne vers ma gauche où j'aperçois Fallone piquer du nez. Je me retiens d'éclater de rire. On est à la première communion de Tess, ma petite sœur, et toute la famille est réunie dans l'église du quartier.

— Pardonne-nous nos offenses comme nous pardonnons aussi à ceux qui nous ont offensés…

Conneries. Je trouve ça presque malsain d'entendre ma famille dire cette phrase dans une église. Alors qu'ils la prononcent bien clairement, comme s'ils en étaient fiers.

— Ne nous laisse pas entrer en tentation, mais délivre-nous du mal…

La tentation. Ça fait des semaines qu'elle me bouffe les entrailles, qu'elle me tord l'estomac et qu'elle m'empêche de dormir. Ça fait des semaines que je ne l'ai pas revu, que je ne lui ai pas envoyé un seul message. Ça fait des semaines que j'essaie de l'oublier, mais j'en suis incapable et chaque jour est pire que le précédent.

— Car c'est à toi qu'appartiennent, dans tous les siècles, le règne, la puissance et la gloire…

Je ne sais pas ce qu'il en est pour lui. S'il pense à moi. S'il devient fou comme moi. S'il m'attend au pont tous les soirs. Je n'en sais rien, et ces pensées qui tournent en boucle dans ma tête me consument de l'intérieur.

— Amen.

J'espère que c'est *enfin* fini. J'en ai marre de cette hypocrisie. De cette bourgeoisie londonienne. De ces prières sans croyance. On a tout ce qu'il faut pour être chrétiens, chez nous. Une grande famille, du fric, des parents respectés, des valeurs traditionnelles, tout sauf la foi, en fait. Comme c'est dommage.

— Vivement le punch, hein ? m'interroge Fallone qui semble s'être réveillée.

Je souris en retour, sans commenter. Le prêtre repart dans un monologue. Ce n'était pas la fin. Pourtant, j'ai l'impression que l'on a tout fait. Tess a bouffé son hostie, allumé sa bougie, et tout le bordel qui s'ensuit.

Je me tasse sur le banc en bois qui me pète le dos, reportant mon attention autour de moi. Fallone est repartie dans son demi-coma. Je souris tout en observant la rangée devant nous. Aiden est concentré sur l'écran de son téléphone portable, qu'il essaie de cacher entre ses genoux, tandis que son crétin de petit frère semble occupé à la même activité que moi, c'est-à-dire compter les mouches. Nos regards se croisent alors qu'il fixait l'arrière de l'église et je ne peux m'empêcher de le toiser d'un air noir. Comme depuis des semaines, en réalité. Depuis qu'il a décidé tout seul d'attaquer le clan Rosenbach. Il n'avait même pas prévenu Fallone et Aiden, qui se sont retrouvés dans la bagarre involontairement. Je l'ai défoncé, ce soir-là. Enfin non, pas directement ce soir-là, il était déjà à l'hôpital. Deux côtes cassées, d'ailleurs. Je n'allais pas le plaindre.

Quand Stan est revenu, il a vite compris qu'il valait mieux ne pas me tenir tête. On n'a même pas eu le temps de discuter, je me fichais pas mal de sa version de l'histoire. Je me suis contenté de lui foutre un poing dans la figure, même si c'était plutôt mal venu vu son état. Ensuite, je me suis barré. Aiden a essayé de le défendre vaguement, plus parce que c'est son frère que par réel intérêt, mais je pense qu'il était d'accord avec moi. Du coup, depuis cet accident, je n'ai pratiquement pas reparlé à Stan et je m'en porte plutôt bien.

Mon regard s'attarde sur Noah qui est installé à côté de lui. Ça, c'est la deuxième connerie de l'année. Lui et Stan. Collés l'un à l'autre depuis cette fameuse nuit. Je crois que lui et Lili ont rompu. Enfin, « rompu », si on pouvait considérer qu'ils étaient vraiment ensemble, ce dont je doute réellement.

Fallone n'aime pas ça, elle non plus, mais son petit frère est le mec le plus têtu au monde. Il s'en fout, Noah, de nos mises en garde, de nos préoccupations, de nos règles. Il se fout de tout. S'il commence à suivre Stan, on est tous mal barrés, parce que ce n'est pas un cadeau d'intelligence, celui-là. Donc je ne lui parle plus à lui non plus.

Maha est assise à côté de son frère, mais c'est comme si elle n'était pas là. Noah a mis de la distance avec tous les membres de la famille et elle est la première à en pâtir. Elle lui en veut, mais là aussi il est trop con pour s'en apercevoir.

Triste constat en ce jour de fête familiale.

— J'ai envie de crever.

Cette fois, ce n'est pas la voix monotone de Fallone, mais celle blasée de ma sœur. Je me retourne vers Charlie, qui est installée à ma droite. Contrairement à Tess et moi qui avons hérité des traits fins de notre mère, Charlie a pris ceux de mon paternel. Un visage plus rond, des traits plus marqués, avec de grands yeux interrogateurs et, surtout, un tempérament de feu.

Comme toute adolescente rebelle, Charlie est actuellement dans sa phase gothique. C'est la seule personne de l'église à être tout habillée de noir, ce qui contraste avec sa peau plutôt pâlotte. Ses yeux sont entourés d'eye-liner foncé, et un rouge à lèvres très rouge fait ressortir ses lèvres habituellement tirées vers le bas. Ma mère l'a engueulée avant de partir à cause de sa tenue – parce que – « Mince quoi, c'est la communion de ta petite sœur, c'est vraiment trop compliqué pour toi d'avoir un air joyeux pour une fois ? » – mais Charlie n'est pas le genre de gamine à se faire marcher sur les pieds. Elle ne lui a pas répondu et elle est entrée dans la voiture sans même un regard pour ma mère. Incapable de se faire respecter, Janette n'a rien ajouté et s'est installée côté passager. Oui, mon père insiste toujours pour conduire la voiture, même avec sa maladie qui le tue un peu plus chaque jour et qui l'empêche d'être totalement maître de son corps. Ça doit être dans sa tête, il se sent obligé. C'est le père de famille. Il paie les courses, il conduit la voiture, il fait les règles.

— Il y a quelques années, tu étais à sa place, dis-je à Charlie, moqueur en lui désignant notre petite sœur. Si mignonne avec tes petites couettes.

— Va te faire foutre, crétin.

— Charlie ! m'offusqué-je. On est dans la maison du Seigneur.

— Vous pouvez vous taire, nous coupe Ellen, installée sur le banc derrière nous. J'essaie d'écouter.

On éclate tous les trois de rire, parce qu'on a failli la croire, l'espace d'une microseconde.

— Sérieusement, reprend-elle. Votre présence est déjà blasphématoire, alors n'en rajoutez pas.

— Blasphématoire ? répété-je.

— Un homosexuel et une fétichiste de Satan, précise-t-elle en nous désignant Charlie et moi. Ce n'est pas très apprécié par ici.

Là, Fallone camoufle un rire à son tour tandis que Charlie donne une tape sur la tête de notre cousine. Un raclement de gorge nous sort brutalement de notre conversation et je vois mon père nous réprimander du regard. On se tasse tous sur notre siège, l'air de rien, même si l'on se retient de rire. Merde, elle fait chier cette communion aussi. Ça fait au moins une heure que l'on est dans cette église et on rêve tous d'en sortir en courant.

Ça me rappelle soudainement les premières années où je venais ici avec mes cousins. On passait notre temps à s'amuser et nos parents nous engueulaient à la fin de chaque cérémonie. On a tous grandi depuis, pourtant j'ai l'impression de revivre la même scène, comme avant. Un sourire éclaire mon visage tandis que Charlie esquisse un sourire à son tour, l'air de repenser à la même chose que moi.

Noah se retourne vers nous en fronçant les sourcils et demande :

— Qu'est-ce qu'il vous arrive ?

— On parlait de la présence inappropriée de Daël et Charlie, l'informe Ellen en chuchotant, malgré les deux rangs qui les séparent.

— Comme s'il n'y avait qu'eux qui étaient inappropriés, réplique-t-il. Ca se saurait si on était croyants.

Un rire s'échappe de nouveau de nos lèvres, même si on essaie de le contenir du mieux que l'on peut. On sent tous le regard de Miles Hamilton dans notre dos.

— Les gars, intervient Aiden en se retournant vers nous. J'essaie de me recueillir là. Un peu de respect.

— Tu es le mec le moins respectueux de cette ville, fait remarquer Fallone.

— Le plus con aussi, ajoute Charlie.

— Immature, nuance Ellen.

— Vous voulez une batte de base-ball pour m'achever ?

Un nouveau raclement de gorge nous indique que l'on va passer un sale quart d'heure avec mon père une fois que l'on sera sortis d'ici.

Je crois que tout le monde s'en fout.

— Un peu de respect pour Tess, enchaîne Aiden, vexé. C'est sa communion.

— Elle ne sait même pas ce qu'elle fait ici, rétorqué-je. C'est ma mère qui l'a obligée.

— Comme nous tous, lâche Charlie, d'un air résigné.

— Ne t'en fais pas, Dracula, rétorque Fallone. Ça fait longtemps que Dieu a abandonné la promesse que tu lui as faite ce jour-là.

— Va te faire foutre.

— Tu sais dire autre chose ? demandé-je.

— Oui, pour toi, c'est : « Va te faire enculer », ironise-t-elle. Ça colle mieux au contexte.

— Ça rentre mieux dans le contexte, rectifie Ellen.

Elles éclatent de rire toutes les deux… Attendez, depuis quand osent-elles ce genre de remarques ? Pas que je sois choqué. Il faut dire qu'avec Stan et Aiden, j'ai l'habitude, vu le niveau de leur humour, mais venant des filles, je ne m'y attendais pas.

— El', murmure Aiden, blême, se retournant vers elle. Ne dis plus jamais quelque chose comme ça devant moi.

— J'ai dix-sept ans, rétorque sa sœur. Il va falloir que tu l'acceptes.

Aiden a la bouche grande ouverte de stupéfaction tandis qu'il cherche du soutien dans les yeux de son petit frère.

— Oui, lui dit Stan. On va la surveiller mieux que ça.

— Jamais de la vie ! s'offusque ma cousine dans mon dos.

— Et on ne lui laisse pas le choix, ajoute Stan sans même se retourner vers elle.

Aiden pose sa main sur l'épaule de son frère pour lui montrer qu'il le soutient totalement. Je me retourne vers ma sœur, elle a l'air d'être repartie dans ses pensées. Les mots sortent de mes lèvres avant que mon cerveau ne les analyse.

— Rassure-moi, tu es toujours vierge ?

Fallone éclate littéralement de rire, tandis que Charlie se retourne vers moi, les yeux grands ouverts de stupéfaction.

— Daël ! On est dans une église !

— Mais tu…

— Chut, siffle la voix de mon père.

— Tu as quatorze ans, chuchoté-je. Tu es mon bébé, tu ne peux pas me faire ça.

— Je t'en prie, souffle-t-elle, blasée. On ne va pas parler de ça maintenant.

— On ne va jamais parler de ça, la coupé-je. Jamais je ne veux t'entendre parler de sexualité. Tu es bien trop jeune.

— Moi, ça me gonfle d'être là, fait Stan en soupirant. Je me casse.

— Quoi ? s'exclame son frère en l'observant ramasser ses affaires.

— À t'à l'heure.

Stan se lève de son banc pour se diriger vers la sortie. Tous les regards se tournent vers lui, mais je pense que les pires sont ceux de mon père et de mon oncle, assis tous les deux à côté, et qui tentent visiblement de le tuer rien qu'avec leurs pensées.

Stan ne le remarque même pas. Il traverse le couloir de l'église, les mains dans les poches de son blouson en cuir et cachant à peine le fait qu'il en sort son paquet de cigarettes.

Je vois Noah le suivre du regard, se demandant visiblement s'il peut tenter de le suivre. Il se ravise et recule sur le banc après avoir échangé un regard avec Aiden.

Je me lève à mon tour, sans vraiment réfléchir.

— Je vais le chercher, marmonné-je à Fallone pour répondre à sa question silencieuse.

Là, je pense que mon père n'est pas loin de la crise cardiaque, donc j'évite de croiser son regard et rejoins la sortie. De toute façon, ce ne sera pas la première ni la dernière fois que je le décevrai. J'essaie de ne pas claquer la grosse porte en bois du bâtiment – comme l'autre crétin avant moi – et dévale les quelques marches pour me retrouver dans la cour.

Stan se tient plus loin, assis sur un muret et une clope au bec. Je le rejoins aussitôt.

— Pourquoi es-tu parti ?

— Tu me parles, maintenant ?

— Je te pose une question, plutôt.

Il sourit sans me répondre, alors je lâche, sèchement :

— Quoi ?

— Une question, répète-t-il. Ce n'est pas le genre de choses que tu fais souvent.

— Comment ça ?

— Je ne sais pas, toi, ton truc, c'est de gueuler avant de savoir.

— Tu dis ça par rapport à la bagarre à la Fabric ?

Stan se crispe, des pieds à la tête, manquant de peu de s'étrangler avec sa fumée de cigarette.

— Je savais ce qu'il s'était passé là-bas, enchaîné-je. Je n'avais pas besoin de poser la question.

— Tu n'étais pas là, lâche-t-il. Comment pouvais-tu savoir ?

Je déglutis. Putain, ouais, quel con. Je n'étais pas censé savoir. Je tente un truc un peu improvisé, alors qu'il écrase sa cigarette sur le sol avec la semelle de sa chaussure.

— Ce n'est pas compliqué à deviner. Tu as foutu ta merde. Tu as provoqué une bagarre dans ce bar parce que tu baisais Jade alors que...

Stan se relève brusquement. Il me pousse contre un tronc d'arbre et pose brutalement son avant-bras sur ma trachée, me coupant la respiration.

— Parlons-en de ça.

Son regard est froid. Il ne m'avait encore jamais regardé comme ça. Au fond de moi, je crois qu'il a compris quelque chose. Je ne trouve même pas la force de me défendre, tant j'ai peur de ce qu'il a découvert.

— *Jade*, reprend-il en me laissant de nouveau respirer. Tu m'as parlé de Jade dès ma sortie de l'hôpital, mais je n'avais jamais évoqué ne serait-ce que son prénom, pas même devant Fallone et Aiden. Ils ne savaient même pas ce que l'on faisait dans ce bar quand je les ai emmenés avec moi. Comment l'as-tu su, Daël ? Comment as-tu pu savoir que Jade était la raison pour laquelle ces enfoirés m'ont sauté dessus ?

Je me tais, dévasté. Aucun mensonge ne peut me sauver. La réponse est évidente. Il n'y a que l'autre clan qui a pu me le dire.

— Comment l'as-tu su, Daël ?

Après avoir passé la nuit avec Lior Rosenbach chez lui. Merde, je ne peux décidément pas répondre ça.

— Comment l'as-tu su ?

— Ce n'est pas important.

— Si, ça l'est ! s'emporte-t-il. Ça fait des semaines que j'essaie de comprendre comment tu as pu le savoir ! C'est impossible ! Je l'ai caché à tout le monde !

Il s'arrête, soupire en passant ses mains sur son visage, puis s'exclame de plus belle :

— Qui te l'a dit, bon sang ? Un Rosenbach ? C'est forcément un Rosenbach !

La situation m'échappe complètement. Qu'est-ce que je peux lui répondre ? Je me mets à transpirer. J'ai envie de m'enfuir en courant, mais ça ne ferait que confirmer ses craintes.

— Réponds-moi ! crie-t-il.

— Qu'est-ce que tu veux que je te dise ? bafouillé-je.

— La vérité ! Qui ? Quel Rosenbach ?

Il plaque ses deux mains contre mes épaules pour m'empêcher de partir. Je suis bloqué contre le tronc d'arbre. Ses yeux envoient des éclairs et il continue :

— Quel Rosenbach ? Comment ? Pourquoi ?

— Lior, lâché-je. Lior Rosenbach.

Tout retombe brusquement, lourdement. Je me sens complètement vidé. Les bras de Stan me relâchent pour s'échouer le long de son corps. Il est sonné, tout comme moi.

Est-ce que je viens vraiment de dire ça ?

— Comment ça *Lior Rosenbach* ?

— Je voulais savoir ce qu'il s'était passé.

— Pourquoi ne me l'as-tu pas demandé à moi ? Et puis non, attends… Pourquoi lui ?

— Je lui parle, des fois.

— Tu lui parles ? répète-t-il, dégoûté. Comment ça, tu lui parles ? Daël, qu'est-ce que tu me racontes là ?

Je ne sais pas, justement, ce que je raconte. Une moitié de vérité entrecoupée de ma profonde lâcheté. Je ne sais pas. Je ne sais plus.

— Daël, reprend Stan. Dis-moi ce qu'il se passe maintenant ou je raconte tout à ton père.

Pris de panique, je fais la chose la plus lâche qui me passe par l'esprit : balancer quelqu'un d'autre.

— Noah et Lili sortaient ensemble. Rosenbach et moi, on a juste essayé de les séparer. C'est tout.

Je crois qu'il vient de se prendre la plus grosse claque de toute sa vie.

Noah, son nouveau petit protégé, avec une Rosenbach. Et pas n'importe laquelle en plus : la sœur de Greg.

Stan chancelle et finit par retomber contre le muret, les mains posées sur ses tempes. Je réalise soudainement la portée de mes mots. Je suis un connard. Un putain de connard et un sale dégonflé.

— Sortaient ? relève Stan. Alors, vous avez réussi ?

— Oui.

C'est à peine un mensonge, celui-là. D'accord, on n'a rien à voir là-dedans, mais c'est évident qu'ils ne sont plus ensemble. Ça se voit rien qu'au sourire de Noah. Enfin, son absence de sourire, justement. Il y a quelque chose qui s'est brisé en lui.

— Comment ? m'interroge-t-il.

— Ça importe peu.

— Ça ne doit plus jamais se reproduire. Personne ne doit savoir. Les autres en souffriraient trop, surtout Ellen. On va garder ça secret et on va tout faire pour que ça n'arrive plus jamais.

Je l'écoute parler. J'écoute son ton calme et la façon dont il pèse ses mots. Des fois, quand je le regarde, je me dis que ça aurait dû être lui, le chef de la bande, le leader. Il est impulsif et souvent stupide, mais il sait pourquoi il se bat. Il sait mener ses troupes. Moi, je ne sais plus. Je n'ai plus envie. Je n'ai plus la force. Je n'ai plus la foi.

La sienne est inébranlable.

— Moi vivant, reprend-il. Plus jamais un Rosenbach n'approchera un Hamilton.

Lior Rosenbach

— Je n'ai pas envie d'y aller.

Grace se retourne vers moi, les mains toujours accrochées au volant de sa bagnole, une Jaguar rouge vintage, moins rapide que la voiture de sport de Hamilton, mais tout aussi m'as-tu-vu. Avec eux, on a l'habitude.

— Tu comptes me dire ça tous les mois ? dit-elle. Tu sais que je ne te laisse pas le choix.

— Je sais.

— Ce n'est pas facile pour lui.

— Ça ne l'est pour personne, murmuré-je.

— Toi, tu n'es pas enfermé entre quatre murs.

« Tu crois ? » ai-je envie de répliquer, mais je me retiens. Je me contente d'un haussement de sourcils et d'un bref acquiescement de la tête, puis me retourne vers la fenêtre pour observer le paysage. Tu parles d'un paysage, juste des routes, des panneaux et des voitures filant sous la pluie londonienne.

— Tu te souviens de ce que je t'ai dit avant de partir ? me demande Grace. On ne lui parle pas de cette histoire avec Stan et Jade.

— Qu'est-ce que ça changerait, de toute façon ? Il est en taule. Il ne peut plus se venger.

— La colère est plus destructrice lorsqu'elle ne peut pas s'exprimer, Lior.

— Donc tu lui conseilles un autre viol ? lâché-je. Pour se laver de ses pulsions ?

La voiture stoppe brutalement à un feu rouge, et je me sens projeté vers l'avant. Je suis sûr qu'elle a fait exprès de freiner aussi brutalement.

— Tu es affreusement con. Pourquoi dis-tu ça ? Tu sais bien que ce n'est pas ce qu'il s'est passé.

— C'était juste pour plaisanter.

— On ne plaisante pas sur ce genre de sujets, gronde-t-elle, les mains serrées sur le volant.

— C'est vrai. Et c'est ce qu'on aurait fait, si on avait menti depuis le début. Donc nous ne plaisantons pas, évidemment.

Je n'ai pas contrôlé mon intonation et, même moi, j'ignore d'où sort cette ironie vindicative. Grace profite du feu encore rouge pour se retourner vers moi. Ses sourcils sont froncés de perplexité et son regard perdu en une autre émotion que je ne saurais décrire, puisque je ne l'ai encore jamais vue dans ses yeux, comme de la… honte ?

Je rejette cette hypothèse idiote de mon esprit, me retournant vers la route pour oublier ce que je viens d'oser suggérer.

— Qu'est-ce que tu as ? demande-t-elle, inquiète.

— Rien.

— Si, tu as quelque chose. Tu fais la gueule depuis des semaines. Tu es imbuvable.

— Pas plus que d'habitude.

Elle reste silencieuse – m'insultant mentalement, je suppose, vu la tête qu'elle tire –, et j'ajoute d'un air nonchalant :

— Le feu est vert.

— J'ai vu, fait-elle dans un soupir en appuyant sur la pédale d'accélérateur.

La Jaguar s'élance de nouveau sur la route et Grace enchaîne :

— Je suis ta sœur, Lior. Je vois bien quand quelque chose ne va pas. Pourquoi est-ce que tu ne veux rien me dire ?

— Je n'ai plus quinze ans. Je peux régler mes problèmes tout seul.

— Donc tu admets avoir un problème ? C'est déjà ça. Qu'est-ce que je peux faire pour t'aider ?

Absolument rien.

— C'est Neil, n'est-ce pas ? reprend Grace. Il ne veut toujours pas te parler ?

Non, toujours pas, mais ce n'est pas vraiment ça, mon problème.

— Il ne veut plus qu'on se voie.

— Pourquoi ?

— Notre relation devenait inappropriée.

— Comment ça ? demande-t-elle, intriguée.

Je hausse les épaules, me retournant vers la vitre.

— Tu sais, des fois, il y a juste des gens qui ne collent pas les uns avec les autres.

— Comme les Rosenbach et les Hamilton, complète ma sœur.

Putain, c'est dur, de l'entendre.

— Oui, soufflé-je. Exactement comme *ça*.

Sa voiture stationne sur le parking. Je lève les yeux vers la prison. Mon cousin y est enfermé depuis deux ans maintenant. On a fait un planning avec ma famille. Ian et Lili viennent le voir la première semaine du mois, Edward et Ethan la troisième, Grace et moi, la dernière. Comme ça, Greg nous voit à peu près toutes les deux semaines. Ça l'empêche de devenir fou entre ces quatre murs et, nous, ça nous empêche de l'oublier. Pas que l'on soit capables de l'oublier, bien sûr, juste capables d'oublier la douleur qu'il supporte. Oublier qu'il croupit là-dedans pour nous, en quelque sorte, pour notre vengeance. Il l'a décidée tout seul, certes. Au moins, on a l'impression de la subir avec lui.

— Je déteste cet endroit, dis-je en détachant ma ceinture.

— Ah ouais ? réplique Grace, d'un ton faussement étonné. Moi j'adore, les prisonniers et tout ça, ça m'excite.

Je pouffe de rire pour lui faire plaisir, je sais qu'elle a dit ça pour me détendre. Je suis à moitié claustrophobe, alors j'appréhende toujours le moment où je vais entrer là-dedans. Des fois, j'ai l'impression que je ne vais pas en sortir, que l'on va m'enfermer avec Greg et me laisser mourir là. Je ne sais pas pourquoi j'ai cette peur irrationnelle. Peut-être parce que je le mériterais, dans le fond, d'être enfermé.

— Allez, Lior, on y va, déclare Grace en sortant du véhicule. Ne t'inquiète pas. Je suis là.

On se dirige vers la prison, en silence, comme d'habitude. On sait tous les deux que l'on ne va pas apprécier ce moment. Comme tous les mois, on passe le contrôle de sécurité. Grace a la tête droite, le visage impassible. Pas comme moi qui suis sur le point de m'effondrer. Je l'admire, ma sœur, pour ça. Pour ce contrôle qu'elle a d'elle-même, pour cette distance qu'elle arrive à créer pour que plus rien ne la touche, pour que plus rien ne la blesse. C'est ce que je faisais moi aussi, avant. Avant tout un tas de trucs qui m'ont foutu en l'air définitivement. J'aimerais avoir son courage et sa force de caractère. J'aimerais lui ressembler un peu plus, en réalité, et ne plus être cette pauvre loque bouffée par la drogue.

On entre dans la salle des visites. Greg est déjà installé derrière une table. Il nous sourit. Un sourire franc qui fait mal au cœur tant il apparaît peu souvent sur son visage.

Grace effleure ma main discrètement pour me rassurer et nous nous dirigeons vers lui. Comme d'habitude, je vais laisser ma sœur tenir toute la conversation. Ça fait deux ans qu'il est là maintenant, deux ans que l'on vient tous les mois, mais je n'arrive toujours pas à m'y faire. Je reste muet la plupart du temps. Je trouve ça ridicule et je supplie Grace chaque fois de ne pas l'accompagner, parce que je me sens trop con et que ça doit lui faire du mal, à mon cousin, que je ne sois plus capable de lui adresser la parole.

Grace a toujours refusé mes supplications. Elle dit que ma présence est importante et qu'il a besoin de voir chacun d'entre nous pour rester connecté.

Il n'y a jamais grand-chose de connecté entre Greg et moi durant ces moments-là.

— Salut ! s'exclame Grace en s'installant sur la chaise en face de lui. Comment vas-tu ?

— J'ai connu des jours meilleurs, marmonne-t-il.

Ceux en liberté, je présume.

— Qu'est-ce qu'il se passe ? interroge Grace.

À cet instant, on remarque le bleu qui s'étend de son œil jusqu'à sa joue.

Je grimace tandis que ma sœur enchaîne :

— Encore ces connards ?

— Oui, lui confirme-t-il d'un air absent.

— Il ne faut pas te laisser faire, Greg. Tu as prévenu les gardiens cette fois ?

— Ils n'en ont rien à foutre. Laisse tomber.

— Comment peuvent-ils n'en avoir rien à foutre ? s'emporte-t-elle. C'est leur boulot !

— Laisse tomber, je te dis. C'est le traitement qu'on réserve aux violeurs dans les prisons. Tout le monde le sait. Tout le monde l'accepte.

Ma sœur se tend sur sa chaise.

— Sauf que ce n'est pas ce que tu es.

Greg ne répond pas, les larmes aux yeux.

— Quelle importance ? finit-il par murmurer.

— C'est important, lui assure ma sœur. Ne parle plus de toi comme ça. Ne les laisse pas te définir.

Il me fait de la peine. Je ne sais même pas si ce sont les Hamilton qui l'ont défini. Au début, si, bien sûr, mais désormais ? C'est la prison qui met les gens dans des cases. Greg n'est pas un violeur, mais il est un taulard, comme tous les autres et, ça, il le portera toute sa vie alors qu'il n'a que vingt et un ans. Un poids que ces quatre murs leur écrasent continuellement à la figure. Comme pour leur rappeler que, puisqu'ils sont sortis du droit chemin, ils n'y retourneront jamais vraiment. C'est ce qu'on lit dans ses yeux, à Greg, qu'il ne reviendra jamais vraiment.

Grace entame une nouvelle conversation tandis que je continue de garder le silence. Je l'aime bien, ce silence. Ça m'empêche de sortir une connerie, pour une fois. Ma sœur lui parle de la famille, de la maison, des banalités dont on se fout un peu, nous, les gens en liberté, mais qui ont l'air de le faire rêver, de le faire décoller un peu de sa misérable existence. Un peu comme Lili quand elle parle à Ian.

Je les trouve courageuses, les femmes de notre famille. Grace et Lili. Ce sont de sacrés rayons de soleil quand même. Je ne sais même pas comment elles arrivent à nous éclairer autant.

La conversation dure ainsi pendant une heure. De temps en temps, je souris ou opine de la tête pour montrer que je les écoute. Bien que ça ne soit pas vraiment le cas. Je suis parti dans mes pensées à plusieurs moments, à de nombreux moments même. C'est plutôt ironique, même avec Greg devant les yeux, la seule personne à laquelle j'ai pu penser, c'est celle qui a fait en sorte de le foutre là-dedans.

Un bruit de chaise me sort de mes réflexions et je vois Grace se lever. Elle souhaite bonne chance à Greg et promet que l'on reviendra le mois prochain. Elle lui dit de tenir le coup et, moi, je voudrais m'excuser d'être une telle enflure, mais les seuls mots qui sortent de mes lèvres sont : « À bientôt. »

— Tu vois, ça s'est bien passé, dit Grace en sortant les clés de voiture de la poche de son trench marron.

— Je n'ai pas ouvert une seule fois la bouche.

— Il comprend, me murmure ma sœur en posant sa main entre mes deux omoplates.

Son geste me fait sourire. Elle le faisait souvent, quand on était petits. Dès que je faisais un cauchemar et que j'allais me blottir dans son lit. Elle posait sa main sur mon dos, entre les omoplates, et elle la laissait là jusqu'à ce que je m'endorme. Depuis, ça m'a toujours rassuré, ce contact, cette chaleur à cet endroit précis.

Cette fois, je n'ai pas vraiment l'impression de le mériter.

— Il comprend, répète-t-elle. Il sait que c'est dur pour toi. Il est content que tu viennes quand même. Ça se voit.

— Je ne suis pas foutu de parler à Ian non plus.

— Ça viendra, Lior. Ne te mets pas la pression.

— Ça fait deux ans.

— Tu prendras le temps qu'il te faut.

Et si je ne le trouve jamais, ce temps ? Et si je reste pour toujours ce connard incapable de regarder ses cousins dans les yeux ? Et si je préfère penser à Hamilton plutôt qu'à toute cette merde ?

— Lior, reprend ma sœur. Es-tu sûr que tu vas bien ? Je ne t'ai jamais vu comme ça.

— Comme quoi ?

— Éteint.

Je souris, mais je ne suis pas certain que ça la rassure.

— Tu sais que tu peux me parler ?

— Je sais.

— Tu veux qu'on fasse un truc ce soir ?

— Je sors déjà avec Karen, mais merci de la proposition.

Ma sœur fronce des sourcils avant de se diriger vers sa Jaguar et j'enchaîne en soupirant :

— Je sais que tu ne l'aimes pas, mais elle est juste une amie.

— Cette fille est une croqueuse d'hommes. Elle saute sur tout ce qui bouge.

— C'est faux, elle a un copain maintenant et… Est-ce vraiment nécessaire de te rappeler que je suis gay ?

Grace se retourne vers moi avant d'actionner la portière de sa bagnole. Elle se contente d'un haussement de sourcils, puis s'installe derrière son volant. Je me glisse dans la voiture à mon tour et elle me répond après avoir fait démarrer le moteur.

— Je pensais que tu aurais pu être bi ?

— Les filles ne m'attirent pas du tout.

— Vraiment pas ?

— Vraiment pas.

— Et c'est quoi ton type d'hommes, alors ?

— C'est quoi cette question ?

— Je me disais qu'on avait peut-être les mêmes goûts.

Je souris, songeant que l'objet de mes fantasmes est la personne qui la dégoûte le plus au monde.

— Je ne crois pas, non.

— Pourquoi dis-tu ça ? dit-elle, surprise. Tu penses que j'ai des goûts de merde ?

— Non, c'est moi, murmuré-je. Les goûts de merde.

Elle se retourne vers moi, sans oser me contredire. La seule personne que je leur ai présentée était un dealer. Celle que je rêve de me taper est le chef de l'autre clan. Clairement, j'ai des goûts de chiotte.

— La prochaine personne sera la bonne, Lior.

Daël Hamilton

Je m'élance de toutes mes forces pour frapper dans le ballon. Celui-ci part s'échouer dans les filets du but, quelques secondes plus tard, sous le regard interloqué de Noah, qui est gardien.

— Eh bien, Daël, lance-t-il. Quelle violence ! Tu es frustré sexuellement ou quoi ?

— Ta gueule.

Noah se marre, l'air de comprendre qu'il n'avait pas tort, et récupère la balle dans la cage. On échange nos places en trottinant. Je m'installe devant les buts pendant qu'il place son ballon sur le terrain.

On est au mois de mai. La journée tire sur sa fin. Mon père m'a laissé partir plus tôt du travail. J'ai sauté sur l'occasion pour proposer un foot à mes cousins. Ce sport me manque tellement. Aiden et Stan ont répondu qu'ils ne pouvaient pas, ils devaient se préparer pour une soirée ou je ne sais quoi. Noah s'est proposé pour m'accompagner. Ça m'a un peu étonné, au début. On ne se parle plus beaucoup depuis quelque temps, mais j'étais tellement content de trouver un partenaire de jeu que je n'ai pas cherché à comprendre.

Peut-être que, à lui aussi, je lui manque un peu.

— Tu es prêt ? demande-t-il en sautillant devant le ballon.

— Tire, au lieu de parler !

Noah s'élance et frappe de toutes ses forces. La balle arrive rapidement, mais je parviens à l'attraper. Enfin, je la reçois en plein ventre, en réalité, et m'écroule par terre en un cri de douleur. Au moins, elle n'est pas rentree dans le but. Ce petit a pris de la force ces derniers temps. Il n'est plus l'adolescent innocent que je me figurais.

— J'aurais peut-être dû tirer plus bas ? suggère Noah en m'observant me relever, mes deux mains sur le ventre. Ça t'aurait soulagé, non ?

— C'est qui l'obsédé du cul entre nous deux, là ? rétorqué-je. Tu ne parles que de ça depuis tout à l'heure ! Qu'est-ce que tu as ?

— Rien, répond-il, visiblement troublé par le retournement de situation.

— Quoi ? Tu as besoin de conseils sur la sexualité et tu n'oses pas me demander ?

— Ferme-la.

— Tu sais que tu peux tout me dire, Noah, murmuré-je en me rapprochant de lui, le ballon entre les mains. Je suis de ta famille.

— Tu ne comprends pas.

— Je suis gay, certes, mais j'ai de l'expérience, crétin. Raconte.

Je lance le ballon de foot à Noah qui l'attrape en plein vol. J'en profite pour me rapprocher de mon cousin tandis qu'il fait rouler la balle entre ses doigts.

— J'ai juste… peur de mal faire, finit-il par lâcher.

— Tu as déjà eu ta première fois. Le pire est passé.

Son regard se voile. Je sais qu'il déteste que je parle de sa première fois. D'un côté, moi aussi, ça me répugne. Il a perdu sa virginité avec une copine de sa mère. Une cougar de trente ans. Il en avait quinze, il me semble. Il s'est laissé porter par ses hormones. À cet âge-là, on n'est pas vraiment cohérent. Je suis le seul à savoir. Pourtant, j'aurais aimé en parler à Patricia pour qu'elle se débarrasse de cette bouffonne, mais je sais que Noah aurait eu trop honte que sa mère le sache. Il a déjà mis plusieurs mois à me l'avouer. Je pense que, s'il l'a fait, c'est parce qu'il avait besoin de se débarrasser de ce fardeau.

— Je ne l'ai jamais refait depuis… Enfin, tu sais, continue-t-il.

— Je vois. Tu as envie de le faire avec quelqu'un d'important maintenant et tu stresses comme si c'était ta première fois ?

— Carrément.

J'ai envie de sourire, je le trouve adorable à me confier ses peurs… Puis je réalise soudainement ce qu'il est en train de m'avouer.

— Attends, tu as une copine ?

— Pas tout à fait, mais je vais la récupérer.

— Comment ça ? C'est qui ?

— Tu ne la connais pas.

La douche froide, d'un seul coup. Son mensonge crève les yeux. Pourquoi faut-il qu'il me gâche mon seul moment de répit de la journée ? Il n'avait pas le droit. Je vois noir et j'ai envie de tout faire péter.

— Bordel, Lili ? Lili des Rosenbach ?

Son visage se décompose et je m'emporte :

— Tu me croyais vraiment assez con pour n'avoir jamais rien remarqué ? Je ne t'ai rien dit, parce que je me doutais que c'était fini. Ne me fais pas l'affront de recommencer cette connerie.

— Comment… Comment l'as-tu su ? bégaie-t-il, encore sous le choc de la révélation.

Je ne vais pas me faire avoir une deuxième fois. Et puis, merde, Noah est moins réactif que Stan.

— Parce que c'est mon rôle, putain. Je t'interdis de faire ça.

— Tu ne m'interdis rien du tout.

— Hors de question que tu sois avec elle.

— Je vais tout faire pour la récupérer, déclare-t-il.

Dialogue de sourds.

— Tu as écouté ce que je viens de te dire ?

— Je n'ai pas peur de toi, Daël, ni d'aucun d'entre vous.

— C'est dommage, parce que Stan est au courant aussi et je pense qu'il est moins tendre que moi.

Le visage de Noah se décompose une deuxième fois. Je me sens mal. Clairement, ça devient évident que c'est moi qui lui ai tout raconté.

— Tu fais pitié, Daël.

— Va te faire foutre.

— Depuis quand es-tu autant soumis à Stan ? lance-t-il en me mettant le ballon de foot dans les mains. Depuis quand n'es-tu pas foutu de gérer le clan tout seul ?

— Je n'ai pas besoin de Stan. Je te préviens juste qu'il est au courant.

— Parce que tu lui as dit ! s'écrie-t-il. Et parce que tu es un lâche ! Stan serait un meilleur chef que toi.

Je laisse le ballon tomber à mes pieds. Il roule sur le terrain tandis que je m'approche de mon cousin, accrochant son maillot de foot. Je ne supporte pas que l'on m'insulte de cette manière.

— Tu ne sais pas de quoi tu parles, Noah. Si jamais j'apprends que tu t'es remis avec Lili, tu vas passer un sale moment, crois-moi. Mais, si jamais c'est Stan qui apprend que tu t'es remis avec cette fille-là, c'est *elle* qui va passer un sale moment. Stan s'en prend aux plus faibles, il appuie là où ça fait mal. Alors, ne redis jamais un truc comme ça.

Mon cousin se tait, car il sait que j'ai raison. Stan n'aurait aucun scrupule à s'en prendre à Lili Rosenbach, parce que Rosenbach dans un nom, ça justifie tout, même l'horreur. Bien que je ne la porte pas dans mon cœur non plus, je serais incapable de m'en prendre à cette gamine.

— Pourquoi faites-vous ça ? m'interroge-t-il.

— Faire quoi ?

— M'empêcher d'être heureux.

— On te protège.

— Me protéger de quoi ? Tu n'es pas un modèle. Tu es malheureux. Tu es frustré. Tu es en colère. Parce que tu es enfermé et je ne comprends pas pourquoi tu cherches à m'enfermer avec toi. Tu as la trouille d'être tout seul dans ta prison dorée, c'est ça ? Tu veux qu'on finisse tous comme toi, parce que ça justifierait un peu mieux ta vie de merde ?

— Ta gueule.

— Ouais. Ça aussi, ça te fait du bien ? Qu'on ferme tous notre gueule ? Qu'on ne t'ouvre pas les yeux sur ta lâcheté ? Je ne vous laisserai pas m'enfermer. Moi, j'ai le courage d'avoir ce que je veux. Je n'en ai pas peur.

Qu'elle soit une Rosenbach, je n'en ai rien à faire. Ce n'est pas mon conflit. Je ne pense même pas que ce soit le tien ou celui de Stan ou d'Aiden. Ce n'est rien. Ça n'a pas de sens. Vous vous cachez juste derrière, parce que ça vous occupe. Haïr les autres pour ne pas regarder à quel point vous êtes pathétiques.

Je n'arrive même plus à parler. Je n'arrive même plus à réagir. Je devrais, pourtant. Je devrais lui foutre un poing pour qu'il se taise et qu'il ne dise plus tous ces mots qui n'ont aucun sens. Je devrais lui hurler de regarder Ellen plus souvent, de voir la détresse dans les yeux de ses frères, de protéger nos mères au bord de la psychose, d'accompagner mon père chez le médecin pour comprendre que ce n'est pas la maladie qui est en train de le tuer, mais juste sa vie. Sa vie à travailler, sa vie à haïr, sa vie à vouloir dominer. Je devrais lui dire tout ça pour qu'il n'ose plus jamais dire que ce conflit, ce n'est « rien ». Parce que c'est tout, justement. C'est tout ce qui nous a foutu dans la merde. Tout ce qui nous bousille la vie depuis notre naissance. Il pense qu'il peut l'ignorer comme ça ? Qu'il peut tout balayer d'un revers de la main parce que monsieur est amoureux d'une Rosenbach ?

Je déteste l'entendre prétendre que c'est possible.

— Tu as peur, Daël, continue-t-il. Tu es terrorisé et je crois que, même toi, tu ne sais pas pourquoi.

Noah tire violemment dans le ballon, puis sort du terrain. Juste comme ça. Sans un regard pour moi.

Lior Rosenbach

J'enfile ma veste d'uniforme par-dessus ma chemise blanche, façon « cliché britannique », et sors de la salle de physique de mon lycée. Un soupir s'échappe de mes lèvres. La semaine est enfin terminée. Je sais qu'il n'y a rien de vraiment rassurant, parce que l'on approche des examens de fin d'année et le mot « fac » se lit sur toutes les lèvres. Mon cœur se tord encore à cette pensée. Pour moi, l'année prochaine ne se résume pas à la fac. Elle se résume au départ d'Ethan et Edward en Chine. Elle se résume à moi tout seul dans cette ville, sans mon meilleur ami.

J'ai presque envie de lui demander de louper encore une fois cet examen à la con. Je veux qu'il reste avec moi. Je ne veux pas que l'on soit séparés, jamais. Sauf que ça ferait trop fleur bleue alors je garde ça pour moi, même si je crois qu'il n'en mène pas plus large.

Je l'aperçois en sortant du lycée, avachi contre les grilles et clope au bec. Il m'attend. Je le rejoins et desserre ma cravate. Uniforme de merde.

— Salut.

— Salut, mec. On fait quoi ce soir ?

— Whisky Mist ? proposé-je.

Ethan acquiesce. On ne sort plus beaucoup à la Fabric depuis sa bagarre avec Stan. Déjà parce qu'on n'a plus le droit. Ensuite, parce qu'on est débiles de ne pas avoir pensé au Whisky Mist plus tôt. C'est un bar VIP en plein cœur de Mayfair, notre quartier. Un coin plutôt sympa et surtout sans Hamilton.

— Tu penses que Lili aura le droit de ressortir avec nous ? demande-t-il en tirant sur sa cigarette.

— Lili ou Jade ?

Mon cousin sourit d'un air entendu.

— Alors, ça y est ? Vous avez remis le couvert ?

— C'est quoi cette expression de gros naze ? rétorque-t-il en fronçant des sourcils.

— Tu la baises, maintenant ? reformulé-je plus explicitement.

— On ne baise pas. On fait l'amour.

— Abruti.

— Attends, c'est pour des conneries comme ça qu'elle est allée se jeter dans les bras de l'autre enflure, alors si j'ai juste à changer mon vocabulaire, ça me va.

Bien sûr que ça lui va. Finalement, ça revient au même.

— Bref, reprend-il en écrasant sa cigarette sur le trottoir. Tu penses que ton père l'autorisera à ressortir ? Ça fait presque deux mois quand même.

Je hausse les épaules. Je n'en sais foutrement rien et je n'aurais aucun pouvoir pour changer ça, de toute manière. Ethan me scrute, attendant que je compatisse, mais je n'ai rien à lui dire de plus. Après tout, est-ce que c'est ma faute si sa mère est totalement bourrée de Prozac et que son père est tellement perdu dans son travail qu'ils ne sont pas foutus de prendre la décision à la place de mon père ?

— Au pire, invite Jade sans Lili, proposé-je.

— Hors de question, ça va se savoir.

— Si tu es tellement emballé à l'idée lui faire l'amour, pourquoi tu ne l'assumes toujours pas ?

— Différence d'âge, murmure-t-il.

Je le regarde, blasé. Il n'est pas sérieux, quand même ?

— Vous n'avez que trois ans d'écart, ce n'est rien.

C'est vrai quoi, ce n'est rien trois ans. C'est quasiment la différence entre Hamilton et moi. Stop. C'est quoi cette comparaison débile ?

— Je suis majeur et pas elle, réplique-t-il. Et ferme-la, il y a Lili qui arrive.

Je me retourne vers ce qu'il regarde derrière moi. En effet, une tornade blonde se plante devant nous, avec des paillettes rose pâle au coin des paupières.

— Les gars, j'ai besoin que vous me couvriez !

— Non.

C'était une réponse à l'unisson avec Ethan.

— Les gars ! s'écrie-t-elle, énervée. Vous n'avez même pas écouté ce que j'allais vous dire.

— C'est toujours non, répliqué-je en sortant mon paquet de cigarettes de ma poche.

— Merde !

— Vas-y, balance, lâche Ethan dans un soupir.

Le faible. C'est toujours le premier à céder.

— Bien, commence Lili, dirigeant son regard vers Ethan, car elle sait pertinemment que je me fiche de ce qui va suivre. J'ai dit à Jensen que je révisais chez Anna ce soir…

Anna. La meuf la plus stupide de ce bahut. Super crédible.

— Et il m'a dit que je pouvais sortir jusqu'à 19 heures. Sauf que je viens de recevoir un SMS de Pâris et il m'emmène au cinéma, ce soir. Je ne savais pas. J'aurais inventé un autre mensonge sinon, mais là je suis bloquée. Je pourrais rentrer à la maison seulement vers 20 heures.

— En quoi j'interviens ? interroge Ethan, sceptique.

— Tu peux dire à Jensen que tu vas me chercher chez Anna et qu'on va manger quelque chose en ville… Et tu en profites pour vraiment venir me chercher au cinéma ? fait-elle avec un sourire en coin. On rentre à 20 heures, promis !

— Et qu'est-ce que je fais, pendant tout ce temps-là, si je suis censé me barrer de la maison à 19 heures ?

— Fais ce que tu veux, on s'en fiche.

Un sourire éclaire rapidement le visage de mon cousin et je sais à quoi il pense. Il n'a que le cul dans sa vie.

— D'accord, lâche-t-il, comme si ça l'ennuyait, cet obsédé.

— Merci ! piaille Lili en lui déposant un baiser sur la joue.

Notre cousine se précipite vers la sortie du lycée, rejoint son mec sur sa moto et enfile le casque qu'il lui tend. J'aperçois le type. Je l'avais déjà croisé à son bal masqué, mais cette deuxième brève rencontre ne m'emballe pas plus que la première. Il est insipide.

— Je n'aime pas la savoir avec Pâris, dis-je, bougon.

Ethan ne me répond pas, trop concentré sur son texto. Comme si je ne savais pas déjà ce qu'il était en train de demander et à qui.

— Tu m'écoutes ?

— Quoi ? dit-il en soufflant et en lâchant son iPhone des yeux.

— Ça craint qu'on la laisse avec Pâris. Elle le connaît à peine, ce mec.

— Il était là à son anniversaire, réplique Ethan d'un haussement d'épaules indifférent.

Mon cousin vient de recevoir un message et il sourit niaisement en lisant son contenu.

— Tu serais vraiment prêt à tout pour baiser, même laisser Lili avec un abruti.

Cette fois, il lève son regard vers moi, un air furieux sur le visage.

— Va te faire foutre, Lior. Je n'ai clairement aucune leçon à recevoir de toi. Je ne vois pas ce que tu reproches à Pâris. Il est cool comme type, et même ton père l'a approuvé.

— Normal, c'est limite lui qui a planifié la rencontre. Il y a quelqu'un d'assez intelligent dans cette famille pour remarquer que c'est qu'une saleté de mariage arrangé ?

— Tu as toujours besoin de dramatiser, répond-il d'un air las. Elle a seize ans, je te rappelle.

— Tu ne connais pas mon père.

— Et tu ne connais pas Lili, réplique Ethan. Ce n'est pas demain la veille qu'elle se fera passer la bague au doigt. Ils vont juste au cinéma, détends-toi.

Clairement, j'ai besoin de me calmer. Je remarque que je n'ai toujours pas allumé la clope que je tiens entre les doigts. Je la glisse entre mes lèvres en demandant du feu à mon cousin, puis l'allume. La nicotine passe dans mes poumons, mais ça fait longtemps que le tabac ne me détend plus. Tant pis, je continue de fumer, par automatisme.

Je ne sais même pas pourquoi je suis autant énervé. Peut-être parce que je sens que c'est faux, toute cette histoire. Je ne suis pas con. Je sais que Lili est tombée amoureuse du gorille. Ça jaillissait par tous les pores de sa peau. Alors, ça m'énerve de la voir prétendre qu'il ne s'est jamais rien passé. Ça m'énerve de la voir continuer sa vie l'air de rien alors que, moi, j'en suis incapable. Ouais, c'est ça le problème. La façon dont elle a oublié son Hamilton. La façon dont ça me paraît insurmontable, pour moi.

— Et puis, au lieu de t'occuper de son couple, tu ferais mieux de t'occuper du tien, reprend Ethan.

Mon cœur s'arrête totalement de battre dans ma poitrine. Mon couple. Qu'est-ce qu'il raconte ? Est-ce que je viens de penser tout haut ?

— Quoi ?

D'un simple mouvement de la tête, il me désigne l'entrée du lycée et je me retourne lentement. Trop lentement presque. Sans aucune rationalité, je m'attends sincèrement à voir l'héritier, planté devant les grilles.

Ce n'est pas lui. Bien sûr. Je ne sais pas si je suis soulagé ou si je me sens encore plus mal. Merde. Je l'avais presque oublié.

— Va lui parler, me conseille Ethan.

« Occupe-toi de ton cul », ai-je envie de lui répondre, mais les mots restent au fond de ma gorge. Je me contente de plonger les mains dans les poches de mon uniforme et j'avance vers Neil, qui m'attend devant les grilles. Je ressens comme un brin de nostalgie devant la vision qui s'offre à moi. Ça faisait longtemps, même en soirée on ne s'est pas croisés, alors que l'on a l'habitude de traîner aux mêmes endroits. Peut-être qu'il m'a évité. Ou alors c'est moi, je ne sais plus. C'est vrai que je ne suis pas retourné à la Fabric depuis longtemps.

— Salut, murmuré-je en me plantant devant lui. Tu vas bien ?

Question à la con. Ça fait des semaines que l'on ne s'est pas vus. Je lui demande s'il va bien comme quelqu'un qui commenterait la météo, parce qu'il n'a pas un autre foutu sujet de conversation.

— Ouais, marmonne-t-il. Et toi ?

Mon regard plonge dans le sien. Ses yeux sombres qui m'ont fait planer auparavant. Sa mâchoire carrée et puissante. Sa barbe mal rasée. Ses cheveux dépeignés. Son air triste et rebelle sur le visage. Ça me fait un coup, quand même, de revoir sa belle gueule en face de moi.

— Qu'est-ce que tu fais là ? lancé-je.

Je sais, ce n'est pas génial comme entrée en matière, mais là, tout de suite, c'est la seule question qui me brûle les lèvres.

— Je passais par là.

Si on commence comme ça, par des conneries aussi énormes, je veux dire, on n'est pas prêts d'avoir une conversation pertinente.

— La vraie raison ? demandé-je avec un sourire en coin.

— Tu me manquais, sale con, me murmure-t-il.

Bam. Deuxième coup de poing dans la gueule.

— Je ne pensais pas t'avoir donné envie de me revoir.

— Il faut croire que si.

Sa voix est rauque et légèrement cassée à cause de tous les paquets de cigarettes qu'il s'enfile à longueur de temps. On reste silencieux. Je me sens bête. Moi, le gamin de dix-huit ans dans son uniforme de lycée, et lui, le dealer à l'allure endormie et aux fringues défraîchies.

— Tu veux passer chez moi ? reprend-il.

Des semaines que l'on s'est engueulés, des semaines que je n'ai pas de nouvelles, et il me pose la question comme ça, telle quelle, comme s'il suffisait que l'on baise pour arranger le problème. Quel problème, d'ailleurs ? Je ne me souviens même plus pourquoi on s'est disputés.

— Je ne crois pas que ça soit une bonne idée, avoué-je.

Ses sourcils se froncent soudainement et son regard s'assombrit.

— Tu baises quelqu'un d'autre, c'est ça ?

Ça ne m'étonne même pas de lui. Neil n'a jamais été du genre à peser ses mots.

— Même si c'était le cas, je ne crois pas t'appartenir.

Il soupire longuement. Je sais que ça l'énerve quand je lui sors ce genre de trucs. Même quand on était « ensemble », je ne me gênais pas vraiment pour aller voir ailleurs de temps en temps. Ça le rendait fou, mais je ne lui laissais pas le choix. C'était ça ou rien.

— Putain, Lior, dit-il entre ses dents. Tu as le don pour me foutre hors de moi. Je fais un effort, là.

— Tu me proposes de baiser ? Effort à saluer, en effet.

— Arrête… Tu en as autant envie que moi. C'est ta fierté qui te fait parler.

— Et toi, ta libido ? dis-je, amusé.

Neil grogne, puis jette un regard derrière moi.

— Viens, on va parler plus loin.

Je le suis, résigné. On change de trottoir, puis on s'arrête quelques mètres après le lycée, dans une petite ruelle à l'arrière d'un restaurant.

— Hum, agréable comme endroit, ironisé-je. Bon choix de…

Neil me coupe en me plaquant contre le mur, ses mains sur mes hanches et son souffle sur mes lèvres. Une odeur de tabac et d'alcool me monte aux narines. Merde, il est 17 heures.

— Embrasse-moi, Lior.

— Non.

— Pourquoi ? insiste-t-il en se rapprochant de mes lèvres. Merde, j'en ai tellement envie.

— Ne rends pas les choses plus compliquées.

— C'est toi qui as toujours rendu les choses plus compliquées.

Je baisse les yeux. J'ai envie de rire face à la cruauté de l'existence. Moi, dans mes pompes à deux cents balles et lui, dans ses baskets Nike, trouées, qu'il porte depuis cinq ans. Moi, qui le rejette, et lui, qui me supplie de le reprendre. Il est aveugle ou quoi ? Il ne se rend pas compte que je ne suis qu'un boulet ? Que je l'enfonce un peu plus dans la misère ?

— Tu es mieux sans moi.

— Ne joue pas à ça. Ne joue pas à « je te quitte pour ton bien ». Pas ce cliché. Je vaux mieux que ça, quand même.

— Je suis désolé.

— Ne t'excuse pas ! s'emporte-t-il en plaquant ses deux mains de part et d'autre de mon visage, contre le mur de briques derrière moi. Ne t'excuse pas, parce que tu rentres avec moi.

— Non, murmuré-je. C'est fini entre nous. On n'a plus rien à voir et je n'ai pas à t'obéir.

— Plus rien à voir ? répète-t-il, offusqué. Et ta coke, elle te tombe dans les poches toute seule, connard ?

Je me raidis. Forcément, il sait.

— Crois-tu, sérieusement, que je n'avais pas compris ton manège, à Karen et toi ? Elle paie le double de ce qu'elle prend d'habitude depuis quelque temps, comme c'est étonnant.

— C'est juste du fric.

— Non, ce n'est pas juste du fric ! Je t'ai dit que je ne voulais plus que tu prennes de cette merde et tu n'as même pas le foutu courage de te chercher un autre dealer. Je ne veux plus être responsable de ça. Donc j'ai un scoop pour toi : je vais arrêter de fournir Karen aussi. Ça vous apprendra à vous foutre de ma gueule.

— On est tes plus gros clients. Tu ne peux pas te le permettre, rétorqué-je.

— Je m'en fous. Je ferai des heures supplémentaires au bar, je me prostituerai s'il le faut, mais je ne te laisserai plus toucher cette merde.

— Attends… C'est du chantage pour que je revienne vers toi ? rétorqué-je. C'est toi qui m'as jeté à la base, je te rappelle.

— C'est toi qui as passé ta vie à me rejeter. Depuis notre rencontre, Lior ! Tu as passé ton temps à me jeter. À refuser de m'embrasser. À refuser d'être un couple. À refuser tout ce qui ressemble à un putain de sentiment, mais je…

Non, s'il te plaît, ne le dis pas. Ne me fais pas ça.

— Mais je t'aime, bordel ! Tu comprends ?

Arrête, je t'en prie.

— Non, tu ne comprends pas ! Tu ne veux pas comprendre ! s'emporte-t-il. Ça te dépasse, les sentiments et toutes ces conneries.

C'est vrai, ça me dépasse. Ces mots, son regard, son amour.

— Alors, tu vas me répondre ou tu vas me laisser comme un con avec ma déclaration ? enchaîne Neil, à bout de nerfs.

Bordel de merde.

— Lior, s'il te plaît, réponds-moi.

Il pleure. Je ne veux pas de ça. Je ne veux pas de cette détresse. Je ne veux pas de ses larmes. Je ne veux pas de son amour non plus. Sauf que je n'ai jamais été quelqu'un de très réfléchi et de très cohérent dans ma tête. J'utilise le seul moyen que je trouve pour le faire taire.

Je l'embrasse.

Neil

Délivrance.

C'est la sensation qui remplace le vide à cet instant. Ce vide creusé dans ma poitrine depuis son départ. Ce vide qu'il comble avec ses lèvres alors qu'il n'en a même pas envie. Je le sais. Je le sens. Je le connais par cœur. Il essaie de combler son absence de réponse, son absence de sentiment. Je m'en fous. Ce n'est pas le premier et ce ne sera pas le dernier à prétendre que je compte. C'est ce que j'ai reçu toute ma vie. De l'indifférence et du mensonge.

Lior m'embrasse. C'est juste ça dont j'ai besoin. Même si c'est faux. Même si, demain matin, il ne sera pas dans mon lit. Même si sa coke est la seule chose qui le lie à moi.

Je lui rends son baiser. C'est brutal, désordonné et pathétique. Je m'accroche à ses lèvres avec désespoir. Il n'aime pas ça. J'en ai conscience, en plus. Je le sens se contracter. Je le sens se raidir et se retenir de me projeter à l'autre bout de la ruelle.

Qu'est-ce qui le retient ? Ah oui, sa saleté de coke. Je le hais. Je le hais de me faire sentir comme ça. Affamé, au point de me foutre qu'il n'en ait pas envie. Et lui, accro au point de se laisser faire. Ça n'a pas de sens.

Qu'est-ce qu'il veut, bon sang ? Qu'est-ce que je peux faire de plus ? Qu'est-ce que je peux lui offrir ? Je n'ai rien. Je ne suis rien. J'en ai déjà tellement conscience que je ne comprends pas pourquoi il se tue à me le rappeler chaque foutue seconde de mon existence.

Je sens qu'il a un mouvement de recul à mon égard. Il ne supporte plus cette proximité. Il ne supporte plus mes lèvres. Je refuse qu'il parte encore. J'empoigne sa nuque pour le maintenir contre moi et emprisonne sa bouche. Tout est si violent que je sens un goût de métal sur ma langue. Je crois qu'il saigne. Je l'ai mordu, peut-être. Ou alors, lui ? Pour me faire arrêter ? Je n'en sais rien. Je continue. Je ne réfléchis plus. Je veux qu'il m'appartienne complètement. Je veux qu'il aime ça. Je veux le forcer à aimer ça.

Je bloque son corps contre le mien. Il est emprisonné contre le mur. Sa tête tape la brique. Je crois qu'il suffoque, qu'il regrette son geste, qu'il regrette même de m'avoir rencontré, d'être tombé dans la drogue. Tombé si bas qu'il en arrive là. Coincé dans une ruelle et forcé de m'embrasser contre son gré.

Je recule brutalement.

Lior a les yeux grands ouverts de stupéfaction et il suffoque. Merde, j'ai failli l'étouffer sans m'en rendre compte. Je vois ses yeux briller et ses mains trembler. Il a eu peur de moi. Il a probablement toujours peur de moi.

Je sais que je devrais m'excuser, lui dire que j'ai agi sur une pulsion et que je ne lui ferais jamais de mal, que tout ça est un malentendu, une simple erreur, qu'il doit me pardonner.

Ce sont d'autres mots qui sortent de mes lèvres :

— Ne me quitte plus jamais.

Chapitre 5

Daël Hamilton

J'ai fini par craquer. Je me suis arrêté au pont. Il n'était pas là. Alors, j'y suis retourné. Toutes les nuits… jusqu'au soir où je l'ai aperçu, perdu, de l'autre côté de la rive.

Lior Rosenbach

Je marche en fredonnant les paroles de ma chanson. Je suis seul et je me sens bien. Ça faisait longtemps que je ne l'avais pas écoutée. J'ai les mains dans les poches et frissonne à cause du vent. On est au mois de mai, pourtant, j'ai l'impression d'être encore en plein hiver. Enfin, ce n'est pas tellement étonnant, il est 4 heures du matin. Je déambule dans les rues de Londres. Je viens de m'échapper de la soirée de Karen. Je n'avais pas envie de rester. Pas envie de rentrer dormir avec Neil. Alors, pendant qu'ils étaient tous les deux dans la cuisine en train de se faire un rail de coke, je me suis barré, comme ça, sans rien leur dire. J'ai éteint mon portable, je sais que j'aurais été harcelé toute la nuit, dans le cas contraire. Je profite de ma liberté retrouvée.

Neil est bizarre depuis ce baiser d'il y a deux semaines. Il me colle partout. Chaque sortie de lycée. Chaque soirée. Chaque week-end. Il m'étouffe. Je ne comprends même pas pourquoi je ne trouve pas la force de le rejeter. Peut-être parce qu'il m'a fait peur, la dernière fois, et que je n'ai pas envie que ça recommence. Peut-être aussi que je suis devenu une telle loque que je ne me sens plus capable de me défendre seul ou peut-être bien à cause de la coke, d'ailleurs.

C'est marrant quand j'y repense. J'ai tout ce que je veux dans la vie. Lui, il n'a rien, hormis la seule chose que je ne peux pas avoir tout seul. On se maintient comme ça. Je lui donne du fric et ce que je suppose être de l'affection. Il me donne ma dose. C'est bancal comme relation. À notre image, je suppose. Je ne crois pas que l'on ait vraiment le droit à mieux. Pas avec nos vies. Du moins, pas avec ce que l'on a décidé d'en faire.

Je relève mon visage vers le pont de Westminster. La vue aurait pu m'apaiser, mais je sens mon cœur se contracter. L'héritier est là. J'ai l'impression d'être dans un rêve. Est-il là pour moi ? Ça fait combien de temps que l'on ne s'est pas vus ? Au moins un mois, pour sûr.

Je m'arrête avant de traverser. Hamilton est sur l'autre rive. On est chacun de notre côté. On se tient l'un en face de l'autre, sans rien dire, en se regardant. Je la trouve écœurante, cette métaphore. Cette distance qui nous rappelle que l'on appartient à deux rives différentes. Et puis, il y a juste ce pont entre nous deux. Un pont qui ose prétendre qu'il est facile de les rejoindre, ces deux côtés, comme si on n'avait qu'à traverser pour rendre les choses plus simples, comme si tout se résumait à faire un pas l'un vers l'autre.

Avant que l'on ne construise ce pont, est-ce qu'on leur a demandé, aux deux rives, si elles avaient envie de se rejoindre ? Est-ce qu'on leur a posé la question, à elles ? On leur a juste imposé un chemin les reliant l'une à l'autre. Depuis, les deux rives continuent de se regarder, de loin, mais elles savent désormais qu'elles ne peuvent plus exister l'une sans l'autre, parce que ça n'a pas de sens, un pont qui ne mène nulle part.

C'est con, mais je me sens comme une de ces rives que l'on a accrochee à une autre sans qu'elle le veuille.

Ma gorge se serre et j'enfonce mes mains un peu plus loin dans les poches de mon jean, sans vraiment savoir pourquoi, d'ailleurs. Pour les empêcher de trembler, peut-être.

Hamilton est sous le réverbère et il est toujours monstrueusement beau. J'avance d'un pas. Au plus profond de moi-même, je sais que je ne peux pas faire demi-tour, que je ne *veux* pas faire demi-tour.

Il avance aussi. Lentement. Après un temps infini, on se retrouve enfin l'un en face de l'autre, pour de vrai. Si proche que je peux observer son visage. Ses yeux fermés à cause de la fatigue. Ses cheveux un peu plus longs qu'avant qui lui tombent sur le front. Sa veste en jean. Son slim serré. Ses lèvres tremblantes à cause du froid. Lui. Tout simplement.

— Pas un temps à sauter dans l'eau, hein ?

Je me réveille soudainement de ma torpeur. Il vient de m'adresser la parole.

— Pas non plus un temps pour traîner dehors, rétorqué-je. Qu'est-ce que tu fais ici ?

— J'avais besoin de prendre l'air. Et toi ?

— Je fuis.

Hamilton sourit, je me surprends à être aussi sincère. En fait, ça fait du bien. Je n'en peux plus de vivre tout ça, sans jamais mettre de mots dessus. Me promener en pleine nuit sur ce pont, parce que je suis incapable d'ordonner mes pensées. Je ne veux plus les garder pour moi. Plus les ressentir. Plus les supporter. Alors, sans lui laisser le temps d'échapper à ce qui va suivre, les mots sortent de mes lèvres. Précipitamment. Sans cohérence. Juste parce que j'en ai besoin. Terriblement besoin. Tant pis pour les conséquences.

— Je n'y arrive pas, Hamilton, je n'y arrive plus. Tu… Toi, t'es…, bafouillé-je. Tu as dit que je rendais ta vie compliquée, alors tu es parti. Et quand tu l'as fait, tu as rendu la mienne fausse. Tout est faux autour de moi, tout ce que je pense, tout ce que je dis, tout ce que je fais. Tout est faux. J'en ai marre de prétendre que ça ne m'atteint pas, parce que si, putain, ça m'atteint tellement. Ne plus te voir. Ne plus recevoir tes messages. Pourtant, tu n'existais pas avant. Je n'avais pas besoin de toi dans ma vie. Tu n'étais rien. Juste un pauvre type que je détestais. Et, en quelques mois, tu es devenu une saleté de quelque chose. Sans raison, en plus… Je veux dire, ce n'est pas comme si on se connaissait vraiment, nous deux. On s'est vus quoi, même pas une dizaine de fois ? Je sais bien qu'on n'a pas le droit, d'accord ? Que ce n'est pas normal et qu'on est morts si quelqu'un le découvre. Mais tu n'avais pas le droit non plus de débarquer dans ma vie, de devenir ce quelque chose et de repartir l'air de rien. Ça non plus, ce n'est pas normal. Tu n'as pas le droit de faire ça ! Personne n'a le droit de chambouler la vie des gens et de les laisser comme ça après. Tu aurais au moins pu avoir le cran de disparaître.

— C'est ce que j'ai fait, lâche-t-il, complètement pris au dépourvu.

— Tu étais dans ma tête, le coupé-je. Tu ne l'as jamais quittée. Pourquoi n'es-tu jamais parti de là ?

— C'est vraiment à moi que tu poses la question ?

— Je n'en sais rien, je ne sais plus.

Je me recule et réalise soudainement la portée de mes mots. J'ai envie de me jeter du pont. Je pourrais avoir l'air encore plus désespéré ? Une vraie guimauve. Il ne m'a rien demandé, en plus. Si ça trouve, il passait juste par là, peut-être même qu'il m'avait déjà oublié.

— Rosenbach ? dit-il, me sortant de mes pensées.

Je lève mon regard vers lui.

— Il y a un truc qu'on n'a jamais fini tous les deux.

— Parce qu'on a commencé un truc ? demandé-je, sans comprendre.

— Notre nuit ensemble, murmure-t-il, presque intimidé. On ne l'a pas finie.

Ça me fait un coup, brutalement.

— Euh, bafouillé-je. Tu veux… genre… retourner chez moi ?

— Mon appartement est vide.

Je ne tiens presque plus sur mes jambes. *Reste naturel, Lior, bordel !*

Je hausse les épaules avec le moins d'enthousiasme que je trouve.

— Pourquoi pas.

— Tu viens alors ?

Je hoche vaguement la tête, l'air de dire que ça m'indiffère totalement. Ce qui est complètement con, vu ce que je viens tout juste de lui avouer.

— Ma voiture n'est pas loin.

J'ai le cœur qui bat à tout rompre. Est-ce qu'on va vraiment le faire ? Ne pas parler des raisons pour lesquelles on ne doit plus se voir ? Prétendre que l'on est juste deux potes qui vont dormir ensemble ? D'ailleurs, est-ce qu'il veut vraiment dormir ? Plein de questions se bousculent dans ma tête et j'ai envie de trébucher à chacune d'entre elles. Enfin je me retiens, je me suis déjà assez ridiculisé devant lui. J'essaie de cacher l'orchestre symphonique qui joue en moi.

On arrive à sa voiture. Je monte dedans, prétendant que c'est naturel et que je ne suis pas en train de faire la chose la plus stupide de toute ma vie. Il démarre. Il roule vite. Je crois que, lui aussi, est pressé de rentrer chez lui et d'éteindre la lumière. Pour que tout ceci ne soit plus aussi réel.

En dix minutes, on est stationnés devant son immeuble. On le rejoint rapidement. C'est marrant, mais j'ai l'impression de me souvenir de tout. Du vigile à l'allure peu affectueuse. De l'ascenseur. De son étage. De son appartement. Pourtant, je n'étais pas en très bon état quand j'y suis allé la première fois.

Hamilton se dirige vers sa cuisine en retirant sa veste en jean, qu'il balance sur le dossier de son canapé.

— Tu veux manger ?

— Non, merci.

— Tu as pris de la coke, ce soir ?

— Possible.

Il lève les yeux au ciel, m'interrogeant avec une pointe de sarcasme dans la voix :

— Tu ne me refais pas une crise ?

Il n'a rien à me dire. Il pue l'alcool à des kilomètres.

— Je vais bien.

— Si tu le dis, fait-il, sceptique.

L'héritier se dirige vers sa salle de bains, me laissant seul au milieu de son appartement. Qu'est-ce que je fais ici, au juste ? Je m'assois sur le canapé en soupirant. Mes mains sur les cuisses. J'ai encore le temps de partir. Je n'en ai juste pas envie.

Hamilton réapparaît dans le salon quelques minutes plus tard avec des vêtements sous le bras. Il me les balance et je les réceptionne un peu maladroitement.

— Pourquoi ? demandé-je en observant le short de sport en tissu bleu marine et le T-shirt blanc qu'il vient de me lancer.

— Pyjama.

— Je peux dormir en caleçon.

Il s'arrête un instant avant de murmurer d'un ton clairement pas négociable :

— Hors de question.

J'observe les vêtements avant de remarquer que, lui aussi, s'est changé. Il porte un short noir plutôt court qui laisse apparaître le haut de ses cuisses musclées. En haut, un T-shirt gris légèrement abîmé et détendu flotte sur son torse. Il passe une main dans ses cheveux qu'il ébouriffe sur le dessus de sa tête et part se chercher un médicament dans la cuisine.

Je le regarde, sans bouger. Je l'observe mettre l'aspirine dans un verre d'eau, la faire tourner pour bien mélanger la poudre à l'eau, porter la mixture à ses lèvres, avaler avec une grimace. Un peu d'eau coule à la commissure de ses lèvres et… Stop. Je suis au bord de l'érection, moi.

Je me relève précipitamment, puis me dirige presque en courant vers la salle de bains. Je referme la porte derrière moi avant de m'affaler sur le sol. Qu'est-ce qu'il m'arrive, bordel ?

Je reste là une dizaine de minutes. Assis sur le sol et le regard dans le vide. Je crois que je suis encore défoncé. Peut-être que tout ça est un pur délire sorti de mon imagination ? Peut-être que je dors ? Peut-être que je suis en réalité dans le lit de Neil ?

J'entends frapper contre la porte, me rappelant que c'est bien réel.

— Rosenbach ? interroge Hamilton. Ne me dis pas que tu fais une overdose là-dedans, parce que je te tue de mes propres mains si tu te loupes encore.

Gros retour à la réalité.

— Non, rétorqué-je en me relevant. Je me change, c'est tout.

— Je vais me coucher, je suis crevé.

— D'accord.

La lumière s'éteint derrière la porte et je me sens encore plus mal. Et si j'allais dormir dans la baignoire, plutôt ? Je le déteste de me foutre aussi mal à l'aise. Il ne pourrait pas m'aider ? Me dire de le rejoindre dans sa chambre, par exemple ? Enfin, ne pas me laisser prendre la décision tout seul. En plus, je suis défoncé, je ne peux vraiment pas être cohérent cette nuit.

Je retire tous mes vêtements et enfile ceux qu'il m'a prêtés. Le short est un peu petit pour moi, mais il passe mes hanches et pas de soucis avec le T-shirt. Bien. Première étape franchie. Je me dirige vers le lavabo et asperge mon visage d'eau froide. Je repasse une main dans mes cheveux bouclés et, geste glamour, je me sens les aisselles. Quoi ? Il faut bien que je vérifie que je ne pue pas la transpiration quand même. Avec toutes les émotions qu'il me cause, l'autre con.

Je ramasse mes affaires par terre et les fous en boule dans un coin de la pièce, avant de réaliser que je ne trouve plus aucune raison de rester enfermé ici. Je le déteste. Pourquoi est-ce que je suis venu chez lui ?

Je finis par sortir de la salle de bains. J'éteins la lumière. L'appartement est plongé dans l'obscurité, mais j'arrive quand même à apercevoir les objets, car la lumière de la ville passe à travers les stores. Je me dirige d'abord vers le salon pour vérifier qu'il ne m'a pas fait de lit sur le canapé. Rien du tout. J'avale ma salive avant d'essayer de me ressaisir. J'ai l'impression d'être ce genre de personnages de films pour adolescents qui s'apprête à connaître sa première fois… Je suis vraiment en train de péter un plomb. Je suis sûr que Hamilton ne se pose pas autant de questions. Il m'a simplement vu errer sur le bord de route. Il a eu pitié. Il m'a proposé de dormir chez lui. *Basta.*

D'un pas décidé, je me dirige vers la chambre. Il est sous les couvertures. Il ne se retourne pas lorsque je m'allonge à mon tour, de l'autre côté du lit. Je me glisse entre les draps et me recouvre. Hamilton ne parle pas. Il ne bouge pas. J'ose à peine respirer. Mon Dieu. La situation est trop étrange. Il faut que je dise quelque chose. Il faut absolument que je dise quelque chose. N'importe quoi.

— Hamilton ?

— Hum.

— Tu peux me refaire des bisous sur le ventre ?

Je m'arrête, offusqué par ma propre question. Quel abruti. Le silence est tellement pesant que j'entends ma dignité claquer la porte derrière elle.

Pourquoi est-ce que j'ai dit ça ? Je remonte le drap sur mon corps et me retourne en feignant de ne pas remarquer son regard interloqué dans mon dos. J'ai envie de mourir de honte. Et si je faisais semblant de dormir ? Il pourrait toujours m'en reparler demain matin et je n'aurais qu'à lui dire qu'il a rêvé.

— Tu es sérieux ? Genre, tu as deux ans.

Trop tard. Je sens le rouge me monter aux joues. J'ai tellement honte. Je m'enfonce dans le matelas en remontant encore un peu plus le drap sur moi. Là, tout de suite, je voudrais m'assommer pour ne plus sentir le regard de Hamilton dans mon dos. Je ferme les yeux et m'arrête presque de respirer, comme si je voulais absolument disparaître, sauf que je sens une main se poser sur mon ventre et me retourner.

Je suis sur le dos et préfère garder les yeux clos. Je sens qu'il passe au-dessus de moi. Je n'ai pas envie de croiser son regard moqueur. Je m'attends à une blague, à une remarque salace, mais rien. Rien hormis sa main qui vient relever mon T-shirt et ses lèvres chaudes qui se posent sur mon nombril. Je frissonne instantanément, comme si je venais de me faire électrocuter. La sensation est bien trop bonne pour que ce soit le cas. Ses lèvres se pressent sur mon abdomen, effleurent ma peau. J'ai l'impression d'être pris de spasmes. Il remonte doucement jusqu'à ma poitrine, embrasse chaque recoin de peau. Ses lèvres passent sur mon téton gauche et il l'embrasse avec tellement de douceur que mes yeux convulsent et mon dos se cambre. Ça y est. J'ai déjà une érection.

Comment arrive-t-il à me faire ça aussi rapidement ? J'ai honte, tout d'un coup. On dirait un gamin en chaleur que l'on n'a jamais touché de sa vie. Je voudrais mourir, mais l'héritier continue d'écraser ses lèvres sur ma peau nue. Il passe à mon deuxième téton et je me retiens de toutes mes forces pour ne pas faire de bruit. Je ne sais même pas s'il se rend compte de l'effet qu'il me fait. Ses lèvres redescendent jusqu'à mon nombril, ses baisers se font plus intenses et la pression qu'il exerce sur mon corps me rend fou.

J'en veux plus.

J'en veux plus au point de me mordre la lèvre inférieure à m'en faire saigner, mais je ne peux pas m'abaisser à le lui demander. Mon dos se cambre violemment lorsque ses lèvres effleurent de nouveau mon nombril. Et… bordel, il descend tout doucement. Je me sens gêné. En un réflexe débile, je pose ma main sur mon érection, comme si je pensais sincèrement que ça allait la cacher. L'héritier retire ma main brusquement et continue ses baisers. Il laisse échapper sa langue de temps en temps, je crois devenir fou. Il embrasse mes hanches, mordille la peau et finit par embrasser mon érection, par-dessus le tissu de mon short. Pas gentiment, non. Il presse ses lèvres, et là je ne peux plus rien retenir. Un son plaintif s'échappe de ma bouche et je rêve d'arracher le vêtement qui sépare ses lèvres de ma peau. Il continue de m'embrasser juste à cet endroit-là, exerçant une légère pression qui m'envoie pour un aller simple au paradis.

Hamilton finit par se relever et se met face à moi, un sourire fier sur le visage.

— À toi, maintenant.

— Quoi moi ?

— À toi de faire quelque chose que je te demande.

— Dis-moi.

Il prend son temps. Je le vois se mordiller la joue et il sourit, d'un air amusé.

— Embrasse-moi.

— Où ça ?

Ma question a l'air de l'étonner, au début, puis il doit réaliser que ce n'est pas plus étrange qu'être un fétichiste du ventre.

— Sur les lèvres, répond-il.

Je me crispe. Pas ça, jamais. Il le sait très bien, en plus, que je ne veux pas. On peut traîner ensemble dans des bars. On peut se chauffer pour rire. On peut s'envoyer des SMS. On peut se barrer à la plage en plein milieu de la nuit. On peut dormir à moitié nus dans le même lit. Mais on ne peut pas *s'embrasser*. C'est trop important, ça signifie trop de choses. Il ne peut pas me demander de faire ça. Il n'en a pas le droit.

— Je vois, murmure-t-il. Laisse tomber.

L'héritier se recouche, dos à moi. Le silence est encore plus gênant que tout à l'heure. Je suis essoufflé par ce qu'il vient de me faire et me sens cruel de lui avoir refusé sa demande.

J'essaie de reprendre une respiration normale et mes yeux s'ancrent au plafond. Il ne dit plus rien, moi non plus. Je déteste cette situation. Tout était tellement bien. Pourquoi a-t-il fallu qu'il me demande ça ?

— Je n'aime pas embrasser, m'expliqué-je.

— Pourquoi ? interroge Hamilton, sans pour autant bouger de sa position.

— Je ne sais pas, murmuré-je. Je n'aime pas, je crois, c'est tout.

Je marque une pause, parce qu'il vient de se retourner vers moi pour me regarder, et je continue, totalement absorbé par son visage :

— Franchement... Je ne trouve pas ça si... Enfin... Non, je ne sais pas.

— Pourquoi regardes-tu mes lèvres comme ça, alors ?

— J'essaie d'imaginer.

Hamilton se redresse légèrement et passe sa main sous ma nuque. Ses doigts caressent ma peau lentement à cet endroit-là, presque paresseusement, traînant jusqu'à la base de mes cheveux.

— Arrête d'imaginer...

Ses mots restent en suspens, entre nous deux, à peine prononcés malgré leur sens. Je reste focalisé sur ses lèvres, incapable de détourner ma vision de sa bouche. Il attend mon approbation et je la lui donne, hochant la tête sans me détourner de mon obsession. Alors, ce que j'attendais le plus au monde se pose sur mes lèvres. C'est chaud et humide à la fois. Doux et violent en même temps. Naturel et tellement insensé. Je suis aspiré. J'ouvre la bouche, presque avec désespoir. Il y glisse sa langue avec une tendresse à crever alors que nos lèvres se pressent l'une contre l'autre.

Putain, comme c'est bon et comme je suis bête d'avoir voulu refuser ça. Je lui en veux un peu aussi. Il pourrait me le faire détester, ce baiser. Il pourrait me faire ressentir comme tous les autres, du dégoût et de l'ennui. Mais non. Pas lui. Lui, il ne fait jamais comme les autres. Il me fait apprécier ça à dix mille lieues au-dessus de la terre.

Ses lèvres sont douces contre les miennes. Je ne sais même pas comment il parvient à m'embrasser aussi calmement, comme s'il avait fait ce genre de trucs toute sa vie. Moi, j'ai envie de lui sauter dessus, de le toucher partout, de m'enfoncer dans son corps, m'allonger contre lui, le toucher, *bon Dieu*, le toucher. Toutes ces pensées se bousculent dans ma tête à m'en rendre fou. Je ne comprends pas ce qu'il fait. Pourquoi est-il aussi doux ? Pourquoi est-il aussi parfait ? Pourquoi tout ça est-il aussi bon ? Pourquoi je crèverais pour que ça ne s'arrête jamais ?

Les mains de Hamilton attrapent mes hanches et, en un geste brusque, il me colle à lui. On s'enfonce tous les deux contre le matelas. Lui, en dessous. Moi, au-dessus. Torse contre torse. Bassin contre bassin. Mon érection repart de plus belle et il la sent, car il sourit contre mes lèvres qu'il continue d'embrasser de la plus belle façon du monde. Il passe une main dans ma nuque et profite de ma gêne pour nous retourner. Je suis en dessous de lui maintenant et ça n'arrange pas ma situation. J'ai vraiment l'air d'un gamin prépubère. Ai-je déjà eu une telle montée de libido pour un simple baiser ?

Sans le contrôler, je referme les jambes, j'en passe une par-dessus l'autre pour calmer mon désir ardent. Je me tortille sous lui pour que mon bassin ne touche plus le sien.

— Bon sang, grommelle Hamilton en s'écartant de mes lèvres. Pourrais-tu arrêter tes conneries ?

Comme ça, il pose ses deux mains à l'intérieur de mes cuisses et les écarte un maximum afin de se loger à l'intérieur. Je crois mourir de plaisir. Il est tellement chaud qu'un soupir s'échappe de mes lèvres. Lui, il les embrasse sans me laisser le temps de reprendre mon souffle. Il ondule du bassin contre mes hanches, et mes doigts s'accrochent à son dos. Je sens aussi qu'il est excité. Alors, je nous trouve à égalité et je me laisse enfin aller. Je passe mes jambes derrière les siennes sans trop savoir où nous mènera cette position, mais c'est comme ça, j'ai besoin de le sentir partout sur moi. J'ai besoin de sa chaleur et, *merde*, comme j'ai besoin de ses lèvres.

— Embrasse-moi encore.

Je vois sa bouche s'entrouvrir légèrement et je pense qu'il voulait dire un truc du style : « Eh bien, tu vois, tu en fais des histoires pour rien, petit con », sauf que le temps nous manque à tous les deux et qu'il s'empresse de joindre nos lèvres à nouveau. C'est toujours aussi doux. Quoiqu'un tout petit peu plus brutal, plus sauvage, plus… érotique, clairement. Là, on ne peut plus ignorer nos sexes se frottant l'un contre l'autre malgré nos shorts. Comme au bar, mais en mieux. Il n'y a que nous. Lui et moi. Mon envie de le toucher est tellement puissante que je laisse enfin ma main se glisser à l'intérieur de son vêtement. Un gémissement de plaisir s'échappe de ses lèvres et je le vois fermer les yeux en tremblant. Je suis fier d'avoir réussi à lui faire perdre son sang-froid, même pour quelques secondes.

Hamilton approche ses lèvres de mon oreille et il murmure, haletant :
— Est-ce qu'on peut…
— Quoi ?
— Est-ce qu'on peut faire l'amour ?
Je trouve ça touchant, qu'il me pose la question. Concrètement, il faudrait être stupide pour ne pas comprendre que mon être lui supplie pratiquement que cela arrive. J'embrasse sa mâchoire en murmurant des millions de « oui ». Je presse mes lèvres sur chaque parcelle de peau que je trouve, jusqu'à ce qu'il m'en prive au moment où il retire son T-shirt. J'en profite pour retirer le mien aussi et nos deux torses nus se rencontrent. On est déjà collés l'un à l'autre à cause de la sueur, et j'adore ça. Hamilton m'embrasse dans le cou, il mordille ma peau, tout en continuant d'onduler contre mon bassin. Il remonte une de ses mains dans mes cheveux, parcourt mes boucles brunes, avant de dégager celles qui me tombent sur le front.
Enfin, il me fait basculer sur lui avant de murmurer :
— Je croyais que ton genre, c'était tout sauf moi.
Je me laisse retomber contre son torse.
— Toi aussi, tu as dit « tout sauf toi ».
Je suis allongé sur lui, mais je n'ose pas le regarder dans les yeux. Avec mon doigt, je trace des arabesques sur sa peau.
— J'ai menti, avoue-t-il en glissant sa main le long de mon dos. Tu es vraiment mon genre et ça me rend fou que tu le sois.
Hamilton descend encore plus bas, jusqu'à la courbe de mes fesses. Ses doigts s'y attardent et, forcément, mon corps me trahit. Putain, non, pas maintenant.
— Qu'est-ce qu'il se passe ? demande-t-il aussitôt, sa main arrêtant de me caresser.
Évidemment, il fallait qu'il le remarque.
— Rien.
Je me rapproche de lui, mais je n'arrive pas à détendre mes muscles en alerte, crispés au point que je dois ressembler à un bloc de pierre sous ses doigts.
— Il y a un truc, insiste-t-il.
Je me détache de son torse pour pouvoir le regarder dans les yeux. Il a un air doux sur le visage, presque soucieux.
— Non, il n'y a rien…, répété-je. Pourquoi tu…
Je me mets à cafouiller. Tout le monde s'en fout, d'habitude. Et puis, pourquoi a-t-on cette discussion déjà ? On ne faisait pas quelque chose de beaucoup plus intéressant, il y a quelques instants ?
— Qu'est-ce qu'il y a ? demande Hamilton. Tu es tendu.
— Non, je ne le suis pas.

— Tu l'es.

Je lève les yeux au ciel et soupire.

— On est obligés d'en parler maintenant ?

Ma question est cassante et je le sens se raidir. Il attrape mes épaules et me fait tourner sur le côté. Je tombe sur le matelas et Hamilton passe au-dessus de moi. Il plonge ses putains d'yeux bleus dans les miens et pose ses mains de part et d'autre de mon visage.

— Raconte.

— Ce n'est pas le moment.

— Si c'est en rapport avec ce qu'on s'apprête à faire, alors si, avant, c'est le moment.

Je pose mes mains sur sa poitrine et le repousse, assez violemment, je le reconnais. Il commence à m'énerver avec ses questions.

Je lâche, sèchement, en me levant du lit :

— Tu es chiant, là. Je me casse.

— Dans tes rêves, réplique-t-il en se plantant devant moi.

— Fous-moi la paix ! Tu n'es pas mon psy !

— Et tu n'es pas mon patient ! se met-il à crier à son tour. La seule chose qui me préoccupe, c'est qu'il y a un truc que tu ne veux pas me dire et qui vient de gâcher ce moment que j'attends depuis des semaines !

— C'est toi qui viens de le gâcher, je te rappelle.

— Rosenbach.

Je pousse un soupir, mais je vois qu'il insiste et ça me fait chier. En réalité, ça ne me fait pas chier de lui raconter, ça me fait juste chier que cette histoire prenne des proportions énormes pour rien. Il va encore croire que je fais des caprices.

Je réponds avant de m'enfoncer encore plus :

— J'ai perdu ma virginité à l'arrière d'un bar, à quinze ans, avec un mec qui en avait au moins le double.

— Et tu le voulais bien ?

— Non. Enfin, si. Je ne me suis pas fait… violer.

Il fronce des sourcils. Il ne comprend pas. D'ailleurs, moi non plus.

— Je ne sais plus, ajouté-je. C'était la première fois que je prenais de la coke et je n'avais pas les idées claires. Le fait est qu'il m'a baisé salement, tu vois. Ça m'a fait tellement mal que… Parfois, mon corps s'en défend encore, mais je couche quand même avec des mecs. J'ai juste cette sorte… d'appréhension, quand je suis le receveur. Voilà, c'est tout, pourquoi voulais-tu que je te raconte ça ? Je vais te faire encore plus pitié.

— Je n'ai pas pitié de toi, Rosenbach. Tu es juste… perturbant.

Je ne sais pas si ça me soulage. « Perturbant », ce n'est pas très sympa comme adjectif, non ? Ça fait un peu le mec bizarre que l'on préfère ne pas approcher. Celui qui va péter un plomb un beau jour et se ramener avec une arme dans son lycée pour tout faire sauter.

— Rosenbach ? reprend-il, ce qui me sort brutalement de mes pensées.

— Quoi ?

— On fait ce que tu as envie de faire. C'est pour ça que je voulais qu'on en parle avant.

Ce que j'ai envie de faire ? Le tuer. C'est vrai, quoi, il sort d'où ? Pourquoi est-ce qu'il ne se comporte pas comme un connard ? Pourquoi est-ce qu'il ne me vire pas de chez lui ?

— Qu'est-ce que tu as envie de faire ? me demande-t-il très sérieusement.

Je l'ai bien vu, son mouvement de rapprochement discret, comme s'il avait peur de me brusquer. Génial, maintenant, il me prend pour un traumatisé du sexe.

D'habitude, ça ne fait pas autant d'histoires. Je suis sûr qu'il ne va plus vouloir me toucher alors que j'aurais simplement pu prétendre que tout allait bien. C'est ce que j'ai toujours fait. Je ne vois pas où est le mal. Il y a quand même de bons côtés dans le sexe. Je ne suis pas complètement fermé à la chose.

Je hausse les épaules, répondant :

— Je suppose que le grand moment est gâché maintenant, donc je pourrais peut-être partir. C'est ce que font les gens quand ils ne baisent pas, non ? Ils repartent chez eux ?

— Ou je pourrais peut-être t'embrasser ? propose Hamilton d'un air faussement innocent. Tu pourrais peut-être même rester dormir ? Parce qu'on s'en tape, nous, de ce que font les gens ou de ce qu'ils ne font pas.

— Tu vas vraiment prétendre que ce n'est pas grave si on ne baise pas ?

— Tu es de la vieille école ?

C'est vexant, ce ton.

— Pourquoi dis-tu ça ?

— Il n'y a pas qu'une façon de baiser, Rosenbach, sérieux !

— Ouais, les préliminaires, tout ça, je connais… Enfin ce n'est pas vraiment baiser, quand même.

— Tu paries ?

Daël Hamilton

Il est beau. Je crois que la constatation me fait mal aux yeux, au corps et au cœur. Je n'arrive plus à me détacher de son regard. Pour la première fois depuis longtemps, j'ai l'impression qu'il n'a rien à cacher. Moi non plus, je n'ai rien à cacher. J'en ai marre de prétendre qu'il me laisse indifférent. Il n'y a pas une seule infime partie de lui qui me rende indifférent. Je crois que tout m'attire chez lui, même les mauvais côtés. Ses crises d'angoisse, son arrogance, son dédain, ses peurs, sa mégalomanie. Et son corps, je n'en parle même pas.

Je m'approche doucement de lui et dépose mes lèvres sur les siennes. Il se laisse faire. Il ne doit pas détester ça autant qu'il le prétend, finalement. J'entrouvre mes lèvres pour partir à la recherche de sa langue. Nos doigts se lient. Nos respirations s'harmonisent l'une à l'autre. Tout est trop bon et trop parfait à la fois. Je n'ai plus envie de penser. Juste d'agir.

— Viens, soufflé-je en m'écartant légèrement de ses lèvres.

J'aime le son plaintif qui sort des siennes lorsqu'elles se séparent.

— Je ne sais pas si…

— Arrête, le coupé-je en passant une main dans sa nuque pour l'attirer un peu plus à moi.

— Arrête quoi ? De parler ?

— De penser, répliqué-je en l'embrassant furtivement sur les lèvres. Par contre, je t'autorise à me dire tout ce qu'il te passe par l'esprit.

— Es-tu sûr de toi ? fait-il en se laissant mener vers mon lit. Tu sais que c'est le bordel dans ma tête.

On s'affale tous les deux sur le matelas. Enfin, on « s'affale », parce que je l'ai tiré à moi violemment. J'avais besoin de le coller à mon corps. J'attrape la couette à nos pieds et nous recouvre tous les deux. Même si je n'ai plus envie de mentir, le besoin est toujours là, le besoin de se cacher, de disparaître. Juste pour cette nuit. Juste pour notre nuit.

— Je veux entendre tes pensées, murmuré-je. Je veux tout entendre. Tu es un putain de mystère, Rosenbach.

— Toi, tu me fais un putain d'effet. Pour la discussion, on repassera, je t'en prie.

— Tu as raison. On a autre chose de plus important à faire.

— Comme quoi ? dit-il, taquin, en susurrant contre mes lèvres.

— Te faire découvrir le sexe sans pénétration, par exemple. Je peux te faire l'amour toute la nuit dans ces conditions.

— Sauf que ce n'est pas du sexe. Juste des petites… gâteries ?

Je souris en l'embrassant. Qu'est-ce qu'il peut être con, parfois. Enfin, je crois surtout qu'il me provoque. Il me pousse à lui donner tort pour que ça soit lui qui en profite. Ce mec est un manipulateur-né. Je m'en fous un peu, en réalité. J'ai tellement envie de son corps que j'en profite à ma manière aussi.

— Soit, murmuré-je contre ses lèvres.

Je les embrasse, chastement. Pour l'énerver, je crois. Il grommelle contre ma bouche et je glisse mes lèvres le long de sa mâchoire, parsemant sa peau de légers baisers humides, pour finir dans son cou. Je commence à suçoter la peau tandis qu'il se raidit contre ma cuisse. Après avoir laissé ma marque, je continue mes baisers le long de ses clavicules alors que je l'entends souffler :

— Hamilton, je crois que tu confonds « plaisir » et « torture ».

— Et toi, tu confonds « patience » et « précipitation », répliqué-je en lui happant les lèvres pour le faire taire.

Je continue mes baisers dans son cou. Je descends lentement. Sa poitrine. Ses tétons que je mordille tandis qu'il m'insulte d'une voix étouffée. Je remonte sur sa clavicule, son épaule, son biceps. Mes yeux rencontrent les trois cicatrices qui marquent l'intérieur de son bras.

— Je suis désolé.

Rosenbach suit mon regard, s'arrêtant sur ses blessures sans me répondre.

— Je ne te l'avais encore jamais dit, continué-je.

— Tu es revenu me chercher, murmure-t-il après un temps.

— Ça ne répare pas ce qu'on t'a fait.

— Répare-le, maintenant.

Je souffle dessus avant d'embrasser ses brûlures en y mettant autant de douceur que possible. Rosenbach frissonne à mon toucher. Mon geste ne compensera pas le mal qu'il a reçu, mais j'espère qu'il comprend que je ne le blesserai plus jamais.

Je glisse mon visage jusqu'à son abdomen. Cette peau lisse et blanche qui me rend fou. Son nombril. Ses hanches. Je descends de nouveau. Le tissu de son short est tendu, un peu humide.

Je déteste faire ça à la base. Sucer. Je n'ai jamais vraiment compris le principe de donner du plaisir à quelqu'un sans en recevoir. Avec Rosenbach ça fait longtemps que j'ai arrêté d'essayer de comprendre. Comprendre pourquoi j'en ai autant envie alors que ça ne m'a jamais effleuré l'esprit avec les autres.

J'attrape l'élastique de son short et fais glisser le vêtement doucement sur ses hanches, puis ses cuisses. J'observe son corps avec un mélange d'émerveillement et de désir. Rosenbach grommelle quelque chose que je ne comprends pas et je vois ses mains attraper les draps pour les serrer dans ses poings. J'essaie de ne pas trouver ça mignon.

Je lui retire son short complètement, puis me replace entre ses jambes. J'embrasse l'intérieur de sa cuisse droite, tout en remontant doucement vers son aine… Puis je repars sur le côté gauche pour effectuer le même rituel.

— Hamilton, grogne-t-il. Tu veux me faire jouir avant de m'avoir touché ? Est-ce que c'est ça ta définition de la baise sans pénétration ? Parce que, franchement, c'est juste…

Il se tait brusquement. Il faut dire que je suis enfin passé à l'action. Je suis accueilli par un gémissement de plaisir. Je sens ses mains se perdre dans mes cheveux et il tire sur quelques mèches en soupirant. Mes mains à moi viennent agripper ses hanches pour accompagner le mouvement de son bassin.

Il n'y a plus que ses soupirs dans la pièce. J'adore l'entendre, j'adore le sentir, j'adore le toucher. Je suis à peine surpris d'aimer autant ça, ce type a déjà brisé toutes mes barrières.

Je me retire pour le rejoindre. Rosenbach continue de haleter, malgré l'éloignement de ma bouche, et je sens qu'il va bientôt venir.

— Attends-moi, murmuré-je.

Rosenbach s'accroche à mon dos, cherchant à me rapprocher de lui. Je me libère de mon short avec difficulté et retrouve enfin son corps, posant mes lèvres sur les siennes. Il glisse ses bras dans le bas de mon dos, accentuant nos frottements l'un contre l'autre, alors que l'on continue de s'embrasser comme si plus rien n'avait de sens. C'est tellement fort qu'aucun mot ne me vient. Je me sens juste submergé par tout ça. Par ce désir. Cette envie. Ce besoin.

— Je vais venir, halète Rosenbach entre deux baisers. Touche-moi… Touche-moi.

Ce sont presque des supplications à mon oreille. Je descends ma main le long de son corps pour le caresser. Je l'entends soupirer des « putain, putain, putain » et c'est peut-être la chose la plus excitante que j'aie jamais entendue de ma vie.

Il tremble sous mes doigts, et des larmes finissent par s'échapper des yeux de Rosenbach au moment où il se lâche dans ma main. L'entendre frémir ainsi a raison de moi, je ferme les yeux, prêt à venir moi aussi, jusqu'à ce que Rosenbach échange nos positions. Je n'ai même pas le temps de réaliser ce qu'il se passe qu'il me prend dans sa bouche.

Les dernières pensées cohérentes dans mon esprit s'évaporent complètement. Je suis seulement capable de gémir en remerciant le bon Dieu d'avoir mis Rosenbach sur mon chemin, cette nuit. Ou plutôt la toute première, celle où l'on s'est rencontrés.

Je deviens si proche de la jouissance que je ne sais même pas où je trouve la force de murmurer :

— Retire-toi…

Il ne s'arrête pas et je me laisse emporter par ses lèvres. Par tout ça. Je ferme les yeux, le souffle trop saccadé pour comprendre la suite. Quand je reviens à moi, Rosenbach est allongé contre mon torse, dessinant des traits abstraits sur ma peau, comme tout à l'heure.

— Tu étais… bon.

— Quoi ? bafouillé-je, pas tout à fait remis de mon orgasme.

— Tu m'as dit que je pouvais dire tout ce qu'il me passait par la tête.

— Le goût de mon sperme, entre autres ? ironisé-je.

— Entre autres, dit-il en se relevant pour se mettre face à moi.

Nos lèvres se rejoignent. Comme si c'était un geste naturel qui avait toujours existé entre nous. Il s'allonge à côté de moi. Rosenbach sourit. Il s'étire de tout son long et je pourrais m'évanouir à cette vision. À ses muscles tendus et à l'odeur qui émane de son corps brûlant.

— J'attends, murmure-t-il.

— Tu attends quoi ?

— Il me semble que tu m'as promis une nuit, pas cinq minutes.

Je ne peux m'empêcher de rire avant de plaquer mes lèvres contre les siennes. Nos deux corps se rejoignent naturellement. Une de mes jambes se glisse entre les siennes. Ma cuisse effleure son sexe encore chaud. Mes mains descendent dans son dos tandis que mes lèvres ne cessent d'embrasser les siennes. Je suis bien. Je suis tellement bien. Je ne me suis pas senti aussi moi-même depuis des années. Je caresse sa peau et j'aime la légère couche de sueur qui glisse entre mes doigts. J'inspire son odeur et me sens submergé par la fatigue, d'un seul coup. Je ralentis mes caresses. J'effleure sa peau, tout doucement, du bout des doigts, et mes lèvres ne quittent pas les siennes. Il soupire contre ma peau. On reste ainsi, de longues minutes, à seulement se caresser. Enfin moi, surtout. Je le caresse, j'embrasse sa peau, je murmure à son oreille combien j'aime ça.

Rosenbach est plus timide. Ça m'étonne presque. C'est lui qui m'a demandé de continuer. Pourtant, on dirait qu'il a peur. Il m'embrasse, bien sûr, mais ses bras restent le long de son corps. Ses jambes se meuvent à peine contre les miennes. Je sens que ses lèvres se font moins pressantes.

— N'oublie pas, murmuré-je dans son oreille. On fait ce que tu veux. Je ne te forcerai jamais. Dis-moi si tu veux qu'on s'arrête.

— Non. Je…

— Dis-moi.

Je m'arrête de l'embrasser et me relève légèrement pour avoir son visage en face de moi. Je veux qu'il me dise la vérité. À la façon dont il me regarde, je comprends que c'est ce qu'il s'apprête à faire.

— C'est juste que…, murmure-t-il. Je ne comprends pas ce que tu fais.

— Ce que je fais ? répété-je, incrédule.

— M'embrasser comme ça. Me caresser comme ça. Faire tout ça.

— Qu'est-ce que tu veux dire par « ça » ?

Ses yeux se voilent légèrement. Merde, j'aimerais comprendre.

— Je te fais mal ? murmuré-je, d'une voix peu assurée.

— Non, souffle-t-il, visiblement exaspéré que je ne comprenne pas.

— Dis-moi, Rosenbach.

— Je n'aime pas parler de ça.

— Je ne comprends rien. Explique-moi. Qu'est-ce que tu veux dire par « ça » ?

Silence.

— Rosenbach ?

— Tendrement, finit-il par lâcher, à contrecœur.

Là, c'est le mien qui s'arrête de battre. *Tendrement*. Bien sûr que je fais ça tendrement. J'ai passé l'âge du « baiser pour baiser ». Pourtant, ce n'est pas faute d'en avoir profité pendant de longues années. Ça ne m'intéresse plus maintenant. Il y a tellement de bonnes sensations à vivre avec le sexe. Ceux qui brûlent les étapes ne connaissent pas la moitié de ce qu'ils pourraient vivre. Ça m'étonne à peine que Rosenbach fasse partie de cette catégorie-là. Je n'ai pas vraiment l'impression qu'il sait profiter de quoi que ce soit. Comme un gamin pourri gâté, en fait, il attend que les choses lui tombent dans les mains, tout de suite et sans même en avoir envie.

— Tu n'aimes pas ça ? demandé-je en passant une main dans ses cheveux bouclés.

— Bien sûr que si, idiot.

— Alors, pourquoi as-tu aussi peur de te laisser aller ?

— Parce qu'on n'a pas le droit.

— Tu veux que j'arrête ?

— Tu devrais arrêter.

— Tu le veux ? répété-je.

Rosenbach reste silencieux. Sa respiration devient plus douce, plus calme, tandis que son regard se pose sur mes lèvres. J'y passe ma langue sans m'en rendre compte. Pas pour le provoquer, mais juste parce que la vue de sa bouche me fait penser que la mienne est en manque de ses baisers.

— Comment pourrais-je ne pas le vouloir ? lâche-t-il. Personne ne m'a jamais regardé comme tu le fais. Personne ne m'a jamais embrassé comme tu le fais. Personne.

— Alors, laisse-moi faire, le coupé-je en l'embrassant. Et je t'en supplie… Laisse-toi faire. Laisse-toi aller. J'ai besoin que tu le veuilles aussi.

— Bien sûr que je le veux.

Cette fois, il prend l'initiative. Ses lèvres se plaquent sur les miennes plus sauvagement et son bassin vient rencontrer le mien. On est encore nus, et mon désir renaît à l'instant où je le sens se mouvoir contre moi. Mes mains se glissent dans son dos. Je touche tout ce que je peux, embrasse tout ce que je peux. Ce mec me rend fou et j'aimerais que cette nuit ne se termine jamais.

Le corps de Rosenbach se détend de plus en plus. Il ne se retient plus comme tout à l'heure. Il laisse ses soupirs s'échapper de ses lèvres, il laisse ses mains me toucher, me caresser. Il laisse sa bouche sucer ma peau brûlante. Dans les meilleurs moments de la nuit, il laisse même sa main glisser un peu plus bas.

On reste là, à s'embrasser sous ma couverture, à se découvrir. Je n'ai pas envie de réfléchir à ce que je suis en train de faire. Je n'ai plus envie de réfléchir du tout. J'ai déjà trop pensé.

Ma main descend le long du dos de Rosenbach. Il est en train de m'embrasser dans le cou. Mes doigts effleurent ses fesses paresseusement.

Dans la chaleur moite de son corps, je souffle tout bas :

— J'ai envie qu'on parle.

— De quoi ?

— De tout. De nous. De notre famille. J'ai envie… de te connaître vraiment.

Il se recule, calant son visage dans l'oreiller, mais nos corps restent fermement emmêlés. Il sourit, nos visages sont l'un en face de l'autre et je sens son souffle se répandre sur ma peau. Ma main remonte jusqu'à sa hanche et je caresse doucement le haut de ses cuisses.

Sa voix endormie murmure contre ma bouche :

— Tu as peur ? De reprendre la société ?

— Terriblement.

Ma main descend et remonte lentement le long de ses hanches. Il frissonne.

— Grace a peur ? demandé-je.

— Je crois, oui.

— Est-ce qu'elle a un copain ?

— Tu veux te taper ma sœur ?

Je crois qu'il voulait dire ça sur un ton outré, mais il est tellement fatigué qu'il finit par poser la question telle quelle, sans aucune intonation de voix. Alors, je ne prends même pas la peine de lui répondre, parce que c'est probablement la chose la plus dégoûtante que j'aie jamais entendue.

Je reprends :

— Je me demandais juste si elle traversait ça toute seule.

— Je suis là, moi.

— Ce n'est pas pareil.

— Toi, tu le traverses tout seul ?

— Mes cousins sont là, mais ils ne peuvent pas comprendre.

— Parle-moi d'eux.

— Vraiment ?

— Je veux voir comment ils sont dans tes yeux. Pas dans ceux de ma famille.

Je presse un peu plus ma main contre la peau de sa hanche.

— Fallone est comme ma meilleure amie, murmuré-je en enfonçant à mon tour la tête dans l'oreiller. C'est la fille de Jackson, le nouveau mari de ma tante et donc la demi-sœur de Noah et Maha. Elle est… incroyable. Toujours présente pour moi. Mon seul véritable soutien dans la famille. C'est vraiment une personne bien.

— Elle m'a brûlé le bras avec une cigarette, fait Rosenbach.

Étrangement, je ne sens aucune colère dans sa voix. Comme s'il y avait déjà tellement de points des deux côtés que ça devenait inutile de revenir dessus.

— Elle devient folle quand on touche à Noah. C'est son frère. Grace ferait tout pour te protéger aussi.

— Je sais.

Je pose mes lèvres sur les siennes. Délicatement. Juste parce que ça m'avait manqué.

— Noah ressemble à Lili, ajouté-je. Enfin, à ce que j'ai cru comprendre. Il est têtu, stupidement amoureux et plutôt égoïste.

— Et les autres ? m'interroge-t-il.

— Aiden et Stan sont en colère. Je veux dire, continuellement, depuis le viol d'Ellen.

Rosenbach se tend, ne souhaitant pas relever ce que je viens de lui dire.

Alors, je fais l'air de rien et continue :

— Ils croient qu'un jour ils auront une vraie vengeance. Une de celles assez fortes pour les soulager complètement, mais ils ne la trouvent pas. Et plus ils enchaînent les conneries, moins ils trouvent la paix.

— Ellen ? m'interroge-t-il timidement.

— Elle souffre, mais en silence. Elle se culpabilise d'avoir mis ses frères dans cet état. Elle pense que c'est sa faute.

— Elle n'a rien à voir là-dedans, affirme-t-il.

Ce qui veut tout et rien dire. J'ignore combien de temps il va rester dans le déni, mais je ne suis pas certain que ça soit mon rôle de lui ouvrir les yeux. Je crois qu'il doit réaliser tout seul l'énorme mensonge dans lequel se réfugie sa famille depuis deux ans.

— On va tous mal, quoi, conclus-je.

Rosenbach ne répond pas. Qu'est-ce qu'il y a à répondre, de toute façon ? Ses doigts remontent doucement jusqu'à ma poitrine et j'attrape sa main pour embrasser sa paume.

— À toi maintenant, murmuré-je en déposant de nouveau mes lèvres sur la peau de son poignet. Parle-moi de ta famille.

— Ethan est mon meilleur ami. Il va bientôt partir en Chine avec son frère.

— Pourquoi ?

— Pour rejoindre leurs parents. Ils ont une filiale de notre banque, là-bas

— Tu ne veux pas qu'il parte ?

— Non, fait-il doucement, ses yeux se fermant presque. Pas du tout

— Je suis désolé pour toi.

Il avale sa salive, rouvre les yeux pour se concentrer de nouveau sur la conversation, puis enchaîne, en luttant contre le sommeil :

— Ian. Enfin, tu l'as entendu toi-même. Il est comme ça maintenant. Juste malheureux. Lili essaie de le faire sourire. C'est la seule qui y parvient dans la famille... Et Ethan aussi, un peu. Parce qu'il est parfait, Ethan. Il sait toujours quoi faire, il sait toujours quoi dire.

— Et Grace ?

Un sourire éclaire son visage.

— Je sais que tu ne l'aimes pas, Hamilton, et je sais aussi qu'elle a des défauts. Mais, tout ça, elle le fait pour nous et rien que pour nous. Elle est tellement forte. Il n'y a aucun mot qui pourrait décrire cela.

Je me tais. Évidemment que je trouve qu'elle est tout sauf ça, cette fille. Je ne dis rien. Il n'a pas envie de l'entendre, comme il n'a pas envie d'entendre ce qu'a fait son cousin.

J'avance mes lèvres vers son front et dépose un baiser à cet endroit Ma main glisse le long de ses côtes. Arrivé à sa hanche, je le tire à moi pour le coller à mon corps, et Rosenbach s'écrase en un bruit satisfait. Mes lèvres retrouvent les siennes même si je sais que l'on ferait mieux de dormir. Il est crevé, je le sens, mais il continue de m'embrasser, alors je suis incapable de m'arrêter. Nos mains repartent à la recherche du corps de l'autre. Notre respiration s'accélère et ne devient plus qu'un bruit rauque indéfinissable.

Une sonnerie stridente nous sort brusquement de notre étreinte.

Merde.

Je me détache à regret de ses lèvres pour éteindre mon réveil en soupirant. Il est 6 h 30. Le jour commence à se lever.

— C'est quoi, ça ? grommelle Rosenbach.

— Un réveil, chéri.

Je voulais me foutre de sa gueule, mais l'utilisation de ce surnom nous met tous les deux mal à l'aise, donc j'enchaîne rapidement :

— Je dois aller bosser.

— Un dimanche ? s'exclame-t-il d'une voix étranglée par la fatigue.

— Bienvenue dans mon monde, ironisé-je.

Je me laisse retomber sur mon lit en soupirant, tandis que Rosenbach remonte la couverture jusqu'à son cou. Il ferme les yeux.

— Tu fais quoi, là ? demandé-je, perplexe. Tu as capté qu'on devait partir ?

— J'ai capté que *tu* devais partir, me répond-il, les yeux toujours fermés.

— Tu vas faire quoi tout seul ici ? Tu ne peux pas sortir sans moi dans un quartier Hamilton. Il faut que je te dépose autre part en voiture.

— Hum.

— Rosenbach ?

Il ne répond pas. Un sourire satisfait sur le visage.

— Ne fais pas le gamin ! m'exclamé-je. On part dans une heure. Je vais faire à manger.

Je me lève du lit en faisant exprès de tirer sur la couverture, mais ce con l'a bien accrochée dans sa poigne et il reste couvert de la tête aux pieds. Je soupire en me dirigeant vers ma cuisine, jusqu'à ce que sa voix endormie m'interrompe :

— Tu rentres à quelle heure, ce soir ?

— 20 heures.

— Je peux t'attendre. Tu me ramèneras à ce moment-là.

— Tu ne vas pas rester enfermé ici toute la journée !

— Tu as la télévision ?

— Comme tout le monde, oui.

— Ça ira.

— Tu n'as pas des trucs à faire ? Des parents ? Enfin, je ne sais pas, une vie, quoi ?

Rosenbach ne me répond plus, toujours emmitouflé dans la couette. D'un coup, la conversation de cette nuit sur le pont me revient en mémoire. J'avance vers lui et m'agenouille près du lit pour me retrouver à sa hauteur.

— Tu fuyais, murmuré-je. Tu fuyais qui ?

Aucune réponse.

— Tu ne veux pas dormir ici. Tu veux juste te cacher.

Cette fois, je n'ai pas besoin de mots de sa part, car le regard qu'il me lance est assez explicite. Je ne sais même pas si j'ai envie de comprendre.

— De toute façon, tu as mon numéro, au besoin.

Je me relève pour rejoindre la cuisine, mais la main de Rosenbach attrape mon poignet.

— Hamilton ?

— Oui ?

— Tu pars dans combien de temps ?

— Une heure, à peu près.

— Tu as besoin d'une heure pour te préparer ?

Un sourire étire mes lèvres.

— Non. Pas vraiment.

Je m'assois sur son torse encore chaud, attendant la suite. Rosenbach sourit et attrape mon visage entre ses deux mains pour m'embrasser. Je me laisse tomber contre lui, mais la couverture nous sépare et je trouve ça totalement insupportable. Je tire dessus et la repousse au pied du lit. Il me regarde faire, un sourire amusé aux lèvres. Lèvres que je m'empresse de sceller des miennes.

Rien à foutre d'arriver en retard.

Chapitre 6

Daël Hamilton

Il m'énerve. Je n'arrive plus à me décoller de lui. À me décoller de ses lèvres, de son corps, de ce lit. Je ne vais plus être en retard, à ce stade, mais absent. Mon père va me tuer. Je tente une dernière fois de me séparer de Rosenbach, en posant une main sur sa poitrine, mais ce con comprend mon geste et intensifie son baiser, emprisonnant ma lèvre inférieure entre les siennes. Il me fait perdre la tête. Je n'ai pas dormi de la nuit. Il va finir par me faire craquer.

— Reste, répète-t-il pour la dixième fois au moins.

— Peux pas, soufflé-je contre ses lèvres.

— Dis à ton père que tu es malade.

Je ris en me détachant à regret de sa bouche merveilleuse. Impossible. Il ne me croirait pas une seule seconde. Un dimanche matin. Il penserait juste que j'étais en soirée hier et que j'ai eu envie de rester dormir… Ce qui est bien moins grave que la réalité, d'ailleurs.

— Non, déclaré-je, pris d'une toute nouvelle conviction. Stop !

Rosenbach retombe sur le matelas en soupirant. Il a des cernes énormes sous les yeux, mais il a l'air bien, heureux. Je ne suis même pas sûr de l'avoir déjà vu comme ça. Il a les joues rougies et sa respiration est saccadée. Ses lèvres sont gonflées et je suppose qu'il a autant mal à la mâchoire que moi… Merde, on s'est embrassés pendant des heures sans s'arrêter.

Je glisse ma main le long de son torse nu pendant qu'il ferme les yeux, camouflant un bâillement dans son poing. Sa peau est parsemée de suçons. Je sais que la mienne n'est pas dans un meilleur état. Je n'ai encore jamais passé une nuit pareille. Je veux dire, aussi intense, aussi tendre et aussi… inattendue.

— Tu vas continuer à me regarder comme ça pendant encore combien de temps ? m'interroge Rosenbach. Tu m'écrases.

Je souris, réalisant que je suis assis à califourchon sur son bassin. Mon regard se porte sur le radio-réveil à côté du lit et je pousse un cri surexcité en me relevant brusquement.

— Putain ! Ça fait dix minutes que je…

Je me prends les pieds dans un vêtement par terre et m'écroule sur le sol. Rosenbach éclate de rire.

— Fait chier, bordel !

Je sors précipitamment de la chambre et me dirige directement vers la salle de bains. J'entre dans la douche sans préambule et allume le jet d'eau… froide, pour me réveiller. Heureusement que j'étais déjà nu, sinon je crois que je n'aurais même pas pensé à me déshabiller.

L'eau glaciale me remet rapidement les idées en place. J'attrape mon savon et me lave si rapidement que c'en est presque ridicule. Je repasse sous l'eau pour ôter la mousse, puis m'enroule dans une serviette. Je sors de la salle de bains, les pieds encore mouillés et glissants sur le parquet. Mes fringues, putain ! Elles sont où ? Dans ma chambre, je suis con. Où d'autre ?

Bien sûr, comme je le craignais, Rosenbach est allongé sur mon lit, toujours nu et toujours aussi tentant. Pourquoi me complique-t-il autant la vie ? Je donnerais tout pour rester traîner au lit avec lui, regarder la télévision et manger des cochonneries. Je me dirige vers mon placard avant de m'arrêter, blasé par mes propres pensées. Des *cochonneries* ? Sérieusement ? Voilà que je parle comme ma mère, maintenant.

— J'ai de quoi bouffer quand tu ne seras pas là, au moins ? m'interroge Rosenbach.

— Non, commande.

— Super, ironise-t-il.

— Ça va, tu ne vas pas te plaindre non plus !

Il grogne, puis se recouche dans le lit, et j'ai bien envie de l'assommer. Quel toupet. Râler alors qu'il va passer la journée à glander et… *toupet* ?! Même mes pensées partent en vrille.

— J'y vais !

— Tu n'es toujours pas habillé, Hamilton.

C'est vrai. C'est pour ça que je suis là, à la base. J'attrape un boxer, des chaussettes, un jean noir dans mon placard et un T-shirt blanc. Mon père va encore gueuler, car je ne suis pas venu en costume, mais tant pis. On est dimanche aujourd'hui. La plupart des employés ne sont pas à l'entreprise. Je m'habille rapidement sous le regard presque endormi de Rosenbach.

— Maintenant, j'y vais. N'ouvre à personne surtout !

— Oui, maman. Pas aux inconnus. Je sais.

Je lui fais un doigt d'honneur, puis sors en courant de l'appartement. Je rejoins ma voiture et je crois que le sourire niais que j'affiche ne se détache pas de mon visage de toute la matinée. Même pas quand mon père m'engueule, parce que je suis en retard et habillé comme un adolescent dépravé. Même pas quand il m'apporte une tonne de dossiers à traiter.

Même pas quand il fait une crise de toux monstrueuse et que je suis obligé de l'emmener à l'hôpital. Même pas quand je m'installe derrière son bureau pour m'occuper de ce qu'il était en train de faire.

Et même pas quand Fallone débarque soudainement dans la pièce et me sort sa réplique habituelle :

— Pause déjeuner !

— J'arrive, j'ai bientôt fini.

— J'ai appris pour ton père, lance ma cousine en s'adossant au chambranle de la porte. Ça va ?

— Oui, c'est une crise, comme d'habitude. Il va rester toute la journée à l'hôpital, mais il sera là ce soir pour vérifier que j'ai bien bossé.

Je repose les dossiers sur le bureau et ferme ma fenêtre Internet avant de me lever pour rejoindre Fallone.

— Où va-t-on ?

— Je ne sais pas. Comme tu…

— McDo ?

— Vraiment ? Je croyais qu'on ne devait pas te voir manger dans un fast-food.

— On s'en fout, rétorqué-je en m'emparant de ma veste en jean sur le dossier du fauteuil. On y va ?

Fallone me barre le passage aussitôt, m'interrogeant :

— Mec, c'est quoi ce sourire de débile sur ton visage ?

Avant même que j'aie le temps de répondre à sa question, elle comprend, ahurie :

— Tu as enfin baisé !

— Que… Quoi ?

— Ne me mens pas ! Tu as baisé toute la nuit, Daël. Ton visage transpire le sexe.

Je me décompose, comme si je venais de me prendre la plus grosse claque de toute ma vie. Putain, j'ai baisé avec Lior Rosenbach. J'ai-baisé-Lior-*fucking*-Rosenbach. MERDE. Qu'est-ce qu'il m'a pris ? Qu'est-ce qu'il nous a pris ? Sur le coup, ça me paraissait futile. C'était juste l'étape à dépasser pour assouvir nos pulsions et enfin tourner la page de cette relation incongrue.

Sauf que je repense à ses mains sur mon corps et à la façon dont j'ai aimé ça. Je ne suis pas certain que l'on ait mis un point final, j'ai plutôt l'impression que l'on a ouvert un autre chapitre. Et merde. Je n'arrive même pas à regretter… juste à paniquer, ce qui est déjà beaucoup à supporter pour mon pauvre corps qui sort d'une nuit blanche.

— Tu vas bien ? s'enquiert ma cousine, inquiète. J'ai été trop loin ? Je suis désolée, je ne voulais pas être… lourde.

— Non, bafouillé-je. On va manger ?

— Qu'est-ce qu'il se passe, Daël Hamilton ?

Elle vient d'utiliser mon nom complet. Ça sent la conversation que je ne vais pas apprécier. Nous nous dirigeons vers l'ascenseur et elle continue :

— Tu peux tout me dire, tu sais.

Tout, excepté ça, bien entendu.

— Ça va. Ne prends pas cet air dramatique.

— As-tu baisé hier ?

— Fort possible.

— Et pourquoi ne veux-tu pas en parler ? demande-t-elle alors que l'on s'engouffre dans l'ascenseur.

— Tu sais comment ça marche. Je ne vais pas m'éterniser.

— Tu peux au moins me dire si c'était un bon coup !

Les portes se referment et j'observe mon reflet dans le miroir. Je sens encore ses lèvres sur les miennes, ses mains dans mes cheveux, son bassin frotter contre le mien. J'aurais dû rester dans ce foutu lit.

L'ascenseur arrive au rez-de-chaussée.

— Oui, déclaré-je. Le meilleur.

Fallone se met à faire des bruits de tambour ou je ne sais pas quoi en gueulant : « Merde, ça doit être un putain de bon coup, parce que tu n'es pas du genre à faire des compliments. »

Je sors de l'entreprise sans lui répondre tandis qu'elle me harcèle pour savoir son nom, son âge, sa profession et tout un tas de trucs dont on n'a rien à battre.

— Dis, tu ne veux pas laisser tomber ? rétorqué-je en pénétrant dans le McDo, à l'autre bout de la rue.

— Allez, ne fais pas le mystérieux ! C'est qui ?

— Tu ne connais pas.

— Qu'est-ce que tu en sais ?

— Je le sais. C'est tout.

— Non, tu ne sais rien du tout. J'ai des amis gays, moi aussi.

— Arrête-toi là, tu te ridiculises.

— Peut-être que je le connais, insiste-t-elle.

— Tu prends un menu Big Mac ?

— Daël…

— Ou Royal Bacon pour changer ?

— Dis-moi qui c'est.

— Tu crois qu'il y a vraiment des gens qui viennent au McDo pour acheter une salade ?

Fallone lève les yeux au ciel, et ça me fait sourire parce que je sais que ce geste signifie qu'elle abandonne toute idée d'en savoir plus. Elle finit par me répondre :

— En vrai, je me suis toujours posé la question, moi aussi. Et des fruits à croquer, genre… on est des hamsters ?

Je m'esclaffe et on se dirige vers les caisses. Le fast-food est bondé. J'aime ça, pour une fois, me sentir un parmi tant d'autres. Mon portable vibre dans ma poche pendant que Fallone essaie de m'expliquer pourquoi elle préfère les potatoes aux frites alors que, clairement, ça reste des patates.

Je sors mon téléphone et vois le nom de mon père affiché sur l'écran. Je soupire, et ma cousine s'empresse de regarder derrière mon épaule.

— Merde, murmure-t-elle.

— Tu crois qu'il a posé des caméras partout et qu'il sait que je suis ici ? demandé-je d'un air résigné.

— Tu es parano. Décroche, tu verras bien ce qu'il te veut.

Je reste sceptique. Je finis par accepter l'appel et me dirige vers la sortie en faisant un signe à Fallone de commander sans moi. Avec mon père, ça peut durer deux minutes comme ça peut durer trois heures. Vu qu'il doit se faire chier à l'hôpital, j'ai peur que la deuxième option ne soit à l'ordre du jour.

— Allô ?

— Daël, c'est moi. Est-ce que tu peux te libérer ?

— Je suis en pause déjeuner avec Fallone. Qu'est-ce qu'il se passe ?

— J'ai besoin que tu viennes me chercher à l'hôpital.

— Ton chauffeur ne peut pas le faire ?

— Je préfère qu'Arthur reste en dehors de ça.

Vu qu'Arthur fait un peu partie de la famille depuis mes cinq ans, je sens que quelque chose ne va pas du tout.

— Tout va bien ?

— J'ai besoin que tu me ramènes à la maison. Je dois faire ma valise.

— Valise ? répété-je, le cœur serré, comme si je ne connaissais pas déjà la suite.

— Je dois retourner à l'hôpital. J'ai réservé la chambre déjà. Je ne veux pas que ta mère assiste encore à ça. Fais-le pour moi, s'il te plaît.

— Oui, bien sûr. Mais c'est… grave ?

— Ils veulent me garder. On ne va pas en parler au téléphone. Tu peux venir ?

— J'arrive dans un quart d'heure.

Je raccroche avant de rentrer dans le fast-food pour prévenir Fallone que je m'en vais. Elle commence à râler, mais pose un baiser au sommet de mon crâne à la vue de mon visage inquiet, en me disant de partir. D'accord, le geste était étrange, mais je n'ai pas vraiment le temps de m'y attarder.

Je rejoins rapidement le parking de l'entreprise pour retrouver ma voiture et conduis jusqu'à l'hôpital. Ce n'est pas la première fois que mon père doit y rester quelques jours. Je dirais même qu'il s'agit au moins de la millième fois depuis mes quinze ans.

Dans sa voix, il y avait quelque chose de différent, cette fois-ci.

Je ressasse mes pensées jusqu'à ce que j'arrête la voiture sur le parking de l'hôpital. Mon père m'y attendait déjà. Il me rejoint rapidement et s'installe côté passager, sans parler. Il n'a pas l'air différent de d'habitude.

— Conduis jusqu'à la maison. Je fais ma valise et tu me ramènes ici, après. On dira tout ça à ta mère ce soir, quand je serai déjà installé, ordonne-t-il calmement.

Non, il n'est vraiment pas différent de d'habitude. Je fais tourner le moteur et on roule jusqu'à chez nous. Mon père ne me parle toujours pas, même pas pour me demander comment le boulot s'est passé, ce matin.

Ne pouvant plus me retenir, je finis par lâcher, les mains crispées sur le volant :

— Qu'est-ce qu'ils ont dit ?

— Qui ?

— Les médecins, dis-je évitant de croiser son regard.

— Ils veulent que je sois présent à l'hôpital pour… gérer la souffrance.

— Je vois, murmuré-je, n'ayant aucune putain d'idée de ce que ça veut dire.

Mon père se retourne vers la vitre pour observer le paysage, considérant probablement que la conversation est close.

Je reprends avant qu'il ne se referme complètement :

— Tu y restes combien de temps ?

Il ne me répond pas, alors j'insiste :

— Ils ne t'ont pas dit ?

— Daël…

Quoi ? Pourquoi prononce-t-il mon nom comme ça ?

— Combien de temps ?

— Arrête.

— Quoi ? J'ai le droit de savoir quand tu vas rentrer !

— Arrête, répète-t-il simplement.

— Non, toi, arrête ! Arrête de faire comme si tu allais mourir demain !

— Ça arrivera.

— Pas demain, rétorqué-je sèchement. Pas demain.

— Daël.

— Arrête ! hurlé-je. Arrête de dire mon nom comme ça !

— Comme quoi ?

— Comme si c'était la dernière fois que tu le disais.

— D'accord, murmure-t-il pour me calmer et probablement parce que c'est quand même moi qui tiens le volant et que c'est aujourd'hui qu'on va crever si je continue mes conneries.

Le reste du trajet se passe dans le silence le plus complet. De toute façon, je crois que je serais incapable de parler tant la boule que j'ai dans la gorge m'empêche presque de respirer.

Je me gare devant la maison, et mon père me dit qu'il a besoin d'une vingtaine de minutes. Je le laisse partir en premier, puis finis par sortir de la voiture à mon tour.

La maison dressée devant mes yeux. Depuis que j'ai mon appartement à Kensington, je ne mets plus si souvent les pieds ici. J'avance dans l'allée, retraçant mes pas d'enfants. Notre propriété est immense, probablement aussi grande que celle des Rosenbach, mais dans un style bien plus épuré. Là où le clan ennemi a jeté son dévolu sur une bâtisse ancienne – façon baroque – nous, nous sommes tournés vers une architecture contemporaine. Façades minimalistes, volumes asymétriques et cubiques, structures en métal et en bois, avec de grandes baies vitrées.

Je pénètre chez nous et me dirige vers mon ancienne chambre. J'ouvre la porte et me glisse dans la pièce avec un brin de nostalgie. À l'image de la maison, elle est sobre. Murs bleu ciel, mobilier en bois clair, bureau en verre. Contrairement à celle de Rosenbach, rien n'est accroché, ni posters ni photographies. Une plante verte trône à côté de mon dressing, je me demande qui se donne encore la peine de l'arroser, sachant que je ne dors plus ici depuis deux ans.

Mon regard s'arrête sur mon lit, me rappelant soudainement que je n'ai pas dormi la nuit dernière, ni même les précédentes, et que je donnerais tout ce que j'ai pour quelques minutes allongé sous la couette. Je me glisse à l'intérieur en remontant la couverture jusqu'à mon menton.

Sans prévenir, mes larmes dévalent mes joues. Je me pince les lèvres pour faire le moins de bruit possible. Je ne sais pas pourquoi j'ai prétendu que ça ne m'atteignait pas, pendant toutes ces années, pourquoi je raconte à tout le monde que je m'en fous. Il va mourir. *Mon père.* Je ne crois pas avoir déjà passé une seule journée sans lui. D'accord, la plupart du temps, c'était pour le travail, mais… quand même. C'est mon père, je ne veux pas le voir disparaître de ma vie. Je ne veux plus et je m'en veux tellement de l'avoir voulu.

Mon cœur se compresse et je commence à suffoquer. Crise de merde. *Respire, Daël, bordel.* Il va mourir. Il ne sera plus jamais là. *Respire, concentre-toi, respire !* Mourir. Mourir. Mourir. *Daël, sois fort !* Il a besoin de toi. Il m'a dit adieu.

Je camoufle mon visage dans l'oreiller. Les larmes trempent le tissu. L'air n'entre plus dans mes poumons et cette douleur physique canalise ma peine. Lentement, je finis par me calmer. Je souffle un grand coup avant de libérer mon visage à l'air libre. L'oxygène s'infiltre dans mes poumons et c'est presque désagréable. Ce besoin de vivre que d'autres n'ont plus.

J'entends du rez-de-chaussée :

— Daël ?

— J'arrive !

Je me relève, essuyant mes joues et mes yeux encore humides. Je passe une main dans mes cheveux pour me redonner une meilleure allure, puis inspire un grand coup avant de rejoindre mon père.

Sa valise est prête. À ses pieds. Je m'apprête à la prendre pour la monter dans la voiture, mais il repousse mon bras et glisse sa main dans l'anse.

— Je ne suis pas infirme, je t'en prie.

— Juste vieux, rétorqué-je avant de m'emparer de sa valise.

Ma remarque le fait sourire sans grande conviction, puis on quitte la maison. Je range son bagage dans le coffre et m'installe de nouveau derrière le volant tandis que mon père prend place côté passager.

— Donc… hôpital ?

Je me demande à l'instant pourquoi je demande ça, c'est évident que le cours des choses n'a pas changé.

Il ne change jamais.

— Oui, murmure-t-il calmement.

— Tu sais, ce n'est pas la première fois.

— Pardon ?

— Que les médecins te disent que tu dois rester à l'hôpital, parce que tu n'en sortiras pas. Sauf que, la dernière fois, tu y es resté deux mois et après il y a eu une amélioration.

— La dernière fois, répète-t-il simplement.

Ça m'énerve qu'il ne se donne même pas la peine de faire une phrase entière. Ça m'énerve encore plus qu'il insiste autant sur le mot « dernière ».

— Je suis désolé, Daël.

— Ne t'inquiète pas. J'ai bien avancé les dossiers ce matin. Je ne finirai pas trop tard.

— Pas ça.

Je me retourne vers lui, intrigué.

— Je suis désolé si j'ai été trop dur avec toi.

— Papa, non.

— Tu as besoin de l'entendre.

— Absolument pas.

— Alors, j'ai besoin de le dire.

Je soupire. Comment suis-je censé supporter tout ça ? Cet adieu qu'il est en train de me faire ?

— S'il te plaît, murmuré-je d'une voix étranglée. Pas maintenant.

— Quand ?

— Plus tard.

Il ne répond plus et se retourne vers la vitre. Je me sens soulagé. Du moins, pendant les cinq premières minutes… Mon père, qui n'a jamais été quelqu'un de très consensuel, reprend très vite et sans mon accord :

— Tu as des capacités exceptionnelles. Tu es tellement doué pour ton âge. J'ai totalement confiance en toi.

— Ce n'est pas ce que tu as toujours dit.

— Je voulais juste que tu réalises la responsabilité que tu allais devoir porter. Je sais maintenant que tu as la tête sur les épaules.

Je ne réponds pas, la gorge serrée et le cœur en sang.

— Je peux partir l'esprit tranquille, reprend-il. Merci.

J'étouffe un rire entre mes lèvres tandis que mes mains serrent le volant si fort que mes jointures blanchissent.

— Qu'est-ce qu'il y a ? demande mon père.

— Tu pars, et moi, je suis condamné à rester. Est-ce que je dois te remercier pour ça ?

— Daël…

— Je n'y arriverai pas.

Il reste silencieux. C'est la première fois que j'ose enfin lui dire.

— Je n'y arriverai pas sans toi. Jamais.

Je ne sais même pas où je trouve la force de sortir tout ça.

— Tu le feras.

— Non, bafouillé-je entre mes lèvres tremblantes et le semblant de dignité que j'essaie de conserver. Non, je suis trop jeune. Je n'y arriverai pas. J'ai trop peur. Je vais tout foirer. Je vais ruiner la famille. J'ai vingt ans, merde, papa, je ne peux pas !

— Daël, arrête de paniquer, dit mon père, essayant de me calmer.

— Je ne peux pas, répété-je. Je ne peux pas, je te dis.

— Je sais, murmure mon père. Je sais que tu es trop jeune.

— Mais alors tu…

— Tu pensais vraiment que j'allais te laisser devenir P-DG du jour au lendemain ? me coupe-t-il.

J'arrête la voiture au feu rouge et me retourne vers lui, ahuri :

— Que… Quoi ?

— À ma mort, tu seras nommé responsable de la boîte, mais tu ne pourras pas prendre de décisions sans le conseil d'administration, qui dispose d'un droit de veto. Tu travailleras avec eux, comme on le fait déjà en ce moment, et c'est seulement à tes vingt-cinq ans que tu pourras disposer des parts principales de la banque… Daël, le feu est vert… Mais seulement si le conseil d'administration juge que tu as les capacités pour remplir pleinement ton rôle de P-DG. Dans le cas contraire, ils reprendront une décision lorsque tu auras trente ans. Daël, le feu !

Des coups de klaxon retentissent derrière moi et je sors de ma torpeur. J'appuie sur la pédale de l'accélérateur. Ma Lamborghini démarre et on se dirige vers l'hôpital, en silence, le temps que je digère l'information

— Pourquoi ne m'as-tu pas dit ça avant ?

— Je ne voulais pas que tu te reposes sur le conseil d'administration. Le stress est le meilleur carburant pour se dépasser. Et tu t'es dépassé, Daël.

Je le déteste de nouveau. Je le déteste de m'avoir fait vivre toute mon adolescence avec l'anxiété de reprendre la boîte. Je le déteste d'avoir autant raison. Si j'avais su que je disposais d'encore cinq ans avant de devenir P-DG, je n'aurais jamais travaillé comme je l'ai fait. Je ne lui aurais jamais prouvé que j'étais capable de le faire. Il serait mort sans le savoir. Mon père est trop égoïste pour s'infliger ça.

Nous arrivons à l'hôpital. Je me gare sur le parking et on sort de la voiture. Mon père se dépêche de récupérer sa valise qu'il veut à tout prix porter seul, alors je me contente de plonger mes mains dans les poches de mon slim et de le suivre. Il connaît l'emplacement de sa chambre. Il a réservé la même que la dernière fois. Je le regarde s'installer en sortant des banalités de temps en temps pour ne pas qu'il ait l'impression d'être seul… Même si c'est bien la seule expression que je lis sur son visage : la solitude.

— On ne devrait pas l'appeler ? lancé-je. Maman.

— Tu as raison, dit-il d'un air fatigué. Ça va encore lui faire un coup, de me savoir ici.

— Je lui dis de venir avec les cousins ? On peut passer la soirée avec toi.

— Ce serait une bonne idée.

— Je m'en occupe.

Je sors mon téléphone portable de ma poche et me dirige vers la sortie pour passer mes coups de fil, mais mon père m'arrête avant que je ne franchisse la porte :

— Daël ?

— Oui ?

— Je m'excuse de t'avoir engueulé ce matin.

— J'étais en retard, c'est normal.

— Je ne te demande pas pourquoi.

— Pardon ?

— Ton retard, fait-il en souriant.

Je fronce les sourcils sans comprendre et mon père lâche en un éclat de rire :

— Daël ! Tu as un suçon plus gros que mon poing dans le cou ! Je suis même étonné que tu sois venu travailler, ça ne t'était pas arrivé depuis longtemps.

Je m'empourpre. De la tête aux pieds. Je crois que ma peau n'a jamais été aussi rouge et transpirante de ma vie.

— Détends-toi. Tu es jeune. Tu as bien le droit de t'amuser.

— Mais… Je…

— Qu'est-ce que tu peux être pudique ! s'esclaffe mon père. Allez, va appeler ta mère.

Je sors de la chambre d'hôpital en portant la main à mon cou. Je revis le moment. Je ressens les lèvres de Rosenbach sucer ma peau. J'entends mon souffle et ma voix lui dire combien j'aime ça. Je ressens la frustration quand il s'est arrêté et le soulagement quand il a embrassé mes lèvres, à la place. Je ressens tout ça d'un coup. Je ressens tout ce que je ne devrais pas ressentir.

Parce que ce n'était qu'un coup d'un soir, que c'est un Rosenbach et que ça doit en rester là.

🖂 **SMS de** Grand méchant loup **à** Boucles d'or
19 h 13. Imprévu. Je vais rentrer tard. Ne m'attends pas.

🖂 **SMS de** Boucles d'or **à** Grand méchant loup
19 h 14. Je suis censé faire comment au juste ?

🖂 **SMS de** Grand méchant loup **à** Boucles d'or
19 h 14. Prends un pull à capuche dans mon placard et mets-le. Personne ne te reconnaîtra. Mes cousins sont avec moi, de toute façon.

🖂 **SMS de** Boucles d'or **à** Grand méchant loup
19 h 15. Il y a un problème ?

🖂 **SMS de** Grand méchant loup **à** Boucles d'or
19 h 16. Pas le temps de parler.

Lior Rosenbach

Je coupe ma musique, retirant les écouteurs de mes oreilles. Je pousse un long soupir, debout devant ma maison et paniqué à l'idée de rentrer chez moi. Il est 23 heures. Ça fait presque trois heures que je suis parti de chez Hamilton, mais je n'ai pas trouvé le courage de franchir cette porte. J'ai juste traîné dans Londres, avec mes fringues sales et mes cernes sous les yeux.

Je sais que je vais me faire tuer à l'instant où je vais rentrer chez moi. Je n'ai pas rallumé mon portable depuis hier soir. Ma famille n'a eu aucune nouvelle de moi et je sais que Neil a forcément contacté ma sœur pour savoir où j'étais parti, après que je l'ai laissé en plan à la soirée de Karen. J'imagine déjà la crise familiale qui a dû se dérouler. J'ai tellement envie de faire demi-tour. Enfin, plus j'attends, pire ce sera.

Je pousse un dernier soupir et actionne la poignée. Je me glisse à l'intérieur de la maison, et le silence qui y règne ne m'annonce rien de bon. J'ai à peine le temps d'avancer d'un pas que ma mère débarque soudainement dans l'entrée. Elle me gifle si fort que j'ai un mouvement de recul.

— Lior ! Où étais-tu ? On s'est fait un sang d'encre ! On t'a appelé toute la journée !

— Arrête, maman ! s'exclame Grace en déboulant à son tour.

Ma sœur pose ses deux mains sur mes joues afin de m'inspecter de la tête aux pieds.

— Qu'est-ce qu'il s'est passé ? Ce sont les Hamilton, encore ?

— Encore ? lâche ma mère, blêmissant.

— Non, bafouillé-je. Ce n'est rien… J'avais juste besoin de prendre l'air. Je te le jure.

Cette fois, le regard de Grace se vide de toute compassion et ses mains retombent lourdement le long de son corps. Enfin, seulement quelques secondes… Elle ne tarde pas à me refiler une baffe monumentale, encore plus forte que celle de ma mère.

— Prendre l'air ? répète-t-elle en beuglant comme une forcenée. Pourquoi ne nous as-tu pas prévenus ? On t'a cherché toute la journee avec les cousins et Neil ! TOUTE NOTRE FOUTUE JOURNÉE, LIOR ! Avec Edward on est même entrés dans le quartier des Hamilton, s'emporte-t-elle, de plus en plus furieuse. Des Hamilton, bordel ! On a risqué gros pour toi, et tu prenais juste l'air ? Tu as été le pomper où, ton putain d'oxygène, en Chine ?

— Je suis désolé.

— Je m'en fous, de tes excuses ! Et c'est auprès de Neil que tu devrais t'excuser. Il était mort d'inquiétude pour toi. Il m'a appelée en plein milieu de la nuit, parce qu'il ne te trouvait plus. Il était en larmes, merde ! Il t'a cherché toute la journée, lui aussi. Tu es tellement égoïste.

J'ai envie de chialer. Encore. Je passe toujours pour le connard, dans l'histoire. Ils sont en train de me faire regretter un des rares moments de ma vie où je me suis senti bien. Je ne veux pas qu'ils me gâchent mon souvenir. J'admets, je ne suis qu'un égoïste qui veut garder son bonheur pour soi, quitte à prendre celui des autres. Eh bien, je m'en fous. Je veux juste que l'on me laisse tranquille.

— Je l'appellerai demain, rétorqué-je. Je vais me coucher, je suis fatigué.

— Pas besoin de l'appeler, murmure ma mère.

— Pourquoi ? Il ne veut plus me parler ?

— Non, répond Grace à sa place. Il est dans ta chambre.

— Quoi ?

— Je lui ai proposé de dormir ici, m'explique ma mère. Il était épuisé et il voulait attendre ton retour dans le salon. Je lui ai proposé ton lit.

— Pourquoi as-tu fait ça ? m'emporté-je. Je ne lui dois rien ! Ce n'est PAS mon copain.

— Tu le baises, grogne ma sœur. Tu assumes.

J'ai la gorge serrée et l'estomac en vrac. Elles ne comprennent rien. Elles ne veulent rien comprendre. Comment peuvent-elles être aussi aveugles ? Comment ne peuvent-elles pas voir que ce qui me retient à lui, c'est mon désespoir et non mon amour ? Ce sont elles qui sont égoïstes. Elles qui veulent à tout prix se débarrasser du problème en m'enfonçant dans cette relation bancale et sans avenir. Je n'ai même plus la force de protester, pas même celle de me battre. Tant pis. Je vais monter dans ma chambre et probablement me faire baiser par un mec dont je n'ai plus rien à foutre. Tout me fatigue et me dégoûte, mais j'ai cette désagréable sensation de ne pas avoir le choix.

Je murmure un « bonne nuit » entre mes lèvres pincées par l'amertume. Elles s'éloignent pour me laisser rejoindre l'étage et je monte chaque marche avec le cœur plus lourd que la précédente. En chemin, je croise Ethan qui descend les marches. Mon cousin me toise d'un regard noir et me bouscule de l'épaule avant de continuer son chemin.

J'ai envie de rire. J'ai envie de rire, pleurer, hurler et m'enfuir. Je les déteste. Je m'enfonce dans le couloir plongé dans l'obscurité. Je passe devant la chambre de Lili et je l'entends parler toute seule, je suppose qu'elle est encore sur Skype avec son abruti de copain qui porte un nom de capitale. Je les déteste tous.

J'actionne la poignée de ma chambre et pénètre dans la pièce. Il fait noir. Neil est en train de dormir dans mon lit. Je prie intérieurement pour qu'il ne se réveille pas. Je n'ai pas la force d'avoir cette conversation. Je n'ai pas la force d'accepter ses caresses, ses baisers. Pas la force d'effacer la nuit précédente par celle-ci. Pas encore.

J'ôte tous mes vêtements afin de me retrouver en caleçon et me glisse à l'intérieur du lit. Je m'enfonce dans les couvertures en faisant le moins de bruit possible pour ne pas le réveiller. C'est à peine si je respire. Je me mets sur le dos et regarde le plafond. La respiration de Neil est calme à côté de moi, comme s'il n'avait pas dormi depuis deux semaines. Je m'en veux un peu, au fond. De lui faire subir tout ça. C'est vrai que ce n'est pas sa faute s'il est tombé amoureux de moi. Ce n'est pas non plus la mienne si le sentiment n'est pas réciproque. Ou alors si, justement ? Peut-être que je ne fais pas d'efforts ? Peut-être que je refuse de voir à quel point il tient à moi ? À quel point il m'a sorti de la merde, quelques fois ? À quel point il m'a souvent empêché d'en faire ? À quel point il m'aime et à quel point j'ai de la chance de recevoir cet amour ? Je ne suis pas certain d'en mériter autant.

Je le sens bouger à côté de moi et sa jambe effleure la mienne. Je me crispe. Sa respiration s'arrête totalement.

— Lior ? s'exclame-t-il en montant sur moi pour s'assurer que je suis bien réel. Merde, tu es revenu !

— Oui, je sais, je…

Pas le temps de finir ma phrase. Il plaque ses lèvres contre les miennes, brutalement et salement. Je repense à la douceur de Hamilton. Je repense à combien j'aimais ça et combien je ne le supporte plus, maintenant. J'essaie de me dégager de son emprise alors qu'il tente d'enfoncer sa langue dans ma bouche, si bien qu'il se met à me baver sur la joue. Tout est si grotesque.

— Arrête.

— Je suis désolé, lâche-t-il en venant caresser mes joues.

— Pourquoi t'excuses-tu ?

— Je suis désolé, répète-t-il simplement. Je sais que je t'ai abandonné pendant la soirée. Je ne voulais pas… Tu sais, je devais vendre et…

Hors sujet.

— Je sais tout ça, murmuré-je.

— Alors, pourquoi es-tu parti, mon cœur ?

Casse-toi avec tes surnoms à la con. Il me donne envie de vomir à devenir aussi niais, d'un seul coup. Tu es Neil, un putain de dealer de drogues, ressaisis-toi !

— J'étais juste fatigué.

— Où est-ce que tu as dormi ?

— Chez un ami.

— Tu n'as pas d'amis. Et pourquoi tu ne répondais pas à mes appels ?

— Plus de batterie.

Je crois que, lui aussi, il a la flemme d'avoir cette conversation. Je crois qu'il veut autre chose, car il ne se défend même pas. Il se contente de plonger ses lèvres dans mon cou. Je ne fais rien. Je me sens oppressé, presque sali, parce que je n'en ai pas envie. Pour une fois, j'ai conscience que je ne le veux pas. Je reste figé. Je ne réagis à aucun baiser, aucune caresse, je n'ai même pas de réaction quand il plonge sa main dans mon boxer. Forcément, ça attire son attention.

— Tu ne veux pas ?

— Non.

— D'accord, souffle Neil en déposant un baiser sur mon front. Tu aurais dû me le dire.

J'ai la gorge serrée et je n'arrive pas à répondre. Il soulève la couverture pour nous recouvrir tous les deux et je vois son visage disparaître derrière une grimace. Et… Trop tard. Je n'ai pas eu le temps de réagir. Il vient de plaquer son avant-bras sur ma trachée pour m'empêcher de respirer.

— Tu te fous de ma gueule ! C'est quoi toutes ces marques sur ton corps ?

J'essaie de me débattre, mais sa pression sur mon cou est trop forte et mon cœur accélère dangereusement ses battements.

— Tu as baisé ? Pendant que je me défonçais à te chercher partout, tu baisais ! Espèce d'enculé !

Je donne un violent coup de bassin pour le pousser, parce qu'il est toujours assis sur mon torse et ça le fait encore plus péter un plomb.

— Et tu ne veux pas, hein ? Tu ne veux pas me baiser parce que tu as baisé un autre connard ?

Je commence à tousser, à m'étouffer même. Mais qu'est-ce qu'il fout ?

— Tu es un crevard, Lior.

Neil me relâche, enfin. Je prends une bouffée d'oxygène qu'il me retire à la seconde où ses lèvres se posent violemment sur les miennes. Non. Surtout pas ça. Pas encore. Il attrape mes poignets et les place au-dessus de ma tête pour m'empêcher de bouger. Je n'en peux plus de tout ça. Pourtant, je ne me défends pas. J'attends que ça se termine. Je me retiens de vomir quand le corps de Neil se plaque contre le mien. Quand sa langue s'enfonce dans ma bouche. Quand son bassin se frotte contre mon torse avec rage. Il bande, ce con. Il est dégueulasse. Un son plaintif s'échappe de mes lèvres et il finit par lever son visage vers moi pour me regarder. Je lis de la rage dans ses yeux, mais aussi de la culpabilité, de la peur et de la peine.

— Je te dégoûte à ce point-là ? m'interroge-t-il, tremblant.

— Je ne veux pas, Neil.

— Pourquoi tu voulais avec lui ?

— Il est différent.

— Différent en quoi, putain ? Je ferais tout pour toi, moi.

— Excepté me foutre la paix.

Je n'aurais peut-être pas dû le provoquer. Un éclat de rage passe à travers ses pupilles et il se relève légèrement pour observer mon corps. C'est vrai que ma peau est parsemée de suçons et j'aurais dû y penser avant de me coucher en caleçon. C'est un affront que je viens de lui faire et je n'avais pas envie de le blesser.

— Je suis désolé, murmuré-je.

— C'est qui ? Ce type ?

— Je ne te le dirai pas.

— J'ai le droit de savoir qui baise aussi bien, gronde-t-il.

— Je ne te le dirai pas, répété-je.

— Tu es un putain d'enculé, tu le sais ça ?

Neil tient toujours mes poignets, les serrant si fermement que c'en est douloureux.

— Je te déteste tellement, grince-t-il.

— Lâche-moi.

— Tu crois qu'il n'y a que lui qui a le droit de te marquer ?

— Qu'est-ce que tu racontes ?

— Moi aussi, je peux laisser ma marque.

Il enfonce violemment son poing dans mon estomac. Un hoquet s'échappe de mes lèvres. Il m'a coupé la respiration. Une de ses mains tient toujours mes deux poignets ensemble et l'autre continue de me frapper exactement au même endroit.

— GRACE ! appelé-je.

Mon hurlement le sort soudainement de sa rage, et Neil se relève brutalement du lit, titubant sur ses jambes, les yeux exorbités par l'horreur de son geste. Il tremble des pieds à la tête.

Ma sœur débarque dans la chambre aussitôt. Son regard va de Neil à moi, allongé sur le lit. Elle voit mon estomac rougi par les coups, puis Neil reculer d'un air apeuré. Elle s'avance vers lui. Son poing s'abat contre sa joue. Il s'écroule au sol et elle le frappe de toutes ses forces avec son pied. Il crie. Moi, je suis en caleçon, dans mon lit. Je me sens pathétique. J'ai honte. J'ai tellement honte. Neil hurle qu'il est désolé, qu'il ne voulait pas me faire de mal.

— Plus jamais tu touches mon frère, aboie Grace. Plus jamais tu l'approches. Tu disparais de sa vie. Pour toujours.

Forcément, les cris réveillent toute la maison. Ethan est le premier à entrer dans la chambre. Je vois dans son regard qu'il met cinq secondes à comprendre le sens de cette scène. Il s'élance vers moi d'un air paniqué.

— Lior, tu vas bien ?

— Oui…, bégayé-je, encore sous le choc. Je…

— Ton cou, murmure-t-il, blême. Ton estomac… Putain, qu'est-ce qu'il t'a fait ?

— Je… Je dois y aller.

— Quoi ?

Je me lève. Je sais ce que je veux et j'ai envie de l'avoir, maintenant. J'enfile mes vêtements étalés au sol sous le regard interloqué d'Ethan et de Lili ; elle aussi vient de débarquer dans ma chambre. Ethan pose sa main sur mon épaule et je le repousse.

— Ça va, lui dis-je. Il faut juste que je sorte d'ici.

— Tu ne peux pas partir maintenant. Où est-ce que tu veux aller, à cette heure-ci ?

Je n'écoute pas la suite et sors en courant de la pièce. Je crois que Grace m'appelle, mais je continue. Je dévale l'escalier. Je croise mes parents, qui viennent de sortir de leur chambre, enveloppés dans leurs peignoirs.

J'entends ma mère dans mon dos.

— Qu'est-ce qui se passe là-haut, mon chéri ?

J'attrape mes chaussures à l'entrée et murmure un « désolé » avant de sortir de la maison. Je ne prends même pas le temps de les enfiler. Je cours pieds nus dans la rue, les chaussures dans les mains. Je veux sortir d'ici. Je veux retrouver Hamilton. Je veux ses bras. Je veux sa douceur. Je veux sa sécurité. Je le veux lui, tout court. J'en ai marre d'avoir peur de ce sentiment qui naît en moi. Je n'ai pas envie de le comprendre – pas maintenant – mais je n'ai pas envie non plus de le refouler. Plus je le garde à l'intérieur et plus il me bouffe.

Je continue de courir, les pieds écorchés par le béton froid de la chaussée. J'ai mal. Je m'arrête, essoufflé. J'enfile rapidement mes baskets, puis me remets à courir. Je ne m'arrête plus, cette fois.

Je me dirige vers le quartier Hamilton. C'est risqué. Je le sais. Je m'en fous. Je rejoins la bouche de métro. J'aurais peut-être la chance d'avoir le dernier.

Tiens, pour une fois, j'en ai. Le métro est encore ouvert et j'y entre juste avant que les portes ne se referment. Je ne m'assois pas. Je reste debout. Je crois que les gens me regardent avec compassion, parce que je dois avoir une drôle d'allure. Le wagon démarre. Les stations défilent. J'arrive à la sienne. Je reste devant les portes. J'hésite à sortir. Je me dis que je serais peut-être aussi bien à rester là, avec les ivrognes. La sonnerie de fermeture des portes retentit et je saute sur le quai. Trop tard. Je ne vais pas me défiler maintenant.

Je remonte à la surface. J'ai remis le pull de Hamilton et fais glisser la capuche sur ma tête pour cacher mes boucles brunes. Je retrouve rapidement son immeuble. Je me plante devant les portes et souris. Il y a encore ce gardien. L'homme ne m'aime pas, je crois. Il me toise d'un regard noir, l'air de dire que je n'ai rien à foutre ici. Il ne sait même pas à quel point il a raison.

Je tape le code de l'immeuble. Hamilton me l'a écrit ce matin sur un bout de papier au cas où. Je rentre dans le hall et me dirige vers les ascenseurs. Quatrième étage.

Je suis devant sa porte. Je frappe. Timidement, au début, mais rien ne se passe, alors je frappe trois coups plus forts avant de réaliser qu'il y a une sonnette juste à côté, comme dans tous les appartements, en fait.

Je m'apprête à appuyer sur le bouton, mais la porte s'ouvre sur Hamilton.

Il porte encore son T-shirt gris détendu au niveau du cou et qui laisse apparaître ses clavicules. En bas, il ne porte que son boxer. Un bout de son T-shirt est coincé dans l'élastique. Je viens de le réveiller. Je le vois à ses traits fatigués et ses cheveux en bataille. Il pose ses yeux sur moi et je vois la surprise se dessiner sur tous les traits de son visage.

— Qu'est-ce que tu fais là ?

— Je…

— Tu es taré ? me coupe-t-il. Imagine que Fallone ou un autre de mes cousins soit à l'appartement ! Putain, Rosenbach, tu me soûles à faire des trucs aussi inconscients.

— Je peux dormir ici ?

— Quoi ?

Je ne dis rien, attendant sa réponse. L'héritier soupire.

— Entre.

Il ne s'est pas offusqué bien longtemps, mais je crois qu'il est vraiment trop crevé pour perdre du temps à ça. Hamilton ouvre sa porte pour me laisser passer et enchaîne :

— Fais ce que tu veux, je retourne me coucher, j'ai trop mal à la tête.

— Tu m'étonnes, ironisé-je en passant devant la cuisine.

Il suit mon regard et s'arrête un instant sur les deux bouteilles de vin vides qui sont posées sur le sol.

— Il y avait les gars et Fallone, dit-il pour se défendre, sans trop de conviction.

Je fais semblant de le croire. J'en ai marre des problèmes. Je ne veux plus les voir. Plus les entendre. Juste les ignorer. Chacun son truc pour s'en sortir.

— Je peux prendre une douche ? demandé-je.

— Tu connais le chemin.

Je me dirige vers sa salle de bains tandis qu'il va rejoindre son lit en traînant des pieds. Il a l'air vraiment mal, mais je ne crois pas qu'il ait envie d'en parler. Je rentre directement sous la douche et fais couler un jet d'eau chaude sur mon corps. Le coup que j'ai reçu à l'estomac commence à se transformer en hématome. J'ai mal dès que je glisse ma main dessus. Je me contente de reposer mes muscles endoloris sous le jet. Je reste une dizaine de minutes, puis me décide finalement à sortir de là.

J'attrape une serviette qui repose sur un portant, probablement celle de Hamilton, et me sèche. Je retrouve les vêtements que j'ai laissés en partant. Le short et le T-shirt de sport. Je les enfile et sors de la pièce.

Mon cœur loupe un battement alors que l'héritier se tient juste en face de la porte, attendant ma sortie.

— Tu m'as fait peur ! Je croyais que tu étais couché.

— Soulève ton T-shirt.

— Franchement, je ne suis pas d'humeur pour ça ce soir.

— Soulève ton T-shirt, Rosenbach.

Je ne suis pas con. Je sais bien qu'il a compris.

— Arrête. C'est bon.

— Soulève-le.

Je soupire, puis obéis. Son regard se voile à l'instant où il pose ses yeux sur l'hématome. Pourtant, il s'y attendait. Enfin, je suis presque sûr qu'il s'y attendait.

— Ce n'est rien.

— Ouais, je sais, tu l'as mérité, crache Hamilton avec amertume. Je les connais, tes conneries. Va dormir sur le canapé.

— Quoi ?

— Il y a quelque chose que tu n'as pas compris ? Dormir. Canapé. Je ne peux pas être plus clair.

Je ne vois plus ma soirée se terminer et je suis tellement fatigué de tout ça. Fatigué d'encaisser la colère des autres. Je me dirige vers le canapé. Il ne me retient pas, mais je sens son regard dans mon dos, jusqu'à ce que j'entende soudainement un bruit de verre derrière moi. Je sursaute et m'arrête, totalement tétanisé.

Hamilton vient de balancer son poing dans un miroir. Il saigne, et les éclats de verre brillent partout autour de lui. Avant que je n'aie le temps de lui demander ce qu'il vient de foutre, il se met à hurler :

— Réagis !

— Pardon ?

— Je te demanderais de me lécher les pieds, tu le ferais ? s'emporte-t-il, le visage rouge de colère. Hein, tu le ferais ? Elle est où, ta putain de fierté ?

— Je…

— Elle est passée où ? me coupe-t-il, alors que son poing continue de saigner. Tu es un Rosenbach ! Le soir où on s'est rencontrés, sur le pont, tu m'as dit que tu n'avais pas peur de nous… Mais plus je te connais et plus je réalise que tu m'as menti. Tu n'es même pas terrifié, Rosenbach, tu es juste abattu. Tu te laisses anéantir. Tu n'as plus aucun instinct de survie. Tu te drogues, ton mec te tape dessus. Même le soir où on t'a brûlé le bras avec une cigarette, tu t'es à peine défendu !

— Vous étiez quatre et…

— Et alors ? Tu aurais pu essayer ! Tu aurais pu te venger !

— Je n'ai pas envie de ça.

— Défends-toi !

Ses yeux sont fous et gorgés de larmes. Je ne l'ai jamais vu comme ça.

— Arrête de me crier dessus !

— Tu crois quoi, au juste ? Qu'il y aura toujours quelqu'un pour te sauver ? Tu as dix-huit ans maintenant. Apprends à te débrouiller tout seul.

— Bien, rétorqué-je, froidement. Alors, je me casse.

— Non ! hurle-t-il. Tu restes et tu arrêtes de fuir. Relève la tête et regarde-moi dans les yeux.

— Quoi ? Tu veux que je te casse la gueule ? m'emporté-je à mon tour.

— Tu ne serais même pas capable de le faire !

— Ne me provoque pas, grincé-je.

— Mais vas-y, m'encourage-t-il, ce con.

Hamilton ouvre les bras, prêt à recevoir mes coups.

— Ton cousin est en fauteuil roulant par ma faute. Je l'ai mis dans un putain de fauteuil roulant.

— Tais-toi.

— Frappe-moi, Rosenbach ! Montre-moi qu'il y a quelque chose en toi d'encore vivant !

Je reste stoïque face à lui, incapable du moindre mouvement. Je crois qu'il a raison, je n'ai ni la force de me défendre ni l'envie.

— Tu fais pitié, conclut-il.

Hamilton entre dans sa salle de bains. Pour se soigner, probablement. Il est capable de le faire tout seul. Lui ne va pas aller chercher ses pansements et les ramener sagement sur le lit pour que je le soigne. Lui est pragmatique et il ne vit pas dans le même monde que moi. Il sait que celui que je me suis créé est en train de s'effondrer, que je m'y accroche désespérément et que c'est pour ça que je ne me bats plus. Au fond, je préfère tomber avec mon monde que de survivre dans le leur.

Je me dirige vers le canapé et m'y allonge. Je suis fatigué et je n'ai vraiment pas la force de trouver un autre endroit où dormir. Je partirai demain matin, à l'aube. Peut-être qu'avec un peu de chance il n'aura même pas remarqué que je suis resté pour la nuit.

Je laisse tomber ma tête sur le coussin du canapé et porte la main à mon ventre. J'appuie doucement sur la peau, et une grimace m'échappe. Neil ne m'a pas loupé. Je me demande ce que lui a fait subir Grace après mon départ. D'ailleurs, elle doit s'inquiéter. C'est la deuxième nuit que je leur fais le coup. Cette fois, ce n'est pas ma faute, j'ai vraiment oublié mon portable dans ma chambre.

Je continue de ruminer tandis que mes yeux s'alourdissent. Je m'apprête à m'endormir, mais je sens du mouvement à côté de moi. Je me permets de rouvrir les paupières et aperçois Hamilton, dans la pénombre. Il vient de s'asseoir par terre, à côté du canapé, si bien que nos deux visages sont à quelques centimètres l'un de l'autre. Son poing est bandé. Ses genoux, remontés contre son torse. Il cale sa tête derrière le fauteuil qui est dans son dos. On se regarde, longtemps, parce qu'aucun de nous deux n'a vraiment envie de reprendre la conversation après ça.

Mes yeux parcourent son visage. Il a des cernes énormes, les traits fatigués. J'ai envie de dire quelque chose, mais aucun mot cohérent ne pourrait sortir de mes lèvres à cet instant. Je suis totalement hypnotisé par son regard. Ses yeux. Ils sont tellement tristes. Je me sens tellement petit face à l'immensité du chagrin que l'on y lit.

— J'ai vu mon père abandonner aujourd'hui.

Ce sont les mots qui sortent de ses lèvres. Les mots qui brisent le silence de la pièce.

— Ne me fais pas ça, toi aussi.

Je hoche la tête, sans trop comprendre. J'avance ma main vers lui. Il me regarde pendant un instant, puis joint la sienne à la mienne. Sa main blessée.

— Tu as mal ? demandé-je.

— Oui. Et toi ?

— Moi, je ne me suis pas infligé ça tout seul.

— Si, murmure-t-il. En quelque sorte. Et je ne parle pas de ce qu'il t'a fait, car il est le seul responsable, même si tu ne veux pas le comprendre. Je dis juste… Tu t'infliges beaucoup de choses, Rosenbach.

Je ne réponds pas. Je me contente de caresser sa main avec mon pouce. Je le vois respirer calmement.

L'héritier ferme les yeux et murmure, faiblement :

— Je suis épuisé.

— Après seulement une nuit blanche, dis-je pour le taquiner. Tu te fais vieux.

— Pas une.

— Quoi ?

— Ce n'était pas ma seule nuit blanche, répond-il. Ça fait presque un mois que je dors à peine.

Je me crispe. Involontairement.

— Tu es con, fait-il en riant.

— Je n'ai rien dit, m'offusqué-je.

— Tu en fais, une tête… Genre je viens de me taper la planète entière en un mois.

— Excuse-moi, mais je ne vois pas ce que tu peux faire d'autre pendant la nuit.

— J'étais au pont, murmure-t-il. Je t'attendais.

Je déglutis, les mots coincés en travers de ma gorge.

— Pourquoi n'es-tu pas venu plus tôt ? me demande-t-il.

— Neil me suivait partout. Je ne voulais pas qu'il voie… notre endroit.

— Alors, maintenant, tu le partages ? Tu disais que c'était le tien.

— J'essaie de grandir. J'apprends à partager.

Il sourit, son pouce caresse la peau de ma main à son tour.

— Tu as appelé ta sœur ? reprend Hamilton.

— J'ai oublié mon portable chez moi.

— Appelle-la avec le mien.

— Jamais de la vie, rétorqué-je, même si je ne crois pas qu'il était sérieux.

Il hausse des épaules.

— Elle ne connaît pas mon numéro.

Manifestement, si.

— Sinon, je l'appelle en masqué ? proposé-je.

— Tu veux faire plus suspect ?

Je ris, reconnaissant qu'il a raison. Hamilton finit par lâcher ma main pour se lever. Il part récupérer son portable dans sa chambre et je quitte le canapé. J'ai la tête qui tourne et mal au ventre au moment où les muscles de mon torse s'étirent.

Hamilton revient et me donne son portable. Je tape le numéro de Grace. Je le connais par cœur, à force de l'appeler au moindre souci. Elle ne met pas plus de deux secondes à décrocher.

— Allô ? Lior ?

— Oui.

— Où es-tu ? Je suis tellement désolée. Je ne savais pas qu'il était…

— Je vais bien.

— Je suis désolée, répète-t-elle. Je te jure qu'il ne te fera plus de mal Il va disparaître de ta vie. Il l'a juré. Il ne reviendra jamais. Où es-tu ? Edward peut venir te chercher.

— C'est bon, je vais bien.

— Où es-tu ? demande-t-elle pour la énième fois.

— Je ne rentre pas ce soir.

— Quoi ? Comment ça ? Lior ?

Je la connais, ma sœur. Elle ne lâchera pas l'affaire. J'hésite à lui donner une fausse adresse et à m'y rendre pour rentrer à la maison sans faire d'histoires. Je pense avoir explosé le quota de drames pour l'année en seulement deux soirées. Sauf que je reporte mon regard sur Hamilton et qu'il est trop beau pour que je m'imagine une seule seconde partir d'ici sans avoir touché ses lèvres de nouveau.

— Je suis…, murmuré-je, mon regard ancré dans le sien. Je suis chez mon copain.

— Vraiment ?

— Tout va bien, continué-je. On se voit demain, Grace. Merci pour ce soir. Je t'aime.

— Je t'aime aussi, Lior. Je te protégerai toujours.

— Je sais. Bonne nuit.

— Bonne nuit.

Grace raccroche et je tends son portable à Hamilton. Il est statique depuis cinq secondes. Le regard totalement vide et le corps figé.

— Détends-toi, lâché-je. J'ai juste dit ça pour qu'elle se calme. Je ne vais pas te demander en mariage.

L'héritier finit par sortir de son mutisme en se raclant la gorge et se retourne vers sa chambre, gêné.

— On va se coucher ?

— Oui, dis-je avec un hochement de tête.

Hamilton se dirige vers son matelas et s'affale dessus en un bruit sourd. Il attrape la couverture à ses pieds et s'en recouvre. Je m'allonge à côté de lui. Il remonte la couette sur nos deux corps, et sa tête s'enfonce dans l'oreiller. Il soupire d'aise, l'air de réaliser qu'il a quitté son lit trop longtemps. Je le regarde en souriant. Il me fait rire. Tout est tellement étrange avec lui. On peut passer d'une dispute dramatique à quelque chose de simple et naturel en un quart de seconde.

Je glisse ma main sur sa joue, dans le geste le plus cliché au monde, mais je le trouve cohérent à cet instant. Je m'avance vers lui et dépose mes lèvres à la commissure des siennes. Il sourit. Je l'embrasse une deuxième fois, au même endroit. Il glisse sa main dans mes cheveux.

— Rosenbach, susurre-t-il contre mes lèvres. Il ne faudrait pas que ça devienne une habitude.

Ses doigts s'enroulent dans mes boucles alors que son souffle chaud se répand partout sur mon visage.

— Je pourrais m'y habituer, rétorqué-je.

Il m'attire à lui pour m'embrasser. J'ouvre la bouche pour l'accueillir et mon corps fond contre le sien. Sa langue caresse la mienne tendrement. Sans passion, parce que l'on est trop fatigués pour ça. C'est juste... doux. Tout ce dont j'avais besoin.

Hamilton joue avec mes cheveux tout en pressant sa bouche sur la mienne. Qu'il est doué à ça. Je pourrais m'endormir contre ses lèvres tellement j'y suis bien. Il rend son baiser plus léger au bout de quelques secondes, puis embrasse chastement mes lèvres avant de plonger dans mon cou.

Il embrasse ma peau avant de s'arrêter.

— Rosenbach ?

— Hum ?

— Ne me dis pas qu'il a aussi essayé de t'étrangler ?

Je ne réponds pas et il remonte doucement son visage vers moi. Il pose son front contre le mien. Mes yeux sont ancrés dans ses iris bleus.

— C'est ma faute ? demande-t-il. Il a vu les suçons sur ta peau ?

— Oui, mais ce n'est pas ta faute.

Il effleure nos lèvres, puis finit par redescendre dans mon cou. Son souffle chaud sur ma peau rougie. Hamilton embrasse ma mâchoire, puis remonte jusqu'à mon oreille pour murmurer : « Bonne nuit, Boucles d'or. »

🖂 **SMS de** Numéro inconnu **à** Mec de Lior
11 h 30. Salut, c'est Grace, la sœur de Lior. Je suppose que mon frère t'a dit ce qu'il s'est passé hier soir. J'ai fait en sorte que son ex ne l'approche plus, mais si tu pouvais essayer d'être vigilant de ton côté aussi, ce serait cool. Si tu le vois dans le coin, tiens-moi au courant ! Merci.
11 h 32. Ne lui dis pas pour ce SMS, il va encore péter un plomb ;)

🖂 **SMS de** Mec de Lior **à** WTF[1]
11 h 45. Je le ferai. Bonne journée.

🖂 **SMS de** Mec de Lior **à** WTF
19 h 10. Au fait, comment ça tu as fait en sorte que « son ex ne l'approche plus » ?

🖂 **SMS de** WTF **à** Mec de Lior
19 h 12. Je ne l'ai pas tué, si c'est ça qui t'inquiète ;)

🖂 **SMS de** Mec de Lior **à** WTF
19 h 12. Ça ne m'aurait pas inquiété.

1 Initiales de *What the fuck* ?, qui signifie en anglais : « C'est quoi, ce bordel ? »

Chapitre 7

Daël Hamilton

Le vibreur de mon téléphone résonne contre le bois de ma table de nuit et je me réveille en sursaut. Saleté de réveil. Je me précipite sur l'objet pour l'éteindre. Par réflexe, je me retourne vers Rosenbach. Il est toujours endormi. Rien ne le réveille, de toute façon. Je souris en voyant ses lèvres vibrer sous le souffle régulier qui sort de sa poitrine. Je crois qu'il rêve. Il a toujours ce visage sérieux et les sourcils froncés quand il rêve. Je le sais, parce que ça fait une semaine qu'il dort ici, tous les soirs. Ça peut paraître étrange que ses parents l'aient autorisé à découcher en semaine, surtout à si peu de temps de l'examen de fin d'année qui déterminera son entrée à l'université. Je pense qu'ils s'en veulent par rapport à Neil. De n'avoir rien vu. De l'avoir invité chez eux si souvent. De le lui avoir imposé la nuit où il lui a tapé dessus. Alors, pour compenser, ils l'autorisent à dormir chez son copain.

… *Son copain ?*

Je ne sais pas si je le suis. On n'en a jamais parlé. Je pourrais même me demander si l'on est exclusifs l'un pour l'autre, mais, vu qu'il passe toutes ses nuits ici, je ne me pose pas vraiment la question.

Il murmure quelque chose entre ses lèvres et se retourne sur le ventre, s'étalant de tout son long sur mon matelas. Il soupire d'aise. On dirait que cette position lui convient parfaitement. Je souris, encore, comme un idiot.

J'ai reçu un nouveau message de Grace, mercredi dernier. Ça m'a fait rire, d'ailleurs. Elle me demandait juste de veiller à ce qu'il aille bien en cours, car : « Il est hors de question qu'il redouble sa dernière année de lycée. » Je ne l'ai pas dit à Rosenbach. Je crois qu'il aurait été énervé de savoir que sa sœur me demande ça à moi.

On n'a jamais vraiment recouché ensemble depuis la première nuit qu'il a passée ici. On discute, on joue aux jeux vidéo ou on mate des films toute la soirée. Bien sûr, on s'embrasse pendant presque une heure avant de s'endormir, mais… à part quelques rares nuits blanches, on n'a jamais été plus loin. Je crois qu'il faut que l'on y aille doucement et que l'on arrête de rendre ça si important, parce que ça va finir par le devenir. Donc, on ralentit les choses. Il y a certains soirs où on prétend juste être deux potes qui se retrouvent après leur interminable journée. On joue à la console dans mon salon et on boit de la bière. Ça dure jusqu'à ce qu'un de nous deux sorte de la douche torse nu et les cheveux mouillés et, là, on oublie toutes nos résolutions et on se saute dessus. Généralement, ouais, on se saute dessus. On n'arrive pas encore à le contrôler complètement. Le désir que l'on ressent l'un pour l'autre, je veux dire.

Rosenbach ronronne contre l'oreiller et ça me fait un peu mal de le tirer de son sommeil, mais je n'ai pas vraiment le choix. On est vendredi aujourd'hui. Il a cours, et moi, une réunion importante qui m'attend.

Je me penche vers lui et embrasse sa joue avant de murmurer à son oreille : « Debout, Boucles d'or. » Il sourit quand je l'embrasse encore, un peu plus près des lèvres, mais fronce des sourcils au moment où je répète qu'il doit sortir du lit. Il attrape la couverture et la remonte jusqu'à son visage pour se cacher en dessous.

— Non, murmure-t-il.

— Rosenbach, arrête de faire le gamin.

— Je dors.

— Tu as cours.

Il pouffe de rire avant de répliquer de sa voix rauque du réveil :

— Chut. On dirait mon père.

— Ton père te réveille comme ça ? chuchoté-je en glissant ma main le long de son torse nu.

Rosenbach se retourne complètement pour s'allonger sur le dos, me laissant un total accès à ce que je m'apprêtais à toucher. Ma main caresse sa peau chaude de la nuit et je m'arrête à son nombril, titillant cet endroit-là avec mes doigts, tandis que j'embrasse son épaule doucement à plusieurs reprises.

— Descends plus, murmure-t-il, les yeux encore fermés et les joues rougies.

— On n'a pas le temps pour ça.

— S'il te plaît.

— On doit être partis dans une demi-heure.

— S'il te plaît, répète-t-il en se tortillant sous moi. Ça fait trop longtemps, Hamilton.

J'en ai autant envie que lui, mais on ne sortira jamais de ce lit si je commence à le toucher.

— Non, déclaré-je. Debout !

Un son plaintif s'échappe de ses lèvres tandis que je me dresse, debout sur le lit. Je soulève la couverture et remarque qu'il bande. Seigneur. Il me faut une douche froide. Je saute du matelas pour atterrir brutalement sur le sol de ma chambre. Je vais ouvrir les volets électroniques, et Rosenbach se cache immédiatement sous la couverture en grommelant.

— Lève-toi ! J'ai été en retard presque toute la semaine à cause de toi !

— Qu'est-ce que tu en as à foutre ? Ton père n'est même pas là.

On s'arrête tous les deux, figés chacun dans notre position. Mon père n'est pas là, en effet. Il est dans un hôpital.

— Désolé, reprend Rosenbach en se retournant vers moi, sa tête sortant de l'épaisse couette en plume. Je ne voulais pas dire ça. Excuse-moi.

— Lève-toi, c'est tout.

Mon regard bifurque vers la fenêtre. Il pleut à torrents dehors. Une averse qui rappelle que, même au printemps, il fait un temps dégueulasse à Londres. Ça ne donne clairement pas envie de sortir d'ici.

— Je vais à la douche, dis-je à Rosenbach avant de sortir de la chambre. Tu as intérêt à être levé quand je reviens, sinon je te laisse ici toute la journée.

— Oui, me répond-il distraitement, si bien que je doute qu'il ait compris ce que je viens de lui dire.

Je rentre dans ma salle de bains et ôte mon short, avant de me glisser dans la cabine en verre. Je voulais prendre une douche froide, mais le temps maussade m'en dissuade. J'ouvre le robinet d'eau chaude et profite de ce moment de relaxation. Le jet brûlant détend mes muscles et je fais mousser le savon sur ma peau nue. L'odeur envahit la pièce. Un mélange chimique de plantes exotiques. Genre, gel douche d'homme pour le sport. Rosenbach déteste ça. Lui, il utilise toujours le savon de sa sœur. Je ne sais pas. Il dit qu'il aime bien. Ça sent la vanille. Ça me fait rire qu'il l'assume autant.

Je me savonne le torse en rêvassant jusqu'à ce que la porte en verre s'ouvre sur Rosenbach. Il pénètre dans la douche, comme ça, sans rien dire. C'est la première fois qu'il fait ça. Que l'on fait ça. Être ensemble dans la douche… ça ne semble pas si bizarre. Je me demande même pourquoi il ne m'avait jamais rejoint avant ce matin.

Il a des cernes énormes sous les yeux et l'air encore endormi, ils sont fermés et s'ouvrent difficilement à cause de la lumière de la salle de bains. Son corps est parsemé de quelques suçons, dans des teintes différentes. Jaunes pour ceux qui sont en train de disparaître. Des roses qui datent d'il y a quelques jours. Et les nouveaux d'hier soir, les rouge foncé, qui tirent presque sur le violet. Comme on n'est pas encore passés à l'étape suivante, il faut dire que l'on s'occupe comme on peut. Et ça le rend beau.

Rosenbach se glisse dans mes bras. Il tremble de froid, parce qu'il vient juste de sortir du lit et je sais qu'il recherche seulement de la chaleur. Je fais un léger pas en arrière pour que le jet d'eau chaude coule sur son corps, sauf qu'il reste blotti dans mes bras.

— Je dois te doucher, peut-être ?

— Je n'aime pas l'odeur de ton savon, murmure-t-il, la tête calée contre mon épaule.

— Désolé, mais je n'ai pas de trucs de meuf, ici.

Rosenbach râle, mais, comme j'ai un peu raison, il finit par répondre :

— Ça sent meilleur.

Il embrasse ma nuque et ajoute :

— Et ton savon enlève ta vraie odeur.

— Alors quoi ? Je ne me lave pas ?

Rosenbach finit par se détacher de mon épaule. Il titube légèrement devant moi, il n'est pas tout à fait réveillé. Je pose mes mains sur ses hanches pour le stabiliser.

— Laisse-moi faire, murmure-t-il.

J'accepte. Je me laisse complètement faire quand il passe ses deux mains sur mon corps pour enlever la mousse. Ses doigts sont comme de la soie. Il me touche doucement, comme s'il avait peur de m'abîmer, ou comme s'il apprenait chaque ligne de mon corps par cœur. Je me sens bouleversé. Bouleversé par la douceur qu'il met dans ses gestes. Bouleversé par l'attention qu'il y a dans son regard. On dirait qu'il explose de tendresse. Comme s'il n'avait jamais réussi à en donner avant, il ressort tout maintenant, parce que quelqu'un est enfin prêt à la recevoir. Ses doigts sont comme un courant électrique. Chaque parcelle de ma peau est sensible à l'endroit qu'il trace. Rosenbach s'attarde plus longtemps sur mes suçons. Il sourit à certains d'entre eux, l'air de se souvenir du moment où il les a faits. Je commence à être excité, mais ça ne l'intéresse pas. Je crois qu'il se venge de ce que je viens de lui faire plus tôt… C'est la plus douce des vengeances. C'est tellement bon. Je pourrais rester des heures sous la douche, simplement à le regarder me toucher comme si j'étais la huitième merveille du monde.

Mais très vite, trop vite, la réalité me rattrape.

— On doit y aller, murmuré-je, la voix pas très stable.

— Je sais, répond Rosenbach.

Il n'en a strictement rien à faire. Ses doigts glissent jusqu'à mon aine. La seule partie de mon corps qu'il n'avait pas encore osé toucher.

— Non, soufflé-je alors que mon corps entier lui hurle l'inverse. On va vraiment être en retard.

La main de Rosenbach m'enveloppe, et un gémissement s'échappe de mes lèvres. Ses iris verts se plantent dans les miens. L'eau continue de couler sur son corps, dans ses cheveux et il m'interroge du regard. Il m'interroge sincèrement du regard, parce que je lui ai dit « non » et je crois que ça l'a perturbé.

Je hoche la tête lentement pour l'inciter à continuer. Ça ne dure que quelques minutes, parce que j'étais déjà trop excité pour supporter quoi que ce soit. Il aspire mes gémissements en m'embrassant fermement. Je suis bloqué entre la paroi de la douche et son corps. Je jouis après un énième mouvement de va-et-vient. Je halète, dévasté et soulagé. C'est vrai que ça faisait longtemps. Bien trop longtemps.

Rosenbach sourit, puis il nous ramène sous le jet d'eau pour nous nettoyer. C'est doux, il m'embrasse tout le long de la mâchoire en même temps. Il finit par couper l'eau, à regret.

On sort tous les deux de la cabine. Il y a de la buée partout et on ne voit presque rien. Rosenbach prend la serviette en coton posée sur le lavabo et il nous en recouvre tous les deux. Il profite de notre proximité pour m'embrasser de nouveau dans le cou tandis que ses mains frictionnent mon dos fermement.

J'aimerais avoir la force de bouger pour l'essuyer, pour le serrer dans mes bras, pour l'embrasser, pour lui rendre le plaisir qu'il m'a donné, mais je n'y arrive pas. Ce n'est pas seulement le contrecoup de l'orgasme. C'est juste… Ça vient de m'éclater à la gueule. « Ne pas rendre ça important. » Tu parles. C'est trop tard. Tellement trop tard.

— Je dois t'habiller, peut-être ? fait Rosenbach, imitant le ton que j'ai employé sous la douche.

Je lui fais un signe négatif de la tête et me sépare de lui. Il faut que je me reprenne. Je passe une main dans ses cheveux bouclés qui gouttent devant ses yeux. Il sourit parce que je sors enfin de mon état de béatitude.

— Je saurais te rendre ça en rentrant du travail.

— Je n'en doute pas. Mais je ne peux pas, ce soir.

— Quoi ? Pourquoi ?

Je m'énerve. Je sais, c'est con, il ne m'appartient pas. Ça m'énerve juste qu'il passe une soirée sans moi.

— Détends-toi, dit-il en se dirigeant vers son uniforme, qu'il avait laissé dans la salle de bains. Je passe la soirée avec ma famille.

— Un vendredi soir ? m'écrié-je.

Rosenbach commence à s'habiller, m'expliquant tout en essayant de faire passer sa jambe dans son pantalon :

— Grace m'a envoyé un message cette nuit. Elle dit que je lui manque. Ça fait presque une semaine que je ne suis pas rentré, juste pour récupérer des fringues propres et mes cours, alors ils pensent tous que je leur en veux. Ils doivent savoir que ce n'est pas leur faute.

— Un peu quand même, insinué-je.

— Non, me coupe-t-il, froidement, en remontant la fermeture éclair de son bas d'uniforme. Ils ne savaient pas.

— Moi, je savais. Alors qu'on se voyait à peine à l'époque.

— Et tu as fait quelque chose ? réplique-t-il.

Je ferme ma gueule. Clairement, je l'ai méritée, celle-là.

Rosenbach attrape sa chemise blanche et l'enfile, son torse nu disparaît à mesure qu'il la boutonne et je dois faire un effort pour me concentrer sur ce qu'il me dit.

— Grace veut qu'on se fasse une soirée entre cousins, ce soir, donc j'y vais. Et... Ils me manquent aussi, admet-il en levant son regard vers moi.

— Je comprends.

— Sinon, tu comptes rester nu encore longtemps ? fait-il remarquer. Tu commences vraiment à me tenter.

— Pas moyen, dis-je en sortant de la salle de bains.

Je me dirige vers ma chambre et enfile mon costard et ma cravate. Je n'aime pas m'habiller comme ça, mais je n'ai pas le choix à cause de cette foutue réunion. En plus, c'est la première fois que j'y vais sans mon père à mes côtés, je ne dois pas me louper. Surtout, ne pas être en retard, bordel !

— Rosenbach ! On y va !

Je me précipite dans mon salon et il est déjà prêt, un sourire en coin. Je plonge sur mes derbys, que j'enfile sans les lacer, et attrape mes clés, qui traînent sur la table basse du salon. Rosenbach me suit sans rien dire. Il sait que je suis stressé à cause de la réunion et je me demande si ce n'est pas pour ça qu'il m'a fait ce câlin sous la douche, pour me détendre. Le connaissant, il aurait très bien pu se venger de la façon dont je l'ai réveillé et me laisser frustré toute la journée.

On sort de l'immeuble sans parler, courant pour échapper à la pluie. On n'aime pas trop ce moment où l'on doit rejoindre le parking extérieur. J'ai toujours peur que quelqu'un de ma famille soit dans le coin. Surtout Fallone, qui a tendance à se ramener un peu quand elle veut.

On entre dans ma Lamborghini. Rosenbach allume la radio et j'enfonce les clés dans le contact. Comme tous les matins, je le dépose à une vingtaine de minutes de son lycée. Je ne peux pas faire autrement. Il est scolarisé en plein quartier ennemi et on ne peut pas prendre le risque d'être vus ensemble.

Je roule assez vite pour ne pas être en retard à mon rendez-vous, et Rosenbach regarde le paysage. Quand je m'arrête à l'endroit habituel, il fronce les sourcils sans bouger de place.

— Qu'est-ce que tu attends ? Bouge ! Je suis déjà en retard.

— Tu n'es pas sérieux ? gueule-t-il. Il pleut à torrents, je ne vais pas faire le trajet à pied !

— Tu n'es pas en sucre, dis-je en soupirant.

— Allez ! s'énerve-t-il. Personne ne va te voir. Rapproche-moi, au moins.

— Je n'ai pas le temps ce matin.

— Hamilton ! Je vais être complètement trempé !

— Fais du stop.

— Putain !

Rosenbach détache sa ceinture et s'apprête à actionner la poignée.

— Ne fais pas la gueule pour ça, dis-je en posant ma main sur son avant-bras.

— Il n'y a que moi qui fais des sacrifices, dans cette histoire.

— Pardon ?

— Je me planque. Je mens à mes parents, à ma sœur, à mes cousins et j'utilise leur culpabilité pour ça. Je me douche avec un savon dégueulasse qui pue le mec viril de mes deux. Je me tape trois kilomètres à pied tous les matins.

Toujours à exagérer, ce type.

— Ça me soûle, vraiment.

— Je sais.

— Tu peux me déposer plus près ? me demande-t-il plus calmement.

Je regarde l'heure sur le cadran de ma voiture. Je suis déjà en retard. La réunion va commencer dans une demi-heure et j'aurais aimé manger un truc avant d'y aller, afin de ne pas tomber dans les vapes devant les investisseurs.

— Laisse tomber, fait-il dans un soupir en ouvrant la portière. Bonne journée.

— Rosenbach !

— Quoi ?

— Je suis désolé.

Il claque la portière et je vois la pluie dégouliner partout sur ses épaules. Il est fâché, mais je n'ai pas le temps de m'y attarder. Je redémarre et m'en vais. Je sais qu'il va me détester, mais je me ferai pardonner plus tard.

En une quinzaine de minutes, je me retrouve garé sur le parking privé de la boîte. Je rejoins le bâtiment et me réfugie dans le hall, passant une main dans mes cheveux pour ôter les gouttes de pluie qui s'y sont accumulées. Fallone m'attendait dans le hall et s'empresse de me rejoindre.

— J'ai cru que tu allais encore être en retard.

— Non, réunion, déclaré-je tout en me dirigeant rapidement vers la cafétéria du rez-de-chaussée.

Fallone me suit. Elle est en tailleur, une chemise jaune pâle resserrée au niveau des poignets pour cacher son bras tatoué, et ses cheveux sont attachés, ce qui est rare. Ma cousine a retiré son piercing au nez et tient une petite mallette noire à la main.

Je me retourne vers elle.

— Qu'est-ce que tu fais là, en fait ?

— On est vendredi, je suis toujours là le vendredi.

Pas faux.

Je me dirige vers le comptoir et achète une brioche et un café alors que je sens le regard accusateur de Fallone dans mon dos. Elle sait que je suis complètement ailleurs. Bien sûr qu'elle est là, le vendredi. C'est la seule journée où elle n'a pas cours. Alors, elle vient me filer un coup de main dans l'entreprise.

On forme plutôt une belle équipe. J'ai l'expérience depuis que je travaille avec mon père, et elle a la théorie que lui enseigne son école de commerce à trente mille livres l'année. Ça me rassure qu'elle soit là, ça me rassure aussi de savoir qu'elle sera probablement co-P-DG avec moi et que l'on vivra cet enfer ensemble.

— Excuse-moi, murmuré-je en attrapant le café que me tend la serveuse. Je ne suis pas bien réveillé.

— Je vois ça. C'est la réunion qui te stresse ?

— Un peu, lui avoué-je.

— Ne t'inquiète pas, tu n'es pas tout seul.

Je lui rends son sourire et on va s'installer à une table de la cafétéria. On a encore dix minutes devant nous et j'ai besoin de relaxation.

— On fait un truc ce soir ? proposé-je.

— Tiens ! lâche-t-elle. Toi qui m'as jetée toute la semaine.

— J'étais crevé. Et puis là, c'est le week-end.

— Boîte ?

Je rechigne d'un mouvement de la tête. C'est con, mais j'ai le sentiment que je n'ai pas le droit d'y aller. Plus maintenant. On sait tous ce que « aller en boîte » veut dire chez les Hamilton et, de ce côté-là, je suis plutôt comblé.

— Qu'est-ce que tu veux faire alors ? me demande Fallone.

Mon portable vibre dans la poche de mon smoking et je le sors pour lire le message que je viens de recevoir. Une photo de Rosenbach apparaît sur l'écran. Il est complètement mouillé, les cheveux aplatis sur la tête et sa veste d'uniforme trempée. Il me fait un doigt d'honneur, ce con. Je m'esclaffe en me mordant la lèvre. Il est canon, même avec cette gueule.

— Merci de partager, ironise Fallone.

— Ce n'est rien, rétorqué-je, avant de prendre une photo de mon café.

— Du coup, tu veux faire quoi, ce soir ?

Je lui envoie la photo de mon petit déjeuner posé devant moi, accompagné d'un message : « Juste le temps de manger, bonne journée ;) ».

— Pardon ?

— Tu veux faire quoi, ce soir ? répète-t-elle, exaspérée.

— Je ne sais pas, on peut regarder un match.

Fallone adore le sport, peut-être même plus que moi.

— Je ne pense pas qu'il y ait une équipe intéressante à voir, fait-elle, bougonne.

✉ **SMS de** Boucles d'or **à** Grand méchant loup
8 h 21. Tu es trop un connard, en vrai.

— Daël, tu ne veux pas lâcher ton portable ?

✉ **SMS de** Grand méchant loup **à** Boucles d'or
8 h 21. Désolé, babe 😊

— Daël ! s'exclame Fallone.

Je sursaute, me retournant brusquement vers ma cousine.

— Quoi ?

— Je te parle, putain !

— Oui, quoi ?

— Je te dis qu'il n'y a pas de match intéressant, ce soir.

— Et alors ?

— Mais…

✉ **SMS** de Boucles d'or **à** Grand méchant loup
8 h 21. Tu crois qu'un surnom à la con va laisser passer le fait qu'une brioche passe avant moi ?!

✉**SMS de** Grand méchant loup **à** Boucles d'or
8 h 21. Une brioche aux pépites de chocolat.

✉ **SMS de** Boucles d'or **à** Grand méchant loup
8 h 21. Va te faire foutre !

— Vas-y, t'es chiant !

Le bruit de chaise grinçant contre le carrelage de la cafétéria me fait quitter les yeux de mon écran de téléphone. Fallone vient de se lever, furieuse. Je repose aussitôt mon portable sur la table.

— Excuse-moi. Je suis…

— C'est qui ? me coupe-t-elle.

— Un pote.

— Ton plan cul ?

— Si tu veux.

— Eh bien, je te laisse avec lui. Il a l'air de mieux savoir te détendre que moi.

— Es-tu jalouse ?

— Ta gueule !

Je me retiens d'éclater de rire et observe ma cousine quitter la cafétéria. On est tous possessifs dans cette famille, je crois que c'est presque devenu maladif.

J'attrape mon portable que je range dans la poche de mon smoking avant de sortir à mon tour. Je cours un peu pour la rattraper et me plante devant elle, alors qu'elle attend devant l'ascenseur.

— On reprend, déclaré-je. Tu vas bien ?

— Lâche-moi.

— Quoi ? Qu'est-ce que tu as ?

— Pourquoi tu ne veux pas me le présenter ? m'interroge-t-elle en se retournant vers moi. On ne se cache jamais rien d'habitude.

— Ça fait juste une semaine.

— Alors, c'est officiel ?

— De quoi tu parles ?

— Genre… c'est ton copain ? C'est du sérieux ?

— Non. Oui. Je ne sais pas !

Les portes de l'ascenseur s'ouvrent et on s'engouffre tous les deux à l'intérieur.

J'appuie sur le bouton du deuxième étage et Fallone enchaîne :

— Vendredi prochain, il y a la soirée de réouverture du KOKO.

— Ah ouais ?

— Tout le monde attend ça depuis sa fermeture, c'est une des soirées les plus en vue de l'année.

— C'est vrai, murmuré-je en faisant semblant de ne pas l'apprendre à l'instant.

— Viens avec ton copain.

— Hors de question.

L'ascenseur arrive à destination. Je m'apprête à en sortir, mais ma cousine me retient par le bras.

— C'est quoi, l'arnaque, Daël ? C'est un mec de l'entreprise ? Notre jardinier ? Un de mes ex ? Une meuf ?

— Rien de tout ça ! m'exclamé-je en rejoignant le hall. Qu'est-ce que tu racontes ?

— Pourquoi es-tu aussi mystérieux ?

— Ça ne fait qu'une semaine, merde ! répété-je, exaspéré. Est-ce que je peux conserver un minimum d'intimité ?

Je me dirige vers mon bureau pour récupérer mes dossiers pour la réunion. Je sens Fallone sur mes pas, elle ne relance pas la conversation.

Je sais qu'elle a abandonné. Ma cousine n'est pas intrusive et elle a bien compris que je n'étais pas prêt à parler de ma relation.

Je récupère tous mes papiers et on rejoint directement la salle de réunion, sans parler ni même se regarder. Les investisseurs ne sont pas encore arrivés, mais on prépare la salle avec les autres employés de la banque. Je commence à stresser et réalise soudainement que je n'ai même pas répondu à Rosenbach. Je sors mon téléphone de ma poche et remarque qu'il m'a envoyé un autre message entre-temps.

✉ **SMS de** Boucles d'or **à** Grand méchant loup
8 h 26. Rate ta réunion.

✉ **SMS de** Grand méchant loup **à** Boucles d'or
8 h 28. Rate tes exams.

✉ **SMS de** Boucles d'or **à** Grand méchant loup
8 h 28. Rate ta vie.

✉ **SMS de** Grand méchant loup **à** Boucles d'or
8 h 28. Avec toi ? Ce serait un plaisir.

Lior Rosenbach

Je regarde le jeu de Monopoly d'un air dépité. Je suis en train d'halluciner. Quand Grace m'a proposé de passer la soirée en famille, je pensais que l'on irait boire un verre dans un bar avec les cousins, mais ça fait une heure que on est plantés devant ce jeu à la con. Je ne sais pas ce qui leur a pris, à tous. Ils ont l'air heureux, c'est ça qui est grave. On est vendredi soir et l'on joue à un jeu de société dans le salon. Lili et Ethan sont les seuls à avoir réussi à s'échapper de la soirée. Lili ayant rendez-vous avec leur précieux Pâris, il était hors de question de gâcher son rencard. Ethan, quant à lui, est simplement en train de baiser avec Jade... mais ça personne ne le sait, tout le monde le croit en train d'étudier chez un gars de sa classe. Un vendredi soir. Connerie monumentale.

— Lior, à toi, lance ma sœur en me jetant les dés.

Je regarde son jeu et le mien. Elle a tout gagné et le plateau est rempli de sa couleur rouge. Moi, en noir, je fais tache dans une famille de banquiers. Aucun doute que le destin a joué un rôle dans l'ordre de nos naissances.

Je lance les dés et déplace mon pion, sans grande conviction. Comme d'habitude, je dois de l'argent à Grace, parce que je viens d'atterrir sur l'une de ses « prises ». Je lui donne l'argent et elle me fait cadeau de deux billets, parce que je fais trop pitié, selon elle. J'ai bien envie de lui répondre que jouer au Monopoly fait pitié en soi, mais je garde ma remarque pour moi. Pour une fois qu'elle a l'air de penser à autre chose qu'aux Hamilton.

— En fait ! s'exclame Edward. Vous avez vu que la soirée de réouverture du KOKO est vendredi prochain ?

— Je sais. J'ai reçu les cartons d'invitation tout à l'heure, lui répond Grace. Bien sûr. On est invités.

— J'en ai pour tout le monde, reprend-elle. Ian… Tu viendras ?

— Je ne pense pas.

— Allez, insiste Edward.

— Je ne peux même pas danser.

— Tu peux boire. Et mater les meufs, surtout. Tu crois que je danse en boîte, moi ?

— Et toi, Lior ? m'interroge Grace. Tu te ramènes, hein ?

— Je ne sais pas.

— Tu plaisantes ?

Je reconnais que ce n'est pas mon genre de manquer des soirées, surtout des soirées comme celle-ci, mais la façon dont Grace et Edward me regardent m'énerve déjà. Leurs yeux ont l'air de me dire : « Tu ne comprends même pas ce que tu loupes » et j'aimerais qu'ils lisent dans les miens que j'ai bien mieux à faire ce soir-là.

Voir Hamilton, entre autres.

Je sais que mes parents n'accepteront pas que je découche une deuxième semaine, donc je vais devoir attendre le week-end prochain pour le revoir. Hors de question que je perde mon temps dans une soirée à la con.

— Viens ! reprend Edward face à mon silence. Il y aura tout le monde !

— Tu as prévu quoi d'autre, de toute façon ? enchaîne Grace.

Ils froncent tous les deux les sourcils, l'air de ne pas vouloir me lâcher. Seul Ian ne réagit pas. Je pense qu'il n'en a strictement rien à secouer de ce que je vais faire de mon vendredi soir.

— Rien, murmuré-je. J'ai juste dit que je ne savais pas si je venais.

— Tu sais que ton copain a le droit de nous accompagner, ajoute ma sœur.

Elle a ce sourire. Un sourire fier et amusé. Avec Grace, on a toujours été très proches, mais on ne se confie jamais sur nos vies sexuelles – *amoureuses*, corrigerait ma mère. Je sais que sa remarque n'ira pas plus loin, donc je ne commente pas et les autres reprennent le jeu, comme si ce rien n'était. Je me fais encore chier pendant une vingtaine de minutes, jusqu'à ce que je perde définitivement et m'enfonce dans le canapé en observant les autres continuer la partie sans moi.

Grace est aux anges, puisqu'elle gagne. Cette fille est une compétitrice acharnée. Edward s'énerve, parce qu'il déteste perdre. Ian joue sans grande conviction. Je crois que le jeu ne lui plaît pas, mais il apprécie simplement le fait que l'on passe une soirée avec lui. C'est vrai qu'il ne nous accompagne pas souvent dans les bars ou les boîtes, donc il se retrouve seul ici… ou avec Lili qui ne le lâche jamais, excepté les soirs où elle retrouve « Pâris l'insipide » ou ses copines.

Le téléphone de Grace sonne sur la table du salon et ma sœur s'empresse de décrocher. Elle s'éloigne vers une autre pièce. À son froncement de sourcils, je devine que quelque chose ne va pas.

Sans grande surprise, elle revient quelques secondes plus tard dans le salon, sa veste sous le bras.

— Edward, j'ai besoin de toi et de ta voiture.

— Vous allez où ? m'empressé-je de demander.

— Pâris vient d'appeler. Lili s'est barrée sans le prévenir de leur rendez-vous. Il dit qu'un mec louche est apparu et qu'elle l'a suivi. Ils se connaissent, apparemment.

Noah Hamilton, dans toute sa splendeur, je suppose.

— On va la récupérer.

— Où ça ? demandé-je en me relevant pour lui faire face.

— Je ne sais pas, quelque part.

— On est à Londres, c'est immense.

— En enlevant les quartiers Hamilton, ça ira plus vite, répond Edward.

Dieu, ce que j'ai envie de rire.

— Je viens avec vous, déclaré-je.

— Non, m'arrête Grace d'un ton catégorique. Tu restes là.

— Pardon ? Je n'ai pas deux ans !

— Ça n'a rien à voir, fait-elle en enfilant sa veste.

— Alors, pourquoi je ne viens pas ?

Grace me fusille du regard, sans prendre la peine de répondre, et finit par sortir du salon, sans un mot. Edward la suit et je reste muet, quelques instants. Qu'est-ce qu'il lui prend ?

Furieux, je la rejoins dans le hall et me plante devant la porte pour les empêcher de sortir.

— Pourquoi je ne viens pas ? répété-je.

Ma sœur soupire d'un air las avant de se retourner discrètement vers le salon qu'elle vient de quitter. Elle revient vers moi et chuchote :

— On ne laisse pas Ian tout seul.

Je reste le souffle court. Je n'y avais même pas pensé. Rester seul avec Ian.

— Non, murmuré-je.

— Tu peux le faire, Lior. Ça va vous faire du bien à tous les deux.

— Edward peut rester là et je viens avec toi, dis-je, paniqué.

— Non, on prend sa voiture, ne sois pas stupide.

Stupide ? Ouais, peut-être. Et lâche. Et con. Et je m'en fous.

— S'il te plaît, Grace, ne me fais pas ça. Je ne peux pas.

— Je lui ai promis qu'on passerait la soirée avec lui, réplique-t-elle sèchement. Et je tiens mes promesses.

— Alors, toi, reste.

— Ne sois pas ridicule. Je dois retrouver Lili avant qu'un Hamilton ne tombe sur elle avant nous.

Ils sont tous bêtes, c'est effroyable.

— Je ne peux pas, murmuré-je. Je ne suis pas à l'aise…

— On revient dans deux heures, maximum, me coupe Grace. Je suis sûre que Lili est juste dans un bar avec ses amis. On sera de retour bientôt. Faites une autre partie.

— Est-ce que tu me parles encore sérieusement du Monopoly ? m'emporté-je. Je n'en ai rien à foutre de ton jeu !

— Lior. Tu as dix-huit ans. Prends sur toi.

— Mais je…

— Et arrête de faire ton gamin. Pense à lui, à ce qu'il peut ressentir. Nous aussi, on n'aime pas le voir comme ça, mais on l'a accepté. On est avec lui. On est une famille. Arrête pour une fois d'être aussi égoïste.

J'ai l'impression que mon cœur va éclater. Littéralement. Tout ce que j'ai toujours pensé de moi, tout ce qui me fait mal, elle vient de me le balancer à la figure, comme ça. Ses yeux pensent tellement ses mots. Je n'arrive même plus à la regarder. Je ne supporte pas que ma sœur ait une telle image de moi.

Edward ne dit rien et ils sortent tous les deux de la maison. La porte claque, mais ça ne sera jamais aussi violent que la gifle que je viens de me prendre. Je suis complètement atone. Si bien que je fais simplement ce qu'elle me dit. Je retourne dans le salon, comme un zombi, et m'assois sur le canapé.

Ian a les yeux rougis. Bien sûr, il a tout entendu. Moi, je reste là, sans rien dire, la gorge trop nouée pour essayer de paraître normal. Je ne le suis pas et je ne l'ai jamais été, normal. Quelqu'un de normal saurait parler à son cousin. Quelqu'un de normal aurait un minimum d'empathie. Moi, j'ai l'impression de ne rien avoir. D'avoir tout enfoui si profondément que je suis incapable de savoir ce que c'est, désormais.

Je déglutis et entends la voix étranglée de Ian :

— Pars, si tu veux.

Je ne réponds même pas. Je ne le regarde même pas. Je baisse la tête, tordant mes doigts dans tous les sens.

— Pars, répète-t-il durement.

— Je suis un peu fatigué.

Même ce mensonge a du mal à passer mes lèvres tant il est pathétique. Je me lève du canapé, évitant son regard qui me brûle le dos.

— Lior ? fait-il.

Je m'immobilise à l'entrée du salon, sans me retourner.

— Regarde-moi, murmure-t-il.

Je ne bouge pas. C'est à peine si je respire.

— Juste une fois… regarde-moi.

Mon souffle est de plus en plus douloureux. Tout est de plus en plus douloureux. J'aimerais dire à mon corps de se mouvoir, mais j'en suis incapable.

— Regarde-moi ! s'écrie-t-il. Je ne suis pas un monstre, je suis juste handicapé ! Ce n'est pas contagieux, merde !

C'est la première fois qu'il s'énerve si ouvertement contre moi. Je me retourne vers mon cousin, levant les yeux pour intercepter son regard. « *Regarde-moi.* » Ça fait trois ans que j'évite de le regarder, le regarder comme il l'entend, c'est-à-dire tel qu'il est. Accidenté par la vie, mais toujours là. Ian ressemble à Lili. Ils ont les mêmes cheveux blonds, lumineux, des cils clairs encadrant leurs yeux rieurs. Ceux de sa sœur sont verts, les siens, noisette. Si le visage de Lili est fin, Ian est plus carré, comme son grand frère. Il porte ses dix-sept ans sans surprise. Visage encore imberbe, joues rebondies et traits juvéniles.

Ses yeux brillent de tristesse et une boule se forme dans ma gorge, m'empêchant de parler. C'est trop dur.

Je me retourne de nouveau pour quitter le salon.

— Reste-là ! ordonne-t-il.

Sa voix a tremblé. Je crois que lui comme moi réalisons l'absurdité de la situation. Alors, on en est vraiment arrivés là ? À ne pas supporter d'être dans une même pièce ?

Je rêverais de m'enfuir le plus loin possible de sa douleur, mais je ne bouge plus, dos à lui.

— Lior ? m'appelle-t-il encore.

Je me tourne vers lui, pour le regarder de nouveau.

— Lior, répète-t-il plus calmement. Il faut que tu saches que je ne t'en veux pas. Arrête de te punir, parce que tu me punis aussi en faisant ça.

Je sens mes jambes trembler et Ian continue, énonçant une vérité que j'essaie d'oublier :

— On devait passer la soirée ensemble, ce soir-là. Toi et moi. Tu m'as lâché pour rejoindre ce mec que tu venais tout juste de rencontrer et je me suis incrusté à la soirée de mon frère, à la place. Depuis, tu penses que c'est ta faute.

Je le pense ? Non, ça l'est. Si je n'avais pas annulé au dernier moment, il ne serait pas dans ce foutu fauteuil et la culpabilité ne me boufferait pas les entrailles.

Mes jambes se décident finalement à lâcher et je tombe à genoux devant lui. Mes sanglots sont coincés dans ma gorge, sans possibilité de s'échapper. Ça tape à l'intérieur et ça ne sort pas.

— Je ne t'en veux pas, répète Ian.

Alors, ils remontent. Ces mots que je ne lui ai jamais dits.

— Je suis désolé.

Ça ne me soulage même pas, c'est presque pire.

— Ce n'est pas ta faute, rétorque Ian. C'est seulement la faute de *Daël Hamilton.*

Son nom. Il l'a écorché. Il m'a fait entendre à quel point la haine qu'il lui destine est violente et insurmontable. La douleur est lancinante dans ma poitrine. C'est pour ça que je suis désolé. Désolé de ne pas haïr ce type comme je le devrais. Désolé de ne pas me rappeler sa colère quand je suis avec lui. Désolé d'oublier. Désolé de pardonner. Désolé d'entretenir cette relation vouée à l'échec.

— Je suis désolé, répété-je, inconsolable. Je suis tellement désolé.

Ian ne me répond pas. Rien n'a vraiment de sens, de toute façon. Qu'est-ce que l'on pourrait dire ? C'est trop tard. Le mal est fait… et je continue de le faire.

Je finis par me relever, résolu.

— Il y a quelque chose d'important que je dois faire, déclaré-je.

— D'accord.

— Tu as besoin d'aide pour monter dans ta chambre ?

— Je sais me débrouiller tout seul.

Je hoche la tête et murmure un « bonne nuit » étranglé, puis je sors du salon et rejoins ma chambre.

Il est temps que je prenne la bonne décision, la plus réfléchie, la plus sensée. Celle que j'aurais dû prendre depuis notre rencontre sur le pont.

🖂 **SMS de** Boucles d'or **à** Grand méchant loup

0 h 13. On s'arrête là.

🖂 **SMS de** Grand méchant loup **à** Boucles d'or

0 h 13. ? ?

0 h 14. Quoi ? Qu'est-ce qu'il y a ?

🖂 **SMS de** Boucles d'or **à** Grand méchant loup

0 h 14. Rien, justement. Il n'y a rien entre nous et il n'y aura jamais rien. Ça ne sert à rien de se revoir.

SMS de Grand méchant loup **à** Boucles d'or
0 h 15. Donc, en gros, tu voulais juste que je te baise pour avoir une raison de quitter ton camé de copain.

Putain, c'que ça me fait mal. J'ai l'impression que l'on me déchire le cœur. Hors de question que je me laisse faire.

SMS de Boucles d'or **à** Grand méchant loup
0 h 16. Déjà tu ne m'as pas baisé et tu ne me baiseras jamais, Hamilton.

SMS de Grand méchant loup **à** Boucles d'or
0 h 20. Tu sais quoi ? Tu as raison. Autant que je prenne mon pied avec un vrai mec et pas un gamin traumatisé par le sexe.

Non, il ne déchire pas mon cœur, il le broie. Je sais que c'est ma faute. Je sais que c'est moi qui ai commencé, mais je ne comprends pas pourquoi il veut me faire autant de mal.

Quel sale con.

SMS de Boucles d'or **à** Grand méchant loup
0 h 22. Profites-en alors, parce que quand ton père va crever, les seules personnes que tu pourras enculer, ce seront tes putains de clients.
0 h 22. Adieu.

J'ai tellement mal. Je me couche dans mon lit en cachant mon téléphone sous l'oreiller. Je ne sais pas combien de temps je reste ainsi, la tête écrasée dans le tissu, mais la nuit est longue et étouffante… jusqu'à ce que j'entende des coups résonner contre ma porte.

Grace entre dans ma chambre. Elle avance dans la pénombre, à tâtons, pour ne pas me réveiller, je suppose. Je l'aperçois à travers mon œil à demi ouvert. Elle est plantée au milieu de la pièce, hésitant à continuer.

— Je ne dors pas, dis-je.

C'est ma sœur, alors elle me connaît par cœur. Elle sait chaque intonation et chaque syllabe écorchée. Elle sait la douleur et elle sait la honte, juste en entendant le son étranglé de ma voix.

Grace se précipite sur moi, tombant à genoux juste à côté de mon lit pour se mettre à ma hauteur :

— Lior, qu'est-ce qu'il se passe ?

Les mots me manquent et elle enchaîne, paniquée :

— C'est à cause de ce que je t'ai dit ? Je suis désolée ! Je ne voulais pas.

— Non, murmuré-je. Ce n'est pas toi.

— C'est…

— Rien, la coupé-je. Je ne veux pas en parler… Est-ce que vous avez retrouvé Lili ?

— Non, justement.

— Justement ?

— C'est pour ça que je venais te voir. Elle ne répond pas à mes appels. Est-ce que tu peux essayer, toi ?

— Pourquoi répondrait-elle aux miens ?

— Parce qu'elle t'adore. Tu es aveugle ?

Manifestement, oui.

— S'il te plaît, reprend Grace. Je vois bien que tu es… mal, mais je m'inquiète vraiment pour elle. J'ai juste besoin de savoir où elle se trouve et surtout avec qui.

J'acquiesce d'un mouvement de la tête et prends mon téléphone sous mon oreiller. Je remarque que j'ai reçu deux nouveaux messages de Hamilton. Je ne les regarde pas et vais directement dans mon répertoire pour appeler Lili.

Les sonneries retentissent.

— Lior ? répond-elle.

— Lili ?

Je ne pensais pas qu'elle me répondrait aussi vite. Qu'elle me répondrait tout court, pour être honnête.

— Tu es avec Grace ? dit-elle, perspicace.

— Affirmatif.

Ma sœur fronce les sourcils. Elle se rapproche de mon portable pour écouter ce qu'il se dit, mais je me recule instinctivement. Grace est vexee, mais s'éloigne un peu pour me laisser de l'espace.

— Demande-lui où elle est, chuchote ma sœur.

— Où es-tu ?

— En sécurité, répond Lili.

— Avec qui ?

— Tu le sais.

Oui, je le sais.

— Grace veut que tu rentres à la maison, enchaîné-je. Donne-moi l'adresse, elle va venir te chercher.

— S'il te plaît, Lior, murmure-t-elle.

— Ce n'est pas moi qui demande.

— J'ai simplement décroché pour que vous ne vous inquiétiez pas, mais je ne rentre pas à la maison.

Grace me regarde d'un air anxieux. Bien sûr, c'est moi qui me retrouve au milieu de tout ça alors que j'ai juste envie de vivre mon malheur dans mon coin et d'oublier les Hamilton.

— D'accord. À demain.

Je raccroche avant que Grace n'ait le temps de me piquer le portable des mains.

— À demain ? répète-t-elle, furieuse. Je t'ai dit que je voulais la récupérer !

— Elle est juste avec Jade et les autres, arrête de la surprotéger.

— Tu ne crois pas que j'ai des raisons de la surprotéger ? s'écrie Grace. Et si jamais elle croise un Hamilton ?

— Elle se défendra. C'est bien ce que tu veux, non ? Qu'on apprenne à se défendre tout seuls ?

—Je ne veux pas vous perdre, rétorque-t-elle. Je ferai tout pour vous protéger.

— En lui imposant un mec qu'elle ne veut pas ?

— Quoi ?

— Ça crève les yeux, qu'elle s'en fiche de Pâris. Elle a juste voulu souffler un peu en sortant avec ses amis. Laisse-la respirer.

Grace passe ses mains sur son visage en soupirant. Elle a l'air épuisé. Je ne sais pas comment elle fait pour supporter cette vie. Toute la pression au boulot, ses études à l'université, protéger sa famille, continuer de sortir avec ses proches. Elle a tellement de vies, mais aucune ne la satisfait vraiment. Je me sens triste pour elle.

— Va dormir, ajouté-je. Lili va bien, elle rentrera demain matin.

— Et toi, tu vas bien ?

Je repense aux messages de Hamilton que je n'ai pas encore lus.

— Ça ira, dis-je.

— Quand ?

— Je ne sais pas.

Grace sourit d'un air triste et pose une main sur mon épaule. Elle la laisse là quelques secondes, ça me fait du bien, puis elle finit par se lever et murmure avant de sortir de la pièce :

— Ce type ne sait pas ce qu'il perd.

Si, il le sait pertinemment.

La porte se referme et je récupère mon portable.

Je lis ses deux derniers messages.

Je m'effondre à chaque mot.

✉ **SMS de** Grand méchant loup **à** Boucles d'or

0 h 42. Adieu.

0 h 44. Et quand tu te seras remis avec ton mec, parce que tu n'es pas foutu de survivre tout seul, dis-lui de ne pas te louper la prochaine fois… Ça ira plus vite.

Extra deux

Noah Hamilton

Mes mains poussent les lourdes portes du Maddox Club. Une boîte privée en plein cœur de Mayfair, réservée à la jeunesse dorée. Ça me fait rire, d'ailleurs. « Dorée. » Il n'y a que notre fric qui est doré. Tout le reste, c'est bien loin de briller. Je crois que tout le monde s'accorde sur ce fait. C'est pour ça, tous les strass et les paillettes, ça comble le vide.

J'avance dans la boîte en me frayant un chemin entre « les fils et filles de ». Les gens comme moi, en fait. Je me faufile jusqu'au bar et m'assois sur un tabouret, parcourant la salle du regard.

Bien sûr, je la vois tout de suite. On ne voit qu'elle, de toute façon. Lili y fait tache, elle n'a rien à faire ici. Surtout rien à faire avec ce pauvre type. Je l'observe du coin de l'œil. Elle s'est faite belle, mais ça ne lui ressemble pas, comme si elle avait essayé de paraître plus âgée.

Ce que j'aime chez Lili, c'est sa folie. Ses tenues excentriques, ses couleurs pétantes, ses paillettes, et surtout sa façon de bouger, parce que son corps est incapable de rester en place plus de cinq secondes. Là, elle est enfermée dans un personnage qui n'est pas le sien. Elle porte une robe fluide, en soie, bleu nuit. Ses cheveux blonds sont attachés en un chignon bas, quelques mèches tombent sur ses épaules nues. Elle se tient droite sur sa chaise, riant poliment face à son interlocuteur, son fameux Pâris. Un homme un peu plus vieux qu'elle, aux cheveux châtains, légèrement ondulés, avec une mèche faussement négligée sur le côté. Il a la tête d'un prince… mais il est trop parfait pour être charmant en quoi que ce soit.

Je rumine sur mon siège tandis que je vois ce connard poser sa main sur sa cuisse. Je ne sais même pas pourquoi je suis venu. Enfin si, je le sais : pour la récupérer. J'ai fouillé sur son Facebook cet après-midi et j'ai appris qu'elle venait dans ce club, ce soir, avec son idiot de petit ami.

— Vous prendrez quelque chose ?

Je sursaute lorsque je perçois cette voix d'homme derrière moi. Je me retourne vers le barman, qui ne pourrait pas être plus cliché. T-shirt noir

Jean moulant. Torchon blanc posé sur l'épaule. Cheveux rasés. Piercing à l'arcade.

— Non, merci.

— Vous devez consommer.

— J'ai payé l'entrée de la boîte, rétorqué-je en me retenant de l'insulter.

Je n'ai pas fait tout le trajet pour me faire virer, surtout que j'ai pris le risque d'entrer dans un quartier Rosenbach. Daël me tuerait s'il me savait ici. Encore plus s'il en connaissait la raison.

— Si tu ne bois pas, tu gênes au bar. Alors, va t'amuser sur la piste ou consomme, mon garçon.

Je pousse un soupir avant de lâcher d'un ton amer :

— Coca-Cola.

Il me regarde d'un air de me demander si je suis vraiment sérieux et, sans trop savoir pourquoi, je ressens le besoin de me justifier.

— Je ne bois pas d'alcool.

Il opine, me trouvant probablement encore plus chiant que ce qu'il croyait.

Le barman pose le verre de Coca-Cola devant moi et je lui tends ma carte bancaire. Douze livres. Ils se foutent de la gueule des gens. Enfin, le fric, ce n'est pas ce qui manque chez moi, ni même dans ce club, donc ils se font plaisir.

J'attrape mon verre et avale une gorgée. Je n'ai jamais bu d'alcool. C'est rare pour mon âge, je le sais bien, mais je n'aime pas ça, tout simplement. Ça ravage bien trop de monde pour m'intéresser, à commencer par Daël. Quand je vois comment l'alcool défonce les gens, je me trouve plus intelligent que la moyenne.

— Eh bien ! s'exclame quelqu'un à côté de moi. Quelle tronche !

Est-ce qu'une inconnue vient sérieusement de sous-entendre que je suis laid ?

— Pardon ?

— Qu'est-ce qu'il y a, mon garçon ? m'interroge la femme en s'installant à côté de moi.

Elle est rousse. Trentaine d'années, peut-être plus. Elle commande bruyamment un whisky au barman avant de se retourner vers moi pour continuer :

— Ça n'a pas l'air d'aller ?

— On ne va pas faire ça, lâché-je.

Je bois une gorgée de mon Coca-Cola.

— Faire quoi ?

— Cette discussion clichée au bar. L'inconnue qui débarque avec ses réflexions philosophiques sur la vie et son bon conseil : « Va lui dire que tu l'aimes. » Je vous arrête tout de suite. Ça ne marchera pas.

— Oh ! murmure-t-elle en suivant mon regard. Hum… La blonde, je parie ?

— Elle s'appelle Lili.

— Elle a manifestement un mec.

— Elle ne l'aime pas.

— Qu'est-ce que tu en sais ?

— Ça se voit, elle se fait chier, dis-je en grimaçant.

— Pas tant que ça, commente-t-elle en avalant une gorgée de son whisky. Elle discute.

— Qu'est-ce que vous faites, au juste ?

— Psychologie inversée, répond-elle.

— Vous êtes psy ?

— Escort girl.

Je manque de peu de m'étouffer avec ma boisson, et elle éclate de rire.

— Je plaisante ! Allez, va la voir, ta copine !

Je ne sais même pas pourquoi j'attendais qu'elle me le dise. Au fond, c'est bien ce que je suis venu faire ici. Je termine mon Coca-Cola d'une traite et repose le verre vide sur le comptoir avant de me lever de mon siège. Je m'apprête à remercier la femme, mais réalise qu'elle n'a pas fait grand-chose à part me bouffer cinq minutes de mon temps.

Je commence à partir jusqu'à ce que ça me fasse tilt, tout d'un coup.

— Vous ne plaisantiez pas, hein ? demandé-je en me retournant vers elle.

La femme termine son verre, qu'elle repose à son tour sur le comptoir, puis elle reporte son regard vers Lili.

Elle dit en se tournant vers moi :

— Tu sais, dans mon métier, j'ai appris à faire semblant d'apprécier la présence d'une personne. Je sais aussi repérer ça chez les autres. Va la sauver, ta copine. Elle s'ennuie à mourir avec lui.

— Merci ? dis-je, pas certain que cette discussion a réellement un sens.

— Et puis, tu es largement plus canon que ce type.

— Je ne suis pas intéressé.

— Va te faire foutre, petit con.

Je m'esclaffe et elle esquisse un sourire, donc j'estime qu'il est temps de terminer cette rencontre.

Je me fraie un chemin sur la piste de danse jusqu'à me planter devant la table de Lili. Je m'en fous que ce con sache qui je suis.

— Salut.

Lili lève les yeux vers moi et se fige totalement. Je me perds dans son regard émeraude, tandis que monsieur pot de colle croit bon de continuer la conversation.

— Salut. On peut savoir qui tu es ?

Je ne réponds pas. Lili non plus. Je crois qu'elle essaie de me dire qu'elle me hait avec ses yeux, mais qu'elle n'y arrive pas.

— Mec ! s'exclame l'autre tache. On peut être présentés ?

— Viens avec moi, dis-je à Lili.

— Pardon ? s'étouffe son mec.

— Viens, répété-je, mon regard ancré dans le sien.

Elle ne réagit toujours pas.

— Tu veux que je t'éclate ? C'est ma meuf !

— Je veux juste te parler.

— D'accord, murmure Lili.

— D'accord ? répète l'emmerdeur, offusqué. C'est qui ce mec, bébé ?

Bébé. Laissez-moi crever.

— Un ami, répond-elle en se levant. Je reviens, ne t'inquiète pas.

Pas question qu'elle revienne.

— Dépêche-toi, peste-t-elle en passant à côté de moi.

Je la suis jusqu'à l'extérieur du club. Lili avance de quelques pas sur le trottoir encore encombré de gens qui veulent entrer dans la boîte. Elle a froid et passe ses deux mains sur ses bras nus. J'ai tellement envie de la serrer contre moi que je m'approche, sans réfléchir.

— Qu'est-ce que tu fais ? lance-t-elle, cinglante, en posant sa main sur mon torse pour m'arrêter.

— Te réchauffer.

— Qu'est-ce que tu me veux ?

— Pars avec moi. Quitte ce type. Dans l'ordre que tu veux.

Son regard se voile légèrement et elle baisse la tête vers le trottoir.

— On s'est emportés après cette histoire entre Jade et Stan et on a tous les deux dit des choses qu'on ne pensait pas, continué-je. Ce n'est pas trop tard pour nous, si on met notre fierté de côté et qu'on admet avoir fait une erreur en se séparant.

— Les faits restent les mêmes.

— Les faits et les sentiments sont différents… Et tu le veux aussi déraisonnablement que moi, ajouté-je.

— Tu te crois où là ? s'emporte-t-elle. Dans un film ? On est dans la réalité ! Je ne vais pas partir avec toi alors que je passe une soirée tranquille avec mon copain.

— C'est ça que tu appelles la « réalité », toi ? ironisé-je. Dans mon vocabulaire, c'est un mensonge.

— Tais-toi.

— La réalité, Lili, c'est que tu m'aimes et que tu en es terrifiée.

— Je suis avec Pâris, lâche-t-elle.

— Tu as choisi la facilité… Non, attends, tu n'as même pas choisi. Ta famille t'a imposé ce type.

— Qu'est-ce que tu en sais, au juste ?

— J'ai fait mes recherches, je sais que c'est le petit-fils d'un banquier de Goldman Sachs. Et qui ne voudrait pas faire affaire avec eux ?

Elle ne répond pas. Bien sûr, j'ai raison. Tout ça m'écœure. Tout ce fric autour de nous. Ça fait perdre la tête à n'importe qui, même à nos parents.

— Noah, reprend Lili. Pourquoi as-tu fait tout ce chemin ?

— Tu ne répondais pas à mes SMS.

— Il y a peut-être une raison.

— Donne-la-moi.

— Noah…

— Quoi ?

— Il y a des milliers de raisons ! Tu veux vraiment que j'énumère tout ce qu'il s'est passé depuis le début de ce conflit ? Nos deux familles se haïssent. Tu ne te rends pas compte ?

— Et toi, est-ce que tu te rends compte qu'on ne sera jamais responsables de tout ça, parce que ce n'est pas *notre* conflit ? C'est le leur. Uniquement le leur. Ils le veulent, pas nous. Alors, pars avec moi. Maintenant.

— Non.

— Aime-moi.

— Je t'en prie, murmure-t-elle. Tu deviens ridicule.

— Je deviens ridicule ? Tu ne vois pas le mal que tu es en train de nous faire ?

— Entre toi et moi, il y a une éternité, bon sang ! s'emporte Lili. Une éternité de problèmes, d'incompréhensions, de haine, d'incompatibilité… Une éternité d'emmerdes, Noah. C'est tout ce que je suis capable de voir, moi.

— Peut-être que tu vois mal.

— Toi, peut-être que tu ne vois rien, rétorque-t-elle.

On reste silencieux. À se regarder. Je pourrais la retenir encore à moi, mais je lis de la résignation dans ses yeux.

— C'est toi qui as la clé, Lili, murmuré-je. Ou tu choisis de t'enfermer avec tes trouillards de cousins ou tu ouvres cette putain de cage dans laquelle ils t'ont enfermée.

Elle tremble. De froid, peut-être ? Ou de peur ? La peur de comprendre à quel point j'ai raison. Je sais que c'est difficile ce que je lui demande. Je sais que ce n'est pas si facile de sortir d'un cocon parfait et bien fermé pour découvrir le monde extérieur.

On peut s'y perdre. C'est ce qui m'est arrivé, je crois.

— Je dois retourner à l'intérieur, finit-elle par me répondre. Pâris m'attend.

Lili tourne les talons. J'ai ce flash, brusquement. Cette première nuit où je l'ai vue. À son anniversaire. Dans sa robe blanche, ses plumes et son masque. C'était la beauté incarnée. Ce soir, elle l'est encore plus, parce qu'elle m'est refusée.

— Ils t'ont coupé les ailes, mon ange.

Lili s'arrête juste devant la porte. Elle est dos à moi. Ses épaules tremblent. Elle reprend sa respiration, puis disparaît à l'intérieur du club. Je reste comme un con devant la porte. Clairement comme un con, parce que je viens de me prendre le plus gros râteau de toute ma vie.

Deux mecs bourrés sortent en titubant de la boîte et l'un d'entre eux tombe devant moi. Il s'éclate le genou sur le béton du trottoir, mais la seule chose qu'il trouve à faire est de rire aux éclats avec son pote. Le gars se relève et il a l'air heureux. Bourré et heureux. Moi, je suis sobre et désespéré. Je me prétendais meilleur qu'eux tous. Peut-être que j'avais tort. Peut-être qu'ils ne prétendent rien justement. Peut-être que l'alcool leur donne juste l'impression de vivre, juste l'impression de s'échapper de leur quotidien. Je les comprends, finalement. Je comprends Daël.

Les deux amis s'éloignent sur le trottoir en riant et je reste planté devant la boîte. Je ne sais plus où aller. Je ne sais même plus quoi penser.

Je me suis jeté dans le monde et je m'y suis perdu. Je ne sais plus comment faire pour retrouver mon chemin.

— Attends, murmure une voix dans mon dos.

Je relève brusquement la tête et me retourne.

— Mais…, bégayé-je.

— Je suis allée chercher ma veste, répond Lili tout naturellement. Elle est bien trop stylée pour que je l'abandonne là-dedans.

— Tu…, commencé-je. Tu m'as sérieusement fait penser au suicide pour ta foutue veste ?

— Au suicide ? Rien que ça ?

— Bordel, Lili ! m'exclamé-je avant d'emprisonner ses lèvres.

Mes mains se posent naturellement sur ses joues et ma langue se glisse jusqu'à la sienne. Son corps percute le mien violemment, si fort que je ne sais même pas lequel de nous deux en est le responsable. Lili attrape mes hanches, serre le tissu de mon T-shirt entre ses doigts fins, et me rend mon baiser. Un mélange d'impatience et de désespoir. Ma main gauche vient encercler sa taille et je la serre encore plus contre moi, comme si c'était humainement supportable. Elle halète contre mes lèvres et je les embrasse une dernière fois avant de la laisser respirer de nouveau.

— Merde, murmuré-je, ma bouche encore collée à la sienne.

— Je sais.

— Tu es…

— On devrait partir, me coupe-t-elle.

— Partir ?

Lili glisse sa main jusqu'à la mienne et nos doigts s'enlacent.

— L'ange a besoin de s'envoler, répond-elle en me tirant.

Elle commence à courir, comme ça, comme cette nuit au bal. Cette fois, c'est elle qui m'emmène. Alors, je la suis, en courant, mes doigts toujours entremêlés aux siens. Elle court vite, cette fille, j'avais failli oublier. Au bout d'un moment, je tire sur son bras pour l'arrêter. Elle se retourne, l'air incrédule, et je l'attire jusqu'à moi.

— Si tu crois que je peux me passer de tes lèvres aussi long…

Je l'embrasse, sans même finir ma phrase, sans même finir mon mot, donc ça n'a aucun sens, mais je crois que Lili a compris l'essentiel au moment où elle a entrouvert ses lèvres. C'est encore meilleur que la première fois. Là, j'ai conscience que je suis redevenu le seul à avoir le droit de l'embrasser. J'ai envie de le crier au monde entier.

— On doit partir plus loin, finit-elle par m'arrêter.

— Pourquoi ?

— Pâris va nous chercher, répond-elle en jetant un coup d'œil inquiet derrière mon épaule.

— Quoi ? Comment ça ? Tu ne lui as pas dit que…

Lili baisse son visage et je m'exclame, comprenant enfin pourquoi elle voulait tant fuir le plus loin possible :

— Tu t'es barrée sans lui dire ?

— Tu as dit « dans l'ordre que je voulais », me fait-elle remarquer. Et quand je suis rentrée dans la boîte, il était parti je ne sais où. J'ai pensé que c'était un signe.

— Un signe ? répété-je. Qui de nous deux devient niais, là ?

— Tu étais au bord du suicide, je te rappelle.

— Je t'en prie. Je disais ça pour dramatiser.

Elle fronce des sourcils, l'air de ne pas comprendre en quoi cette information arrange mon cas. Je crois qu'elle a raison.

— Tu as conscience que tu nous as encore mis dans la merde ? enchaîné-je.

— Quoi ?

— Il va forcément appeler ta famille !

— Tu crois qu'il ne l'aurait pas fait même si je lui avais dit que je partais avec toi… Un parfait inconnu ? réplique-t-elle d'un haussement de sourcils.

Pas faux.

— On sera toujours dans la merde, Noah, ajoute Lili. Toujours. Quand on sera tous les deux.

— Alors, embrasse-moi.

— Pourquoi ?

— Pour que ce soit encore plus merveilleux.

Lili rit, puis pose ses délicieuses lèvres sur les miennes.

On s'en fiche, de ce qu'il nous arrivera. On s'en fiche, d'être sortis dans le monde sans autorisation. On s'en fiche, de s'y être perdus. On s'en fiche, de s'y être retrouvés.

Pourtant, on sait bien tous les deux que ça finira mal.

À ce stade, on emmerde la fin de l'histoire.

Chapitre 8

Lior Rosenbach

Je déteste ça. Quand la première chose à laquelle on pense au réveil, c'est le moment où l'on se rendormira le soir. Le moment où l'on sera soulagé d'avoir passé une journée de plus. Le moment où l'on pourra s'endormir pour ne plus penser. C'est exactement ce que je vis à cet instant.

J'entends les coups qui continuent de résonner contre le battant de ma porte, mais je les ignore. Je plonge mon visage sous ma couverture et prie pour revenir cinq secondes en arrière. Cinq putains de secondes où mon cœur battait simplement pour que je continue à vivre. Maintenant, il bat pour me rappeler que je n'en ai qu'à moitié envie… et que je ne le mérite probablement pas, d'ailleurs.

Les coups continuent de résonner dans ma chambre et je pousse un soupir en attrapant mon téléphone portable sur ma table de chevet. Je prétends vouloir regarder l'heure, mais la seule chose à laquelle je fais attention c'est si j'ai reçu un message de Hamilton.

Et non. Rien. *Nada.* Néant.

Je lâche mon portable qui tombe sur le matelas et je m'exclame, exaspéré, après un énième coup à ma porte :

— Quoi ?

Le battant s'ouvre et j'aperçois une tête blonde se faufiler dans la pièce. Lili.

— Tu dors ?

— Tu te fous de ma gueule ?

— Il est 11 heures, rétorque-t-elle au lieu de s'excuser.

Je ne lui réponds pas, m'enfonçant dans mon oreiller moelleux, tandis qu'elle me rejoint dans mon lit. Elle sent le frais et je suppose qu'elle vient juste de rentrer à la maison. J'ai envie de lui demander ce qu'elle a foutu avec son gorille toute la nuit, comme si je n'en avais pas déjà ma propre idée, mais je me retiens. Je ne veux pas qu'elle croie que ça m'intéresse, même si c'est effectivement le cas.

— Fais-moi de la place.

— Non, rétorqué-je fermement.
— Allez, je n'ai pas dormi de la nuit.
— Ce que tu fais de ton cul ne me regarde pas.
— Tu es con, dit-elle en soupirant.

Lili finit par se glisser sous la couette avec moi. Je sens ses cheveux chatouiller mon visage et je devine qu'elle est en train de me regarder dormir. C'est probablement la chose que je déteste le plus au monde. Après ce connard de Hamilton, bien sûr.

— Qu'est-ce que tu me veux ?
— Te remercier.
— En me faisant chier dès le matin ? Sympa comme projet.
— Pourquoi as-tu menti à Grace pour moi ?

Je m'enfonce encore un peu plus dans l'oreiller. Je ne veux pas repenser à hier soir. Jamais. Je voudrais tout oublier.

— Elle m'a engueulée, ce matin, parce que je suis allée chez Jade sans la prévenir et je… Enfin, je ne m'attendais pas à ce que tu lui aies menti pour me couvrir. Je pensais que tu lui avais dit la vérité. Alors, merci.
— Je ne cautionne pas pour autant.

Lili se tait, une moue déçue sur son visage de porcelaine. Merde, maintenant je suis bel et bien réveillé. Je repousse ma couette et m'assois sur le lit.

Mon regard se porte sur ma cousine et je répète, encore plus fermement :

— Je ne cautionne pas. J'ai menti parce que, si jamais Grace apprend pour Noah et toi, ça va être l'enfer dans cette maison et je trouve que ça y ressemble déjà assez comme ça. Mais je ne cautionne pas.
— Lior…
— Pense à ton frère, la coupé-je de nouveau. Comment est-ce qu'il le prendrait, à ton avis ?
— Noah n'est pas responsable de son accident, rétorque-t-elle sèchement.

Je me tais. Ma tête tape contre le mur derrière moi, et mes yeux se ferment tout seuls. Je suis tellement fatigué. Je n'ai pas arrêté de me réveiller cette nuit. Pas arrêté de regarder mon portable. Pas arrêté de me haïr. Alors, non, je ne la laisserai pas faire ça.

— D'accord, ce n'est pas lui, murmuré-je. Oui, concrètement, ce n'est pas lui qui l'a foutu dans ce fauteuil… Et après, Lili ? Vous allez vivre tous les deux sur une île déserte, coupés du monde ? C'est ça, votre plan ? Après, vous allez faire quoi ?

Elle ne répond pas. Donc, je continue, parce que je sais exactement ce qu'il va se passer, après.

— Elle a une fin, ton histoire, et ce sera au moment où tout le monde la découvrira. Et ça arrivera. Tu le sais. Il le sait. Je le sais. Pourquoi tu t'accroches à ce bonheur ? Il est totalement éphémère.

— Mais peut-être que…

— Peut-être que rien du tout. Tu ne peux pas vivre sans nous. Il ne peut pas vivre sans eux. Vous êtes incompatibles. Pas de *happy end* avec les Hamilton. C'est ça, la fin de l'histoire.

Je me retourne vers elle. Lili a les yeux embués de larmes et ça me fait de la peine. Je comprends mieux que quiconque ce qu'elle ressent à cet instant précis.

— On ne vit pas dans un conte de fées, dis-je pour conclure.

— On ne vit pas non plus dans un monde normal. Dans le monde normal, tu as le droit d'aimer les gens que tu veux… Pourquoi on ne vit pas dans ce monde-là, nous ?

— Parce qu'on ne l'est pas ? proposé-je. Normaux.

Ses doigts titillent ma couverture, puis elle finit par s'allonger dans mon lit, remontant le drap jusqu'à son menton. Elle soupire et je m'enfonce dans le matelas avec elle. Ça faisait longtemps que l'on n'avait pas dormi tous les deux, comme ça.

— Tu veux faire quelque chose aujourd'hui ? dis-je.

Lili est allongée en face de moi. Ses yeux sont encore rouges, mais je crois qu'elle ne veut pas pleurer. Elle a toujours détesté ça. Être faible, fragile. Son modèle, c'est Grace. Une femme forte que personne n'a jamais réussi à blesser.

Forcément, à côté, je fais tache. J'ai n'ai pas fermé l'œil de la nuit, torturé par mes pensées. Mon visage est certainement encore plus dévasté que le sien.

— Ça va ? chuchote-t-elle, réalisant probablement mon état à cet instant.

— Je ne suis plus avec mon copain.

— Déjà ?

J'esquisse un sourire amer. Ouais, *déjà*. Ça ne faisait même pas une semaine. À croire que je ne mérite jamais rien.

— Qui a rompu ? m'interroge ma cousine en enfonçant sa tête dans mon oreiller en plumes.

— Moi.

— Qu'est-ce qu'il s'est passé ?

— Incompatibilité.

— Je t'en prie, murmure-t-elle. Tu ne seras jamais pire que moi.

Elle ne sait pas à quel point c'est ironique.

— C'est dommage, reprend Lili.

— Pourquoi ça ?

— Au moins, on ne voyait plus ta gueule par ici.

Je la frappe et elle rit, alors que je reprends, passant sur le dos :

— Tu parles, les parents m'ont juste laissé dormir chez lui, parce qu'ils se culpabilisaient trop par rapport à Neil. Ça n'aurait pas duré.

— Tu as tort, lâche-t-elle en fermant les yeux. Ce n'était pas pour ça.

— C'était pour quoi, alors ?

— Tu étais tellement heureux.

Lili se tait. Elle me laisse comme ça, comme si je ne le savais pas déjà. Je déglutis lentement la boule qui m'obstrue la gorge.

— Tu étais tellement heureux, répète ma cousine. Même si on ne te voyait que cinq minutes dans la journée, parce que tu venais récupérer des fringues propres et tes cours. Tu étais juste tellement heureux. Personne ne t'aurait enlevé ça.

Elle rouvre les yeux et murmure :

— Personne à part toi, Lior.

Je ne réponds pas. Je n'ai rien à lui répondre. Aucun mot à mettre là-dessus. Elle a raison, je me suis infligé ça tout seul. J'ai rejeté Hamilton. Je n'ai pas eu le courage de continuer avec lui. Juste le courage d'abandonner. Juste le courage de rendre ma vie encore pire qu'avant.

— Bref, enchaîné-je. On fait quoi, aujourd'hui ?

— Film ? Glace au chocolat ?

— Ça me va.

— Je suis sûre qu'Ethan et Ian vont vouloir se joindre à nous.

— Depuis quand ils refuseraient de bouffer, de toute façon ?

Lili se joint à mon rire, puis elle s'étire en bâillant. Alors la question qui me brûle les lèvres depuis tout à l'heure se décide enfin à sortir :

— As-tu couché avec lui ?

Le visage de ma cousine s'empourpre et je ne m'attends même plus à ce qu'elle me réponde… jusqu'à ce que j'entende un timide « non » sortir de ses lèvres. Je fronce les sourcils d'un air intrigué et elle ajoute, gênée de se confier à moi :

— Disons qu'on n'a pas été jusqu'au bout. On s'est juste embrassés, touchés et c'était juste… tendre, tu vois ?

Je pourrais être heureux pour elle, mais ça me lamine le cœur encore une fois.

— Il m'aime, murmure Lili. Je l'ai senti jusque dans ses gestes.

— Arrête.

— Désolée, je ne voulais pas remuer le couteau dans la plaie.

— Qu'est-ce que tu vas faire ? demandé-je. Avec lui ?

— Comment ça ?

— Après ce que je viens de te dire. Comment vas-tu le quitter sans être trop brutale ?

— Je…, commence Lili, troublée. Je ne vais pas le quitter.

— Quoi ? m'emporté-je. Tu écoutes quand je te parle ?

— Et toi, tu as écouté ce que je viens de te dire ?

— Lili !

— Il m'aime, répète-t-elle. Je m'en fous du reste.

— Mais… ! m'exclamé-je, trop énervé pour formuler une phrase complète.

— Je m'en fous de la suite, Lior. Et puis, de toute façon, je ne pourrais pas le quitter.

— Pourquoi pas ?

— Parce qu'il me retiendrait, répond-elle automatiquement.

Ça m'éclate à la gueule, une deuxième fois. Il la retiendra. Lui, il en est capable. Elle, elle en vaudrait le coup. Eux ont le courage de s'aimer.

Pas nous.

Daël Hamilton

Le verre chancelle contre le bois du bar, et le fond de mon whisky s'en écoule lentement. L'alcool s'infiltre dans les brèches. Irrécupérable. Un peu comme moi.

Un hoquet bruyant se fraie un chemin jusqu'à mes lèvres. J'ai la désagréable sensation que ce n'est pas mon diaphragme qui suffoque, mais tout mon être. J'ai mal à la tête, la vision trouble, les gestes imprécis et un foutu cœur en miettes. Je déteste tout. Cette stupide musique qui résonne dans le bar et qui me rappelle ce que signifie être un pochtron comme moi. « *One, two, three, drink.* » Ce stupide barman qui me regarde avec un air condescendant sur le visage. Ce stupide téléphone qui reste silencieux. Cette stupide attente. Ce quelque chose à l'intérieur de moi qui me fait espérer que tout cela s'arrête.

Ça ne s'arrête pas. Depuis hier soir, ça ne s'arrête pas. Je n'ai pas été au travail aujourd'hui. Je n'ai eu de comptes à rendre à personne. Mon père est toujours cloué dans son lit d'hôpital. Moi, j'étais cloué dans le mien toute la journée, puis je suis sorti en fin d'après-midi pour aller au bar. Mon bar. Je ne sais plus quelle heure il est maintenant et je m'en fiche.

Ma langue devient sèche et j'ai cette horrible impression que je reprends trop goût à la réalité. Je ne peux pas la surmonter. Alors, ma main se lève toute seule pour appeler le barman et, dans un geste que je ne comprends pas moi-même, je commande un énième verre.

Il arrive quelques secondes plus tard. Le Graal. *Mon Graal.* C'est ça, ma quête à moi. La seule chose qui me fait du bien et qui ne me quittera jamais.

Je trempe mes lèvres dans le liquide chaud. C'est fort. Trop fort. C'est exactement ce qu'il me faut. J'ai besoin de me sentir partir. Besoin que l'alcool prenne possession de mon corps, besoin que ça agisse à ma place, pense à ma place, vive à ma place.

Je n'ai plus la force de le faire tout seul.

— Putain.

Je ferme les yeux. Je voulais être seul. Je voulais juste être seul.

— Daël, tu as recommencé.

Recommencé ? Pour ça, il faudrait déjà que j'aie arrêté. Fallone a l'air d'avoir envie d'y croire, cependant, donc je ne peux pas lui gâcher cette joie.

— Visiblement.

Je veux avaler une nouvelle gorgée, mais ma cousine retient mon bras et s'empare du verre dans ma main. Elle le repose, plus loin. À une distance pourtant ridicule. Disons que j'ai compris l'idée.

— On rentre, déclare-t-elle sèchement.

— Tu rentres, je n'ai pas besoin d'une nounou.

— Tu rêves, si tu crois que je te laisse comme ça.

— Tu rêves, si tu crois que je te suis.

— On parie ?

J'abandonne. Je ne suis clairement pas en état de lutter contre elle. Et puis, je ne suis même pas sûr d'être certain de pouvoir rentrer chez moi dans cet état. Alors, c'est peut-être une bonne chose qu'elle ait pensé à moi.

— Comment as-tu su que j'étais ici ? grommelé-je, la voix enrouée et fatiguée.

— Parce que tu es toujours là quand ça ne va pas.

— Comment as-tu su que ça n'allait pas ? reformulé-je.

— Parce que, ça aussi… ça arrive toujours.

Pas faux. Un nouveau rot sort de mes lèvres et j'entends Fallone grimacer, mais je n'en ai concrètement rien à faire. Ma cousine m'attrape le bras et m'aide à me lever. Tout tangue violemment. Ça faisait au moins quatre heures que j'étais assis au bar. Je n'avais pas réalisé à quel point j'avais perdu la notion d'équilibre. Je m'affale sur Fallone, qui me rattrape avec difficulté et tente de me remettre debout.

— Putain, Daël, grogne-t-elle. Dans quel état t'es-tu mis ?

Je ne réponds pas à la question. Elle le voit elle-même, de toute façon.

— Pas payé, murmuré-je en m'accrochant à son épaule.

— Addition ! crie-t-elle au barman.

J'imagine déjà le regard noir qu'elle doit lui lancer. Pour qu'il y ait un alcoolique, il faut un mec qui lui vende sa dose. Et le mec qui m'a vendu ma dose, c'est lui. Pourtant, Fallone est hypocrite de le détester pour ça. Lui, il fait son boulot. Moi, je fais juste de la merde.

Je sens du mouvement alors que je suis vautré sur elle et devine qu'elle est en train de tendre sa carte bancaire.

— Plus de deux cents livres ! beugle-t-elle à mon oreille. Tu t'es enfilé combien de verres au juste ?

Comme si je les avais comptés.

— Peu importe, conclut-elle en glissant sa carte dans la poche arrière de sa salopette. Est-ce que tu peux marcher ?

Je retiens un haut-le-cœur avant de réussir à répondre :

— Non.

Je fais pitié, je le sais. Même si Fallone m'a vu bourré un million de fois, elle ne m'a jamais connu dans un état aussi lamentable. Je détesterais ça si mon cerveau était capable d'y réfléchir correctement.

Fallone me traîne jusqu'à la sortie du bar. La nuit est en train de tomber. Mes pieds touchent à peine le sol, et la seule chose que je capte, c'est le moment où elle me plante presque la tête dans le trottoir. J'avais l'intention de comprendre son geste mais, à l'instant où le vomi passe mes lèvres, je n'ai plus besoin de poser la question. C'est bruyant, sale et douloureux. Plus que les autres fois, parce qu'elle est là pour y assister. Je ne voulais pas qu'elle ait cette image de moi.

Ma cousine me relève et je titube, mon dos venant se caler sur son torse.

— Tu vas mieux ?

— Je me suis vomi dessus.

— Ce n'est pas grave. Je te nettoierai quand on arrivera.

Je me laisse porter une nouvelle fois jusqu'à sa voiture. Je m'enfonce dans le siège côté passager et comate. Je ne sens même pas le trajet passer. J'ai l'impression de me retrouver assis dans ma salle de bains en un quart de seconde. Il y a un moment où j'ai dû perdre connaissance. Concrètement, ce n'est pas possible autrement.

— Arrête de bouger, gronde Fallone en m'ôtant tous mes vêtements.

On dirait un gosse. Un sale gosse, cela dit, je ne pense pas qu'un môme de cinq ans puisse s'enfiler autant d'alcool.

Je me retrouve en caleçon devant ma cousine. Je n'arrive même pas à éprouver de la honte. Je suis juste… ailleurs. Je crois que j'ai fini par les foutre en l'air, les seuls neurones qu'il me restait.

Le jet d'eau coule soudainement sur mon dos et je remarque que Fallone a fait attention à la température. Je pourrais la remercier, mais ça signifierait ouvrir la bouche et j'ai peur du son qui pourrait en sortir.

Fallone me rince, doucement, sans trop oser me regarder. Elle sait que je ne l'assumerai pas demain. Ni même elle, probablement. Elle m'aide à sortir de la douche, je titube toujours. Elle récupère une serviette sur le radiateur et me la pose sur les épaules pour m'en recouvrir. C'est celle qu'avait utilisée Rosenbach, il y a deux jours.

— C'est un connard, grincé-je, les poings serrés.

— C'est une rupture, réplique-t-elle. Elle passera, comme toutes les séparations. Nous, on est toujours là.

Fallone s'adosse contre le lavabo, posant ses mains sur la céramique derrière elle. Elle m'observe, attendant que je reprenne la parole.

— Je suis en colère.

— Je sais. Et ça aussi, ça passera.

— Ça ne passera pas, dis-je aussitôt. Je le hais.

— Non, m'interrompt-elle. Tu ne le hais pas, justement.

Je lève mon regard vers elle, troublé. Je crois comprendre ce que ma cousine insinue et ça m'en retourne l'estomac.

— Je ne suis pas amoureux, craché-je.

— Tant mieux pour toi, rétorque Fallone avant de sortir de la salle de bains.

Elle revient avec un boxer propre, un jogging et un T-shirt pour la nuit et me laisse seul, à nouveau. J'arrive à les enfiler. La douche m'a remis un peu les idées en place.

Je sors de la pièce en titubant. Fallone est en train de préparer le canapé pour dormir.

— Tu n'es pas obligée de rester là, murmuré-je, la voix pâteuse.

— Ça ne me dérange pas. Va boire… de l'eau, s'empresse-t-elle de préciser.

Je souris. Même à l'article de la mort, cette fille pourrait me faire rire. Je me dirige vers la cuisine et attrape la grande bouteille d'eau qu'elle a sortie du frigidaire. Ça fait du bien. Je garde la bouteille avec moi et retourne dans le salon. Fallone est allongée sur le canapé, une couverture sur les jambes.

— Si tu as besoin de moi, n'hésite pas, déclare-t-elle. J'ai mis une bassine dans ta chambre.

— Tu es trop bien pour moi, tu le sais, ça.

— Bien sûr que je le sais.

— Bonne nuit.

— Bonne nuit, Daël.

J'entre dans ma chambre. J'ai la tête qui va éclater. Je pose la bouteille sur ma table de chevet et remarque que Fallone a posé mes fringues dans un coin de la pièce. Je récupère mon portable avant de me jeter sur mon lit. Je m'enfonce dans le matelas et mes yeux se ferment tout seuls. J'ai tellement mal au ventre et à la tête. Pourtant, ce n'est même pas ça qui me fait le plus souffrir.

Je regarde mon écran de téléphone d'un air absent. J'attends. Sans trop savoir quoi. Je ne sais même pas ce que je veux.

Mes doigts finissent par écrire sans que je le décide.

🖂 **SMS de** Mec de Lior **à** WTF
23 h 10. J'ai foiré avec ton frère.

🖂 **SMS de** WTF **à** Mec de Lior
23 h 12. Je sais. Tu l'as jeté ?

🖂 **SMS de** Mec de Lior **à** WTF
23 h 12. Lui l'a fait.

🖂 **SMS de** WTF **à** Mec de Lior
23 h 12. Pourquoi tu as foiré alors ?

🖂 **SMS de** Mec de Lior **à** WTF
23 h 12. Je n'ai pas su le retenir.

🖂 **SMS de** WTF **à** Mec de Lior
23 h 12. Personne ne retient mon frère.

« Bien sûr que si », j'ai envie de lui répondre. Si, toi, putain, et ta tarée de famille, sa coke, son connard d'ex, sa peur, sa honte, sa culpabilité, sa haine.

Tout le retient, et ça me rend fou.

Chapitre 9

Daël Hamilton

Mes mains glissent dans les poches de mon jean. Un tic nerveux déforme mes lèvres en un rictus crispé. Mon pied tape frénétiquement sur le trottoir. On est devant le KOKO, dans le quartier délirant de Camden Town. L'enseigne en leds clignote sur la façade de l'imposant bâtiment. Les gens sont impatients de redécouvrir le lieu, fermé après une rénovation. Ils brandissent leur carton d'invitation, froissant le fameux ticket d'entrée de ce que l'on annonce être la « meilleure soirée de l'année ». Moi, je suis là, sans effort et sans conviction. J'ai enfilé un slim noir et ma veste en jean. Mes cousins m'ont traîné ici. J'ai accepté. Pas pour leur faire plaisir, mais parce qu'une infime partie de moi suppose que les Rosenbach y seront aussi. Le KOKO est dans un quartier neutre.

On finit par entrer dans la boîte. Tout est « trop ». Trop bruyant. Trop lumineux. Trop rempli. Trop bling-bling. Tout à fait le genre de Stan qui, d'ailleurs, a l'air au summum de l'extase.

— Putain, arrête de tirer cette gueule, Daël ! s'exclame-t-il en me tapant sur l'épaule. « T'amuser », tu connais ?

— Je ne suis pas motivé.

— Ça fait deux semaines que tu ne fais plus de soirées avec nous. Tu as quoi ? Tes règles ?

Je ne prends même pas la peine de répondre à cette remarque totalement misogyne. J'aperçois Fallone l'attraper par le bras pour l'emmener avec elle au bar… ce qui convient à Stan, qui la suit sans broncher. Je remercierai Fallone plus tard pour m'avoir débarrassé de ce boulet.

Je me retourne vers son grand frère. Aiden est en train de jeter un regard circulaire à la salle, un air peu rassuré sur le visage.

— Je ne le sens pas.

— De quoi ? La soirée ?

— Les Rosenbach, crache-t-il.

— La boîte est assez grande pour s'éviter.

— Comme si ça allait suffire, lâche Aiden en soupirant. On aurait dû attendre le week-end prochain pour y aller.

— Et leur laisser le privilège d'être vus à la soirée d'ouverture ? Jamais.

Je m'étonne moi-même de parler comme Stan. Il faut croire que je lui ressemble plus que ce que je veux bien croire.

— Je sais, murmure Aiden. Mais quand même… Il y a Stan. Et Ethan. Peut-être même Jade. Tu sais aussi bien que moi que ça va mal finir.

En effet, je le sais. Je ne sais pas pourquoi j'ai accepté d'envoyer mon clan à l'abattoir. Juste pour voir Rosenbach une demi-seconde parmi une foule de jeunes dégoulinant de sueur. Une demi-seconde. Je ne vais pas bien dans ma tête.

— On surveille Stan, et ça va aller, dis-je pour le rassurer.

Aiden lève les yeux au ciel. On sait tous les deux que c'est des conneries et que personne ne contrôle Stan. Rien que lui ne se contrôle pas lui-même.

— Où est Noah ? enchaîné-je. Lui aussi, il faut le surveiller.

— Il vient plus tard avec ses amis du lycée.

— Comment vont-ils faire pour entrer sans nous ?

— Fausse carte d'identité.

Je hoche la tête, puis reporte mon attention sur la piste de danse. Je le cherche des yeux. Aucun Rosenbach à l'horizon. Ça ne m'étonne même pas. Comme d'habitude, ils vont arriver deux heures après tout le monde pour qu'on les remarque. Comme s'ils étaient tous tellement géniaux et occupés qu'ils avaient autre chose à foutre que d'arriver à l'heure à la soirée la plus enviée de Londres.

Je retiens un rire amer. Je les déteste tous, enfin j'essaie.

— On va boire ? fait Aiden.

Je décline d'un geste de la tête. Pas question que je touche à ça ce soir. Ma gueule de bois de la dernière fois m'a servi de leçon. Pour une semaine, tout au plus.

— Moi, j'y vais, renchérit-il.

Il me laisse là. Je le vois s'éloigner dans la foule et observe les danseurs, sur la piste. Je ne sais pas combien de temps je reste ainsi. Cinq minutes ? Dix ? Vingt ? Je ne sais plus, mais je finis par réaliser que je dois vraiment passer pour un bouffon sans amis alors je finis par me réveiller. Tant pis pour mon abstention d'alcool. Je ne peux définitivement pas passer une soirée en boîte sobre.

Je m'apprête à rejoindre mon cousin au bar lorsque je m'arrête brusquement pour éviter de percuter la personne qui vient de me barrer la route… C'est mon souffle qui se coupe à l'instant où je croise son regard.

C'est indescriptible. La haine que je ressens quand je la vois, comme du poison qui coule dans mes veines. Grace m'observe de bas en haut. Une inspection réciproque. Mon regard défile de ses escarpins noirs, à sa jupe en cuir, puis son chemisier blanc, noué à la taille, pour terminer sur son visage. Ses cheveux sont lâchés, tombant sur ses épaules. Ses yeux perdus quelque part entre son mascara et son dédain.

Mon nom écorche ses lèvres tartinées de rouge.

— Hamilton.

— Rosenbach. Quel déplaisir.

Grace me toise d'un regard sans émotion, comme d'habitude. Il faut croire que son cœur de glace est finalement parvenu à geler son âme.

Je me surprends à dire :

— Il n'y a rien.

— De quoi parles-tu ?

— Dans tes yeux, il n'y a tellement rien. Tu es si vide.

Ma remarque a l'air de la déstabiliser. Un étonnement partagé, cela dit. Je ne sais pas pourquoi j'ai dit ça. J'ai dû trop m'habituer à parler aux Rosenbach.

— Et tu crois qu'il y a quoi dans les tiens ? m'interroge-t-elle froidement. À part la trouille de finir comme ton père ?

— L'ambition de ne pas finir comme toi ? rétorqué-je. Tu es exactement ce qu'ils veulent qu'on soit mais, sans ton nom et ta banque, tu n'es personne.

Elle ne répond pas, les lèvres pincées, et poursuit son chemin. Je reste un instant hébété, dans la même position. C'est la première fois que ça m'arrive. Laisser Grace Rosenbach sans voix, sans réponse, sans répartie. Toucher Grace Rosenbach, en plein dans le cœur. Lui rappeler que, finalement, elle en a toujours un. Un cœur caché et oublié bien loin quelque part. Un cœur encore capable de lui prouver à quel point elle est pathétique.

Je rejoins mon cousin au bar. Il est en train de s'enfiler un shot et, vu le nombre de verres à côté de lui, je suppose qu'il est déjà complètement ivre. Génial.

Je m'adosse au bar après avoir commandé un verre de whisky et observe Aiden, dont les yeux disent merde à l'autre. Comment a-t-il fait pour être aussi mal en seulement une demi-heure ?

— Mec. Il est à peine minuit.

— Daël Hamilton oserait vraiment me faire la morale ?

Je ferme ma gueule. Je l'ai bien cherché. Moi, l'alcoolique de service qui se prétend mieux que tout le monde. Mon verre arrive et je trempe mes lèvres dans le liquide. L'alcool chaud descend le long de mon œsophage. Ça apaise la douleur, le stress. C'est peut-être con, mais je suis stressé. De savoir Rosenbach ici et de ne pas avoir le droit de le toucher.

Mon verre se termine encore plus vite que je ne l'aurais pensé et j'en commande un deuxième. Aiden est parti s'échouer sur la piste de danse.

Je le regarde, un sourire amusé sur les lèvres, tandis que j'entends une voix s'esclaffer à côté de moi :

— Ce n'est pas sympa de se foutre de sa gueule, Daël. Il est juste bourré.

Je me retourne vers Noah qui prend place à côté de moi au bar.

— Je te pensais plus critique vis-à-vis de l'alcool, fais-je remarquer.

— Ce n'est pas parce que je n'en bois pas que je blâme ceux qui le font. Ils ont généralement leurs raisons.

— Quelle raison donnerais-tu à Aiden, hormis le fait qu'il veuille juste baiser et qu'il est trop timide pour draguer une meuf en étant sobre ?

— Ça, murmure Noah. C'est une bonne raison.

— Le sexe ?

— L'amour.

Je lève les yeux au ciel, exaspéré. Qu'il est devenu niais, celui-là.

— Lili est là, ce soir, enchaîne Noah, comme si la transition n'était pas écœurante.

— Stan aussi. Tu ferais mieux de ne pas l'approcher.

— Je sais… Elle est venue avec Jade.

Je soupire. Ils me font tous chier avec leurs histoires de cul.

— C'est son problème. N'interviens pas.

Noah ne répond pas, et je vois son regard se porter vers le fond de la salle, à une table VIP. Je les vois tous. Grace qui vient de commander une bouteille de champagne. Edward qui est avachi sur un des fauteuils rouges. Ethan qui se tient debout devant son frère, Jade et Lili à ses côtés. Je m'arrête, hébété. Il y a Ian. Il est dans son fauteuil roulant, installé autour de la table avec les autres. Je suis choqué. Choqué qu'ils l'aient emmené avec eux en sachant très bien que l'on y serait aussi.

Il y a tous les Rosenbach au complet. Tous, excepté *lui*. Est-ce que c'est parce qu'il refuse de me voir qu'il n'est pas venu ? Je déteste cette idée. Je voulais juste l'apercevoir. Juste une seconde. De quel droit m'enlève-t-il ça ? Je le déteste tellement à cet instant.

— Et ils ont amené Ian, murmure Noah.

— Je viens de voir ça, dis-je en me retournant vers mon cousin. C'est inconscient.

— Pourquoi ? Il a encore le droit de vivre. À moins que tu souhaites lui enlever ça aussi ?

J'observe Noah. Il y avait une pointe de sarcasme dans sa voix, comme s'il me reprochait quelque chose.

Clairement, il me reproche quelque chose. Je le vois dans la noirceur de ses yeux.

— Alors, quoi ? rétorqué-je sèchement. Tu es de leur côté maintenant ? Tu changes de clan ?

— Je n'ai jamais été dans votre clan.

— Arrête tes conneries.

— C'est vrai ! Tu ne voulais jamais de moi, d'habitude, tu disais que j'étais trop jeune. Maintenant, ça t'arrange bien que j'en fasse partie, juste pour m'interdire de voir Lili.

— Parce que tu n'as pas le droit ! m'emporté-je. C'est comme ça, imprime-le ! On ne fait pas toujours ce qu'on veut de sa vie !

— Si, j'en fais ce que je veux, justement. Je ne vais pas m'arrêter de vivre à cause de toi.

— De moi ? m'étranglé-je.

— Oui, tout est à cause de toi. À cause de ce que tu as fait à son frère. Tout est parti de toi, Daël. Ce conflit insensé. Tu l'as provoqué. Avant, on se détestait, mais on pouvait se supporter, on n'avait pas toutes ces histoires de quartiers délimités et ces conneries de règlements de comptes. Tu as tout foutu en l'air. Tu as semé la haine. Et le pire, c'est que tu continues de le faire, parce qu'il n'y a que ça qui arrive à te soulager de ta culpabilité… mais tu te voiles la face si tu crois sincèrement qu'un jour tu oublieras ce que tu lui as fait.

Je reste sans voix, la gorge nouée. J'ai besoin d'un autre verre.

— Toi aussi… imprime-le, déclare Noah avant de me quitter pour rejoindre sa bande d'amis sur la piste de danse.

Je m'assois sur le tabouret du bar. Je le sais, je le sens. C'est reparti. Je vais commander un verre, un deuxième, un troisième et je ne les compterai plus. C'est ainsi que ça va se passer, ainsi que je supporterai cette soirée.

La musique électro résonne à fond derrière moi et j'en ai déjà mal à la tête. Mon verre est posé devant moi et je ne le touche pas. Je sais qu'une fois que je l'aurai avalé, je serai incapable de m'arrêter. Je doute encore. Je ne suis pas certain que ce soit la soirée adéquate pour se laisser aller… Pas avec nos deux familles dans un même espace confiné.

Je reste devant mon verre, comme un con. Je pèse le pour et le contre. Est-ce que je dois enfin endosser le rôle du chef de clan afin de les protéger ? Est-ce que je dois les abandonner et juste me sentir partir, juste fuir, comme d'habitude ?

Je continue de réfléchir, pendant ce qui me semble des heures, jusqu'à ce qu'une voix rauque me sorte de mes pensées :

— Putain ! lâche Stan en me rejoignant.

— Quoi ?

— Je vais la tuer ! continue-t-il, l'air de ne même pas réaliser que je suis à côté de lui.

— Laisse Jade tranquille.

— Elle ne s'en sortira pas comme ça.

— Stan, tu m'écoutes ?

— Vodka-Red Bull, commande-t-il au bar, lorsque le serveur s'approche de lui.

— À qui tu parles si tu ne captes même pas que je suis là ? dis-je.

— Elle va moins rire, tu peux me croire, déclare-t-il en attrapant son verre sur le comptoir.

Stan donne un billet de cinquante livres sterling au barman sans même attendre qu'on lui rende sa monnaie et disparaît à travers la foule. Je me retourne vers mon verre et pousse un soupir. Ce mec est un bordel à lui tout seul.

Décision prise. J'endosse le rôle du chef de clan. Celui que j'aurais dû avoir dès que l'on a franchi les portes de la boîte. Celui que j'aurais dû avoir dès l'instant où les Rosenbach sont apparus ici.

Je descends du tabouret, puis me fraie un chemin dans la foule, cherchant Stan des yeux. Ou Jade. Je sens qu'il ne va pas être loin. Je finis par le repérer. Il est avec une jolie blonde, pulpeuse et semblant superficielle, tout à fait son genre. Sauf que, lorsque j'arrive à leur hauteur, la poupée Barbie lui fout une claque monumentale. La fille disparaît juste après son geste, et Stan se retourne vers moi. La colère déforme tous les traits de son visage.

— Quoi encore ? lancé-je.

— Je vais tuer les Rosenbach.

— Tu ne veux pas laisser tomber, juste une nuit ?

— C'est eux qui ont commencé.

— Quoi ? le coupé-je. Qu'est-ce qu'ils ont fait ?

— C'est…

— Les gars ! nous interrompt Noah en nous empoignant tous les deux par le bras. Besoin d'aide ! Urgent !

On le suit, sans broncher. Noah n'est clairement pas le genre de gamin à demander de l'aide pour rien. Il a l'air inquiet. Notre cousin s'arrête soudainement devant une banquette rouge et je prends deux secondes à réaliser que l'homme ivre mort devant mes yeux est Aiden.

— Merde, soufflé-je en me retournant vers son frère. Il ne manquait plus que ça.

Je sais pourtant que je suis plutôt mal placé pour ce genre de commentaire.

— Où est Fallone ?

— Aucune idée, j'ai juste trouvé Aiden comme ça.

Stan est blême. Il avance doucement vers son frère et lui murmure quelque chose que je ne comprends pas. De toute façon, la musique est bien trop forte… Vu l'état d'Aiden, je ne suis pas sûr qu'il comprenne non plus.

— Qu'est-ce qu'on fait ? demande Noah.

— On le ramène à la maison. On ne va pas le laisser comme ça.

— J'appelle un taxi ?

J'acquiesce, avant d'ajouter :

— On rentre tous avec lui.

— Quoi ? s'énerve Stan immédiatement. Hors de question ! Les Rosenbach vont penser qu'on fuit !

— On s'en fout de ce que vont penser les Rosenbach. Ferme ta gueule, pour une fois.

— Je t'emmerde.

Noah soupire, s'interposant entre nous deux.

— On a plus urgent là, non ?

Je reconnais qu'il a raison. Je décide d'ignorer Stan et me retourne vers notre cousin. Je n'avais jamais vu Aiden dans un état aussi lamentable. Disons, un état qui ressemble au mien il y a quelques jours.

— Vous pouvez rester avec lui ? enchaîné-je. Je vais chercher un peu de papier et de l'eau dans les toilettes pour le nettoyer. Il s'est gerbé dessus.

— Pas de problème, répond Noah.

Je quitte mes cousins en soupirant, puis me dirige vers les toilettes des hommes. J'entre directement dans l'une des cabines pour prendre du papier à l'intérieur. Sans trop de surprise, il n'y en a plus. Il n'y en a jamais, merde. Je ressors furieux de la cabine.

Alors que je m'attends à croiser mon propre reflet dans le miroir au-dessus des lavabos, je tombe sur deux iris verts qui me fixent avec intensité. Je m'arrête de respirer. Putain. Il est venu. Il est là. À quelques mètres de moi.

Je continue de fixer Rosenbach dans le miroir. Je ne décroche pas de son regard. On doit avoir l'air cons, mais je m'en fiche. J'ai l'impression que tout le reste a disparu. La musique trop forte, les gens qui te poussent, qui crient, qui gueulent, qui s'embrassent, qui baisent, qui sniffent leurs merdes et qui ressortent le nez plein de poudre. Il n'y a plus que nous. Je ne vois plus que lui et ses iris verts. Grace me tuerait, si elle me voyait le regarder comme ça. *Encore* une fois.

Rosenbach est le premier à lâcher prise. Il a l'air gêné de nous savoir si près l'un de l'autre, surtout après ce que l'on s'est balancé par messages. Il coupe le robinet et s'apprête à sortir des toilettes. Hors de question. Je ne peux pas, c'était bien trop court.

Je me mets en travers de son chemin. Il s'arrête juste avant de me percuter, ayant un mouvement de recul à mon égard. Ses yeux s'ancrent aux miens. J'aime ça. Quand il me regarde comme si j'étais le centre de son univers. Il pourra me dire ce qu'il voudra, mais ses yeux ne me mentiront pas. Je pose ma main sur sa hanche, sans parler et toujours sans respirer, et je le fais reculer jusqu'aux toilettes derrière nous. Je referme la porte sans trop savoir ce que je suis en train de faire et nous enferme à clé à l'intérieur.

Je me retourne vers lui. Il a l'air hébété. Hébété de ma réaction. Je le comprends, vu les derniers messages que je lui ai envoyés.

— Je…

Ma voix est tremblante, absolument pas assurée.

— On devrait parler, murmuré-je.

— Tu veux savoir si mon camé de copain en a bientôt fini avec moi ?

Mon cœur se resserre. Ce mec est un tel con qu'il serait capable de se remettre avec lui juste pour me faire chier. Je m'angoisse clairement à cette idée.

— Il t'a retouché ?

— Ça ne te regarde pas.

— Tu es défoncé ?

— Ça ne te regarde pas.

Bordel, je vais le tuer.

— Hamilton, reprend-il. Pourquoi nous as-tu enfermés dans les toilettes ?

J'essaie de réfléchir à une réponse cohérente, mais Rosenbach continue :

— Parce qu'il ne faudrait pas que ça devienne une habitude.

Cette voix. Ce ton. Ces mots. Je fonds. Je repense au moment où je les lui ai dits. Quand il m'a embrassé, la deuxième nuit qu'il a passée chez moi. Là, il est devant moi, les joues rouges et la poitrine gonflée à cause de sa respiration saccadée. Il ose faire référence à *ça*, comme si je pouvais concrètement le supporter.

Rosenbach porte un slim, comme d'habitude, légèrement mouillé, car il a essuyé ses mains dessus, et un T-shirt gris. Concrètement, je n'ai jamais vu quelqu'un d'aussi séduisant de toute ma vie.

— Je pourrais m'y habituer, murmuré-je.

Un sourire effleure ses traits. Un putain de sourire.

« Personne ne retient mon frère. »

Les mots de Grace remontent à mon esprit et les miens restent coincés dans le fond de ma gorge. Je pourrais m'évanouir sur-le-champ, car ma respiration est encore bloquée dans ma poitrine.

« Personne ne retient mon frère. »

Qu'est-ce que je dois faire ? Dire ? Est-ce qu'il existe un seul mot sur cette terre capable de traduire à quel point je veux le retenir ? Et à quel point c'est foutrement difficile ?

« Personne ne retient mon frère. »

Alors, quoi ? Je le laisse s'échapper ? Je le laisse croire que je m'en fiche s'il retourne avec son ex ? Ce n'est pas le cas. C'est même à l'exact opposé de ce que je veux.

« Personne ne retient mon frère. »

Je lui saute dessus. Tant pis, si je n'ai pas les mots, mes gestes parleront à ma place. Mes lèvres s'écrasent contre sa bouche en un son désespéré et ses mains à lui agrippent mes hanches. Nos corps se percutent, comme aspirés l'un par l'autre. Merde, il est totalement réceptif à mon baiser désordonné. Je nous sens cogner contre les parois des toilettes. Nos pieds s'emmêlent. La poignée s'enfonce dans mon dos. Je m'en fous. Je m'en fous du bordel que l'on est en train de faire. Je m'en fous de tout casser.

— Respire, abruti, halète Rosenbach contre mes lèvres.

Je percute pourquoi je suis au bord de l'évanouissement.

— Respire, répète Rosenbach qui ne m'en laisse pourtant pas le temps, collant de nouveau nos bouches ensemble.

Il fait glisser ses lèvres dans mon cou, et l'oxygène entre brutalement dans mes poumons. Tous mes sens me reviennent. Je ressens tout encore plus fort qu'avant. Ses mains qui me touchent. Ses lèvres qui embrassent ma peau. Et le bruit, putain. Le bruit que l'on fait. On halète, on gémit, on soupire, on est en train de se taper partout, comme s'il n'y avait pas assez de place pour tout ce que l'on a envie de se faire. Je le serre dans mes bras, si fort que je dois lui briser les côtes. C'est lui. Je pourrais me rendre ridicule pour lui. Il m'a tellement manqué. C'était presque insensé. Rosenbach continue de m'embrasser. J'entends des rires d'hommes derrière la porte. Des voix. Des coups contre le battant.

Une voix plus distincte que les autres.

— Eh bien, je peux passer après ? Vous avez l'air de prendre votre pied ! Moi aussi, je veux être sucé comme ça.

J'ai bien envie de répondre à ce type d'aller voir ailleurs, parce que jamais il ne touchera mon mec.

Mon mec.

J'attrape son visage de mes mains pour qu'il relève la tête.

— Je voudrais que personne d'autre que moi ne te touche, déclaré-je. Ça me rend malade.

— Je n'étais pas intéressé par la proposition, si c'est ça qui t'inquiétait, me taquine Rosenbach en soufflant contre mes lèvres.

— Embrasse-moi.

Il le fait. Rapidement, parce qu'il murmure juste après :

— Tu ne respirais plus tout à l'heure. Je devais te lâcher.

— Ne le fais plus. Plus jamais.

Je ne sais pas de quoi je parle, en réalité. Je l'embrasse, encore. Et c'est reparti. Le concert. L'orchestre. La symphonie. On se tape de nouveau contre les parois. J'entends des gens gueuler que c'est totalement dégueulasse, mais j'aimerais tellement qu'ils voient à quel point l'effet qu'il me fait n'a rien de dégueulasse. Au contraire, c'est tellement plus beau que ce qu'ils ont. Ils n'auront jamais ça, eux, même pas une infime partie de ce que l'on est en train de vivre. Ça ne se partage pas, quelque chose d'aussi fort.

— J'ai…, haleté-je contre ses lèvres. Les SMS.

— Tais-toi.

Non, je n'ai pas envie de me taire. J'ai envie qu'il sache que je ne les pensais pas, que j'avais juste mal.

— Ce n'était pas vrai.

C'est la seule chose qu'il me laisse dire, car ses lèvres repartent à la recherche des miennes. Ça devient plus doux. Nos langues se rencontrent et je soupire sous son toucher. Ses mains sont sous mon T-shirt, ses doigts caressent ma peau lentement. Il est tellement tendre. Il ne m'avait encore jamais embrassé ainsi. Peut-être que, moi aussi, je lui ai manqué.

Ses lèvres viennent embrasser ma peau juste en dessous de l'oreille et je n'arrive pas à retenir mes mots :

— J'ai tellement envie de toi.

Je sens que ma phrase résonne dans tout son corps. Il tremble soudainement et plaque son entrejambe à la mienne. Il est déjà tellement dur que j'oublie à nouveau de respirer.

— Alors, fais-moi l'amour.

J'aurais pu suffoquer si j'avais eu de l'air dans les poumons. À la place, je l'attrape simplement par les épaules et échange nos positions. Il se retrouve contre la paroi des toilettes et il me regarde avec tellement de désir que mon érection me brûle.

— Ne m'encourage pas.

— Fais-le, répond-il simplement, en se mordant la lèvre.

— Non.

Je vois le visage de Rosenbach se contracter de frustration et je passe mes mains le long de son torse avant d'ajouter :

— Pas ici… Juste pas ici.

— Alors, fais quelque chose, supplie-t-il.

— Pour quoi ?

— Pour ça, grogne-t-il en m'amenant à lui.

Je comprends de quoi il parle quand son aine s'appuie contre ma cuisse.

— Ouais, déglutis-je, à bout de souffle. Bien sûr… Tout ce que tu veux.

— Toi.

— Quoi ?

— C'est toi, murmure Rosenbach. Tout ce que je veux.

Ses yeux sont brillants de désir. Son T-shirt relevé jusqu'à sa poitrine. Celle-ci se gonfle rapidement sous mes caresses. Ses joues sont rouges et ses lèvres gonflées.

— Tu m'as déjà.

Je tombe sur le sol. Mes genoux contre le carrelage froid et sale. Mes mains glissent le long des hanches de Rosenbach. Son corps tremble, impatient. J'ai l'impression que chaque endroit que je touche se met à vibrer plus fort. Mes lèvres se posent sur son nombril et un souffle rauque s'échappe de ses lèvres. J'embrasse son abdomen tendrement. J'aime ça, j'ai l'impression que ça nous appartient. Ce geste. Notre geste. Je mordille sa peau un peu chaude. Il gémit. Je ne sais pas si je serais capable de supporter tout ça très longtemps. Je continue de caresser son ventre avec mes lèvres tandis que mes mains s'occupent de défaire la ceinture de son pantalon. Rosenbach se tortille sous moi, je le colle à la paroi des toilettes. Il ne bouge plus et je descends son pantalon sur ses cuisses. Mes mains glissent sous l'élastique. Je titille sa peau et le fin duvet de poils à cet endroit.

— S'il te plaît.

Je relève ma tête vers lui. Il a les larmes aux yeux et la voix un peu cassée par le désir. Merde, j'avais presque oublié qu'un être humain portait ce foutu corps.

— Bientôt, murmuré-je en caressant doucement son aine. Je…

Je ne finis pas ma phrase, baissant son sous-vêtement jusqu'à son jean qui repose au niveau de ses genoux. C'est la deuxième fois que je fais ça.

Mes gestes sont naturels, trop attendus, par lui comme par moi. Un hoquet de plaisir s'échappe de ses lèvres et je crois que ça m'emporte de la même façon, loin. Super loin. Rosenbach halète, ses mains s'agitent, comme s'il cherchait quelque chose à tenir. Elles frôlent mes épaules, ses doigts s'accrochant au tissu de mon T-shirt, puis remontent dans mon cou, mes cheveux. Il ne sait plus quoi en faire, aspiré par le plaisir. Et quand mon nom sort de ses lèvres, en un son presque désespéré, j'attrape ses mains et nos doigts s'enlacent immédiatement. Nos paumes restent serrées l'une contre l'autre fermement jusqu'à sa délivrance.

Je redresse la tête vers lui. Il a le dos écrasé contre la paroi, sa poitrine se soulève violemment. Ses yeux sont fermés, ses mains serrent les miennes si fort que nos doigts restent soudés quelques secondes avant qu'on réussisse à les détacher. Je remonte son caleçon et son pantalon jusqu'à ses hanches avant de me relever en titubant.

Je le regarde. Ces cils sont collés à cause de ses larmes. C'est la deuxième fois qu'il pleure après un orgasme. Je me demande si ça lui arrive tout le temps. Je prierais pour que ça lui arrive tout le temps. C'est le plus beau tableau que j'aie jamais vu.

Lior Rosenbach

Mes lèvres n'ont presque pas quitté les siennes depuis que l'on s'est enfermés dans ces toilettes. C'est intensément bon d'être avec lui, ça l'est tellement que je ne peux pas me résoudre à le laisser partir. Il est assis sur l'abattant des chiottes, et moi, je suis assis à califourchon sur ses cuisses. On ne bouge pas. Enfin, hormis nos lèvres et nos mains.

Je soupire lorsqu'il mordille tendrement ma lèvre inférieure. Ses mains chaudes glissent le long de mes hanches. Il trace des cercles sur ma peau, puis finit par glisser ses lèvres dans mon cou pour m'embrasser à cet endroit-là. Je frissonne contre lui. Immensément trop heureux pour que ce soit réel. J'oublie tout. La raison pour laquelle je l'ai quitté. La raison pour laquelle on n'a pas le droit de faire ça. J'oublie tout, parce que je suis trop bien pour y penser. Hamilton, c'est mon pont de Westminster à moi. L'extase du danger et la chute probable.

— Rosenbach ? murmure-t-il.

— Quoi ?

— Tu pleures toujours quand tu as un orgasme ?

Je m'arrête de le toucher à l'instant où il pose sa question. J'ai déjà assez honte d'avoir pleuré devant lui à deux reprises. Je ne pensais pas qu'il aurait le cran de m'en parler.

Intrigué par mon changement de comportement, Hamilton finit par relever son visage vers moi pour me regarder. Ses yeux sont si bleus et si profonds que je n'arrive pas à empêcher la vérité de sortir de mes lèvres :

— Non… que quand c'est toi.

Les lèvres de Hamilton s'élargissent à lui en tordre la mâchoire et je m'exclame, exaspéré, en lui donnant un léger coup à l'épaule :

— Arrête ton putain de sourire satisfait.

— Je suis un bon coup, c'est tout.

— Tais-toi.

— Dis-le, que je suis un bon coup, insiste-t-il en reprenant ses caresses le long de mon dos. Ton corps entier le crie, alors admets-le.

— Ferme-la, déclaré-je avant de sceller nos lèvres.

Ma langue s'enfonce dans sa bouche et un hoquet de surprise s'échappe de ses lèvres. Il n'a pas l'habitude de me voir entreprenant. D'habitude, c'est plutôt lui qui initie les baisers.

Depuis qu'il sait l'effet qu'il a sur moi, je ressens le besoin de lui prouver quelque chose, moi aussi. Je déteste ne pas être à égalité avec lui. Je rends encore plus obscènes mes coups de bassin contre sa demi-érection et mes lèvres plus pressantes sur les siennes. Il grommelle contre ma bouche. Sans prendre la peine de l'écouter, je glisse ma main sur la bosse qui déforme son slim. Un son rauque s'échappe de ses lèvres tandis que je l'entends me murmurer un faible « non ». Trop tard, je défais son jean et glisse une main timide à l'intérieur de son pantalon. Il gémit tout en essayant de m'en empêcher… de m'en empêcher ?

Je relève brutalement la tête vers lui, le souffle court et la main à demi plongée dans son caleçon.

— Tu ne veux pas ? demandé-je, surpris.

— Je…, commence-t-il, pris au dépourvu. Ce n'est pas vraiment le lieu.

— Tu me l'as bien fait à moi. Tu n'en avais pas grand-chose à foutre à ce moment-là.

— Mais…

Je fronce les sourcils, pas certain de comprendre où il veut en venir, puis il finit par lâcher un soupir.

— Tu dois juste savoir que tu n'es pas obligé de me faire quelque chose, dit-il. Je veux dire, pas parce que moi je l'ai fait et que tu te sens redevable.

Redevable ?

Je n'avais pas encore remarqué à quel point il pouvait manquer de confiance en lui.

— C'est tout, conclut-il.

En y repensant, Hamilton ne m'a jamais demandé de lui faire des choses intimes, alors que je passe mon temps à le supplier de me toucher depuis que l'on se connaît. Je suppose que ça a un rapport avec notre conversation de la dernière fois. Il doit être effrayé à l'idée que je puisse faire quelque chose dont je n'ai pas vraiment envie. Du coup, il ne réclame rien… sauf que ça en devient légèrement vexant.

— Dis-le, si tu n'as pas envie de moi, ça sera plus simple.

— Genre, tu ne vois pas que j'en ai envie, peut-être ?

— Pourquoi tu me traites comme ça, alors ?

— Je veux que tu sois à l'aise avec moi.

— Je le suis, rétorqué-je très sincèrement. Mais je le serais encore plus si tu arrêtais de trop me protéger. J'en ai envie, j'ai envie de tout quand je suis avec toi. Je ne me sentirai jamais forcé.

Un sourire effleure ses traits, alors qu'il reprend ses caresses dans mon dos, exerçant une pression pour me ramener encore un peu plus contre lui.

— Et c'est mal ? reprend-il.

— De quoi ?

— Vouloir te protéger.

Ma main est toujours à moitié dans son boxer et je n'ose plus bouger. C'est quoi sa manie de sortir des conversations aussi sérieuses quand on est dans ce genre de situation ?

Je décide d'en revenir au sujet de base, bien que ça soit évident que j'essaie simplement de détourner son attention.

— C'est juste que je trouve ça vexant.

— Vexant ? répète-t-il, troublé. Comment ça ?

— Que tu ne réclames jamais rien, précisé-je. Comme si je n'étais pas assez…

Hamilton ne me laisse pas le temps de terminer ma phrase, emprisonnant mes lèvres et donnant un coup de bassin contre ma main. J'obtempère et commence mes caresses.

Notre baiser s'intensifie, devenant plus dur. Les mains de Hamilton viennent agripper ma nuque pour me maintenir contre lui et son bassin épouse mes mouvements. Il gémit si fort que mon excitation repart de plus belle.

Hamilton finit par abandonner mes lèvres, le plaisir prenant le dessus sur sa capacité à m'embrasser. Sa bouche s'écrase contre la peau de mon cou. Chaude et humide. Je le sens venir entre mes doigts en un soupir rauque. Il reste là, quelques minutes, son cœur battant fort dans sa poitrine. Je retire ma main et l'essuie avec un mouchoir qu'il me restait, avant de repasser mes bras dans son dos pour lui rendre son étreinte.

— Putain, lâche-t-il. Comment as-tu pu croire que tu n'étais pas assez bandant ?

— Ce n'est pas exactement ce que j'avais prévu de dire, rétorqué-je en me rappelant notre conversation.

— Vraiment ?

— Disons que j'aurais employé un terme plus distingué, commenté-je.

— Bien sûr, ironise-t-il.

Hamilton glisse ses mains qui étaient toujours sur ma nuque jusqu'à mon torse. Il trace des cercles sur ma peau, juste en dessous de ma poitrine et il murmure :

— Tu es tellement beau.

Ses doigts remontent lentement et il arrête une de ses mains sur mon cœur, probablement pour voir ma réaction. Ça n'a pas loupé, il bat à deux mille à l'heure.

— Tu n'es pas trop mal non plus… pour quelqu'un qui est tout, sauf mon genre, plaisanté-je.

Il rit contre mes lèvres. Je me sens mieux. L'atmosphère était bien trop sérieuse pour que je puisse le supporter davantage.

Je pose mes lèvres sur les siennes, je n'ai plus envie de parler. Hamilton ramène ses mains derrière mon dos, au niveau des omoplates, pour me rapprocher de lui. J'écarte mes cuisses pour me coller encore plus à son bassin, puis ses lèvres glissent jusqu'à ma clavicule. Il m'embrasse doucement à cet endroit-là, et s'immobilise complètement. Sa bouche est collée à ma peau, mais il ne bouge plus, il reste là, à respirer mon odeur. Ses mains sont toujours dans mon dos et il me serre encore plus fort contre lui. D'un coup, ça m'éclate à la gueule. On est en train de se faire un câlin. Genre. Vraiment. On est accrochés l'un à l'autre si fort que je sens mon cœur se compresser dans ma poitrine. Mes bras s'accrochent fermement à lui et j'enfouis mon visage dans son cou à mon tour. Nos torses sont si proches que j'entends son cœur battre à l'unisson avec le mien. Nos respirations s'harmonisent l'une à l'autre. Tout est calme, soudain. Pourtant, on entend toujours la musique de la boîte qui résonne entre les cloisons. On entend toujours les gens gueuler les uns sur les autres. On entend toujours des coups à la porte, parce qu'il n'y a plus de toilettes libres.

Pourtant, la seule chose que j'entends vraiment, c'est le battement de son cœur.

Hamilton pose des microbaisers sur ma clavicule. De légers mouvements de lèvres qui me font frissonner. Je m'agrippe toujours un peu plus à son T-shirt.

— Je n'ai jamais pensé les SMS que je t'ai écrits.

Je le serre encore plus fort contre moi. J'avais compris la première fois qu'il avait essayé de me le dire. Ça me fait chaud au cœur qu'il tienne à le préciser encore.

— Moi non plus. Je suis désolé pour ce que j'ai dit sur ton père.

Le visage de Hamilton se niche encore un peu plus dans le creux de mon cou.

— Je ne veux pas que tu retournes avec ton dealer.

Il m'embrasse une deuxième fois, un peu plus haut que le précédent baiser.

— Je ne veux pas que tu te drogues.

Ses lèvres se posent juste en dessous de mon oreille.

— Je ne veux pas que tu me quittes encore une fois.

Cette fois, son visage s'arrête devant le mien et je m'éloigne à contrecœur de son torse. Je pose mes yeux sur lui. Il a un visage sérieux, surtout quand il répète durement :

— Ne me quitte pas, Rosenbach.

Tout me revient brutalement, trop brutalement.

— Mais c'est impossible, murmuré-je. Nous deux.

— Peut-être pas.

Je soupire.

— Hamilton… Regarde où on est. Dans des chiottes. On est dans des chiottes.

Il ne répond pas. Il cesse ses caresses dans mon dos, il sait que j'ai raison.

— Je n'aurais pas dû te quitter comme ça, enchaîné-je. Avec ces SMS stupides, mais… on ne peut pas continuer.

— Alors c'était quoi, tout ça ? s'emporte-t-il.

— C'était une belle façon de se dire au revoir, dis-je en l'embrassant de nouveau au coin des lèvres.

— Conneries ! fait-il en me repoussant. Ne me fais pas ça.

— Sois réaliste.

— Je m'en fous d'être réaliste ! Je te veux.

— Ian est dans un fauteuil roulant par ta faute.

Je vois sa gorge se serrer et sens ses muscles se contracter. Je sais qu'il me déteste de lui avoir rappelé ça, mais c'est un fait et rien ne l'effacera. Il faut qu'il le comprenne comme je l'ai compris.

— Qu'est-ce que je peux faire ? finit-il par demander. Pour te retenir ?

— Essaie de me faire croire, une seule seconde, qu'un jour on pourra être un couple normal. Juste une seule seconde. Un couple comme tout le monde.

Son silence est terriblement cruel.

— Je… Je ne sais pas, bégaie-t-il. Probablement pas comme tout le monde, mais on ne peut pas savoir, si on n'a pas essayé.

— Le problème, c'est qu'on le sait, justement. On sait que ça ne marchera pas. À quoi bon essayer si c'est pour se planter ?

L'héritier essaie de trouver quelque chose à répondre, mais j'entends soudainement la voix de Grace résonner dans les toilettes :

— Lior ! Où es-tu ? Il faut sortir d'ici !

Je ressens tout de suite l'urgence dans sa voix et quitte les genoux de Hamilton en titubant. Je connais bien ce ton. Je sais que quelque chose de grave est en train de se passer et j'ai ma petite idée de qui a provoqué ça…

Je me retourne une dernière fois vers l'héritier et murmure :

— Nos deux familles ne sont pas foutues de passer une seule soirée sans s'entretuer. Qu'est-ce qu'on espérait ?

— Toi, rien, visiblement, lâche-t-il.

— Ne fais pas comme si c'était ma faute.

Son regard s'assombrit brutalement et il finit par se lever. Il passe une main dans ses cheveux d'un air gêné, puis il me regarde, enfin.

— Je sais, répond-il. Tout est ma faute à moi.

— Ce n'est pas ce que j'ai dit.

— Mais c'est ce que tu penses. Tout est parti de l'accident de Ian. Qu'est-ce que je peux faire maintenant pour rattraper ça ? C'est trop tard.

— Je…

J'ai la gorge nouée. Moi non plus, je n'ai pas de réponse à lui donner. Moi non plus, je ne peux pas lui promettre une seule seconde que ce sera possible. Elle n'existe pas, cette seconde. Elle n'existera jamais.

— Je dois y aller, rétorqué-je. Ma sœur me cherche.

— On ne se revoit plus ?

Je hausse les épaules. Je n'en sais rien. Strictement rien. Je sais juste que c'est loin d'être une bonne idée.

— Je ne sais pas quoi te répondre.

— Admets que tu me quittes, encore une fois.

— Hamilton.

— Admets-le, insiste-t-il.

Je le regarde. Je n'ai pas le droit de lui mentir.

— C'est mieux comme ça…, ajouté-je.

— Bien, me coupe-t-il sèchement. Rejoins ta famille.

Je sors des toilettes, sans même me retourner vers lui. Je me déteste de lui faire subir ça une deuxième fois. Je me déteste surtout pour avoir accepté ses baisers et ses caresses, la séparation en est d'autant plus douloureuse.

La musique est trop forte, et un énorme mouvement de foule me réveille soudainement de ma torpeur. Je regarde tout autour de moi. Ça crie, ça hurle et ça cogne dans tous les sens. Merde, c'est quoi ce bordel ?

Une main puissante m'attrape soudainement le bras et un hoquet de stupeur s'échappe de mes lèvres. Stan Hamilton.

— Il faut se barrer d'ici. Bouge !

Je le suis, sans même réfléchir. C'est stupide. Insensé. Irréaliste. Pourquoi un Hamilton m'aiderait-il à quitter la boîte ?

Je me retrouve dehors en un quart de seconde. On entend déjà les alarmes des voitures de police qui résonnent dans la nuit. J'ai le cœur qui bat à cent à l'heure et je ne comprends rien.

Grace débarque à mes côtés et m'attrape par le bras. Alors que je m'attends à ce qu'une insulte sorte de ses lèvres – puisque Stan a osé me toucher – j'entends un bref « merci » à la place. Je la regarde avec des yeux ronds. Je suis perdu. Complètement perdu.

Qu'est-ce qu'il s'est passé pendant que l'on était dans ces foutues toilettes ?

L'héritier nous rejoint à son tour, probablement aussi surpris que moi par la tournure des événements. Il regarde tout autour de lui, semblant rassuré lorsqu'il m'aperçoit, puis brusquement inquiet de ce qu'il a sous les yeux : les Rosenbach et les Hamilton, sur le trottoir, côte à côte. On a presque l'air d'être… *ensemble* ?

— Taxis ! hurle Stan en arrêtant plusieurs voitures qui tournent autour de la boîte.

Il se retourne vers nous et enchaîne :

— Allez ! Dépêchez-vous !

Je regarde, effaré, tout autour de moi. Grace m'attrape et m'emmène avec les autres. Je croise le regard de Hamilton. Il semble vraiment paumé, lui aussi.

Ma sœur ouvre la portière du taxi et me force à entrer dans la voiture, mais elle ne suit pas le mouvement, regardant derrière elle d'un air inquiet.

— Grace ! Qu'est-ce qu'on fait ?

— On se barre ! Tous !

— Mais on va se mélanger !

— Pas grave.

Elle claque la portière alors que Fallone est en train de s'installer sur le siège avant. Mon cœur s'arrête presque de battre. Nos deux familles sont réunies.

Ce n'est pas normal.

Ça ne peut pas l'être.

N'est-ce pas ?

Grace Rosenbach

— On est tous d'accord ?

Lior me regarde en soupirant. Il déteste quand je fais ça. La cheffe. Dommage, c'est mon rôle depuis mes seize ans.

— Dis, on peut entrer ou tu vas nous répéter pour la dixième fois de la soirée qu'on n'a pas le droit d'approcher les Hamilton ? enchaîne Ethan, exaspéré.

— Ça te concerne plus particulièrement, dis-je. Stan sera là, ce soir.

Mon cousin lance un regard en coin à Jade tandis que Lili s'exclame, hébétée :

— Euh… En quoi ça le concerne *particulièrement* ?

Je croise le regard désabusé de mon frère et me retiens d'éclater de rire. Tout le monde est au courant qu'Ethan et Jade sont ensemble. Je ne sais même pas comment Lili fait pour être encore et toujours dans l'ignorance.

— Bien, nous coupe Edward. On continue de se geler les couilles dehors ou on peut enfin entrer ?

— Pour ce qu'elles vont te servir, tes couilles, le nargué-je.

— Va te faire, Grace.

Je lui rends son sourire sarcastique, puis finis par nous frayer un chemin jusqu'à l'entrée. Nous montrons nos cartons d'invitation et entrons dans le KOKO. Le club est un ancien théâtre à l'allure baroque. Ils ont conservé les épais rideaux rouges, les balcons et leurs balustrades. C'est clinquant, assez original, mais loin d'être exceptionnel. Il faut dire que peu de choses me surprennent vraiment dans ce monde.

Je dépose mon manteau au vestiaire et réajuste ma longue chevelure blonde. J'échange un regard complice avec Lili. Je lui ai prêté une robe et des talons. On dirait mon portrait craché.

— Tu y vas doucement sur l'alcool. Tu n'as déjà pas l'âge d'être là.

Elle soupire.

— Je sais, *maman*, dit-elle en commençant déjà à se trémousser sur la musique qui résonne à fond dans la boîte. Je peux y aller ?

— Oui.

Je souris, mais ça me soûle tout ce cirque. Ça me soûle que ma cousine me considère comme sa mère, parce que la sienne n'est pas foutue de s'en occuper, et ça me soûle qu'on me le reproche. Au fond, si je ne le fais pas, qui le fera ? Mon père qui passe sa vie dans ses foutues réunions ? Ma mère qui fait semblant de ne rien voir ? Lauren, ma tante bourrée au Prozac ? Robin, mon oncle obnubilé par son travail ? Ou les deux autres expatriés en Chine ? Putains de conneries et putain de famille.

Je me retourne vers Lior et lui souris. Je sais qu'il a quitté son copain et qu'il souffre plus qu'il ne veut le montrer. J'ai dû faire le forcing pour qu'il vienne ce soir et qu'il se change enfin les idées.

— Ça va ? demandé-je.

— Ouais.

— Tu ne prends pas de… Ce soir, hein.

— Tu as le droit de le dire.

— Ne fais pas comme si ce n'était rien.

— Ne fais pas comme si c'était un tabou, rétorque-t-il.

— Lior.

— Non, Grace, je ne prendrai pas de drogue, promis.

Je l'attrape par le bras pour le tirer à moi et on quitte les vestiaires pour entrer sur la piste de danse. Je le sens se coller à moi et ça me rassure un peu, quand il se comporte comme ça, comme si j'étais encore son seul soutien sur terre.

Nous avançons, mais il a soudainement un mouvement de recul et je m'arrête à mon tour.

— Qu'est-ce qu'il se passe ? dis-je, intriguée.

— Hamilton.

Je suis son regard et tombe sur Daël, planté comme un con, tout seul, dans un coin de la pièce.

— Il ne te fera rien.

— Je ne veux pas le croiser.

— Comme tu veux, murmuré-je.

— Je passe de l'autre côté, on se retrouve plus loin ?

J'acquiesce d'un mouvement de la tête. En réalité, je pourrais le suivre pour ne pas croiser sa route, moi non plus, mais je crois que l'idée de l'emmerder est plus forte que tout. J'avance jusqu'à Hamilton, lui coupant le passage brusquement. Il se recule, surpris. J'imagine que, dans sa tête, me toucher revient à attraper la peste.

— Hamilton.

— Rosenbach, grogne-t-il. Quel déplaisir.

Il semble un peu différent d'avant, mais je ne saurais pas dire pourquoi. Il m'observe, de longues secondes, avant de lâcher :

— Il n'y a rien.

Je le regarde, étonnée.

— De quoi parles-tu ?

— Dans tes yeux, il n'y a tellement rien. Tu es si vide.

Je m'attendais encore moins à cette réponse. Qu'est-ce qu'il croit, ce con ? Bien sûr que la seule chose qu'il peut voir dans mes yeux, c'est le dédain que je lui porte.

— Et tu crois qu'il y a quoi dans les tiens ? rétorqué-je. À part la trouille de finir comme ton père ?

— L'ambition de ne pas finir comme toi ? Tu es exactement ce qu'ils veulent qu'on soit mais, sans ton nom et ta banque, tu n'es personne.

Je reste stoïque devant lui, ne trouvant rien à lui répondre. Je crois qu'il a raison. Je ne suis personne. J'ai besoin de mon nom de famille pour exister, de mon fric pour dominer, de ma haine pour survivre. Et lui n'est rien de plus que ça non plus. Je ne comprends pas pourquoi il prétend soudainement le contraire.

Je tourne les talons et poursuis mon chemin. Je n'ai pas besoin de répondre, autant qu'il en fasse la constatation par lui-même. Il découvrira bien assez tôt que ni lui ni moi ne changerons jamais de trajectoire de vie.

Je passe par le bar et commande une bouteille de champagne avant d'indiquer au barman la table VIP qu'Edward a réservée. Je sais. Le champagne, c'est pour les paillettes. Après tout, c'est pour ça que l'on est tous venus, pour se faire voir dans la haute société. Les Rosenbach ont toujours fait ça en beauté.

Je rejoins mon clan et m'installe sur les sofas. J'observe la pièce. Mon regard s'attarde sur Ethan, Jade et Lili qui se tiennent debout devant notre table. Rien que leur présence me laisse présager que je ne vais pas passer une bonne soirée.

Enfin, comme d'habitude, j'accepte. J'endosse. Je subis.

— Qu'est-ce qu'il se passe ? demandé-je en croisant le regard noir de mon cousin.

— Stan est là, crache Ethan.

— Je t'avais prévenu qu'il serait là.

Lili a une main posée sur l'épaule de Jade, elle a l'air sonnée par sa vision. Je pourrais compatir pour sa copine, mais je n'y arrive pas. Je ne comprends pas ce genre de filles. Celles qui croient aux belles paroles et se font avoir, à tous les coups, par des mecs qui pensent que le truc qui leur pend entre les jambes est un objet de domination.

Moi, je ne crois personne. Je tiens trop à ma fierté pour que je laisse quelqu'un la détruire aussi stupidement.

— Il est venu vous voir ? enchaîné-je, essayant un minimum de m'intéresser au sujet.

— Il est venu parler à Jade, répond Ethan. Je suis intervenu tout de suite.

— Si brave, ironisé-je.

Mon cousin me toise d'un regard gêné, l'air furieux que je fasse ce genre d'insinuation devant Lili, qui n'a jamais été aussi aveugle qu'à cet instant.

— Il a fait quoi ? continué-je.

— Il m'a traité de salope, répond Jade.

Pauvre Stan. Il est le type le plus sale de cette ville et il ose sortir ce genre d'absurdités. Qu'il aille se faire foutre.

— Où est-il ?

— Là.

Ethan me fait un signe de la tête vers une autre table VIP. Stan est en train de draguer. Habituel, je présume. Je croise son regard pendant une seconde. Il s'arrête de parler et nous nous dévisageons. On se dit avec nos yeux toutes les insultes que l'on ne pourrait pas se dire en face tellement elles crèvent le cœur.

Stan Hamilton. Le mec qui a apporté un flingue à la soirée d'anniversaire de Lili. Le mec qui a braqué ma mère avec, puis mon frère. Le mec qui est sorti avec Jade pour atteindre mon clan. Le mec qui ose soutenir mon regard pendant aussi longtemps.

Mes lèvres finissent par esquisser un sourire. Je la sens. Elle est de retour. La vengeance, comme au bon vieux temps, juste pour le plaisir. J'en ai marre de Daël Hamilton et de ses non-réactions. J'ai besoin d'un adversaire. D'un vrai. Je crois que je viens de le trouver. Il m'a trouvée aussi, parce qu'il sourit. Stan me sourit, putain, et je ne rêve plus que de détruire cette prétention écœurante.

— Grace ! m'appelle Lili. Tu viens danser ?

Je sors de ma torpeur, me retournant vers ma cousine.

— Quoi ?

— Viens danser ! On est dans une boîte, je te rappelle !

— Je dois m'occuper de Stan.

— Non, laisse tomber ! s'exclame-t-elle en m'attrapant par le bras. Tu m'as promis qu'on passerait la soirée ensemble !

— Je t'en prie. Ça ne prendra que cinq secondes pour écraser ce crapaud.

— S'il te plaît, répète Lili. Pas ce soir.

— Cinq secondes.

Lili s'en va, sans même me répondre, et rejoint Jade et Ethan sur la piste de danse. Je me retourne de nouveau vers Stan. La fille qui était à ses côtés vient de le quitter pour rejoindre les toilettes pour femmes. Je m'empresse de la suivre, me faufilant entre les danseurs déjà recouverts de sueur.

Arrivée devant les lavabos, je me fraie un chemin jusqu'à elle et sors mon rouge à lèvres de mon sac pour rafraîchir mon maquillage.

— Tu ne devrais pas faire ça.

— Pardon ? fait-elle avec un haussement de sourcils à mon intention.

— Le mec avec qui tu étais, précisé-je.

— Oui ?

— C'est mon ex. Enfin… Mon ex-plan cul.

— Et tu viens me jouer l'ex-jalouse ?

— L'ex-sympa, rétorqué-je. Il m'a refilé une MST. Ça a mis des semaines à partir. Des médocs qui te donnent des joues bouffies de malade. En plus, il n'en vaut pas le coup. Crois-moi. Passe ton chemin.

La fille fronce les sourcils d'un air dégoûté et finit par me murmurer un « merci » avant de sortir des toilettes. Je me retourne vers le miroir. Certes, c'est stupide et totalement puéril, mais ça fait du bien.

Je retourne sur la piste de danse et rejoins Lili. Elle sourit quand elle me voit arriver et je pose ma main sur sa hanche pour danser avec elle. On se trémousse pendant plusieurs chansons, mais l'ennui pointe rapidement. Je repense à ce que je viens de faire à Stan et je trouve ça trop peu pour le connard qu'il se plaît à être. J'ai besoin de plus. Besoin d'adrénaline, principalement. Je prétexte une envie d'aller aux toilettes et je les quitte.

J'intercepte toutes les filles que je croise sur ma route et les mets en garde contre Stan, certaines me regardent d'un air suspect, mais d'autres me remercient et me souhaitent une bonne guérison. Je souris, fière de moi. Je suis presque en train de faire une bonne action, en réalité. Stan est bien assez con pour que cette histoire de MST soit vraie.

— Qu'est-ce que tu es encore en train de mijoter ? m'interroge Edward en me rejoignant.

— Pardon ? dis-je, feignant l'innocence.

Mon cousin me connaît par cœur. On a été élevés ensemble. On a été élevés *pareil*, surtout. On pourrait presque lire dans les pensées de l'autre… même si je n'ai pas souvent envie de savoir ce qu'il se passe dans les siennes.

— Je croyais qu'on ne devait pas les approcher, lâche-t-il.

— C'est indirect.

— Grace… On devait juste essayer. Pourquoi en es-tu incapable ?

— Je n'ai pas envie d'essayer, Edward. Ils ont mis Ian dans ce foutu fauteuil. Ils ont rendu Greg complètement fou. Ils ont tout détruit. Tout le monde. On n'a rien à essayer, rien à leur devoir. C'est comme ça qu'on s'en sortira, en ne se laissant pas faire.

— C'est de la vengeance.

— Et c'est une manière de s'en sortir, rétorqué-je.

Edward veut répondre, mais Lior passe soudainement devant nous et je l'arrête brutalement.

— Où vas-tu ?

— Quoi ?

— Où est-ce que tu vas ? répété-je.

— Enfin, lâche-moi ! s'emporte-t-il.

— Toi, calme-toi !

— Je vais juste aux chiottes, merde.

Je ne réponds pas et il lève les yeux au ciel, exaspéré.

— Je ne vais pas me droguer, je vais juste PISSER ! Je reviens dans cinq secondes.

Il nous plante là et disparaît dans les toilettes pour hommes.

Je me retourne vers mon cousin :

— Tu peux…

— Vérifier ? me coupe-t-il. Non. Fais-lui confiance.

— Il va mal depuis qu'il n'est plus avec son copain.

— Arrête avec ce mec, Grace. On ne le connaît même pas et ce n'est pas parce que vous vous êtes envoyé cinq messages quelconques que, toi, tu le connais. En plus, vu les mecs qu'il a eus avant, je ne comprends pas pourquoi tu n'as toujours pas cherché à savoir qui est ce type.

— Parce que…

— Parce que tu es obnubilée par les Hamilton et que tu ne te rends pas compte qu'on a déjà assez de problèmes dans notre propre famille pour aller chercher des embrouilles avec la leur.

Je ne réponds pas. Je déteste quand on me fait des leçons de morale. Comme si j'étais la seule à porter ce conflit. Ils sont là, eux aussi. Je ne l'ai pas inventé. Ils y contribuent. Et sans moi, ils auraient déjà coulé.

— Je vais retrouver Lili, déclaré-je.

Je rejoins la piste de danse et ne mets pas longtemps à repérer sa touffe blonde. La pauvre. Jade est en train de danser avec Ethan et elle se retrouve à tenir la chandelle. Sans le savoir, en plus.

— Je suis de retour ! m'exclamé-je en arrivant à sa hauteur.

— Je vois ça.

Son ton était froid et sarcastique.

— Qu'est-ce qu'il y a ?

— Je ne sais pas, répond-elle d'un haussement d'épaules. Je…

Le reste est incompréhensible, la musique est bien trop forte. Je lui prends le poignet et l'entraîne avec moi vers le bar.

— Ça ne va pas ? m'enquiers-je.

Lili ne me répond pas, lançant de vagues coups d'œil autour d'elle. Je vois bien qu'elle cherche quelqu'un du regard.

— Tu crains les Hamilton ? demandé-je.

J'aperçois ses épaules tressauter légèrement, même si elle me fait un signe négatif de la tête. Lili ne se confie plus à moi comme avant, ça me fait de la peine. C'est comme si quelque chose s'était brisé entre nous deux depuis le soir de son anniversaire.

— Je suis désolée, ajouté-je. Pour Pâris.

— Je me fous de cette rupture.

— Je sais bien, répliqué-je. Je suis juste désolée de t'avoir en quelque sorte… forcée.

— Tu ne m'as pas forcée, je t'ai juste écoutée.

— Est-ce que tu insinues que je dois apprendre à fermer ma gueule ?

Elle acquiesce, cette idiote, alors je lui donne une tape sur l'épaule pour la réprimander.

— Grace, se ressaisit-elle soudainement. Pourquoi ce mec te regarde-t-il comme ça ?

Je me retourne vers le fond de la salle, interceptant le regard d'un homme d'une trentaine d'années. Il est bien habillé, faisant propre sur lui, mais son regard lubrique et son rictus lui donnent un air malfamé.

— Tu le connais ? demande Lili.

— Pas du tout. Sûrement quelqu'un subjugué par ma beauté.

Peu importe. J'attrape ma cousine par le bras et la force à revenir danser sur la piste. On danse. On chante. Je prétends ne pas le remarquer, mais le mec bizarre de tout à l'heure se rapproche de nous. Je n'arrive pas à m'empêcher de le regarder. Je sens qu'il me veut quelque chose et je ne suis pas certaine que Lili doive assister à ça.

Je sors de la piste, prétextant aller chercher un verre. Le mec me suit. Mauvaise idée. Il va vite comprendre qu'il ne faut pas me faire chier. Je passe devant les tables VIP, croisant les Hamilton. Aiden est à moitié mort sur les canapés et je n'ai même pas le temps de m'arrêter pour me foutre de sa gueule. Tant pis. Il faut que je me débarrasse de ce mec bizarre. Je rejoins un coin plus reculé de la salle, près de la porte de secours.

Je m'arrête brutalement, ayant presque quitté la foule de la boîte.

— Quoi ? lancé-je au type, qui s'arrête à son tour, étonné par l'interpellation soudaine.

— Salut.

— Qu'est-ce que tu me veux, pauvre con ?

— Tu peux me sucer ?

— Pardon ? m'étranglé-je.

— C'est bon, murmure-t-il. J'ai ce qu'il faut pour te payer.

— Tu dois te foutre de moi ?

Il ne répond pas, je m'apprête à lui balancer la baffe de sa vie lorsque je réalise brusquement d'où sort ce foutu type. *Stan Hamilton*. Il n'y a que lui pour avoir inventé une histoire pareille.

— Alors ? insiste l'homme. Tu viens ?

— Dans tes rêves.

— Ne fais pas ta prude. Je t'ai vue me chauffer sur la piste de danse, tout à l'heure. Ton prix sera le mien.

— En fait, même dans tes rêves, ça n'arrivera pas. Dégage.

— Tu m'as chauffé et emmené jusqu'ici. Tu savais que je te suivais alors ne fais pas ta mijaurée, maintenant.

Je m'apprête à répondre, mais je vois trois autres types nous rejoindre et m'encercler contre le mur. Ils sont sérieux ? Ils font ça en bande, maintenant ?

— Et j'ai des copains qui aimeraient bien passer après, m'informe-t-il.

— Enculez-vous entre vous, ça peut marcher.

— Tu te fous de notre gueule ?

Le premier mec vient de poser sa main sur mon cou. Ma réaction est instinctive et j'envoie valser ma tête dans son nez. Le coup est brutal pour mon crâne, mais pas autant que pour lui. J'entends un craquement. Le mec me lâche en un hurlement, le nez en sang et titubant de trois pas en arrière.

Je relève ma tête vers les autres. Ils me regardent, tous. Leur colère de mâles dominants se lit dans leurs yeux. Je fais la fière, mais je n'en mène pas large. J'ai pu péter le nez à l'un d'entre eux, mais il en reste trois et je ne suis pas Wonder Woman. Je sens qu'ils pourraient devenir dangereux et je décide que c'est le moment de décamper d'ici.

J'essaie de partir, mais un des types me plaque contre le mur.

— Tu crois aller où comme ça, salope ?

— Lâche-moi !

— Pas avant d'avoir foutu ma queue dans ta bouche de suceuse.

Ma respiration se bloque. Je me suis toujours demandé comment c'était possible, ce genre d'histoires, les viols ou les agressions dans les boîtes de nuit. Il y a tellement de monde. Justement, il y a *trop* de monde. Il fait sombre, personne ne nous voit et la musique recouvre le son de ma voix. Putain, je me mets à trembler.

Moi, Grace Rosenbach, je tremble. Il y a des moments dans la vie où le courage ne vient pas. Il reste planqué quelque part, très loin. Et là, je n'arrive plus à le retrouver.

J'imagine que ce genre de choses devait m'arriver un jour ou l'autre. Moi, la grande gueule qui pense être plus forte que tout le monde. Moi, qui emmène un type louche à l'autre bout de la boîte, parce que je n'ai peur de rien. Tu parles. Je me pète les dents sur mon trop-plein d'assurance.

— Tu fais moins la fière, là ? reprend l'autre mec au nez probablement cassé.

— Lâchez-moi, répété-je sèchement.

Je leur accorde que mon ton est bien moins autoritaire que tout à l'heure. Le mec s'approche de moi. Bordel, mais je sais me battre, normalement ! Qu'est-ce qu'il m'arrive, bon sang ? Pourquoi mes membres sont autant paralysés ? Pourquoi je n'arrive pas à appeler à l'aide ? Pourquoi je ne leur dis pas d'aller se faire foutre après leur avoir foutu un coup de pied dans les parties intimes ?

Je suis incapable de bouger. Incapable de parler. Incapable de me défendre. Je sens mon monde se dérober sous mes pieds.

Soudain, je croise son regard.

Stan est là.

Stan Hamilton

— Putain, arrête de tirer cette gueule, Daël ! « T'amuser », tu connais ?

Mon cousin me lance un regard noir. Un regard que je lui connais bien, il me le destine en toute circonstance. Je sais ce qu'il pense de moi. Que je suis un idiot que l'on a bercé un peu trop près du mur.

Toute ma vie, j'ai essayé d'attirer son attention, d'avoir la même relation qu'il a avec Fallone, d'obéir pour lui faire plaisir. Tout ça pour rien, pour qu'il continue de me considérer comme un boulet incontrôlable. Alors, peut-être que je le suis. Je ne dis pas le contraire, mais l'avis de Daël, je m'en fiche, désormais.

— Je ne suis pas motivé, répond-il.

Tiens, c'est facile ça. Il prétend être fatigué alors qu'il n'a surtout pas envie de rester avec nous, ce bâtard.

— Ça fait deux semaines que tu ne fais plus de soirées avec nous. Tu as quoi ? Tes règles ?

Fallone m'attrape soudainement par le bras, m'emmenant avec elle au bar. Je sais pourquoi elle fait ça, elle agit toujours en bon toutou servile de mon cousin et cherche à le sauver de ma présence encombrante, se sacrifiant au passage comme l'héroïne qu'elle est. Passons.

— Daël te remerciera plus tard pour ça, lancé-je, cynique.

— Tu ne peux pas t'arrêter d'être aussi lourd avec lui ? rétorque-t-elle, faisant abstraction de ma remarque.

— Lourd ? Tu te fous de ma gueule ? Je lui ai juste demandé pourquoi il ne bougeait pas son gros cul depuis deux semaines. Arrête de le surprotéger ! Tu es amoureuse ou quoi ?

— Et toi, un pauvre con.

— Daël n'est pas une petite chose fragile, répliqué-je. Il faut qu'il arrête de se prendre pour une princesse et qu'il accepte les critiques. Qu'est-ce qu'il a, merde ?

— C'est lui, qui est amoureux.

Je reste devant Fallone, hébété. Daël est autoritaire, coléreux souvent, impulsif parfois, violent quand ça lui prend, mais pas amoureux.

— Fous-toi de ma gueule.

— Je suis sérieuse.

— Enfin, regarde la tête qu'il tire ! Ça le déprimerait à ce point d'être amoureux ?

Je m'interromps, réalisant que la réponse est dans la question. Bien sûr que c'est déprimant, ce genre de connerie pour romantiques.

— Je pense qu'ils ne sont plus ensemble, justement, reprend Fallone.

— Il t'en a parlé ?

— Pas vraiment. Tu connais Daël.

— Pas aussi bien que toi, visiblement.

Je voulais lancer une répartie ironique... Elle sonne totalement désespérée.

— Je me fous de ses histoires de cul, ajouté-je. Ce n'est pas une raison pour nous ignorer comme ça.

— Quelles histoires de cul ? lance Aiden, qui s'incruste en nous rejoignant au bar.

Tiens, ça m'étonne à peine de mon frère, qu'il débarque à cet instant précis. Il suffit que « sexe » ou « poitrine » sortent dans une même phrase pour qu'il apparaisse à la seconde suivante.

— On parle du mec de Daël, l'informe Fallone.

— Daël est homo ? s'exclame-t-il, choqué.

On le regarde, blasés.

— C'était une blague. Vous pouvez suivre ?

Encore une fois, personne ne relève sa remarque. Vexé, mon frère se retourne vers le barman et commande un verre. Moi, je regarde vers la piste de danse. Les Rosenbach viennent d'arriver. J'aperçois Grace discuter avec Daël, à l'entrée, et repère plus loin Ethan... Et Jade. Un sourire s'invite sur mes lèvres. Elle a osé venir en sachant que j'y serais. C'est culotté. J'aime ça, en quelque sorte, même si je compte bien leur faire regretter.

— Je reviens, déclaré-je aux autres.

Je me fraie un chemin entre les danseurs. L'endroit n'est pas encore rempli, il est assez tôt dans la soirée.

— Je vois que quelqu'un est de sortie, ce soir, murmuré-je doucement à l'oreille de Jade.

Aussitôt, je sens son corps se crisper et elle recule de quasiment deux pas, me fusillant du regard. Elle a tressé ses cheveux, ce qui fait ressortir les traits fins de son visage et ses grands yeux de biche.

Elle est magnifique, dommage qu'elle ait choisi le mauvais clan.

— Ne m'approche pas.

Comme dans un écho, j'entends Ethan répéter après elle :

— Ne l'approche pas.

Je me retourne vers lui. Chemise blanche impeccablement rentrée dans un bas de smoking noir. Cheveux rasés au millimètre près. Empestant l'eau de Cologne. Ridicule. À qui essaie-t-il de faire croire qu'il a la classe ?

— Je te la laisse, le rassuré-je. Je l'ai déjà baisée.

Je provoque, je sais. Daël et Fallone me tueraient s'ils me voyaient faire ça. Enfin, s'ils veulent à tout prix me considérer comme un petit con inconscient, alors je me ferais un plaisir de leur donner raison.

— Et je te tue si tu la retouches encore une fois, grogne Ethan entre ses dents.

— Ne t'en fais pas, je me trouverai bien une autre salope par ici.

Je les quitte, sans même attendre sa réaction. Pourtant, j'aurais adoré voir ses veines apparaître sous la peau de son front, sa peau rougir de colère et son poing se serrer de rage. Enfin, il est encore un peu tôt pour ça. Je n'ai pas prévu de quitter la boîte avant d'en avoir au moins fait le tour... ou de boire un verre, d'ailleurs.

Je me dirige de nouveau vers le bar, mon frère y est encore. Je m'adosse au comptoir, puis commande un whisky au barman.

Je me retourne vers Aiden :

— Fallone est partie ?

— Elle fume dehors.

— Est-ce que tu as besoin de quelque chose pour la soirée ?

Aiden se tourne vers moi, les sourcils froncés et ne comprenant pas le sens de ma question. Pensant être plus explicite, je sors de ma poche un sachet en plastique qui contient quelques pilules achetées plus tôt dans la journée.

— Où as-tu eu ça ?

— J'ai des contacts. Tu en veux ?

— Je ne sais pas, marmonne-t-il. J'ai mal fini, la dernière fois.

— Je te surveillerai.

— Parce que tu ne vas pas en prendre ? me demande Aiden, surpris.

— Bien sûr que si. J'y suis moins sensible que toi, c'est tout.

Mon grand frère me lance un regard blasé, mais il ne commente pas. Il sait que j'ai raison. J'ai toujours pris des amphétamines et de l'alcool. Ça m'aide à tenir pendant les soirées. Du coup, j'y réagis mieux maintenant. Lui aussi, il était comme ça, avant. On sortait et on se défonçait ensemble. C'était marrant. La bonne époque... Puis notre sœur de quinze ans s'est fait violer et Aiden a tout arrêté. Je veux parler de la drogue, parce que l'alcool est la seule chose qui l'aide à ne plus y penser. D'ailleurs, ce n'est même pas ça. Il ne « pense » pas, il gamberge, il cogite, il se torture. Il est persuadé que, s'il n'avait pas été aussi défoncé cette nuit-là, il aurait répondu à l'appel de Charlie, et Ellen ne serait pas rentrée seule chez nous.

Moi, je pense que l'on n'en sait foutrement rien. Que si ce n'était pas cette nuit-là, ça aurait pu être n'importe quelle autre. Que si je n'avais pas été aussi égoïste, je n'aurais pas insisté pour qu'Aiden prenne des amphétamines avec moi. Tout ça est arrivé, parce qu'on est juste les deux frères les plus cons au monde. Cette nuit-là l'a confirmé, pas provoqué.

— Juste une, ajouté-je.

Aiden finit par hocher la tête. Je lui tends une pilule et en mets une dans ma bouche. On l'avale avec une gorgée d'alcool. On est cons et on continue de l'être. Je crois que l'on est arrivés à un point de non-retour. Alors, entre le regret et la culpabilité, on s'oublie comme on peut.

Je soupire. J'ai besoin de plus que de la drogue pour ça. J'ai besoin de sexe. Je pose la main sur l'épaule de mon frère et lui assure que je reviens le voir dans quelques minutes, puis j'avance sur la piste de danse. Je repère facilement une proie. Une grande blonde avec de jolies formes. Je m'approche et lui propose un verre. Ça marche. Comme d'habitude.

Des fois, j'essaie de me rassurer en me disant que tout ça est dû à mon charme, mon humour, mon physique. Le plus souvent, je suis bien conscient que c'est mon nom de famille qui attire ces filles. Je dis « ces filles » comme je pourrais parler de « ces mecs », parce que ça marche aussi avec Daël. On est les Hamilton. Une des familles les plus puissantes de la ville. Il y a quelque chose de classe, dans notre clan. Même dans ce conflit, il y a quelque chose qui les attire. Comme l'envie d'appartenir à quelque chose qui les dépasse.

Je m'installe au bar avec la fille, commande deux verres, puis la guide vers les tables VIP. On discute, brièvement. Conversation bateau et compliments d'usage. La partie la plus ennuyante. Je laisse faire, j'ai la soirée devant moi pour obtenir ce que je veux.

Je croise le regard de Grace, par hasard. Je lui souris, juste pour l'emmerder. Elle me fait rire, cette fille. L'opinion qu'elle se fait d'elle-même me fait rire. Comme si elle était au-dessus de tout ça, comme si elle était plus forte que tout le monde, comme si elle pouvait m'atteindre. Elle rêve, cette bourgeoise coincée.

Amelia, la fille de tout à l'heure, m'informe qu'elle doit passer aux toilettes. Probablement pour retoucher son maquillage. Je comprends que j'ai gagné et l'embrasse gentiment sur la joue pour prétendre être un gentleman qui ne pense pas qu'à la baiser. Elle me renvoie un sourire espiègle, puis s'éloigne. Je ne crois pas qu'elle soit dupe. Peu de filles le sont, désormais, hormis Jade qui est tombée de cinq étages quand elle a compris pourquoi je la fréquentais.

En l'attendant, je pars commander un verre au bar. Je prends cinq shots et me les enfile un par un. L'alcool monte d'un seul coup. La drogue aussi, certainement. J'ai chaud et je me mets à transpirer. Pourtant, je me sens mieux, comme si mon corps reflétait enfin l'état de mon âme. Chancelante.

La blonde revient. Merde, j'ai déjà oublié son prénom : Amélie ? Amanda ? Alison ?

Je m'apprête à tenter quelque chose, lorsqu'elle me dit brutalement :

— Espèce de connard.

— Pardon ?

— C'était quoi ton plan ? continue-t-elle, furieuse. Me refiler le sida ?

— Quoi ?

— Inutile de faire semblant de ne rien comprendre, ton ex m'a tout dit.

Mon ex ? Je n'ai jamais eu d'ex.

— Qui est venu te parler ?

La fille se retourne vers les toilettes et me désigne une grande blonde qui en sort à l'instant. Grace Rosenbach. Je retiens un hoquet de dégoût. Quand elle a parlé d'ex, je m'attendais vraiment à voir une ancienne de mes conquêtes. Rien que de m'imaginer toucher cette fille me tord les tripes.

— Elle t'a vraiment dit ça ?

— Pourquoi ? Ce n'est pas ton ex ?

Je ne lui réponds même pas. Trop choqué pour m'attarder davantage sur elle. Je n'en reviens pas que Grace ait fait quelque chose d'aussi enfantin. Clairement, cette fille a un sérieux problème.

J'aperçois mon frère qui danse complètement bourré sur la piste. Je le rejoins, prêt à exploser d'une minute à l'autre.

— Aiden ! Tu ne sais pas ce que cette conne de Rosenbach vient de faire !

Il ne m'écoute pas, complètement ivre et défoncé.

— Aiden ! répété-je, encore plus fort.

Il ouvre les yeux, à demi.

— Tu vas bien ? demandé-je aussitôt.

— J'ai perdu… le contrôle.

— Qu'est-ce que tu racontes ?

— J'aurais dû être là pour Ellen.

— Putain, ne recommence pas avec ça !

Aiden tangue. Je vois bien qu'il est mal en point.

— Viens avec moi, ajouté-je en le tirant par le bras. On va prendre de l'eau au bar et je te raconte en même temps ce que Grace vient de faire.

Il me suit, difficilement, mais je le sens derrière moi, donc je continue de gueuler :

— Putain !

J'arrive au bar. L'esprit confus. Je crois que la drogue est vraiment en train d'attaquer mon cerveau. La seule chose que j'arrive à exprimer, c'est le dégoût que je ressens pour cette fille.

— Je vais la tuer !

Je m'accoude, poursuivant :

— Elle ne s'en sortira pas comme ça.

Le mec du bar me regarde, un air d'incompréhension sur le visage.

— Vodka-Red Bull, commandé-je.

L'homme repart préparer ma boisson, puis me tend mon verre. Je lui donne un billet sans même regarder la somme.

— Elle va moins rire, tu peux me croire.

Je me retourne vers la piste de danse, continuant à gueuler, sans cohérence ni explications.

— Je n'ai jamais vu une fille aussi… Aiden ? dis-je brusquement.

Je fais un tour sur moi-même, il n'est plus là. Je parlais tout seul ? Pourtant, il m'a bien suivi jusqu'au bar ? Et le… Le bar ! J'étais censé prendre une bouteille d'eau ! Pas un verre d'alcool.

Je m'apprête à faire demi-tour lorsqu'une autre blonde se plante devant moi, me toisant d'un air noir.

— Quoi ? craché-je.

J'aurais pu être plus poli si j'avais été d'humeur normale, mais c'est loin d'être le cas.

— Apprends à te soigner, mec.

— Pardon ?

— On a baisé ensemble, il y a une semaine.

Après réflexion, son visage me dit en effet quelque chose.

— Et ? lancé-je, attendant la suite.

— Une fille vient de m'informer que tu avais une MST. Tu comptais me le dire ?

Une *fille*. Attendez, elle n'est pas sérieuse ? Pourquoi elle ne prendrait pas le micro du DJ pour l'annoncer à tout le monde officiellement ? Je vois rouge. Bleu. Noir. Violet. Je ne sais plus. Il n'y a plus que la haine dans mon corps. Je pourrais clairement rassurer cette pauvre fille, ou même lui rappeler que l'on a utilisé un préservatif, mais je n'ai pas la force de compatir.

— Non, je comptais juste que tu en crèves.

— Pardon ?

— Il y a assez de salopes dans cette ville, j'aurais rendu service à la communauté.

Une baffe monstrueuse s'abat sur mon visage. Je ne dis rien, elle était totalement méritée. Surtout, ça me réveille enfin. Je n'ai même pas le temps de relever mon visage vers la fille qu'elle est déjà repartie.

Le visage de Daël apparaît à sa place. Il soupire.

— Quoi encore ? fait-il.

— Je vais tuer les Rosenbach, déclaré-je.

— Tu ne veux pas laisser tomber, juste une nuit ?

— C'est eux qui ont commencé.

— Quoi ? Qu'est-ce qu'ils ont fait ?

— C'est…

— Les gars ! me coupe Noah en déboulant entre nous deux. Besoin d'aide ! Urgent !

Je suis encore sonné alors je me contente de les suivre. On s'arrête devant une banquette rouge. Aiden est allongé dessus. Le visage pâle et dévasté.

— Merde, murmure Daël en se retournant vers nous. Il ne manquait plus que ça.

La blague ! Qu'il aille se faire foutre. Aux dernières nouvelles, c'est loin d'être un saint.

— Où est Fallone ? demande-t-il tout de suite.

Bien sûr. Son héroïne. La précieuse et fidèle Fallone. Moi, je ne suis que le boulet. Le boulet qui met son propre frère dans cet état avant de l'oublier. Je n'écoute pas la réponse de Noah et me penche vers Aiden. Je murmure un « désolé » à son oreille, qui m'écorche les lèvres tant il est ridicule.

— Qu'est-ce qu'on fait ? demande Noah.

— On le ramène à la maison, déclare Daël. On ne va pas le laisser comme ça.

— J'appelle un taxi ?

— On rentre tous avec lui.

Je m'arrête, écœuré. Il n'y a pas moyen que je parte, surtout pas moyen que je laisse croire à Grace Rosenbach qu'elle a gagné. Si elle m'a mis toutes les filles de cette soirée à dos, je ne vois pas pourquoi je n'aurais pas le droit de m'amuser à mon tour.

— Quoi ? m'emporté-je. Hors de question ! Les Rosenbach vont penser qu'on fuit !

— On s'en fout de ce que vont penser les Rosenbach, réplique Daël, fermement. Ferme ta gueule, pour une fois.

Pour une fois ? J'explose intérieurement. C'est ce qu'il passe son temps à me demander. De fermer ma gueule. Tout le temps. Il ne m'écoute jamais. Il n'y a aucune raison pour que je l'écoute à mon tour.

— Je t'emmerde.

— On a plus urgent là, non ? lance Noah en s'interposant.

Daël se retourne vers Aiden. Toute la honte se lisant sur son visage. Quel hypocrite. Mon frère ne fera jamais autant pitié que lui, parce que Daël n'a même pas besoin d'être en soirée pour se foutre dans cet état lamentable. Alors, ses regards condescendants, il peut se les garder pour lui.

— Vous pouvez rester avec lui ? reprend-il. Je vais chercher un peu de papier et de l'eau dans les toilettes pour le nettoyer. Il s'est gerbé dessus.

— Pas de problème, répond Noah.

Daël disparaît et je me retrouve avec mon cousin. Il baisse les yeux et sort son téléphone portable. Probablement pour prévenir Fallone.

Je me concentre sur Aiden. Je le force à s'asseoir sur le sofa et m'installe à côté de lui pour le tenir contre moi. Sa tête s'échoue sur mon épaule.

Je répète en espérant que, cette fois, il le comprenne :

— Je suis désolé, Aiden.

— Pourquoi ? murmure-t-il, la langue pâteuse.

— Promettre des choses que je ne tiens pas.

— Tu devais me surveiller, dit-il d'une voix cassée et tremblante. Comme je devais surveiller Ellen.

— *On*, rectifié-je.

— Je suis le grand frère.

— Moi aussi.

Il se tait. Je sens ses larmes à l'intérieur de lui. Je les sens le secouer, mais il reste de marbre. Il essaie de ne pas pleurer. Un peu comme moi.

— Mec, finit-il par murmurer. Je ne me le pardonnerai jamais.

— Moi non plus… Moi non plus.

On reste silencieux, tous les deux. Ça pourrait être reposant, mais c'est juste fatigant. La musique, les lumières, l'alcool, la drogue. Je sens ma tête tourner et demande à Noah :

— Il fait quoi, Daël ?

— Je ne sais pas.

— Je vais le chercher. Occupe-toi d'Aiden.

Je me relève et repose doucement la tête de mon frère sur le dossier du sofa. Je rejoins les toilettes. Bien sûr, elles sont bondées, comme d'habitude. Je cherche Daël des yeux, mais la seule chose que je vois c'est un attroupement d'hommes près d'une cabine. Ils tapent contre la porte et j'entends un des gars s'écrier :

— Eh bien, je peux passer après ? Vous avez l'air de prendre votre pied ! Moi aussi, je veux être sucé comme ça.

Je me dirige vers les lavabos pendant qu'ils continuent de rire derrière moi. Je prends du papier dans le distributeur et le mouille avec de l'eau fraîche, jusqu'à ce que ça me fasse tilt, tout d'un coup.

— Hey ! dis-je au gars qui s'apprêtait à sortir. Tu veux être sucé ?

— Je ne suis pas pédé, s'emporte-t-il immédiatement.

— Non, pas par moi. Je connais quelqu'un pour toi.

— Qui ?

Le mec n'a pas l'air net, clairement. Dans le genre chef d'une mafia italienne. Je m'en fiche éperdument.

— Viens avec moi, déclaré-je.

On sort des toilettes et je parcours rapidement la piste des yeux. Mon regard s'attarde sur Grace et Lili, elles dansent toutes les deux.

— Tiens, dis-je. Tu vois la plus grande des deux ?

— Les deux ?

— Les deux blondes qui dansent. Ouais… La plus grande.

— Oui.

— C'est une prostituée. Elle m'a sucé tout à l'heure, derrière la boîte. Pas cher et très bien.

— C'est vrai ?

— Je te jure. Pied intersidéral.

Le mensonge me reste en travers de la gorge, mais il hoche la tête, ravi de l'apprendre. Je remarque que je tiens toujours mes papiers mouillés dans les mains. Merde ! Aiden !

— Je dois filer, déclaré-je au mec. Franchement, n'hésite pas ! Ça vaut le coup !

Le gars me salue brièvement et je cours rejoindre mon frère. Noah est encore là, et Fallone, en bonne héroïne, a manifestement rappliqué.

— Tiens, déclaré-je en posant les papiers imbibés d'eau sur le visage pâle de mon frère. Ça va te faire du bien.

J'essuie sa peau doucement, ôtant les gouttes de sueur et nettoyant le vomi au coin de ses lèvres, tandis que Fallone m'interroge dans mon dos :

— Tu as trouvé Daël ?

— Non, il n'était plus aux toilettes.

— Comment ça ? fait Noah. Il devrait y être. Il n'est pas revenu.

— Je n'en sais rien, mais on peut s'en sortir sans lui.

— Je vais le chercher, déclare Fallone. Quelqu'un a appelé un taxi ?

— Ouais, tout à l'heure, l'informe son demi-frère.

Je m'assois à côté d'Aiden, reprenant ma position initiale. Il est à la limite du coma. Il tombe sur moi et je me contente de rester là, sans parler, parce que je me culpabilise trop de l'avoir foutu dans cet état avec cette putain de pilule.

Fallone finit par revenir. Elle n'a pas trouvé Daël, elle non plus, et se met à discuter avec Noah de ce qu'ils vont faire de mon frère. Comme d'habitude, personne ne me demande mon avis. Comme si mon point de vue les intéressait, de toute façon.

J'aperçois Grace passer devant nous. Son regard s'attarde très brièvement sur Aiden, mais elle continue son chemin, rapidement.

Puis je le vois. Le mec des toilettes. Il la suit. J'ai envie de me féliciter, mais la seule personne qui pourrait applaudir mon geste, c'est Aiden, et il n'est clairement pas en état de le faire.

Je lève mon regard vers le groupe, ils discutent encore pour déterminer si on doit partir sans Daël. Je décide que – ne servant pas à grand-chose – je serai plus utile autre part.

Je repose doucement mon frère sur le dossier, comme tout à l'heure, puis m'éloigne dans l'indifférence générale. Je ne sais même pas si Fallone et Noah ont remarqué mon absence.

J'avance dans la boîte, à la recherche de Grace. Je suis curieux d'observer sa réaction quand le type lui demandera ses tarifs. C'est tout à fait le genre de remarque qui la mettra hors d'elle et je m'en délecte déjà.

Je percute brusquement quelqu'un. Je m'apprête à m'excuser, mais mon regard tombe sur Jade pour la deuxième fois de la soirée. Cette fois, elle n'est pas accompagnée par son pitbull.

— Tu me suis ? dis-je, amusé.

Jade lève les yeux au ciel, poursuivant son chemin sans me répondre.

— On remet ça quand tu veux, tu sais ? lancé-je.

Elle s'arrête, dos à moi. Je vois la tension dans ses épaules, la colère qu'elle essaie de contenir, l'animosité qui fait vibrer son corps. Jade finit par se retourner vers moi, soutenant mon regard, avant de lâcher quelque chose qui m'éclate le cœur plus que je ne l'aurais jamais imaginé :

— Si ce qu'Ellen dit est vrai, alors tu ne vaux pas mieux que Greg.

Je chancelle, en espérant que la pénombre de la boîte cache l'effet que ses mots ont sur moi.

— Non, réfuté-je, la gorge nouée. Ça n'a rien à voir.

— Tu as utilisé ce que tous les hommes faibles utilisent pour dominer. Tu n'as peut-être pas eu recours à la violence, mais le résultat est le même. Si j'avais connu ta véritable identité, je n'aurais pas été consentante, et tu le sais. Tu as menti pour m'avoir dans ton lit et tu as aimé ce pouvoir que tu avais sur moi.

Je refuse d'entendre ça, elle ne peut pas comparer sa situation à celle de ma sœur. Elle n'en a pas le droit. Ce n'est pas juste, ni pour Ellen ni pour moi.

— La misogynie, c'est aussi ça, Stan, poursuit Jade. Ce n'est pas seulement les viols commis par des détraqués sexuels dans les espaces publics – aussi horribles que soient ces crimes. Ceux-là, tout le monde les condamne. Toi le premier avec ce qu'a vécu ta sœur. Mais les autres crimes ? Ceux dont on ne parle jamais à cause des gens comme toi qui disent que : « Ça n'a rien à voir »... Parce que, toi, tu es différent, n'est-ce pas ?

Jade se rapproche, et la boule dans ma gorge grossit au point de me couper la parole. Je ne peux rien faire d'autre que de l'écouter.

Et ça fait un mal de chien.

— Est-ce que tu es différent quand tu couches avec une fille pour l'humilier ? Est-ce que tu es différent quand tu prétends que je ne suis plus rien pour toi, parce que tu m'as « déjà baisée » ? Est-ce que tu es différent quand tu me traites de salope devant mes proches ?

Je reste planté devant elle, incapable d'énoncer le moindre mot.

— Alors, réponds-moi, insiste-t-elle. Est-ce que tu es différent ou est-ce que tu es juste comme tous les autres, Stan ? Juste un mec incapable de voir ses privilèges, incapable même de comprendre qu'il les utilise pour se sentir puissant. Juste un mec comme ta sœur en rencontrera tant d'autres sur son chemin… Mais, elle comme moi, on ne se laissera plus faire.

Jade a craché ces derniers mots, puis tourné les talons, me laissant pantois au milieu de la boîte. J'ai la tête qui tourne, un tourbillon d'émotions refoulées me revient à la figure.

Je sais qu'elle a raison et c'est dur de l'admettre. Je regarde tout autour de moi, essayant de me rappeler ce que je faisais ici.

Grace et le mafieux.

Je les cherche des yeux, les mots de Jade tournant en boucle dans ma tête… et si ?

Je les repère enfin, au fond de la boîte. Grace semble agitée, et pour cause, elle est entourée par quatre types. Je reconnais aussitôt celui à qui j'ai parlé. Il se tient le nez, furieux. Les autres hommes la coincent contre le mur. Je m'attends à ce qu'elle leur mette un coup de boule, à eux aussi, mais elle ne bouge plus, tétanisée. Ils se rapprochent d'elle, crachant presque sur son visage. Elle ne bouge pas. Il n'y a que ses yeux qui parlent pour elle, qui crient pour elle. Ils appellent à l'aide et je suis le seul à l'entendre.

Le type à qui elle a foutu un coup dans le nez se rapproche de Grace à son tour. Il murmure quelque chose à son oreille, et elle se met à trembler. Elle va se faire agresser, devant mes yeux.

Je repense à ma sœur. Je repense au fait que personne ne l'a aidée, elle. Que personne n'a vu ses yeux quand elle pleurait. Que personne n'a entendu ses cris. Que personne n'était là, tout simplement. Alors, pourquoi, moi, je devrais être là ? Pourquoi je devrais faire quelque chose ?

Je ne dois rien à personne, et surtout pas à une Rosenbach. Grace doit payer. Payer pour Ellen. Payer pour sa douleur. Payer pour tout le mal qu'elle a fait. Je sais que ce n'est pas elle qui est à l'origine de cet acte ignoble, mais elle l'a soutenu. Elle a toujours soutenu Greg, prétendant que rien n'était arrivé et que l'on avait manipulé Ellen. Je me souviens de son regard au tribunal. Je me souviens de la façon dont elle a menti aux juges. Quand elle témoignait pour son cousin, prétendant que ce n'était pas un viol, le défendant alors que tout l'accusait. Le défendant contre l'évidence. Défendant l'inhumain en lui. Je l'avais trouvée encore plus cruelle que Greg. Elle voulait effacer, simplement effacer la vérité. On ne peut pas effacer ça et elle va le comprendre.

Les hommes se rapprochent toujours un peu plus d'elle. Rosenbach est désormais totalement coincée contre le mur. Elle cherche une échappatoire. Nos regards se croisent soudainement. Elle tente de se redonner une contenance. Elle efface la peur dans ses yeux et se contente de me regarder, comme pour me faire couler avec elle. Me dire que, si je commets ce crime, je tomberai moi aussi.

Grace ne me lâche pas du regard. Ce même regard qu'Ellen a probablement adressé à Greg. Est-ce que c'est ce que je veux ? Que quelqu'un me regarde avec ces yeux-là ? Est-ce que Jade a raison ? Est-ce que je ne vaux pas mieux que Greg ?

Je suis paralysé. Peut-être autant qu'elle. Je suis paumé. Je ne sais plus quoi faire. Je ne sais plus quoi penser. Je pense à Ellen, à Greg, à Aiden, à Jade. J'ai l'impression de faire de la merde, avec tout le monde. Je ne contrôle rien, ni ma peine, ni ma colère, ni ma culpabilité. Alors, je m'enfonce un peu plus tous les jours.

Grace finit par lâcher mon regard pour croiser celui de ses agresseurs. La peur réapparaît naturellement dans ses yeux, elle ne peut plus la contenir.

Mon corps se décide enfin à se mouvoir. Je cours vers l'attroupement et attrape le premier mec qui tient Grace. Je lui mets mon poing dans la figure. Il tombe par terre, tandis qu'un deuxième me saute sur le dos. Je le repousse brusquement et il s'écroule sur un groupe de danseurs plus loin. Un des mecs bousculés le relève et lui met un coup dans le ventre en réponse. Puis tout part, très vite. Ses copains essaient de l'aider et se mettent à frapper, un peu partout, un peu pour rien. Les coups fusent dans tous les sens, je ne comprends plus ce qu'il se passe. Je me contente d'attraper le bras de Grace et de la tirer vers la sortie. Elle me suit, courant derrière moi, jusqu'à ce que l'on s'arrête devant l'entrée.

— Il faut qu'on sorte tout le monde d'ici, déclare-t-elle en jetant au coup d'œil au bordel derrière nous.

— Je sais, nos parents vont nous tuer si on se fait embarquer par les flics.

— Oui, ils vont croire qu'on a provoqué la bagarre.

Je ris. Lorsqu'elle le dit, on a vraiment l'impression qu'elle a déjà oublié que c'est ce que l'on a vraiment fait.

— On récupère tout le monde, enchaîne Grace. Rosenbach ou Hamilton, peu importe. Si un de nos parents découvre qu'on était à cette soirée ensemble, on est foutus.

Je suis écœuré de le reconnaître, mais elle a raison.

— Oui, approuvé-je.

— Hé, Stan ?

— Oui ?

— Ce que tu viens de faire ne m'impressionne pas, croit-elle important de préciser.

Quelle conne.

— Un simple « merci » aurait suffi, répliqué-je avant de la quitter.

Je me dirige vers l'endroit où j'ai quitté Aiden et les gars. Il y a un mouvement de foule. Les gens se précipitent vers les sorties, se bousculant au passage. Moi, j'arrive finalement aux sofas. Personne n'est là. Je suppose que Fallone et Noah ont finalement pris la décision de partir sans nous. Je ne peux pas leur en vouloir. Pour une fois, c'était une bonne idée.

J'essaye de rejoindre la sortie, cherchant des yeux des visages familiers. Je tombe brusquement sur une touffe de cheveux bouclés et m'exclame sans même réfléchir à ce que je suis en train de faire :

— Il faut se barrer d'ici ! Bouge !

Le fils Rosenbach me suit, sans trop chercher à comprendre et ça m'arrange bien.

On sort de la boîte. Je parcours rapidement le trottoir des yeux et remarque qu'Aiden est toujours là, avachi contre Noah. Il y a tous les Hamilton, sauf Daël. Je m'apprête à retourner à l'intérieur lorsque Grace débarque pour retrouver son frère. Un « merci » s'échappe de ses lèvres. Je crois qu'il a plus de sens que ce qu'elle prétend.

Daël finit par sortir à son tour du bâtiment, l'air égaré et paumé. Je n'ai pas le temps de lui expliquer ce qu'il se passe et me précipite vers les taxis que j'aperçois tourner au coin de la rue. Les gens de la boîte ont dû les appeler et il faut absolument que l'on prenne les premiers.

— Taxis ! hurlé-je en me jetant sur la route pour les arrêter. Allez ! enchaîné-je en me retournant vers eux. Dépêchez-vous, bordel !

Grace est la première à réagir, attrapant son frère au passage, tandis que j'aperçois Edward prendre Ian dans ses bras pendant qu'Ethan plie le fauteuil. Ils se dirigent tous les trois vers le taxi de Grace, rangeant le fauteuil dans le coffre, alors que Lior vient d'entrer dans la voiture.

— Bordel ! s'exclame Fallone en nous rejoignant. Pour une fois qu'on n'a rien à voir là-dedans !

Je croise le regard de Grace et aucun de nous deux ne commente son intervention. Fallone finit par entrer dans le taxi, à l'avant, et Grace referme la porte juste après que son frère est entré à son tour dans la voiture.

Je me retourne vers Daël, qui vient de me rejoindre en courant.

— Qu'est-ce qu'il se passe ? s'exclame-t-il, confus.

— Il y a une bagarre, on se barre.

— Qu'est-ce que les Rosenbach foutent avec nous ?

— On s'en tape, on se barre, répété-je.

— Et Aiden ?

On se retourne tous les deux vers les taxis. Noah vient de le mettre dans une des voitures. Sans même se parler, on les rejoint en courant. Daël gueule à Noah d'entrer dans la voiture, mais celui-ci refuse d'un geste de la tête. Il dit quelque chose à l'oreille de Daël que je ne comprends pas à cause de la distance, puis – inexplicablement – il repart soudainement vers la boîte.

— Qu'est-ce qu'il fout ? lancé-je.

— Entre dans la bagnole, m'ordonne Daël.

— Non. Qu'est-ce qu'il fout ? répété-je, paniqué de le voir disparaître à l'intérieur du club.

Le premier taxi s'éloigne et j'aperçois Fallone assise à l'avant. Elle nous tuerait un par un si elle savait que l'on partait sans son frère.

— Où est-il parti ?

— Il manque des gens, répond Daël.

— Tous les Hamilton sont là.

Je m'arrête, effaré par toute cette connerie. Effaré par lui, par eux, par cette révélation écœurante. *Lili Rosenbach*. Qui d'autre ?

— Putain ! juré-je, au bord de la crise de nerfs. On s'en fout de cette fille !

— Monte dans la bagnole, Stan ! rétorque Daël. Je m'en occupe.

— Je ne pars pas sans Noah !

— On ne laisse pas Aiden tout seul, insiste mon cousin. Monte ! Je reste.

— Non.

— Tu obéis !

Je ferme ma gueule, mais je n'en pense pas moins. Daël n'était pas là de toute la soirée. Qu'il aille se faire foutre. Qu'ils aillent tous se faire foutre.

Je rentre dans la voiture, à l'avant du taxi.

— Où va-t-on ? demande le chauffeur.

— On attend, déclaré-je. Il nous en manque… deux, m'étranglé-je.

Chapitre 10

Daël Hamilton

— Tu obéis ! m'emporté-je.

Stan entre dans le taxi, claquant violemment la portière derrière lui. Je soupire. Cette soirée est irréelle. Il y a quelques minutes, j'étais avec mon mec… Mon ex… Bref. Et là, je me retrouve à devoir échapper à la police pour une quelconque bagarre d'ivrognes.

Je regarde l'entrée de la boîte, exaspéré. Je n'en reviens pas que Noah ait osé me faire ça… qu'il ait osé me souffler le prénom de Lili avant de partir en courant pour la rejoindre.

Grace me rejoint, essoufflée et paniquée.

— Le premier taxi est parti.

— J'ai vu.

— Il vous en manque ?

— Noah, l'informé-je.

— Mais…, fait-elle, surprise. Je l'ai vu dehors, avec vous, il y a deux minutes.

Bien sûr, il faut qu'il me foute dans la merde, en plus d'aller jouer les héros. Comment je vais expliquer à l'autre folle qu'il est parti chercher sa cousine, moi ?

Heureusement, je n'ai pas besoin de répondre. On aperçoit Ethan, Lili et Noah sortir tous les trois en courant. Les premières voitures de police se garent déjà sur le bas-côté, barrant la route entre eux et nous.

— Montez dans un taxi ! leur hurle Grace.

Ils font demi-tour, changeant de trottoir, et sautent dans le premier véhicule à leur portée. Je me retourne vers le nôtre, qui attend toujours. Grace me passe devant en criant un « bouge ton cul » peu courtois et s'installe sur la banquette arrière, au milieu. Je la suis, m'installe à sa droite, et referme la portière brusquement.

— Roulez, ordonne Stan.

— Où ? demande le chauffeur.

— On s'en fout, appuyez sur la pédale ! s'emporte Grace.

Je lui lance un regard en biais. Je crois qu'elle n'a pas encore compris. Finalement, elle se retourne vers moi, m'observe en silence, se retourne vers Aiden à moitié avachi sur elle et toujours à demi-mort, puis termine sur Stan, installé à l'avant. Elle soupire longuement et son visage tombe entre ses deux mains en un geste désespéré. J'entends un « génial » se frayer un chemin entre ses lèvres pincées lorsqu'elle réalise qu'elle est seule dans une voiture Hamilton.

— Noah est avec qui ? demande Stan à l'avant.

— Ethan et Lili.

Dans le rétroviseur de la voiture, je vois une lueur de rage éclairer ses pupilles.

— Ethan ne le touchera pas, intervient Grace. Je le lui ai interdit.

— Il lui a déjà cassé le bras, rappelé-je, cynique.

— Toujours plus rapide que de le brûler avec une cigarette, renchérit-elle.

Même si je déteste quand elle le fait, elle me cloue le bec.

— Qu'est-ce que tu fous dans cette bagnole, de toute façon ? beugle Stan en se retournant vers l'arrière de la voiture. Arrêtez-vous, enchaîne-t-il ensuite à l'intention du chauffeur. On la laisse là.

— Va te faire foutre.

— Toi, va crever sur le trottoir, tu pollues notre air.

La voiture s'arrête sur le bord de la route et je gueule au chauffeur :

— Continuez ! On ne s'arrête pas maintenant.

— On dégage Grace d'ici ! s'écrie Stan. Je ne vois pas pourquoi elle resterait avec nous.

— Ne fais pas chier, Stan, rétorqué-je. On s'est supportés toute la soirée, on peut quand même…

— Pardon ? m'interrompt-il, choqué. Qu'est-ce que tu en sais, au juste ? On ne t'a même pas vu, toi ! Et je te signale qu'elle a niqué tous mes plans cul !

— Détends-toi, intervient Grace. Tu ne resteras pas puceau toute ta vie.

— Putain ! répète Stan en frappant la portière à côté de lui. Arrêtez-vous ! ordonne-t-il au chauffeur de taxi.

— Non ! répliqué-je. Pas le temps !

— Tu soûles, Daël !

— Fallone est dans une voiture Rosenbach, rappelé-je. On ramène tout le monde.

— Fermez-la, grogne Aiden maintenant avachi contre la vitre.

— Et que quelqu'un me passe un portable ! s'exclame Grace.

— Je peux gracieusement t'offrir mon poing dans ta face à la place, propose Stan.

Elle soupire.

— Hamilton, dit-elle en se retournant vers moi. Ton portable.

Je la regarde, déconcerté.

— Quoi ?

— Ton portable, répète-t-elle.

— Prends le tien ! dis-je, offusqué.

— Tu crois que j'ai eu le temps de passer au vestiaire ? ironise-t-elle, comme si j'étais une putain de gonzesse et que ça aurait dû me traverser l'esprit. Allez, il faut que j'appelle mon frère.

Je crois que mon sang abandonne mon visage. Son frère. « Boucles d'or ». Pas moyen.

— Plus de batterie, rétorqué-je, l'air le moins crédible au monde.

— Quelqu'un d'utile dans cette famille ? interroge-t-elle.

Bien sûr, Stan ne prend même pas la peine de lui répondre et Aiden gémit lorsque la voiture prend un virage difficile.

Mon portable vibre dans ma poche. Merde. Je suis sûr que c'est Rosenbach, mais je suis censé ne plus avoir de batterie. J'ai tellement envie de lui répondre. Ça sonne une deuxième fois. Une troisième. Bordel. Je me retourne vers la vitre, regardant le paysage de Londres défiler sous mes yeux. Je ne sais même pas où on va. Ça vibre une quatrième fois dans ma poche. Je vais craquer. Je veux savoir ce qu'il m'écrit.

Une sonnerie de portable retentit soudainement dans la voiture et Stan répond tout de suite :

— Noah ?

Je ne comprends pas leur conversation, Stan se contentant de murmurer des « ouais » et « hum » exaspérés, puis il raccroche et reste silencieux. Qu'il est con. Toujours à vouloir qu'on le supplie. Tout ça pour avoir l'impression d'être quelqu'un d'important.

— Il a dit quoi, bon sang ? s'emporte Grace, m'ôtant l'épine du pied, car j'aurais détesté satisfaire cet abruti.

— Toi, je ne te parle pas.

— Tu as plus mature, encore ?

Je croise le regard de Stan dans le rétroviseur. Je crois que le mien le dissuade de me faire attendre plus longtemps.

— Il a appelé Fallone tout à l'heure. On se retrouve à l'entrée de Hyde Park avec tout le monde.

— Depuis quand prennent-ils des décisions sans nous ? me demande Grace, réellement vexée.

Je hausse les épaules. Je m'en fous. En fait, j'ai juste envie de regarder mon portable, et je réalise que je ne dois rien à Grace. Je le sors de ma poche et le glisse entre mes cuisses, pour l'empêcher de lire, si jamais l'envie lui prenait. Enfin, je crois que ça ne lui effleurerait même pas l'esprit. Elle est trop obsédée par le fait de prétendre que je suis totalement inintéressant pour elle.

— Donc, reprend Stan en s'adressant au chauffeur. Entrée principale de Hyde Park, devant les grilles.

L'homme s'exécute en hochant simplement la tête. Hyde Park est le plus grand parc de Londres. Il se situe exactement entre nos deux quartiers. Au sud-ouest, Kensington et Knightsbridge, et à l'est, Mayfair. Un coin de verdure entre deux enfers.

La voiture change de route et je me concentre sur mon téléphone.

✉ **SMS de** Boucles d'or **à** Grand méchant loup
3 h 15. Ma seur es ac toi ?
3 h 15. Vs êtes pa parti ss elle ? ?
3 h 15. Ta compri ski cé passé ?
3 h 17. RDV Hyde Pk. Ptn, si vs êtes parti ss Grace j'te tue.

✉ **SMS de** Grand méchant loup **à** Boucles d'or
3 h 19. Elle est avec nous.
3 h 19. Tu as vraiment l'air d'un ado prépubère quand tu écris en abrégé comme ça.

✉ **SMS de** Boucles d'or **à** Grand méchant loup
3 h 20. J'avais l'air d'un ado prépubère quand je t'ai fait jouir dans ton froc tout à l'heure ?

✉ **SMS de** Grand méchant loup **à** Boucles d'or
3 h 20. Froc ?
3 h 20. Sérieusement ?

✉ **SMS de** Boucles d'or **à** Grand méchant loup
3 h 20. Ouais, détourne le sujet…

✉ **SMS de** Grand méchant loup **à** Boucles d'or
3 h 20. Parce que tu veux vraiment partir sur ça ?
3 h 20. Des sextos alors que tu viens de me jeter comme une merde ? Une seconde fois ?

✉ **SMS de** Boucles d'or **à** Grand méchant loup
3 h 20. Je ne t'ai pas jeté comme une merde.

Je ne réponds pas et range le portable dans ma poche. Je ne trouve rien à lui dire. Je n'ai pas envie de débattre ce soir. Il n'a pas le courage de rester avec moi. C'est écrit noir sur blanc. Pas besoin de s'attarder sur le sujet.

On reste silencieux, tous les quatre, enfin hormis Aiden qui gémit de temps en temps et Grace qui prévient toutes les trente secondes que, s'il lui vomit dessus, elle tape un scandale. Personne ne l'écoute. Moi, je repense à Rosenbach et à ce que l'on vient de vivre dans les toilettes. Mon jean et mon boxer me gênent. Je me sens sale. Pas de ce que l'on a fait, mais de ce qui a suivi. Son départ. Cette seconde qu'il m'a demandée et que j'ai été incapable de lui donner. Stan non plus ne l'écoute pas. Je pense qu'il rumine sa haine. Il rumine le couple de Noah et Lili.

La voiture se gare devant l'entrée principale, au sud-est du parc. La voiture des Rosenbach et de Fallone est déjà arrivée. Ian est de nouveau dans son fauteuil, Edward à ses côtés, tandis que Boucles d'or fume sa cigarette, à l'écart.

Stan donne sa carte bancaire et paie pour tout le monde. Je me précipite dehors. J'ai besoin d'air. On est à la fin du mois de mai, mais le vent est plutôt frais, le ciel dégagé. L'entrée du parc est éclairée, ça pourrait être joli si je m'y attardais, mais la première chose à laquelle je pense est de rejoindre Fallone.

— Ça va ?

— Oui, et toi ? Tu étais où ? Je t'ai cherché partout ! s'exclame-t-elle.

— Je traînais dans la boîte, bafouillé-je, embarrassé.

Grace rejoint son frère, presque en courant, pour s'assurer qu'il va bien. Je comprends mieux pourquoi il se comporte comme un tel gamin, s'il est couvé comme ça en permanence. C'est totalement ridicule.

— Il manque le taxi de Noah, dit Fallone, le visage grave.

— Ne t'inquiète pas, il va arriver.

— Il est avec Ethan et Lili, rappelle-t-elle. Ils vont l'avoir jeté en chemin.

— Je ne pense pas.

Le taxi en question finit par tourner au coin de la rue et se gare devant nous. Ethan en sort le premier, visiblement furieux, Noah et Lili à sa suite.

— Putain ! jure le premier. Je me suis retenu tout le trajet de lui éclater la gueule ! Éloignez-moi de ce connard !

— On y va, dit Edward en le rejoignant. Grace ?

Elle se retourne vers le groupe, son frère aussi. Je croise le regard de Rosenbach. Rien qu'une seconde avant qu'il ne détourne les yeux.

— Nous aussi, on rentre, lancé-je en me retournant vers mon clan.

Stan est le premier à se diriger vers le côté ouest. Je crois qu'il a prévu de rentrer à pied. Ça me va aussi. J'ai besoin d'oxygène. Je veux le rejoindre, mais Ian me coupe la route avec son fauteuil. Il ne l'a pas fait exprès. Il a un léger sursaut de surprise, en même temps que moi. Nos regards se croisent. Pas parce qu'on l'avait prévu, mais par automatisme. Ses yeux me font soudain chavirer. Je ne sais pas ce qu'il se passe. Je ne sais pas pourquoi ni comment. Les seuls mots qui sortent de mes lèvres. Je ne les contrôle pas moi-même.

— Je suis désolé.

Brusquement, tout s'arrête. Comme s'il n'y avait plus un seul coup de vent dans les arbres, plus une seule voiture en circulation, plus un seul être vivant aux alentours, comme si le monde s'était arrêté de tourner, trop hébété lui aussi.

Je sens tous les regards braqués vers nous. Je suis incapable de me détourner de ses yeux à lui. Il est troublé. Il est même complètement paumé et je continue, comme si j'avais attendu ça toute ma saleté de vie :

— Je suis tellement désolé pour cet accident. Je sais que c'est inutile et bien trop tard. Et impardonnable, surtout. Mais tu... Tu ne méritais pas ça.

Lior Rosenbach

J'ai le cœur qui va éclater. Il brûle, se consumant lentement. Hamilton vient de s'excuser. Il vient *vraiment* de s'excuser. Il y a une seconde de silence. Une seconde où personne ne sait quoi dire, où personne ne sait quoi faire. Ça ravage tout le monde, son excuse, comme s'il venait enfin de crier haut et fort à quel point tout cela est pathétique. Cette haine. Cette vengeance. Ce conflit. En une phrase, il a tout fait écrouler. Ce pour quoi on se bat, ce en quoi l'on croit, ce pour quoi l'on se justifie. Il a fait exploser notre monde. Une seconde de silence. La seconde que je lui ai demandée. Il me l'envoie à la gueule, comme ça, sans même y avoir réfléchi.

— On s'en va, déclare Grace froidement.

Tout retombe. Elle a tout brisé. Évidemment qu'elle ne le supporte pas, ce changement d'ambiance. Pour elle, il n'y a que la haine qui est logique entre nous, pas autre chose.

Elle m'attrape par le bras et commence à se diriger vers notre quartier. Edward fait rouler le fauteuil de Ian. Ethan avance à côté de Lili.

Je réalise brusquement qu'il manque quelqu'un dans l'équation.

— Et Jade ?

Lili pousse un cri strident, un mélange de surprise et de honte pour avoir oublié l'existence de sa meilleure amie, tandis qu'Ethan se referme aussitôt.

On entend Aiden ironiser dans notre dos :

— Bien joué, les Rosenbach. Heureusement que vous y teniez, à cette gamine.

— Va te faire foutre, putain de...

Ethan s'approche de lui, les poings serrés. Bien sûr, à quoi je m'attendais ? Simplement parce que Hamilton s'est excusé, ça aurait changé le cours de l'humanité. Connerie d'espoir.

— Je vais te tuer.

— Ethan ! l'arrête Grace. Laisse-le.

— Je n'ai pas besoin de toi pour me défendre, ironise Aiden.

— Je ne te défends pas, rétorque ma sœur. On a juste autre chose à faire.

— Juste un coup, dit Ethan d'un ton suppliant.

— Non ! On va chercher Jade. Bouge !

Bien sûr, ça le refroidit aussitôt. C'est quand même sa copine qu'il a oubliée dans une boîte en pleine baston générale.

Grace se retourne vers Edward, elle lui dit de partir avec moi, Ian et Lili. Quant à elle, elle retourne faire un tour du club avec Ethan. Lili proteste, parce qu'elle veut les accompagner. Cependant, face au regard assassin de ma sœur, elle n'insiste pas trop et finit par se ranger au plan de Grace.

Les Hamilton sont déjà loin lorsque les taxis que l'on a rappelés stationnent devant notre groupe. Grace et Ethan entrent dans le premier et nous quittent sur un bref geste de la main. Moi, je monte à l'avant du deuxième, tandis qu'Edward aide Ian à monter à l'arrière avant d'aller ranger son fauteuil. Lili s'installe à côté de son frère.

La voiture démarre, en silence. Je crois que personne n'a envie de parler. Cette soirée était bien trop étrange pour que l'on mette des mots dessus. Je connais bien ce genre d'événements, ceux dont on ne reparlera plus jamais, prétendant qu'ils n'ont pas existé, jusqu'à ce que l'on y croie vraiment.

On arrive devant notre maison, une dizaine de minutes plus tard. Je paie le chauffeur et grimpe directement dans ma chambre, sans m'attarder davantage avec Edward, Lili et Ian. Tant pis. Je suis trop épuisé, vidé, blasé.

Je sors mon portable de ma poche et vérifie pour la millième fois que Hamilton ne m'a pas envoyé de message. Rien. Je me laisse tomber sur mon lit, m'allongeant de tout mon long. J'ôte mes chaussures d'un coup de talon.

« Tu m'as jeté comme une merde. »

Ce n'est pas vrai. La première fois, je lui accorde, mais pas ce soir. Je déboutonne mon jean et le fais glisser le long de mes jambes sans même prendre la peine de me relever.

« Tu m'as jeté comme une merde. »

Peut-être bien que si ? Oh ! je ne sais plus. Je me souviens juste que Grace m'a appelé quand j'étais dans ces foutues toilettes et que j'ai paniqué, comme d'habitude.

« Tu m'as jeté comme une merde. »

Alors, je crois bien que je l'ai encore jeté comme une merde. Je me relève pour retirer ma chemise et mon T-shirt. Je me rallonge, en caleçon.

Je ne trouve pas le sommeil. J'entends des bruits dans le couloir. Sûrement les autres qui vont se coucher.

Je regarde mon réveil. Bientôt 4 heures du matin.

J'attends. Sans trop savoir quoi. Tout est silencieux dans la maison. Je n'ai absolument pas sommeil. Je repense à Hamilton qui s'excuse, je repense au regard de Ian, je repense à ses mots, à la soirée en entier, à nous, aux toilettes, à la fellation monstrueuse qu'il m'a donnée. Et merde.

4 h 20.

J'en ai marre. Je tourne dans mon lit. Ça n'a pas de sens. Rien n'a de sens. Pourquoi est-ce que je suis parti ? Pourquoi est-ce que je l'ai laissé tomber encore une fois ?

4 h 30.

Je me déteste. Je suis vraiment trop con.

4 h 40.

Un bruit de porte me réveille de mon supplice et j'entends la voix de Grace résonner dans la cuisine. Je me relève d'un bond, trop heureux d'avoir trouvé une raison de ne pas dormir.

Je saute sur mes jambes et enfile un vieux short de sport qui traîne par terre, avant de remettre le T-shirt que je portais dans la boîte. Je sors de ma chambre et rejoins Ethan et ma sœur dans la cuisine.

— Alors ?

— Tu ne dors toujours pas ? me dit-elle tout de suite.

Je décide de mentir, je n'ai pas besoin d'un sermon maintenant.

— Je viens de me réveiller.

— Désolée. On a fait trop de bruit ?

— Ce n'est pas grave. Vous avez trouvé Jade ?

— Ouais… Longue histoire, marmonne Ethan, la tête avachie entre ses deux mains.

— Raconte.

— Pas maintenant, Lior. On va se coucher, rétorque ma sœur.

Elle dépose un baiser sur ma joue et sort de la cuisine. Je m'attends à ce qu'Ethan fasse de même mais, comme il ne bouge pas, j'en conclus qu'il a envie de parler. C'est plutôt rare.

Je m'installe en face de lui :

— Qu'est-ce qu'il s'est passé ?

— Jade s'était fait embarquer par les flics.

— Pourquoi ? Elle n'avait certainement rien à voir avec la bagarre.

— Elle est mineure. On a filé au commissariat avec Grace, mais ils avaient déjà appelé ses parents.

— Elle est sortie, du coup ?

— Oui, avec eux.

— Donc, pourquoi tires-tu cette gueule ?

Ethan me dévisage. Il a les yeux rouges, gonflés, comme s'il avait pleuré.

— J'ai oublié ma copine, mec, crache-t-il, la voix étranglée. Elle ne veut même plus que je lui adresse la parole.

— Ça peut arriver à tout le monde.

— Non, ça n'arrive pas ! s'emporte Ethan. Putain, ça n'arrive pas ! Jade a raison.

— Raison à propos de quoi ?

— De nous, notre famille. On se fera toujours passer, nous, avant les autres. Avant nos potes, avant notre couple, avant notre vie, merde. J'en ai marre. Je suis à bout.

— Ce n'est pas ta faute, c'était juste…

— Si, c'était ma faute ! me coupe-t-il. Justement, tu ne comprends pas. Je veux dire… Je l'ai vraiment oubliée. Genre, complètement. Quand il y a eu cette bagarre avec les Hamilton. Je ne pensais qu'à sauver *notre* clan. Je ne l'ai pas introduite dedans. Parce que nous, c'est juste nous. Il n'y aura jamais vraiment quelqu'un d'autre. Et moi, j'étouffe dans ce nous. Mon cerveau étouffe. J'ai couru dans la boîte pour récupérer Lili et j'ai oublié ma copine. Lili aussi l'a oubliée. La vérité, c'est qu'on est obnubilés par nous-mêmes. C'est notre faute, pas celle des Hamilton. Ça me fatigue.

Je suis fatigué également.

— Toi aussi, Lior, reprend-il. Tu as quitté ton mec. Tu ne me feras pas croire que notre famille n'a rien à voir là-dedans.

Clairement, je ne lui ferai pas croire le contraire. Alors, je ne commente pas.

— Récupère-le. Ne sois pas si con.

— C'est trop tard.

— Est-ce que tu en es sûr ?

Un blanc s'installe alors que je réfléchis à sa question. L'héritier a répondu à mes baisers, à mes caresses. Il ne voulait pas que l'on arrête notre *truc*. Alors, la question ne se pose pas pour lui. Plutôt pour moi… et je sais pertinemment ce que je veux depuis le début.

Je bondis de ma chaise, brusquement.

— Où vas-tu ? m'interroge Ethan, perplexe.

— Le récupérer.

— Quoi ? Il est 5 heures du matin, je ne parlais pas pour tout de suite !

— Si. Tout de suite.

— Mais…

Je n'entends pas la suite. J'ai déjà rejoint le hall d'entrée. Je retrouve de vieilles baskets et enfonce mes pieds, nus, à l'intérieur. C'est désagréable, mais également le dernier de mes soucis. Il fait frais dehors, mais j'ai la flemme de remonter me chercher un pull. J'attrape simplement un bonnet et l'enfonce sur ma tête.

Je sors de la maison. Aucune cohérence. Ma tenue, l'heure qu'il est, cette situation. Tant pis. Je me dépêche de partir avant qu'Ethan n'ait l'idée de prévenir Grace de mon départ.

Je cours jusqu'à la bouche de métro. Les premiers de la journée devraient commencer à circuler. Il fait froid, mais l'excitation me fait oublier la sensation du vent sur ma peau quasi nue. Encore une fois, je réalise que je fais un truc stupide. Que je n'ai pas prévenu Hamilton de ma visite, que je n'ai pas mon portable, ni même les clés de chez moi ou des papiers d'identité. Quelle importance ?

Le métro arrive après une dizaine de minutes et je grimpe dedans. Je descends à son arrêt. J'ai l'impression de connaître le trajet par cœur, que je pourrais même le faire les yeux bandés.

J'arrive devant l'immeuble. Le code. Le regard noir du vigile. Les ascenseurs. Le quatrième étage. Sa porte. C'est un automatisme. Je frappe.

Le battant s'ouvre sur Hamilton. Les traits fatigués, un vieux jogging et un pull de sport sur le dos, une moue adorable sur le visage… jusqu'à ce qu'il m'aperçoive et que ses yeux s'ouvrent si brusquement que je crois le voir convulser devant moi. Il se jette dans le couloir, referme la porte derrière lui d'un coup sec et me pousse jusqu'à l'ascenseur.

— Putain, Rosenbach, tous mes cousins sont là !

Sa voix oscille entre l'effroi et l'excitation. Je suis prostré de stupéfaction. *Là* ? Genre, là ? Chez lui ? Je crois que j'aurais pu m'évanouir de peur si Hamilton ne continuait pas à me pousser. Il appuie sur le bouton de l'ascenseur. Par chance, celui-ci n'était pas encore descendu, donc les portes s'ouvrent automatiquement. Je m'attends à ce qu'il me jette dedans et me renvoie d'où je viens, mais il saute avec moi à l'intérieur. Ses lèvres se plaquent sur les miennes alors que mon dos percute la paroi métallique. C'est le baiser qui a le moins de sens au monde. J'agrippe ses hanches et le colle à moi. Nos dents s'entrechoquent, nos salives se mélangent, notre respiration s'accélère. Je suffoque dans son baiser. Le genre de baiser qui fait picoter tout un tas de choses à l'intérieur.

D'un geste de la main, il bloque l'appareil. Je ne savais même pas que l'on pouvait faire ça. Je pensais que ça n'existait que dans les films. Son corps s'enfonce dans le mien. C'est tellement érotique et désespéré que je ne sais pas quel sentiment me fait le plus d'effet, le désir ou la peine. Sa langue rencontre la mienne. Ses lèvres sont pressantes. Je gémis contre ses baisers, son corps, ses caresses. Il glisse une de ses cuisses près de mon entrejambe. Je m'accroche à son cou pour me maintenir en place. Je suis sûr qu'il n'a même pas conscience de tout ce qu'il me procure. Ses mains descendent le long de mes côtes et j'ai l'impression que ma peau s'enflamme à l'endroit où il l'a touchée. J'ai tellement envie de lui que Dieu me renierait s'il entrait dans ma tête.

Les lèvres de Hamilton finissent par quitter les miennes pour rejoindre mon oreille. Il chuchote chaudement contre ma peau :

— Qu'est-ce que tu fais là, bordel ?

— Je voulais te voir, dis-je en m'agrippant encore plus fermement au tissu de son pull pour qu'il reste collé à mon corps.

Dans un même mouvement, Hamilton plonge dans mon cou pour embrasser ma peau du bout des lèvres.

— Je n'en peux plus, de tes ascenseurs émotionnels, grogne-t-il contre ma peau froide. Tu vas finir par me rendre fou.

— C'est réciproque.

— Rosenbach, je suis sérieux, reprend-il en relevant son visage vers moi, soudant nos prunelles. Tu sais ce que j'ai fait à ton cousin. Je ne peux pas le réparer. Alors, décide une bonne fois pour toutes si tu l'acceptes ou non, mais arrête d'être comme ça. Je ne le supporte plus.

Je ne sais pas quoi répondre alors je l'embrasse, mais il n'est pas stupide et me repousse doucement.

— Choisis, Rosenbach. On risque tellement gros. Il faut au moins que tu acceptes dans quoi tu t'engages.

— On est obligés d'en parler ici ? demandé-je.

— Qu'est-ce que tu veux, au juste ? Pourquoi es-tu venu jusqu'à chez moi ?

— Je veux passer la nuit avec toi.

C'est sincère. J'en ai marre des non-dits. J'ai envie qu'il le sache, à quel point j'ai besoin de lui.

— La nuit, répète-t-il, d'un air ironique.

— On n'a rien d'autre.

— Je sais.

Hamilton appuie de nouveau sur le bouton de l'ascenseur. On redescend. Littéralement et métaphoriquement, je crois.

Les portes s'ouvrent sur le hall d'entrée de son immeuble.

— Je suppose que je dois rentrer chez moi, ajouté-je.

— Je n'en ai pas envie.

Je me retourne, une lueur d'espoir dans les yeux, mais il dit :

— Mes cousins sont toujours dans l'appartement.

— Je peux t'embrasser avant de partir ?

Il hésite une seconde, mais finit par m'attraper par les hanches. Il m'embrasse. Doucement. Comme si ce n'était pas un foutu dernier baiser.

J'étais censé le récupérer, merde.

— Vire tes cousins, déclaré-je sèchement, lorsqu'il met fin à notre étreinte.

— Pardon ?

— Vire tes cousins, répété-je, sûr de moi. Vire-les. On pourra passer la nuit à s'embrasser, comme avant… Et, oui, ça sera la nuit.

Il soupire, mais soudainement tout me semble plus clair.

— C'était débile, ce que je te demandais tout à l'heure, continué-je. Bien sûr qu'on ne pourra rien se promettre d'autre. On ne se promettra jamais qu'un jour on se tiendra la main dans la rue, qu'on ira au cinéma ensemble ou au restaurant. Mais on s'en fout, non ? C'est des trucs de couples, ça. On n'en est pas un. On n'en sera jamais un. On le sait tous les deux. Nous, ce qu'on a, c'est juste la nuit… Après, on peut en faire ce qu'on en veut. La nuit, c'est pour se foutre la tête à l'envers ou pour se reposer. Et avec toi, c'est les deux en même temps. Je te jure, je ressens des choses que je n'avais encore jamais ressenties. Tu me calmes, j'ignore comment tu fais. Tu le ressens aussi, non ? Alors, merde, on s'en fout du reste. Avec des nuits comme les nôtres, les journées valent à peine le coup d'être vécues.

Hamilton reste muet comme une tombe. C'est la deuxième fois que je lui sors un discours de ce genre, un peu niais et moisi, parce que c'est loin d'être ma spécialité. Il se tait et je n'ai plus aucun mot pour le convaincre. Je me contente de le regarder.

J'ai à peine su exprimer ma pensée, parce qu'elle était trop floue dans mon esprit pour être formulée correctement, mais j'espère qu'il arrive au moins à comprendre ce qu'il y a dans mon regard.

L'héritier finit par hocher la tête, reculant d'un pas.

— Je vais virer mes cousins. Je viens te chercher quand c'est libre.

Je me retiens littéralement de sauter de joie, de pleurer, crier, l'embrasser. Lior *fucking* Rosenbach vient de retenir Daël *fucking* Hamilton.

Il entre dans l'ascenseur et remonte à son étage. Je me dirige vers le fond du hall. Le vigile me regarde d'un air suspect. Je ne peux pas lui en vouloir. La première fois qu'il m'a vu, il me portait sur son épaule alors que j'agonisais lentement.

Je m'assois à même le sol. Le carrelage est froid et le tissu de mon short trop fin, peu importe. J'attends, caché derrière une plante. Cette fois, le vigile décide d'abandonner l'idée de comprendre.

Cinq minutes s'écoulent jusqu'à ce que j'entende la voix de Stan gueuler dans tout le hall que c'est un scandale, surtout avec son frère dans cet état.

Je tente un discret coup d'œil. Noah ne parle pas, il aide Aiden à marcher. Stan est tout devant, hurlant à qui veut bien l'entendre que son cousin n'est qu'un « sale connard d'égocentrique de merde ». Fallone tente plus ou moins de défendre Hamilton, prétextant qu'il travaille demain matin, qu'il a besoin de repos et que l'appartement est trop petit pour tous les accueillir. Stan n'écoute pas, continuant de se plaindre, jusqu'à ce que le vigile lui dise clairement de fermer sa gueule. Ils sortent tous les quatre de l'immeuble.

Je n'attends pas le signal de Hamilton et rejoins tout de suite les ascenseurs. J'appuie sur le bouton. Un mélange d'impatience et d'un « je-ne-sais-pas-ce-que-je-fais » qui me broie l'estomac.

Les portes s'ouvrent sur l'héritier. Il m'attendait devant... ou il venait me chercher. Je ne sais pas. Je me jette sur ses lèvres, encore. On s'embrasse, s'emmêlant les pieds. C'est désordonné. Hamilton essaie de nous ramener jusqu'à son appartement, mais on se cogne à tous les murs. Je ne sais même plus si l'on part du bon côté. Lui non plus, parce qu'il finit par se décoller de mes lèvres pour voir où on va. Il pouffe de rire et me prend par la main pour me tirer jusqu'à chez lui. La porte se referme. Lui ou moi. Je n'en sais rien. Ses lèvres retrouvent les miennes, instinctivement. Mon bonnet se perd en chemin. Il sourit dans son baiser. Moi aussi, je crois, j'en ai mal à la mâchoire. Il traverse l'appartement, ses mains partout sur moi, avant qu'il ne s'arrête brusquement pour déclarer :

— Fais gaffe, Aiden a vomi par terre.

Je grimace, mais je n'en ai clairement rien à foutre. Je pourrais m'étaler dans le vomi de son cousin que je n'en aurais toujours rien à foutre tant que nos lèvres sont réunies. Enfin, j'évite quand même la flaque, ce serait dégueulasse d'en mettre partout entre les draps.

On arrive dans sa chambre. On tombe sur le lit, sans arrêter de s'embrasser. C'est tellement bon de savoir qu'il n'y a pas de fin. Enfin, pas tout de suite. J'aime que ses lèvres ne soient rien qu'à moi. Je suis au-dessus de lui, je glisse mes mains sous son pull. Elles sont froides et il frissonne à leur contact.

Je repense à ce qu'il m'a dit dans les toilettes.

« Pas ici... Juste, pas ici. »

Maintenant, on est dans son lit, tous les deux. Rien que l'idée me fait grogner contre son cou. Mes mains descendent jusqu'à l'élastique de son jogging.

— Rosenbach, fait-il. Je t'ai déjà dit que je ne le pensais pas.

— De quoi ?

— Tu sais de quoi je parle.

Mes mains quittent sa peau. Je me relève pour lui faire face et m'assois sur son bassin. Il est toujours allongé, le souffle court et la respiration saccadée. Ses cheveux lui tombent sur le front.

Je dégage quelques mèches lentement, murmurant du bout des lèvres :

— Ce n'est rien.

— Je ne le pensais pas, répète-t-il.

Je ne réponds pas. Ses coudes plantés dans le matelas viennent relever légèrement son corps, tandis qu'il continue :

— Je ne pense pas que tu sois un gamin traumatisé par le sexe.

— D'accord, donc on peut le faire cette nuit.

— On a le temps.

— Arrête tes conneries. Tu ne vas pas te contenter de petites branlettes.

— Me contenter ?

Il pose ses mains sur mes cuisses, caressant la peau sous mon short, avant de reprendre :

— Comment peux-tu croire que ce qu'on a déjà ne me contente pas ?

Je hausse les épaules. Je n'en sais rien. Je sais juste que les gens ont besoin de cul et qu'il n'est pas plus différent qu'un autre.

— Et pourquoi tu ne le ferais pas, toi ? relance-t-il.

— Quoi ? demandé-je, craignant de comprendre.

— Je peux être le receveur, si ça te met plus à l'aise. Je veux bien.

— Tu l'as déjà fait ?

— Non, mais je veux bien essayer… avec toi.

— Hors de question, déclaré-je.

— Quoi ?

— Je vais te faire mal.

— Je ne suis pas une brindille ! s'énerve-t-il. Tu ne vas pas me faire mal. Qu'est-ce que tu racontes ?

— Non, pas moyen.

— Tu n'es pas sérieux ? fait Hamilton, hésitant à moitié entre éclater de rire et me foutre une beigne.

— Extrêmement sérieux, insisté-je.

— Non.

— Si.

— Non.

— Arrête ! m'écrié-je. Tu as plus con encore, comme répartie ?

— Alors, explique-moi ! Tu ne vas pas me faire croire que tu n'as jamais rien fait avec ton connard de dealer !

Je décèle de la jalousie dans sa voix, mais il n'a aucune raison de l'être. Ça n'a rien à voir, au contraire. Je le respecte trop pour lui faire subir ça. Je n'ai jamais fait l'amour à Neil. Je le baisais juste, comme j'avais été baisé moi-même. Lui, il aimait bien. Ce côté sauvage en moi, ça l'excitait. Et puis, c'est la seule chose que l'on avait tous les deux. Je ne l'aurais jamais laissé me toucher et il le savait. Peut-être qu'il a juste appris à apprécier ça, parce qu'il m'aimait assez pour le supporter. C'était peut-être mieux que rien, pour lui.

Dans tous les cas, je ne ferais jamais ça à Hamilton. Pas après la façon dont il me touche. Il mérite tellement mieux.

— Laisse tomber, conclus-je. Je ne le ferai pas.

— Alors, on ne baisera pas ce soir.

— Mais…

— Tu veux forcer ton corps, mais je sens bien que tu n'es pas prêt, m'interrompt-il. Tu te crispes dès que je te caresse de trop près… Je ne veux pas aller contre ça.

— Je ne suis pas traumatisé ! Tu l'as dit toi-même.

— Je sais, j'attends juste le bon moment. On n'est pas pressés, Rosenbach.

Je lève les yeux au ciel, avant de déclarer :

— Je vais prendre une douche.

— Belle transition, lâche-t-il avec ironie, retombant contre le matelas.

Je me relève, les jambes encore tremblantes et mon érection déformant mon short. J'entre dans la salle de bains et enlève tous mes vêtements. Je me faufile dans la cabine et fais couler l'eau froide sur mon corps. Je déteste ça, mais j'y trouve un bon moyen de calmer mes nerfs.

Je tente d'attraper son flacon de savon. Mes yeux se plissent et mon cœur manque un battement. Je tombe des nues.

Il y a une bouteille neuve. À la vanille. *Mon* savon. Il a… Mais quand ? Comment ? J'attrape la bouteille, elle n'a pas encore été ouverte. Il n'y a pas dix solutions possibles. Il a dû l'acheter avant que je ne lui laisse tous ces messages de merde sur son portable pour le quitter. Je replace le savon sur le rebord. Mes jambes tremblent, je pose ma main sur la paroi de verre pour reprendre mes esprits. Ce n'est qu'un flacon de savon. Concrètement, ça coûte cinq livres à tout casser… sauf que, merde, ça a tellement de sens. Ça veut dire qu'il m'a écouté quand j'ai fait un scandale avec cette histoire de compromis. Ça veut dire qu'il s'attendait à ce que je reste avec lui. À ce que j'utilise une bouteille entière. Et ça dure quoi ? Un, deux, trois mois ? Ça veut dire qu'il y croyait. Je suis stupidement con de ne pas l'avoir compris plus tôt et je m'en veux de ne pas avoir su lui faire confiance.

Je coupe l'eau. Je n'ai même plus envie de me laver, je suis définitivement calmé. Calmé et remis à ma place. Je sors de la cabine. Je prends une serviette et la noue brièvement autour de mes hanches. Je suis encore mouillé. Je ne prends même pas la peine de me sécher. Je cours presque jusqu'à sa chambre, laissant les gouttes d'eau tracer mon chemin.

Il est toujours allongé sur son lit, le nez dans son portable.

— Tu m'avais acheté du savon ?

Il sursaute, n'ayant manifestement pas entendu mon arrivée.

— Oui, dit-il, hésitant. J'ai dû faire ça.

— Tu disais que c'était du savon de meuf.

— Je n'en pense pas moins.

Je le rejoins, monte sur le lit, enfin plutôt sur lui. Je lui enlève son portable et le repose sur la table de chevet à côté.

— Mais… Rosenbach… Putain, tu ne t'es pas essuyé… Tu es trempé… Bordel, tu fous de l'eau partout !

Je le coupe d'un baiser. Je dois changer. Devenir moins parano, moins coké, moins casse-couilles. Je n'en avais pas envie avant, mais lui m'en donne le courage. Je dois essayer de lui rendre ce qu'il m'apporte. La joie. Le pardon. La tendresse. Je dois essayer. Je lui dois bien ça.

Je butine ses lèvres. Sans pression. Juste une caresse tendre. Mes mains redessinent ses hanches, son torse, sa poitrine. Ma peau mouillée le fait frissonner et il me serre contre lui. J'attrape la couverture à nos pieds et nous recouvre. Il tire sur ma serviette de bain, la jette hors du lit, me fait rouler contre le matelas. Il monte sur moi, délicieusement chaud.

— Tu cherches vraiment à me rendre fou ? me demande-t-il en riant. À changer de comportement toutes les cinq minutes.

— Je serai là demain matin, Hamilton, murmuré-je, même si ça ne répond absolument pas à la question. Je serai là tous les matins où tu voudras bien de moi.

— Mais…

— La nuit, c'est pour ceux qui se cachent, le coupé-je.

Il glisse ses doigts dans mes cheveux, je crois que ses yeux parlent à sa place. Je passe un doigt sur ses lèvres entrouvertes.

— Mais nous, un jour, on sortira de l'ombre, continué-je.

— Oui, on le fera, m'assure-t-il.

J'attrape ses hanches pour le coller davantage à mon corps, poursuivant :

— Et quand on fera l'amour, je sais déjà que ce sera merveilleux, parce que tu n'imagines même pas tout ce que je ressens quand je suis avec toi.

Je crois que mon cœur est sur le point d'éclater. Je me mets à nu pour lui. C'est le mieux que je peux lui offrir, maintenant. Je suis allongé en dessous de lui, en totale position de faiblesse et concrètement nu, d'ailleurs. Ça me fait peur à mourir, mais Hamilton continue de me regarder avec tout le respect du monde dans les yeux, alors je me dis que ça va aller.

— Je devrais t'acheter du savon plus souvent.

— C'est tout ce que tu trouves à me répondre ? dis-je, offusqué.

Il rit. Un vrai rire contagieux. Je crois que je suis accro à ce mec. À son sourire. Sa bouche. Son corps. Je pose mes mains sur sa nuque et l'attire à moi. Il m'embrasse, et je sens son torse s'enfoncer dans le mien avec délectation.

Je repense à cette soirée catastrophique et où elle nous a finalement menés. Je la revivrais bien dix mille fois d'affilée juste pour ce moment.

— Tu avais raison, tu sais, reprend Hamilton en posant ses mains sur mes hanches. On ne sera jamais un couple normal.

Je hausse les épaules, puis me relève légèrement pour que mes lèvres frôlent les siennes au moment où je lui réponds :

— On emmerde les couples normaux.

ACTE III

Il me dit "je t'aime", mais je sais que ça veut dire "je te hais de m'avoir fait tomber amoureux de toi".

C'est cela que ça veut dire, nos "je t'aime".

Depuis le début, ils n'ont eu que ce sens.

Alors je comprends que notre relation n'a pas d'avenir, parce qu'il me dit "je t'aime" les yeux pleins de sang, comme s'il me soufflait en arrière-fond : "Va crever, pauvre con".

Chapitre 1

Daël Hamilton

— Tu ne révises jamais ?

Ma question résonne dans l'appartement et s'évanouit aussitôt, restant sans réponse. Normal, Rosenbach est abruti par la télévision, il est devant une série policière. Ses yeux sont rivés à l'écran, et sa bouche, légèrement entrouverte de stupéfaction. Il vient de découvrir que le meurtrier est le meilleur ami de la victime. J'ai à peine suivi l'histoire, mais je crois que c'est un truc dans ce genre-là. Sans déconner. C'est *toujours* un truc dans ce genre-là.

Je me concentre de nouveau sur mes feuilles de calcul. J'ai une réunion importante demain et encore des milliers de choses à travailler pour avoir l'air crédible devant les investisseurs. J'ai eu mon père au téléphone plus tôt dans la journée. Son état s'est légèrement amélioré, depuis qu'il est suivi régulièrement par les médecins, mais il n'est pas près de sortir de l'hôpital. Du coup, je suis de mauvaise humeur… Même quand Rosenbach m'a rejoint après sa journée de lycée, j'ai à peine décroché un sourire. Je lui ai juste dit que j'avais du travail et il m'a promis qu'il ne demandait qu'à dormir avec moi. Ça fait plusieurs heures qu'il mange devant la télévision et commente chaque moment suspense à la con de sa série.

— Tu m'as parlé ? dit-il avec un temps de retard.

— Laisse tomber.

— Tu sais que le tueur est le mec du début, le meilleur ami !

— Sans blague.

Il ne décèle pas l'ironie dans ma voix et se contente d'un « bah ouais » encore surpris. Un sourire étire mes lèvres. Qu'il est con, quand même.

— Tu ne veux pas lâcher ton boulot et me rejoindre ?

— Je n'ai pas le choix, Rosenbach.

Et ta série est limite plus déprimante que mon job, mec.

— Il est 22 heures, souffle-t-il.

Je jette un rapide coup d'œil à l'horloge de la cuisine. Le pauvre, ça fait presque trois heures qu'il est ici et il n'a eu aucune attention de ma part.

Il faut dire que l'on n'a jamais pris l'habitude de s'embrasser sans raison, genre pour se dire « bonjour » ou même « au revoir ». Je pense que l'on s'est accordés implicitement sur le fait que ça faisait trop couple. On n'en est pas un. Ça marche plutôt bien, pour l'instant. Ça fait deux semaines que l'on est ensemble, depuis cette fameuse soirée au KOKO.

— J'ai bientôt fini, marmonné-je en essayant de trier la paperasse étalée sur la table du salon.

— L'épisode l'est aussi.

— Et tu révises quand ton examen ?

— Tu es mon père, peut-être ?

Son ton est légèrement cassant. Je crois qu'il en a marre que je le considère comme un gamin, mais il n'a qu'à arrêter de se comporter comme tel et bouger son cul pour réviser. Ce n'est pas avec ses notes qu'il va l'avoir, son foutu diplôme. Typique de ce que je déteste chez lui. Il pense que tout va lui tomber dans les mains sans qu'il fasse d'efforts.

— Allez, rejoins-moi, fait-il. Je me fais chier.

— Ta série a pourtant l'air passionnante, ironisé-je.

— Hamilton.

Je soupire et repose mes feuilles devant moi. Les chiffres sous mes yeux sont de vagues formes dépourvues de sens. Je ne suis bon à rien, ce soir. Je repousse les papiers et me lève de ma chaise, ignorant le cri de victoire de Rosenbach.

Je m'installe de l'autre côté du canapé. Mon corps s'enfonce dans le dossier moelleux et je ferme les yeux. J'ai l'impression que les chiffres continuent de danser sous mes paupières closes. Merde, je passe vraiment trop de temps à travailler.

— Tu es sérieux ? lance Rosenbach, cinglant.

Je rouvre les yeux, me retournant vers lui. Il est en train de me regarder, une expression choquée sur le visage.

— Quoi ? demandé-je, incrédule.

— Tu ne veux pas te mettre à l'autre bout de la pièce, pendant que tu y es ?

Je comprends où il veut en venir, mais je le rembarre aussitôt.

— On ne regardera pas la télévision en se faisant un câlin.

— Pourquoi ?

— Parce que c'est niais, Rosenbach.

Il ne répond pas, se contentant d'attraper la télécommande sur la table basse et de monter le son. Il se replonge dans sa série. Je crois que je l'ai vexé, mais je ne sais pas quoi dire pour me rattraper. Je me concentre sur la télévision à mon tour et regarde la fin de l'épisode. C'est encore plus nul que je ne l'imaginais, mais je préfère rester jusqu'au bout, histoire de ne pas m'enfoncer encore plus.

Quand le générique apparaît enfin, je me tourne vers lui. Rosenbach continue de fixer l'écran en m'ignorant.

— Il y a un autre épisode, finit-il par rétorquer, répondant à ma question silencieuse.

— Tu ne veux pas aller te coucher, plutôt ?

— Non.

Je suis blasé. Il me soûle, à faire des scènes pour rien.

— Moi, j'y vais.

Je me relève et il ne commente pas. Je me dirige vers ma salle de bains et passe sous la douche. J'adore me réchauffer juste avant d'aller dormir. C'est souvent une mauvaise idée de le faire lorsque Rosenbach dort chez moi, je me retrouve toujours obligé d'en reprendre une au milieu de la nuit. Enfin, vu la façon dont la soirée a commencé, je crois que je n'ai pas à m'inquiéter. Je me lave rapidement et enfile un boxer propre. Je repasse par le salon pour aller dans la cuisine. Même si Rosenbach prétend être concentré sur sa série, je vois bien le bref coup d'œil qu'il me lance.

J'attrape une bouteille d'eau dans le frigidaire et la porte à mes lèvres.

— Tu vas bien ?

Sa question me laisse sans voix. Je repose la bouteille sur la table, m'essuyant les lèvres du revers de la main, et m'avance vers lui.

— Oui. Pourquoi ?

— Tu n'as pas l'air bien.

— Je suis juste... fatigué et soûlé par le boulot. Et toi, ça va ?

À son tour de rester silencieux. C'est stupide, comme question, le genre de truc qui vient automatiquement quand tu rencontres quelqu'un, si bien que tu réponds tout aussi automatiquement un truc pas forcément vrai mais qui arrange tout le monde.

Pas nous. Nous, on ne se le demande jamais. Pas pour lancer la conversation, en tout cas. Je sais que sa question n'était pas une question en l'air. Ni la mienne, d'ailleurs.

— Neil est revenu, me répond-il simplement.

Je laisse le temps à mon cœur de repartir avant de demander, la voix mal assurée :

— Quand ?

— Aujourd'hui, il était devant les portes du lycée.

— Qu'est-ce qu'il te voulait ?

J'essaie de garder une voix calme, je fais semblant de ne pas être anéanti par la colère et la jalousie.

— À moi, rien. Il vendait juste sa came.

— Il ne t'a pas parlé ?

— Si, répond-il et je crois mourir sur place. Il m'a demandé si ça me dérangeait qu'il revienne ici pour vendre. Mon lycée est un bon réseau pour ses clients.

— Tu lui as dit quoi ?

— Qu'il faisait ce qu'il voulait, je m'en fiche, maintenant. Tant que Grace n'est pas au courant, il est tranquille.

— Et tes cousins ne vont pas le dire à ta sœur ?

— Je leur ai demandé de ne pas le faire et ils ont accepté, m'avoue-t-il. En retour, j'ai promis de ne pas lui adresser la parole.

— Je vois.

Je le quitte et me dirige vers ma chambre. J'ai l'impression que mon cerveau va éclater de colère. J'agis sans réfléchir. Instinctivement. Comme si c'était vital pour que je puisse respirer à nouveau.

J'attrape mon portable.

🖂 **SMS de** Mec de Lior **à** WTF
22 h 15. Neil est revenu vendre sa came devant son lycée.

La réponse est plus rapide qu'un clignement de paupières.

🖂 **SMS de** WTF **à** Mec de Lior
22 h 15. Je m'en occupe. Merci pour l'information.

Je repose mon téléphone sur ma table de chevet. Je me sens soulagé. Rosenbach me tuerait s'il savait ça, mais je n'arrive même pas à m'en vouloir. Je ne suis pas naïf. Il pourrait retomber dans la drogue facilement. D'ailleurs, je ne suis même pas sûr qu'il en soit vraiment sorti. Je ne lui ai jamais demandé s'il avait arrêté depuis que l'on est ensemble, mais il semble *clean* à chaque fois que l'on se voit.

Et on se voit tout le temps, alors ça me suffit.

Je le rejoins dans le salon, l'observant alors qu'il est absorbé par le nouvel épisode de sa série, écrasé contre le dossier du canapé, les sourcils légèrement froncés.

— Tu es sûr que tu ne veux pas te coucher maintenant ? relancé-je.

— À la fin de l'épisode.

— Je dormirai déjà.

Il hausse les épaules, sans détourner le regard de son écran.

— Je te réveillerai.

— Hors de question, rétorqué-je, plus sèchement que je n'aurais voulu. J'ai une réunion demain matin.

Cette fois, Rosenbach se retourne vers moi. Il est énervé. Je connais ses expressions par cœur. En même temps, il est un livre ouvert.

— Si tu ne voulais pas de moi, il fallait me le dire avant que je me ramène, dit-il des reproches plein la voix. J'aurais fait autre chose de ma soirée.

— Ce n'est pas ça.

— C'est quoi, alors ?

Je reste silencieux. Je ne sais pas, en fait. Je suis juste… énervé. Énervé de savoir mon père cloîtré à l'hôpital. Énervé de passer mes soirées à bosser alors que lui glande devant la télévision. Énervé de savoir que Neil revient dans sa vie et qu'il m'annonce ça comme si de rien n'était. Énervé qu'il cherche à le protéger de sa sœur. Énervé d'avoir autant besoin de lui. Énervé de ne jamais savoir l'exprimer.

— Rien, lâché-je, à bout de nerfs. Rejoins-moi quand tu veux. Tu pourras me réveiller. Ce n'est pas comme si tu étais discret, de toute façon.

Je me dirige vers ma chambre alors que je l'entends murmurer dans mon dos :

— Hamilton ?

— Oui ?

— Est-ce que tu veux que je vienne me coucher avec toi maintenant ?

Je lis dans ses yeux qu'il essaye de faire un effort. Donc je réponds, tout aussi naturellement :

— Oui, s'il te plaît.

Rosenbach attrape la télécommande et éteint la télévision. Il se lève du canapé, effleure doucement ma hanche avec son pouce en passant à côté de moi, et entre dans ma salle de bains pour se doucher. Moi, je rejoins mon lit, puis me glisse dans mes draps. Je me sens écrasé par la fatigue.

Boucles d'or arrive dix minutes plus tard, en boxer, et sentant la vanille. Il éteint ma lampe, mais je laisse toujours les volets ouverts, alors les lumières de la ville éclairent son torse. Il est beau, mais les cicatrices sur son avant-bras me rappellent que je ne devrais pas avoir le droit de le toucher.

Rosenbach s'allonge sur le lit, il garde une distance raisonnable entre nous, puis ose enfin demander :

— Ça ne va pas, ton père ?

— Pas vraiment.

— Est-ce que tu l'as vu aujourd'hui ?

— Oui, apparemment, ses collègues lui ont dit que je ne m'en sortais pas trop mal à la tête de l'entreprise.

— C'est bien, non ?

— Probablement.

Rosenbach plonge sous les draps à son tour. Il n'ose pas me toucher. Moi non plus. Je ne sais pas pourquoi, certaines fois, la pudeur revient entre nous. Comme si l'on se rappelait soudainement que notre histoire ne sortira jamais de ces quatre murs entre lesquels on s'enferme. Pourtant, j'ai besoin de lui, de plus en plus. Ça m'effraie. Je crois que c'est pour ça que je suis aussi énervé, en réalité.

— Je suis désolé pour ce soir, relancé-je. J'ai été chiant.

— C'est clair, assure Rosenbach. Insupportable.

— D'habitude, c'est toi qui l'es.

— Bien sûr, enfonce-toi. C'est la meilleure manière de s'excuser, fait-il en étirant ses bras devant lui.

Je ris, lui pinçant les côtes sous les draps. Il se relève aussitôt, sautant presque sur ses jambes pour passer au-dessus de moi. Je m'attends à ce qu'il se venge, mais ses lèvres rejoignent mon cou et il embrasse tout doucement ma peau, glissant jusqu'à ma clavicule. Je l'attrape pour le rapprocher de moi. Son corps encore humide de la douche s'enfonce dans le mien.

Je ferme les yeux, profitant de cet instant de tendresse. J'avais besoin qu'il fasse le premier pas, mais je ne parviens pas à le remercier pour ça. Les mots me manquent, restant cloisonnés derrière mes lèvres.

Ma main remonte le long de sa colonne vertébrale pour s'enfouir dans ses boucles brunes. Ses lèvres se font plus pressantes dans mon cou, son souffle chaud me chatouille.

— S'il te plaît, couine-t-il contre mon oreille.

Je frissonne. Il ne s'imagine pas à quel point j'en ai autant envie que lui. Il ne s'imagine pas que c'est pour cette raison que je dresse encore cette barrière entre nous. J'ai peur, en fait. Peur de trop aimer ça. Peur de le rendre aussi important. Peur que ça devienne trop concret.

— S'il te plaît, répète-t-il en frottant son aine contre ma cuisse.

Arrête de flipper, Daël.

— J'ai envie de toi, poursuit Rosenbach en glissant sa main sur mon torse nu. Bordel, si tu savais.

— Je le sais, le coupé-je avant de l'embrasser durement.

Mes lèvres se plaquent si fort contre les siennes que nos dents s'entrechoquent. Je le fais basculer sur le matelas, monte sur lui, et m'enfonce dans son corps lorsqu'il écarte les cuisses en soupirant. Je me presse contre lui, posant les mains sur sa poitrine. Fort. Presque trop. Ma langue s'enfonce dans sa bouche. Ses mains attrapent mes hanches en réaction, ses pouces s'enfoncent dans ma chair.

— Ce soir ? demande Rosenbach, écrasé contre mon torse et mes baisers.

Je grogne pour simple réponse. J'ai du mal à réfléchir. Du mal à me raisonner.

— Hamilton ? insiste-t-il.

— Hein ?

Je relève le visage vers lui, mes pupilles dans les siennes. C'est humainement impossible de ne pas le désirer.

— Ce soir ? répète-t-il. Tu veux bien ?

— On devrait…

— J'ai envie de toi, m'interrompt-il.

— Moi aussi, lui assuré-je en passant la main sur sa joue.

— Je te fais confiance.

Ses mains sont toujours sur mes hanches. Il fait glisser mon boxer du bout des doigts. Je me relève légèrement pour l'aider à l'enlever complètement. Le bout de tissu est laissé au bord du lit. Je me rallonge sur lui, doucement.

— Fais comme d'habitude, murmure-t-il, sans jamais quitter mon regard.

Je retiens un rire. Lui n'a rien à voir avec l'habitude.

— Promets-moi de m'arrêter si tu ne le sens plus, murmuré-je.

— Hamilton, je te jure que…

— Promets-moi, insisté-je. S'il te plaît.

Ses mains remontent le long de mon dos, il les pose sur mes omoplates et me ramène à lui. Ses jambes entourent mon bassin et ses lèvres se posent sur ma clavicule.

— Je te le promets.

Il m'embrasse, encore, parsemant mon cou de ses baisers. Je me laisse aller à ses caresses, ses mains sur mon dos, ses jambes qui se resserrent, ses lèvres qui sucent ma peau. Il attend que je reprenne le contrôle.

— Fais quelque chose, chuchote-t-il à mon oreille.

Mes mains se déplacent jusqu'à sa nuque. Je relève son visage et l'embrasse longuement. Nos lèvres ne s'arrêtent plus de se dévorer. Ça marche, nous deux. Je n'ai aucune raison d'avoir peur. Ça marche parfaitement. Mes mains descendent le long de son corps. J'en passe une sur la bosse qui déforme son boxer, il soupire de plaisir. Je me relève pour le lui ôter. Le tissu glisse le long de ses jambes. Je reste un instant à l'observer, complètement nu face à moi. Sa beauté est irréelle.

Je me rallonge, emboîtant nos deux corps l'un dans l'autre. Les mains de Rosenbach viennent agripper mes cheveux. Il gémit. Je ne résiste plus et fais traîner ma main jusqu'à son intimité.

— Hamilton.

Sa voix est saccadée, mais j'entends quand même l'angoisse dans son ton.

— Tu veux que j'arrête ? m'enquiers-je aussitôt.

Il me repousse, posant ses mains sur ma poitrine pour m'obliger à reculer.

— J'ai entendu une clé dans la serrure.

Je fronce les sourcils. Qui entendrait ce genre de bruits ? Et puis ça n'a pas de sens. Il n'y a que Fallone qui a la clé de mon appartement.

— Daël ?

Je me fige. Rosenbach aussi.

— Daël, est-ce que tu es là ? demande ma cousine.

Il me faut bien cinq secondes pour que le sang remonte à mon cerveau et me fasse réagir.

— Ne rentre pas dans ma chambre ! hurlé-je.

— Quoi ? fait-elle du salon. Qu'est-ce que…

— Ne rentre pas ! répété-je sèchement. Je suis avec quelqu'un et… on est nus.

J'entends ma cousine pouffer de rire et reporte mon regard vers Boucles d'or. Il est sous moi, livide. J'ai une sale impression de déjà-vu, seules nos positions sont inversées. Enfin, si on est sortis indemnes de la maison Rosenbach, on devrait pouvoir échapper à ma cousine.

— Je m'en occupe, soufflé-je. Ne t'inquiète pas.

Je me lève brusquement. Je n'ai jamais débandé aussi vite. J'attrape mon boxer et l'enfile maladroitement.

— Putain, jure-t-il en remontant le drap sur son corps.

— Ne bouge surtout pas.

Je sors précipitamment de la chambre, essayant de remettre mes cheveux en place. J'ai encore le souffle court lorsque je pénètre brusquement dans mon salon.

— Qu'est-ce que tu fais là ? lancé-je à ma cousine.

Fallone est installée sur le canapé. Elle porte un jean déchiré au niveau du genou, des talons hauts, et une brassière noire en dentelle apparaît sous sa chemise exagérément ouverte. Vu sa tenue, elle était en soirée… ou s'apprêtait à y aller.

— Tu ne me présentes pas ? demande-t-elle, tout sourires.

— Fallone, tu es lourde.

— Désolée, grimace-t-elle, penaude. Je ne voulais pas casser ton coup. Je t'ai envoyé un message avant de venir, mais tu n'as pas dû le voir.

— En effet. Alors qu'est-ce que tu fais là ? répété-je.

— J'étais dans le coin, je buvais un verre avec Karl et Deborah. Je voulais juste passer te voir, vu que tu m'as dit que tu galérais pour la réunion de demain.

— J'ai laissé tomber la paperasse, avoué-je en jetant un bref coup d'œil aux feuilles de calcul encore étalées sur la table.

Fallone acquiesce après avoir suivi mon regard, puis elle ôte sa chemise. J'hallucine. Elle compte rester ?

— Ton bel étalon va s'habiller pour que je puisse enfin le rencontrer ?

— Non, rétorqué-je, catégorique.

Fallone soupire, levant les yeux au ciel.

— Où est l'arnaque ?

Je lance un regard circulaire dans tout mon appartement, évitant soigneusement le sien. J'essaye de trouver un mensonge un tant soit peu crédible, puis une idée m'effleure l'esprit.

— C'est un homme marié. Il a une femme, des enfants. Il ne veut pas que ça se sache. Il a une certaine réputation dans la ville, débité-e.

— Eh bien ! s'esclaffe ma cousine, hébétée. Il a quel âge ? Je ne savais pas que tu aimais les vieux.

— Quarante-deux ans, dis-je, improvisant. Au pire, ça ne te regarde pas.

Fallone s'adosse au canapé, une moue amusée sur le visage.

— Tu peux nous laisser, du coup ?

— D'accord, je me casse, concède-t-elle en se levant enfin du canapé. Mais tu as intérêt à être à l'heure demain pour ta réunion. Je ne viens pas pour te remplacer.

— Je ne crois pas t'avoir demandé de venir.

— Arrête. Tu as toujours besoin de moi.

— Bonne nuit, Fallone.

— Tu es pressé, rétorque-t-elle en renfilant sa chemise. Je vous ai coupés en pleine action ?

— Un peu, ouais.

Elle ricane en se dirigeant vers la sortie au lieu de s'excuser. Je la suis jusqu'à la porte, histoire de nous enfermer à double tour, une fois que ma cousine aura passé le seuil de l'appartement.

Fallone se retourne dans ma direction, une dernière fois. Elle sourit en posant les yeux sur moi, puis son regard divague vers le fond de la pièce. Je pense qu'elle espère voir une silhouette à travers la verrière de la chambre, mais Rosenbach a dû rester allongé sur le lit, vu la déception qui se lit sur son visage. Elle abandonne et son regard descend vers le sol.

Une grimace apparaît, sans que je comprenne pourquoi. La colère la rage presque, prend place sur ses traits d'habitude apaisés. Je suis son regard, posé sur une veste laissée en boule, près de la porte.

Une veste d'uniforme.

— Ton homme marié, il est scolarisé dans un lycée du quartier Rosenbach, peut-être ?

Je n'ai même pas le temps de réagir. Fallone me pousse brutalement. Je recule de deux pas et ma cousine court jusqu'à ma chambre.

Lior Rosenbach

Je ne sais pas quoi faire, quoi dire, je me souviens à peine comment respirer. Je suis assis sur le lit, le drap remonté sur mon torse, je ne me suis même pas rhabillé. J'avais trop peur de bouger. Alors je me retrouve comme un con, devant Fallone, incapable du moindre mouvement, parce que je refuse qu'elle me voie nu.

Son regard est à la limite de la révulsion, je crois qu'elle hésite entre hurler et vomir. Peut-être va-t-elle faire les deux à la fois ? Juste pour me prouver à quel point ma simple existence l'horripile. Son corps est tétanisé, planté sur le pas de la porte.

Hamilton arrive dans son dos.

— Fallone…

Son prénom, murmuré par son cousin, semble la faire réagir. Pas vis-à-vis de lui, cependant. Vis-à-vis de moi. Fallone attrape l'épais vase en verre posé à l'entrée de la pièce. Je ferme les yeux instinctivement, comme pour ne pas penser que je suis seul.

Ça me rappelle ce moment où Neil a essayé de m'étrangler, sauf que cette fois-là j'ai pu appeler Grace à l'aide. Je n'ai personne, maintenant. Ils sont deux Hamilton contre moi.

— Ne t'avise pas de le lui lancer.

Je rouvre les yeux. Fallone tient toujours le vase, le brandissant, prête à me le jeter en pleine figure. Son bras est tendu, et ses doigts, crispés sur sa prise.

— Lâche ça, poursuit Hamilton.

Sa voix est dure et agressive. Je ne l'avais jamais entendu s'adresser ainsi à quelqu'un de sa famille.

— Qu'est-ce qu'il fout là ? crache Fallone.

— Je te répondrai quand tu auras lâché ce putain de vase, réplique son cousin.

— Va te faire foutre.

Fallone initie le mouvement. Je me crispe, mon corps se referme sur lui-même comme pour supporter le choc. Un bruit sourd éclate dans la pièce. Hamilton s'est jeté sur le dos de sa cousine pour lui faire lâcher sa prise et le vase vient de se briser sur le sol de sa chambre, les bouts de verre se répandent partout autour d'eux.

— Merde, Daël ! hurle Fallone, les yeux convulsant sous le coup de la colère. C'est quoi, ce bordel ?

— Je vais t'expliquer !

— Tu es un enfoiré !

Fallone le repousse brutalement pour sortir de la chambre. Hamilton se cogne contre le mur derrière lui. Sans un regard pour moi, il se précipite vers sa cousine.

La suite de leur conversation me parvient, principalement parce qu'ils hurlent à s'en briser les cordes vocales.

— Fallone ! Attends !

— Tu me dégoûtes !

— Je peux t'expliquer ! Écoute-moi !

J'ai envie de partir en courant, mais je suis toujours nu. Je cherche mon boxer dans le lit, tâtant avec ma main libre, l'autre tenant toujours le drap contre mon corps. Je ne trouve rien, je tremble trop.

— Ce n'est que du cul entre nous ! continue de crier Hamilton. Juste du cul. Rien d'autre.

— Du cul ? répète-t-elle, écœurée. C'est un Rosenbach ! Et il a quel âge ? Quinze ans ?

— Dix-huit. Je te jure que ce n'est que du cul. Regarde-moi ! Regarde ma vie ! J'ai vingt ans et, dans quelques mois, je serai à la tête d'une des plus grosses banques du pays. C'est devenu ça, ma vie. Le boulot, le boulot, le boulot, s'emporte-t-il. Je ne sors plus. Je ne rencontre plus personne. C'est juste… Ça m'excite, d'accord ? Le sexe avec l'ennemi.

Mon cœur pulse violemment dans ma poitrine. Qu'est-ce qu'il raconte ?

— C'est un Rosenbach ! s'étrangle sa cousine.

Je pense qu'ils s'éloignent, car leur conversation devient plus faible, même si elle me parvient toujours.

— Justement, reprend l'héritier. On sait tous les deux que ça ne veut rien dire. On ne se promet rien, parce qu'il n'y aura jamais rien de plus que du sexe. C'est tout ce dont j'ai besoin.

L'évidence me frappe en plein dans le bide. Ses mots sont des poignards qui s'enfoncent dans ma chair. Ça paraît tellement sincère. *C'est* tellement sincère. Comment ai-je pu me voiler la face comme ça ? Comment ai-je pu imaginer autre chose ? Bien sûr, qu'il n'y aura jamais rien de plus entre nous.

J'ai envie de vomir. J'ai envie de leur vomir dessus à tous les deux. Qu'ils comprennent ce qu'ils méritent. Qu'ils voient le mal qu'ils font autour d'eux. Juste parce qu'ils existent.

— Ça n'a aucun sens ! s'emporte Fallone. Et, si ton père l'apprend, il pourrait te retirer la société.

— Il ne l'apprendra pas, la coupe-t-il. Ce n'est rien, je te dis.

— C'est déjà trop.

Hamilton ne répond pas. Le silence s'éternise. Je me demande ce qu'il se passe, mais je suis encore en état de choc et je sais pertinemment que mes jambes ne pourraient jamais me porter jusqu'à eux.

— S'il te plaît, finit par reprendre l'héritier. Ne le dis à personne.

— Alors mets fin à cette ignominie, ordonne Fallone.

La réponse de son cousin vient achever le peu d'amour-propre qu'il me restait :

— D'accord.

D'accord ?

— Bien, conclut-elle, une pointe de dégoût encore bien présente dans la voix.

Étrangement, j'arrive à la comprendre. Je me dégoûte aussi. Je me dégoûte d'être dans ce lit. Je me dégoûte d'être nu. Je me dégoûte d'avoir aimé toutes les caresses de Hamilton sur mon corps, tous ses baisers, tous ses mots, ses gestes. Je me dégoûte d'avoir été si naïf. Je me dégoûte de lui avoir fait confiance.

Bien sûr, qu'il choisira toujours sa famille plutôt que moi.

La porte de l'appartement claque, puis s'ouvre de nouveau. Je suppose que l'héritier tente de la rattraper.

Je suis seul dans son lit, complètement sonné. Quand je pense que l'on s'apprêtait à faire l'amour, j'ai encore plus envie de gerber. Ma main qui glisse contre le drap touche mon boxer. Je m'en empare immédiatement et l'enfile alors que je suis toujours caché sous les draps.

La porte d'entrée s'ouvre de nouveau. Un « putain » résonne dans la pièce voisine, suivi d'un coup dans le mur. Sûrement le poing de Hamilton. Je n'en ai plus rien à foutre. Qu'il s'explose le poing, le bras, et le cœur, s'il en a un, ce connard.

Je me lève. Je n'ai plus envie de le voir. Plus envie d'être là. Mes jambes tremblent encore et sa conversation avec sa cousine bourdonne dans mes oreilles. Je cherche mes affaires. J'ai tout laissé dans la salle de bains, sauf que je refuse d'être en sous-vêtement devant lui. Que du cul ? Eh bien, va te faire voir.

J'attrape un jogging et un T-shirt dans son placard et les enfile. Je sors de la pièce. Hamilton est avachi contre le mur, le poing camouflé contre son torse pour faire taire la douleur. Il m'entend passer derrière lui et se retourne vers moi. Il croise mon regard et lâche sourdement :

— Je suis dans la merde.

C'est de pire en pire. Il n'en a rien à foutre de moi. Il ne se demande même pas comment j'ai pu prendre cette confrontation. J'essaie de ne rien montrer. Je ne lui réponds pas et me contente d'enfiler mes chaussures. Je vois ma veste d'uniforme. J'ai bien compris que c'était ce qui m'avait grillé auprès de sa cousine. J'ai envie de la laisser là, juste pour l'emmerder une dernière fois.

— Qu'est-ce que tu fais ? m'interroge-t-il, réalisant enfin que je suis en train de partir.

— Ça se voit, non ?

— Tu te casses ? Après ce qui vient d'arriver ? Est-ce que tu te fous de ma gueule ?

— Je ne suis plus d'humeur à baiser, rétorqué-je sèchement. Et c'est bien à ça que je sers, non ? Un vide-couilles.

Ses yeux se voilent, les muscles de son corps se contractent. Je me dirige vers la porte. Je ne sais pas ce que j'attends, mais certainement pas ce silence glacial. Je pose la main sur la poignée. Je m'apprête à la baisser, mais il m'appelle. Ça résonne dans tout mon corps, dans toute la pièce, dans toute la ville, dans le monde entier.

— Lior !

Je me retourne dans sa direction, lentement, comme pour prendre le temps de comprendre ce qui vient de se passer. Je suis aussi choqué que lui que mon prénom ait franchi ses lèvres. On ne s'est jamais appelés par notre prénom. Utiliser nos noms de famille, c'était une manière de se rappeler qu'il y aurait toujours ça entre nous. Ce « ça » insurmontable qu'il vient délibérément d'ignorer. Je suis hébété. Au point que je n'arrive même plus à bouger, ni à parler.

— Ne pars pas, reprend Hamilton.

— Tu as dit à Fallone que…

— Tu crois que je le pensais ? m'interrompt-il, énervé. Rien que du cul ? dit-il, répétant ses propres mots. On n'est même pas allés jusqu'au bout, arrête tes conneries.

— Ce n'est pas que ça, rétorqué-je. Elle t'a demandé d'arrêter de me voir et tu étais d'accord.

L'héritier lève les yeux au ciel, secouant son poing, qui doit toujours le lancer.

— Si ça avait été Grace à sa place, tu aurais dit exactement pareil. Ne sois pas hypocrite.

Je dois admettre qu'il a raison, c'est bien pour ça que Fallone a raison. Cette relation n'a aucun sens, aucun de nous deux n'aura jamais le courage d'affronter sa famille.

— Donc on arrête ?

— J'ai dit ça pour la calmer, gronde Hamilton. Ce n'est pas ce que je veux.

— Alors qu'est-ce qu'on fait ?

— On peut continuer de se voir en étant plus discrets ?

Je souris, même lui n'y croit pas.

— Fallone va te surveiller et tout balancer à ta famille si elle nous voit encore tous les deux, rétorqué-je. Le seul moyen de rester ensemble, c'est qu'elle l'accepte.

J'appuie sur la poignée de la porte.

— Et ça n'arrivera pas, terminé-je.

— Rosenbach, dit-il pour me retenir.

Je me crispe. Je ne supporte déjà plus qu'il m'appelle de nouveau ainsi. La barrière s'érigeant encore plus haut entre ses lèvres pincées par la colère.

— J'irai lui parler. Ça se passera bien, assure-t-il.

— Tu n'en sais rien.

Il reste silencieux, me fixant tandis qu'il continue de serrer son poing contre sa poitrine. Je suis sûr qu'il s'est cassé la main, cet abruti.

— Non, finit-il par me répondre. Je n'en sais foutrement rien, mais je sais ce qu'il se passera si tu te barres maintenant.

— Ah ouais ? dis-je, provocant. Et qu'est-ce qu'il se passera ?

— Tu vas retourner à ta misérable vie, crache-t-il en se rapprochant de moi, dédaigneux et hautain, comme le Hamilton qu'il a toujours été. Tu ne tiendras pas. En sortant du lycée, tu verras Neil et tu te diras que ça fait longtemps que tu ne t'es pas pris un petit rail, longtemps que tu ne t'es pas échappé de ton quotidien, juste pour un court laps de temps. Sauf que tu n'auras pas les couilles d'en prendre tout seul. Tu vas retourner vers lui, parce que tu n'es qu'un lâche.

Je ravale le nœud que j'ai dans la gorge alors qu'il poursuit :

— Au début, il va te promettre qu'il ne te fera plus rien, qu'il a compris la leçon, qu'il t'aime. Tu le croiras, parce que tu auras trop besoin de le croire pour t'en sortir. Tu vas te foutre de la poudre dans le nez. Dans quelques mois, tu te prendras un coup et tu penseras que c'est normal, que tu l'avais mérité, que tu l'avais bien cherché. Tu auras l'impression d'avoir retrouvé ta vie.

— C'était ma vie.

— Ce n'était pas *une vie.*

Mon cœur se contracte. Je déteste l'image qu'il a de moi sans lui, comme s'il était mon sauveur ou je ne sais quelle connerie. Il ne se rend même pas compte qu'il me fait couler plus que les autres, plus que Neil, plus que la coke. Si je sombre un jour, ce sera à cause de ce que je ressens pour lui. Je ne sais même pas pourquoi je continue à lui donner de l'importance, à lui donner *cette* importance.

Je sors de l'appartement et claque la porte derrière moi. Il ne me retient pas. Ça m'étonne à peine, dans le fond. Je le soûle probablement avec mes comédies, il me le répète assez comme ça. Je l'ai bien enregistré. Je prends les escaliers. Je dévale les marches. Le hall de l'immeuble est vide, hormis le vigile. Il est toujours là. Lui, il est à sa place. Pas moi.

Je sors du bâtiment. Avec l'envie de ne jamais revenir, même si je sais pertinemment que je ne respecterai pas cette décision. C'est tout moi. Péter un plomb. Claquer la porte. Faire un choix. Le regretter l'instant d'après. Changer d'avis. Revenir. Ne jamais faire de choix.

Il fait bon dehors, bien que le vent soit un peu frais. Une soirée de printemps comme une autre. Je me dirige vers la bouche de métro. Il n'y a presque personne. La rame est silencieuse. Je descends à la station Westminster. Ça fait longtemps que je ne suis pas allé au pont, trop longtemps. Pourquoi m'a-t-il enlevé ça ? Pourquoi me suis-je laissé enlever ça ? C'était mon endroit préféré dans Londres. Mon refuge. Mon nid. Ma maison. Et ça me manque.

Je retrouve mon endroit, instinctivement. Ma vue. Ma peinture écaillée.

Mon cœur se remplit de soulagement. J'enjambe le parapet. La Tamise sous mes pieds. C'est ici que je me sens à ma place. Ici que personne ne vient me chercher… que personne ne *venait* me chercher.

Je n'ai pas ma musique, ni mes écouteurs. D'habitude, j'écoute sur mon téléphone, mais, comme je l'oublie tout le temps, Hamilton m'a offert son ancien iPod. J'ai transféré ma chanson dessus, en plus des siennes. Je ne l'ai pas pris avec moi. Tant pis. De toute façon, ça reste le sien.

Je me contente d'observer la vue de Londres. C'est beau. Les lumières, les voitures, les gens. Ça grouille de monde. Ça grouille de vie. Moi, je me sens presque au-dessus de tout ça. *Presque.* Dans le fond, j'aimerais juste être comme eux.

Mon portable vibre dans ma poche de jogging.

🖂 **SMS de** Grand méchant loup **à** Boucles d'or
23 h 46. Tu es au pont ?

🖂 **SMS de** Boucles d'or **à** Grand méchant loup
23 h 46. Oui.

🖂 **SMS de** Grand méchant loup **à** Boucles d'or
23 h 46. Tu veux être seul ?

Je regarde l'écran de mon portable et soupire. Je n'arrive pas à croire qu'il ait réussi à rendre cet endroit si vide. J'y étais bien, avant. J'y étais heureux. Y être sans lui n'a plus aucun sens.

🖂 **SMS de** Boucles d'or **à** Grand méchant loup
23 h 47. J'ai oublié ma musique.

🖂 **SMS de** Grand méchant loup **à** Boucles d'or
23 h 47. Je te l'apporte.

Je glisse mon téléphone dans ma poche. Le vent commence à être vraiment frais. J'ai juste enfilé un T-shirt avant de partir, ce n'est même pas le mien. Je ferme les yeux. Je me laisse bercer par le bruit du remous de l'eau sous mes pieds. J'attends. Longtemps. Encore un truc qu'il m'a pris. Ne pas avoir la notion du temps. Avant, je pouvais passer des heures ici sans les voir défiler. Maintenant, chaque minute est un supplice.

Hamilton finit par se ramener. Je le vois traverser le pont. Une main dans la poche de son slim, l'autre pendant le long de son corps, bandée. Sa veste en jean sur les épaules. Il me rejoint, en silence. Je fais semblant de m'en foutre, semblant de ne pas l'attendre depuis bientôt une demi-heure.

Sa main blessée se pose sur la rambarde. Il y laisse mon iPod, enfin, *son* iPod. Il ne dit toujours rien. Il ne va quand même pas oser se barrer comme ça ? Il n'a pas fait tout ce trajet juste pour ma musique ?

Si. L'héritier bat en retraite.

Un son étranglé passe la barrière de mes lèvres :

— Reste.

— Pourquoi ? demande-t-il en se retournant. Pour que tu me rejettes la semaine prochaine ? Une fois que ta stupide paranoïa aura repris le dessus ?

— J'ai flippé.

— Ce n'est pas une excuse.

— Fallone sait, putain ! Elle sait tout ! On est foutus, Hamilton.

Ses yeux sont tristes. Je sais que, comme moi, il a ressassé la scène dans sa tête. C'est certainement pire pour lui, d'ailleurs. Fallone est sa meilleure amie, et le regard de dégoût qu'elle a posé sur lui l'a bouleversé plus qu'il ne le reconnaîtra jamais.

— Je sais, murmure-t-il. Alors on pourrait juste profiter des moments qu'il nous reste, plutôt que de les gaspiller à s'engueuler sur des choses qui arriveront qu'on le veuille ou non.

J'acquiesce et Hamilton fait un pas vers moi. Il enjambe la rambarde à son tour. Un pied du côté de la route et l'autre dans le vide. J'imite sa position pour me retrouver face à lui, à quelques mètres de distance. Je détourne le regard de ses iris bleus, attrape l'iPod qui repose toujours entre nous deux, et le glisse dans la poche de mon survêtement.

— Tu as volé mon jogging, dit-il.

— Si j'avais été intelligent, j'aurais pensé à te piquer un pull.

— Tu as froid ?

— Arrête.

— Quoi ? fait-il.

— On ne va pas se faire un câlin assis sur ce pont, ça serait trop *niais*.

Un sourire moqueur éclaire son visage. Il se fout de ma gueule, en plus. Il glisse vers moi, jusqu'à ne plus pouvoir avancer davantage. Il passe ses mains derrière mes genoux, accrochant le tissu du survêtement avec ses doigts, et relève doucement mes jambes pour les placer sur ses cuisses.

— C'est dangereux, fais-je remarquer, songeant que nous nous tenons quelques mètres au-dessus de la Tamise.

— C'est la métaphore de notre relation... Tant qu'on reste accrochés, on ne tombe pas, non ?

Ses bras se posent sur ma taille et il m'attire encore un peu plus près de lui. Nos bassins se rapprochent et on se fait un câlin. Sur le pont. Quel con.

— Qu'est-ce qu'on va faire, maintenant ? lancé-je.

— Déjà, tu vas arrêter de te barrer en plein milieu de la nuit, me répond Hamilton en me serrant encore plus fort contre son torse. J'en ai marre de venir te chercher.

— Tu arrêteras ?

— De quoi tu parles ?

— De venir me chercher. Tu arrêteras ?

Ses mains agrippent mon T-shirt et ses lèvres se posent sur mon épaule.

— Non, répond-il. Je promets que je viendrai toujours te chercher.

Je lui rends son étreinte et il enchaîne, le visage toujours niché dans mon cou :

— Et toi, si je te demande de rester ? Tu le feras ?

Le vent nous frappe de plein fouet. J'ai froid et je le serre dans mes bras. Mes jambes se contractent autour de ses cuisses pour tenir en place.

— Rosenbach. Tu vas rester ?

Mes muscles se tendent. Je suis gelé. Je le serre de plus en plus, si violemment que je dois lui broyer les os. Tout mon corps lui hurle de me prendre dans ses bras en retour. De me tenir encore plus fort.

— Rosenbach, répète-t-il. Tu vas...

— Ne m'appelle plus comme ça, soufflé-je.

— Alors, reste avec moi, Lior.

Je me redresse pour lui faire face. Le vent frais s'infiltre entre nos deux torses. C'est insupportable, mais je veux qu'il l'entende.

— Je vais rester, Daël.

J'embrasse ses lèvres. Il les entrouvre, appelle à plus, mais je me remémore soudainement notre dernière conversation. Je me recule, posant les deux mains sur sa poitrine, et ajoute :

— J'avais une vie avant toi. Je sais que je n'ai jamais été parfait, mais n'essaye pas de me sauver.

— Pourquoi ? Tu vas me sortir que je vais perdre mon temps ? Parce que tu es une cause perdue ?

— Quelque chose dans ce genre-là.

— Tu es un tel cliché, lâche-t-il.

— Tu me l'as déjà fait remarquer.

Ça le fait à peine sourire.

— Je sais que tu penses que tu n'es pas assez bien, dit Hamilton. Et le truc, c'est que... Oui, tout le monde est trop bien pour toi, parce que tu ne penses pas te mériter toi-même.

Ça aussi, c'est cliché. Sa *punchline* à l'eau de rose. Son discours moralisateur, comme s'il avait tout compris à ma vie. Pire, à la vie en général. Je n'aime pas les sauveurs. J'ai assez de Grace dans ce rôle.

— Enfin, ajoute-t-il. Aussi longtemps que ce sera comme ça, je te mériterai pour deux.

— Alors on ne peut pas se faire un câlin sur le canapé parce que c'est niais, mais tu as le droit de me sortir des énormités comme celle-là ?

Il rit, me serrant plus fort pour me faire taire. J'ai froid, mais je ne crois pas que je tremble à cause du vent. Je crois que je tremble à cause de lui.

Daël, il fait trembler ma vie.

Déjà qu'elle était bancale, je suis mal parti pour m'en sortir indemne.

Fallone

La semelle de mes baskets rebondit sur le tartan de la piste d'athlétisme. Ça fait deux heures que l'entraînement est terminé, mais je continue de courir. J'ai besoin de me vider la tête, traçant ma route sans réfléchir, de plus en plus vite. Le vent froid de la nuit qui vient de tomber fouette mon corps. Mes muscles me font mal, ma peau me brûle, mes poumons se compriment à chaque foulée. J'ignore tout, les sensations désagréables qui me traversent et le bourdonnement dans ma tête.

Je baisse le visage, observant mes pieds s'écraser sur la piste rose, éclairée par les réverbères qui entourent le terrain d'athlétisme. J'essaye de me concentrer sur cette vision pour continuer d'avancer, mais les images de Lior dans le lit de Daël me reviennent en mémoire. Je les balaye, accélérant mes foulées. Je grimace, la douleur dans ma cage thoracique devrait m'arrêter.

Je relève la tête, effectue un énième tour. La piste est vide, les gradins aussi. Il n'y a que le bruit de mes pas écrasant le tartan et mon souffle régulier qui s'échappe de ma poitrine. Je crispe les poings. Je revois les yeux de Lior, sa main accrochée au drap, recouvrant difficilement son corps nu. J'ai envie de vomir. J'étire les jambes, effectuant des foulées plus amples.

Mon entraîneur me tuerait s'il me voyait faire. Je pourrais me claquer un muscle ou me tordre la cheville, ruinant toutes mes chances d'accéder au podium de ma prochaine compétition, mais ça ne me préoccupe pas. Je veux juste oublier ce que j'ai vu.

Un autre tour. Je ne les compte même plus, même la douleur finit par disparaître, noyée par ma colère et ma déception. Je n'en reviens pas, que Daël m'ait trahie de la sorte. Je ne l'ai pas cru, évidemment. Il pourrait se taper la terre entière, s'il le voulait. Il n'a aucune raison de choisir un Rosenbach, après ce qu'ils ont fait vivre à Ellen. Je ne l'en croyais pas capable, je le croyais de mon côté.

J'ai de plus en plus de mal à respirer, mon cœur pulse violemment pour tenter de suivre le rythme que je lui impose.

J'aperçois la ligne d'arrivée, plus que quelques mètres. Je ne pense plus à rien d'autre que la course. Je m'élance avec les dernières forces qu'il me reste, foulant la ligne blanche peinte sur le sol.

Je m'écroule, mes genoux percutent la piste douloureusement. J'ai la tête qui tourne et l'impression que je vais cracher mes poumons.

— Fallone !

J'essaye de reprendre mon souffle. Mon prénom répété n'est qu'un vague fond sonore qui semble se rapprocher.

Je m'accroche à la piste, comme pour me maintenir. Je retiens un haut-le-cœur, me forçant à respirer calmement. Le sang pulse si fort à mes tempes que je préfère fermer les yeux.

— Fallone !

Je n'ai pas la force de me relever pour savoir d'où vient la voix. Je me concentre sur ma respiration. Ma poitrine se soulève encore violemment, mais la pointe dans mon cœur devient moins vive. Mon corps se relâche, peu à peu. Passé l'adrénaline, il ne me reste plus que des muscles torturés et un souffle court.

Une main se pose sur mon épaule.

— Tu vas bien ?

J'ai suffisamment repris mes esprits pour enfin reconnaître la voix de mon frère. Je hoche la tête, relevant le visage vers lui pour ne pas l'inquiéter davantage, bien que le mouvement soit difficile.

Je rouvre les paupières, croisant le regard de Noah, agenouillé face à moi sur la piste.

— Qu'est-ce qui t'a pris, de courir aussi vite ? Tu veux faire une attaque ?

— Je vais bien, réussis-je à articuler.

— Évidemment, tu n'es pas en train de rendre l'âme, ironise-t-il.

— J'avais juste besoin d'évacuer.

— Évacuer quoi ? demande mon demi-frère.

Je le fixe sans répondre. Je n'ai rien dit sur ce que j'ai vu cette nuit-là, à personne. Je ne sais même pas pourquoi, peut-être parce que je n'ose pas trahir Daël, alors que lui ne s'est pas gêné pour me planter un couteau dans le dos. Je crois que c'est pour ça que je suis autant en colère. J'ai réalisé que notre relation ne marchait que dans un sens, comme c'est le cas avec tous les autres membres de son clan. Daël, il prend et il ne donne rien. Stan est le premier à avoir ouvert les yeux. Moi, j'ai continué de jouer à l'aveugle, et je m'en mords les doigts, désormais.

— Raconte, dit Noah en soupirant. Ça fait des jours que tu n'es plus toi-même. Qu'est-ce qu'il y a, à la fin ?

— Rien.

Mon frère me toise d'un regard blasé. Il le sait bien quand je mens. Je n'ai pas fait d'efforts pour être plus convaincante, cela dit.

— C'est à cause de Daël, lâche-t-il.

Ce n'est pas une question. Je me laisse tomber contre la piste, fesses à terre et étendant les jambes devant moi. Noah suit mon mouvement, s'installant face à moi, en tailleur.

— Parce qu'il a un petit ami, poursuit mon frère. Tu as l'impression qu'il te délaisse pour lui.

Ça pourrait être vrai, je suis quelqu'un d'assez possessif, sauf que la réalité est dix fois pire et je ne peux pas en parler sans déclencher une guerre au sein de mon propre clan.

Je soupire, laisse ma tête retomber entre mes mains. Je sens la sueur qui coule le long de ma nuque.

— Daël reviendra vers toi, ajoute Noah. Ce sont les débuts de sa relation. C'est normal qu'il soit focalisé sur son couple.

— Ce n'est pas ça, grincé-je.

— Vraiment ? demande-t-il, sceptique.

— Je me fous de ce type. C'est juste lui. Il m'a déçue.

— C'est bizarre. C'est la première fois que vous vous disputez, tous les deux. Je pensais qu'aucune amitié n'était aussi puissante que la vôtre.

Je sais très bien ce qu'il essaye de faire. Dramatiser pour me faire relativiser. Ça ne fonctionnera pas, parce que la situation est dramatique, merde.

— Tu ne peux pas comprendre, enchaîné-je.

— Certes, je ne suis pas dans votre tête, mais je ne supporte plus cette situation. Ça fait des jours que vous ne vous adressez plus la parole. L'ambiance n'a jamais été aussi lourde à la maison et on ne sait plus quoi faire pour vous aider.

— Ne faites rien.

Il soupire.

— Fallone... Ne me tourne pas le dos, à moi aussi. Je ne t'ai rien fait.

Évidemment, qu'il ne me ferait jamais un tel coup bas.

— Excuse-moi, je suis sur les nerfs.

Noah pose ses mains sur les miennes, attrapant mes paumes pour les serrer. Sa peau est chaude contre la mienne, gelée par le vent. Mon frère est emmitouflé dans une veste en cuir alors que je suis affublée d'un simple short de sport et d'un débardeur. Je crois qu'il est temps que je rentre à la maison si je ne veux pas attraper la crève.

— Qu'est-ce que je peux faire pour que tu te sentes mieux ? me demande-t-il.

Je saisis ses mains pour les embrasser, avant de répondre :

— Ne me trahis jamais.

Pendant un bref instant, c'est comme s'il y avait eu de la terreur dans son regard.

Chapitre 2

Daël Hamilton

Une comédie. C'est le seul mot qui vient à mes lèvres. J'en ai mal à la tête, rien que d'entendre tous ces rires rauques qui témoignent d'un amusement feint… Et en plus, c'est affreusement mal interprété. Personne n'y croit.

Je suis au restaurant avec ma famille pour fêter l'anniversaire de Tess et la fin des examens de Noah. Si tout se passe comme prévu, il ira à l'université l'année prochaine. Médecine. Ce n'est pas son choix. De toute façon, personne n'a eu le choix, dans ma famille. Moi, j'étais destiné à l'économie et au monde des affaires. Fallone également. Noah, à la médecine. Ellen, au droit. Charlie, à l'enseignement. Quant à Stan et Aiden, ils ne sont pas destinés à grand-chose pour l'instant, au grand dam de leurs foutus parents.

— Comment s'est passée ta dernière épreuve, mon chéri ? interroge Patricia, sa mère, alors qu'il engloutit goulûment une part de son gâteau au chocolat.

— Maman, geint-il, la bouche pleine. Arrête de m'appeler comme ça.

Elle roule des yeux d'un air attristé, marmonnant quelque chose comme quoi son petit garçon a grandi trop vite, puis conclut qu'une toute nouvelle vie d'adulte l'attend avec les études supérieures. Elle a tort, évidemment, même si personne n'ose relever. Noah, il fera comme tout le monde. Il n'ira pas en cours, parce qu'il aura trop bu la veille. Il baisera n'importe qui sur sa route. Il ratera probablement sa première année en songeant qu'il n'est qu'un bon à rien. C'est écrit comme ça, on y passe tous. On se pète les dents contre la dureté du quotidien. On panique car on n'a aucune foutue idée de ce que l'on veut faire plus tard alors que, quoi que l'on fasse, on ne finira jamais là où l'on avait prévu d'aller. Je suppose que se perdre en route, c'est prévu d'avance.

Je me suis perdu en route. J'étais sur mon chemin bien tracé. Je suivais les panneaux d'indication, comme mon père me l'a appris. Ne pas aller trop vite. Faire attention aux virages. Attendre que le feu passe au vert pour accélérer. Sauf que je me suis égaré. J'ai changé de direction. Je suis sur une route sans indications, désormais. Je ne sais plus à quelle vitesse rouler, je ne sais plus où regarder, je ne sais plus si je fais attention à ne pas m'éclater contre le bas-côté. Je suis stupidement en train de foncer sur cette route, sans regarder autour de moi, et un camion de mille tonnes pourrait bientôt me percuter sans que je le voie arriver.

— Ils grandissent tous si vite, murmure Holly, mon autre tante, à l'intention de Patricia. N'est-ce pas, mon cœur ? dit-elle à Tess, ma petite sœur. Ça fait quoi, de grandir ?

Elle vient d'avoir onze ans.

— Euh… Je ne sais pas, répond-elle en baissant le regard vers son assiette. Rien de spécial.

Elle est comme ça, ma sœur. Plus timide qu'elle, tu meurs. Elle déteste être le centre de l'attention.

— Pour répondre à ta question, oui, ma dernière épreuve s'est bien déroulée, dit Noah pour venir en aide à Tess.

La famille continue de discuter de son sujet d'histoire et j'en profite pour me retourner vers Fallone. Elle porte une combinaison noire, sans les bijoux extravagants dont elle a l'habitude, ce qui accentue son expression maussade. Elle a relevé ses cheveux avec des barrettes, seule sa frange est restée lâchée sur son front. Ma cousine ne m'a pas adressé la parole depuis le début du repas, un silence qu'elle m'impose depuis déjà plusieurs jours. Elle évite mon regard… Difficile, vu qu'on est attablés l'un en face de l'autre. Je sens qu'elle bout de rage à l'intérieur, mais qu'elle essaye de se contenir pour ne pas gâcher la soirée de Noah et Tess.

Le repas se poursuit dans un silence gêné. Mon père n'est pas là. Il est toujours à l'hôpital, alors ça foire un peu l'ambiance. Même si c'est vieux jeu, il est le chef de famille. C'est lui qui lance les sujets de conversation. Lui qui les clôt. Lui qui occupe l'attention de la tablée. Donc, quand il n'est pas là, on se sent vides. C'est bête, je détestais quand il faisait ça, je veux dire attirer tous les projecteurs sur lui. Pourtant, ça me manque. Je sens que quelque chose ne va pas, comme s'il était déjà parti.

— On se prend un petit digestif ? fait Janette, ma mère.

Elle propose ça comme si l'on ne passait pas déjà notre vie à boire comme des trous.

— Avec plaisir, répond Stan d'un ton enjoué en s'affalant sur le dossier de sa chaise. Ça fera passer le repas.

— Le même, déclare son frère en faisant un signe au serveur.

— Et vous deux ? interroge ma mère en se tournant vers Fallone et moi.

— Non, merci, répond ma cousine. J'ai déjà un goût amer dans la bouche.

Je me retiens de lever les yeux au ciel. Très subtil, ça…

— Bien, murmure ma mère, ne sachant quoi faire de cette information. Daël ?

— Rien non plus.

Je tente un regard dans la direction de Fallone. Elle m'évite de nouveau, prétextant s'intéresser au dessert de Maha, assise à côté d'elle.

— Pourquoi personne ne me propose un digestif ? demande Ellen, offusquée.

— Hors de question, répondent ses deux frères à l'unisson.

— Tata ! s'exclame-t-elle à l'intention de Janette. Je suis opprimée.

— Tout de suite les grands mots, dit Aiden en soupirant. Tu es trop jeune pour boire de l'alcool.

— Je suis majeure dans quelques mois, insiste-t-elle.

— Je suis désolée, Ellen, mais je dois me ranger du côté de la loi, déclare ma mère, tandis qu'Aiden et Stan se tapent dans la main en signe de victoire.

Ma cousine se renfonce dans son siège en boudant, et Janette termine la commande pour tout le monde. J'aperçois Fallone se lever de sa chaise, informant Patricia, sa belle-mère, qu'elle va aux toilettes. Je saute sur l'occasion. Je quitte la table à mon tour et la suis jusque dans les sanitaires. Elle m'entend arriver derrière elle et tente de me claquer le battant au nez.

Je pose mon pied en rempart.

— Est-ce qu'on peut au moins parler ?

— Ce sont les toilettes pour femmes, réplique-t-elle sèchement.

— Tu m'évites depuis des jours. Je suis bien obligé de nous trouver un endroit pour s'expliquer sans que tu fasses un scandale.

— Tu le mériterais, le scandale.

Fallone donne un violent coup dans mon pied, me forçant à reculer ma jambe, et la porte claque entre nous.

Porte que je rouvre aussitôt, m'engouffrant dans la pièce. Fallone n'est pas encore entrée dans une cabine, sachant pertinemment que j'allais la suivre jusqu'ici. Elle se tient devant les lavabos, les mains posées contre le rebord.

— Casse-toi, grince-t-elle en croisant mon regard dans le reflet du miroir.

J'avance d'un pas. Ma cousine continue de me fixer dans la glace.

— Tu n'as encore rien dit à personne, fais-je remarquer.

— J'essaye de digérer la nouvelle.

— Et, quand tu l'auras fait, tu leur diras ce que tu sais ?

— Qu'est-ce que je sais, au juste ?

Je m'approche du lavabo à côté du sien. Je comprends sa colère, c'est bien pour ça que je ne cherche pas à m'excuser. Je crois que je lui dois juste la vérité, dorénavant.

— Tu sais que Lior et moi avons une relation, énoncé-je.

— *Relation*, répète-t-elle, écœurée. Tu disais que c'était seulement un plan cul.

— Il est plus que ça.

— Bien sûr, qu'il est plus que ça, crache ma cousine en se retournant vers moi pour me faire face. Il est un putain de Rosenbach !

Je reste face à elle, sans rien dire, me contentant de soutenir son regard. Je crois qu'elle a besoin d'évacuer sa haine. Même si je sais que la suite va être douloureuse, j'endosse.

— Je ne comprends pas, s'étrangle-t-elle. Je te jure que j'ai essayé, mais je ne comprends pas. Je le revois nu, dans ton lit. Comment tu peux… Je ne sais pas, comment tu peux même le toucher ? Comment tu peux aimer ça ?

Je suis incapable de répondre à sa question, je cherche encore la réponse.

— Daël, reprend-elle, les lèvres pincées. Ils ont violé Ellen, ils ont menti à son procès, ils ont cassé le bras de Noah au bal de Lili. Comment peux-tu être avec lui sans penser à ça ?

Je déteste ce « ils ». Ce pronom qui suppose qu'il faut tous les mettre dans le même sac, comme si tous les Rosenbach portaient les fautes des uns des autres. Tout ça parce qu'ils partagent le même nom de famille. Il est trop là, ce « ils », il est dans toutes nos phrases. C'est lui, la clé de tout ce bordel.

— Ils nous pourrissent la vie, tous les jours, continue Fallone, la voix cassée. Ils nous ont tabassés à l'anniversaire de Lili, nous aussi, et dans ce bar…

— Stan avait commencé, rappelé-je.

Fallone ouvre grand les yeux. Elle semble n'avoir jamais voulu entendre ces mots.

— On en est déjà là, alors ? Tu les défends ?

— Je ne les défends pas. Je dis qu'on a tous nos torts.

Cette fois, ma cousine détourne le regard, dépassée par la conversation. Elle me contourne, me bousculant d'un coup d'épaule au passage.

— Tu vas leur dire ? osé-je demander avant qu'elle ne quitte les toilettes.

— C'est vraiment la seule chose qui te préoccupe ?

Fallone a les larmes aux yeux et cette image me brise, à l'intérieur. Dehors, rien ne transparaît, comme d'habitude.

— Tu veux juste t'assurer que je garde ton secret honteux ? poursuit-elle.

— Tu le feras ?

— Tu me dégoûtes.

Je crois qu'elle tente de conserver encore un minimum de décence, parce que, vu le regard qu'elle me lance à cet instant, elle aurait tout aussi bien pu me cracher à la figure.

À la place, elle se dirige vers la sortie. Je tente de la rattraper une dernière fois, m'accrochant à son bras tatoué. Elle le secoue aussitôt pour que je la lâche, mais reste plantée devant moi.

La sonnerie de mon téléphone se met à résonner dans la pièce. Je le sors de ma poche. « *Boucles d'or* » est affiché sur l'écran.

— C'est lui ? dit Fallone.

— Laisse-moi encore du temps, supplié-je, le portable sonnant toujours dans ma main.

— Avant quoi ? De rompre ?

— Avant de foutre ma vie en l'air.

Fallone me regarde d'un air peiné, tiraillée entre l'ébranlement et la pitié.

— Tu t'en charges très bien tout seul, réplique-t-elle avant de me quitter brusquement.

Mon portable continue de sonner dans le creux de ma main et je finis par décrocher. J'ai besoin d'entendre sa voix pour ne pas craquer.

Lior Rosenbach

J'attrape le quatrième shot qui s'offre à moi. Je le porte à mes lèvres. J'avale. C'est automatique. Je prends le cinquième. Après, c'est fini. Après, j'aurai fait comme les autres. J'avale. C'est immonde. J'ai la tête qui tourne, mais je m'en fiche. Ethan frappe dans ses mains avant de poser un baiser humide et alcoolisé sur ma joue.

— On est libres, cousin ! hurle-t-il à mon oreille.

Je souris. C'est vrai, on est libres. Fini les cours, fini les années de lycée... D'accord, pour ça, on ne sait pas encore, on n'a pas eu les résultats de l'examen final, mais on est en vacances et c'est une victoire en soi après cette année merdique. Bordel, plus de réveils à l'aurore, plus de salles de classe surchauffées, plus de devoirs, juste le soleil et Hamilton.

Nous ne nous sommes pas revus depuis la soirée où Fallone a tout découvert. Normal, mes parents m'ont interdit de sortir ces derniers jours pour me forcer à réviser. Ethan, Ian et moi, nous étions confinés dans notre chambre. Même Grace et Edward nous surveillaient. Il faut dire que les parents d'Ethan péteraient un plomb si leur fils foirait encore son année, et, dans mon cas, ça ferait tache dans la famille qu'un deuxième Rosenbach redouble.

On a passé toutes nos épreuves cette semaine, la dernière – celle d'histoire – étant ce matin. C'est pour ça que l'on est de sortie, ce soir, au Maddox Club, dans le quartier de Mayfair. Les potes d'Ethan et moi. Pas les miens. Déjà, je n'en ai pas beaucoup, et surtout personne ne les aime. Donc je me contente de l'équipe de football du lycée, dont Ethan est le capitaine. Si, moi, je suis le cliché du gamin de riche raté, lui, il est le cliché opposé. Populaire, sportif et beau gosse bien dans sa tête.

Un rot passe mes lèvres. Le goût d'alcool me remonte à la bouche et semble vouloir y rester. J'ai vraiment la tête qui tourne. Ça faisait longtemps que je n'avais pas autant bu.

— Alors, tu baises qui ce soir ? m'interroge Ethan. Je suis sûr qu'il y a des gays dans l'équipe.

— À commencer par toi.

— Ta gueule.

Je lui lance un regard en biais et une lueur triste apparaît soudainement dans ses yeux.

— Tu as revu Jade ? demandé-je.

— Je n'ai pas envie d'en parler, m'interrompt mon cousin. Alors, réponds-moi… Tu vas baiser qui ?

— Personne. Je vous méprise tous, rappelé-je.

Il rit, parce qu'il est bourré. Pas parce qu'il s'amuse. Je le connais bien. Je décide de reprendre notre conversation, malgré son interdit :

— Jade reviendra vers toi. Elle t'aime.

— Ce serait ironique, déclare-t-il. Puisque c'est moi qui pars.

J'ai un pincement au cœur. C'est vrai, c'est lui qui part. En Chine. Putain, c'est l'autre bout du monde.

— Enfin, se reprend mon cousin. C'est comme ça, peu importe.

Classique. Ethan et moi, on n'est pas des professionnels des sentiments. Je ne lui ai jamais dit à quel point ça me faisait mal que ses parents aient décidé de l'embarquer avec eux en Chine, mais je crois que je n'ai pas besoin de mots. À cet instant, notre regard à tous les deux exprime ce que l'on ne se dira jamais.

— Ça ira, Lior, finit-il par murmurer.

— Pas sans toi.

Il s'approche et me serre dans ses bras. C'est peut-être la première fois que l'on fait ça. Se tenir dans les bras.

— Je ne suis pas homo, hein ? rétorque-t-il en riant, sortant cette remarque pourrie pour cacher son malaise. Ça me fait juste… chier, tu vois.

— Moi aussi, ça me fait chier.

Nous nous séparons l'un de l'autre. La seconde sentimentale est terminée. Heureusement. Ça ne nous ressemblait pas.

— Alors ? reprend Ethan en jetant un coup d'œil dans le club. Il n'y a vraiment personne qui te plaît dans l'équipe ? Ils sont canon, pourtant.

Je lui lance un regard blasé et il s'exclame, l'air de rien :

— Qu'est-ce qu'il y a ?

— Tu sais très bien que j'ai un mec.

— Tant que je ne l'aurai pas rencontré, il n'existera pas vraiment, rétorque mon cousin.

Je ne réponds pas, décidant d'ignorer la remarque.

— J'espère juste qu'il est mieux que Neil, ajoute-t-il.

L'évocation de mon ex-petit ami me rappelle brusquement que je ne l'ai jamais revu devant les grilles de notre lycée. Je me retourne vers mon cousin, les sourcils froncés.

— Quoi ? demande-t-il.

— C'est toi qui as dit à Grace qu'il était revenu vendre sa drogue au bahut ?

— Non.

— Lili l'aurait fait ?

— Je ne crois pas. On t'avait promis de ne pas le faire.

— Ian ?

— Tu ne nous fais vraiment pas confiance, dit-il dans un soupir. Et puis pourquoi tu veux savoir ça ?

Je hausse les épaules.

— Neil n'est plus devant les grilles depuis quelque temps. Je trouve ça bizarre, qu'il ait disparu comme ça.

— Moi, je trouve ça bien, personnellement, réplique Ethan. Il n'avait rien à faire là. Chacun son monde.

Ça me fait sourire, sa remarque, parce que ça me fait penser à nous. Rosenbach contre Hamilton. Chacun son monde, en effet, mais ce n'est pas notre faute si aucun des deux ne nous correspond. Alors on en a créé un autre, sans eux à l'intérieur.

— On rejoint les autres ? enchaîne Ethan après s'être retourné vers la piste où ses potes sont en train de danser, complètement ivres.

— J'arrive, je dois juste passer un coup de fil.

— D'accord.

Je me dirige vers la sortie. Tout tourne autour de moi. La musique résonne à fond dans le bar. Ça me fait mal à la tête. Je sors du club. J'ai besoin de calme et d'oxygène. J'extirpe mon portable de ma poche et sélectionne tout de suite son numéro.

« *Grand méchant loup* ». Il serait peut-être temps que je change. Ça fait con, quand même. Quoique… Je vais peut-être le garder, par nostalgie.

— Allô ! me répond-il après quelques sonneries dans le vide.

— Je suis en vacances ! hurlé-je, alors que ce n'était pas du tout ce que j'avais prévu de dire.

Bonjour, le lycéen immature.

— Et tu es complètement torché ?

— C'est possible.

— Pourquoi tu m'appelles ?

— Je sais qu'on n'avait pas prévu de se voir ce soir, mais… Est-ce que je peux venir chez toi après ?

— Et il sera quelle heure, « après » ? demande-t-il, sceptique.

Je ne sais même pas l'heure qu'il est maintenant.

— 3 heures ?

— Je serai sûrement déjà rentré, vu l'ambiance de ma soirée, lâche-t-il, résigné. Tu m'appelleras avant ?

— Laisse juste la porte ouverte, je te rejoindrai dans ton lit.

— Ça me va.

— Dans ta voix, ça ne va pas, remarqué-je.

— Ça me va que tu viennes. Pour le reste, ce n'est pas la joie.

— Fallone n'a toujours rien dit pour nous deux ? demandé-je.

— Pas encore, murmure-t-il. Dis, je suis encore au restaurant avec ma famille, là. Je dois retourner à table. On en reparle plus tard.

Il va raccrocher, mais je l'arrête aussitôt.

— Hamilton !

— Quoi, encore ?

Les mots sortent de mes lèvres précipitamment, trouvant à s'échapper grâce à tous les shots d'alcool que je viens de m'enfiler.

— Ce soir : on baise.

Je coupe la communication. Je n'ai pas envie d'attendre sa réponse... Mon Dieu. Je regarde mon téléphone, horrifié. Qu'est-ce que je viens de lui dire ? « On baise. » Sérieusement ? Je n'ai pas plus romantique encore ? Le beauf par excellence.

Je m'apprête à ranger mon portable lorsque je le sens vibrer dans ma main.

🖂 **SMS de** Grand méchant loup **à** Boucles d'or
23 h 10. Je viens de te dire que j'étais au resto avec ma famille. Ça ne va pas, de me dire un truc pareil !
23 h 11. Mais oui.

Je souris avant de ranger mon téléphone dans ma poche. Je m'apprête à retourner dans le bar lorsque je percute un homme qui en sort. Plutôt baraqué, âgé, dans un beau costume. Je redresse la tête et nos regards se croisent. La violence du souvenir me cloue sur place. Mon estomac se contracte, comme si j'avais reçu un coup de poignard dedans. Et la lame reste enfoncée, elle tourne sur elle-même, rendant la douleur de plus en plus insupportable alors que l'homme bousculé ne me lâche pas du regard, semblant se souvenir de moi, lui aussi.

Je revois ses yeux sombres. Ses yeux, putain. Ils étaient dans tous mes cauchemars, et les souvenirs remontent un à un dans ma mémoire. Tout ce que j'avais refoulé, enfoui, oublié est en train de me revenir en pleine gueule.

Trois ans plus tôt

L'alcool me brûle. Les tripes, le foie et l'âme. J'essaye de rallumer la flamme en moi, mais elle est éteinte. Ian est paraplégique. Je les hais. Tous les Hamilton, tous autant qu'ils sont. Je voudrais qu'ils crèvent. Ils n'avaient pas le droit de lui faire ça. Pas le droit de lui voler une vie entière. Il a quinze ans. J'ai quinze ans. Ils ont tout détruit. L'équilibre de ma famille, qui a volé en éclats. Je sais que plus rien ne sera jamais pareil, désormais.

J'ai pris de la coke, tout à l'heure. Je n'y avais jamais touché, avant. Ça ne me soulage même pas. Je ne sais même plus ce que je veux.

Je regarde l'homme qui me toise, accoudé au bar du club. Je l'ai laissé me payer des verres, heureusement qu'il était dans le coin, je n'ai clairement pas la gueule de la majorité. On a discuté, un peu. Le type n'est pas très intéressant, mais il ne cesse de me regarder depuis. Il a des yeux sombres. Des rides, il doit croire que ça fait son charme, seul espoir auquel les hommes s'accrochent passé la trentaine. L'homme est objectivement moche, hautain, riche. Des cheveux noirs, avec des mèches grisonnantes. Il est bronzé, mais ce n'est pas naturel. Ça sonne faux, tout son être sonne faux. Ce soir, j'ai envie que tout soit faux, j'ai envie que ma vie n'existe pas vraiment.

Je finis mon verre sans trop réaliser ce que je suis en train de foutre. Je fais un signe à l'homme pour qu'il me suive. Je sais exactement ce qu'il veut de moi.

« Ça ne lui rendra pas ses jambes. » Ouais, peut-être, mais je vous emmerde. Rien ne lui rendra ses jambes, de toute façon.

Je me dirige vers la sortie de secours du bar. Je me retrouve à l'extérieur, dans une petite cour isolée où les poubelles du club sont entassées dans un coin. L'homme est derrière moi, je le sens dans mon dos. Je voudrais parler, mais il me plaque brusquement contre le mur de la boîte. Il a refermé la porte derrière lui. Je mets quelques secondes à comprendre qu'il gémit, tout bas, se masturbant contre mes fesses. C'est immonde. Je ne sais pas pourquoi je reste ainsi, sans rien dire. Pourquoi je le laisse m'infliger ça ? Pourquoi j'attends qu'il termine ?

J'ai froid, d'un seul coup. Je comprends qu'il a baissé mon jean et mon caleçon jusqu'à mes genoux. Il me touche les fesses, de ses mains sales. J'ai honte. Pourtant, je me retiens de hurler. Tout reste coincé, même mes larmes. J'ai quinze ans. Je n'ai que quinze ans.

Un cri m'échappe lorsqu'il passe sa main sur mon sexe. Il me dit : « Tu aimes ça, hein ? » Je n'arrive même pas à répondre. Je plante simplement mes dents dans ma paume de main pour camoufler la douleur. Il n'a pas le droit de me toucher. Personne ne m'avait touché, encore. Ça ne lui appartient pas. Tout ça ne lui appartient pas. Il me manipule comme si j'étais un objet. Sa main me fait mal. Il croit me donner du plaisir, mais il est juste en train de me déchirer de l'intérieur.

J'ai si honte. Je n'ose plus bouger. Ça n'a aucun sens. J'agrippe le mur de pierres contre lequel il me maintient. Je me griffe la peau en essayant de m'accrocher à quelque chose.

Puis ça arrive. Brutalement. Une douleur atroce. À m'en tordre les entrailles. Je me sens comme écartelé. Ça ne s'arrête plus. Chaque mouvement est pire que le précédent. Je gémis de douleur, et lui croit que je suis excité, répétant des mots salaces à mon oreille.

Un coup plus fort qu'un autre et je m'effondre. Ma tête part vers l'avant et je vomis. Ça gicle partout. Sur moi, surtout, et lui aussi. Sur ses chaussures à deux mille balles. Il se retire brutalement en m'insultant.

« Débauché », lâche-t-il, alors que je m'effondre au sol, dans mon propre vomi, le pantalon toujours baissé au niveau des genoux. « Pathétique », ajoute-t-il avant de disparaître dans la boîte.

Débauché. Pathétique. Les mots résonnent alors que mes genoux trempent toujours dans mon propre vomi. Il doit avoir raison, quelque part. Je ne suis pas arrivé là tout seul.

Je me relève en titubant et remonte mon pantalon jusqu'à mes hanches. J'essaie de le refermer, mais mes doigts tremblent. J'ai des larmes sur les joues, le souffle court et une nausée encore tenace dans le fond du bide.

Je veux que Grace vienne me chercher, mais je sais qu'elle est restée chez nous pour soutenir Ian, comme tout le reste de ma famille. Il n'y a que moi qui ai fui, cette nuit.

Je suppose que je l'ai bien mérité.

Aujourd'hui

J'ouvre la porte en trombe. La pièce est sombre, je m'étale par terre. Je suis défoncé, vraiment défoncé. Où est-ce que j'ai trouvé la coke ? Je ne m'en souviens plus. J'ai juste erré dans Londres. J'ai dû trouver un dealer sur ma route. Je ne sais pas quelle heure il est. Je ne sais même pas comment j'ai retrouvé le chemin de son appartement. Je suis toujours par terre.

« Débauché. »

« Pathétique. »

La lumière s'allume, ça me brûle les rétines. J'essaye de me relever, mais je retombe lourdement sur le sol.

— Rosenbach, qu'est-ce que tu fous par terre ?

Hamilton s'approche, il me relève et je m'écroule dans ses bras. Il est chaud, sortant du lit et encore à moitié endormi à en juger par la voix rauque qui parvient à mes oreilles.

— Tu es tellement bourré que tu ne tiens plus debout, franchement, j'aurais dû parier, car…

L'héritier s'arrête au milieu de sa phrase. Il voit mes yeux. Mes yeux, non. Ce ne sont pas mes yeux, ça. Mes yeux défoncés ne sont pas mes yeux. C'est mon autre moi, celui d'avant, celui qu'il n'a jamais vraiment connu. J'aimerais lui dire que ce n'est pas le vrai moi, mais mes mots restent coincés dans ma gorge. Il me relâche. Je retombe sur le sol, brusquement.

« Débauché. »

« Pathétique. »

Je suis tombé de quelques centimètres, mais j'ai l'impression de m'écrouler des tours du World Trade Center. Percuté de plein fouet.

La lumière s'éteint. Il m'a laissé seul, vautré sur le sol de son appartement. Il est retourné se coucher. J'ai mal à la tête. Je tente de me redresser. Mon corps me lance, mais je parviens à m'asseoir, retraçant le cours de la soirée.

Je me rappelle avoir eu peur. Je me rappelle surtout cet homme qui m'a fait tant de mal, il y a trois ans. Ce soir, il se tenait devant moi. Il m'a salué, comme si de rien n'était. Il a pris des nouvelles, remarqué que j'avais grandi avec un sale sourire en coin. Les mots étaient coincés, et mon corps, bloqué. J'ai eu le sentiment que ça pouvait recommencer. Alors, quand il a posé sa main sur mon épaule pour m'inviter à aller boire un verre avec lui, j'ai pris la fuite. Je suis parti sans me retourner et j'ai couru le plus loin possible. Je ne me souviens plus vraiment de la suite.

Je récupère mon portable dans le fond de ma poche. J'ai plein de SMS et d'appels manqués. Je n'ai rien entendu.

✉ **SMS de** Ethan **à** Lior

0 h 05. Il prend du temps, ton coup de fil, t'es où ?
0 h 16. Lior, je viens de faire le tour de la boîte. T'es parti où ?
0 h 18. Réponds quand je t'appelle, putain !
1 h 02. Tu es sérieusement parti sans me le dire ?
1 h 07. Tu es vraiment un connard, ça fait une heure qu'on te cherche, avec mes potes.
2 h 03. Bien, merci d'avoir gâché la soirée. Je rentre sans toi, du coup.
2 h 06. Je te jure, demain, t'es mort.

✉ **SMS de** Grand méchant loup **à** Boucles d'or

02 h 56. En fait, je ne suis toujours pas couché. Tu veux que je vienne te chercher à la boîte ?
3 h 20. Tu es tellement bourré que tu ne peux pas décrocher ton téléphone ?
4 h 10. Tu as repris de la coke ?
4 h 30. J'espère que tu n'as pas repris de coke, Rosenbach.

Merde, il est bientôt 5 heures du matin. Je me relève en titubant. Je n'avais pas repris de drogue depuis longtemps, je crois que c'est pour ça que c'est aussi violent. Je n'ai pas dû acheter de la bonne qualité. Pour ça aussi, je suis un spécialiste, apparemment.

Je tremble en portant mon cadavre jusqu'à la salle de bains. J'enlève tous mes vêtements. J'ai l'impression de sentir les mains de cet homme sur mon corps, comme s'il m'avait touché il y a deux minutes et non il y a trois ans. Ça semble encore si réel. Je me souviens de tout avec tellement d'intensité que j'ai l'impression que ça continue, même maintenant.

Le jet d'eau chaude coule sur mon corps. Je frotte ma peau avec acharnement. Je veux tout enlever, mais la sensation ne part pas. Je frotte encore plus fort. Ma peau est rouge, mais j'insiste. Je préfère ressentir de la douleur que ses mains froides et rugueuses.

« Débauché. »

« Pathétique. »

Je sors de la douche, m'enroule dans une serviette en coton. J'évite mon regard dans le miroir. Je ne veux pas me voir. Pas comme ça. Pas avec ces yeux-là.

— Qu'est-ce que tu viens de faire ?

C'est la voix de l'héritier. Je me retourne vers lui, brusquement. Il est posté devant la porte de la salle de bains, que j'avais manifestement laissée ouverte.

Les yeux de Daël sont écarquillés d'horreur.

— Qu'est-ce que tu as fait à ta peau ?

— Je me suis lavé, murmuré-je bêtement.

— Lavé ? s'étrangle-t-il.

Il parcourt la distance qui nous sépare et tire sur ma serviette pour me la retirer. Je me retrouve nu devant lui, et un juron s'échappe de ses lèvres. Il n'y avait rien sur mes bras et mes jambes, rien comparé à ce que je me suis fait sur le torse et les cuisses.

— Ma serviette ! m'écrié-je. Rends-moi ma serviette !

Hamilton tremble. Je crois qu'il vient de comprendre ce que je lui ai dit la dernière fois, sur le pont. La cause perdue et tout ce bordel. Tout est bon à jeter.

Il me rend la serviette, sans parler. Je l'attrape et m'enroule dedans pour me cacher.

— Rosenbach, bégaye-t-il, mal à l'aise. Tu…

— Je m'en vais, ne t'inquiète pas.

— Tu as…

— Laisse-moi, répliqué-je. Il faut que je m'habille.

Il ne bouge pas. Je crois qu'il est totalement déstabilisé. La misère, il la voit tous les jours. Avec sa famille, avec ce conflit, avec notre monde.

Là, il ne la voit pas, il la vit avec moi. Elle lui éclate à la figure. Toute cette misère qui était là depuis le début, entre nous deux. Elle était juste cachée quelque part, là où on n'avait pas envie de la voir.

— Laisse-moi, répété-je. Je n'ai pas besoin de ta pitié.

— Tu as besoin d'aide, pas de pitié.

— Ne me parle pas comme à un malade.

Il acquiesce, pas par conviction mais plutôt pour me calmer, puis il finit par se diriger vers une armoire de la salle de bains. Il en sort un pot de crème et m'attrape par la main. Il nous emmène vers sa chambre et me force à m'asseoir sur son lit, en face de lui.

— Je vais te soigner. Enlève ta serviette.

— Non.

— Il faut que tu mettes une crème cicatrisante pour soulager ta peau.

— Alors… dans le noir.

Les traits de son visage s'adoucissent et il se dirige vers l'interrupteur pour éteindre la lumière de sa chambre. Dehors, il commence tout juste à faire jour, mais la pénombre de la pièce me suffit.

Hamilton vient s'asseoir sur le lit, il ôte ma serviette doucement, regardant mon corps d'un air blessé, comme s'il s'était infligé ça lui-même

Je murmure des mots que je ne me serais jamais cru capable de supporter :

— La première fois que je l'ai fait, avec l'homme du bar dont je t'ai parlé. Je ne le voulais pas, mais je n'ai pas su dire non. C'était horrible.

Je baisse la tête, ne souhaitant pas voir son visage, sauf qu'il passe la main sous mon menton pour me forcer à la relever.

— Ce n'est pas ta faute, déclare-t-il en scellant son regard au mien.

— Je n'ai pas dit non, répété-je.

— Tu étais jeune et pas dans ton état normal, il a abusé de toi et tu n'es pas le responsable. Ne te blâme pas.

Sa main lâche mon menton, s'échouant plus bas sur les draps. J'attrape sa paume pour la serrer dans la mienne.

— Merci.

— Pourquoi est-ce que tu repenses à ça maintenant ? m'interroge-t-il en dévissant le pot de crème.

— Je l'ai revu.

Hamilton s'immobilise aussitôt, relevant vivement son visage vers moi.

— L'homme qui t'a fait ça ?

— Oui. Il était au bar où j'étais avec Ethan.

La rage déforme ses traits, et ses yeux deviennent aussi sombres que le soir où sa cousine m'a brûlé le bras avec une cigarette, mais il tente de se contenir.

Il déglutit et demande :

— Pourquoi est-ce que tu ne m'as pas appelé ?

— J'ai paniqué, je ne sais même plus ce qu'il s'est passé.

— Il est venu te parler ?

Je hoche la tête.

— Te parler de quoi ?

Je tente de me rappeler.

— C'est flou… Il voulait qu'on aille boire un verre au bar, je crois.

Hamilton essaye de garder un visage calme, m'encourageant à me confier, mais je vois bien que sa main est crispée si fort autour de son pot de crème qu'il pourrait en briser le verre. Je ne suis même pas sûr qu'il soit conscient de son geste.

— Je vais bien, lui assuré-je en posant ma main sur la sienne. Je suis parti juste après ça.

L'héritier semble réaliser son état de tension et ses doigts se relâchent. Il observe nos mains liées, avant de murmurer :

— Est-ce que tu m'autorises à te toucher ?

Je relève la tête vers lui, pas certain de comprendre la question.

— Il faut que je mette de la crème hydratante sur ta peau. Si tu veux bien que je le fasse.

— Je veux bien.

Hamilton me dit de m'allonger. Je regarde mon corps. J'ai encore plus honte que tout à l'heure. Ma peau est si rouge, griffée pratiquement jusqu'au sang. L'héritier dépose de la crème sur ses doigts, puis fait glisser ses mains sur mon corps. C'est froid et douloureux, mais son contact m'apaise. L'odeur aussi, c'est doux. Comme lui. Comme ses gestes. Comme son regard. Il étale la crème à tous les endroits de mon corps, minutieusement. D'abord mes coudes, mes épaules, mes aisselles, puis tout mon torse, mes côtes, mes jambes. Il passe plus de temps sur mes cuisses, surtout l'intérieur, que j'ai creusé avec mes ongles. Il me masse doucement en même temps pour y aller petit à petit. Je n'arrive pas à le quitter des yeux. Je devrais être gêné qu'il fasse tout ça pour moi, mais je me sens si bien qu'elle ne m'effleure même plus, la honte. Je ressens enfin autre chose que cette honte qui me ronge depuis trois ans.

Les yeux de Hamilton parcourent mon corps. Ma peau brille de la crème grasse dont il m'a recouvert.

— Lior ?

Je suis son regard, comprenant qu'il hésite à enduire de crème mes parties plus intimes. Je hoche la tête pour lui donner mon accord. Ce ne sera pas la première fois qu'il me touche à cet endroit-là, mais le sens est différent.

Hamilton étale un peu de crème sur ses doigts avant de les passer sur mon aine. Il s'applique. Il n'y a rien de sexuel dans ses gestes. Aucune tension. Aucun jugement. Il essuie la crème qu'il lui reste sur les doigts contre mes flancs, puis vient s'allonger à côté de moi.

— Tu n'as pas froid ? demande-t-il.

— Non, ça va.

J'ai les yeux rivés au plafond, je sens qu'il me regarde.

— Désolé d'avoir encore merdé ce soir, ajouté-je.

— Désolé de m'être emporté sans savoir, rétorque-t-il.

Je me retourne pour être face à lui. Le mouvement de ma peau sur les draps me fait grimacer, mais je me positionne sur le côté, en face de lui. Ma tête retombe sur l'oreiller et il suit le mouvement. Nos deux visages sont si proches que l'on pourrait s'embrasser.

— Est-ce que quelqu'un sait ce qui t'est arrivé ? s'enquiert-il.

— Neil. C'est le seul qui sait. Avec toi, maintenant.

— Pas Grace ?

— Jamais. Elle serait capable d'engager un tueur à gages pour buter ce type.

— Moi aussi, j'en serais capable.

J'ai une boule dans la gorge. Ça me fait peur, justement, toute cette violence qu'ils ont à l'intérieur.

— Ne sois pas comme eux, murmuré-je.

— Lior, je suis déjà comme eux.

C'est vrai, il est comme eux depuis le début. Le conflit, il ne le subit pas, il le crée. Comme Grace, comme Edward. Je crois que je comprends enfin que je suis dans l'autre camp. Avec Ian, Lili, Charlie et Ellen. Avec tous ceux qu'ils cherchent à protéger à tout prix, mais qui finissent pourtant les premiers à terre.

Je sais qu'il n'est pas responsable de ma lâcheté, de ce qui m'est arrivé cette nuit-là ou même de l'état déplorable dans lequel je me mets pour ne plus y penser. C'est juste que l'on ne fonctionne pas de la même manière. Moi, je suis encore et toujours la petite chose dont il faut prendre soin, et lui, il est celui qui dirige, qui frappe, qui ne tombe pas. Ça me fait mal de réaliser à quel point j'ai besoin de ce genre de personnes dans ma vie. Quand ce n'est pas Grace, c'est lui. Sans eux pour me rattraper, je m'éclate la gueule sur le bitume.

— Tu vois que tu avais raison, relancé-je, riant à moitié. Je suis bien un traumatisé du sexe.

— Ce n'est pas drôle.

Son ton est sans appel. J'ignore pourquoi j'essaye encore de détendre l'atmosphère, de faire comme si je n'étais pas profondément affecté par ce qui vient d'arriver, de laisser entendre que ce n'est pas si grave. Hamilton est bien la seule personne à laquelle je ne peux plus mentir. À quoi bon faire semblant ?

— Tu peux me prendre dans tes bras ? demandé-je.

— La crème n'a pas encore bien pénétré dans ta peau.

— Je m'en fiche, tu es un meilleur remède.

Hamilton sourit et se glisse vers moi. Son bras encercle ma hanche, son torse se colle au mien, ses jambes se fraient un chemin sous les draps, j'entrouvre les cuisses pour qu'il glisse une jambe entre les miennes, et ses lèvres se posent dans mon cou. Il m'embrasse tendrement à cet endroit-là.

Je me laisse aller à cette étreinte, m'endormant presque, jusqu'à ce que sa voix résonne dans mon oreille :

— Lior ?

— Oui.

— Tu étais dans quel club, ce soir ?

Je comprends tout de suite le sens de sa question.

— Non, rétorqué-je en me reculant brusquement.

— Réponds-moi.

— Ne le retrouve pas, dis-je fermement.

Hamilton est si proche de mon visage que nos lèvres s'effleurent et que son souffle chaud se répand sur ma peau. Je connais ce regard, parce que je le vois tous les jours sur le visage de ma sœur. C'est là que je comprends vraiment qu'ils sont les mêmes, deux copies conformes. Quoi que je dise, quoi que je fasse, il n'écoutera que lui.

— S'il te plaît, insisté-je. Je veux mettre cette histoire derrière moi.

— Comment la mettre derrière toi alors que tu peux croiser ce type dans n'importe quel endroit de la capitale ? rétorque Daël. Laisse-moi m'en occuper.

— Non, répété-je durement. Je t'ai dit que je ne voulais pas de sauveur dans ma vie. Ne t'en mêle pas.

La tendresse dans son regard a été remplacée par de la colère. Pas contre moi, puisqu'il continue de me tenir avec douceur, mais pour ce qu'il s'apprête à faire. Ce qu'il y a dans ses yeux, c'est la vengeance.

— Lior, reprend-il. Si ce mec est encore dans le bar où tu étais, c'est l'occasion…

— N'y pense même pas, le coupé-je. Tu ne me laisses pas ici pour ta quête ridicule.

— Ma quête…, lâche-t-il, offusqué, ne terminant même pas sa phrase.

Je tente de le calmer, mais mes mains retombent dans le vide. Hamilton s'échappe, ne supportant plus de rester en place. Il se lève, passe les mains sur son visage et fait les cent pas dans la pièce. Il lutte contre ses démons, les mêmes qui ravagent Grace depuis des années. Ceux qui leur font croire que tout leur appartient, et que nous toucher, c'est les attaquer eux, comme si on était seulement une prolongation de leur existence.

Je m'assois sur le matelas ; le drap couvre mon corps nu.

— Je sais que tu as envie d'y aller pour assouvir ta colère, mais tu ne peux pas toujours tout contrôler, déclaré-je. C'est de l'histoire ancienne. Reviens te coucher.

— Mais il est peut-être encore là-bas ! s'exclame-t-il.

Une fois assouvi l'instinct protecteur qui l'a poussé à s'occuper de moi, sa fierté est en train de reprendre le dessus. Je vois bien pourtant qu'il tente d'y résister, faisant tout pour ne pas sortir en courant de cette chambre. Son corps tremble, son souffle se raccourcit et sa peau prend une couleur plus rouge qu'à l'accoutumée. Je ne l'ai jamais vu aussi tendu, aussi mal dans sa peau, comme s'il avait envie de l'arracher pour laisser tout ressortir. Je ne comprends pas comment la situation a pu m'échapper ainsi.

— Reviens te coucher, répété-je.

Hamilton ne m'écoute pas, perdu entre sa haine et son désir de vengeance. J'ignore comment le faire revenir à moi.

Alors je sors la première chose qui me vient à l'esprit :

— Je suis en train de tomber amoureux de toi.

Tout s'arrête. Ses gestes. Son souffle. Son cœur. Même le mien, je crois. Est-ce que je viens vraiment de dire ça ? Je veux dire : on n'est même pas officiellement en couple. On n'en sera même jamais un.

Je me sens ridicule, tout à coup.

— Que..., bégaye Daël, abasourdi. Qu'est-ce que...

Il est figé au milieu de sa chambre, ses mains sont retombées le long de son corps. Il est beau, à cet instant, vraiment beau. Les lèvres entrouvertes de stupéfaction, les joues rougies par sa crise, la respiration encore saccadée, les cheveux qui lui tombent sur le front. Et le regard perdu. Stupidement perdu.

— En fait, je suis *déjà* amoureux de toi.

Je suis peut-être ridicule, mais c'est la vérité.

— Je suis vraiment tombé amoureux de toi et je ne sais pas comment faire pour arrêter de le ressentir de plus en plus fort.

Daël est toujours sans voix, continuant de me fixer. Je me sens si seul avec ma déclaration, j'ai besoin qu'il dise quelque chose.

— Tu n'as pas le droit de m'aimer.

Tout sauf ça.

Je le regarde. L'héritier a avancé d'un pas vers moi, mais je vois dans ses yeux qu'il est terrifié par ce que je viens de lui avouer. Moi aussi, pour être honnête, mais, à la différence de Hamilton, je suis incapable de garder toutes ces émotions à l'intérieur. Ou alors c'est la drogue encore dans mon sang qui me donne tout ce courage ? Peu importe, il était temps que ça sorte.

— Je sais que je n'ai pas le droit, dis-je après un temps.

— Alors pourquoi as-tu dit ça ?

Daël est énervé. Il se rapproche encore d'un pas.

— Pourquoi brises-tu le peu d'équilibre qu'on avait trouvé ?

Il tombe à genoux devant le lit, de manière à se retrouver à ma hauteur.

— Pourquoi est-ce que tu gâches toujours tout ?

Ça me fait mal, sa question, mais je n'ai plus envie de reculer, désormais. Je ne baisse pas le regard, répondant sans ciller :

— Parce que je le pense.

Je sais qu'il le pense aussi. Il le pense depuis longtemps, tout ce qu'il a fait pour moi depuis que l'on s'est rencontrés me l'a déjà prouvé. L'avouer est différent. L'avouer est bien trop dur pour lui, trop concret. Il se briserait le cœur en deux plutôt que de reconnaître qu'il est tombé amoureux d'un Rosenbach.

— Je le pense, répété-je.

— Tais-toi.

— Je t'aime.

— Arrête !

Hamilton s'est redressé, comme pour m'impressionner, mais ça ne marchera pas. Je me lève à mon tour, le drap glisse contre mon corps. Je suis nu devant lui, mais je n'ai pas peur de ce que je ressens, contrairement à lui.

— Et tu m'aimes aussi, ajouté-je.

Nos yeux sont reliés, et il est de plus en plus mal à l'aise tandis que je soutiens son regard, plus sûr de moi que je ne l'ai jamais été.

— Tu as du courage pour faire la guerre à la moitié de Londres, pour tenir tête à ma sœur, pour faire justice toi-même et partir en plein milieu de la nuit accomplir ta vendetta, dis-je. Mais, quand je te dis que je t'aime, il n'y a plus personne ?

Daël reste là, sans rien dire.

— Tu vois, je ne suis pas le seul lâche de l'histoire, conclus-je.

Chapitre 3

Lior Rosenbach

Je me relève d'un bond de mon siège et me rue sur les portes du métro, qui s'apprêtent à se refermer. J'atterris sur le quai, brutalement. J'ai failli louper l'arrêt, perdu dans mes pensées, ma musique dans les oreilles. Karen m'aurait tué si je l'avais fait attendre dix minutes de plus. Dans le genre princesse, celle-là.

Je monte par l'escalator tout en rangeant le baladeur de Daël dans la poche de mon jean. Les rayons de soleil du début de l'été me réchauffent et je lève le visage vers la rue. Je marche le long de Regent Street, la rue qui sépare le quartier de Mayfair de celui de Soho. C'est ici que j'ai rendez-vous avec ma meilleure amie, au numéro 145-147. À la boutique Karl Lagerfeld, sa préférée dans tout Londres. C'est plutôt bien tombé, qu'elle soit accro à cette marque-là, parce que la plupart des boutiques de luxe sont à Knightsbridge, là où je ne pourrai jamais l'accompagner.

Karen a insisté pour que je vienne l'aider à choisir sa robe d'anniversaire pour la fête qu'elle organise, ce soir, dans une boîte qu'elle a privatisée. J'ai accepté, conscient de correspondre à la perfection au cliché du meilleur ami gay.

Quand j'arrive devant la boutique, je la vois trépigner sur le trottoir. Elle me fait rire avec son grand chapeau pourpre et ses lunettes de soleil, qu'elle porte toujours sur le bout du nez. Elle regarde sa montre Dior, qui brille à son poignet, et soupire. Je me plante devant elle.

— Dix minutes, déclaré-je. Je n'ai que dix minutes de retard.

— C'est déjà trop, rechigne-t-elle en s'engouffrant dans la boutique.

N'importe quoi, comme si elle n'avait pas pu commencer son repérage sans moi. Elle fait toujours des histoires pour rien. On s'est bien trouvés, tous les deux.

— Tu sais déjà ce que tu veux ? demandé-je en la suivant.

— Que tu viennes à ma soirée.

— Je parlais de la robe.

Karen se retourne vers moi, offusquée. Elle en profite pour enlever son chapeau et remonter ses lunettes de soleil sur le dessus de sa tête, retenant sa longue chevelure brune.

— Tu te fous de ma gueule ? Tu n'as toujours pas changé d'avis ?

— J'ai la flemme de sortir, en ce moment.

— La flemme ? répète-t-elle, désabusée. On est en été, soirée privée avec tout le gratin de Londres, alcool à volonté, beaux mecs musclés, énumère-t-elle sur ses doigts fins et parfaitement manucurés. La flemme de passer la meilleure fête de ta vie ?

— Évidemment, tu n'en fais pas des caisses, ironisé-je. Et j'ai déjà un copain, je te rappelle.

Un copain pas foutu de me dire qu'il m'aime, mais un copain quand même. Daël et moi, on n'a jamais reparlé de cette dispute. Je suppose qu'il a besoin de temps et je suppose que je suis d'accord pour lui en laisser.

— Emmène-le, déclare ma meilleure amie. Je t'ai déjà dit qu'il était le bienvenu.

Elle me plante au milieu du magasin et part à la recherche d'une robe sur les portants exposés plus loin. Une nuée de vendeurs l'interpelle. Il faut dire qu'elle est connue ici. Fille d'un gros producteur de disques. Toutes les grandes marques de Londres se l'arrachent pour qu'elle porte leurs fringues en soirée. C'est plus efficace que n'importe quelle publicité.

Je la regarde faire, un sourire amusé aux lèvres. Elle sélectionne les robes que les vendeurs entassent sur leurs bras, puis finit par se diriger vers les cabines d'essayage, une vingtaine de minutes plus tard.

— Lior ! hurle-t-elle dans toute la boutique. Je ne t'ai pas demandé de ramener ton cul pour que tu restes planté devant l'entrée.

— Si tu veux un esclave, il y en a déjà trois autour de toi, répliqué-je.

Les vendeurs me regardent sans comprendre, puis finissent par s'offusquer, mais en silence.

— Je veux ton avis, enchaîne Karen, s'adoucissant. S'il te plaît.

Elle aurait quand même pu commencer par là. Je la rejoins et m'assois sur un des fauteuils devant les cabines. Ma meilleure amie entre dans celle d'en face.

— Pourquoi est-ce que tu ne veux pas venir ? m'interroge-t-elle derrière le rideau.

— Tu es encore sur ça ? dis-je en soupirant.

— Tu ne m'as jamais vraiment répondu.

— C'est compliqué.

— Neil ne sera pas là, réplique-t-elle. Si c'est ce que le « c'est compliqué » signifie.

— Il est toujours là.

Le rideau s'ouvre en grand. Je ne pense même pas à regarder sa robe, car Karen sort brusquement pour se planter devant moi.

— Tu te fous vraiment de la gueule des gens. Après tout ce que tu lui as fait, tu joues encore à la victime, c'est insupportable.

— Pardon ?

— Il m'a tout raconté, d'accord. Je sais qu'il a merdé avec toi et qu'il t'a fait du mal, mais il s'en veut et il a accepté de te laisser tranquille. Pourquoi est-ce que tu lui cherches encore des problèmes ?

— De quoi est-ce que tu parles, à la fin ?

— Il ne faisait rien de mal, continue-t-elle en ignorant ma question. Il vendait juste sa came devant ton lycée. Il ne t'adressait même pas la parole.

— Et je l'ai laissé faire ! m'exclamé-je, ne comprenant pas ce qu'elle me reproche.

— Toi, peut-être, mais pas ta tarée de sœur.

Je me tais et Karen retourne s'enfermer dans sa cabine. L'espace d'une seconde, j'ai envie de lui préciser que je n'ai même pas vu ce que donnait sa robe, mais je réalise que je n'en ai pas grand-chose à faire.

Je me plante devant l'épais rideau en velours rouge.

— Qu'est-ce qu'il s'est passé avec Neil ? demandé-je, tout en redoutant la réponse.

— À ton avis.

Je ne réponds pas et le rideau s'ouvre doucement. Karen est en sous-vêtements dans la cabine. Elle s'affale contre le mur derrière elle et j'entre à mon tour dans le petit habitacle.

— Dis-moi. Grace a fait ça dans mon dos.

— Ils l'ont tabassé, dit Karen, les bras croisés sur la poitrine.

— Qui, « ils » ?

— Je n'en sais rien. Les toutous de ta sœur, probablement. Il a dit qu'Edward y était aussi.

C'est atroce. Atroce, parce que ça ne me surprend même pas. D'autant plus atroce que je ne m'étais même pas posé la question de ce qui lui était arrivé alors que je savais pertinemment qu'il avait disparu. J'aurais dû m'en douter.

— Il va mal, reprend Karen. Il est vraiment dans la merde. Il n'a plus un rond.

— Neil ne veut pas de notre fric. On a déjà essayé.

— Il est trop fier pour ça.

— Il est surtout trop con pour accepter qu'il a besoin d'aide, renchéris-je.

Karen lève le regard vers moi, ses yeux sont tristes. Ça ne lui ressemble pas. Elle soupire.

— Qu'est-ce qu'il nous est arrivés ? On était tellement bien tous les trois.

— On était tous complètement drogués, dis-je pour nuancer.

— Qu'est-ce que ça change ? On l'est encore tous, aujourd'hui. On l'est juste séparément.

Je me sens mal à l'aise. Je détourne le regard d'un air gêné et observe la robe bleu nuit qui pend sur son cintre.

— Celle-ci est magnifique.

— Je m'en fous, de cette soirée.

Karen Jay qui se fout d'une soirée, et de la sienne, qui plus est. On aura vraiment tout vu.

— Je suis désolé, lâché-je. De t'avoir laissée tomber.

— Dis-moi.

— Dire quoi ?

— Dis-moi, répète-t-elle. Tu as quelque chose à dire. Alors dis-le-moi.

Elle me connaît bien, après toutes ces années à traîner ensemble, elle sait lire dans mes silences.

— Je suis tombé amoureux, avoué-je.

Depuis que je l'ai dit à l'héritier, ça me paraît limpide. Je pourrais même le crier sur tous les toits. Dommage que ça ne soit pas réciproque.

— Je sais, murmure-t-elle en souriant. La question est : de qui ?

— Daël Hamilton.

Karen n'a aucune réaction. Précisément aucune. Ni surprise, ni colère, ni joie. Je referme discrètement le rideau de la cabine derrière nous, peut-être pour nous laisser plus d'intimité.

— Un mec ? finit-elle par demander avec un haussement de sourcils.

— Bien sûr, un mec, je suis gay !

— Pourquoi tu me l'as caché, alors ? s'exclame-t-elle, choquée.

— Pardon ?

— Je pensais que tu te tapais une meuf ! Et que c'était pour ça que tu me la cachais.

— Pourquoi je t'aurais caché que je sortais avec une fille ?

— Parce que, si tu venais à changer de bord, j'espère bien que ce serait pour moi, me révèle-t-elle comme si c'était d'une évidence absolue.

J'éclate de rire et Karen pose la main sur son cœur, soulagée, avant de poursuivre :

— J'étais persuadée que tu t'étais entiché d'une pouffiasse.

— N'importe quoi. Et puis merde, il n'y a rien qui te choque ? Daël Hamilton.

— Eh bien, quoi ?

Je soupire en levant les yeux au ciel. Je sais qu'elle me provoque. Elle m'a assez côtoyé pour savoir ce que signifie ce nom de famille.

Je décide d'ignorer sa question et continue :

— C'est le bordel en ce moment. Fallone, la cousine de Daël, est au courant depuis quelques jours et elle pourrait bien tout révéler, et si Grace l'apprend…

— Lior, me coupe-t-elle. On s'en fout.

— Quoi ?

— On s'en fout, du cul que tu te tapes. Je m'en fous. La ville s'en fout. Le monde entier s'en fout.

— Pas Grace.

— D'accord, mais ce que tu refuses de voir c'est que ta sœur est loin d'être le centre de ta vie.

— Tu ne peux pas…

— Comprendre ? m'interrompt-elle. Personne ne comprend. Pas même vous. Il n'y a rien à comprendre. Il n'y a que vous qui rendez ça important, mais il est grand temps que ta famille descende du piédestal sur lequel elle croit être installée.

Je reste sans voix face à elle. Dans le fond, elle a raison. Il n'y a que nous pour croire que le conflit Rosenbach-Hamilton touche toute la ville, avec nos quartiers délimités, nos lycées respectifs, nos cercles d'amis. Ça n'existe que dans notre imagination, tout ça. Les Londoniens foulent les quartiers Hamilton, puis ceux des Rosenbach, sans voir aucune différence. Bien sûr, elle n'existe que dans notre tête. On se bouffe pour rien, pour des conneries, depuis des années. Et je m'en fous, de son nom, je m'en fous, de sa famille.

— Je vais venir à ta soirée, déclaré-je. Et mon mec va venir avec moi.

— Vraiment ? fait-elle, surprise.

— Vraiment.

Elle sourit, choisissant une nouvelle tenue.

Bien, plus qu'à convaincre Hamilton, désormais.

Daël Hamilton

Je ne sais pas ce que je fiche ici. Je ne sais pas pourquoi. Je ne sais pas comment. Je regarde Rosenbach. Ses iris verts me fixent, attendant probablement une approbation de ma part.

— Maintenant qu'on a fait tout ce chemin, on peut peut-être entrer, dis-je.

Il sourit, attrape ma main, nos doigts se lient. On entre dans la boîte privatisée pour l'anniversaire de… De je ne sais plus qui. Une pote à lui. C'est tout ce que j'ai compris. Il m'a promis que sa famille n'y serait pas, principalement parce qu'ils la détestent tous, cette fille. Alors les ennemis de mes ennemis sont certainement mes amis.

— Si tu t'ennuies, dis-le-moi, déclare Rosenbach lorsque l'on pénètre dans la pièce.

Les haut-parleurs crachent de la musique. La jeunesse dorée londonienne se trémousse sur du zouk à deux balles. Je déteste déjà cette fête, mais j'ai promis à Rosenbach que j'allais faire un effort pour lui faire plaisir. Il avait l'air de tenir à cette soirée.

— Il faut que je te présente à mes amis, ajoute-t-il.

— Tu en as ? me moqué-je.

Bien que ça soit une vraie question, je ne l'ai jamais entendu parler de qui que ce soit.

— Seulement Karen, en fait, dit-il. Et son copain aussi, il est sympa.

Je ne suis pas certain d'apprécier sa bande de potes, principalement parce qu'il m'a avoué que c'était avec eux qu'il se droguait en soirée.

Sa main attrape de nouveau la mienne et il nous emmène à travers la foule. Il semble savoir où il va. Je le suis, sans broncher. Je me contente de regarder autour de moi, m'assurer que je ne connais personne ici. De toute façon, les gens sont déjà bien trop ivres pour capter l'incohérence de ma présence.

Rosenbach s'arrête à une table. Je repère une belle brune en train de siroter un cocktail. À son allure de princesse débauchée, je devine qu'elle est l'organisatrice de la soirée et certainement la meilleure amie dont il m'a parlé. Cliché pour cliché.

— Karen, dit-elle en me tendant la main. Ravie de te rencontrer.

— De même.

Je mens, je m'en fiche, de cette fille. Elle a déjà l'air à côté de la plaque alors qu'il est à peine 22 heures. Ça ne m'étonne pas que Rosenbach ait mal fini, avec ce genre d'amis.

— Matt, se présente à son tour un gars aux cheveux rasés. *Son* mec.

Il précise ça comme si j'allais la lui piquer. Alors que, même si j'étais hétéro, ça ne me viendrait pas à l'esprit.

— Et lui, c'est le mien, fait Rosenbach avec un sourire en coin.

— Génial, déclare aussitôt le type, radouci. Vous vous joignez à nous ?

Je réponds « oui » en pensant qu'il nous propose de nous installer à sa table, mais le regard choqué de Lior me fait réaliser que je n'ai pas dû comprendre la question. Je reporte mon regard vers leur table. La cocaïne est déjà étalée en plusieurs fines rangées de poudre blanche, prête à être consommée.

— Super ! s'exclame Karen. Pour mon anniversaire !

Je lance un coup d'œil circulaire autour de moi. J'ai envie de rire de ma naïveté. Ils ne sont pas bourrés, ils sont juste tous drogués.

— C'est ton genre de soirées, alors ? lancé-je à Rosenbach.

— Oui, répond-il. C'est ça… mon genre.

Je ne trouve rien à lui répondre. Je ne suis pas mieux, dans le fond. L'alcool. La drogue. C'est une addiction comme une autre. Et puis on est jeunes, merde.

— Alors, murmuré-je. Montre-moi.

— Quoi ?

— Je veux être dans ta tête. Juste une soirée.

Lior sourit avant d'écraser ses lèvres sur les miennes. J'ai un mouvement de recul. C'est la première fois que l'on s'embrasse en public.

— Excuse-moi, dis-je en m'empourprant lorsque je vois qu'il est vexé. Je n'ai pas l'habitude. Je suis…

— Ce n'est pas grave, me coupe-t-il en balayant l'air du revers de la main.

— Non, insisté-je. Embrasse-moi.

Avant même qu'il ne le fasse, j'attrape son visage entre mes mains pour reprendre là où je l'avais arrêté. Ses lèvres sont encore humides. Je glisse ma langue jusqu'à la sienne et mon ventre se tord de plaisir. Putain, ça fait du bien de l'embrasser comme ça. En public. En se foutant des gens. En se foutant du monde. Mes mains glissent jusqu'à sa taille. Je le colle à moi. Il sourit contre mes lèvres. Je n'arrive plus à m'arrêter, c'est tellement bon de faire comme si tout était normal. Mes lèvres se font plus pressantes. Nos langues jouent ensemble. Je réalise que j'ai bien trop envie de lui et que ce n'est clairement pas l'endroit.

— Ça va, on ne vous dérange pas ?

On s'arrête brusquement, puis on s'éloigne l'un de l'autre, gênés, tandis que Karen et son copain pouffent de rire.

— Des animaux, je vous jure, lâche-t-elle en nous regardant nous installer à leur table. Allez, sniffez un peu, ça va vous calmer.

Je regarde Rosenbach du coin de l'œil et il me glisse, discrètement :

— On n'est pas obligés.

Je veux que cette soirée soit une exception. Je veux que rien n'ait d'importance hormis nous deux.

— Je veux essayer. Montre-moi.

Lior ne se fait pas prier. Je suppose qu'il en a terriblement envie. Il s'approche de la table. Il a roulé un billet entre ses doigts. Il sniffe son rail d'un seul coup. Ça a l'air tellement facile, vu comme ça, presque inoffensif. Il relève brusquement la tête en reniflant, puis il essuie son nez. Quelques grains de poudre blanche tombent sur son slim noir. Il me tend sa paille improvisée. Il a déjà un sourire niais, comme le drogué qui vient de recevoir sa dose. Je doute, brusquement. Je ne sais pas pourquoi je cherche à l'impressionner, pourquoi je prétends que ce n'est pas si grave, pourquoi je veux faire comme lui. Je ne sais pas. Je ne sais plus. Sur le coup, ça avait l'air d'être une bonne idée. Maintenant, on dirait une blague qui va mal tourner. Genre, on sait que la fin ne va faire marrer personne, mais on la dit quand même.

Je n'ai jamais pris de drogue dure. Aiden et Stan l'ont fait, plusieurs fois. Ça finissait souvent en catastrophe, alors avec Fallone on se retrouvait à faire les chaperons toute la soirée. Ce soir, ma famille n'est pas là. J'ai envie de ne penser qu'à moi.

Je ne réfléchis plus, attrape le billet roulé, me penche sur la petite table basse et sniffe un rail entier, à mon tour. La sensation est étrange, un peu dérangeante, mais supportable. Je me pince le nez par réflexe, inspirant plus fort en me laissant retomber contre le sofa. Rosenbach se précipite sur moi. Il essuie la poudre sous mon nez. Il rit. Il m'embrasse. Je laisse la drogue s'infiltrer dans mon corps. C'est rapide, en quelques minutes, l'énergie se propage et mes sens s'aiguisent, plus forts que jamais. L'ouïe, la vue, le toucher, tout est tellement plus intense.

— Alors ? interroge-t-il à mon oreille.

— J'oublie, murmuré-je, béat.

Il sourit et j'ajoute :

— Comme toi.

On s'embrasse. Je ne sais pas qui amorce le mouvement, mais pour la première fois je nous sens totalement à égalité. C'est naturel, comme baiser. Ça traduit juste à quel point on en a envie. C'est doux, aussi. J'ai l'impression de fondre. Lior est monté sur mes cuisses. Mes mains sont dans son dos. Je caresse sa peau, sous son T-shirt. Il souffle contre mes lèvres. Nos torses se frottent l'un contre l'autre.

L'autre jour, je n'ai pas su dire « je t'aime », depuis, j'espère qu'il le comprend dans mes gestes. Je crois que c'est pour ça que j'ai pris de la drogue ce soir, pour lui prouver que je le suivrai n'importe où et n'importe comment. C'est juste les mots qui ne suivent pas. Le reste est avec lui.

— Viens, on va danser, chuchote-t-il.

— Non, je veux rester là.

— Viens danser, insiste-t-il. Je veux danser.

— Je ne sais pas danser.

— S'il te plaît, ronronne-t-il à mon oreille.

Je cède. Je suis trop défoncé pour refuser.

Il m'emmène. Je trébuche sur mes propres jambes. Son corps se colle à moi et il bouge au rythme de la musique. C'est insoutenable. Le sentir se frotter ainsi. J'essaie de le serrer dans mes bras pour l'empêcher de gigoter autant, et il râle, parce qu'il ne peut pas danser à cause de moi.

Sans comprendre comment ça arrive, je me retrouve plaqué contre un mur de la boîte. Rosenbach est partout sur moi. Je gémis de désir et de frustration à la fois. Parce que l'on n'est pas seuls. Parce que l'on n'est pas nus, *merde*.

— Arrête, supplié-je. Je vais devenir fou.

— J'aime être avec toi.

— Tu crois que je ne le sens pas ? rétorqué-je alors qu'il frotte son bassin contre le mien.

Lior se met à rire. Je le trouve tellement désirable. Je n'ai plus l'image du gamin suicidaire qui cherche à passer le temps. Il est juste… trop beau, trop irréel, trop splendide pour que je m'inquiète de son état, ou même du mien.

Je glisse mes mains dans les poches arrière de son jean, j'accentue ses mouvements de bassin. J'ai terriblement chaud, tout d'un coup.

— On retourne danser ? dit Rosenbach.

Il s'échappe. Je sais qu'il le fait exprès.

— Tu es un sale con, tu le sais ?

— Je sais.

Rosenbach m'embrasse du bout des lèvres, puis s'éloigne complètement. Il me sourit et disparaît dans la foule. Je reste contre le mur. Je suis bien, heureux. Cette sensation de plénitude est incroyable. Je crois que je le comprends enfin.

Le mec de Karen me rejoint… Matt ? Il me tend une bière. Je l'accepte, réalisant que je mourais de soif. J'en avale presque la moitié en une gorgée.

— Tu as une descente rapide, commente-t-il.

— L'habitude.

— Alors tu es le mec de Lior ?

— Il faut croire.

— Il n'est pas trop dur à vivre ?

— Si.

On rit tous les deux, affalés contre le mur.

— Je ne te pose pas la question pour Karen, ajouté-je après une gorgée de ma bière.

— Elle est pire que tout, déclare-t-il. Une vraie diva. Insupportable.

— Qu'est-ce qu'on fout avec eux ?

— On est barges, probablement autant qu'eux.

Je souris, sans commenter, puis finis par les repérer au milieu de la piste. Ils dansent tous les deux, comme s'ils étaient seuls. Je me tourne vers Matt et lui propose d'aller boire un autre verre au bar.

Le reste de la soirée devient flou. J'ai repris un rail et bu. Beaucoup. Je crois que j'ai dansé, à un moment. Je ne sais plus avec qui. Je me rappelle juste le visage furieux de Lior qui est apparu devant moi. Il m'a tiré vers lui et engueulé devant tout le monde. Il m'a dit que je n'avais pas le droit de danser avec quelqu'un d'autre, pas le droit de regarder quelqu'un d'autre, pas le droit d'être aussi sexy en étant défoncé aussi, je crois. Je me souviens juste d'avoir ri. Puis il a voulu partir. Je l'ai suivi. On a marché, longtemps, avec Karen et Matt. Eux aussi, ils ont voulu fuir leur propre soirée, apparemment.

Le vent frais m'a remis les idées en place. Je me sens un peu mieux. On vient d'arriver dans la résidence de Karen. La main de Lior est liée à la mienne. On monte jusque chez elle. Elle est en train de chanter dans les escaliers. Je ne reconnais même pas la chanson tellement ça sonne faux. Son copain rit. Lior l'interrompt toutes les cinq minutes pour lui dire qu'elle se trompe sur les paroles. Et moi, je plane encore. Je crois que, si Lior ne me tenait pas, je me serais déjà écroulé dans les escaliers. En fait, je vis la scène avec l'impression de ne pas y être, comme si je les regardais derrière un écran de télévision.

Je rate une marche et manque de peu de m'écrouler. Lior me retient, Karen éclate de rire et Matt lui dit de fermer sa gueule.

On entre finalement dans l'appartement de princesse. Elle nous informe que ses parents ne sont pas là ce soir, mais j'entends plutôt qu'ils ne sont jamais là. L'endroit est luxueux, avec une vue incroyable sur la capitale. J'y suis habitué, cependant, je ne m'y attarde pas trop. Lior me traîne jusqu'au salon avec eux. Karen-la-débauchée s'écroule dans son canapé tandis que son copain branche sa musique sur la chaîne hi-fi.

Je me sens entraîné dans un couloir et me retrouve dans la salle de bains. La lumière m'éblouit et je cligne des yeux. Tout est trop blanc et scintillant.

— Tu es en train de redescendre, déclare Rosenbach. Prendre une douche te fera du bien.

— Je peux me débrouiller tout seul.

Je ne sais pas comment les mots sont sortis de ma bouche. Il faut croire que je conserve un semblant de dignité dans n'importe quelle situation.

— D'accord, répond-il en déposant un baiser sur mon front. Appelle-moi si tu as besoin.

Il s'en va. Je l'entends rejoindre Karen et rire à une de ses blagues. Je crois qu'il est encore défoncé, parce que l'on n'est clairement plus dans le même délire. J'imagine qu'il a dû reprendre des rails quand j'avais le dos tourné.

Je me déshabille et plonge sous le jet d'eau chaude. Ma tête tourne moins et j'ai enfin l'impression de reprendre le contrôle. Je ne sais pas combien de temps je reste ainsi, simplement sous l'eau… Jusqu'à retrouver mes esprits, probablement. Je me sens bien mieux en sortant de la cabine embuée. J'enfile mes vêtements, laissant mes cheveux mouillés pour sentir l'eau couler le long de ma nuque. Je trouve ça agréable. Je sors de la pièce. La musique résonne toujours à fond dans le salon. Je les rejoins.

Karen est en sous-vêtements. Elle se trémousse sur la table du salon pendant que son copain est en train de la filmer. Lior boit une bière sur le canapé, beuglant les paroles de la chanson qui sort des haut-parleurs, en disharmonie totale avec sa meilleure amie.

Je le rejoins, m'affalant à côté de lui. Il sursaute et se retourne vers moi.

— Enfin ! Tu vas mieux ?

— Oui.

— Qui voilà de retour ! s'exclame Karen en sautant de la table pour me rejoindre. Daël ! Ça se fête, non ?

— Tu as assez bu, je crois.

— Je ne parlais pas de boire, rétorque-t-elle en se dirigeant vers son sac.

Elle en sort un paquet de poudre blanche, un énième. Est-ce qu'elle en fait collection ?

— Un dernier pour la route ? s'exclame-t-elle joyeusement.

— Pas pour moi, dis-je tout de suite.

— C'est une petite nature, ton copain, lâche-t-elle à l'intention de son meilleur ami. Tu me suis, toi ?

Je le vois hésiter. Il me regarde, mais je n'ai clairement pas envie de jouer au papa poule.

— Fais comme tu veux, dis-je.

Lior sourit et se retourne vers la table. Ça m'énerve, en fait, je préfère partir pour ne pas assister à ça. Je m'éloigne pour explorer son appartement. C'est grand, mais vide. Comme sa vie, je suppose. Je regarde les tableaux de famille exposés dans l'entrée. Les faux sourires. Les étreintes surjouées. Je pense à la mienne, de famille. Je réalise que l'on est tous un peu pareils, dans ce milieu. Tous un peu creux. Tous un peu malheureux. Alors, on fait semblant. C'est facile. Le temps d'une photographie.

Un bruit sourd résonne derrière moi. Et un cri. Son cri. Je reviens jusqu'au salon en courant. Karen est écroulée sur le sol, inconsciente. Matt hurle et fait tomber sa bouteille de bière, qui s'échoue sur le carrelage. Le liquide coule jusqu'à sa petite amie. Elle ne bouge pas. La bière répandue dans sa longue chevelure brune. J'ai comme l'impression que tout autour vient de s'arrêter. Pour moi. Pour Lior. Pour Matt. Et pour elle, surtout.

— Karen ! appelle Matt en se jetant sur elle. Chérie, est-ce que tu m'entends ?

Je reporte mon regard vers Lior. Il est tétanisé. En état de choc. Je ne suis même pas sûr qu'il pense à respirer.

— Karen ! continue Matt en la secouant.

Elle réagit à peine, son visage est pâle et ses yeux sont révulsés.

— Réponds-moi ! Chérie !

Il faut que je me réveille. Je suis le plus *clean* de nous trois. Je dois agir. Je dois faire quelque chose.

— Pousse-toi ! ordonné-je à Matt en le tirant en arrière.

Il se laisse faire, s'écroulant à terre juste derrière moi.

— Karen ? appelé-je à mon tour. Est-ce que tu m'entends ?

J'attrape son poignet, vérifiant son pouls. Il est extrêmement faible. Les extrémités de ses doigts sont froides et ses lèvres semblent bleuir. L'évidence me frappe. Si elle n'est pas prise en charge très vite, elle va faire un arrêt cardiaque à cause de toutes les merdes qu'elle a dans le sang.

Matt continue de gueuler derrière moi, et Rosenbach ne donne toujours aucun signe de vie.

— Les secours ! m'exclamé-je. Appelez les secours !

Matt se lève. Il tremble, mais parvient à attraper son téléphone. Je bascule la tête de Karen et soulève son menton. Je me penche sur son visage, observant sa poitrine. Elle se soulève à peine, et le souffle qui sort de ses lèvres est vraiment irrégulier, quasi inexistant.

Matt pleure au téléphone. Il n'arrive pas à aligner deux mots cohérents.

— Rosenbach ! m'écrié-je. Prends le téléphone !

Il ne réagit pas, les yeux dans le vide.

— Le téléphone ! répété-je. Donne les informations !

Il est figé par la peur.

— Lior !

Lior Rosenbach

Je me réveille d'un seul coup. Mon prénom résonne dans la pièce. Mes mains se mettent à trembler, comme tout mon corps. Je réalise que celui de Karen gît sur le sol. Je l'ai vue s'écrouler devant moi.

— Lior, répète Daël. Prends ce foutu téléphone !

Comme un robot, je me dirige vers Matt. Je lui prends l'appareil des mains. Je ne réfléchis plus, faisant abstraction de la situation pour rester maître de mes pensées. Je réponds à toutes les questions des secours. Mon nom, l'adresse, les drogues, les doses, l'alcool. Je sais tout. Normal. J'ai pris les mêmes substances, ça pourrait être moi, sur ce sol.

Je réponds à tout, sans aucune émotion. Je reste au téléphone pendant que l'on essaye de me rassurer, mais ça ne sert à rien. Je n'ai pas peur. Je ne ressens rien. Un vide immense dans l'estomac, dans la tête, dans le cœur.

Hamilton s'épuise à parler à Karen. Il la secoue, vérifie son pouls toutes les trente secondes. Je répète bêtement ce que l'on me dit au téléphone. « Ils vont arriver. » « Dans dix minutes. » « Dans cinq minutes. » « Continuez comme ça, ça va aller. » Personne ne m'écoute. Personne ne me croit, probablement. Ça ne va pas aller. Une overdose, ça ne va jamais, n'est-ce pas ?

Matt s'est calmé, il tient la main de Karen. Je les informe que les pompiers sont là dans deux minutes. Hamilton se relève soudainement.

Je ne comprends pas pourquoi il l'abandonne si près de l'arrivée des secours. Il se rapproche de moi doucement, l'air inquiet.

Je retire le téléphone de mon oreille pour lui demander :

— Qu'est-ce qu'il y a ?

— Je dois partir.

Je reste sans voix. Il ne va quand même pas fuir au pire moment de ma vie ?

— Je…, reprend Hamilton, mal à l'aise. Il va y avoir la police, les pompiers. On ne peut pas… Les gens ne peuvent pas le découvrir comme ça. Pour nous deux.

— Non, murmuré-je en comprenant enfin où il veut en venir. Tu ne peux pas me laisser.

J'entends dans le téléphone que l'on me demande si tout va bien et j'ai bien envie de répondre que non.

Non, ça ne va plus du tout.

— Lior, reprend Hamilton. Les secours vont arriver d'une minute à l'autre, tout va bien se passer.

— Ne pars pas.

— Tu diras que vous étiez tous les deux, avec Matt. Tout va bien se passer.

— Je t'interdis de me faire ça.

— Écoute-moi.

— Non, non, non, répété-je, au bord de la panique.

La réalité me revient en pleine gueule. Karen est en train de crever sous mes yeux. Je ne veux pas qu'il parte alors qu'il est la seule personne grâce à laquelle je tiens encore debout.

— Je t'en supplie. Ne pars pas.

— Appelle Grace.

— Non, je ne veux pas qu'elle sache, dis-je, affolé. J'ai besoin de toi. Rien que toi.

Hamilton me fait un signe négatif de la tête, même si je vois bien que ça le tue de me laisser tout seul.

— On s'en fout, de nos familles ! m'exclamé-je. On s'en fout, de ce qu'ils vont dire ! Au moins, ils seront au courant ! Je t'en prie, ne me laisse pas, je ne peux pas !

— Lior, murmure-t-il. Je dois partir. Je suis désolé, je…

Mon cœur se met à palpiter dangeureusement. Ma respiration s'accelère et je continue de répéter :

— Non, je t'en prie, ne me laisse pas.

Il attrape mes joues pour me calmer, scellant son regard au mien.

— Ne panique pas. Les secours seront bientôt là, en bas de l'immeuble.

Je disparais et ils vont être là, à ma place. Tu ne seras pas tout seul. Je te le promets.

Il pose son front contre le mien. Ça lui fait mal autant qu'à moi, je le sens.

— Si nos familles le découvrent maintenant, c'est fini. Tu le sais aussi bien que moi.

Je hoche faiblement la tête. Je ne sais pas comment il a réussi à me convaincre. Je me fous tellement de tout, à cet instant.

Daël presse ses lèvres contre les miennes, fermement, et d'un coup il n'est plus là.

Daël Hamilton

Je sors de l'immeuble à toute vitesse. Les secours ne sont pas encore arrivés, mais j'entends les sirènes retentir dans la nuit. Je traverse la route, m'éloignant du bâtiment. Je ne sais même pas où aller et je m'en veux de laisser Lior seul et dans cet état.

Je lui ai menti. Bien sûr, que ça ne va pas bien se passer. Les pompiers verront bien qu'il est tout aussi drogué que Karen. Ils l'embarqueront avec eux à l'hôpital, il va être dépisté et ses parents seront mis au courant.

J'aurais tout aussi bien pu lui dire de fuir avec moi, mais je le connais assez pour savoir qu'il n'aurait pas supporté d'avoir abandonné sa meilleure amie à l'article de la mort.

C'était la seule solution. Il devait rester, pas moi.

Les sirènes se rapprochent, je fais un pas en arrière. J'espère qu'il ne va pas craquer. J'espère qu'il va rester fort jusqu'à l'arrivée des secours. J'espère que Karen respire encore.

Bon Dieu. Je balance mon pied dans une poubelle, camouflant un cri dans mes poings. Je ne voulais pas que cette soirée se termine ainsi. On était si bien, pourquoi est-ce que tout est parti en fumée ?

Je sors mon portable de ma poche. Je ne peux pas laisser Lior comme ça. Je ne réfléchis plus, pressant le bouton d'appel. J'appelle les seules personnes qui pourront garder notre secret.

Après tout, nous, on a bien gardé le leur.

Extra un

Lili Rosenbach

Noah joue avec mes cheveux, les tordant entre ses doigts et marmonnant une chanson du bout des lèvres. On est tous les deux allongés sur le lit de l'hôtel, la lumière des réverbères passe à travers la fenêtre, éclairant nos corps nus. On vient de faire l'amour. C'était ma première fois. Ça a été stressant et un peu douloureux, mais Noah a été doux.

Mes cousins me croient chez Jade, sa famille à lui ne s'est pas posé la question. D'après ce qu'il m'a dit, il y a beaucoup de tensions en ce moment et plus personne ne lui prête vraiment attention. Alors on profite tous les deux du début de l'été.

Je me relève en l'embrassant sur les lèvres. Il passe les mains dans mon dos pour me serrer contre lui. J'aimerais qu'on reste comme ça tout le temps.

Puis ça sonne. Ce n'est jamais bon quand ça sonne en plein milieu de la nuit. Je soupire, camouflant mon visage dans le cou de Noah alors qu'il tend le bras pour récupérer son portable, qui vibre sur la table de chevet. Il râle, ne parvenant pas à le récupérer, puis le met sous ses yeux.

— C'est Daël, m'informe-t-il.

— Ne décroche pas.

— Il n'appellerait pas à cette heure-là si ce n'était pas vraiment important.

— Il va nous gâcher la nuit.

— Certainement, admet-il.

Noah porte le combiné à son oreille. Je voudrais protester, mais mon copain a déjà décroché et il est préférable que Daël ne reconnaisse pas ma voix. Je soupire dans le creux de son cou.

— Qu'est-ce qu'il y a ? demande Noah.

— Es-tu avec Lili ?

Je me relève brusquement, les sourcils froncés. Leur échange m'est parvenu et je me demande ce que je viens faire là. Mon petit ami semble aussi hébété que moi par la question de son cousin.

— Comment ça ? bégaye-t-il.

— Noah, c'est important. Es-tu avec Lili ?

Même à travers le téléphone, on entend qu'il panique. Je ne réfléchis pas et attrape le portable de Noah, le plaquant sur ma propre oreille.

— Oui, je suis là.

— Il faut que tu ailles voir Lior, tout de suite. Je vais t'envoyer l'adresse par SMS. Les secours vont bientôt arriver et il faut que tu partes avec lui à l'hôpital, dit-il si rapidement que j'ai du mal à tout comprendre, hormis le dernier mot, qui se répète en boucle dans ma tête.

— À l'hôpital ? balbutié-je.

— Karen a fait une overdose. Il est en état de choc et il est tout seul là-bas.

Je me lève, chancelante. Je n'ai aucune idée de ce qu'il raconte et surtout aucune idée de la raison pour laquelle c'est lui qui me le raconte.

— Tu peux y aller ? demande-t-il.

— Je vais partir tout de suite. Il est chez Karen ?

Noah me suit du regard, perplexe. Je cherche mes vêtements, coinçant le téléphone entre mon épaule et mon oreille.

— Oui, il est là-bas, répond-il. Tu connais l'adresse de son appartement ?

Il fait sombre dans la chambre, je n'y vois rien du tout. Je tâte le sol, espérant retrouver mes sous-vêtements.

— Aide-moi, bon sang ! m'exclamé-je en me retournant vers le lit.

Noah se réveille brusquement, saute du matelas et se précipite sur l'interrupteur.

— Qu'est-ce qu'il se passe ? s'exclame-t-il en enfilant son caleçon.

— Que je t'aide ? demande Daël à l'autre bout du fil.

— Je parlais à Noah.

— Faites vite, il…

Merde, il m'énerve, à me crier dans les oreilles. Je balance le téléphone à mon copain, qui le réceptionne maladroitement.

— Occupe-toi de ton cousin, répliqué-je.

Maintenant que j'ai les mains libres, je me précipite sur mes vêtements, éparpillés partout sur le parquet de la chambre d'hôtel. J'enfile tout rapidement alors que Noah continue de parler avec Daël en arrière-fond. Il s'habille en même temps, ne cessant de me suivre du regard d'un air inquiet.

Il ne me reste plus qu'une chaussure à trouver. Je me plaque au sol pour passer sous le lit, devinant la forme de ma bottine. Je tends le bras et la récupère, puis j'enfonce le pied dedans, avant de courir vers la porte.

Je me retourne vers Noah. Il vient de raccrocher avec son cousin, il glisse son portable dans la poche arrière de son jean.

— J'y vais, déclaré-je.

— Je viens avec toi.

— Je…

— J'ai mon vélo accroché en bas, me coupe-t-il en me passant devant. Je t'y dépose, ça sera bien plus rapide.

J'accepte, je n'ai pas réellement le choix, puisqu'il est déjà dans le couloir et descend les escaliers à toute vitesse. Je le suis en refermant mon blouson en cuir.

Je ne sais pas ce qu'il se passe avec Lior et Karen, mais ce n'est pas le moment de chercher à comprendre. Tout ce que je sais, c'est qu'il y a urgence. Je dévale les marches à la suite de mon copain et le retrouve dehors. Noah décroche le cadenas de son vélo, accroché à la grille de la rue.

— Monte sur le porte-bagages.

Je m'exécute et il appuie sur les pédales, nous élançant sur la route. Je m'accroche à ses épaules pour me stabiliser. Noah fonce à travers la ville. Il semble savoir où aller. Je suppose que Daël lui a indiqué l'adresse.

Karen habite à Mayfair, mais Noah traverse le quartier sans s'inquiéter du fait qu'il n'a pas le droit d'y être. Il me dépose devant l'appartement en quelques minutes. Un camion de pompiers est stationné à l'entree. Une voiture de police est garée plus loin, sur le trottoir. Je reconnais Matt de dos, discutant avec un agent. Il fait de grands gestes avec ses bras, visiblement paniqué.

J'en tombe presque du vélo, mes jambes flanchent lorsqu'elles touchent le sol.

— Lior ? appelé-je dans le vide.

Mon cœur palpite, au même rythme que les lumières des gyrophares sous mes yeux.

— Lior ? répété-je en avançant d'un pas.

J'aperçois brusquement sa chevelure bouclée. Il est assis dans le camion des pompiers, semblant se disputer avec les personnes qui sont devant lui.

— Lior ! m'écrié-je.

Je cours vers lui et il relève aussitôt la tête dans ma direction. La tension sur son visage se dissipe alors qu'il murmure mon prénom, hébété, avant de se lever pour se jeter dans mes bras. Je le serre contre moi de toutes mes forces. J'ai eu si peur.

— Tu vas bien ? réussis-je à articuler, écrasée dans son étreinte.

— Karen a fait une overdose.

— Je sais.

Il plonge de nouveau dans mes bras et je ne sais pas quoi dire pour le rassurer. Je suis heureuse de savoir que lui va bien.

— Vous êtes de la famille ? interroge un homme.

Je bifurque vers le pompier qui se rapproche de nous, lui répondant, alors que Lior ne me lâche pas d'un seul millimètre :

— C'est mon cousin. Qu'est-ce qu'il s'est passé ?

— Son amie a fait une overdose, elle a été emmenée à l'hôpital. Nous sommes arrivés à temps grâce à son appel. Elle devrait pouvoir s'en sortir.

Je caresse le dos de Lior, murmurant à son oreille :

— Tu entends, Karen ira bien. Tu as bien agi.

— Ils veulent m'emmener aussi, dit-il, étouffant ses mots dans le creux de mon cou.

Je me retourne aussitôt vers le pompier.

— Votre cousin a bu et consommé de la cocaïne en grande quantité, m'explique-t-il. Il serait plus prudent que son état soit surveillé à l'hôpital.

— Ils vont prévenir mes parents, sanglote Lior contre moi.

Je comprends soudainement pourquoi il est aussi mal. Je crois que c'est une de ses plus grandes frayeurs, le fait que Jensen et Abbie apprennent dans quel état lamentable il se met à longueur de temps.

— Je peux l'accompagner ? demandé-je au pompier.

— L'hôpital appellera ses parents, dans tous les cas, mais bien sûr vous pouvez venir avec lui.

Je mets fin à notre étreinte pour observer mon cousin. Lior s'écarte de mon épaule. Ses yeux sont rouges et éclatés, ses pupilles, dilatées comme jamais.

— Ça va trop loin, murmuré-je. Tu dois te faire soigner.

— Ne me laisse pas, toi.

Je fronce les sourcils, ne comprenant pas vraiment à quoi il fait allusion, et rétorque, catégorique :

— Jamais je ne te laisserai.

Chapitre 4

Daël Hamilton

La dernière voiture de pompiers est partie avec Lior et Lili à l'intérieur. La ruelle est vide, désormais. Plus de sirènes, de gyrophares, de passants à la curiosité morbide. Je suis assis quelques mètres plus loin, à même le trottoir, derrière un buisson. Je ne pouvais pas m'en aller sans m'assurer que Lior ait retrouvé quelqu'un de sa famille.

Je joue avec mon portable, le faisant tourner dans ma main, avant de l'enfoncer dans la poche de ma veste en jean. Je me relève, mes jambes me tirent à cause de ma position. J'ai mal à la tête, sûrement un reste d'alcool et de drogue dans le corps. Je passe les mains sur mon visage fatigué, frottant ma peau pour me tenir éveillé.

J'avance de quelques pas. Je suis en plein quartier de Mayfair. J'étais tellement défoncé en y allant que je ne l'avais pas remarqué ; maintenant, je le réalise. Il ne manquerait plus que je tombe sur un membre du clan Rosenbach pour parachever cette soirée de merde.

Le coup de grâce, ça m'étonnerait à peine.

Je traverse la rue. Je pourrais tout aussi bien prendre un taxi pour sortir le plus vite possible d'ici, mais je crois que j'ai trop la nausée pour monter dans un véhicule. J'ai besoin de prendre l'air.

Mon prénom résonne dans mon dos. Je me retourne, apercevant Noah sur son vélo. Il donne quelques coups de pédale pour se planter devant moi, puis il en descend, tenant le guidon pour me rejoindre.

— J'ai attendu que Lili parte avec son cousin, explique-t-il pour justifier sa présence.

Je hoche la tête, continuant à marcher, la tête baissée vers la route. Je ne suis clairement pas prêt pour la discussion qui va suivre.

— Daël, gronde-t-il. Tu comptes m'expliquer ?

Je sais qu'il est derrière moi, j'entends le bruit de ses pas et les roues du vélo.

— On était juste à la même soirée, dis-je, improvisant. Le hasard.

— Une soirée dans un appartement à Mayfair, lâche Noah. Tu me prends vraiment pour un con. Qu'est-ce que tu foutais avec le cousin de Lili ?

J'accélère mes foulées, sans répondre.

— Il a dix-huit ans, continue-t-il, sa voix devenant plus forte alors que je m'éloigne. Pratiquement mon âge. Comment est-ce que tu peux jouer avec lui ? C'est minable.

Je m'arrête de marcher, me retournant brusquement vers mon cousin pour lui faire face.

— Je ne joue pas avec lui.

— Qu'est-ce que vous faisiez ensemble ?

Noah s'est rapproché, son vélo nous sépare. Tout comme mes mots qui ne veulent pas sortir.

— Tu fais quoi avec lui ? insiste-t-il.

— Je n'en sais rien, bafouillé-je. Tu fais quoi avec Lili, toi ?

— Je l'aime, répond-il tout de suite. Je l'aime au point de tout faire pour que ce conflit cesse une bonne fois pour toutes.

— Moi…

— Quoi ? me coupe-t-il. Tu allais dire « moi aussi » ? ironise-t-il. Ne rêve pas, tu n'aimeras jamais quelqu'un à ce point. Jamais tant que tu auras toute cette rancœur en toi.

— Je ne joue pas avec lui, répété-je. Je ne sais pas ce qu'on a, mais ce n'est pas un jeu, ni pour lui ni pour moi.

— Tout est un jeu pour toi, fait Noah sur un ton de reproche.

Je soupire, je n'ai pas la force de débattre avec lui ce soir. J'ai juste envie de rentrer me coucher et d'oublier cette soirée. Je tourne les talons et reprends ma route.

Noah est sur mes pas.

Bon Dieu, cette nuit est interminable.

— Pourquoi est-ce que tu m'as empêché d'être avec Lili ? interroge-t-il dans mon dos. Pourquoi avoir fait tout ça si tu te tapais Lior depuis tout ce temps ? Pourquoi est-ce que tu es comme ça, Daël ?

— Je n'en sais rien, rétorqué-je sans même un regard pour lui.

— Tu n'assumes rien, siffle-t-il. Tu n'assumes pas tes sentiments. Tu n'assumes pas de dire à ton père que tu n'en as rien à faire, de l'entreprise. Tu n'assumes pas de dire aux gars que tu ne veux plus de ce conflit.

Je stoppe. Mes nerfs sont véritablement en train de me lâcher.

— Et tu assumes quoi, toi ? m'emporté-je en me retournant violemment vers lui. Je te signale que ton couple n'est pas plus officiel que le mien. Alors ferme ta gueule !

— Stan sait, rétorque-t-il.

— Parce que je lui ai dit.

— Non, parce qu'il me l'a demandé et que je lui ai dit la vérité.

— Quand ça ?

— Après la soirée au KOKO. Quand je suis retourné dans la boîte pour récupérer Lili. Il a compris qu'on s'était remis ensemble.

— Qu'est-ce qu'il a dit ?

— Que j'étais mort à ses yeux. Il ne m'adresse plus la parole depuis cette nuit-là, mais, comme tu es obnubilé par ta petite personne, tu ne l'as pas remarqué.

J'encaisse. Il a raison, je n'avais absolument rien vu. Pour être honnête, je ne m'étais même pas demandé comment notre cousin avait réagi après cette soirée.

— Mais Stan n'est pas celui qui me fait peur, reprend Noah. Contrairement à ce que tu as l'air de penser.

— Qui te fait peur ?

Il reste silencieux, comme s'il hésitait à me répondre. Il baisse les yeux, triture le guidon de son vélo.

Mon cousin finit par murmurer, comme s'il ne voulait pas que je l'entende :

— Fallone et… toi.

Je l'observe, interloqué.

— Tu sais, ajoute-t-il, les yeux rivés sur son guidon. Dans ce conflit, il y a deux types de personnes. Stan et Aiden, les impulsifs, les violents, les tourmentés. Puis Fallone et toi, les rationnels, les raisonnés, les stratèges.

Noah rit, mal à l'aise, puis poursuit :

— Il faut être naïf pour croire que Stan et Aiden sont les plus dangereux dans cette histoire. Je sais qu'ils agissent sans réfléchir, mais ça les rend humains. Ils sont juste bouffés par ce qui est arrivé à leur sœur. Ils sont paumés, ils souffrent, ils se culpabilisent, ils cherchent un moyen de se racheter. Mais toi… Mais Fallone… Vous, vous savez exactement ce que vous faites. Vous savez comment vous le faites. Vous savez pourquoi vous le faites. Les plans contre les Rosenbach, c'est vous qui les avez trouvés, et ce, depuis toujours. Pas Stan. Pas Aiden. C'est ça qui vous rend tellement plus cruels.

J'ai la gorge sèche, le ventre noué, mais je dis, malgré la douleur :

— Arrête.

— Quoi ? s'exclame-t-il. Ce n'est pas vrai, peut-être ? Je veux dire… C'est Fallone et toi qui avez décidé de cramer le bras de Lior avec une cigarette. Comment est-ce que tu peux me regarder dans les yeux et prétendre que tu n'es pas en train de jouer avec lui ?

— Ça ne s'est pas passé comme ça. Pour la cigarette.

— Bien sûr que si. Tu savais très bien ce que tu faisais cette nuit-là.

Tu savais très bien qui tu visais en choisissant de t'en prendre à Lior. C'était Grace. Ça a toujours été elle, la cible, mais tu t'en es pris à son frère, parce que c'était plus cruel. Tu t'es dit que ça servirait d'exemple... Les gars comme toi n'aiment pas les gens, ils s'en servent.

J'ai le cœur qui m'est remonté à la gorge. Je suis incapable de prononcer le moindre mot tant les siens me laissent des sueurs froides.

— Je t'adore, Daël. Tu es mon cousin, ma famille. Tu as su prendre soin de moi, continue Noah. Mais tu ne réalises pas toute la haine qu'il y a autour de toi. Tu ne penses qu'en termes de clans. Ethan m'avait cassé le bras, donc il fallait que tu casses quelqu'un de là-bas. Je t'ai demandé de ne pas te venger et tu n'as pas écouté. Au fond, ce n'était pas moi qu'on avait touché, c'était ta saleté de fierté. Tu croyais nous venger, mais tu t'es vengé tout seul, parce que tu t'es mis dans la tête que le clan, c'était toi. Alors il arrivera quoi le jour où ils frapperont une nouvelle fois ? Tu choisiras de te venger sur qui ? Pas ton petit bouclé, j'imagine. Ethan, peut-être ? Lili ?

Son flot de questions me parvient, mais je ne peux pas lui donner de réponses.

— Tu sais que ça arrivera, n'est-ce pas ? lance-t-il, provocant. Cette guerre n'est pas terminée. Donc qu'est-ce que tu feras à ce moment-là ?

— Je n'en sais rien, bafouillé-je.

— Moi, je le sais, rétorque-t-il. Tu te vengeras, parce que c'est dans ton sang, c'est dans tes veines. Tu ne pourras pas rester impuissant face à eux.

Le pire, c'est qu'il a raison. Je ne laisserai personne salir le nom de ma famille, surtout pas un Rosenbach.

— J'aime Lili au point de pardonner à son clan. Je l'aime au point de vouloir oublier tout ce qu'il s'est passé. Pas toi.

— Lior est différent, réfuté-je.

— Alors tu ne l'aimes pas pour de vrai, déclare Noah. Tu ne peux pas aimer sincèrement quelqu'un si tu veux détruire tout ce qui fait son monde.

— Il n'a rien à faire dans ce monde-là, rétorqué-je.

— Mais c'est le sien ! C'est un Rosenbach ! Tu n'effaceras jamais ça.

Quand je disais que je n'étais pas prêt à avoir cette discussion, je ne m'attendais pas à une telle claque.

Noah remonte sur son vélo et, comme s'il ne m'avait pas déjà achevé, il ajoute :

— Si tu tiens un minimum à Lior, alors romps avec lui. Tu ne le rendras jamais heureux et tu le sais.

Puis mon cousin se met à pédaler et disparaît dans la pénombre.

Lior Rosenbach

J'ai la tête en vrac. Mes paupières s'ouvrent avec difficulté, j'ai la gorge sèche et enrouée, la langue, pâteuse. Les quelques rayons de soleil qui s'infiltrent dans ma chambre me brûlent les yeux, je les referme aussitôt, gémissant sous ma couette. J'étire mes jambes et sens un corps, juste à côté de moi.

Mes paupières se rouvrent, la curiosité prenant le dessus sur mon état. Des cheveux dorés sont étalés sur mon oreiller, je vois le visage de ma cousine, profondément endormie. Elle a encore des traces de paillettes bleues sur la joue, la bouche entrouverte.

Fragment par fragment, la soirée de la veille me revient en mémoire. L'anniversaire de Karen. Daël qui se défonce avec moi. Le retour à Mayfair. Puis ma meilleure amie qui s'écroule dans son salon, renversant sa table basse, sur laquelle on venait de se refaire un rail de cocaïne. Les pompiers, les policiers, la pression dans ma poitrine. Hamilton qui disparaît et Lili qui prend sa place, sortie de nulle part.

Je me frotte les yeux, grimaçant. Les pompiers m'ont conduit à l'hôpital avec ma cousine. J'ai subi toute une batterie de tests, mais j'étais encore trop perché pour répondre à leurs questions. Mes parents sont venus me chercher, concluant qu'ils me conduiraient chez une psychologue spécialisée dans les addictions après une bonne nuit de sommeil.

Je ne sais pas quelle heure il est. Je tente un coup d'œil à mon réveil, sur la table de chevet. Midi passé. Est-ce que Daël a cherché à prendre de mes nouvelles ?

Je passe au-dessus de Lili, récupérant mon jean qui traîne par terre. Mon mouvement la réveille et je l'entends geindre de mécontentement. J'extirpe mon portable de ma poche. Je me recouche à ma place, la tête avachie sur l'oreiller et l'écran sous les yeux.

Je n'ai pas de message de Hamilton, les derniers reçus sont ceux de Matt m'informant que Karen va s'en sortir. Je les ai lus juste avant de m'endormir comme une masse, au petit matin.

Je me retourne vers Lili. Elle a les yeux ouverts, elle m'observe sans rien dire. Elle est venue se coucher avec moi naturellement quand mes parents nous ont ramenés à la maison. Je crois qu'ils étaient trop en état de choc pour dire quoi que ce soit cette nuit, mais la discussion qui m'attend au rez-de-chaussée va être terrible.

J'aimerais pouvoir retomber dans les bras de Morphée, mais dormir jusqu'à la fin de ma vie ne semble pas une échappatoire envisageable.

— Salut, dis-je enfin à Lili.

— Tu vas mieux ? s'enquiert-elle.

Ma meilleure amie a fait une overdose, mes parents savent que je me drogue, mon petit ami n'a pas pris de mes nouvelles, mais j'imagine que oui – physiquement –, je vais mieux.

— Noah m'a appelée, reprend Lili. Il a parlé avec Daël.

— Parlé de quoi ?

— Vous deux.

Je soupire en regardant au plafond. Je ne sais même pas ce que ça veut dire, « nous deux ».

— Je dois en parler à Grace, continue Lili.

Je reviens à elle aussitôt.

— Pardon ? m'exclamé-je.

— Elle doit savoir.

— J'ai gardé le secret pour Noah et toi ! m'emporté-je. Tu n'as pas le droit de lui dire !

— Noah et moi, ce n'est pas pareil.

— Et en quoi ce n'est pas pareil ?

Je me relève brusquement, trop furieux pour avoir cette conversation allongé dans mon lit. Le mouvement me fait mal à la tête et une nausée me prend, mais je m'éloigne quand même de quelques pas pour calmer mes nerfs. Lili s'est assise sur le matelas, les jambes croisées en tailleur et les cheveux ébouriffés.

— Lior, murmure-t-elle.

— En quoi ce n'est pas pareil ? insisté-je.

— Ne m'oblige pas à le dire.

— Dis ce que tu penses, sifflé-je. Dis…

— Daël ne t'aime pas, me coupe-t-elle.

Mes bras retombent le long de mon corps. Tout me lance, mes muscles, ma tête et même mon cœur, maintenant.

— Comment pourrais-tu le savoir ? m'étranglé-je.

— Noah m'a parlé de lui, reprend-elle doucement, comme pour ne pas me brusquer. Tu n'imagines pas à quel point il hait notre famille, à quel point il hait Grace. T'avoir toi, c'est la blesser, elle. Rien ne lui ferait plus de mal.

— Non, rétorqué-je aussitôt. Il n'est pas avec moi pour se venger de Grace.

Lili se lève. Elle porte un T-shirt d'homme, noir, ample et trop grand pour elle. Il lui arrive à mi-cuisses. Il appartient probablement à Noah, et j'essaye de ne pas penser à ce que cela signifie.

Pourquoi aurait-elle le droit d'être aimée et pas moi ?

— Je sais que c'est difficile à accepter, mais tu dois ouvrir les yeux, dit-elle en se rapprochant. Daël est exactement comme Grace. Il ne surmontera jamais ce fossé qui vous sépare. Il va te faire souffrir.

Mes jambes vacillent, pourtant, je continue de répéter :

— Non.

— On va en parler à Grace, déclare ma cousine. Elle saura quoi faire pour t'aider.

Mes pensées se bousculent dans mon esprit. Je revois tout depuis notre rencontre. Lili a tort. Ça ne peut pas être un mensonge. Ses mots ne peuvent pas être des mensonges, ses gestes non plus. Elle ne comprend rien.

— Il m'aime, déclaré-je.

— Il te l'a dit ?

Je reste silencieux alors que ma cousine poursuit :

— S'il t'aimait, il aurait ordonné à ses cousins de te brûler le bras avec une cigarette ?

— C'était avant, ça.

— Alors, s'il t'aimait, il t'aurait laissé tout seul alors que ta meilleure amie faisait une overdose et que tu étais, toi aussi, encore drogué ?

J'ai envie qu'elle se taise. Faites qu'elle se taise, bon sang.

— Il t'a appelée, non ? rétorqué-je, piqué au vif.

— Oui, il m'a appelée, parce que lui n'était pas capable d'être là pour toi.

— Tu…

— Qu'est-ce que tu regardais tout à l'heure sur ton portable ? renchérit-elle. S'il t'avait écrit ? S'il avait pris de tes nouvelles ? Alors ?

— Tais-toi.

— Il ne t'aime pas, répète-t-elle. Tu as juste tellement besoin d'être aimé que tu es prêt à tout accepter, exactement comme avec Neil.

— Sors d'ici, sifflé-je.

Le regard de Lili se brise. Elle ne comprend pas pourquoi je m'en prends à elle, sauf que je ne peux plus entendre un seul de ses mots. Je veux qu'elle me laisse tranquille.

— Sors ! m'exclamé-je.

— Je ne veux pas te faire de mal, je veux juste te protéger.

— En étant comme eux ? m'écrié-je. Tu sais, tu n'avais pas besoin de prévenir Grace, tu t'en es très bien sortie toute seule.

— Ne le prends pas comme ça.

Je lui tourne le dos, n'ayant même plus la force de poursuivre cette conversation. Je m'assois sur mon lit, remontant la couverture sur mes jambes nues. Il faut que j'appelle Daël et que je remette de l'ordre dans tout ça. Je ne peux pas la croire, c'est tout bonnement impossible.

— Sors, répété-je à nouveau, sentant le regard de Lili toujours sur moi.

— Lior.

— Tu étais la seule qui aurait pu comprendre, ajouté-je en relevant mon regard vers elle.

— Je n'ai pas confiance en lui.

— Je n'avais pas confiance en Noah. Mais je t'ai fait confiance, à toi.

Lili se tait, la main sur la poignée, et j'ajoute :

— Ne dis rien à Grace, s'il te plaît.

Le doute apparaît dans ses yeux, alors j'en profite pour insister.

— Laisse-moi m'occuper de ça.

— Et s'il te fait du mal ?

— Il ne m'en fera pas, lui assuré-je. Il m'aime, il ne l'a pas dit, mais je le sens. Je te prouverai que tu as tort.

Lili finit par acquiescer, actionnant la poignée pour sortir de ma chambre.

— J'espère sincèrement que j'ai tort, conclut-elle en quittant la pièce.

Daël Hamilton

Je tourne en rond dans la maison. J'ai mon portable dans la main, attendant un quelconque signe de sa part. Je n'ai pas recontacté Rosenbach, je crois que je m'en veux de l'avoir abandonné aussi lâchement après ce qui est arrivé à Karen. Et je crois qu'il m'en veut aussi, vu qu'il fait le mort depuis cette nuit-là. Ça fait trois jours.

J'entre dans la chambre de Charlie en soupirant. Ma petite sœur est assise en tailleur à son bureau, les yeux rivés sur son écran d'ordinateur. Elle ne relève même pas le visage vers moi, mais je suppose qu'elle reconnaît les pas lents que je traîne jusqu'à son lit avant de m'affaler dessus de tout mon long.

— Tu pourrais frapper, gronde-t-elle.

— Pourquoi ? Tu regardais un porno ?

— Tu n'aimerais pas le savoir.

— C'est vrai.

Mon portable est toujours dans ma main, je regarde l'écran pour au moins la millième fois de la journée. Aucune notification.

La chaise à roulettes de ma sœur couine sur le parquet de sa chambre et je devine qu'elle vient d'avancer jusqu'à moi. Je m'assois sur son lit. Charlie est toujours avachie sur le dossier de sa chaise. Un vieux short de sport sur les hanches, une brassière de sport autour de la poitrine et des cheveux pas lavés depuis un bout de temps accrochés en chignon au-dessus de sa tête. Je sais qu'elle a passé la journée sur son ordinateur, elle a les yeux explosés. L'été est terrible pour l'amour-propre.

— Alors, fait-elle. L'intouchable Daël Hamilton a une peine de cœur ?

Je fronce les sourcils.

— N'importe quoi. Pourquoi est-ce que tu dis ça ?

— Tu viens ramener ton cadavre ici avec ton air de chien battu. Je ne t'avais pas vu comme ça depuis Daniel.

Le prénom de mon ex-petit ami achève de me mettre un coup au moral. Pourtant, ça fait plus de deux ans que l'on a rompu.

— En plus, ajoute Charlie en tournant sur elle-même avec sa chaise, tu ne peux plus te confier à Fallone, parce que vous ne vous parlez plus pour une raison obscure. Je ne serai pas ta roue de secours, prévient-elle.

— Je n'avais pas prévu de me confier à toi, rétorqué-je.

Charlie lève les yeux au ciel, puis retourne à son bureau en m'ignorant. Elle se remet à taper sur le clavier de son ordinateur comme si je n'étais plus là, et je me laisse retomber sur son lit, les yeux rivés au plafond.

La fenêtre de sa chambre est ouverte. On entend Stan et Aiden dans le jardin en train de s'engueuler sur je ne sais quoi.

— J'ai probablement merdé avec lui, relancé-je.

— Daël…

— J'ai paniqué, continué-je. Tout était si confus dans ma tête, tout s'est passé si vite, j'ai pensé que je devais…

— Daël !

— Quoi ?

— Tu te confies, là.

— Non, je discute, répliqué-je en me relevant sur mes coudes pour lui faire face.

Charlie me lance un coup d'œil par-dessus son épaule, la jambe repliée contre sa poitrine.

— Au cas où ça ne serait pas clair, dit-elle, je me fiche de tes histoires de cul.

Ma sœur se retourne vers son ordinateur, continuant de vaquer à ses occupations. Je reste dans la même position, l'observant, avant d'ajouter :

— Il a des problèmes de drogue.

Ses épaules se tendent et, même de son lit, j'entends le souffle exaspéré qui sort de ses lèvres. Charlie finit par se retourner lentement vers moi. Son regard se fixe au mien quelques secondes, puis elle déclare :

— Je te laisse cinq minutes. Sois concis.

Je me redresse aussitôt, débitant à toute vitesse :

— On était à une soirée. On a bu, il y avait de la drogue. De la cocaïne, plus précisément. On en a consommé tous les deux, lui est un habitué. Ses amis aussi… Enfin, pas si habitués, sa meilleure amie a fait une overdose, cette nuit-là. Je suis parti avant l'arrivée des secours. Je l'ai laissé tout seul là-bas.

— Pourquoi es-tu parti ?

Je me mords les lèvres, faisant tournoyer mon portable dans mes mains.

— J'ai pris peur, avoué-je. Si on m'avait reconnu… Je veux dire : je suis censé devenir P-DG de notre banque, pas me retrouver dans des histoires de drogués.

— Ce n'étaient pas « des histoires de drogués », réplique Charlie en mimant les parenthèses avec ses doigts. C'était ton copain et il avait certainement besoin de toi.

Je soupire et m'écroule de nouveau sur son lit. Je ne cesse de me répéter la scène depuis trois jours. Son regard apeuré. Son corps tremblant. La façon dont il m'a supplié. Et moi qui lui tourne le dos. Je suis un imbécile.

Charlie se lève. Le matelas s'affaisse lorsqu'elle vient s'allonger à côté de moi.

— Rien n'est impardonnable, ajoute-t-elle.

Je souris. J'aimerais tellement que ce soit vrai.

— Rattrape-toi.

— Comment ? demandé-je.

— Prouve-lui qu'il peut compter sur toi désormais.

Merde, ça fait mal. Charlie doit remarquer la grimace sur mon visage, puisqu'elle m'interroge, intriguée :

— Pourquoi fais-tu cette tête ?

— Je ne peux pas lui prouver ça.

— Pourquoi ?

— Parce qu'il ne peut pas compter sur moi, justement.

Charlie me donne brusquement un coup à l'épaule. Je m'offusque et me relève, massant la zone endolorie, choqué par tant de violence de sa part.

— Tu es le leader du clan Hamilton ! s'exclame ma petite sœur. Comment pourrait-il ne pas compter sur toi ?

En étant un membre de l'autre clan, par exemple.

— Tu l'aimes ? enchaîne-t-elle. Alors récupère-le, arrête de te trouver des excuses et sors de cette chambre. Tes cinq minutes sont largement écoulées.

✉ **SMS de** Grand méchant loup **à** Boucles d'or
15 h 10. Est-ce qu'on peut se voir, ce soir ?

Lior Rosenbach

Je regarde le SMS de Daël depuis dix bonnes minutes. J'avais presque perdu espoir de recevoir un message de sa part. Trois jours de silence. Au début, j'ai pensé qu'il était prudent. Hamilton sait que mes parents sont au courant de mes problèmes de drogue désormais, il a pu penser qu'ils m'avaient retiré mon téléphone. Puis j'ai dû me rendre à l'évidence. Daël m'évite. Il voulait entrer dans ma tête, il voulait vivre dans mon monde, juste pour une soirée, et ça ne lui a certainement pas plu. Est-ce que je lui ai fait peur ? Est-ce qu'il a compris que mon quotidien était trop problématique pour lui ? Est-ce qu'il a simplement perdu patience ? Je suppose que c'est ce qu'il compte me dire ce soir. Au moins, il a la décence de rompre en personne.

Je ne lui ai pas écrit non plus. Il faut dire que je n'avais pas la tête à me battre avec lui, j'ai déjà assez de mes parents sur le dos. Ils me forcent à aller voir une psychologue tous les jours, surveillent le moindre de mes faits et gestes, et je n'ai plus le droit de sortir de la maison, pas même pour aller voir Karen à l'hôpital.

Malgré ça, j'espérais que Daël vienne me chercher. C'est ce qu'il avait promis, après tout.

Je relis son message encore une fois, réfléchissant à la meilleure réponse possible. Mes parents ne m'autoriseront jamais à quitter ma chambre. Peut-être que l'on pourra s'appeler pour tirer les choses au clair ? Enfin, ce n'est pas comme si je ne savais pas déjà ce qu'il va me dire, un truc du genre : « Je pense qu'on devrait prendre du recul. » Peu importe, je crois qu'à ce stade j'ai seulement envie d'entendre sa voix.

Des coups résonnent à la porte de ma chambre et ma mère passe la tête dans l'entrebâillement.

— Chéri, tu peux descendre cinq minutes ? Ton père et moi avons à te parler.

Je repose mon téléphone sur le lit. Je la suis jusque dans les escaliers. Elle me sourit, mais ça sonne faux. Je sens que je ne vais pas bien aimer ce qui va suivre.

Je rejoins le salon. Mon père est installé dans son fauteuil, les jambes croisées. Grace est sur le canapé, le visage grave : je comprends tout de suite qu'elle est en désaccord avec lui.

Ma mère attrape ma main, ce qui est étrange, et nous fait asseoir en face de mon paternel. Sa paume se resserre, pressant la mienne, et mon cœur s'emballe.

J'ai compris avant qu'il ne le dise, pourtant, je laisse mon père prendre la parole :

— Lior, ta mère et moi pensons qu'il serait bien pour toi de t'éloigner de Londres pour un petit moment. Nous avons trouvé un centre parfait, dans le nord de l'Angleterre, dans lequel tu pourras passer le reste de l'été.

Je me retourne aussitôt vers ma sœur. Elle, elle me dira la vérité. Elle l'a toujours fait.

— C'est un centre de désintoxication, précise-t-elle. Et je suis contre, bien évidemment.

— Grace, siffle mon père.

— C'est dangereux de l'éloigner de la famille ! lance-t-elle.

— Cette famille *est* dangereuse, rétorque mon père, si sévèrement que ça la fait taire aussitôt.

Il y a de la tension dans l'air, et ma mère serre ma main encore plus fort, si bien que je ne sais pas qui essaye de rassurer l'autre.

Mon père soupire, détournant son regard de Grace pour revenir vers moi, et déclare :

— Nous sommes tes parents et nous faisons ce qui est bon pour toi. Tu vas te plaire là-bas, tu verras, ils ont…

Je n'entends plus la suite. Il n'y a qu'un bourdonnement dans mes oreilles et le sang qui pulse à mes tempes. J'aurais pu m'y préparer, mais je ne pensais pas qu'ils seraient allés jusque-là, me faire disparaître dans la campagne anglaise pour s'ôter la honte d'avoir un fils drogué.

— Lior ? fait mon père. C'est pour ton bien.

— Je ne veux pas partir, dis-je faiblement.

— Ce sera juste pour les deux mois d'été, m'assure ma mère, pressant toujours ma main avec fermeté. Tu pourras t'y reposer, faire une coupure avec les problèmes de Londres, prendre soin de toi.

— Je ne veux pas, répété-je.

— Plus tard, tu nous remercieras, rétorque mon père en se levant de son épais fauteuil en cuir. Nous partons demain matin.

Je lève aussitôt mon regard vers lui, tétanisé.

— Déjà ? balbutié-je.

— Je suis désolé pour cette décision précipitée, fiston, mais plus tôt nous agirons et plus tôt tu guériras.

Je pourrais tout fracasser. Je pourrais prendre tout ce qui me passe sous la main et le lui balancer à la figure. Je voudrais le faire. Je voudrais entendre le bruit de leurs vases hors de prix qui éclatent contre le sol. Je voudrais taper contre le piano qui trône majestueusement dans le salon et sur lequel personne ne joue jamais, car même la musique est bannie d'ici, comme tout ce qui pourrait nous rendre heureux. Je voudrais arracher chaque cadre de photo de famille et le piétiner pour qu'ils comprennent que c'est ce qu'ils sont en train de me faire. Me piétiner, comme si j'étais un déchet sur leur route.

Sauf que je ne fais rien. Trop hébété et trop habitué à subir. Je reste là, devant Jensen, inerte. Mon père pose la main sur mon épaule, ajoutant que Mona va m'aider à faire ma valise, mais les mots n'ont plus de sens. Je pense juste à Hamilton, étrangement. Je pense que la rupture va être encore plus facile pour lui, maintenant que je vais être envoyé à l'autre bout du pays.

Je tourne les talons et remonte dans ma chambre. Je crois que Grace m'appelle, mais je ne m'arrête pas. Je claque la porte derrière moi et m'écroule sur mon lit, la tête enfouie dans l'oreiller. Mon cri de rage est étouffé par le tissu, tout comme mes larmes.

J'entends la poignée s'abaisser et des pas qui approchent. C'est ma sœur. Il n'y a que ma sœur pour oser venir me voir quand je suis dans cet état.

— Je suis désolée, murmure-t-elle en s'asseyant sur le lit.

Elle pose la main entre mes omoplates et poursuit :

— J'ai essayé de lui faire entendre raison, de lui dire que tu serais mieux ici et que l'on saurait s'occuper de toi, mais il n'a rien voulu savoir.

Je ne me retourne pas vers elle, crispant les poings contre le drap pour contenir ma rage.

— Il t'aime, enchaîne Grace. Je sais que tu es en colère contre lui, mais il veut te protéger.

— Il veut protéger sa réputation, craché-je dans mon oreiller.

— Non, il veut te protéger de toi-même. Tu dois faire quelque chose contre cette addiction.

Je glisse sur le côté, m'autorisant à respirer. Grace avance une main vers moi et m'essuie les joues tendrement.

— Je viendrai te voir souvent.

Je soupire, résigné. À quoi bon lutter ? Ce n'est pas comme si j'allais réussir à les faire changer d'avis.

— Le reste de la famille est au courant ? demandé-je.

— Je leur ai dit. Lili et Ian pensent que ça peut être bénéfique pour toi, mais Ethan a pété un plomb contre notre père et s'est barré de la maison. Edward est parti à sa recherche.

Je souris, malgré la douleur. Ethan m'en a voulu à mort après cette soirée où je suis parti sans prévenir personne, alors le fait qu'il ait réagi comme ça me prouve qu'il tient encore à moi.

— Et ton copain ? reprend Grace. Tu vas lui dire ?

— Il voulait qu'on se voie, ce soir, avoué-je. Mais je vais juste l'appeler et lui dire que je pars.

— Il sera d'accord ?

— Qui retiendrait un camé de dix-huit ans ? ironisé-je.

Ma sœur baisse les yeux, elle triture ses doigts. Je la connais assez pour savoir qu'elle se culpabilise. Elle a toujours besoin de porter la faute sur ses épaules. Grace ne vit pas pour elle, toute sa vie est réglée par rapport aux autres. Par rapport à ce qu'elle doit leur apporter : soutien, protection, bienveillance. Par rapport à ce qu'elle doit faire : commander, gérer, surveiller. Si, parfois, je l'envie d'avoir cette force de caractère, le plus souvent, je la plains. J'ai le sentiment qu'elle ne sera jamais vraiment heureuse ainsi.

Brusquement, Grace se lève.

— Je t'emmène.

— Quoi ? Où ça ? m'exclamé-je.

— Si vous devez rompre, au moins, faites-le dans les formes, déclare-t-elle. Je vais te déposer chez lui. Je dirai aux parents qu'on passe notre dernière nuit tous les deux dans mon appartement. Ils seront d'accord, ne t'en fais pas pour ça.

Je suis tellement incrédule que je n'arrive même pas à bouger.

— Au fait, reprend Grace, soucieuse. Tu ne m'as jamais dit comment il s'appelle.

— Je…, bégayé-je. Je préfère garder ça pour moi.

Ma sœur lève les yeux au ciel.

— Qu'est-ce que tu peux être mystérieux ! Dis-moi au moins la première lettre de son prénom ?

Son regard se plante dans le mien et je ne trouve même pas la force de lui mentir.

— D.

— D ? répète-t-elle en haussant un sourcil. Dracula ?

Je souris.

La réalité est pire qu'elle ne l'imagine.

Chapitre 5

Lior Rosenbach

Je suis devant l'immeuble de Hamilton. Grace m'a déposé en voiture. Bien sûr, j'ai menti et inventé une adresse. J'ai choisi un endroit où il y avait une ligne de métro pour rejoindre directement Kensington, le quartier de l'héritier.

Je n'ai même pas répondu au message de Daël pour le prévenir que j'arrivais, et je suis désormais posté devant le digicode, hésitant. Je me dis que ce serait plus simple pour lui si je disparaissais sans rien dire, mais je n'arrive pas à m'y résoudre. J'ai besoin de le voir une dernière fois.

Je tape le code, je le connais par cœur. J'entre dans le bâtiment, salue le gardien, qui doit probablement se dire que ça faisait longtemps qu'il n'avait pas vu ma gueule de raté, puis me plante devant les ascenseurs. Le temps de monter les quatre étages ne m'a jamais semblé aussi long. Je m'angoisse, songeant que, dès demain, j'aurai quitté Londres. Je serai loin de ma famille et loin de lui.

J'arrive devant son appartement, la boule au ventre. Je finis par frapper un coup, puis deux. La porte s'ouvre sur l'héritier. Il écarquille les yeux, comme pour s'assurer que je suis bien devant lui.

— Lior, bégaye-t-il enfin.

— Mon père veut m'envoyer en centre de désintoxication dans le nord de l'Angleterre.

Tout son être se crispe. Il a encore la main sur la poignée.

— Quand ? demande-t-il.

— Demain matin.

Son regard se pose longuement sur moi. Il n'a pas les mots. Il sait probablement que l'on ne conteste pas une décision du grand Jensen Rosenbach. Il est bien placé pour le savoir. Il a le même père que moi.

Sa main se détache de la poignée pour attraper la mienne.

— Viens, souffle-t-il en m'entraînant avec lui dans son appartement.

La porte se referme derrière moi. Je veux reprendre mon souffle, mais il pose ses lèvres sur les miennes. Son geste est tellement désespéré que mon cœur valse violemment dans ma poitrine. Je m'accroche à lui. À son T-shirt usé qui lui sert pour dormir et qui sent son odeur. Ses bras encerclent ma taille fermement.

— Tu m'as manqué, murmure-t-il. Je suis désolé d'être parti.

Je pose ma joue contre son épaule, profitant de son étreinte.

— Et désolé de ne pas être revenu, ajoute-t-il.

— Cette nuit-là ?

— Tout le temps.

Je me recule pour pouvoir l'observer. Ses mains dans mon dos récupèrent les miennes pour les serrer.

— Tu n'as pas tenu ta promesse de venir me chercher, dis-je.

Daël s'apprête à répliquer, mais je continue avant de lui en laisser le temps :

— Et je ne vais pas tenir ma promesse de rester. Donc je suppose qu'on est quittes.

Ses lèvres se referment en un silence résigné.

— Mais il nous reste ce soir, soufflé-je.

Il acquiesce, pressant mes mains un peu plus fort.

— On fait ce que tu veux.

— Tu sais ce que je veux, lâché-je.

Les yeux bleus de Daël se relèvent brusquement, brillant d'appréhension et d'excitation. Bien sûr, qu'il le sait.

Un sourire éclaire son visage.

— À vos ordres, mon amour, susurre-t-il en se rapprochant de mes lèvres.

— C'est nouveau, ce surnom ? dis-je, stupidement intimidé par sa proximité.

— C'est ce que tu es.

Je crois qu'à partir de là je perds la notion de tout ce qui m'entoure. Sans comprendre comment, je me retrouve allongé sur son lit, lui au-dessus de moi. J'ai le ventre qui se tord d'émotions contradictoires, désir et peur mêlés. Ses lèvres butinent les miennes tendrement et son corps s'enfonce dans le mien, cherchant toujours plus de contact. J'écarte les cuisses. Il se love à l'intérieur, se frotte à moi. Je gémis si fort qu'il se met à rire. Ses mains viennent encadrer mes joues.

Et, soudain, Daël fait éclater mon monde.

— Au fait, je t'aime aussi.

Je crois que j'ai du mal à respirer ensuite, parce que tout devient trouble. Ses lèvres se posent sur ma bouche, fermement, comme pour aligner ses gestes et ses mots. Ses mains parcourent mon corps. Je le supplie de m'enlever mon T-shirt et il le fait passer au-dessus de ma tête à une vitesse déconcertante. Il me regarde pendant deux secondes, puis vient embrasser ma mâchoire, mon cou, ma poitrine. Il descend lentement. Ses lèvres sur ma peau, mon nombril, ce geste qui nous a liés pour la première fois. Le sang bat si fort à mes tempes que j'en ai presque des vertiges. Je murmure son prénom faiblement, gémissant à chacun de ses baisers. Je ne sais pas combien de temps il fait ça. Juste m'embrasser, mais j'aime le fait qu'il prenne son temps. J'aime le fait qu'il fasse comme si on en avait, alors que l'on sait tous les deux que ce n'est plus le cas.

Son T-shirt finit par passer par-dessus sa tête. Nos deux torses sont collés l'un à l'autre. La fine couche de sueur entre nous deux nous rappelle que l'on en a terriblement envie. Autant l'un que l'autre.

— Arrête de me faire attendre, supplié-je en mordillant doucement son épaule nue.

— Obsédé, dit-il, riant contre mes lèvres.

— Ta faute. Tu es obsédant.

Daël écrase de nouveau ses lèvres sur les miennes tout en faisant glisser mon boxer le long de mes jambes.

— Déshabille-toi aussi, réclamé-je.

— Je n'attendais pas ton feu vert, fait-il avant d'ôter à son tour le sien.

Il s'allonge au-dessus de moi. Ce n'est pas nouveau, je veux dire : le sentir nu contre ma peau. Cette nuit, la sensation est différente. Il le sent aussi. Je n'arrive plus rien à exprimer, hormis un « je t'aime » qui se fraie un chemin jusqu'à mes lèvres.

— Tu es niais, comme mec, dit Hamilton, riant, avant de m'embrasser encore.

— Va te faire voir.

— Arrête de m'insulter dès que tu n'as pas de répartie.

— Connard, rétorqué-je en glissant mes mains le long de ses hanches, de manière à le coller encore plus à moi.

— Aguicheur.

Je n'en peux plus, de ce petit jeu. J'ai besoin de lui. Maintenant. J'attrape sa nuque avec mes mains et l'embrasse. Fermement. Ma langue s'immisce dans sa bouche. Sa main descend plus bas sur mon corps, enveloppant mon intimité. Ça faisait tellement longtemps qu'il ne m'avait pas touché. Tellement longtemps que je risque d'avoir fini avant qu'il n'ait commencé. Avec le plus grand mal, je lui souffle de ralentir.

— Je vais…, suffoqué-je. C'est trop, doucement.

Daël relâche sa main. Il plonge son visage dans ma nuque et commence un suçon. Les palpitations de mon cœur se calment, mais le désir revient plus vite que je ne l'aurais imaginé. À mon tour, je le caresse. Ça le déconcentre, mais il continue son suçon, me mordant les fois où il est trop excité. Il termine sa succion, déposant un baiser humide sur son œuvre, avant de relever le visage vers moi.

Il embrasse mes lèvres.

— Je t'aime.

— Toi aussi, tu es niais.

— Je me sentais obligé de le redire, précise-t-il. Vu que tu passes ton temps à le chuchoter à mon oreille.

Je rougis. Je ne sais même pas si c'est vrai. Ça ne m'étonnerait pas. Je le pense si fort à cet instant. Ça semblerait logique que ce soit sorti autant de fois que ça m'a éraflé le cœur.

— Désolé, murmuré-je, gêné.

Daël se met à rire. Un rire que j'ai entendu trop peu de fois tant il paraît sincère. Il se sépare de moi et un froid glacial me recouvre. Il est penché vers sa table de chevet, attrapant une boîte de préservatifs et du lubrifiant, qu'il fait tomber à côté de lui.

Je le regarde faire. Sa lenteur m'exaspère. Pourtant, je crois qu'il ne le fait pas exprès. C'est juste qu'il tremble trop pour faire les choses correctement. Je finis par me relever et lui prends le préservatif des mains.

— Il faut tout faire soi-même, avec toi, râlé-je.

— Tu es vraiment…

Il retient la fin de sa phrase, parce que je viens de dérouler le bout de latex sur lui. Je me rallonge, satisfait.

— Tu aurais pu prévenir, dit-il avec un haussement de sourcils.

— Ferme-la ! m'exclamé-je en l'attrapant pour qu'il me rejoigne.

Il me tombe dessus, ses lèvres sur les miennes. Je tremble d'impatience et d'appréhension, mais j'en ai envie. Tellement envie que je pourrais presque le forcer à agir s'il me laissait le temps de parler. Ce qu'il ne fait pas, bien sûr, car ses lèvres ne quittent pas les miennes.

Je me sens comme enveloppé, par ses baisers, ses caresses, ses doigts. Daël finit par se relever, se mettant sur les genoux. Ses mains glissent le long de mes jambes. Il s'arrête à mes chevilles, qu'il caresse avant de les porter à ses épaules. Mon bassin se soulève automatiquement.

— Ça va ? m'interroge-t-il.

— Ça ira quand tu me toucheras, déclaré-je.

Je le vois esquisser un sourire, même si j'arrive à lire sur son visage qu'il est stressé.

— J'ai confiance en toi, continué-je.

Il acquiesce. C'est lent et brûlant, douloureux aussi, mais j'essaye de ne rien montrer. Daël a l'air d'y prendre tellement de plaisir que je ne veux rien gâcher. Je ferme les yeux. Je me concentre sur ma respiration. Je l'entends gémir et, très sincèrement, je crois que ça me suffit. De savoir que c'est moi qui provoque tout ça chez lui.

— Détends-toi, Lior.

Je rouvre les yeux. Sa voix est saccadée. Je vois le doute sur son visage.

Je suis con d'avoir pensé qu'il ne verrait pas que j'avais mal. Il serait capable de le savoir alors même que l'on n'est pas dans la même pièce.

— Détends-toi, répète-t-il en venant caresser mes hanches tendrement. Tu es trop tendu, je ne veux pas forcer.

— Qu'est-ce que je dois faire ? demandé-je bêtement.

— Regarde-moi dans les yeux. Suis le mouvement. Ne le subis pas. Ça va te faire mal, sinon.

— D'accord.

Je pousse un soupir, comme si ça allait me donner du courage, et Hamilton se retire légèrement pour pouvoir recommencer.

— Regarde-moi, hein ? dit-il encore.

C'est ce que je fais. Je ne lâche pas son regard. Bien sûr, ça fait toujours mal, mais c'est plus supportable qu'avant. Je sais à quoi m'attendre. Je le sais, quand il va faire une pause parce qu'il m'a vu grimacer. Je le sais, quand il va reprendre, parce qu'il me le demande avec les yeux. Il y a des « je t'aime » qui sortent dans tous les sens. Les miens. Les siens. Je ne sais pas trop. Notre respiration est tellement forte que l'on ne s'entend pas tout le temps.

Soudainement, Daël attrape mes hanches fermement et ses poings se crispent. Je n'en peux plus. De le voir si loin de moi alors qu'il est si beau, à cet instant. Je me relève légèrement pour attraper sa nuque, le tirant à moi. Un cri s'échappe de nos lèvres à tous les deux lorsqu'il s'enfonce profondément.

Je me sens mieux, je peux l'embrasser, maintenant.

Daël Hamilton

Ma vision se brouille, envahie par la chaleur et le désir. C'est tellement bon. Tellement au-delà de ce que j'avais imaginé. Je me laisse embrasser. De toute façon, mon cœur a besoin de repartir. Il murmure mon prénom à mon oreille et c'est presque plus érotique que n'importe quel mot d'amour. J'adore entendre sa voix rauque me supplier de le toucher. Je le caresse. Il tremble d'excitation sous mes doigts.

— Continue, souffle-t-il.

Je me retire doucement pour reprendre le mouvement. Il sourit et une rangée de dents blanches apparaît à ma vue. Ça me donne envie de l'embrasser, encore. Je me penche vers lui. Tout est naturel. Nos lèvres. Nos langues. Nos corps emboîtés. Tout semble à sa place. Nos gémissements résonnent dans ma chambre, et jamais nos gestes ne s'estompent. La nuit s'étire, souffles mêlés, mots tendres fredonnés à l'oreille, peaux moites de l'amour. On vient tous les deux, l'un après l'autre, et nos corps s'entassent sous les draps, paresseux et éreintés, restant là de longues minutes silencieuses.

Puis Lior vient caresser mon dos lentement, après avoir repris une respiration normale.

— Je ne veux pas que tu partes, déclaré-je.

Un soupir de déception s'échappe de ses lèvres et sa main arrête de glisser le long de mon dos.

— Quoi ? demandé-je.

— Je pensais que tu allais me dire que j'étais un bon coup.

J'éclate de rire et il continue, vexé :

— Tu m'as donné un faux espoir.

Typiquement lui. Parler d'un sujet absurde pour éviter les vraies conversations.

— Tu es un bon coup, dis-je tout de même, car il serait assez bête pour croire le contraire.

— Ouais, enfin, il faut limite t'arracher les mots de la bouche, fait-il en se couchant sur le côté.

— Tu es sérieux, là ?

Il ne me répond pas, blotti sous le drap, qu'il remonte sur son corps. Je retire le préservatif et sors du lit pour le mettre à la poubelle.

— Tu veux à boire ? demandé-je.

— Oui, et j'ai faim, marmonne-t-il sans se retourner vers moi.

Je rejoins la cuisine, laissant son côté boudeur de côté. J'attrape une bouteille d'eau dans le frigidaire et une boîte de fraises, puis m'empare du chocolat sur le buffet. Ouais, c'est cliché. Je m'en fous. Il y avait des fraises dans le frigidaire. Je ne vais pas lui cuire une omelette à cette heure-là.

Je retourne dans la chambre, Lior n'a pas changé de place. Est-ce qu'il...

— Est-ce que tu es vraiment vexé ? lancé-je en sautant presque sur le lit, le retournant vers moi pour qu'il me regarde. Bien sûr, que tu es un bon coup, tu es stupide...

— Ce n'est pas ça, m'interrompt-il.

— Quoi, alors ?

— Moi non plus, je ne veux pas partir.

J'ai toujours la bouteille et la nourriture dans les mains. Je les pose au sol, à côté du lit, et me blottis contre lui.

— Toi, reprend-il, tu ne me regardes pas comme un drogué qu'il faut enfermer.

Je lie mes doigts aux siens.

— Je ne les laisserai pas t'enfermer.

— Tu ne peux rien faire contre mon père.

Je me penche vers lui, embrasse son épaule.

— Je viendrai te chercher. Je te l'ai promis, non ?

J'ouvre les yeux difficilement, enveloppé dans une chaleur que je ne veux pas quitter. Cette nuit était magique. Je voudrais remercier Grace de m'avoir permis de la vivre, même si elle se détesterait de l'avoir fait si elle savait avec qui je suis. Peu importe. Je suis immensément trop heureux pour penser à quoi que ce soit d'autre.

Je me retourne vers Daël. Il dort encore. Il a l'air apaisé. Je me lève lentement pour ne pas le réveiller. J'enfile un short, attrape mon portable sur la table basse, puis ouvre la baie vitrée pour rejoindre le balcon. L'air frais du matin me fait du bien. Il fait à peine jour, je pense qu'il n'est pas encore 5 heures. Grace me récupère dans deux heures, à l'endroit où elle m'a déposé, c'est ce qu'elle m'a dit hier. Je ne sais même pas si j'irai au rendez-vous, finalement. J'ai envie d'emmerder tout le monde, en particulier ma famille.

Je sélectionne le numéro de Lili. Bien sûr, c'est une voix endormie qui me répond.

— C'est moi.

— Pourquoi est-ce que tu m'appelles à cette heure-là ? demande-t-elle. Et de la chambre d'à côté ?

— Je ne suis pas dans la chambre d'à côté.

Je frissonne à cause d'un coup de vent. Je suis quand même torse nu en haut d'un immeuble.

— Tu es retourné voir Daël ?

— Ne dis rien à Grace.

— Lior…

— Je sais que tu as peur que je souffre, la coupé-je. Mais c'est toi qui m'as dit que j'étais heureux avec lui. Tu as aussi dit qu'il n'y avait que moi qui étais assez stupide pour m'enlever ce bonheur. Alors ne deviens pas cette personne à ma place. Si Noah et toi, c'est possible, pourquoi pas Daël et moi ?

Ma cousine reste silencieuse. Je n'entends que sa respiration au téléphone, puis la délivrance.

— D'accord, je te fais confiance.

— Merci, murmuré-je, soulagé. Et je suis désolé de t'avoir réveillée.

— Fais attention à toi, conclut-elle.

Je raccroche, frissonnant de partout. On a beau être en été, quand il est 5 heures du matin, il n'est jamais bon d'être à moitié nu sur un balcon. Je me précipite à l'intérieur, m'empressant de rejoindre le lit. Je me blottis contre Daël.

Sa chaleur me fait planer, mais ma froideur, par contre, le réveille brusquement.

— Putain, grogne-t-il. Tu es gelé. Où est-ce que tu es allé te foutre ?

— Dehors.

— Pour faire quoi ?

— Fumer.

— Lior.

— Hum ?

— Tu ne sens pas la cigarette.

Je reste silencieux, comme un con.

— Tu comptes me dire la vérité ou tu veux que ce moment devienne encore plus gênant ? enchaîne Daël, les yeux toujours clos.

Je l'embrasse. Sur la joue, à la base, mais je loupe mon coup, donc mes lèvres s'écrasent sur sa paupière.

— Tu viens de me tromper avec quelqu'un sur le balcon ?

— Avec le gardien de l'entrée. Tu sais que c'est une grande histoire d'amour entre lui et moi.

Il rit avec moi, dans son sommeil, et c'est magnifique. Je l'embrasse de nouveau, sur les lèvres, cette fois, et il finit par ouvrir les yeux. Son regard bleu interrogateur.

— J'ai appelé Lili. Pour lui demander de ne rien dire à Grace à propos de nous deux.

Daël referme ses bras sur mon dos.

— Lili voulait le dire à Grace ? demande-t-il, sa main glissant le long de ma peau nue.

— Je l'ai convaincue de ne pas le faire.

— Comment ?

— Je lui ai dit qu'on était comme eux, dans le fond.

— Je t'en prie, grimace-t-il. Ne nous compare pas à ces crétins !

On rit. Ça fait trembler nos torses l'un contre l'autre et j'adore cette sensation.

— Tu as faim ? demande-t-il.

— Carrément !

Hamilton se penche vers le sol et attrape une boîte de fraises. Et là je me demande vraiment ce que des putains de fraises foutent sur le sol de sa chambre et, surtout, pourquoi je ne les ai pas vues avant.

— Donc ça t'arrive souvent ? lancé-je d'un air moqueur.

— De quoi ?

— Je dis : « J'ai faim », et toi tu sors des fraises de sous le lit comme par magie ?

— J'ai toujours tout ce que tu veux, susurre-t-il.

— Tu me blases, Hamilton.

— Bouffe, Rosenbach, rétorque-t-il en me mettant la boîte dans les mains.

Il se retourne de nouveau et sort un pot de chocolat. Je crois sérieusement halluciner.

— Ah ouais, quand même ? me moqué-je alors qu'il me le tend, tout naturellement.

— Mange, ordonne-t-il.

— Quitte à faire cliché, tu pourrais me les mettre dans la bouche, dis-je tandis que Daël s'empare de la bouteille d'eau posée sur sa table de chevet.

— Je vais te les foutre dans le cul, plutôt, si tu continues de parler.

— Ce ne serait pas pour me déplaire.

L'héritier s'étouffe, recrachant sa gorgée d'eau sur le lit. J'éclate de rire avant de croquer dans une fraise, en toute innocence.

— Je n'arrive pas à croire que chaque connerie que tu sors me fasse tomber toujours un peu plus amoureux de toi.

Je hausse les épaules, faisant comme s'il ne venait pas de me retourner l'estomac avec sa déclaration à la con.

— Je suis attachant, déclaré-je en croquant une deuxième fraise.

Le regard de l'héritier devient plus dur et je ne comprends pas ce soudain changement d'attitude.

— Qu'est-ce qu'il y a ?

— Je ne viendrai pas te chercher là-bas, déclare-t-il.

Mon cœur se serre dans ma poitrine. La réalité est revenue frapper à notre porte bien plus tôt que prévu.

Daël Hamilton

Lior repose les fraises sur la couverture, sans savoir quoi me répondre. Je me redresse subitement, quittant le lit. Mes pieds se prennent entre les draps, et je râle sans pour autant m'arrêter dans mon élan.

Mon armoire. Je me plante devant et l'ouvre à la volée. Je me penche vers le fond, extirpe ma valise et la balance sur le sol.

Lior m'observe, incrédule.

— Pas la peine de venir te chercher, dis-je. Si tu pars avec moi.

Chapitre 6

Daël Hamilton

Je tire une taffe sur le joint coincé entre mes lèvres. La beuh s'infiltre dans mon corps. Je me sens détendu comme jamais, libre et heureux. Deux sentiments que je n'avais pas éprouvés depuis bien longtemps. J'allonge mes jambes sur la table basse. L'air frais du matin fouette mon torse nu. Je suis installé sur le balcon de l'hôtel, avec vue sur la Méditerranée. Le soleil commence timidement à se lever, le ciel a cette couleur orangée exceptionnelle. C'est une œuvre d'art pour les yeux.

Je tire une nouvelle taffe. On est bientôt à sec, Lior et moi. Toute cette merde qui nous fait planer depuis trois jours. Ce n'est pas qu'on en ait tant besoin que ça, parce qu'on plane assez quand on est tous les deux, mais c'est pour… Je ne sais pas, en réalité. Pour se donner un genre, peut-être. Pour rendre encore plus cliché le fait que l'on a fugué tous les deux pour se planquer dans un hôtel pourri à Barcelone. Pour emmerder le monde, probablement. Et puis je préfère le voir fumer cette herbe que reprendre de la coke.

Je termine le joint, l'écrase sur le sol carrelé de la terrasse et me relève pour m'étirer. Mes muscles sont endoloris par la nuit que l'on a passée à faire l'amour. Je regarde le paysage devant moi et je n'arrive pas à m'empêcher de penser à Londres. Je n'imagine même pas le bordel que ça doit être, là-bas. Chez les Hamilton, déjà, parce que j'ai complètement laissé tomber la société et que mon père n'est clairement pas en état de s'en occuper. Et chez les Rosenbach, aussi, parce que leur fils prodige – mais drogué – a disparu de la circulation sans donner de nouvelles. Mais trop tard pour ces considérations, soit dit en passant.

Je retourne dans la chambre d'hôtel. Il y a un bordel monstre sur le sol. Des fringues, des capotes, de la bouffe, de l'alcool, des restes de beuh. Un putain de cliché, mais je ne me sens pas débauché, je me sens juste foutrement heureux.

J'enjambe le tas de fringues qui traînent par terre et la pizza de la veille qu'on n'a pas finie. Un lit deux places trône dans le fond de la pièce.

Lior dort toujours, nu, et tout son corps est recouvert d'une fine couche de sueur. Normal. Il doit faire 35 °C dans cette pièce. C'est pour ça que je suis sorti. J'étouffais. L'hôtel qu'on a choisi a eu un problème de clim, hier soir. C'est sûr que ça ne serait pas arrivé si j'avais pris un hôtel dont j'ai l'habitude, genre un cinq étoiles, mais je n'avais pas envie de me faire repérer. Je ne peux pas payer avec ma carte de crédit, sous peine que mes parents me retrouvent en jetant un coup d'œil à mes comptes, alors on vit avec presque rien. J'ai retrouvé une de mes anciennes cartes, sur laquelle il restait un peu d'argent. Pour l'instant, ça nous suffit.

Je m'allonge à côté de lui dans le lit. Le mouvement le réveille légèrement. Il grogne et passe une main le long de son torse, l'air dégoûté lorsque la sueur lui reste sur les doigts.

— Il fait trop chaud.

— Je sais, murmuré-je en déposant un baiser sur ses lèvres pour le réveiller davantage. Viens, on va à la mer.

— J'dors.

— Une douche froide, alors ?

— J'dors, râle-t-il avant de se retourner sur le ventre pour que je le laisse tranquille.

— Allez, t'es chiant.

— Il est genre 6 heures ! Ferme-la.

— Toi aussi, bonne journée, ironisé-je.

Un rire secoue ses épaules. Il soupire et vient nicher sa tête dans mon cou, encerclant ma taille avec ses bras, comme s'il ne faisait pas assez chaud.

— Tu veux nous faire crever, en fait ? lancé-je. C'était ça, ton plan, depuis le début ?

— Est-ce que tu peux te taire plus de cinq minutes, ou c'est trop te demander ?

— Tu es exigeant dès le matin.

— Tu as fumé.

— Comment est-ce que tu le sais ?

— Tu es chiant quand tu as fumé, répond-il en se serrant encore un peu plus contre moi. Tu parles tout le temps.

— Pas du tout, et je te signale que…

Je m'arrête au milieu de ma phrase, parce que ce con vient littéralement de me monter dessus.

— Qu'est-ce que tu fous, Rosenbach ?

— J'essaye de t'écraser.

— Pourquoi ?

— Pour que tu la fermes, bon sang !

Il laisse tomber son visage dans mon cou. Il est énervé, mais prend quand même le temps de déposer un baiser sur ma peau. Ma main descend le long de sa colonne vertébrale, jusqu'à la courbe de ses fesses. Il frissonne contre moi. Même si on crève encore plus de chaud dans cette position, je me sens vraiment bien. Vraiment trop bien. Alors je me dis que je lui dois bien cinq minutes de silence, le temps qu'il se réveille tranquillement. Je me contente de lui caresser le dos, traçant des cercles sur sa peau chaude de la nuit. Son corps se fait de plus en plus lourd contre le mien. Je réalise qu'il s'est rendormi. Je pourrais le réveiller pour avoir eu l'audace de dormir sur moi, mais – niaisement – je trouve ça adorable.

Je finis même par me rendormir à mon tour. J'arrive à le faire basculer sur le côté pour pouvoir respirer, mais ne me dégage pas quand il m'attrape fermement entre ses bras. Je crois que je plane. Avec la beuh que je viens de fumer, cette chaleur insupportable et son odeur, je me sens complètement partir.

Alors, au moment où c'est lui qui se réveille et qui commence à m'embrasser partout sur la poitrine, je me mets à grogner.

— Il fait trop chaud. On s'en va ?

— Dors. Tu n'y penseras plus.

— J'ai mal à la tête. On va se baigner ?

— Dors encore.

Je l'entends retomber lourdement contre le matelas.

— Tu as tout fumé ? demande-t-il.

— Presque.

— Sérieux ?

Il est énervé. J'ai reconnu son intonation, je pose ma main sur son torse et rétorque, pour le rassurer :

— On en rachètera tout à l'heure. Dors.

Il marmonne des mots que je ne comprends pas et j'essaye d'ignorer la pointe de culpabilité qui s'installe dans ma poitrine. À la base, on en avait juste acheté pour déconner le premier soir où on est arrivés. On avait mal dormi dans l'avion. On venait de trouver cet hôtel tout pourri. On a acheté au premier type qu'on a croisé dans la rue. Puis on a recommencé. Une fois. Deux fois. Trois fois. On est allés visiter les églises de Barcelone complètement défoncés, juste pour emmerder le monde. On s'est même embrassés à l'intérieur. Genre. Un vrai baiser. C'était délicieusement excitant, même si on s'est fait hurler dessus en catalan. Pourtant, ce matin, ça ne me fait plus marrer. Ça ne me fait plus marrer, parce qu'il y a deux heures j'étais prêt à lui faire l'amour dans tous les recoins de la ville et que, maintenant, je suis une pauvre loque en sueur.

— Tu es sûr que tu veux en racheter ? dis-je en me retournant vers lui.

— S'il n'y en a plus, il faut en racheter.

— Je veux dire… On pourrait s'en passer.

— Tu es gonflé, de dire ça ! C'est toi qui as fini le paquet !

— C'est juste que…, murmuré-je en venant coller mes lèvres à son épaule nue. Ça me soûle d'être défoncé. On n'en a pas besoin pour s'éclater.

Je ne sais pas ce qu'il arrive à lire dans mon regard, mais je vois ce qu'il y a dans le sien, comme si je le revivais en même temps que lui. Ce moment où Karen s'est écroulée au sol. Je sais bien qu'il soulageait son besoin de coke par de la beuh. Sauf qu'il réalise maintenant que c'est la même connerie, la même addiction. Il ne peut plus laisser ça arriver.

— D'accord, souffle-t-il avant de m'embrasser. On arrête. Je m'en fous.

— Toujours prêt à te baigner ?

— Pour l'instant, j'ai une autre idée en tête.

J'aurais pu lui demander de préciser sa pensée si je n'avais pas senti son entrejambe se frotter au mien. Alors, avec la fatigue, la chaleur, la beuh, je me suis contenté de plaquer mes lèvres contre les siennes.

Grace

Le coup a retenti dans toute la pièce. Une demi-seconde, juste le temps qu'il aura fallu à mon père pour me foutre une claque monumentale.

J'ai un frisson, pourtant, ça bout à l'intérieur de moi. Tout le monde reste silencieux. Toute la famille, nous fixant, les yeux exorbités. Aucune protestation. Aucun commentaire. Ils nous entourent. Mon père et moi, à se fusiller du regard comme si l'on allait s'affronter en duel. C'est peut-être ça, d'ailleurs, qui nous attend. Un duel. Pas avec les armes, mais avec les mots. Chez les Rosenbach, c'est ce que l'on sait le mieux manier.

— Ne me regarde pas comme ça, siffle mon paternel. Tu l'as amplement méritée.

La raison ? Je viens d'avouer que c'était moi qui avais aidé Lior à s'enfuir, cette nuit-là. Il y a trois jours. Aucune nouvelle de lui depuis ça. Silence radio.

— Tu es irresponsable, crache Jensen en me toisant d'un regard mauvais. Complètement irresponsable.

— Je t'avais dit de ne pas l'envoyer en désintoxication, il a pris peur. C'est tout.

— C'est tout ? répète-t-il, offusqué. Ton frère a disparu depuis trois jours et *c'est tout* ? Tu te fous de moi ?

— Il n'a pas disparu. Il est avec son copain.

— Et si son copain est un camé comme Neil ? beugle-t-il. Et si tu l'as juste envoyé à la mort ? Se foutre une aiguille dans le bras pendant qu'on est là, comme des cons, à ne pas savoir où il est et comment il se porte ?

Ma mère pleure, dans mon dos. Je ne sais pas quoi leur répondre. J'ai reçu un SMS de son copain, en début de semaine, m'assurant qu'il prendrait soin de lui, mais hors de question que j'en parle à mon père. De toute façon, il ne lui fera pas confiance, puisqu'il ne le connaît pas. Tout comme nous. Tout comme moi, en fait. Pourtant, pour une raison totalement inconnue, j'ai ce sentiment que ce « D » ne lui fera pas de mal et qu'il est peut-être plus en sécurité avec lui que dans notre monde complètement tordu.

— Je suis sûre qu'il va bien, ajouté-je.

— Tu es sûre de quoi ? Tu n'es sûre de rien, ma pauvre fille !

« Ma pauvre fille ? » Je me retiens de dégueuler sur sa misogynie, parce que ce n'est pas le moment d'empirer la situation.

— Je vais prévenir la police, poursuit mon père.

— Non ! m'écrié-je. Laisse les flics en dehors de notre famille.

— Ton frère est malade, Grace. *Malade*, insiste-t-il en se rapprochant de mon visage. Tu le comprends, ça ? Il se drogue. Il a besoin d'être soigné.

Jensen passe une main dans ses cheveux en soupirant, quelques mèches bouclées retombent sur son front.

— Je n'aurais jamais dû t'écouter, finit-il par lâcher.

— Quoi ?

— J'aurais dû appeler la police dès le début.

— Non ! m'exclamé-je de plus belle. Je t'ai dit que je gérais la situation. Il va revenir. J'en suis persuadée.

— Tu gères ? lance-t-il, exaspéré, en reportant son regard tout autour de lui.

Il s'arrête sur ma mère, en larmes.

— Tu gères ça, Grace ?

Il se retourne vers Ian, dans son fauteuil roulant, les mains accrochées au cuir noir des accoudoirs.

— Tu gères ça aussi, je suppose ?

Puis il se tourne vers Ethan et Edward, silencieux, qui se contentent de me fixer.

— Et tu les gères, eux aussi, hein ? Tu gères tout le monde, c'est ça ? C'est vrai que j'avais oublié à quel point tu es forte. Tu es une magicienne, en fait. On tient tous debout grâce à toi. Alors ? interroge-t-il en se retournant vers toute la famille. Qu'est-ce qu'on attend pour tous se mettre à ses pieds ?

Forcément, c'est dur à entendre de la bouche de son père. Ça l'est encore plus quand ça vient de l'homme pour lequel on a gâché sa vie. Enfin, ce n'est même pas ça le pire. Le plus insupportable, c'est le silence des autres. De tous mes cousins, qui me regardent avec l'air de penser comme lui. Après tout ce que j'ai fait pour eux, il n'y en a pas un pour se lever et prendre ma défense, pas même Lili, dont le regard fuit lorsque je pose les yeux sur elle.

— Personne ne t'a demandé de faire tout ça, poursuit mon père. Ce rôle de cheffe, tu te l'es octroyé toute seule.

— Tu veux que je reprenne l'entreprise familiale, rappelé-je. Tu veux que je te remplace, tu me l'as répété toute ma vie.

— La banque, oui, affirme-t-il. Mais je ne t'ai jamais demandé de faire la guerre avec l'autre moitié de Londres !

Je fronce les sourcils, ne m'attendant pas à cette remarque acerbe. Et puis quel est le rapport avec le départ de Lior ?

— Avec tes histoires de vengeance, tu rends tout le monde fou ! s'emporte Jensen. À commencer par ton propre frère… Qu'est-ce que tu crois gérer, au juste ? La seule chose que tu gères, c'est ta stupide vengeance contre les Hamilton. C'est ça qui les relie tous à toi. Et tu en es fière, peut-être ? Tu fais sombrer toute la famille dans ton soi-disant combat.

— Chéri ! lâche ma mère, toujours en larmes. Arrête, tes mots dépassent ta pensée.

Mon père se tait, poussant un long soupir. Il est fatigué. Des rides creusent ses joues. Il s'affale sur une chaise de la cuisine, dans le silence le plus total.

— On devrait tous aller se coucher, murmure Abbie d'une voix étranglée. Ton père s'est laissé emporter par l'inquiétude, enchaîne-t-elle à mon intention. Ne t'inquiète pas. Ça ira mieux demain.

— Si mon fils n'est pas à la maison dès demain, non, ça n'ira pas mieux, réplique Jensen froidement.

Mon fils. Il me fait rire. Il n'a jamais été là pour Lior, contrairement à moi.

— Je sais ce que je fais, rétorqué-je.

Mon père me dévisage. Il y a une lueur étrange dans ses yeux. Quelque chose que je n'avais encore jamais vu.

De la désapprobation.

— Tu n'es pas un modèle, Grace, reprend-il d'un ton si détaché que c'en est presque plus cruel que tout ce qu'il a pu me dire auparavant. Et tu ne contrôles rien d'autre que ta propre folie revancharde… Tu joues à la femme exemplaire en imposant à tes cousins et ton frère d'aller voir Greg en prison, alors que tu leur mens effrontément depuis deux ans.

Je sens mes jambes flancher, mon cœur se désintégrer dans ma poitrine et mon esprit partir loin de mon corps. Je ne pensais pas qu'il irait jusque-là.

Tout va s'écrouler, et je ne peux plus rien retenir, désormais.

— Pourquoi est-ce qu'il dit ça ? demande Lili.

Je me retourne vers mes cousins. J'appelle Edward à l'aide, mais il détourne les yeux, gêné. Je me retrouve seule face à Lili, Ian et Ethan.

— Sur quoi est-ce que tu nous mens ? interroge ce dernier.

— Dis-leur, ordonne mon père. Ils sont assez grands pour l'entendre, désormais, et tu ne peux plus te cacher derrière la protection que tu prétendais vouloir leur apporter.

— Je les protégeais, murmuré-je.

— Tu te protégeais, toi. Pour qu'ils continuent de te suivre dans la seule chose qui a du sens dans ta vie.

— De quoi parlez-vous, bon sang ? s'emporte Lili.

— Greg a violé cette gamine, répond Jensen à ma place, car il sait pertinemment que je ne dirai jamais ces mots-là. Les Hamilton n'ont jamais menti ; Grace, si.

Un cri s'échappe des lèvres de Lili. J'essaye d'intercepter son regard, mais, à son mouvement de recul, je comprends que je l'ai perdue, elle aussi. Comme Ian et Ethan, qui m'observent d'un air dégoûté.

— C'est pour ça qu'elle ne voulait pas que vous assistiez au procès, enchaîne mon père. Pas pour vous protéger, mais pour que vous n'entendiez pas ce qu'il s'est vraiment passé. À l'époque, je pensais qu'elle avait raison de vous épargner. Votre tante et moi l'avons laissée faire, et ce mensonge a pris des proportions que nous n'aurions jamais imaginées. Je vous présente mes excuses, les enfants. Vous méritiez de connaître la vérité sur Greg.

Le silence est si lourd. Un silence qui ne me soutient pas. Un silence qui m'insulte de la pire façon du monde. Un silence qui hurle à tue-tête : « Au fond, tu l'as mérité, salope. »

— Tu le savais, n'est-ce pas ? crache Ethan en se retournant vers son grand frère.

Il le fusille des yeux, et Edward me lance un regard désespéré. Foutue pour foutue…

— Je lui ai fait promettre de ne jamais rien dire, avoué-je.

— Vous êtes fous, souffle Ethan, encore sous le choc de l'aveu. Tous les deux, vous êtes devenus complètement fous.

Mon cousin quitte la cuisine précipitamment, son frère à sa suite. Je me retourne vers Lili et Ian, la déception est encore plus violente dans leurs yeux. Ils n'ont jamais voulu croire que leur frère était coupable et je les ai poussés volontairement dans cette voie. Je voudrais m'excuser, mais aucun mot ne franchit mes lèvres. Lili finit par récupérer le fauteuil de son frère et ils quittent la cuisine à leur tour. Ma mère est écroulée sur une chaise, continuant de pleurer, et Lior n'est plus là.

Je suis complètement seule.

— Je n'avais rien dit pendant tout ce temps pour te protéger de leurs réactions, ajoute mon père plus calmement. Mais tout va trop loin. On continue de payer pour ta folie, ta vengeance, tes erreurs. S'ils avaient su avant ce qu'avait vraiment fait Greg, leur cœur ne serait pas rongé par l'injustice, et ce conflit ne se serait pas envenimé à ce point-là. Quand est-ce que tu t'arrêteras ? m'interroge-t-il, le regard lourd et brouillé par les larmes qu'il retient encore. Quand tu auras brisé tellement de gens autour de toi que la seule personne contre laquelle tu pourras te retourner sera toi-même ?

Ce n'est pas un couteau qui s'enfonce dans mon cœur mais une scie. Elle me coupe en deux. Je pourrais suffoquer, mais je me sens juste complètement vide. La claque, ce n'était rien, rien comparé à ces mots-là.

Ce n'est pas le duel qu'il a gagné, ni la bataille, c'est la guerre. La guerre tout entière.

Ethan

Je sors en trombe de la maison. J'ai désespérément besoin d'oxygène. Sans réfléchir, je me mets à courir. Je ne regarde pas où je vais, je me contente de fuir.

Fuir. Je crois que c'est le bon mot. Je veux m'échapper, je veux que cette conversation n'ait pas eu ce sens, je veux que mon cousin ne soit pas un violeur et je veux ne pas avoir été aussi stupide.

Je sens du mouvement derrière moi et j'entends mon prénom résonner. C'est la voix de mon grand frère. J'accélère, même si je sais pertinemment qu'Edward est bien plus rapide que moi.

Je tourne au hasard à l'angle d'une rue, manque de peu de me prendre une voiture et saute sur le trottoir pour continuer ma course. Mon frère me hurle de m'arrêter, comme si j'allais écouter cet hypocrite.

Je me retrouve à un croisement. Je m'apprête à traverser, mais on me retient brusquement par le bras. La seconde d'après, un bus passe juste sous mon nez en klaxonnant si fort que mon sursaut me fait reculer jusqu'au torse d'Edward.

Mon frère resserre son emprise sur mon bras, hurlant à mon oreille :

— Tu veux te faire tuer ?

— Lâche-moi ! rétorqué-je.

Je donne un coup dans son torse et il me libère. Je me retourne vers Edward. Il a le souffle saccadé, comme moi. Éreinté par la course, mais surtout par cette vérité qui vient enfin d'éclater.

— Tu m'as menti, craché-je.

— Nous l'avons fait pour vous protéger. Et parce que Greg avait besoin qu'on le soutienne malgré…

— C'était à nous de choisir, le coupé-je. Vous n'aviez pas le droit de prendre la décision à notre place.

Edward me connaît bien.

— Vous étiez tous si jeunes à l'époque, murmure-t-il en passant une main sur son crâne presque rasé. Grace et moi, on a paniqué. On ne voulait pas que vous ayez une vision négative de notre famille, vous ne pouviez pas comprendre.

— Donc vous avez préféré qu'on ne comprenne pas la décision de justice ? répliqué-je, sarcastique.

— Daël n'a jamais été puni pour ce qu'il a fait à Ian, me rappelle Edward. On a peut-être eu tort de vous mentir, mais n'oublie pas qu'ils ne sont pas innocents non plus.

— Alors c'est donnant-donnant ? m'emporté-je. Tu vas oser me dire qu'Ellen le méritait, peut-être ?

Les yeux de mon frère s'affolent. Je sais que ses mots ont dépassé sa pensée, et c'est bien ça que je lui reproche. À lui comme aux autres. Ils sont tellement bouffés par leur haine qu'ils ne réfléchissent plus correctement, et tout finit par les dépasser, au point qu'ils en perdent leur humanité.

Je refuse de finir comme eux.

— Ethan, reprend Edward. C'est plus compliqué que tu n'as l'air de le penser.

— Non, c'est limpide, au contraire, sifflé-je. Notre oncle avait raison, vous feriez passer votre guerre avant tout le reste, même avant nous.

Je tourne les talons, poursuivant ma route. Sans courir, toutefois. J'ai trop mal au cœur pour ça. Mon frère m'appelle encore une fois, mais je ne me retourne pas.

Lui, Grace et Greg, ils ne valent pas mieux que le noyau dur des Hamilton. Ils sont aussi dérangés qu'eux. Je me demande soudainement pourquoi j'ai mis ma vie entre parenthèses pour cette guerre qui n'a jamais eu aucun sens.

Mon frère n'insiste pas. Je sais que je suis seul désormais, il ne me suit plus. J'essaye de reprendre une respiration normale, levant le visage vers le ciel dégagé de cette matinée.

Je pense à Lior, soudainement. Mon cousin est en vacances avec son copain alors que notre famille se désagrège. Tout est parti de lui, en plus, de sa fugue improvisée pour échapper au centre de désintoxication.

Je sors mon portable de ma poche. Il n'a répondu à personne ces derniers jours. À chaque fois, ça sonne dans le vide, puis on tombe sur sa boîte vocale.

Je suppose que nos messages doivent s'y accumuler. J'ignore s'il les écoute, j'ignore s'il en a encore quelque chose à faire, de nous tous. Je n'arrive même plus à savoir si je lui en veux, finalement.

J'appuie sur le nom de Lior pour le joindre. Ce sera un message de plus. Il restera probablement sans réponse, stocké quelque part entre les appels désespérés de ses parents et de sa sœur.

Ça sonne. Je ne sais même pas comment je vais lui annoncer la nouvelle, mais je crois qu'il mérite de savoir la vérité sur notre cousin.

Les sonneries se poursuivent, je cherche mes mots, continuant de déambuler au hasard dans Mayfair.

Puis, contre toute attente, j'entends sa voix.

Il a décroché.

Lior Rosenbach

Je serre mon portable dans ma main, le pressant si fort que je voudrais le voir s'écraser entre mes doigts. J'aimerais faire disparaître cet appel et oublier la conversation avec mon cousin. J'ignore pourquoi j'ai rallumé mon téléphone à ce moment-là, pourquoi j'ai pris son appel à lui alors que je n'avais jamais répondu aux autres, pourquoi je continue de me cacher dans la salle de bains de l'hôtel.

Je suis assis par terre, sur le carrelage beige dégueulasse et dans la chaleur encore moite de la douche que je viens de prendre. Il y a de la buée sur le miroir au-dessus du lavabo. Mes jambes sont repliées contre mon corps, mon portable, dans mon poing, et mes pensées, à l'abandon.

Les mots d'Ethan n'ont pas encore pris leur sens, ils n'ont pas encore tracé leur route dans ma conscience, ils ne sont pas encore réels. Ils flottent, quelque part entre la nausée au creux de mon estomac et ma poitrine douloureusement contractée.

Je refuse de croire que Grace ait menti si longtemps, et encore plus qu'elle ait pu nous cacher un fait aussi grave. Ma sœur est cruelle et intransigeante, mais c'est une personne droite. Elle est quelqu'un de respectable. Elle a toujours été juste avec nous, avec moi. C'est impossible.

On frappe un coup contre la porte.

— Lior ? interroge Hamilton derrière le battant. Tu fais quoi là-dedans ? Ça fait des plombes que tu es enfermé.

Je n'ai pas verrouillé la porte et il le sait. Pourtant, il reste de l'autre côté de la pièce, frappant de nouveau pour attirer mon attention.

— Tout va bien ?

Aucun son ne parvient à sortir de ma bouche. Je suis complètement muet et immobile.

— Je vais entrer, d'accord ?

L'héritier joint le geste à la parole et la porte de la salle de bains s'ouvre lentement. Daël pose un pied à l'intérieur. Il ne me voit pas tout de suite, s'attardant sur la cabine de douche vide. Il fronce les sourcils alors qu'il baisse la tête et m'aperçoit, à même le sol.

— Qu'est-ce qu'il y a ? demande-t-il, soucieux.

Quelques mots s'échappent de mes lèvres pincées.

— Tu avais raison.

— Certainement, répond-il. Mais si tu pouvais être plus précis… ?

L'arrière de ma tête tape contre le mur.

— Ellen, lâché-je.

Cette fois, son sourire se fissure. Il m'observe longuement, remarquant probablement le téléphone dans ma main crispée.

— Qui…

— Ethan, le coupé-je. Mon père vient de leur avouer que Grace avait menti pendant tout ce temps.

— Je suis désolé.

Je me retourne vers Daël. Il vient de s'agenouiller face à moi pour se mettre à ma hauteur. Il approche la main de mon bras pour venir caresser ma peau.

— Tu l'es ? ironisé-je. Je… Je prétendais que rien n'était arrivé. Je te disais que vous aviez forcé Ellen à mentir. Ne me dis pas que tu es désolé !

— Lior…

— Je suis juste trop con ! m'emporté-je.

Je balance mon portable contre le mur opposé, sans réfléchir. L'écran éclate et le mobile retombe bruyamment sur le sol. C'est sûr que, maintenant, personne ne pourra me contacter.

J'essaye de me relever, mais je titube. Daël cherche à me retenir, mais je le repousse d'un violent coup de bras.

— Mon cousin a violé ta cousine et je l'ai défendu depuis tout ce temps ! Grace l'a défendu ! Grace m'a menti ! Elle est la personne en qui j'avais le plus confiance, elle est…

Je m'arrête, brusquement muet. Les mots enfin sortis se sont ancrés en moi. La réalité est bien présente, désormais, et mon corps ne le supporte plus.

Je tombe à genoux devant les toilettes et agrippe l'abattant en plastique. Je vomis dans la cuvette, relâchant toute ma peine et ma colère. Daël pose aussitôt une main sur mon front pour me tenir la tête, son autre main me frictionne le dos. Il murmure des mots que je ne comprends pas, il n'y a que ceux d'Ethan qui tournent encore en boucle dans mon esprit.

Lorsque tout s'arrête, Daël m'amène à lui et je m'écroule contre son corps.

Il me serre dans ses bras et répète :

— Je suis désolé.

— Non, dis-je, malgré ma gorge en feu.

— Désolé d'avoir autant espéré que tu ouvres enfin les yeux sur lui, dit-il. Maintenant, j'aimerais que tu n'aies jamais eu aussi mal.

Tu parles. Ma douleur ne sera jamais aussi grande que celle qu'Ellen a dû vivre à cause de Greg, à cause de mon cousin, que j'ai défendu aveuglément pendant trois ans.

Je ne lui pardonnerai jamais.

Ni à lui ni à Grace.

Chapitre 7

Fallone

Daël est parti. Volatilisé. Il a tout laissé derrière lui. Son père est condamné dans sa chambre d'hôpital, sa mère, anéantie, ses sœurs, laissées sans un mot ni une explication. Il nous a tous abandonnés. Eux ne savent pas pourquoi, moi, si. Daël a tout envoyé en l'air pour sa saleté de bouclé. Pour le clan ennemi qui a détruit notre famille. Je pensais qu'il ne pouvait pas me décevoir davantage, et pourtant il ne manque pas d'inspiration. Je suis écœurée.

J'observe mon reflet dans le miroir du pare-soleil de la voiture de Stan. Mon cousin est derrière le volant, jacassant depuis tout à l'heure à propos d'une de ses ex-copines qu'il recommence à fréquenter. Je l'écoute à peine, me contentant de quelques onomatopées pour feindre de m'y intéresser.

J'inspecte une dernière fois mon maquillage et ma coiffure et referme le pare-soleil. Je crois que nous allons bientôt arriver, puisque je commence à ne pas reconnaître le quartier. Ce soir, Stan et moi allons au Whisky Mist, en plein cœur de Mayfair.

Quand il me l'a proposé, plus tôt dans la journée, je me suis offusquée, par habitude. Après coup, j'ai compris qu'il n'y avait plus vraiment de règles dans cette histoire, du moins qu'elles avaient déjà toutes été enfreintes. Je n'ai rien à respecter. Je ne *lui* dois rien.

Je me retourne vers mon cousin. Stan cherche une place où stationner, ce qui me confirme que nous sommes bel et bien arrivés à destination. J'ignore pourquoi il a voulu se rendre en quartier ennemi. Enfin, tel que je connais Stan, il n'a pas vraiment besoin de raisons.

Mon regard bifurque vers la fenêtre. J'aperçois l'hôtel Hilton de Park Lane, où se situe le Whisky Mist, clairement catégorisé comme le club des Rosenbach. La devanture de l'immeuble scintille dans la nuit.

Stan gare la voiture et coupe le moteur. Il en sort rapidement pour se recoiffer devant la vitre de la bagnole, claquant la portière derrière lui. Je me demande brusquement ce que je fais ici. Dans ce quartier de malheur.

Mon cousin toque à la fenêtre pour me faire réagir.

— Tu bouges ton cul ?

Je soupire et détache ma ceinture. Je suppose que ce sont les restes de mon ancien moi qui me dictent de ne pas entrer dans ce club, mais je refuse d'être encore cette personne-là. Je sors de la voiture. Stan est adossé à la carrosserie, allumant la cigarette coincée entre ses lèvres.

La nuit est fraîche mais agréable. C'est l'été à Londres. Je tire sur ma jupe en cuir pour la remettre en place et avance jusqu'à Stan. Il me tend son paquet de clopes et j'en attrape une. Je l'allume avec son briquet, puis le lui rends, soufflant la fumée de ma première taffe dans les airs

Je m'adosse à côté de lui.

— Qu'est-ce que tu as ? demande Stan.

Je prends une deuxième taffe.

— Tu es différente depuis que tu t'es disputée avec Daël, insiste mon cousin. Qu'est-ce qu'il s'est passé ?

— Je lui en veux, avoué-je.

— Pourquoi ?

— De ne pas être celui que je pensais.

— Parce que tu le mettais sur un piédestal, rétorque-t-il. Il était temps que tu ouvres les yeux. Daël n'est pas parfait et personne ne peut l'être. Tu as trop de principes.

Je me retiens de lever les yeux au ciel.

— Il est parti, je te rappelle.

— Et on s'en fiche. Il s'est pris une semaine de vacances, probablement avec son plan cul. On va vraiment lui en vouloir pour ça ? Sa vie craint à mort. À sa place, ça ferait longtemps que je serais parti… Et pas que pour des vacances, tu peux me croire.

Je me retourne vers lui, l'interrogeant :

— Qu'est-ce que tu en sais, que ce sont des vacances ? Si ça se trouve, il ne reviendra pas.

— Il reviendra, me coupe-t-il, catégorique.

— Pourquoi ?

— Parce que c'est Daël Hamilton. Est-ce qu'une seule fois dans sa vie ce mec a déjà renoncé à son rôle de héros ?

Ça me fait sourire. S'il savait avec qui Daël s'est enfui du pays, je suis certaine que « héros » ne serait pas le premier mot qu'il aurait employé.

— C'est bon, maintenant ? enchaîne Stan. Ta crise de jalousie est passée ? On peut aller s'amuser ?

Tout en m'interrogeant, mon cousin s'écarte de la carrosserie, écrasant sa cigarette sous la semelle de sa chaussure pour aller jeter son mégot dans la poubelle.

— Tu me suis ? lance-t-il.

Je me redresse à mon tour. Nous nous engouffrons dans Hertford

Street, là où une entrée spécifique permet d'accéder au célèbre club, fréquenté autant par la famille royale que par ces enfoirés de Rosenbach. Et je préférerais clairement tomber sur le prince Harry.

— Qu'est-ce qu'on fait s'ils sont là ?

— Ils seront forcément là, rétorque Stan. On est samedi soir, en plein milieu de l'été.

— Donc qu'est-ce qu'on fait ?

Mon cousin avance jusqu'à l'entrée en haussant les épaules, ce qui peut tout aussi bien vouloir dire « on les ignore » que « on tape dans le tas ». Avec Stan, on ne sait jamais vraiment à quoi s'attendre.

— Je ne la sens pas, cette soirée, murmuré-je en le suivant tout de même.

— Au fond, ça pourrait t'arranger, lâche-t-il.

— Comment ça ?

— S'il y a un problème avec les Rosenbach, tu peux être sûre que ton précieux Daël va revenir en courant jusqu'ici.

Je m'arrête à l'instant où il prononce cette phrase. Stan ne le remarque pas, continuant d'avancer jusqu'à l'entrée. Alors c'était cela, sa raison pour venir jusqu'ici ? Faire tout péter une nouvelle fois, juste pour rappeler à tout le monde que cette guerre n'est pas finie ?

J'avance d'un pas, brusquement déterminée.

Je crois qu'il est temps que Daël le comprenne également.

Lior Rosenbach

Mes yeux s'ouvrent à demi. Il fait encore nuit, la pièce est plongée dans l'obscurité malgré les fenêtres ouvertes. Il fait une chaleur à crever, ils n'ont toujours pas réparé cette putain de clim. Du coup, ils nous ont fait un rabais sur le prix de la chambre. On ne pouvait pas vraiment refuser, vu qu'on est fauchés, comme des cons.

Je me retourne vers Daël, toujours profondément endormi. J'ai la bouche pâteuse et les muscles endoloris. Je dors mal. Je ne dors pas, en fait. Même si on passe du bon temps tous les deux, Londres ne quitte jamais mon esprit. J'ai peur pour ma famille. J'ai peur de ce qu'ils vont penser de moi. J'ai peur qu'ils m'en veuillent et ne me pardonnent jamais d'avoir fui de la sorte.

Je passe sur le dos, le regard rivé au plafond. Je repense à Grace et au mensonge qu'elle m'a servi sur un plateau d'argent pendant toutes ces années. Je n'avais jamais mis sa parole en doute concernant ce qui était arrivé à Greg et j'ai toujours du mal à le faire. Je crois que j'ai besoin de comprendre.

Je me lève rapidement, comme si cette prise de conscience arrivait bien trop tard. Je me fraie un chemin jusqu'au bureau installé dans le fond de la pièce. Le portable de Daël y est en charge. Je ne peux pas utiliser le mien, puisque j'ai eu la bonne idée de l'exploser contre le mur de la salle de bains il y a quelques jours.

Je compose le code de son téléphone – sa date de naissance, pour être original et intelligent – et tape le numéro de Grace.

Trois lettres. Trois putains de lettres apparaissent sur l'écran.

WTF.

Son numéro est enregistré dans le portable de Daël. Je relis plusieurs fois les chiffres affichés sous mes yeux. Ça ne peut pas être vrai. Je dois faire une erreur. Je les relis encore une fois. Je les connais par cœur, ces chiffres. Et c'est ça. C'est bien son numéro, dans le téléphone de Hamilton.

Je ne comprends pas. Je me rappelle avoir utilisé son portable une fois pour appeler Grace. Une seule foutue fois. Pourquoi est-ce qu'il l'a enregistré ? Quel était l'intérêt ?

Je ne peux pas m'en empêcher, je cherche ce contact dans sa boîte de messagerie. Bordel. Je me retiens de lâcher son téléphone. Des messages. Il n'y en a pas un. Pas deux. Pas trois. Il y en a plus d'une vingtaine. Une conversation, même. Des sueurs froides me coulent le long du dos. Ils se parlent ? Ils parlent de nous deux ? Daël est resté en contact avec elle. Grace sait tout. Elle sait que l'on est à Barcelone. Il lui a dit. Je remonte encore plus loin dans leurs messages. Je tombe des nues. Merde, c'est Daël qui l'a prévenue que Neil était revenu devant le lycée. C'est à cause de lui qu'il a été pris à partie par Edward et ses amis. Je parcours tous les messages, les relisant comme pour les imprimer sur ma rétine. Pourquoi est-ce que Daël lui écrit dans mon dos ? Est-ce qu'il joue avec elle ? Avec moi ?

Je vacille et me retiens au mur. Ma conversation avec Lili remonte lentement à mon esprit. Et si elle avait raison ? Est-ce qu'il m'utilise pour atteindre Grace ? Pour cette vengeance que personne n'arrive à lâcher ? J'ai la nausée, soudainement. Je n'y crois pas. Je ne veux pas y croire. Il n'oserait pas me faire ça ? Il n'oserait pas aller aussi loin ?

Ma respiration devient douloureuse. Je suffoque, avançant vers le lit dans lequel Daël dort toujours, ignorant le tsunami qui me ravage à l'intérieur. Je ne sais plus quoi penser, quoi faire, quoi dire. Je lui balance son portable à la gueule.

Daël se réveille en sursaut. Il crie et passe une main sur son front. Il fixe le portable retombé sur le matelas à côté de lui, ahuri, puis son regard se balade dans la pièce. Il s'arrête sur moi. Debout. Au pied du lit.

— Putain ! lance-t-il. Tu m'as fait trop mal, crétin !

Je ne réponds pas, continuant de l'observer. Je crois que la colère qu'il voit dans mes yeux le refroidit instantanément.

— Qu'est-ce qu'il se passe ? s'enquiert-il.

L'héritier saute du lit pour me rejoindre, le drap glisse sur le sol et il marche dessus.

— Lior ? Qu'est-ce qu'il se passe ? répète-t-il en arrivant à ma hauteur.

Il pose les mains sur mes épaules.

— Ne me touche pas ! m'emporté-je.

Il se recule, effrayé. Son regard se pose partout sur moi.

— Tu t'es fait du mal ? Tu es en manque ? Putain, réponds-moi !

— Tu te fous de ma gueule ?

Daël fronce les sourcils, totalement perdu.

— Quoi ?

— Depuis quand est-ce que tu lui parles ? demandé-je pour être plus explicite.

— Et toi, de quoi est-ce que tu parles ? souffle-t-il, incrédule.

— Ma sœur.

— Ta sœur ? répète-t-il.

— Oui, ma sœur ! m'exclamé-je, exaspéré par sa nonchalance. Depuis quand est-ce que tu lui parles ?

— Je ne lui parle pas.

Mon Dieu, il me donne envie de le tuer, avec son expression penaude et son air béat. Il fait semblant de ne pas comprendre.

— Ne joue pas avec les mots, sifflé-je. Les messages ! Les messages sur ton portable !

En un quart de seconde, son visage vire au blanc.

— Tu as fouillé dans mon portable ? bafouille-t-il, le souffle court.

— Putain, ce n'est pas la question !

— C'est ma question.

La colère m'emporte de plus en plus. Il essaye clairement de détourner le sujet, mais il ne s'en sortira pas aussi facilement.

— J'ai pris ton téléphone car je n'ai plus le mien. Je voulais juste l'appeler, mais tu t'en étais déjà chargé.

— Et tu vas me le reprocher ?

Alors, là, j'hallucine complètement. Je suis tellement scotché que je ne sais même pas quoi lui répondre. Il ne va même pas essayer de mentir ? Essayer de se défendre ?

— Elle était morte d'inquiétude, reprend-il. Heureusement que j'étais là pour lui dire que tout va bien.

— Mais c'est Grace. Tu la hais, ne me fais pas croire que tu t'en préoccupes.

— Je me suis juste mis à sa place.

Je balaye ses explications d'un revers de main. Et puis ce n'est pas ce dernier message, le problème. Le véritable problème, ce sont tous les autres.

— Pourquoi est-ce que tu es resté en contact avec elle ? rétorqué-je. Qu'est-ce que ça t'apporte ?

— Qu'est-ce que tu me reproches, au juste ?

Daël a une expression soucieuse, comme s'il savait ce que je m'apprête à lui dire.

Alors je me lance, juste pour lui faire du mal :

— Tu es avec moi pour te rapprocher d'elle ?

Sa mâchoire se décroche de son visage. Si ma chute était douloureuse, je crois que la sienne vient d'être fatale.

— Tu me crois sincèrement capable de faire ça ? s'étrangle-t-il.

Non, clairement, je ne le crois pas. Je sais qu'il tient à moi, mais je sais aussi à quel point il la hait. À quel point il veut la faire souffrir comme il souffre de ce conflit. À quel point il veut lui faire payer. Ce n'était probablement pas volontaire, mais derrière ses messages il tenait sa vengeance.

— Ma sœur ne sait pas qui tu es, dis-je face à son regard réprobateur. Grace te fait confiance et, crois-moi, elle ne fait confiance à personne. Même si tu ne veux pas l'admettre, tu jubiles de cette situation. Tu te sens puissant, parce que, pour la première fois depuis votre naissance, vous n'êtes plus à égalité. Tu es au-dessus. Toi, tu sais ce qu'il se passe, et pas elle. Je sais que tu savoures ça à chaque putain de seconde.

— Ce n'est pas ça.

— C'est *exactement* ça.

— Lior…

— Laisse-moi finir !

— Mais…

— Daël ! le coupé-je de nouveau. C'est ma sœur ! Est-ce que tu te rends compte que tout ça n'a aucun sens ? Comment est-ce que tu peux m'aimer et la haïr aussi fort en même temps ? Comment est-ce que tu peux ressentir tout ça à l'intérieur de toi ? Comment est-ce que tu fais pour ne pas devenir fou ?

Je ne lis aucune réponse dans ses yeux, parce que c'est précisément ce qu'il est. Fou à lier.

— Dis-moi franchement, ajouté-je sèchement. Qu'est-ce que ça t'a apporté de lui envoyer tous ces messages ? Est-ce que ça t'a amusé ?

Daël reste sans voix, face à moi.

— J'espère qu'au moins ça t'a amusé ! ironisé-je. C'est ça, hein ? Ça t'amuse ?

— Ça me tue, avoue-t-il.

Je ne sais même plus quoi lui répondre. Pour dire quoi, de toute façon ?

— Ça me tue, répète Daël.

Il fait un pas vers moi et je recule immédiatement. Mon geste le blesse, mais il renonce à s'approcher, laissant ses bras retomber le long de son corps.

— Ça ne m'amuse pas, reprend-il. Si seulement tu savais à quel point j'aimerais aimer ta sœur. J'aimerais aimer ta famille. J'aimerais les aimer comme je t'aime, toi.

Sauf que c'est foutrement impossible, et Daël le sait aussi bien que moi, puisqu'il poursuit, la voix grave :

— Mais je n'y arrive pas. Je les hais. Je les hais du plus profond de mon âme, en particulier Grace.

Je le savais. Alors pourquoi est-ce que c'est aussi douloureux ?

— Tu as raison, continue-t-il. Je me suis senti puissant. Tellement puissant, de l'avoir dans le creux de mes mains.

Il se rapproche de nouveau et, cette fois, je le laisse faire. Je suis incapable de réagir.

— Crois-moi, je sais que ce n'est pas normal, reprend-il. Tu es mon copain et je ne devrais pas penser ça de ta famille. Est-ce qu'une putain de seconde tu as vraiment cru que ça pouvait m'amuser ?

Ses yeux crient de rage, et je ne sais pas comment contenir sa colère, parce que j'ai la même.

— Ne me regarde pas comme ça, siffle-t-il. Toi aussi, tu hais ma famille.

Je reste figé face à lui, le corps tendu et les lèvres pincées.

— Admets-le ! s'emporte Hamilton.

— Oui, je la hais ! Je la hais, parce qu'elle a fait de toi un monstre.

— Et la tienne a fait de toi une loque droguée et dépressive.

J'ignore pourquoi on fait ça. Pour rendre ce que l'on savait déjà encore plus réel ?

— Ils te manipulent pour que tu reprennes la société, enchaîné-je, furieux. Ils utilisent ta haine pour te maintenir à la tête de ce clan qui ne tient déjà plus debout. Et toi, tu utilises leur haine pour justifier ça. Pour te déculpabiliser de ce que tu as fait, parce que la haine est moins douloureuse que la honte.

— La honte ?

— La honte d'être une saleté de Hamilton, craché-je à son visage. La honte d'avoir foutu un adolescent en fauteuil roulant, la honte d'être sorti du procès en étant acquitté. « Légitime défense » ! m'écrié-je, pris d'un fou rire nerveux. « Légitime défense » ? Contre un gamin de quinze ans ? Londres sait ce que vous avez vraiment fait. Et c'est à ça que cette saleté de nom est rattachée. Depuis le début et pour toujours.

Daël est livide.

Pourtant, il parvient à murmurer :

— Ton cousin a…

— Je sais ! le coupé-je, hurlant aussi fort que mon cœur tape contre ma poitrine. Maintenant, je le sais, et Greg est en prison. Enfermé, parce que c'est un crime. Toi aussi, c'en était un !

— Donc on fait quoi ? Tu veux me voir en taule, moi aussi ? C'est ça que tu veux ?

— Non !

— Alors pourquoi est-ce que tu me dis tout ça ?

— Parce que c'est ce que je devrais ressentir ! C'est ce que… C'est ce que quelqu'un de normal devrait ressentir, mais moi…

— Toi, quoi ?

— Je t'aime, même avec ton sale nom.

Il grimace, malgré ce que je viens de lui avouer. Je sais que ça lui fait mal d'entendre à quel point son patronyme me donne encore la nausée.

— Tu crois quoi ? relance-t-il. Que je ne ressens pas tout ça, moi aussi ? Que je n'ai pas peur de la suite ? Que je n'aimerais pas comprendre ce qui m'arrive ? Tu crois que ça m'amuse, de t'aimer à ce point-là ? Moi aussi, je flippe, merde !

C'est con, parce qu'on se lance ça comme si c'était une insulte. Il me dit « je t'aime », mais je sais que ça veut dire « je te hais de m'avoir fait tomber amoureux de toi ». C'est cela que ça veut dire, nos « je t'aime ». Depuis le début, ils n'ont eu que ce sens. Alors je comprends que notre relation n'a pas d'avenir, parce qu'il me dit « je t'aime » les yeux pleins de sang, comme s'il me soufflait en arrière-fond : « Va crever, pauvre con. »

D'ailleurs, il n'y a pas que les mots, même nos gestes ne veulent plus rien dire. À l'instant où Hamilton s'approche, lorsque sa main se pose sur ma nuque et que j'écrase ma bouche contre la sienne en réaction, ça résonne comme un coup de poing dans nos deux visages. Ses mains attrapent mes hanches et il nous emporte jusqu'au lit.

Nos corps s'accrochent, se retiennent, désespérés, mais je crois qu'on a prononcé les mots de trop et que, quelque part, l'un de nous deux est déjà parti.

Et là, on ne sait plus très bien qui essaye de récupérer l'autre.

Stan

Le whisky tournoie dans le fond de mon verre, le liquide ambré glisse sur les bords en un mouvement circulaire, hypnotique. Je vais le finir et en commander un autre. Un énième qui ne me remplira pas tant que ça mais qui jouera son rôle. L'oubli.

Je me redresse. Fallone est sur la piste de danse avec un mec. Un bobo à barbe d'une trentaine d'années, comme cela pullule dans ce genre de quartier. Ma cousine est ivre, je ne manquerai pas de me moquer d'elle dès demain matin.

Je porte le verre à mes lèvres et avale son contenu d'une traite. Je fais un signe de la main au barman pour qu'il me serve la même chose. Il acquiesce et s'exécute, mon regard repart à la dérive.

Je m'arrête sur les Rosenbach. Évidemment, ils sont là ce soir. Les plus jeunes, cependant. Je reconnais Ethan, Lili et Jade. Ils sont avec d'autres adolescents de leur âge. Je suis étonné que Grace et Edward les aient laissés sortir sans surveillance, puis je réalise que l'on est à Mayfair. Il n'y a aucune raison pour que nous soyons ici.

Pourtant, nous y sommes.

Le barman pose le verre de whisky devant moi et je le remercie d'un bref mouvement de tête. J'avale une gorgée, en continuant de les observer du coin de l'œil.

Les Rosenbach ne nous ont pas encore remarqués. Il faut dire que l'idée que nous puissions être présents en ces lieux ne leur traverserait jamais l'esprit, alors je ne suis pas certain qu'ils seraient en état de s'en rendre compte. Ils ont l'air bien bourrés, eux aussi.

Je cherche Fallone des yeux. Elle n'est plus sur la piste de danse, ayant suivi son mec jusqu'à une table privative dans le fond du club. Je ne m'inquiète pas vraiment pour elle. Ma cousine sait se défendre, probablement mieux que moi, d'ailleurs.

Je repose mon verre sur le comptoir.

— Qu'est-ce que tu fais ici ? résonne une voix familière dans mon dos.

Je me crispe, les mains posées à plat sur le bar, à découvert. Je ne réponds pas, et Jade s'installe sur le tabouret à côté du mien.

— Ethan est parti fumer dehors, reprend-elle. Il ne t'a pas encore vu.

— Toi, si, dis-je en me tournant vers elle. Pourquoi ne t'es-tu pas empressée d'aller lui dire ?

— Je n'ai pas besoin de me cacher derrière un mec, répond-elle.

Je l'observe alors qu'elle fait un signe à l'homme qui est derrière le bar. Jade porte toujours ses tresses, elles flottent sur son dos nu. Sa robe lavande est nouée dans son cou, le tissu fin glisse le long de son corps. Sa peau noire est parsemée de quelques paillettes, probablement à cause de celles que sa meilleure amie se tartine sur la figure.

Le serveur s'approche de nous, Jade se penche vers lui pour lui passer sa commande, puis elle retombe sur son tabouret.

— Tu n'as pas répondu à ma question, lâche-t-elle. Qu'est-ce que tu fais à Mayfair ?

Je hausse les épaules et prends une autre gorgée de whisky.

— Je suis de sortie avec ma cousine, c'est tout.

— Dans un quartier Rosenbach ?

— Ça a encore une importance ?

Jade fronce les sourcils, soudainement soucieuse.

— Je sais pour Noah et Lili, dis-je.

— Ne dis rien.

— Et pourquoi ?

— Ils sont heureux. Laisse-les l'être.

Je retiens un rire.

— Leur bonheur sera éphémère, de toute façon.

— Surtout si tu leur enlèves.

Nos regards se croisent, silencieux. Je ne comprends pas pourquoi elle vient me parler, vu la façon dont je l'ai traitée.

Le barman pose sa boisson devant elle. Jade lui tend sa carte de crédit et règle sa commande. Sa main fine se pose sur le verre et elle descend de sa chaise dans le même mouvement. Alors je me surprends à dire :

— Je suis désolé.

— Désolé ?

— Tu avais raison. Je ne vaux pas mieux que Greg, à t'avoir utilisée de la sorte. Ça ne veut probablement plus rien dire pour toi, désormais, mais j'ai aimé le temps qu'on a passé ensemble.

Jade m'observe sans rien dire, semblant réfléchir à mon aveu à moitié merdique. Elle glisse la paille de son cocktail entre ses lèvres, avalant une gorgée, puis finit par déclarer :

— C'est un peu tard pour se repentir.

— Je sais.

— Mais si tu veux te rattraper, reprend-elle, ne dis rien pour Noah et Lili. C'est leur choix, leur vie.

J'attrape mon verre sur le comptoir et en termine le contenu.

— D'accord, déclaré-je en le reposant bruyamment sur le bar.

Jade me sourit et disparaît à travers la foule. Je soupire pour me ressaisir, l'alcool commence à me prendre aux tripes et il est temps que l'on quitte cet endroit avant que les choses ne dégénèrent. Je fais signe au barman et règle à mon tour mes boissons. Je saute du tabouret, tanguant brièvement sur mes jambes. J'ai la tête qui tourne à cause de tous ces verres de whisky. Il faut que je retrouve Fallone et qu'on rentre à la maison.

Nous n'avons rien à faire dans ce quartier.

Je cherche ma cousine des yeux en traversant la piste de danse. J'aperçois sa chevelure blond platine dans le fond du club… Elle a la langue enfoncée dans la gorge du bobo à barbe. Dégueulasse.

Je presse le pas et la tire par le bras pour les séparer. Elle s'offusque mollement, se remettant difficilement sur ses jambes, avant de comprendre que je suis la personne qui vient de niquer son plan cul.

— Qu'est-ce que tu me veux ?

— On se casse d'ici, déclaré-je.

— Je ne te retiens pas.

Je lève les yeux au ciel.

— Tu ne peux pas rester toute seule ici, on est dans un quartier Rosenbach, rappelé-je.

— Et… ?

— Et… ? Tu veux mourir ? C'est déjà un miracle qu'on soit encore en vie !

Fallone me repousse, mais elle s'éloigne de la table. Son mec d'il y a dix secondes ne semble pas lui en tenir rigueur, ne cherchant même pas à la retenir.

Je suis ma cousine à travers la foule, répétant en récupérant son bras pour qu'elle s'arrête :

— On se casse. Viens avec moi.

— Non, fait-elle en me forçant à lâcher prise. Et c'est toi qui voulais venir, je te signale.

— Maintenant, je veux partir.

Fallone se retourne vers moi, croisant les bras sur sa poitrine d'un air réprobateur.

— Pourquoi ?

— On est chez les Rosenbach et tu es ivre. C'est ridicule.

— Ridicule ? répète-t-elle. Pourquoi est-ce qu'on n'aurait pas le droit de fricoter avec les Rosenbach, après tout ? Ça semble autorisé, désormais !

Je crois que le monde aurait pu s'arrêter de tourner à cet instant. Enfin, s'il en avait eu quelque chose à foutre, le monde, de nos histoires.

— Tu es au courant ? dis-je, incrédule.

— Toi aussi ? s'étrangle-t-elle.

On reste l'un en face de l'autre, sans savoir quoi ajouter. J'ai toujours pensé que Fallone ne supporterait pas la vérité. Elle tient à Noah comme à la prunelle de ses yeux. Comment pourrait-elle supporter de savoir son propre frère avec une Rosenbach ?

Soudain, je réalise enfin d'où vient son soudain changement de comportement de ces derniers jours.

— C'est Daël qui te l'a dit ? demandé-je.

— Il n'a pas eu besoin, crache-t-elle. Je les ai vus ensemble.

— Tu les as vus ?

— Chez Daël, confirme-t-elle.

Je retiens une nausée. Cet enfoiré a osé utiliser l'appartement de notre cousin pour voir Lili ?

— Et toi ? relance Fallone. C'est Daël qui te l'a dit ?

— Au début, oui, mais Noah me l'a confirmé.

Le visage de ma cousine se crispe.

— Attends, bégaye-t-elle. Même Noah est au courant pour eux ?

Je fronce les sourcils. Notre conversation devient complètement absurde. Pourquoi ne serait-il pas au courant de son propre couple ? Fallone semble aussi perdue que moi.

Brusquement, je comprends qu'on n'est peut-être pas sur la même longueur d'onde.

— De qui est-ce que tu parles ? demandé-je.

— Et toi, de qui est-ce que tu parles ? s'énerve-t-elle.

Malgré la musique assourdissante, malgré les corps qui se trémoussent à côté de nous, malgré la vibration des basses, j'ai l'impression qu'il n'y a plus que nous deux dans la pièce.

— De qui est-ce que tu parles ? répète Fallone. Qu'est-ce que Noah a confirmé ?

— Qui est-ce que tu as vu chez Daël ?

— Stan ! s'emporte-t-elle. Qu'est-ce que je dois savoir sur Noah ?

— Et moi sur Daël ?

C'est une conversation de sourds. Je crois qu'aucun de nous deux n'a réellement envie de savoir à quoi l'autre pensait.

— J'ai vu Daël et Lior, finit par me répondre Fallone. C'est avec le fils Rosenbach qu'il a quitté le pays.

Eh bien. Je suis presque surpris d'être surpris. Au fond, c'était sous mes yeux depuis le début. Ils se sont fréquentés lorsqu'ils essayaient de séparer Noah et Lili. Je ne sais même pas pourquoi je l'ai cru quand il m'a assuré que c'était de l'histoire ancienne.

— Alors, reprend ma cousine, sèchement. Avec qui baise-t-il, mon frère ?

Je la dévisage. L'ironie est à son paroxysme. J'ai gardé leur secret pendant si longtemps, sans même savoir pourquoi, et ça me bouffait de l'intérieur. Et, le soir où je décide enfin de les laisser tranquilles je dévoile sans le vouloir leur relation à sa sœur.

— Lili ? insiste-t-elle.

Trop tard pour revenir en arrière, désormais.

— Tu ne t'attendais quand même pas à ce que ce soit Grace ? ironisé-je.

Fallone lance un juron, passant les mains sur son visage d'un air catastrophé, clairement pas réceptive à ma blague. Je l'entends répéter le nom de Lili avec un dégoût presque palpable.

— C'est la sœur de Greg, mec, enchaîne-t-elle d'une voix dure. Sa putain de sœur.

— Je sais.

— Comment est-ce qu'il peut nous faire ça ? *Me* faire ça ?

Je comprends sa colère, j'ai ressenti la même. J'imagine que, comme pour moi, elle passera avec le temps. Puis il lui restera de la résignation.

— Je ne peux pas laisser ça arriver, déclare-t-elle brusquement.

— Quoi ?

— Je vais lui rappeler qui sont les Hamilton.

Je la retiens aussitôt par le bras.

— Noah n'écoute plus un seul d'entre nous, rétorqué-je. J'ai déjà essayé.

Fallone sourit. Un sourire bien trop étrange pour être sincère.

— Ce n'est pas à Noah que je vais rappeler qui sont les Hamilton.

Ma cousine s'éloigne, bravant la foule tout autour de nous. L'information met une demi-seconde à arriver jusqu'à mon cerveau. Je me précipite derrière elle, mais c'est trop tard. Je l'aperçois en train de rejoindre le groupe Rosenbach. Ethan attrape Jade, la fait reculer derrière lui, mais ce n'est pas à elle que Fallone en veut. J'ai à peine le temps de cligner des paupières qu'elle avance vers Lili, attrape un verre au hasard sur une table et lui balance son contenu à la figure. Fallone lâche prise et le verre éclate contre le sol. Dans la même seconde, le poing de ma cousine s'abat sur la joue de Lili. J'entends son cri malgré la musique de la boîte, et elle bascule en arrière à cause de la force du coup, disparaissant de ma vision.

Je me précipite vers eux alors que Fallone est prise à partie par l'ensemble du groupe. Ça recommence. Encore. Comme le refrain d'une chanson un peu trop longue. Ça se répète à l'infini. Au début, tu chantes les paroles à tue-tête, enivré par la musique. Puis tu baisses la voix peu à peu, tu mâches tes mots, tu as trop répété déjà, tu abrèges, tu marmonnes, mais tu continues de le faire, sans trop savoir pourquoi. C'est un peu ça, notre histoire de vengeance. Après tout ce qu'on s'est déjà fait subir, on ne va pas s'arrêter maintenant. Une bagarre de plus. C'est tout et rien à la fois. Juste un énième refrain.

Je me lance dans la chanson à mon tour, parce que je connais les paroles par cœur. Mes poings frappent de tous les côtés, mais les chiens du clan Rosenbach sont plus nombreux. J'essaye de voir où est Fallone, mais ma vision est trouble à cause des coups que je reçois. J'ai la tête qui tourne. Mon corps me fait mal. Je continue de frapper dans le vide, juste pour continuer la mélodie.

Un violent coup à la tempe me déstabilise. Mes pieds s'emmêlent. Je me sens tomber. Le refrain. Ce foutu refrain. J'aurais dû savoir.

Ma tête cogne contre un coin de table, brutalement. Je me sens partir à la seconde suivante, enveloppé dans un voile noir et froid.

J'aurais dû savoir que toute chanson a une fin.

Je sors de la douche, pose mes pieds mouillés sur le carrelage dégueulasse. Après ma dispute avec Lior, j'avais besoin de me remettre les idées en place.

J'entends mon portable sonner dans la pièce d'à côté. Je n'ai pas envie de répondre. À cette heure-là, je suis sûr que ce sont les gars qui, totalement bourrés, s'imaginent que je vais enfin leur répondre.

Je rejoins la chambre, une serviette enroulée autour de la taille. Lior n'est plus dans le lit. Je regarde vers le balcon. Il est accoudé à la rambarde. Un T-shirt à moi sur le dos et en caleçon. Il fume. Le regard perdu vers l'horizon.

Je le rejoins, il sursaute lorsqu'il m'entend arriver derrière lui. Je dépose un baiser sur son épaule et prend place à côté de lui.

— Ton portable a sonné, dit-il.

— Je sais.

— Tu ne décroches pas ?

— Non. Pourquoi je décrocherais ?

Lior se retourne vers moi, haussant les sourcils d'un air sarcastique avant de rétorquer :

— C'est peut-être Grace.

Je ris, ne trouvant pourtant rien de drôle là-dedans, mais son visage outré est une raison suffisante. Il veut ajouter quelque chose, mais je le coupe d'un baiser. Ses lèvres sont froides et il a le goût du tabac. Mes mains se posent sur ses hanches. Je l'embrasse délicatement, pour le rassurer. Je sens à quel point il est encore tendu.

— Je suis désolé d'avoir fait ça dans ton dos, répété-je pour la énième fois. Mais je veux que tu saches que jamais un seul instant je n'ai eu l'idée de t'utiliser contre elle.

— C'est con, rétorque-t-il en tirant une taffe sur sa cigarette. Ça aurait marché.

— Il n'est peut-être pas trop tard, le taquiné-je.

En réponse, il tire sur ma serviette de toilette, qui tombe à mes pieds. Je suis complètement nu. Je m'offusque.

— Lior !

Mollement, il faut le reconnaître.

— On est sur un balcon, ajouté-je.

— Je t'invite donc à rejoindre notre chambre au plus vite.

Je lui attrape la main, le tirant à moi pour l'embrasser tandis que j'essaye de nous ramener à l'intérieur. Je marche à reculons, ne sachant pas du tout où est passé ce foutu lit. On trébuche sur des fringues. Je grommelle contre ses lèvres. Rosenbach me pousse soudain contre le matelas. Il me rejoint immédiatement.

Mon portable sonne à nouveau, mais je l'ignore délibérément.

— J'ai envie de toi, murmure-t-il contre mes lèvres.

— N'est-ce pas évident ? dis-je, amusé, en me frottant contre lui.

Une grimace de plaisir lui échappe. Dieu, qu'il est beau. Je happe ses lèvres, attrape ses hanches et ouvre mes cuisses pour le sentir encore plus. Il est brûlant de désir. Les mots franchissent mes lèvres sans que je puisse me contrôler :

— Je veux que ce soit toi, cette nuit.

Il frissonne, je peux presque sentir ses muscles se raidir.

— S'il te plaît, soufflé-je en glissant mes mains le long de son dos. Je veux que tu me fasses l'amour.

— On le fait à deux. Et ce, depuis le début.

— Tu sais très bien ce que je veux dire.

Mon copain grommelle et vient embrasser mon cou. Je sais qu'il tente de faire diversion. Il va m'exciter à me rendre fou pour que je perde le contrôle et que je finisse par prendre les devants. Pas cette fois. Pas cette nuit.

— Lior, vraiment.

Il ne m'écoute pas. Il continue ses baisers dans mon cou, mordant ma peau à certains endroits. Je glisse mes mains jusqu'à ses hanches pour le retourner contre le matelas. Il tombe sur le dos et je monte sur lui, ne laissant pas l'occasion à nos corps de se séparer, ne serait-ce que quelques secondes. Il sourit, ce con. Il croit avoir gagné.

La sonnerie de mon portable, *encore*. Seigneur, j'ai plus urgent à gérer.

— Je veux que ce soit toi, répété-je, le regard plongé dans le sien. Je suis sérieux.

— Pourquoi est-ce que tu veux qu'on change ?

— Parce que je veux le vivre aussi. Je veux te sentir en moi.

Ses yeux se voilent légèrement.

— C'est quoi, le problème, en vrai ?

— C'est juste…, commence-t-il. C'est comme ça que je baisais avant, comme le type l'avait fait avec moi. Je n'ai pas envie que ça soit associé à toi. T'es différent.

— Rends ça différent. Rends-le différent pour moi.

Rosenbach hésite. Je le lis clairement dans ses yeux. Il est tiraillé entre l'envie et la peur. Puis son visage se redresse pour que ses lèvres se posent sur les miennes. Je sais que ça veut dire qu'il est d'accord. Mon sang bouillonne dans mon corps, d'appréhension et d'excitation. On change naturellement de position. Je me retrouve sur le dos et il monte sur moi. Sa main me caresse. Je gémis contre ses lèvres, et mes mains partent à la recherche de l'élastique de son caleçon. Je tire dessus, tentant de le faire descendre sur ses fesses.

— Tu ne peux pas rester tranquille deux minutes ? dit-il, râleur, en riant en même temps.

— Non. Enlève.

Il s'éloigne de moi, faisant glisser son boxer le long de ses jambes.

— Dépêche, supplié-je.

— J'arrive, dit-il, dans un soupir. Et puis tu ne veux pas aller éteindre ton portable ? C'est énervant, de l'entendre sans arrêt !

Il n'a pas tort. C'est déjà la troisième sonnerie en quelques minutes. Je me lève d'un bond et rejoins le bureau qui est au fond de la pièce. J'attrape mon téléphone. J'ai plein d'appels en absence. Je m'attendais à voir le numéro d'un des gars affiché, mais c'est celui de ma mère. Je fronce les sourcils. Vu l'heure qu'il est, je comprends que quelque chose de grave vient de se passer. Je pense tout de suite à mon père. Un « merde » m'échappe et j'entends le « quoi ? » de Rosenbach en fond sonore.

Je rappelle. Les sonneries retentissent dans le vide. Je tremble.

— Daël ?

C'est ma mère. Elle pleure. Je l'entends à des kilomètres rien qu'à la façon dont elle a prononcé mon prénom.

— Qu'est-ce qu'il y a ? demandé-je aussitôt.

— C'est Stan.

— Stan ? répété-je, surpris. Qu'est-ce qu'il lui arrive, encore ?

Ses sanglots deviennent si forts que je n'entends pas sa réponse.

— Maman ? insisté-je en serrant le téléphone contre mon oreille, comme si ça allait m'aider à comprendre. Dis-moi, qu'est-ce qu'il se passe ?

— Il est à l'hôpital.

Tout devient silencieux, brusquement. Dans ma tête, du moins. Il y a du mouvement derrière moi, probablement Lior qui cherche à attirer mon attention, et toujours les larmes de ma mère à mon oreille, mais je n'entends plus rien d'autre qu'un bourdonnement sourd.

— Quoi ? parvins-je enfin à articuler.

— Il a fait une commotion cérébrale après un choc. Il est… Il est toujours dans le coma.

— Quoi ? répété-je encore, abasourdi. Mais qu'est-ce qu'il s'est passé ?

— Ce sont les…

Ma mère ne termine pas sa phrase, un sanglot étrangle sa voix, mais je comprends.

Les Rosenbach.

Extra deux

Noah Hamilton

La porte de ma chambre s'ouvre brusquement, me faisant frôler la crise cardiaque. La lumière du couloir s'infiltre dans la pièce. Par réflexe, j'attrape ma couverture et la remonte jusqu'à mes cheveux pour échapper à cette torture. Encore endormi, je lâche un juron, mais les cris de ma mère couvrent rapidement mes lamentations.

— Réveille-toi, Noah ! Dépêche-toi !

Il y a de la détresse dans sa voix. De celles que l'on a toujours peur d'entendre. Je retire brusquement la couverture de mon visage. Elle est là, ma mère, au milieu de la pièce. Les larmes recouvrent ses joues tremblantes. Elle ouvre mon placard et tente d'en extraire des vêtements. Il fait sombre dans ma chambre et elle ne semble pas trouver ce dont elle a besoin.

— Maman, murmuré-je, troublé. Qu'est-ce que tu cherches ?

— Tes vêtements ! s'énerve-t-elle. Tu dois t'habiller ! Vite !

Mon cœur s'emballe, s'emballe si fort qu'il recouvre presque tous les autres bruits de la maison. Il n'y a pas que ma mère qui est éveillée, tout est agité, en bas.

Ma mère finit par sortir un pull du placard. Elle me le balance à la figure et je l'enfile sans réfléchir. Je porte un short de sport. Je me dis que ça fera l'affaire. Je sors de mon lit et la rejoins. Elle a encore des larmes sur les joues, même si je vois bien qu'elle tente d'être forte. Elle reste droite, glissant ses cheveux derrière ses oreilles pour se ressaisir.

— Tu me fais peur, soufflé-je.

Elle ouvre les bras brusquement, me serrant contre elle de toutes ses forces.

— Je suis fatiguée de toutes ces histoires, si tu savais, murmure-t-elle, la gorge nouée.

— Dis-moi.

— Stan est à l'hôpital, mal en point. Fallone vient de nous prévenir.

Je frissonne. Pourtant, à l'intérieur, bien enfoui quelque part, je le savais déjà. Je le savais à partir du moment où elle est entrée dans ma chambre, affolée, en plein milieu de la nuit.

— Les Rosenbach ? demandé-je en connaissant toutefois la réponse.

— Je suis fatiguée, répète-t-elle simplement.

Je lui frotte le dos pour toute réponse. Moi aussi, ça m'épuise, que ça ne s'arrête jamais. Même quand tout est calme, il faut toujours qu'on en revienne au même point : des larmes et une peur qui tiraille le ventre. Un jour, l'un de nous ne s'en sortira pas vivant. Et peut-être que ce jour vient d'arriver.

— Ses parents sont déjà partis pour l'hôpital, enchaîne-t-elle en se retirant de mon étreinte. Tu peux réveiller ta sœur ? Jackson est en train de préparer la voiture.

— Et Fallone ? dis-je, la voix tremblante.

— Elle est déjà à l'hôpital, c'est elle qui était avec Stan.

— Elle va bien ?

Ma mère hoche la tête, l'air de dire qu'elle n'a rien physiquement, mais on connaît assez ma demi-sœur pour savoir qu'elle doit être bouleversée.

— Je vais chercher Maha, ajouté-je.

— Bien, murmure ma mère en venant déposer un baiser sur mon front.

Elle sort de la pièce, rejoignant le salon, où j'entends Jackson insulter la terre entière. Je me précipite dans la chambre de ma petite sœur. Maha dort. Profondément, comme une gamine de dix ans. Ça me tue de la réveiller pour lui annoncer à quel point sa famille ne la mérite pas. À quel point on craint. À quel point on n'est pas foutus de lui offrir une vie normale.

Je m'assois sur le bord du lit et je passe la main dans ses cheveux ébène.

— Maha ?

Elle ne réagit pas. Je passe une main sur sa joue, je me hais d'interrompre le calme dans lequel elle est plongée.

— Maha, réveille-toi.

Ma sœur ouvre doucement les yeux, les paupières lourdes. Elle grommelle, alors je répète son prénom, tout en lui caressant les cheveux. Peu à peu, elle finit par réaliser ma présence.

Une petite voix timide me parvient :

— C'est l'école ?

— Non, chérie, pas encore.

— Pourquoi est-ce que tu me réveilles, alors ?

J'avais prévu un discours dans ma tête, des mots soignés à prononcer en douceur pour ne pas la choquer. Sauf qu'elle se redresse, pose la main sur ma jambe tremblante et demande d'un ton assuré :

— Qu'est-ce qu'ils nous ont encore fait ?

Elle a dix ans. Dix ans et ce regard. Je ne l'oublierai jamais. Un regard qui crie au monde entier : on se vengera, cela ne restera pas impuni, nous sommes les Hamilton.

À cet instant, elle me fait peur.

— Qu'est-ce qu'ils ont fait ? insiste-t-elle.

— Je ne sais pas, avoué-je. Mais Stan est à l'hôpital.

— C'est grave ?

— Ils sont inquiets.

Maha enregistre lentement l'information. Je vois dans ses yeux qu'elle essaye de rester calme. Ça me frappe encore en plein visage. Elle a dix ans, putain. On n'a pas le droit de lui faire vivre ça.

— Je vais m'habiller, finit-elle par murmurer.

— On t'attend en bas.

Je me lève, tout tangue autour de moi. Je crois que je n'arrive pas vraiment à réaliser tout ce qui est en train de se passer. Comme un zombie, je descends les marches de l'escalier, je rejoins ma mère et mon beau-père. Tout le monde s'affole dans le salon. Il y a ma tante, aussi, Janette, elle hurle dans le téléphone. Elle crie qu'elle n'arrive pas à joindre Daël et qu'elle pourrait le tuer de ses propres mains, ce « petit con égoïste ».

Tess est réveillée, elle semble abasourdie par les événements. Ma mère tente de contenir Janette, qui est au bord de la crise de nerfs. Jackson hurle qu'il faut y aller maintenant. Tout a un goût d'apocalypse. Charlie et Maha finissent par descendre à leur tour. Ma sœur a toujours cette lueur froide dans le fond des pupilles. Je n'arrive même plus à la regarder. Charlie, quant à elle, a juste du vide dans les yeux.

— Ellen ? demandé-je.

— Déjà partie avec son frère et ses parents, répond Janette, qui reprend peu à peu ses esprits.

— Allez, on y va, enchaîne Jackson. Ma fille est toute seule là-bas pour le moment.

La façon dont il a parlé de Fallone, la façon dont il a dit « ma fille », je crois que tout le monde a compris ce que cela voulait dire. Une manière de nous rappeler que Fallone n'a rien à faire dans cette famille de fous. On le suit, sans commenter, parce que personne ne pourrait vraiment le contredire, vu les circonstances.

Nous nous séparons en deux voitures. Je monte dans l'une d'entre elles, au hasard. On n'allume pas la musique. Nous n'avons besoin que du silence pour nous accompagner. Un silence pesant jusqu'à ce qu'on arrive à l'hôpital, une vingtaine de minutes plus tard. Il n'y a pas beaucoup de trafic à cette heure de la nuit. Le chemin est presque automatique, comme si on l'avait déjà fait trop souvent.

Nous entrons dans le hall des urgences. On nous apprend alors que Stan est encore avec les médecins et que nous devons aller en salle d'attente.

Je crois entendre Janette dire à ma mère qu'elle a finalement réussi à joindre Daël, mais je n'entends pas la suite.

On arrive dans la pièce. Celle-ci est blanche et oppressante. Les autres sont déjà là. Les parents de Stan, Dan et Holly, ainsi que son frère et sa sœur. Plus loin, Fallone. Ses mains recouvrent son visage. Elle semble anéantie.

Je la rejoins directement et pose une main sur son épaule pour la faire réagir.

— Je suis là.

Ma sœur redresse brusquement le visage vers moi. Elle est rouge de colère et ses yeux hurlent toute la haine qu'elle ressent.

— Toi, ne m'adresse même pas la parole, crache-t-elle.

— Quoi ?

— Ne me parle pas ! s'emporte-t-elle en repoussant ma main, toujours posée sur son épaule.

Hébété, je l'observe se lever et quitter la salle d'attente précipitamment. Je comprends qu'elle soit énervée par ce qu'il s'est passé, mais je ne comprends pas pourquoi toute cette colère est dirigée contre moi. Je m'élance à sa poursuite. Personne ne me retient. Tout le monde sait qu'elle ne pourra jamais me faire de mal. C'est ma grande sœur, pas par le sang, certes, mais je l'ai toujours considérée ainsi. Alors, c'est ce que j'ai à faire, même si je vais me prendre toute sa frustration dans la gueule.

Fallone est déjà loin dans le couloir. Je lui cours après. Je l'appelle, mais elle ne se retourne pas.

Je me plante devant elle une fois que j'ai réussi à la rattraper.

— Ne te braque pas. On est là, maintenant.

— Fous-moi la paix ! Tu me dégoûtes !

— Quoi ?!

— Tout est ta faute !

— Pardon ?

— J'espère au moins qu'elle était un bon coup.

Une douche froide s'abat sur moi. Elle sait. Elle sait pour Lili. Vu avec qui elle a passé sa soirée, c'est certainement Stan qui lui a tout raconté.

— C'est pour ça que vous vous êtes battus avec les Rosenbach ? osé-je demander.

Mais ma question sonne bêtement, parce que je suis encore sous le choc de l'aveu.

— Tu me fais honte, me répond-elle.

Ça me lamine le cœur. La façon dont ses yeux traduisent le dégoût que je lui inspire.

— Je pensais que tu aurais pu comprendre, murmuré-je, la gorge nouée.

— Pour ça, tu aurais dû commencer par me le dire.

— J'avais peur.

— Tout le monde savait, rétorque-t-elle sèchement. Daël, Stan... Tu comptais me le dire quand ?

— J'avais peur, répété-je. Parce que je me fichais de ce qu'ils pouvaient penser de moi, mais pas de ce que *toi* tu pouvais penser.

— Eh bien, tu avais raison d'avoir peur, siffle-t-elle froidement. Parce que je suis déçue. Tu crois que tu es un héros ? Tu trouves ça romantique, peut-être ? Votre amour impossible. Vos familles qui se détestent. Ça ferait un beau scénario, c'est vrai, mais on n'est pas dans un film. Ce que tu nous as fait, ce n'est pas romantique ni héroïque. C'est juste *sale*. Foutrement sale, petit frère, murmure-t-elle faiblement, car sa voix se casse légèrement. Les Rosenbach ont détruit nos vies. Une par une. Aucun amour ne pourra jamais pardonner ça. Et si tu le crois, si tu crois que ton amourette pour cette fille pourra dépasser ça, c'est que tu es sacrément con.

Ses mots sont des coups de poignard dans mon ventre, mais son regard... C'est son regard, le pire. Dans ses yeux, c'est comme si je n'existais plus pour elle. Fallone part et je la laisse disparaître au bout du couloir. Je n'ai aucun moyen de la rattraper. C'est trop tard et tout est ma faute.

J'attrape mon portable dans la poche ventrale de mon pull. Je sélectionne son numéro. J'ai l'impression de m'effondrer. Il faut absolument que j'entende sa voix, elle est ma seule bouffée d'oxygène dans ce monde de fous.

— Allô ?

— Lili, c'est moi. Est-ce que tu vas bien ?

— Oui, à l'exception du fait que ta sœur m'a frappée. Elle est cinglée.

J'ai les jambes qui flanchent, je me retiens au mur de l'hôpital.

— Quoi ?

— Ils sont venus au Whisky Mist. Ils se sont attaqués à nous sans raison.

— Comment est-ce que tu vas ? Tu es blessée ?

— J'ai un sacré coquart.

Son ton est froid et détaché.

— Je suis désolé, murmuré-je. Fallone a appris pour nous deux et...

— Je m'en fiche, m'interrompt-elle.

Je sens un pincement au cœur. Je sais qu'elle est en colère mais, moi aussi, j'existe, dans tout ça.

— Mon cousin est à l'hôpital, lâché-je. Traumatisme crânien.

Il y a un silence gênant au bout du fil, avant que Lili n'ose demander, tout bas :

— Et Ethan ?

— Quoi, Ethan ?

— Ils vont... Est-ce qu'ils vont...

Je ne comprends rien, sa voix devenant plus basse et indistincte.

— Lili, qu'est-ce qu'il y a ? demandé-je.

— Ethan, répète-t-elle. C'est lui qui l'a frappé.

Je m'apprête à répondre, mais Lili ajoute aussitôt, plus sévèrement :

— Qu'est-ce qu'ils vont lui faire ?

Elle n'est pas sérieuse ?

— Ils vont se venger ? poursuit-elle. Tu dois me le dire pour que je le prévienne. Je dois le protéger de la folie de tes cousins. C'est toi qui m'as dit qu'ils étaient dangereux.

La chute est douloureuse. Lili s'en fout. De moi, de Stan, de ma famille qui s'écroule. Qu'est-ce que je croyais ? Fallone avait raison. Ce qui la préoccupe, ce n'est pas moi mais son foutu clan.

— Stan est à l'hôpital, rétorqué-je sèchement. C'est ton cousin qui a envoyé le mien là-bas. Ça t'écorcherait la gueule de simplement me demander comment il va ?

Un silence au bout de la ligne. Le silence qui fait que l'on réalise enfin que nous ne sommes pas dans le même camp. Même si les deux sont en train de s'effondrer, personne ne viendra sauver l'autre.

— Stan était à Mayfair, finit-elle par répondre.

Voilà, c'est dit. Stan était dans un quartier interdit donc il l'a bien cherché. C'est ce que sa réponse sous-entend. Donc c'est dit. Ce conflit qu'on a tenté d'ignorer, il est toujours là, comme s'il était inscrit dans nos gènes pour toujours. Il est là. Dans nos pensées, dans nos actions, dans nos mots. Il est là et rien ne l'effacera jamais.

— Alors c'est ça ? Tu acceptes ? Tu acceptes leurs codes, leurs lois, leurs quartiers ?

Lili ne me répond pas tout de suite, laissant quelques secondes s'éterniser cruellement. Elle demande faiblement :

— Dis-moi si Ethan est en danger. Si tu m'aimes encore, dis-le-moi.

— Tu le sais aussi bien que moi.

Un sanglot étrangle sa voix. Un son désespéré auquel je ne peux pas répondre.

— Je ne veux pas qu'il lui arrive du mal, reprend-elle.

Je crois qu'elle retient ses larmes.

Pourtant, elle poursuit :

— Qu'est-ce qu'ils vont lui faire ?

J'ignore quoi répondre. Bien sûr, qu'ils vont réagir. Ils vont réagir dès que Daël aura remis les pieds dans cette ville, et il n'y a rien que je puisse faire pour empêcher ça.

— Je suis désolé.

Elle raccroche. Ma main se contracte sur mon téléphone et j'ai honte, tout à coup. Honte qu'on en soit arrivés là, honte de m'être battu si longtemps pour échouer si lâchement.

Je range mon portable dans ma poche et rejoins la salle d'attente pour être avec ma famille. Fallone n'est pas revenue. Je m'assois sur une chaise, à côté de Maha. Elle me prend la main.

Je regarde ma famille. Janette a les joues creusées par la fatigue. Patricia, ma mère, essaye de rassurer mon beau-père, mais Jackson s'est renfermé sur lui-même, alors on a juste l'impression qu'elle parle à un mur. Ellen s'est endormie sur l'épaule d'Aiden, son visage est marqué par l'angoisse et la peur. Ses yeux sont rouges d'avoir trop pleuré. Tess regarde le plafond d'un air absent, elle a l'air perdue dans ses pensées, comme elle est perdue dans sa vie. On ne l'entend pas beaucoup, cette petite, parce que je crois qu'elle se sent de trop. Elle essaye de disparaître pour ne pas poser de problèmes. Le plus triste, c'est qu'on la laisse faire, parce que ça nous arrange bien, un problème de moins dans la famille. Et puis il y a Charlie, aussi. Elle écoute sa musique, probablement quelque chose d'aussi sombre que son état d'esprit. Les parents de Stan sont assis un peu à l'écart du groupe. L'inquiétude ravage leurs traits. C'est là que je comprends que Daël avait raison quand il m'a dit que je n'avais pas le droit de faire ça à ma famille. Tout le malheur des Hamilton vient des Rosenbach. Pourquoi est-ce que j'ai voulu croire que c'était possible ? La réalité est encore plus douloureuse que tout le mensonge que je me suis créé.

Personne ne parle. Les filles finissent par s'endormir sur leur chaise. Moi aussi, je somnole, attendant des nouvelles qui soulageront un peu la torture dans mon esprit. Les heures s'écoulent, lentement.

Puis il arrive. Au début, on entend juste sa voix au bout du couloir. On entend sa colère. On l'entend hurler : « Qui ? Qui lui a fait ça ? » Il débarque dans la pièce, réveillant tout le monde. Daël Hamilton. Dans son rôle de chef de clan. Il a fait vite, je pensais qu'il n'était même plus dans le pays... Il faut dire que je n'ai aucune idée de l'heure qu'il est, même si les rayons du soleil qui passent à travers les vitres m'indiquent que la nuit a passé.

— Qui a fait ça ? répète-t-il, le visage crispé.

Il a disparu pendant une semaine. Aucune nouvelle, aucun signe de vie. Il revient comme ça, récupérer sa vengeance, qu'il n'a jamais réussi à abandonner. Il est comme les autres.

— Ethan, finit par lui répondre Aiden.

— Comment va Stan ?

— Toujours au bloc. Les médecins ne sont pas revenus nous voir.

— Fallone ? lance-t-il.

Je me redresse sur ma chaise, répondant :

— Encore dehors, je suppose.

Daël pousse un soupir, passant les mains sur son visage pour se ressaisir.

— Ne mêle pas ma fille à ta vengeance, déclare aussitôt mon beau-père. Regarde où Stan en est par votre faute.

Daël ne lui répond pas. Il se contente de regarder tout le monde, mais je crois qu'il y a trop de haine dans ses pupilles pour qu'il nous voie réellement.

— Je vais la chercher, déclare-t-il.

Il sort de la pièce et je me lève brusquement pour m'élancer à sa poursuite.

— Daël !

Mon cousin se retourne vers moi, l'air encore plus dévasté qu'il y a deux minutes.

— Daël, stop.

— Quoi ?

— Ne fais pas ça, murmuré-je.

Son silence est la pire des réponses.

— Alors toi aussi ? m'étranglé-je.

— Quoi, moi aussi ?

— Comme ça, simplement, tu reprends les armes ? Et Lior, alors ?

Ses yeux se voilent instantanément. C'est la seule seconde d'humanité que j'arrive à lire dans son regard avant qu'il ne se reprenne.

— Je ne laisserai jamais personne le toucher, affirme-t-il. Mais Ethan est un homme mort.

— Ethan est son cousin, rappelé-je. Tu perdras Lior si tu fais ça.

Il hausse les épaules, même si, je parviens à le lire dans ses yeux, ça le dévaste. Pourtant, son choix est fait. Les Hamilton avant tout, c'est son seul credo.

— Ce n'est pas comme si on avait vraiment eu une chance de rester ensemble, finit-il par déclarer. Tu devrais aussi arrêter avec Lili, parce qu'il n'y aura jamais de fin heureuse pour nous.

— Il n'y aura surtout jamais de fin si personne ne se décide à arrêter ce conflit.

Daël ne trouve rien à me dire ; il me tourne le dos pour rejoindre la sortie. Finalement, c'est ça, sa réponse. Il n'y aura pas de fin. Pas de partage. Pas de trêve.

Il n'y a juste pas assez de place pour nos deux familles dans cette ville.

Chapitre 8

Lior Rosenbach

J'ai peur. Je sais que j'ai passé ma vie à avoir peur, mais cette peur-là est différente, elle est bien plus tenace, elle s'infiltre dans mes veines comme du poison. J'ai peur de ce qu'il va se passer. De ce que vont faire les Hamilton. De la façon dont vont réagir les Rosenbach. J'ai peur de rentrer chez moi, tout simplement.

Je me tiens devant la porte. Après le coup de fil de la mère de Daël, on a pris le premier avion pour Londres. On est arrivés à 7 heures du matin en Angleterre, puis on est montés dans deux taxis différents. Lui pour l'hôpital, moi pour Mayfair. On s'est à peine embrassés pour se dire au revoir, juste un effleurement de lèvres, pour la forme plus que pour l'envie.

Pourtant, je savais qu'on allait rentrer un jour ou l'autre, mais je pensais qu'on s'y serait un minimum préparés. Pour être honnête, j'avais presque cru qu'on rentrerait main dans la main, lui et moi. On l'aurait annoncé à tout le monde, on aurait fait tomber les masques. Jolie illusion. Ils sont encore bien accrochés.

J'ouvre ma porte d'entrée. Ça ne sert à rien de faire durer le suspense plus longtemps. Je pose un pied dans le hall. À peine cinq secondes s'écoulent avant que ma sœur débarque en courant, se jetant dans mes bras.

— Pauvre con.

Je ne la serre pas en retour. Je lui en veux toujours pour Greg, même si je n'ai pas la force d'avoir cette conversation maintenant.

— Pourquoi es-tu parti si longtemps ? demande-t-elle en cessant son étreinte.

Je hausse les épaules.

— Je n'avais pas envie d'aller dans ce centre.

Grace soupire, ajoutant :

— J'ai réussi à contenir papa pour qu'il n'envoie pas la police à vos trousses, mais je crains qu'il ait changé d'avis, après ce que tu viens de faire.

J'encaisse, ce n'est pas comme si j'avais l'impression de l'apprendre.

Grace met la main sur mon épaule pour la frictionner, posant sur moi un regard entre la pitié et la crainte. Je tourne la tête vers la porte du salon. Ma mère s'y tient, les yeux remplis de larmes. J'esquisse un mouvement pour m'approcher d'elle, qui est aussitôt contré par un violent recul lorsque j'entends la voix grave de mon père résonner dans toute la maison.

— Lior Jensen Milward Rosenbach !

Il apparaît dans le hall d'entrée. Je sens ma sœur effleurer mon bras, car elle sait probablement ce qui va m'arriver. Moi aussi, d'ailleurs. Je suis à peine surpris lorsque je sens ma tête partir sur le côté et ma joue gauche me brûler. Le cri de ma mère couvre le bruit de la claque. Pourtant, j'ai l'impression qu'elle résonne encore même après la minute de silence total qui a suivi le coup.

— J'espère que tu as honte de toi, finit par cracher mon père.

Je le reconnais à peine. Son visage d'habitude si parfait, sa peau si soignée, ses cheveux bouclés retenus par de la cire coiffante, son air fier, tout a disparu derrière les rides de son visage. L'angoisse l'a défiguré, et c'est ma faute.

— Je suis désolé, murmuré-je. Je ne voulais pas aller là-bas.

— Tu es malade, Lior. Tu dois être soigné. Jusqu'à nouvel ordre, je suis ton père, donc je prends les décisions.

— Peut-être que tu ne sais pas ce qui est bon pour moi.

Il éclate de rire. Pas un rire joyeux, mais un rire amer, le rire d'un homme bien trop blasé par la vie.

— Et qu'est-ce qui est bon pour toi ? Ton idylle avec ce type que personne n'a jamais vu ? Te dorer la pilule au soleil je ne sais où pendant que ta famille est morte d'inquiétude pour toi ? Tu sais que ta mère n'a pas fermé l'œil de la nuit depuis ton départ ?

Je déglutis avec difficulté, mal à l'aise. Bien sûr, je savais que mon comportement était égoïste et stupide, mais entendre ma mère pleurer et voir les yeux rouges de mon père rend tout ça encore plus réel.

— Je suis désolé, répété-je, car je n'ai aucune foutue idée de ce que je pourrais bien dire d'autre.

— Il y a de quoi être désolé ! s'emporte-t-il. Je te préviens, j'appelle la clinique de désintoxication dès l'ouverture et je peux te dire que tu y passeras tout le temps qu'il faudra.

— Non !

— Pas de discussion possible.

Mon pouls s'accélère et la pression me monte à la tête. Je savais que ça allait arriver, mais je n'ai pas dit que je me laisserais faire, cette fois-ci.

— Je n'irai pas.

— Tu n'as pas le choix.

— Je ne suis pas un drogué.

Le silence qui me répond fait mal au cœur.

— Plus, ajouté-je. Je ne suis *plus* un drogué. J'ai arrêté.

— Tu ne discutes pas, déclare mon père. Tu as besoin de te poser et de prendre un nouveau départ.

— Me poser ? répété-je, offusqué. Tu veux m'enfermer dans une prison au milieu de nulle part ! C'est ça, que tu oses appeler « se poser » ?

— Se soigner, dit-il, se corrigeant. Si tu veux que j'emploie les bons mots, alors, oui, je t'envoie dans un camp de désintoxication pour te *soigner*. Est-ce que tu vas me le reprocher ? D'essayer de sauver mon fils ?

— Ce n'est pas ça qui me sauvera, papa.

Il reste stoïque, il n'y a pas une once d'hésitation ou de remords dans ses yeux. Par désespoir, je me tourne vers Grace. Pourtant, je sais qu'elle aurait réagi depuis longtemps si elle était contre cette décision.

— Alors toi aussi ? lancé-je, la gorge nouée. Tu veux te débarrasser de moi ?

— Lior, murmure Grace. Ce n'est pas ça.

— Pourquoi tu me laisses partir alors que...

— Les Hamilton ont encore frappé, m'interrompt-elle.

Je reste silencieux. J'avais presque oublié cette partie de l'histoire. J'ai appris en même temps que Daël que Stan était à l'hôpital après une bagarre. Je sais aussi que, dans mon camp, il y a moins de dégâts à déclarer, j'aurais été prévenu dans le cas contraire, et c'est la première chose que j'ai vérifiée après le coup de fil de la mère de Daël. J'ai récupéré le portable que j'avais acheté en urgence à Barcelone et je n'avais reçu aucun message.

— Stan et Fallone sont entrés à Mayfair, poursuit Grace. Lili a été prise à partie.

— Quoi ?

Je me sens défaillir. Et si j'avais tort ?

— Elle va bien, m'assure-t-elle aussitôt. Juste un peu sonnée.

— Et les autres ?

— Ethan était avec ses amis, ils ont pris le dessus. Stan aurait chuté sévèrement dans l'altercation et il est mal en point, je crois.

J'acquiesce, feignant de l'apprendre, bien que Grace n'attende pas particulièrement de compassion de ma part.

— Même si c'est leur faute, les Hamilton n'en resteront pas là, enchaîne ma sœur. C'est la raison pour laquelle j'ai accepté que tu partes dans ce centre de désintoxication. Pour t'éloigner de Londres, le temps que les choses se calment.

— « J'ai accepté », peste mon père en imitant ma sœur. Comme si j'attendais ton approbation.

Personne ne commente son intervention, et je me retourne vers ma mère. Elle est mon dernier espoir.

— Maman, s'il te plaît. Pas toi.

— Ton père et Grace ont raison, mon chéri, dit-elle, mal à l'aise. Ça te fera du bien de t'éloigner de cette ville.

— Mais je…

— Pas de discussion, répète mon père, froidement. Maintenant, va dans ta chambre et dors un peu, tu as un visage monstrueux.

C'est lui qui l'est, monstrueux.

— On a beaucoup de route à faire demain matin, conclut-il.

Je fais ce qu'il me dit, les épaules voûtées, les mains dans les poches, avançant d'un pas traînant jusqu'à l'escalier pour rejoindre l'étage. À quoi bon, finalement ? Ils sont tous contre moi et je n'ai clairement pas la force de me battre contre ma famille. Je remonte la bandoulière de mon sac sur mon épaule et atteins ma chambre. Je referme la porte derrière moi. Elle claque, réveillant probablement ceux qui avaient encore la chance de dormir. Je m'écroule sur le lit. Je repense à Daël. Je repense surtout au moment où tout s'est écroulé, juste après ce coup de fil.

Il a raccroché. Sans me regarder ni parler, il a récupéré sa valise et rangé ses affaires rapidement à l'intérieur. Je l'ai imité, la gorge en feu et n'osant rien ajouter de peur que sa colère me tombe dessus. Il avait les larmes aux yeux. Ce qui m'a fait mal, c'est que ce n'étaient pas des larmes de peine mais de rage. Je dois l'admettre, il m'a fait peur. Ce Daël-là me terrifie. Le même qui me regardait impunément pendant que sa cousine me brûlait le bras avec le bout de sa cigarette. Ce Daël-là n'est même pas Daël, d'ailleurs. Il est juste un Hamilton. Le pire d'entre tous.

On est sortis de l'hôtel pour attendre le premier avion à l'aéroport. Il n'a rien dit de tout le trajet. Je sais qu'il m'en veut. Il m'en veut à moi, à cause du nom que je porte.

J'entends un coup timide à ma porte. Je ne prends pas la peine de répondre. Quelqu'un entre dans la pièce, se faufile jusqu'au lit et se glisse sous la couverture avec moi.

— Je suis désolée, me murmure Lili à l'oreille.

Je me retourne vers ma cousine. Elle a un œil tout violacé, et ça me rend malade qu'ils aient pu la blesser. Elle s'est pris toute la violence des Hamilton à la figure et c'est elle qui s'excuse. Notre monde tourne à l'envers.

— Tu es désolée pour quoi ?

— Que tout craigne autant, répond-elle.

— Ce n'est pas ta faute.

— Ça me désole quand même.

J'acquiesce et ma cousine vient se glisser dans mes bras.

— Comment va Ethan ? demandé-je.

— Mal. Il craint les représailles des Hamilton. Tu devrais aller le voir.

— Il ne m'en veut pas d'avoir fui ?

— Bien sûr que si, répond-elle. Mais il t'aime plus que tout. Il ne veut pas te voir partir et moi non plus.

— C'est trop tard. Je pars dès le lever du soleil.

— Je sais… Et les parents d'Ethan et Edward ont avancé les dates de leurs billets d'avion pour la Chine. Ils veulent leur faire quitter le pays dans deux semaines.

Merde.

— Et toi ? relancé-je, la gorge nouée.

— Je vais être envoyée en vacances dans le Sud de la France avec Ian, chez les cousins de ma mère, jusqu'à la fin de l'été. On devrait partir dans deux semaines, après le départ d'Edward et Ethan.

— Et après ?

— Après, ils pensent nous faire étudier à Manchester. Tous les deux.

— Et moi ?

— Hier, ils parlaient de New York, avoue-t-elle. Ils peuvent t'avoir une place dans une bonne université là-bas.

J'aurais presque pu en rire si ce n'était pas aussi triste.

— Alors voilà leur solution, rétorqué-je. Ils nous font quitter le navire avant qu'il ne coule.

— Le navire a déjà coulé, murmure Lili. Là, ils essayent juste de nous sortir la tête de l'eau. Est-ce qu'on peut vraiment leur en vouloir pour ça ?

À cet instant, je me pose sincèrement la question et je comprends que non, je ne peux pas leur en vouloir, je peux seulement leur en vouloir de ne pas avoir pris cette décision avant. Qu'est-ce qu'ils pouvaient faire d'autre, de toute façon ? C'était des conneries, ces quartiers délimités. On se bouffe les uns les autres, juste parce qu'on respire le même air et qu'il n'y a pas assez d'oxygène pour nous tous. Alors peut-être que les Hamilton vont croire qu'ils ont gagné. Qu'ils nous ont fait quitter la ville. Qu'on a juste fui le problème, comme des lâches. Ils auraient tort de le croire. Il n'y a pas de lâcheté dans cette fuite, juste le courage que l'on n'a jamais vraiment eu avant.

— Grace ? demandé-je enfin.

— Elle ne quittera jamais Londres.

Je regarde ma cousine, étonné.

— Grace va rester ici toute seule ?

— Elle l'a toujours un peu été, seule.

Je pose le menton sur la tête de Lili et elle se blottit davantage contre mon torse. C'est rare, nos câlins, mais c'est aussi rare de voir sa famille se désagréger, alors bon…

— Ethan m'a dit la vérité pour Greg, ajouté-je. Je sais que Grace nous a menti.

Ma cousine me serre encore plus fort en réaction.

— Elle s'est construit une carapace au fil du temps, répond Lili. Le problème, c'est qu'elle a oublié ce qu'il y avait à l'intérieur.

— Quelqu'un arrivera à creuser, un jour.

— Ce jour-là, ça risque de faire des dégâts.

Je passe une main sur le front de Lili pour lui caresser les cheveux, évitant sa blessure afin de ne pas lui faire mal.

Je ne dis rien, mais j'ai peur que les dégâts soient déjà irrémédiables.

✉ **SMS de** Boucles d'or **à** Grand méchant loup
13 h 10. Je quitte la ville. Désintoxication.

Daël Hamilton

Je relis le message affiché sous mes yeux, plusieurs fois, mais je suis incapable de lui répondre. J'ai le cœur laminé, la boule au ventre, les nerfs en vrac. Je suis fatigué de tout ça. De ce conflit, de cette haine qui me ravage et de cet abandon. Pourtant, je sais que je l'ai mérité. Ce n'est pas lui qui m'a abandonné en premier, c'est moi. À partir de l'instant où j'ai reçu ce coup de téléphone de ma mère à Barcelone, je l'ai abandonné. Il l'a lu dans mon regard. Tout est trop tard désormais, puisqu'il s'en va.

Je range mon portable dans ma poche. Je suis assis dans la salle d'attente avec ma famille. On attend des nouvelles de Stan. Je passe les mains sur mon visage, je ne me suis jamais senti aussi impuissant et je déteste ce sentiment.

Je tourne le regard vers Fallone. Je connais assez bien ma cousine pour savoir ce que cachent ses traits : de la culpabilité. C'est elle qui était avec Stan au moment de l'accident et, même si je crève d'envie de savoir ce qu'il s'est passé, je me retiens de le lui demander pour ne pas l'enfoncer encore plus.

Je fais craquer mes doigts nerveusement, ma gorge me brûle car je n'ai pas bu une seule goutte d'eau depuis mon départ de Barcelone, mais j'ai peur de quitter cette salle. J'ai peur de revenir trop tard, de voir toute ma famille en larmes, de comprendre qu'il est parti, lui aussi.

Mon père est dans le même hôpital. On ne lui a pas encore annoncé la nouvelle. Je ne suis pas certain qu'il y survivrait, avec sa santé fragile. Il ne sait pas non plus que je suis revenu, d'ailleurs. C'est plutôt ça que son cœur rempli de colère ne surmonterait pas : me revoir.

Un mouvement à mes côtés me sort de mes pensées et je me retourne vers Charlie. Ma petite sœur vient de s'installer à côté de moi, ce qui est probablement la chose la plus étrange qu'elle ait jamais faite. Venir d'elle-même, j'entends.

— Ça va ? demandé-je.

— Pourquoi es-tu parti ?

Elle a au moins le mérite de ne pas tourner autour du pot.

— Je suis désolé.

— Je ne veux pas que tu sois désolé. Je veux que tu me dises pourquoi tu es parti.

— Je n'étais pas parti pour toujours. Je serais revenu.

— Quand ça ? ironise-t-elle. Tu attends que l'un d'entre nous crève dans cet hôpital ? Si ça n'avait pas été Stan, ça aurait été quelqu'un d'autre. Tu sais qui ça aurait pu être, poursuit-elle plus froidement.

La putain de réponse reste coincée dans ma gorge.

— Ça aurait pu être qui ? insiste Charlie.

Je les vois. Bien sûr, que je les vois. Je ne vois que ça.

— Daël, réponds-moi.

Ses cicatrices. Rouges. Encore vives de la veille. Sur ses poignets. Ses cicatrices qui marquent sa peau et brisent son âme. Ses cicatrices qui reflètent tout le mal qu'elle porte à l'intérieur. Je sais qu'elle s'inflige régulièrement ces atrocités depuis le viol d'Ellen.

— Putain, tu...

— Toi, la coupé-je. C'est toi qui aurais pu être à sa place.

Charlie se tait, les larmes n'ont jamais coulé sur ses joues. Pas une seule fois. Pas devant moi, du moins. Et c'est toujours le cas. Elle se contente de me regarder, me laissant me dépatouiller avec sa vérité, celle qu'elle n'a jamais cachée. Elle n'en a pas eu besoin, nous l'avons fait à sa place, déplaçant le problème en l'envoyant chez un nombre incalculable de psychologues et psychiatres en tout genre.

Je lui attrape le poignet sans rien dire. Je le retourne délicatement pour voir l'intérieur. J'observe les boursouflures rouges. La peau abîmée, tailladée, épuisée de cette haine récurrente contre ce corps qui n'a rien demandé.

— Tu as désinfecté ? demandé-je.

— Tess, répond-elle en retirant son poignet.

Elle repose son bras sur ses jambes. Un silence gênant s'installe. Je finis par répondre à sa question, parce qu'elle mérite au moins ça :

— J'étais parti en vacances avec mon petit ami. Je suis désolé de ne pas vous avoir prévenus. J'avais peur que l'un d'entre vous m'en empêche.

— On ne t'en aurait pas empêché, déclare ma mère.

Je lève les yeux vers elle, réalisant que toute la famille a assisté à notre échange, et surtout à mon explication plus que foireuse.

— Mais tu as des responsabilités que tu dois apprendre à gérer, ajoute-t-elle. Tu n'as pas le droit de t'enfuir du jour au lendemain.

— Je sais.

Je croise le regard de Fallone, mais la désapprobation que j'y lis est insupportable. Je détourne immédiatement les yeux. Ellen est en train de dormir contre l'épaule de son grand frère. Je crois que je n'ai jamais vu Aiden aussi inquiet. Il est une bombe à retardement. Je sens qu'il ne va pas tarder à exploser.

— Enfin, reprend ma mère à mon intention. Il faudra annoncer à ton père que tu es revenu, ça soulagera ses derniers jours.

Elle insiste sur le mot « derniers », comme si elle voulait me faire comprendre que j'ai un rôle là-dedans, et c'est peut-être le cas.

— Doit-on lui annoncer, pour Stan ? interroge Patricia, la gorge nouée et la main serrée dans celle de son fils.

— Je préfère attendre qu'on ait des nouvelles plus encourageantes, lui répond Janette.

— Mon garçon est un combattant, rétorque mon oncle Dan. Il va se réveiller. J'en suis persuadé.

— Et la première chose à laquelle il va penser, c'est se taper l'infirmière, fait Ellen en s'écartant de l'épaule de son frère, finalement réveillée.

On sourit, sans faux-semblants, cette fois. Même si le cœur n'y est pas vraiment, on sourit ensemble, parce que ça serait vraiment Stan de penser à ça en premier.

— Je le vois déjà en train de nous faire un geste salace quand elle passera lui prendre sa température, enchaîne Aiden.

— Et lui demander son numéro, même s'il n'est pas capable de se souvenir de son propre prénom, ajoute sa sœur.

On les regarde tous les deux en train d'imiter Stan dans son lit d'hôpital. C'est certainement inapproprié, mais ça nous fait tous rire, au moins.

Un médecin entre dans la pièce. Nous nous levons. La femme en blouse blanche nous regarde tour à tour, en un mouvement circulaire, comme si elle ne savait pas vraiment à qui s'adresser, puis elle finit par nous annoncer que Stan vient de se réveiller et que sa vie n'est plus en danger. Pour la première fois depuis longtemps, j'ai l'impression que la vie nous offre un peu de répit. Je serre Charlie dans mes bras tandis que j'entends toute ma famille pousser des soupirs de soulagement.

— On peut le voir ? demande immédiatement Ellen en se retenant certainement de sauter dans les bras du médecin.

— Il vient juste de se réveiller, il est très fatigué, vous ne pouvez pas tous y aller maintenant.

— Juste son frère et sa sœur, insiste leur mère. S'il vous plaît.

— Très bien, juste vous deux, alors, dit le médecin avant de se retourner vers quelqu'un qui passe dans son dos. Oliver ! Tu peux emmener les enfants Hamilton dans la chambre 306 ?

Ledit Oliver se joint à nous. C'est un homme d'une quarantaine d'années, qui se présente comme l'infirmier de Stan. Un blanc suit l'information, avant que tout le monde éclate de rire. Il ne comprend pas, mais se contente d'un haussement d'épaules avant de disparaître avec Aiden et Ellen.

Je m'adosse contre ma chaise, sentant le poids dans mon ventre s'alléger un peu. Le téléphone de Noah se met à sonner. Il se lève pour décrocher et quitte la pièce immédiatement, ce qui me laisse peu de doutes sur l'identité de son interlocutrice.

Je regarde Fallone. Elle respire à nouveau, et ça me rassure de la voir reprendre des couleurs. Je la rejoins et m'assois à côté d'elle. Pendant ce temps, ma mère et mes oncles et tantes décident de rejoindre la chambre de mon père pour enfin lui annoncer les péripéties de la nuit.

— Tu vas bien ? lancé-je.

— Stan va bien. C'est le principal.

— Je m'inquiète pour toi aussi.

— Première nouvelle, ironise-t-elle.

— Fallone, je sais que tu m'en veux, mais…

— Tu es parti, me coupe ma cousine. Ne crois pas revenir aussi facilement, et ne crois pas que tu peux encore prétendre au rôle de héros que tu t'es attribué. Tu ne vengeras pas Stan. Toi et moi savons très bien pourquoi. Tu es un traître, tout comme Noah.

Je lance un bref coup d'œil vers mes sœurs et Maha pour m'assurer qu'elles n'écoutent pas notre conversation, mais elles vaquent à leurs occupations distraitement.

— Tu es au courant, alors ?

— Je le suis. Encore une chose que tu t'étais bien gardé de me dire, d'ailleurs.

Je ne lui réponds pas. Je ne sais même plus quoi répondre. Il y a eu tant de mensonges dans cette histoire que j'ignore désormais où se situe la vérité.

Je me lève et annonce avant de quitter la salle d'attente :

— Je vais fumer.

Personne ne me répond, ni même ne lève la tête dans ma direction. Je traverse le couloir à vive allure. J'ai besoin de prendre l'air, de m'échapper de cette ambiance pesante. Je parcours l'hôpital, mon paquet de clopes dans les mains.

Lorsque j'arrive dehors, j'aperçois Noah assis sur un muret. Il fume, lui aussi, son portable tournoyant entre ses doigts. Il a les yeux rouges. Je crois qu'il a pleuré… ou qu'il s'apprête à le faire.

— Tu as du feu ? demandé-je en arrivant à sa hauteur.

Noah plonge la main dans la poche de son short. Il en sort son briquet, qu'il me tend en disant à voix basse :

— Lili vient de m'appeler.

— Qu'est-ce qu'elle t'a dit ?

— Elle part, déclare-t-il. Ils partent tous. Dès la rentrée, il n'y aura plus de Rosenbach ici, enfin hormis Grace.

Un silence. Un silence qui ne veut plus rien dire à cet instant.

— Voilà, reprend Noah, des trémolos dans la voix, en écrasant sa cigarette sur le muret. Tu es content ? Le grand Daël Hamilton a gagné la guerre.

— Ta gueule.

— Les Hamilton règnent sur Londres, insiste-t-il, l'air arrogant et le regard noir. On a la ville pour nous tout seuls. C'est ce que tu voulais, non ?

Peut-être que c'est ce que je voulais, à la base. Je ne sais pas. Je ne sais plus.

Noah saute du muret, retombant lourdement sur ses pieds.

— Tu vas faire quoi, maintenant que tu n'as plus les Rosenbach pour justifier ta vie ? m'interroge-t-il.

Je soutiens son regard, tirant une taffe sur ma cigarette, alors qu'il reprend, presque amusé :

— Eh ouais, si tu avais été un peu moins con, tu aurais su que le combat que tu as mené était dirigé contre le mauvais ennemi. Parce que ce n'est pas à cause des Rosenbach que tu te lèves tous les matins à 6 heures, ce n'est pas à cause des Rosenbach que tu ne sors plus le soir, ce n'est pas à cause des Rosenbach que tu bois à t'en mettre la tête à l'envers. Surtout, ce n'est pas à cause des Rosenbach que tu passeras toute ta vie derrière un bureau, dit-il en s'approchant. Si tu avais été moins con, tu aurais su que cette guerre te faisait juste oublier que ce que tu hais le plus dans ce monde, ce n'est pas leur clan mais le nôtre.

La clope se consume entre mes doigts. La boule coincée dans ma gorge m'empêche de parler, même de respirer. Il faut dire que survivre m'importe assez peu à cet instant.

— Et maintenant c'est le seul qu'il te reste, achève Noah.

✉ **SMS de** Grand méchant loup **à** Boucles d'or

20 h 31. Prends soin de toi.

Chapitre 9

Lior Rosenbach

Le moment est si gênant que je me demande si je n'étais pas mieux au centre de désintoxication, finalement. J'ai eu droit à une sortie exceptionnelle, car Edward et Ethan partent pour la Chine rejoindre leurs parents, dès demain matin. La clinique m'a autorisé à leur dire au revoir. Mes parents sont venus me chercher dans la journée et m'ont ramené à Londres. J'ai eu l'autorisation d'une soirée. Et me voilà, à table, dans l'appartement de Grace.

Il n'y a que nous, les cousins. Les parents n'ont pas été conviés à la fête. Ils voulaient nous laisser « entre jeunes », une dernière fois. Pourtant, il y a un tel silence que l'on pourrait se croire au club de retraités du coin de la rue. Seul le bruit des couverts dans nos assiettes remplit le vide.

Ça n'a jamais été comme ça entre nous, et maintenant ça l'est. Ça sonne creux. Personne n'a envie d'être là, même moi, qui étais pourtant enfermé à l'autre bout du pays depuis déjà deux semaines.

— Vous voulez sortir après le repas ? tente Edward. On pourrait aller au Whisky Mist ?

Bien sûr, allons dans le club où notre cousin a failli tuer cet abruti de Stan. Ça semble une bonne idée pour parfaire cette soirée merdique.

— Sans façon, répond Ethan, sans même un regard vers son frère.

— On peut aussi aller se balader ? dit Grace. Il fait bon, ce soir.

Cette fois, c'est moi qui rétorque :

— Non.

Je n'ai pas d'explications à donner. Je ne veux juste pas jouer cette comédie. Grace m'a menti sur Greg et elle a laissé nos parents m'emmener dans cette prison… Est-ce qu'elle croit sincèrement que j'ai envie d'aller me promener bras dessus, bras dessous, le long de la Tamise, comme si de rien n'était ?

— Moi, je vais vous laisser, interrompt Lili.

Tous les regards bifurquent vers ma cousine. Affublée d'une salopette en jean, des paillettes dorées brillant sur ses joues, les cheveux attachés négligemment sur le dessus de la tête, Lili se recule de la table.

Elle vient de ranger son portable dans sa poche et je crois deviner qui l'a contactée.

— Tu ne passes pas la soirée avec nous ? demande Grace, choquée.

— Tu as proposé un repas, dit-elle en haussant les épaules. Tu n'as pas précisé qu'on faisait une pyjama party.

— On est là pour Edward et Ethan, rappelle ma sœur sèchement. On devrait rester ensemble, pour leur dernière soirée.

— Moi aussi, c'est ma dernière soirée, rétorque Lili. Je pars demain pour le Sud de la France avec mon frère et j'ai envie de voir mes amies.

Ses amies, bien sûr.

— Je serai là demain matin à l'aéroport, dit-elle à Ethan. Promis.

— Je ne t'en veux pas, dit-il aussitôt, lui rendant son sourire.

Elle ne s'est pas retournée vers Edward, et mon cousin baisse la tête vers son assiette, un peu abattu. Lili débarrasse sa place, faisant des allers-retours entre la table et la cuisine dans le silence le plus complet. Puis elle vient déposer un baiser sur la joue de Ian, avant de faire un salut collectif et de disparaître de l'appartement.

La porte se referme sur son départ, et le silence est encore plus lourd sur nos épaules.

— Je vais aller voir des potes aussi, lâche Ethan.

— Quoi ? s'exclame son grand frère, levant brusquement la tête dans sa direction.

— Lior a pu sortir exceptionnellement, ajoute Grace. Tu ne vas même pas rester pour lui ?

Tiens, maintenant, je lui sers d'excuse pour essayer de recoller les morceaux de notre famille ? Il faut qu'elle se décide, je croyais que tout était toujours ma faute.

Ethan se retourne vers moi, interrogeant :

— Tu veux venir ?

— Non, merci.

— Ian ? enchaîne mon cousin.

— Moi, je ne dis pas non.

Cette fois, Grace ne retient même pas son soupir, laissant sa tête basculer dans ses deux mains.

— Vous allez nous le faire payer encore longtemps ? demande-t-elle entre ses lèvres pincées.

— Ça dépend, vous nous avez menti combien de temps, déjà ? répond Ethan, ironiquement. Deux ans, non ?

Edward cherche à dire quelque chose, mais son frère tourne les talons pour récupérer ses affaires, et sa bouche se referme en un son résigné.

Je vois que la situation ne s'est pas arrangée entre eux deux. Ils en sont encore au même point que lorsque je suis parti pour la clinique. C'est-à-dire au point zéro.

— Désolé, Lior, murmure Ian à mes côtés. Je sais que tu es revenu, mais…

— Ne t'inquiète pas, le coupé-je. Va t'amuser avec Ethan, vraiment.

— Tu es sûr que tu ne veux pas venir avec nous ?

Je suis manifestement un toxico. Je ne suis pas certain que ça soit l'idée du siècle.

— Je suis fatigué, allez-y sans moi, vraiment.

— Bien, dit-il.

Ethan l'attend à l'entrée de l'appartement, alors Ian le rejoint et mes cousins sortent à leur tour.

Comme plus rien ne nous raccroche à rien, Edward ne se donne même pas la peine de fournir une explication et quitte la table. Il récupère son paquet de cigarettes sur le comptoir de la cuisine et, juste comme ça, il n'y a plus que Grace et moi, à se regarder dans le blanc des yeux.

— Ça va ?

Un rire m'échappe. Sérieusement ? Elle n'a rien de mieux à me dire ?

— Pourquoi as-tu menti pour Greg ? demandé-je de but en blanc.

On n'avait pas encore eu l'occasion d'en parler, et je crois qu'elle aurait préféré que ça reste ainsi. C'est peut-être pour ça que ça l'arrangeait que j'aille croupir dans ce centre.

— Dis-moi, insisté-je.

— Je ne sais pas, je voulais vous préserver, j'imagine.

Je lève les yeux au ciel. En fouillant un peu sur Internet, Ethan a réussi à avoir accès au procès-verbal de notre cousin. Il me l'a fait parvenir, et je l'ai lu dans les rares occasions où j'avais droit à mon téléphone portable.

Il y est dit que Greg a commencé à frapper Ellen au visage, lui donnant une gifle parce qu'elle s'était mise à hurler lorsqu'elle s'est retrouvée face à lui. Ils se sont débattus, mais forcément mon cousin avait plus de force. Pour la « faire taire » – et, bordel, ce sont les mots employés par Greg –, il l'a touchée, puis pénétrée avec ses doigts. Elle a mordu son autre main, qui couvrait sa bouche, et il est parti, juste comme ça, comme un lâche. Il voulait qu'Ellen ait mal, comme Ian avait mal, cloué dans son lit d'hôpital. Il voulait qu'elle n'oublie pas la douleur, et Ellen ne l'a certainement pas oubliée. Mais ensuite ? Ian est toujours en fauteuil, et lui mérite sa place en prison.

Comment Grace a-t-elle pu cautionner ça ? Elle, la grande féministe des temps modernes, du côté des agresseurs qu'elle prétend pourtant combattre. C'est plutôt la reine des hypocrites, et moi j'ai été le roi des cons.

— Tu me dégoûtes, craché-je en me levant à mon tour de ma chaise.

— Où vas-tu ? s'exclame-t-elle aussitôt, m'imitant pour se mettre à ma hauteur. Tu es sous ma responsabilité, ce soir, tu n'as pas le droit de sortir tout seul.

Sa responsabilité ? Je ne lui appartiens pas. Je ne lui appartiens *plus*. Je ne la laisserai plus me contrôler.

— Je vais faire un tour, déclaré-je.

— Je viens avec toi.

Grace me barre la route. Je parcours brièvement son corps. La façade et ce qu'il y a derrière, plus rien ne colle. Ma sœur est là, devant moi, dans son tailleur-pantalon impeccable, noir, affinant sa silhouette, une chemise rose pâle en soie, les cheveux relevés en un élégant chignon, le visage maquillé – ni trop ni pas assez. Grace est parfaite, dehors, conforme à ce que le monde attend d'elle, mais l'intérieur est ravagé. Sens dessus dessous. Plus rien n'est à sa place et son cœur a déserté. Porté disparu. Comme le respect que je lui vouais.

Je la bouscule d'un coup d'épaule pour poursuivre mon chemin, elle me retient aussitôt en s'accrochant à mon poignet.

— Tu vas encore fuir.

— Je n'ai nulle part où aller, rétorqué-je.

— Alors reste.

Je tire sur mon bras pour lui faire lâcher prise. Le sien retombe le long de son corps.

— Lior, murmure-t-elle.

— J'ai été agressé, dis-je.

Ses sourcils se froncent alors qu'elle balbutie :

— Quoi ?

— Ma première fois, c'était un viol.

Grace fait un pas vers moi, mais je me recule aussitôt. Elle prend sur elle, gardant une distance entre nous pour entendre la suite.

— Pourquoi n'as-tu rien dit ? demande-t-elle.

— J'avais honte, je me culpabilisais, je me disais que je l'avais bien cherché. Je pensais que c'était ma faute, je ne voulais pas créer d'histoires, plus qu'il y en avait déjà, en tout cas. C'était juste après l'accident de Ian.

Les yeux de Grace se voilent et sa mâchoire se crispe. Je pense qu'elle devine la suite.

— Ou peut-être que je n'ai rien dit à cause des gens comme toi. Des gens qui minimisent ces actes…

— Je n'ai pas minimisé, me coupe-t-elle sèchement. Mais il est notre cousin, notre famille.

— Greg n'est pas excusable. Ni avant, ni maintenant, ni après. Il purge sa peine, mais Ellen vivra la sienne jusqu'à la fin. Tout comme moi. Que tu payes, que tu sois repenti, que tu comprennes ta faute, ça ne répare pas le mal que tu as fait. La victime, c'est elle. Et ça ne veut pas dire qu'elle est faible, au contraire. Ça veut dire qu'elle mène un combat, tous les jours, pour se reconstruire, et il faut beaucoup de courage pour y parvenir. Et toi, Grace, tu piétines ce combat en continuant de l'excuser. Tu piétines *mon* combat et celui de tous ceux que l'on n'a pas assez écoutés.

Cette fois, elle ne me retient pas.

Daël Hamilton

Noah passe son temps à râler. Apparemment, il a perdu son portable, ce qui semble être le comble de la catastrophe à son âge. Je l'ignore pendant qu'il retourne le salon, à la recherche de son précieux appareil, et je cale ma nuque contre le dossier du canapé de la maison familiale. Aiden et Fallone sont de sortie. Stan est avec moi dans le grand sofa en cuir. Il ne s'est pas encore bien remis de son passage à l'hôpital, alors je lui ai proposé qu'on se mate un film. Le générique a été lancé il y a seulement vingt minutes, et pourtant il dort déjà, la bouche légèrement entrouverte.

Noah passe devant le téléviseur et déplace les livres de la bibliothèque dans laquelle est encastré l'écran.

— Tu n'es pas transparent, commenté-je.

— Tu ne veux pas m'aider à chercher ? rétorque-t-il en ignorant mon intervention. Il n'est vraiment nulle part.

Je soupire et j'attrape la télécommande pour éteindre le film. Je crois que je vais juste aller me coucher.

— C'est impossible, continue Noah. Je l'avais avant le dîner.

— Je m'en fiche, tu sais.

Mon cousin grogne et s'en va à l'autre bout du salon pour aller emmerder quelqu'un d'autre avec son cache-cache. Ma mère, par exemple, qui bouquine dans la véranda.

Je me relève du canapé en lançant un dernier coup d'œil à Stan. J'ai la flemme d'aller le coucher. Je vais le laisser là jusqu'à ce qu'Aiden rentre. C'est son frère, c'est à lui de le mettre au lit.

Je repose la télécommande sur la table basse et me dirige vers les escaliers. Je vais dormir dans mon ancienne chambre, ce soir. Je n'ai pas envie de rentrer chez moi, à Kensington. Pour une fois que ça arrive. Ce sont mes sœurs qui seront étonnées de me voir demain matin, au réveil. Ça doit faire des années que je n'ai pas passé la nuit ici.

Mon portable vibre dans ma poche. Je m'attends à recevoir un message de mes cousins, mais… Non, bordel.

✉ **SMS de** Boucles d'or **à** Grand méchant loup
22 h 45. Je suis au pont.

Je m'arrête au milieu du salon. Comment ? Pourquoi ? N'est-il pas censé être en centre de désintoxication, à des centaines de kilomètres de Londres ?

Je fais aussitôt demi-tour et rejoins le hall. Je ne préviens personne, j'enfile ma veste en jean et sors de la maison.

Je marche, les mains dans les poches. Il fait froid dehors, même si on est en plein mois d'août. Ou alors c'est juste moi ? Froid à l'intérieur comme à l'extérieur.

Je monte dans la rame de métro. Je ne sais pas bien pourquoi j'y vais, ni même ce que je pourrais bien lui dire, mais ce message, c'est la seule chose un peu vivante qui s'est animée en moi depuis deux semaines. Alors je ne réfléchis pas tellement.

Depuis son départ, tout est redevenu comme avant : banal à crever. Métro, boulot, dodo, qu'ils disent. Soit, mon métro est une Lamborghini, et mon dodo, une insomnie, mais la dynamique est la même : je-me-fais-chier.

Je sors des souterrains londoniens et redresse la tête vers le pont de Westminster. Ça fait un bail que je n'y suis pas allé. J'essaye de le repérer. J'avance lentement. Puis je le vois enfin, dans la nuit, à la lumière de la lune et des réverbères.

Rosenbach, toujours là, à défier le bon Dieu de la gravité, assis sur la rambarde… Je pourrais dire « comme d'habitude », mais je réalise que ce n'est pas normal, comme habitude. La première fois que je l'ai vu, il était prêt à se foutre en l'air, et six mois plus tard il l'est encore. À se demander s'il sautera de son putain de pont. Moi, je n'ai rien changé à tout ça. Je n'ai jamais rien fait. Je me suis contenté de l'observer. L'observer se détruire. Lui. Les pieds dans le vide. À écouter sa musique.

Je le rejoins, en silence, m'accoudant sur la rambarde à côté de lui. Il se retourne, me voit, mais il ne dit rien, lui non plus. Le silence est plus apaisant que les mots, et aucun ne serait à la hauteur du moment.

— Tant qu'on reste accrochés, on ne tombe pas, non ? dit-il, me citant.

Ouais, à part ceux-là, peut-être. Je ne suis même plus sûr de ce que ça voulait dire.

— Arrête, soufflé-je.

Lior se retourne vers moi, un rire secoue ses épaules.

— Arrête ? Bien sûr, c'est évident ! Et puis ton père il n'a qu'à arrêter de crever, et puis nos tantes elles n'ont qu'à arrêter les antidépresseurs. Et Lili, elle n'a qu'à arrêter d'aimer un connard de l'autre clan. Et Ian il n'a qu'à se lever de son fauteuil pour aller baiser un bon coup, ça le détendrait.

Et puis, tiens, Ellen elle n'a qu'à arrêter de se plaindre. Après tout, si elle n'en est pas morte, c'est peut-être qu'elle a kiffé ?

— Je t'interdis de parler de ma cousine comme ça, Rosenbach, grincé-je.

Lior se tait, comprenant la colère dans ma voix. Son regard dérive vers la Tamise. Il regarde le vide. Et moi je le regarde. Je le regarde se demander ce qui le retiendrait ici, *qui* le retiendrait ici.

— Donc je suis bien redevenu un Rosenbach, lance-t-il après un temps.

— Tu as toujours été un Rosenbach.

Il encaisse, d'un hochement de tête résigné.

— Qu'est-ce que tu fais ici ? demandé-je. Tu n'es pas au centre ?

— Permission, répond-il évasivement.

Il fait glisser ses ongles sous la peinture écaillée pour en décoller quelques morceaux. C'est comme si on était revenus dans le passé.

— Après la clinique, mes parents veulent m'envoyer étudier aux États-Unis pour la rentrée. Ils ne veulent pas que je reste ici.

Il attend probablement une réaction… qui ne vient pas.

— Tu le savais déjà ? demande-t-il.

— Noah me l'a dit, Lili lui en a parlé.

— Et ça ne te pose pas de problème ? Tu vas me laisser partir encore une fois ?

— Tu y serais plus heureux.

Lior se retourne vers l'horizon, les yeux plongés dans la vue de Londres. Il joue avec sa jambe, la balançant vers l'avant, juste pour sentir le vide sous son pied.

— Tu ne viendras pas me chercher ? finit-il par murmurer. Aux États-Unis.

— Je ne sais pas.

— Réponds juste à la question.

— Mais je ne sais pas ! dis-je en m'emportant. Tu es assis sur un foutu pont à cinq mètres du sol.

— Je ne vois pas le rapport. Réponds juste à ma question.

— Non.

Rosenbach est au-dessus de la Tamise, alors c'est sûrement con de répondre ce que j'ai répondu. C'est con de dire la vérité maintenant. Ouais, c'est con, je le reconnais, mais je ne lui ai jamais menti et je ne commencerai pas ce soir.

— Nos vies dans ce monde ne sont pas compatibles, ajouté-je. C'est juste… mal tombé. On est mal tombés.

— Mal tombés ? répète-t-il, désabusé. Donc restons à terre ?

— Lior, dis-je dans un soupir.

— Non, tu as raison, me coupe-t-il. Juste… Retourne à ta vie d'avant. Joue ton rôle. Fais ce que l'on te demande. Fais semblant d'être ce fils parfait que veulent tes parents, fais semblant d'être heureux à l'idée de reprendre la banque, fais semblant d'apprécier cette vie. Et puis, tiens, fais semblant de continuer à te foutre que je m'en aille.

Je ne réponds pas, car je n'entrerai pas dans son jeu. En fait, je réalise que je n'ai rien à faire ici. C'est tout seul qu'il doit en descendre, de ce foutu pont, une bonne fois pour toutes. Sinon, ça ne fonctionne pas. Le seul sens de la vie qui vaille est celui que l'on se donne soi-même. C'est ça, son erreur, depuis le début. Il attend quelqu'un qui ne viendra jamais. Personne d'autre que lui ne pourra lui relever la tête. C'est son combat. Pas le mien. Je l'ai compris trop tard. Je ne pourrai pas l'aider à s'en sortir s'il n'a pas envie de le faire pour lui-même.

Descends du pont, retourne dans ta famille, accepte de te faire soigner, Lior. C'est ce que je devrais lui dire, mais je veux que ça vienne de lui. Le bonheur ne se décide pas, il se ressent, et lui seul a accès à ses émotions.

J'attends. Il continue de regarder l'eau sous ses pieds. Sa respiration est calme. Ses yeux, rivés sur la Tamise. Il ne bouge pas. Et ça dure comme ça, son combat contre lui-même. Je me retiens de l'attraper sur-le-champ et de le ramener à moi. Je me retiens de lui hurler d'arrêter ses putains de conneries.

J'aimerais savoir ce qu'il se passe dans sa tête. J'aimerais participer au combat, moi aussi. Comprendre quelle voix le force à agripper la rambarde et laquelle l'oblige à scruter ce vide avec une telle envie dans les yeux. Comme si son corps rejetait toute idée de se balancer à la flotte, mais que son esprit était déjà parti.

Pourtant, ses jambes repassent du bon côté. Ses pieds touchent le béton, il se redresse dans le même mouvement.

— Tu n'as pas sauté, dis-je.

— Je t'avais prévenu que je ne te ferais pas ce plaisir.

Je m'avance vers lui et pose les mains sur sa poitrine pour le pousser violemment. Il recule, perd l'équilibre puis s'écroule au sol. J'hallucine. Comment ose-t-il me sortir ça ?

Lior se relève, sans rien dire.

— Tu n'es pas tout seul, Rosenbach, craché-je. Et, ça, tu ne l'as toujours pas pigé. Pourquoi es-tu aussi égoïste ?

— Tu es celui qui m'a laissé partir ! rétorque-t-il. Tu as été le premier à être égoïste.

C'est vrai, et j'emmerde la logique de cette conversation. Je fais un nouveau pas vers lui, écrasant mes lèvres sur les siennes. Son dos percute le réverbère derrière lui. Ma main vient se caler entre lui et le métal. Lior est froid. Tout son être est froid à mourir, excepté ses lèvres. Humides et ardentes, m'enveloppant d'une chaleur que j'avais presque oubliée.

Notre baiser a un goût de désespoir.

Puis il se retire, et un coup de vent effleure nos lèvres abandonnées.
Une sonnerie de portable retentit.

Lior Rosenbach

Je m'éloigne de l'héritier en sortant mon téléphone de ma poche. C'est un appel d'Ethan. J'hésite à décrocher. Grace les a-t-elle prévenus que j'avais fui ? Est-ce qu'ils me cherchent ? Est-ce que j'ai envie d'être retrouvé ?

Je soupire, puis finis par mettre le combiné à mon oreille.

— Allô ?

— Lior ! s'exclame mon cousin.

Sa voix flanche, emportée par l'angoisse. Mon cœur palpite soudainement et je repousse Daël d'un geste de la main pour avoir de l'espace.

— Que se passe-t-il ?

— Ils ont Lili ! hurle-t-il. Ils ont Lili, putain !

— Qui, « ils » ? Qu'est-ce que tu racontes ?

— Les Hamilton, ils ont Lili !

Je me retourne brusquement vers Daël. Il m'observe, incrédule.

— Quoi ? balbutié-je à l'intention de mon cousin.

— Ils viennent de m'appeler avec son portable, poursuit Ethan. Ils sont avec elle, au château de son anniversaire.

— Mais qu'est-ce qu'ils foutent avec elle ? m'exclamé-je.

— Aucune idée ! s'emporte Ethan. Ils m'ont juste dit qu'ils étaient avec elle et que je devais les rejoindre, seul. Ils ont dû apprendre que je partais demain pour la Chine et ils veulent se venger pour Stan avant que je ne disparaisse !

Quelle merde.

— On est sûrs qu'ils sont avec elle ? demandé-je.

— Ils ont son portable ! rappelle Ethan, à bout de nerfs. J'ai appelé Jade, elles ne sont pas ensemble et n'avaient pas prévu de se voir ce soir, elle a menti, tout à l'heure !

— Noah est avec eux ?

— Qu'est-ce que j'en sais, moi ? ! lance Ethan, paniqué. J'ai eu seulement Aiden et Fallone. Et puis je fais quoi ? J'y vais tout seul, alors ?

— Non ! Surtout pas !

— Je préviens Grace et Edward ?

Hamilton s'approche de moi, il essaye de comprendre ma conversation, mais je m'éloigne encore, alors il n'insiste pas.

— Non plus, rétorqué-je. Surtout pas eux, ils vont envenimer la situation.

— Alors on fait quoi ? s'écrie mon cousin. On ne peut pas la laisser seule avec eux !

Je sais, bon sang, je sais. Je tourne en rond, mon portable dans la main, j'essaye de réfléchir, mais mon cerveau fait de la compote. Je n'ai pas les épaules pour ça. Pas les épaules pour leur guerre.

Moi, non, mais…

Je lève le regard vers l'héritier.

— Ethan, on va y aller avec Daël Hamilton.

— Quoi ? s'exclame-t-il, la voix sifflante. Tu veux ramener le pire de tous ?

— Fais-moi confiance.

Chapitre 10

Daël Hamilton

J'appuie sur la pédale de l'accélérateur. Les deux fenêtres sont ouvertes. Personne ne s'en plaint. Pas moi. Pas Noah. La seule chose à laquelle on pense c'est la route qu'il nous reste à faire. Ma Lamborghini est lancée à pleine vitesse, je n'ai jamais roulé aussi vite de ma vie.

Noah se tripote les mains, se tordant les doigts dans tous les sens. L'angoisse se lit clairement sur son visage, comme s'il se foutait que le monde entier le voie trembler de peur. Bien sûr, qu'il s'en fout, du monde entier. Il n'y a que Lili qui compte, à cet instant.

Après le coup de téléphone d'Ethan, Lior m'a tout raconté. La connexion s'est vite établie dans mon esprit. Le portable de Noah… C'est Aiden et Fallone qui lui ont piqué, ils ont certainement utilisé son numéro pour attirer Lili à ce point de rendez-vous.

Lior et moi nous sommes séparés. Il est parti chercher Ethan, et j'ai récupéré Noah chez mes parents. Nous avons établi que nous nous retrouverions là-bas. J'aurais préféré qu'il ne vienne pas du tout. Ni lui ni Ethan. Mais impossible de le faire changer d'avis.

L'aiguille du compteur monte un peu plus haut.

Il faut absolument que j'arrive avant eux.

Lior Rosenbach

— Putain ! Plus vite ! crié-je.

— Il y a des limitations de vitesse, rétorque le chauffeur de taxi d'un ton froid. Si vous n'êtes pas content, vous sortez de la bagnole.

— Arrêtez de parler et conduisez plutôt, grogne Ethan, à côté de moi.

Ma tête se colle contre la vitre, j'observe la vue sur Londres que l'on est en train de quitter. J'ai mal au ventre. J'imagine Lili seule avec ses tortionnaires. Comme moi dans cette ruelle sombre, la cigarette qui creuse sa marque dans la peau de mon bras, l'impression de suffoquer un peu plus à chaque seconde.

Le plus dur, ce n'était même pas la souffrance que l'on m'a infligée, c'était de voir dans leur regard à quel point ça leur plaisait de me faire du mal.

Pourquoi ai-je oublié qui ils étaient ?

« Tu as toujours été un Rosenbach », m'a dit Daël. Bien, eux ont toujours été des Hamilton. Pas de *plot twist* ici.

Je me retourne vers mon cousin. Il est si tendu qu'il pourrait éclater d'une minute à l'autre. Évidemment, il se sent responsable de la situation. Je pose la main sur sa cuisse et il sursaute immédiatement.

— Ça va aller, dis-je.

— Qu'est-ce que Daël vient foutre dans l'histoire ? grogne-t-il pour seule réponse. Tu n'aurais jamais dû le prévenir. Et pourquoi tu as son putain de numéro, d'ailleurs ?

Je me renfonce dans mon siège. Je sais que la vérité va éclater ce soir et que je ne pourrai rien faire pour la retenir. Je n'ai juste pas encore le courage d'aborder cette conversation.

Pour le moment, le plus important, c'est de récupérer Lili saine et sauve.

— C'est une longue histoire, conclus-je. On verra ça plus tard.

Daël Hamilton

— Ils ne répondent toujours pas ? demandé-je.

Noah raccroche, mon portable dans les mains. L'angoisse lui creuse les joues. Il me fait un signe négatif de la tête. Ça fait quinze minutes qu'on tente, en vain, de joindre Aiden ou Fallone.

On est sur l'autoroute. Les mêmes paysages défilent, et cette sale impression de ne pas avancer assez vite me comprime le cœur.

— Je les hais, souffle Noah. S'ils…

— Ils ne feront rien, le coupé-je immédiatement pour interrompre le cours de ses pensées. Pas contre elle. Ils se servent juste de Lili pour attirer Ethan.

— C'est vrai que ça les rend bien plus sains d'esprit, ironise mon cousin.

Je me tais, je sais qu'il a raison. Personne n'est rationnel lorsqu'il s'agit des Rosenbach. C'est précisément ce qui me fait peur, alors j'accélère encore.

Lior Rosenbach

J'ai tellement mal au ventre. Mes tripes se tordent dans tous les sens. C'est indescriptible. Je n'ai jamais autant voulu et redouté ce moment. Ce moment où l'on arrivera au château, Ethan et moi. Ce moment où l'on retrouvera Lili avec ces enflures de Hamilton. Et pour la retrouver dans quel état ? Et pour dire quoi ? Pour leur faire quoi ? Et si Daël n'est pas arrivé ? Et s'il est déjà là, au contraire, mais n'a pas su calmer ses cousins ? Et si nous arrivons trop tard, comme d'habitude ?

— Je vous en supplie, est-ce que vous pouvez aller plus vite ? dis-je à nouveau en m'adressant au chauffeur.

Mais ni mon ton catastrophé ni mon regard anxieux n'ont l'air d'amadouer ce connard.

— Ma cousine est en danger, insisté-je. Je vous en prie.

— C'est la police qu'il faut appeler, dans ce cas, grince-t-il entre ses dents. Pas un taxi.

— On vous payera le double du prix, ajoute Ethan.

Je vois le regard vitreux de l'homme aux cheveux grisonnants et aux petites lunettes dans le rétroviseur. Il ne nous croit pas. Je sors mon portefeuille de ma veste et en retire un paquet de billets, que je balance sur le siège avant.

La seconde d'après, je sens la voiture accélérer.

Daël Hamilton

Mes mains sont toujours crispées sur le volant. Mon angoisse est de plus en plus palpable alors que nous approchons du château de l'anniversaire de Lili. Je me souviens de la route. Je me souviens de notre départ précipité parce que Stan avait sorti un foutu flingue pour le braquer sur la mère de Rosenbach. Ça paraît loin, ce bal masqué. Pourtant, on va tous s'y retrouver. Je finis par apercevoir le toit du château.

C'est là que tout a commencé, et j'ai la désagréable sensation que c'est précisément là que ça va se finir.

Lior Rosenbach

— Là-bas ! hurlé-je, l'angoisse comprimant ma voix au même moment.

Je viens d'apercevoir les grilles du château. Elles ont été ouvertes – peut-être par les Hamilton ? La voiture s'engouffre dans l'allée principale. Je me rappelle ce long chemin sombre entre les arbres. Je me rappelle la soirée. Lili. Les plumes. Sa robe. Son masque doré… Le gorille, elle était dans ses bras.

Si j'avais su que ça nous aurait amenés ici, ce soir, je les aurais empêchés de danser.

Daël Hamilton

Je gare la voiture en trombe sur le parking du château. Les pneus crissent contre le gravier. Le moteur n'est même pas arrêté que la portière du passager s'ouvre avec fracas. Noah sort de la bagnole en courant et commence à hurler le prénom de Lili. J'ai tout juste le temps d'attraper mes clés et de le suivre à mon tour.

— Lili ! hurle-t-il encore, la tête tournée vers le ciel, comme s'il espérait y lire une réponse.

Mon cousin se met à courir en direction du château, vers les portes closes.

— Noah, ce ne sera pas ouvert, on est en plein milieu de la nuit !

Je vois une lueur traverser ses pupilles, comme s'il venait de comprendre à l'instant où elle se trouvait.

— Le parc !

Je le suis sans réfléchir. Il semble savoir ce qu'il fait. Il court vite, mais je suis probablement aussi angoissé que lui donc j'arrive à le suivre sans problème. Il s'enfonce dans le jardin, se frayant un passage entre les fontaines et les rosiers, et s'éloigne du château.

Je m'inquiète de ce que l'on va trouver là-bas. Je crois que je préférerais ne même pas savoir jusqu'où mes cousins sont capables d'aller. Au fond, ce qui me fait le plus peur, ce n'est pas eux, leur violence ou leur folie. C'est la mienne. S'il n'y avait pas eu Lior, j'aurais pu être à leur place. J'aurais même pu inventer ce plan. C'est peut-être ce que j'ai fait, d'ailleurs, après toutes ces années à leur foutre des conneries de vengeance dans la tête. Tout ça parce que ça me donnait une raison de me déculpabiliser de ce que j'ai fait à Ian. Comme si cette guerre justifiait les dommages collatéraux. Ça ne les a jamais justifiés. Il n'y a jamais rien qui ait justifié ce que j'ai fait.

Je m'en rends compte seulement cette nuit.

Lior Rosenbach

Le taxi s'arrête devant le château. Je reconnais la voiture de Hamilton et je ne sais pas spécialement ce que cela m'apporte, du soulagement ou de l'angoisse ? Probablement un peu des deux. Je n'ai aucune idée de la suite.

Je sors de la voiture, en même temps que mon cousin. Mes jambes titubent sur le gravier. J'arrive à peine à tenir debout tant je suis crispé.

— Lili ! appelle-t-il à pleins poumons.

Je me mets à crier son prénom à mon tour, retenant celui de Daël au bout des lèvres. Aucune réponse. J'arrive à mouvoir mes jambes malgré l'angoisse, suivant Ethan dans l'allée principale.

Les portes du château sont fermées à double tour.

— Le parc, dit Ethan.

Bien sûr, là où on a retrouvé Lili et Noah après le bal, enlacés l'un à l'autre. À cette époque, déjà, c'était Ethan et moi qui avions brisé le moment. Alors, on sait pertinemment vers où se diriger. On fonce, contournant le château pour pénétrer dans l'immense parc du domaine. Il y fait sombre. Évidemment, aucun lampadaire n'est allumé.

C'est vide et noir.

Pourtant, elle est forcément là, quelque part.

Daël Hamilton

L'adrénaline est un puissant vecteur d'énergie. Elle me porte, alors que mes jambes ne me tiennent presque plus, que mon cerveau n'est qu'un brouillard opaque et que ma vision est troublée par l'obscurité.

Noah est devant moi. Il court. Je cours. La lune est cachée par d'épais nuages, ce qui ne nous aide pas. J'essaye de me concentrer sur les sons, je suis persuadé d'entendre des voix, mais je n'arrive pas à déterminer leur provenance.

Je m'arrête et tourne sur moi-même.

— La fontaine ! m'exclamé-je en apercevant une forme vague devant moi.

Je m'élance vers l'imposante sculpture en marbre qui sort de terre, et elle finit par se révéler plus distinctement à ma vue. Le corps d'une femme drapée, tenant une sorte de coupelle au-dessus de sa tête. Les jets d'eau sont à l'arrêt.

Derrière la pierre, des formes humaines.

— Ils sont là-bas ! hurlé-je à Noah.

Mon cousin me passe devant, j'ignore comment il a fait, était-il derrière moi pendant tout ce temps ? Peu importe, je me précipite à sa suite.

— Lâchez-la ! hurle Noah.

Nous nous arrêtons à la fontaine, à bout de souffle. La pierre est abîmée, crevassée à certains endroits, et de l'eau sale stagne dans le bassin.

Et il y a Lili, entre Aiden et Fallone.

Merde, j'aurais presque espéré que ça ne soit pas réel.

— Noah ! s'exclame-t-elle, soulagée, en l'apercevant.

— Je suis là, mon ange. Il ne t'arrivera rien. Promis.

Lili n'a pas l'air en mauvais état, elle est juste un peu décoiffée et elle ne porte plus ses chaussures. Je suppose qu'elle a voulu fuir, à un moment donné, mais je devine qu'elle n'y est pas parvenue.

Fallone est une foutue sprinteuse.

— Qu'est-ce que vous faites là ? s'exclame Aiden. Qui vous a prévenus ?

— Lior, je suppose ? répond automatiquement ma cousine.

Je croise le regard d'Aiden, dédaigneux et ferme. J'imagine qu'il a été mis au courant pour Lior et moi, comme pour Noah et Lili, ou comme pour tout ce qu'on lui cache depuis des mois. Je comprends qu'il soit en colère, mais ça ne justifie pas son acte.

— Laissez Lili tranquille, sifflé-je. Et chacun rentre de son côté.

— Va te faire foutre, déclare aussitôt Aiden.

— Non, toi, va te faire foutre ! s'emporte Noah. Personne ne la touche !

Mon cousin s'approche de Lili d'un pas ferme, mais aussitôt Fallone lui barre la route, et Aiden retient la cousine de Lior par le bras. Lili crie, essayant de se débattre.

— Lâche-la ! hurle-t-il à nouveau. Je suis sérieux, putain ! Je vais t'éclater la tête !

— Ce n'est pas contre elle qu'on en a, déclare Fallone, toujours face à son frère. Reste tranquille.

— Vous êtes tarés ! s'époumone-t-il.

— Il a raison, ajouté-je en faisant un pas vers eux à mon tour. Vous allez beaucoup trop loin.

— Toi, le traître, on ne veut pas de ton avis, crache Aiden. Si tu avais arrêté leur relation plus tôt, si tu avais arrêté la *tienne*, dit-il avec dégoût. Rien de tout ça ne serait arrivé et Stan n'aurait pas failli mourir à cause de…

— À cause de moi.

La voix, sourde, résonne derrière mon dos. Je me retourne, apercevant Ethan. Il avance vers notre groupe, Lior est à ses côtés. Apeuré. Je voudrais le prendre dans mes bras, mais… Putain, c'est quoi, cette situation merdique ?

— C'est moi le responsable pour Stan, poursuit Ethan. Laissez Lili, je suis là, maintenant.

— Et peut-être que tu comprendras ce que ça fait, de faire du mal à la personne qu'on aime ? lance Fallone.

Non, je dois arrêter ce bordel. Je fais un pas, commençant à ouvrir la bouche, mais aucun son n'en sort. À la place, j'assiste impuissant à la scène qui se déroule sous mes yeux.

Ethan, glissant sa main dans sa veste pour en sortir une arme, qu'il braque devant lui.

Je cligne des yeux. Une fois, deux fois, plusieurs fois. Je voudrais qu'à chaque ouverture de paupières l'arme ne soit plus dans ses mains. Mais ce n'est pas le cas.

Qu'est-ce que…

Comment…

Pourquoi…

J'étais avec lui tout ce temps, je ne savais pas qu'il avait apporté un flingue, je ne savais même pas qu'il en avait un tout court. D'où est-ce que ça sort, ce truc ?

— Ethan ! hurle Lili. Lâche ça tout de suite !

— Quand ils t'auront libérée, déclare mon cousin, le doigt sur la gâchette, visant Fallone, qui ne sait plus trop quoi dire, désormais.

Brusquement, Noah se plante devant Ethan, l'empêchant d'avancer davantage.

— Tu pointes une arme sur ma sœur, grince-t-il entre ses dents.

— Peut-être parce que ta chère sœur est en train de menacer ma cousine ? dit l'autre, amer.

— Elle bluffe, elle ne lui fera jamais de mal.

— Noah, bouge-toi de là ! ordonne Daël.

— Comment le sais-tu ? reprend Ethan, ignorant le reste, le regard fixé à celui de Noah.

— Parce qu'elle ne blesserait jamais ma *copine*.

Les secondes s'éternisent, silencieuses. Personne n'ose reprendre la parole, hormis un « quoi ? » absurde qui s'échappe des lèvres de mon cousin.

Ethan se retourne vers moi, m'interrogeant du regard. Il n'y a plus un mot dans l'air. Pourtant, j'ai l'impression que c'est un vacarme infernal dans sa tête.

— Sa copine ? répète Ethan en s'adressant à moi. Qu'est-ce qu'il raconte ?

Je ne réponds pas, les pieds cloués au sol. Je suis désolé. Désolé de lui avoir menti pendant tout ce temps. Je ne vaux pas mieux que son frère, pas mieux que ma sœur, pas mieux que tous ceux qui sont là.

Mon cousin se retourne vers Lili.

— Tu es sa copine ?

— Oui, confirme-t-elle.

C'est violent, trop violent pour lui. Ethan fait un pas en arrière en titubant. Il ne sait même plus où regarder.

— Maintenant, lâche ton arme, déclare Noah.

— Toi, ferme-la ! rétorque-t-il, revenant brusquement à lui et braquant son pistolet sur le front du garçon qui lui fait face.

Il y a un crissement, là, au milieu du parc et de cette fontaine abandonnée.

— Ethan ! hurle Lili, effarée. Arrête !

— Détourne ça de mon frère tout de suite ! crie Fallone, presque au même instant.

Je murmure le prénom de mon cousin. Je ne sais même pas comment il parvient à l'entendre, car ce n'est qu'un souffle s'évanouissant dans la nuit.

Ethan bifurque brièvement vers moi, sans lâcher son arme. Les larmes commencent à trahir la haine qu'on lit dans ses yeux. Elles laissent simplement apparaître ce qu'il y a dessous depuis si longtemps : de la peur.

Je fais un pas vers lui.

— Lior, n'approche pas, déclare Daël.

— C'est mon cousin, rétorqué-je.

— Il n'est pas dans son état normal. Ne l'approche pas, ordonne-t-il à nouveau.

Je l'ignore, faisant un autre pas vers Ethan. Et les larmes coulent, cette fois, sur les joues tremblantes de mon cousin.

— Pourquoi est-ce qu'il t'appelle par ton prénom ?

Il s'étrangle au moment où la question sort de sa bouche.

— Lâche ton arme, c'est ridicule, dis-je.

— Pourquoi est-ce qu'il t'appelle par ton prénom, putain ? répète-t-il.

Je ne l'avais jamais vu ainsi, submergé d'un seul coup par toutes ces années de colère et de tristesse.

— Ce n'est pas important.

— Il t'a appelé par ton prénom ! En quoi ce n'est pas important ? Et pourquoi est-ce que tu lui as dit de venir ?

Ethan pose toutes ces questions, mais je sais qu'il a déjà compris. Je le lis dans ses yeux. Les mots me manquent. L'oxygène me manque. Le courage me manque.

La vérité s'est échappée et je murmure simplement :

— Je suis désolé.

— Pourquoi ? Dis-le ! crache-t-il.

Mon sang bat à tout rompre dans ma poitrine.

— Mais dis-le-moi !

— D'être tombé amoureux de lui.

Le visage d'Ethan se perd dans une grimace douloureuse, et Noah en profite pour se jeter sur mon cousin, cherchant à lui prendre l'arme qu'il continuait de braquer dans sa direction.

Je ferme les yeux. Par automatisme. Un mouvement brusque. Une lutte. Des cris. Un coup de feu. Puis plus rien. Le néant.

Il existe des moments où l'on n'est pas vraiment présent. L'âme se protège, elle quitte le corps, laissant le reste continuer sans elle pendant quelques instants.

C'est ce qui m'arrive lorsque je rouvre les yeux. Je vois la scène, mais je ne suis pas là.

Ethan titube, deux pas en arrière, dansant sa dernière valse. Ses jambes percutent lourdement le bassin de la fontaine, son corps se renverse. Il tombe, le corps à moitié immergé, et l'eau stagnante prend une couleur rosée, presque immédiatement. Ethan n'a pas de sang sur les mains, simplement une balle dans le torse.

Lili hurle, hurle, hurle. Un appel à l'aide qui s'élève jusqu'à la cime des arbres, qui ne peuvent plus rien pour nous. Elle s'écroule à côté du bassin, agrippant désespérément notre cousin pour le sortir de l'eau. Mais c'est trop tard. Alors elle hurle encore, sans s'arrêter, pas même pour respirer. Ce ne sont plus des cris, c'est du désespoir. Pur et brut.

Et moi je reste là, incapable de faire quoi que ce soit. J'ai tout perdu. Comment parler, comment bouger, comment continuer ?

Je crois qu'une main effleure la mienne. Je ne sais pas. Je ne ressens rien. Je ne veux plus rien ressentir. Plus jamais.

Tout remonte lentement à mon cerveau. Le coup de feu. La confrontation. Les Hamilton. J'ai à peine le temps de me retourner vers eux qu'ils fuient. Tous. Fallone tient son frère et le force à les suivre. Daël ne me regarde pas, il est déjà loin. Aiden, encore plus. On ne le voit même plus. Il n'y a que Noah qui a un semblant d'expression humaine. Il est tétanisé, totalement figé dans une peur monstrueuse. C'est pour ça qu'il n'avance pas, c'est pour ça que sa sœur a du mal à le tirer à lui.

— Lâche ça, bon sang ! peste Fallone.

L'arme tombe des mains tremblantes de son demi-frère. Et, là, je comprends. C'est Noah qui a tiré. C'est lui qui a tué Ethan.

Ça arrive, lentement, ce sentiment que plus rien ne sera jamais pareil. Pourtant, on savait que l'histoire se terminerait ainsi. C'est comme si, quelque part dans ce monde, ça avait déjà été écrit.

« A plague o' both your houses[1]*! »*

1. « Que la peste soit de vos deux maisons ! »
William Shakespeare, *Roméo et Juliette.*

ACTE IV

Une tempête. C'est ce qu'il y a, à l'intérieur. Ce qu'il y a toujours eu. La réaction de deux vents contraires qui se sont rencontrés. Les Hamilton et les Rosenbach. Deux vents qui ne vont pas dans la même direction, alors ils luttent, avec acharnement. Et, dans cette lutte incessante, ils finissent par se mélanger, se mélanger si brutalement qu'ils ne peuvent plus repartir chacun de leur côté. Ils tournent.

Trop fort. Trop vite. Trop haut.

Extra un

Noah Hamilton

— Fallone ! Non, je t'en prie ! Je dois y retourner ! Lili ! Elle doit savoir, elle doit…

Mes mots s'emmêlent dans mes larmes. Pourtant, la seule personne à laquelle je peux penser maintenant, c'est Lili.

Lili et ses yeux terrorisés, comme si, ce coup de feu, c'était elle-même qui l'avait reçu. J'ai vu chaque parcelle de bonheur disparaître de son visage.

— Fallone, m'étranglé-je, tandis que les mains de ma sœur sont crispées sur le volant de sa voiture. Je dois lui dire que c'était un accident, que je…

… *que je suis désolé ?*

Cette phrase tambourine dans mon cerveau, dans mon cœur, dans tout mon corps. Je suis désolé, mais c'est tellement faible et inutile, d'être désolé. J'ai tout détruit. Tout fait foirer.

Je ne voulais pas tirer. Je le jure, que je ne le voulais pas. Ethan devait lâcher son arme, il braquait ma sœur ! C'est pour ça que je me suis jeté sur lui. J'ai essayé d'attraper le flingue, mais il s'est débattu. Puis je ne sais plus ce qu'il s'est passé.

J'ai pressé la détente ? Je n'en ai aucun souvenir, je me rappelle simplement le bruit sourd de la détonation. Juste le bruit. La violence du tir, qui m'a fait reculer de plusieurs pas. J'avais l'arme dans les mains.

Et je suis désolé ? Je m'écœure. Elles ne valent rien, mes excuses.

— Il faut que je te fasse quitter le pays.

— Quoi ? balbutié-je.

Les larmes ravagent ses joues, à elle aussi, et mon cœur loupe tous les battements qui m'auraient permis de rester en vie, parce qu'elle vient de m'achever. Une seconde fois, la moitié de mon âme est déjà partie en même temps que ce maudit coup de feu.

— Tu es foutu, dit-elle en pleurant. Totalement foutu. On l'est tous.

— Mais…

— Tu vas finir ta vie en taule.

— C'était un accident ! m'exclamé-je.

— Qui le croira ?

Elle a raison. Personne ne me pardonnera jamais. Ni ma famille, ni Lili, ni moi-même. Pour Fallone, comme pour tous les autres, disparaître de leur vie est probablement la seule chose que je devrais faire. Fuir. Me faire oublier.

C'est l'instant, l'instant précis où je comprends enfin que ma vie s'est écroulée.

— Je n'y survivrai pas, m'étranglé-je, pleurant si fort que je me demande comment les mots arrivent à sortir dans un ordre cohérent. Je ne suis pas un meurtrier. J'ai… J'ai tellement peur. Qu'est-ce que je vais devenir ?

— Je ne pas sais.

Les yeux de Fallone sont rouges d'avoir pleuré, mais ils fixent la route, sans ciller. Elle est tendue, la mâchoire crispée, les bras tremblants, la peau pâle, les joues creusées par l'inquiétude. L'horreur de cette nuit semble peinte sur son visage.

— Je ne sais pas, répète-t-elle. Mais tu n'iras jamais en taule, ça, je te le promets.

Elle appuie sur la pédale de l'accélérateur, la voiture fonce à travers la nuit, je réalise que je n'ai aucune idée de l'endroit où elle m'emmène.

— Daël est au courant de ce qu'on fait ?

— Je n'en ai plus rien à foutre, de lui, rétorque ma demi-sœur en prenant un virage à droite.

Nous nous éloignons de la route principale, nous enfonçant dans la campagne profonde. Nous ne rejoignons pas Londres. Après notre fuite du château, Fallone m'a fait monter dans sa voiture. Aiden était déjà dans celle de Daël. Les véhicules ont démarré, en trombe, mais ma sœur a vite pris une autre direction, ne suivant plus nos cousins. Au début, je pensais que c'était pour semer la police, car elle a été mise au courant, forcément ?

Je me tourne vers la fenêtre, il n'y a rien à l'horizon. Désormais, je pense que Fallone a un autre plan en tête, elle a appelé quelqu'un avant de partir. J'ignore vraiment où on va, mais je n'ai pas la capacité de m'en inquiéter.

Je revois ses yeux. Les yeux de Lili. Brillants de larmes et de… De je ne sais quoi. L'anéantissement, peut-être ? J'ai vu ce regard qui m'était destiné. Je pense sincèrement que je ne m'en relèverai jamais.

On roule comme ça pendant plus d'une heure. Sans parler. Moi, je me contente de pleurer. Pleurer toute ma haine, mon angoisse, ma culpabilité. J'ai tué un homme. J'ai dix-sept ans et j'ai tué un homme. Je crois que je ne le réalise pas encore. Ça sonne faux. Ça sonne trop faux pour être vrai. Je n'ai jamais voulu ça. Jamais. Jamais. Jamais. Ce n'est pas réel. Ça ne peut pas être réel.

La voiture s'arrête sur un parking sauvage, en extérieur. Il y a une déchetterie à côté. J'ignore où on est et ce qu'on fait ici. Je me sens pris de vertige brutalement et sors de la voiture, la tête entre les jambes, déversant ma bile sur les gravats à mes pieds.

Fallone arrive quelques secondes plus tard, je sens sa main exercer une pression sur ma nuque et je continue de me vider. Je sens surtout toute la tension à l'intérieur d'elle. Elle est complètement dépassée par les événements. Putain, mais qui ne le serait pas ? Pourtant, elle trouve le courage d'essayer de sauver la situation.

Je me relève en titubant, mes baskets traînent dans le vomi, mais je m'en fiche. Mon regard s'accroche aux yeux de Fallone. Je comprends qu'elle est aussi terrorisée que moi.

Je m'écroule contre elle. Elle me serre dans ses bras, c'est la seule chose qui me maintient debout à cet instant. On pleure tous les deux. J'aimerais lui dire à quel point je suis désolé de lui faire subir ça, à quel point je suis désolé d'avoir gâché ma vie, la sienne, celle de Maha, et sûrement celle de toute ma famille, à quel point je préférerais mourir à la place d'Ethan, à quel point je l'aime, à quel point je me hais, je nous hais. Je nous hais et je nous aime en même temps. À quel point j'ai peur. J'ai tellement, tellement, tellement peur.

— Fallone, mais qu'est-ce que j'ai fait ?

— C'était un accident, un accident, juste un accident…

Elle le répète en me caressant les cheveux. Elle le répète sans cesse. Elle le répète comme si c'était la solution à tout ça, mais ce n'est pas vrai et ça me fait encore plus mal.

— J'ai peur.

— Je suis là.

— Où est-ce que je vais aller ?

Ma sœur me serre encore plus fort contre elle. Probablement parce qu'elle n'en a aucune foutue idée.

— Pour le moment, j'ai appelé un ami à moi, ils ont un bateau et ils vont te faire traverser la frontière jusqu'en France.

Mes poils se dressent. Je crois que je prends soudainement conscience que tout cela est bien trop réel. J'ai tué un homme. Non, un adolescent. Un adolescent de dix-huit ans. Je lui ai tout pris, tout retiré : sa famille, son futur, sa vie. Je suis un monstre. Un monstre qui échappe à son crime.

— Après, ils s'occuperont de te faire passer en Amérique latine, continue Fallone, la voix tremblante. Ils ont un avion privé.

— Qu'est-ce que tu leur as dit, à ces types, pour qu'ils acceptent un truc pareil ?

— Ils m'en doivent une. Ne t'inquiète pas.

— Je ne m'inquiète pas ? répété-je, hébété, en interrompant brusquement son étreinte. Tu m'envoies à l'autre bout du monde par l'opération du Saint-Esprit et tu me dis de ne pas m'inquiéter ?

— Noah…

— Non ! Je préfère aller en prison, finalement. Je préfère aller en prison que de ne plus jamais te revoir.

— On se reverra.

— Quand ? hurlé-je. Tu ne sauras jamais où je suis !

— Je te retrouverai.

— Les flics te surveilleront ! Ils sauront que tu m'as aidé à fuir !

— Je te retrouverai, répète-t-elle. Je te promets que je te retrouverai.

— Comment ? insisté-je. Je ne sais même pas où je vais ! Je n'aurai aucun moyen de te contacter ! Putain, j'ai dix-sept ans, Fallone ! Amène-moi chez les flics !

— Jamais de la vie. Tu prendrais des années.

— Je ne peux pas ! Je suis mort de trouille !

— Noah, laisse-nous le temps de régler cette affaire. On prouvera qu'Ethan a apporté le flingue, on prouvera que c'était de la légitime défense, on dira qu'il voulait te tirer dessus après ce qu'il a appris sur Lili et toi. On prouvera que c'était un simple accident. Tu reviendras à ce moment-là, quand tu seras tiré d'affaire. Fais-moi confiance.

Je ne la crois pas. Les Rosenbach étaient là, ils n'auront pas cette version. Ça ne fonctionnera jamais.

— Ne me laisse pas, murmuré-je.

— Je suis désolée.

Les larmes ne dévalent plus ses joues, bien qu'on les voie perler si fort dans ses yeux.

— Je suis désolée, répète-t-elle en s'effondrant.

Ses genoux raclent le sol, ses épaules se voûtent, et moi je l'attrape comme je peux.

— Tout est ma faute, lâche Fallone. Je n'aurais jamais dû donner ce rendez-vous à Lili. Noah, je suis tellement désolée, je devrais être à ta place.

— Arrête.

— Tout est ma faute, répète-t-elle encore, anéantie. Je ne veux pas que tu ailles en prison à cause de moi. Je ne pourrai pas vivre avec l'idée de t'avoir enlevé ta liberté. C'est toi qui avais raison depuis le début. On est tous enfermés dans une cage. Et toi, tu ne pourras plus jamais ouvrir la tienne si tu ne pars pas maintenant.

— Ma liberté ne vaut rien si je ne la partage pas avec vous.

— Il faut que tu partes, rétorque-t-elle. Au moins pour un temps.

— Non.

— Si, tu le dois.

— Je vais rester caché toute ma vie, ce n'est pas ce que je veux !

— Au début, tu devras te faire discret, mais ça ira mieux. J'ai de bons contacts. Ils te trouveront un endroit sûr. Tu peux le surmonter. Tu peux vivre d'autres choses. Tu peux avoir une seconde chance. Si tu restes ici, c'est fini.

— Je ne peux pas. Pas sans vous.

— C'est à cause de nous que tu n'as jamais pu avoir la vie que tu voulais.

— Alors fuis avec moi.

Elle est à peine surprise. Je crois qu'elle y avait sincèrement pensé.

— Ce serait trop risqué, déclare Fallone. On doit te sauver, pas nous faire tomber tous les deux. Je dois rester pour essayer d'arranger cette affaire, trouver un compromis avec les Rosenbach, peut-être, ou...

Je ris ; évidemment, ça l'arrête. Fallone n'y croit pas elle-même. Il n'y a pas d'autre issue possible. Le bonheur ne fait pas partie de l'équation, et peu importe ce dont j'ai besoin ou envie. Si je fuis, je serai le seul responsable. Ma famille sera suspectée au début, certainement, mais, si je me cache bien, ça se tassera. Les Hamilton vivront avec, ou plutôt sans moi. Je leur éviterai un énième procès, je ne serai pas la tache indélébile qu'ils devront aller voir au parloir pendant des années. Ce n'est pas ce que je veux pour eux. Le plus important, c'est qu'ils me rayent de leur vie, ils s'en porteront bien mieux.

Je ravale mes larmes, encaissant.

— Je viendrai te chercher, m'assure Fallone en passant la main derrière ma nuque pour m'obliger à la regarder dans les yeux. Que ça prenne dix semaines, dix mois ou dix ans. Ce n'est pas un adieu.

— Mais je...

— Ce n'est pas un adieu, m'interrompt-elle. Jamais je ne te laisserai tomber. Je viendrai te chercher. Je ne mourrai pas avant de t'avoir retrouvé.

Les mots restent coincés dans ma gorge. Pourtant, j'aimerais lui dire que je l'aime plus que tout au monde.

— Tu es prêt ?

Je suis le mouvement, détourne le visage pour suivre son regard, et je réalise enfin où on est. Juste à côté d'un port isolé. Je n'avais même pas entendu le remous des vagues. Un yacht flotte au bout d'un ponton. Un homme est à bord et nous attend. Non, il m'attend. Je suis en solo, désormais. Pour ce soir et pour toujours.

— N'oublie jamais que je viendrai te chercher, déclare Fallone. Lorsque les choses se seront calmées à Londres.

L'homme nous appelle de son bateau. Il forme une ombre, dans la pénombre. Je crois que le temps presse. La police doit déjà être à ma recherche.

— Je n'arrive pas à y croire, soufflé-je.

— Moi non plus, avoue Fallone.

— Je suis désolé d'avoir été un frère aussi insupportable.

— Tu as été un frère formidable, et tu l'es encore, et tu le seras toujours. Arrête de faire comme si c'était un putain d'adieu !

Je ne réponds pas, mais je n'en pense pas moins. Elle non plus. Elle camoufle ses sanglots et me serre dans ses bras.

Dans sa chaleur, dans cette étreinte désespérée, je murmure doucement :

— Est-ce que tu peux faire une dernière chose pour moi ?

Elle comprend tout de suite.

— Lili ?

— Je sais que ça va être compliqué et probablement insensé, mais est-ce que tu pourrais lui faire passer un message ?

Fallone hoche la tête, même si je vois de la désapprobation dans son regard. Elle ne l'aime pas, Lili. Au fond, elle doit se dire que, si elle n'existait pas, nous n'en serions pas là, à nous quitter, mais je sais que je peux lui faire confiance. Peu importe quand. Peu importe comment. Fallone lui fera passer mon mot.

— Tu as un papier ? demandé-je.

Ma sœur soupire et se dirige vers sa voiture. Elle en sort un carnet dont elle arrache une page, puis me tend la feuille avec un stylo.

— Fais vite, dit-elle.

Je cours jusqu'au véhicule. Je me sers de la carrosserie comme support. Puis j'écris, sans réfléchir, les premiers mots qui me viennent. Ce seront certainement les derniers que je lui adresserai. Je plie le bout de papier et le donne à ma sœur. Fallone le glisse dans la poche de son blouson.

Elle m'enlace, puis vient le moment de la séparation. Ce vide immense et béant qui me broie la poitrine.

Je suis Fallone jusqu'au ponton, je l'embrasse sur la joue, puis je monte dans le bateau. Il tangue. Les flots sont agités, cette nuit. Comme s'ils se préparaient à ce qu'il va se passer : le départ d'un fugitif.

C'est ce que je suis désormais.

Un fugitif.

Chapitre 1

Lior Rosenbach

— Lior ? appelle Grace.

Je détourne les yeux de la pierre tombale où le nom d'Ethan est inscrit en lettres dorées. Ma sœur m'observe de ses grands yeux sans larmes, puisqu'elle ne pleure pas, Grace. Jamais.

Elle est là, grande, droite, belle. Une jupe fluide et longue couvrant ses jambes, une chemisette noire à petites fleurs beiges mettant en valeur son teint de porcelaine. Les cheveux, devenus presque blonds sous le soleil de l'été, tressés sur la nuque. Elle est là, face à moi, son déchet de petit frère qui a perdu son meilleur ami.

Grace a renfilé son masque de femme forte, de cheffe de famille courageuse et téméraire, sur qui tout le monde peut compter. Évidemment, qu'elle ne peut pas pleurer.

Il n'y a personne au-dessus pour la soutenir.

— Tu viens ? insiste-t-elle en me tendant la main.

Je l'attrape, toujours sans rien dire. Je crois que ça faisait bien une heure que j'étais planté devant la tombe. On a enterré Ethan ce matin. La cérémonie à l'église, puis la mise en terre. Le reste de ma famille est retourné à la maison avec nos invités. Moi, j'ai demandé à rester au cimetière. Ils n'ont pas discuté.

Enfin, sauf Grace. En grande sœur protectrice, elle n'a pu s'empêcher de venir me récupérer.

— Tu vas avoir froid, à rester là, enchaîne-t-elle.

Conneries. On est en plein mois d'août et il fait une chaleur à crever. Je hausse les épaules, la suivant en silence, et elle comprend bien vite que je n'ai pas envie de parler. Pas pour dire ça. Pas pour la météo ou des conneries de : « Tu tiens le coup ? »

Non, je ne tiens pas le coup.

Si, en fait, un peu. La colère m'aide à tenir le coup. Elle m'aide à me lever le matin, elle m'aide à continuer de vivre, parce qu'elle m'anime. À l'intérieur, elle souffle sur les braises. Elle fait bouillonner mon cerveau, qui ressasse tout ce qui aurait dû se passer autrement.

Je suis en colère contre Ethan, qui s'est procuré un putain de flingue. Je suis en colère contre Lili, qui s'est rendue à ce stupide rendez-vous au château, juste pour voir Noah une dernière fois. Je suis en colère contre Grace pour tous les mensonges qu'elle a perpétués.

Et je suis en colère contre les Hamilton. Contre chacun d'entre eux. Contre cet ADN qui coule dans leurs veines. Contre ce nom de famille que je voudrais n'avoir jamais connu.

Alors, pour ça aussi, je suis en colère. En colère contre moi. Je n'aurais pas dû laisser Daël entrer dans ma vie.

Nous parvenons à la sortie du cimetière, Grace et moi, toujours main dans la main. La sienne est chaude. Ou alors c'est moi qui suis froid. Peut-être qu'elle avait raison. Je suis tellement gelé à l'intérieur que même le soleil ne peut plus me réchauffer.

Nous rejoignons sa Jaguar rouge pimpante, garée à l'entrée du cimetière. Les journalistes sont partis. Ils ont eu leur meilleur cliché ce matin, je suppose. Quand les parents d'Ethan, tout juste revenus de Chine, se sont écroulés devant le cercueil de leur fils. Bande de connards. Ça alimente leurs journaux depuis trois jours. « La guerre des clans », qu'ils l'appellent. Ils trouvent ça drôle, je crois. Ces deux familles de riches qui se tapent dessus depuis des décennies. Qui se *tirent* dessus, maintenant. Ça me donne envie de vomir.

— Tu ne devrais pas rester tout seul, murmure Grace lorsque je lâche sa main pour rejoindre sa voiture, côté passager.

Je sais de quoi elle parle, bien qu'elle-même n'ait aucune idée de ce dont elle parle, justement.

— On a rompu, je te l'ai dit, grincé-je entre mes dents. Je ne veux pas en parler.

— Tu ne devrais pas le rejeter maintenant. Ta peine n'a rien à voir avec lui.

Je pourrais en pleurer ou en rire, au choix. Elle est tellement à côté de la plaque. Je ne réponds pas, et Grace continue, ignorant à quel point elle brise mon cœur déjà émietté en mille morceaux.

— La mort d'Ethan te fait perdre la raison. Tu ne peux pas le quitter maintenant. Tu l'aimes.

— Plus maintenant.

— Lior, s'il te plaît, tu…

— Je-ne-veux-pas-en-parler, articulé-je froidement.

Grace se tait. Elle allume le moteur de sa bagnole. Elle ne sait pas qui il est. Edward non plus, autant que ça reste ainsi. De toute façon, ça sonne faux désormais, Daël et moi, comme un mauvais rêve.

Maintenant, je suis bel et bien éveillé.

Je n'ai eu aucune nouvelle de l'héritier depuis la mort d'Ethan. Il n'en a eu aucune de moi. Tout ce que je sais des Hamilton, c'est ce que je lis dans les journaux. Fallone a été arrêtée pendant quelques jours, soupçonnée d'avoir aidé son demi-frère à quitter le pays, mais, faute de preuves et dotée d'avocats redoutables, elle a été libérée hier après-midi.

J'ai été à peine surpris, ce n'est pas comme si cette famille n'avait jamais échappé à la justice.

— On va rentrer à la maison et grignoter un morceau, d'accord ? relance Grace.

Elle m'énerve, à me parler comme ça, comme si j'étais un gamin de cinq ans. Elle devrait me laisser vivre mon deuil comme j'en ai envie. Et puis elle devrait vivre le sien et arrêter de faire comme si tout allait bien.

Il est passé où, son putain de cœur ?

— Je n'ai pas faim.

— Tu dois manger quelque chose.

— Quand est-ce qu'ils vont me renvoyer à la clinique ?

Elle se tait pendant une seconde, avale sa salive et finit par me répondre :

— J'en ai parlé avec notre père, hier.

— Et… ?

— Tu n'y retourneras pas.

Je l'observe, essayant de voir dans son regard si elle tente de me manipuler, mais elle a l'air sincère.

— Vraiment ?

— La mort d'Ethan est un choc pour tout le monde, répond-elle, les mains crispées sur le volant, ce qui me rassure sur le fait qu'elle n'est pas totalement insensible. Avec papa, on pense qu'on devrait tous rester soudés. Tous ensemble. Et ne plus se séparer.

— Et mes problèmes de drogue ?

Tiens, première fois que je le reconnais.

— Je lui ai promis que je m'en occuperais.

Bonne idée, bien sûr. Elle a qu'à s'occuper de ça aussi. Du deuil de la famille entière, d'une des plus grandes banques du pays, des problèmes de justice avec les Hamilton, de la presse et des paparazzis, et puis ces problèmes de drogue de son petit frère.

Grace n'est plus à ça près.

— C'est comme ça que tu oublies ? murmuré-je, la gorge nouée.

— Pardon ?

— C'est comme ça que tu oublies la mort d'Ethan ? En te chargeant de tous les problèmes du monde, pour ne pas avoir à y penser ?

Elle hausse un peu les épaules, les yeux toujours rivés sur la route.

— Probablement…

— Est-ce que ça marche ?

— Pour le moment.

— Tu sais que ça s'écroulera, n'est-ce pas ? demandé-je. Tu sais que, peu importe la manière dont tu te fuis, tu te retrouveras face à toi-même un jour ou l'autre.

Grace freine brusquement. Ma tête est projetée vers l'avant et j'ai juste le temps de la voir détacher sa ceinture et sortir de la bagnole en trombe.

Je détache la mienne à mon tour et me rue dehors.

— Qu'est-ce que tu fous ? hurlé-je. Tu veux nous tuer aussi ?

Ma sœur se tient sur le bord de la route, les mains contre ses tempes, prête à exploser d'une minute à l'autre.

— Grace ! appelé-je. Qu'est-ce que tu fiches en plein milieu de la chaussée ?

Je me plante devant elle. Je m'attendais à la voir pleurer, à ce qu'elle ait enfin brisé ses barrières, mais c'est juste de la haine que je lis dans ses yeux. Elle les lève vers moi, me dévisage. Je reçois comme un électrochoc en comprenant que cette rage m'est destinée.

— Tu ne m'as pas appelée, grince-t-elle. Cette nuit-là, tu es parti avec Ethan et tu ne m'as pas appelée. Pourquoi n'as-tu rien dit ?

— Qu'est-ce que ça aurait changé ?

— La mort d'Ethan ! s'exclame-t-elle. Sa mort, Lior ! C'est ça qui aurait changé ! Si j'avais su que Lili était en danger avec les Hamilton, jamais je ne vous aurais envoyés là-bas. Jamais, jamais, jamais ! répète-t-elle, devenant presque hystérique. J'y serais allée seule. Mais, toi, putain ! Toi… Tu l'as emmené et il est mort par *ta* faute.

Il y a un bruit sourd dans ma tête après ces mots, mais je n'ai pas de réponse à lui donner. Je vois dans ses yeux à quel point elle est soulagée de me dire ça, même si elle se hait de le penser. Que depuis tout ce temps, tout ce qu'elle cachait, tout ce qu'elle avait enfoui au fond d'elle… C'était ça. Que le coupable, c'était moi.

— Si tu me l'avais dit, j'y serais allée toute seule, reprend-elle plus calmement. Je n'aurais jamais pris le risque de vous mettre en danger.

— Alors ça pourrait être toi, dans la tombe.

— Sauf que moi je l'aurais mérité, rétorque-t-elle. Plus que lui.

C'est peut-être vrai, mais c'est trop tard. Ethan est mort et je suis fatigué de chercher des explications en vain, je suis fatigué de refaire le monde pour comprendre à quel instant ça a merdé. À quel instant j'ai merdé.

Je baisse la tête, abattu. Grace m'entoure aussitôt de ses bras.

— Je suis désolée, souffle-t-elle, la voix ravagée par la culpabilité. Je n'aurais jamais dû te dire ça. Ce n'est pas ta faute. Je suis désolée. Pardonne-moi, je suis juste à cran.

— J'ai juste tellement… mal.

— Moi aussi.

Je sais qu'elle les ressent aussi. Cette douleur atroce, cet abandon, cette perte, comme si on avait arraché une partie de moi. De nous. Une partie des Rosenbach.

— Moi aussi, répète-t-elle, les lèvres pincées.

Sauf que ses yeux sont si secs et si vides.

— Tu as le droit de pleurer, fais-je remarquer.

— Ce ne sont pas les larmes qui me soulageront.

— Qu'est-ce qui te soulagera ?

La réponse se lit sur son visage : rien. Rien ne la soulagera. Rien n'apaisera sa peine, comme rien n'apaisera la mienne.

Autant être au courant.

— On rentre ? lâche-t-elle en se dirigeant vers sa Jaguar, laissée ouverte, là, sur le bas-côté.

Je ne bouge pas et Grace se retourne vers moi, le regard interrogateur.

— Je ne suis pas certain d'être capable de le supporter, avoué-je. Voir les autres.

— Ils ont besoin de toi.

— Ils ont surtout besoin d'Ethan.

Grace approuve d'un hochement résigné de la tête, puis elle entre dans sa voiture. Elle m'attend. Elle sait qu'il ne faut pas me braquer. Du coup, je la rejoins de moi-même, quelques minutes plus tard.

Elle démarre. Le véhicule s'engage sur la route. Mon regard se perd dans les paysages, qui défilent bien trop vite à mon goût. J'ai peur de retourner chez nous, de voir leur visage, de sentir leur tristesse. Il y a des moments dans la vie où la peine est tellement forte que l'on ne peut plus rien ressentir d'autre. Juste cette douleur intense. Cette chose au fond du cœur qui ne partira plus jamais. Elle s'estompera au fil du temps, certainement, mais jamais elle ne disparaîtra. Et c'est précisément ce qu'on lit sur leur visage, à tous. Cette petite chose dans les yeux qui ne disparaît plus : l'absence.

La voiture s'arrête devant notre maison. La plus belle et la plus onéreuse baraque de Mayfair, avec tout un tas de gens malheureux à l'intérieur.

Je détache ma ceinture, lentement, comme si j'essayais de faire reculer cet instant au maximum. Grace effleure ma main. Je sors de la bagnole, le cœur lourd et avec l'impression de suffoquer. Je me dirige vers l'entrée. Ma famille est encore à l'intérieur. Tantes, oncles, cousins, grands-parents, voisins, amis du lycée. Je passe entre les groupes. Je n'ai envie de parler à personne. Je monte les escaliers malgré le fait que j'entende mon prénom franchir les lèvres tremblantes de ma mère. Je ne m'arrête pas. Plus que quelques pas. Quelques pas et ma chambre. Quelques pas et…

Je m'arrête au milieu du couloir. La chambre d'Ethan est ouverte. Lili est assise sur le lit, Jade, sa meilleure amie, est installée dans ses bras.

Ian se tient à côté d'elles. Edward, quant à lui, est assis sur la chaise du bureau, le regard vide.

Je sens un mouvement derrière moi. C'est Grace qui vient de me rejoindre. Sans même me parler, elle attrape ma main et me fait entrer dans la pièce. Elle referme la porte derrière nous. Pas un bruit. On se regarde, tous. Tous les cousins. Tous les Rosenbach. Dans la chambre d'Ethan. On se regarde et aucun mot ne serait à la hauteur de l'instant. Aucun pour traduire la douleur que l'on ressent, aucun pour traduire le soulagement d'être ensemble dans ce moment-là.

Une douleur comprise.

Une douleur à moitié partagée.

Une douleur insurmontable que l'on apprendra à surmonter, parce que nous sommes unis. Une famille.

— Viens, murmure Grace, avant de s'asseoir en tailleur sur le sol de la chambre.

Je suis le mouvement, m'installant à côté d'elle. Personne ne parle, nous sommes simplement assis, en silence, les uns à côté des autres. Il y a quelque chose de réconfortant qui règne dans la pièce. Un calme inhabituel mais apaisant. Juste nous. Juste nous dans ce bordel inexplicable.

— Peut-être qu'on devrait lui laisser un dernier message, murmure Grace. Chacun notre tour.

— Non, souffle Edward, les yeux noyés de larmes. Ne fais pas ça.

— Ça, quoi ?

— Prétendre qu'il nous entendra. Il est parti.

— Alors faisons-le pour nous, ajoute Lili. Faisons-le juste pour nous.

On acquiesce, sauf Edward, prostré dans son mutisme et sa peine. Je le comprends, Ethan est parti en nous détestant. Son frère, à cause du mensonge à propos de Greg. Moi, à cause de ma relation avec Hamilton. Il est parti avant que l'on puisse arranger les choses entre nous, et ça me reste en travers de la gorge depuis.

— Qui commence ? demande Ian.

— Moi, répond sa sœur en se levant du lit, bousculant légèrement sa meilleure amie. Moi, je voudrais lui dire qu'il est con. Ouais, regardez-moi comme vous voulez, mais, s'il était devant moi, je lui dirais qu'il est con. Con d'avoir apporté ce flingue. Con de l'avoir braqué sur Noah, con de…

— Lili, gronde Grace. Arrête tout de suite ce que tu…

— Et quoi ? la coupe-t-elle à son tour. On ne va tirer aucune leçon ? On va encore rester les mêmes ? J'en ai marre de me taire. C'est là que ça nous a menés. Tous ses mensonges, ses trahisons, ses non-dits. Donc laissez-moi parler !

Pour le coup, tout le monde ferme sa gueule, parce qu'on sait qu'elle a raison.

— Je lui dirais qu'il est con d'avoir été aussi aveugle. De n'avoir vu que de la haine. D'avoir préféré sa haine à tout le reste.

— Et moi je voudrais dire que, si tu n'étais pas allée à ce rendez-vous, il serait encore là, crache Edward.

Ça fait mal, mais c'est nécessaire. Tous ces reproches. Il faut que ça sorte maintenant. C'est pour ça que personne ne l'arrête.

— Parce que, toi aussi, tu es aveugle, Lili. Tu as cru que ton amour de jeunesse allait tout réparer, alors qu'on était tous trop cassés pour ça.

— Et on va le réparer avec quoi, ce conflit, Edward ? lance-t-elle sèchement.

— On ne va pas le réparer ! s'emporte-t-il. Ian est dans un fauteuil par leur faute. Ethan est mort à cause de ton enfoiré de copain et de ses cousins. Qu'est-ce que tu veux réparer, à la fin ?

— Edward a raison. Il n'y a rien à réparer, murmure Grace. Pas avec eux, en tout cas.

— Alors avec qui ? demandé-je.

— Nous, insiste-t-elle. Entre nous, on doit se réparer. On doit se serrer les coudes dans cette épreuve. C'est le plus important.

Un silence, nos respirations, puis une petite voix qui sort brusquement de nulle part :

— Nous, on était amoureux.

On se retourne tous vers Jade, tandis que Lili s'exclame, hébétée :

— Pardon ?

— Puisqu'on est là pour se dire la vérité, je voulais te dire qu'on était amoureux. On sortait ensemble depuis plus d'un an.

— Quoi ? souffle ma cousine, prise de court et se retournant vers nous pour attendre une réaction de notre part.

Celle-ci ne venant pas, elle enchaîne, perplexe :

— Mais vous étiez au courant, en plus ?

— Bien sûr, répond Grace en levant les yeux au ciel. C'était tellement évident.

— Quoi ? répète-t-elle encore, son regard allant de ma sœur à Jade.

— Lili, dit son frère en soupirant. C'est nous qui sommes aveugles ?

Un silence gênant suit sa vanne. Un long silence. Puis mon rire. Ouais, mon rire, parce que sa remarque n'a aucun sens et que j'ai envie d'en rire.

Alors lorsque j'entends le ricanement de Ian, suivi par le soupir résigné de Grace, je ne me retiens plus. Je laisse tout sortir. Les autres me suivent. Ils pleurent et ils rient en même temps. Ça fait mal et ça fait du bien à la fois. Je crois que c'est juste l'absurdité de la situation qui nous fait rire. Je crois qu'on attendait tous le moment où Lili découvrirait leur histoire, mais qu'on n'aurait jamais imaginé que cela se passe dans ces circonstances.

Alors on rit. L'espace d'une seconde, ça nous rappelle que, si on en est encore capables, c'est que la vie ne nous a pas tout pris.

Daël Hamilton

Mes baskets de sport frottent contre le sol trop blanc de l'hôpital. Je tombe de fatigue, mes cernes me font presque mal au visage tant je les sens lourds et pesants. Ça fait trois jours que je suis ici. Assis sur ce fauteuil. Je lève les yeux vers le lit dans lequel mon père est allongé, presque mort. Il est tombé dans le coma après le départ de Noah. Son cœur déjà affaibli n'a pas pu supporter la nouvelle. Un enfant meurtrier, fugitif. Un autre coupable de l'avoir fait quitter le pays. La presse et la justice à nos trousses. Notre nom de famille sali dans tous les médias du pays. Je pense qu'il s'est dit que c'en était trop pour lui, que c'était allé trop loin, qu'il était temps de rendre les armes. Je ne lui en veux pas. Je crois sincèrement qu'à sa place j'aurais fait pareil. Je leur aurais dit : « Continuez sans moi, les enfants, là, vous m'avez perdu. »

Oui, on l'a perdu. On a perdu toute la famille.

Il y a toujours eu deux clans chez les Hamilton. Les grands et les petits. Et nous, les grands, on a sacrément merdé. Plus personne ne nous parle. Ni Maha, ni Charlie, Ellen et Tess. Je n'ai même plus le droit de poser les pieds chez moi. C'est pour ça que je reste à l'hôpital. Mon père n'est pas en état de me rejeter.

Je lève la tête vers la porte de la chambre lorsque je l'entends s'ouvrir. C'est ma mère qui entre. Ses yeux rouges et gonflés de larmes ne me lancent qu'un vague coup d'œil. Elle détourne le regard immédiatement, parce que je crois qu'elle ne la supporte plus, la vision de son propre fils.

— Tu peux me laisser seule avec lui ?

Elle daigne cependant s'adresser à moi. Pour me dire de sortir de la pièce, soit, mais elle me parle, au moins.

— Tu veux que j'aille te chercher du thé ? demandé-je.

Pas de réponse. J'aurai au moins essayé. Je sors de la pièce et referme doucement la porte derrière moi alors que j'entends ma mère éclater en sanglots. Elle aussi, elle vient ici tous les jours. La plupart du temps, elle m'ignore.

Je ne vois plus beaucoup le reste de la famille. Mes grands-parents du côté maternel sont venus s'installer à la maison pour s'occuper des filles. Elles ne viennent pas à l'hôpital très souvent. Fallone et Aiden, quant à eux, ont passé quelques jours en garde à vue. La police voulait entendre leur version des faits, mais les flics n'avaient pas grand-chose contre eux, à part qu'ils ont attiré Lili dans une propriété privée pour lui faire peur.

Depuis qu'ils en sont sortis, je ne sais même pas où ils sont. Je crois qu'Aiden est allé avec son frère chez un ami qu'ils ont en commun, le temps que l'histoire se tasse. Fallone, elle, est partie chez sa mère. Patricia et son père lui en veulent pour Noah. Je comprends leur réaction. Je veux dire : quelle putain d'idée de lui faire quitter le pays, de le livrer à lui-même alors qu'il va être recherché par Interpol.

Délit de fuite, rien de mieux pour l'accabler davantage... Je ne l'aurais jamais laissée faire, si j'avais su. Enfin, j'ai du mal à juger ma cousine. Peut-être que j'aurais réagi de la même manière si cela avait été l'une de mes sœurs. Je préférerais les savoir en liberté qu'en train de croupir dans une prison, c'est vrai. Nous, on sait que c'était un accident, qu'il n'a jamais voulu tirer, jamais voulu tuer. Mais qui l'aurait cru ? La justice est au courant de nos démêlés avec les Rosenbach. Elle n'aurait jamais laissé passer ça. Pas après l'avoir déjà fait pour Ian. La fuite était sa seule solution, mais ma famille refuse cette idée, parce qu'elle n'accepte déjà pas l'acte en lui-même.

Peut-on seulement le lui reprocher ?

Je m'arrête devant la machine à café. Je sors les quelques pièces qui traînent dans le fond de la poche de ma veste en jean et les insère dans la fente. Je regarde la boisson chaude couler dans le gobelet. Je suis tellement fatigué que je pourrais m'endormir sur cette vision, mais mon portable vibre soudain dans la poche arrière de mon pantalon, me tirant de mes rêveries.

Je sors mon téléphone, presque étonné par la sonnerie. Ça fait bien longtemps que personne n'a tenté de me joindre.

« *WTF* »

C'est impossible. Je suis tellement fatigué que je dois mal lire les lettres inscrites sur l'écran...

« *WTF* »

Le portable vibre dans ma main. Ces trois lettres me font l'effet d'un électrochoc dans la poitrine. Pourquoi Grace m'appelle-t-elle ? Est-ce qu'elle a tout découvert de ma relation avec son frère ? Ou, pire encore, est-ce qu'il est arrivé quelque chose à Lior ?

« *WTF* »

Mon pouls s'emballe. Est-ce que je dois décrocher ? Les sonneries vont bientôt se terminer et... Non, elle pourrait tomber sur mon répondeur ! Putain, merde. Je ne peux pas prendre le risque.

J'accepte l'appel et approche le combiné de mon oreille.

— Allô ?

C'est bien Grace. Je pourrais reconnaître sa voix entre mille. Bien que, d'habitude, elle soit plus grave et imposante.

— Allô ? répète-t-elle encore, tandis que je reste tétanisé d'effroi devant la machine à café. C'est moi. Grace. La grande sœur de Lior.

Elle laisse un blanc passer. Je suis incapable de répondre. D'ailleurs, je ne le pourrais pas même si j'en avais envie. Elle reconnaîtrait ma voix, j'en suis persuadé.

— Tu n'as probablement pas envie de me parler, vu que mon frère t'a largué du jour au lendemain, continue-t-elle. Donc… Je te remercie d'avoir au moins décroché.

Toujours aucune réponse de ma part.

— Peut-être que tu peux juste écouter ce que j'ai à te dire ? demande-t-elle, soucieuse. Comme tu n'as pas encore raccroché, je suppose que ça veut dire « oui ».

Mon cœur se contracte tandis qu'elle continue d'une voix faible, une voix que je ne lui aurais jamais imaginée :

— Je suppose que tu as lu dans les journaux ce qu'il s'est passé avec notre cousin.

Je l'entends avaler sa salive, elle se mord probablement les lèvres pour ne pas craquer au téléphone. Elle reste fière en toutes circonstances, cette fille. Un peu comme moi. Même si aucun de nous deux n'a de quoi l'être, désormais.

Je soupire au téléphone, lui donnant enfin une preuve de ma présence.

— Écoute, je comprends que ça te fasse flipper et que c'est probablement pour ça que tu n'as pas essayé de retenir mon frère, parce que… Sérieux, qui voudrait se foutre dans une famille comme ça, pas vrai ?

Grace rit. Un peu. Pourtant, on sent dans sa voix qu'elle ne trouve pas ça drôle, pas du tout.

— Je sais aussi que ce n'est pas mon rôle, je veux dire de t'appeler comme ça, sans qu'il le sache, c'est bizarre… Et votre histoire ne me regarde pas. Mais je connais mon frère, et il est trop malheureux en ce moment pour rattraper le coup.

Elle hésite un moment, puis ajoute, me brisant le cœur encore un peu plus :

— Lior a besoin de toi, tu sais.

Merde, ça fait plus de mal que de bien, d'entendre ça.

— Ethan, c'était comme son meilleur ami, poursuit Grace. Ce n'est pas humain, ce qu'il est en train de vivre. Je suis là, évidemment, mais… les choses sont devenues un peu compliquées entre nous, et je refuse qu'il traverse ça tout seul. Alors, je ne sais pas, réfléchis-y, au moins. Je sais que notre famille n'est pas un cadeau. Elle n'est pas un cadeau pour lui non plus, crois-moi. Il n'a pas choisi de naître ici, mais il t'a choisi. Mon frère, il n'avait jamais vraiment pris les bonnes décisions avant toi.

Non, je suis probablement la pire qu'il ait jamais prise. Bon sang, faites-la taire. Et pourquoi je ne raccroche pas, moi ?

— Il est différent depuis que tu es entré dans sa vie. J'ignore comment tu as fait, mais si tu pouvais juste… continuer ?

Grace marque une pause. Peut-être qu'elle a conscience qu'elle est lentement en train de m'achever.

Ou pas.

Puisqu'elle continue :

— Ne le laisse pas reprendre de mauvaises décisions, parce que te quitter en était une.

J'ai le souffle court et le cœur à l'abandon lorsque j'entends ces derniers mots.

— Et, si tu ne le retiens pas, ça deviendra la tienne.

Je raccroche précipitamment.

Le silence m'entoure, après ça. Il y a toujours la machine devant moi. Le café chaud qui m'attend, mais plus rien n'a de sens. L'hôpital. Noah. Ma mère. Mon père. Fallone. Plus aucun sens.

Je prends le café et le jette à la poubelle. Je me dirige vers la chambre de mon père. À l'intérieur, plus personne d'autre que lui. Je suppose que ma mère est avec les médecins. Je reprends ma place habituelle, sur mon fauteuil, mais je le rapproche du lit de façon à pouvoir lui prendre la main.

— Papa ?

C'est bizarre, ces mots qui sortent de ma bouche. Ça faisait longtemps que je ne l'avais pas appelé ainsi.

— J'ai quelque chose à te dire sur moi. Enfin, sur nous. Je sais que je t'ai déçu ces derniers temps. Je n'étais pas très impliqué dans l'entreprise.

J'avale ma salive, la gorge sèche, les yeux un peu embués, avant de poursuivre :

— En réalité, ce que tu dois savoir, c'est que je ne l'ai jamais été. Impliqué. Je n'ai jamais eu envie de l'être, c'est juste que je mentais pour te faire plaisir. Je me disais que c'était simplement mon rôle, alors je l'ai endossé pendant des années, puis le mensonge s'est effrité. Devant mes yeux, petit à petit. J'ai compris que je ne voulais pas de cette vie-là.

Je pince les lèvres. Je connais la suite et, bien que je sache que je n'ai pas le droit de la dire, pas même le droit de la penser, je poursuis :

— Je ne voulais pas de cette vie-là, parce que j'en veux une autre. J'en veux une avec Lior Rosenbach dedans.

Je mesure mes mots. C'est la première fois que je le dis comme ça, à voix haute. D'accord, c'est lâche, parce que mon père est inconscient, mais j'espère qu'il m'entend, au plus profond de lui. Qu'il me comprend, surtout.

— Lior Rosenbach, répété-je. Je ne peux même pas te l'expliquer. Pourquoi lui ? Je ne sais pas. Franchement, je ne sais pas, papa. Ça aurait pu tomber sur n'importe qui d'autre. C'est juste tombé sur lui. Mon bonheur, murmuré-je. Il est tombé sur lui.

Je trouve que c'est une belle image. Après tout, il aurait simplement pu *se poser* sur lui, mais il est *tombé*. Littéralement tombé. Comme un coup de massue. Je n'ai pas eu le choix.

— Maintenant, je ne sais plus ce que je dois faire, avoué-je. Parce qu'il y a eu… la mort d'Ethan.

Ça aussi, c'est la première fois que je le dis à haute voix, et ça ne semble pourtant pas plus réel. Je refuse que ça le soit.

— Je suis désolé de ne pas avoir été celui que tu as voulu, mais, si ça peut te consoler, je ne suis pas non plus celui que je voulais.

Je serre sa main dans la mienne, c'est bête, mais tous ces mots me déchargent un peu de la douleur de les porter.

— Je ne voulais pas être amoureux de lui. Je ne le voulais pas, je te le jure. Ça me fait tellement mal de savoir que rien ne pourra jamais changer ce que je ressens, ni l'atténuer, ni me faire oublier. Je l'aime, papa.

Un raclement de gorge résonne dans mon dos et mon corps se raidit. Je sursaute, me retourne brusquement vers la porte. Ma mère me regarde. Elle me regarde de ses grands yeux remplis de désapprobation.

— Maman, murmuré-je en quittant mon fauteuil. Je…

— Tais-toi.

— Je peux t'expliquer.

— Non, tu ne le peux pas.

Elle a raison. Il n'y a pas d'explication. Il y a juste *lui*. Lior est entré dans ma vie et je n'ai pas envie de le laisser en sortir, malgré Ethan.

— Je sais, murmuré-je, la gorge nouée, soutenant son regard. Je sais qu'on va droit dans le mur, mais je suis amoureux de lui. Tellement que j'en oublie que c'est le frère de Grace, tellement que je me dis que je pourrais peut-être vivre avec ça.

— Toi, Daël, rétorque-t-elle. Toi, tu pourrais vivre avec ça… Pas lui.

Je m'apprête à dire quelque chose, mais elle ajoute :

— Son cousin est mort à cause du conflit avec notre famille.

Il n'y a même pas de colère dans sa voix, juste de la tristesse. La tristesse d'avoir laissé ça arriver, probablement.

Ma mère fait un pas vers moi, reprenant d'une voix plus douce :

— Daël, j'ai entendu que tu l'aimais.

J'ai presque envie de pleurer, parce qu'elle ne hurle pas au scandale, ni ne me regarde avec dégoût. En fait, elle est juste désolée pour moi.

Mon estomac se noue douloureusement.

— Mais ça, chéri, vous ne le surmonterez pas. Jamais.

Chapitre 2

Daël Hamilton

Je pénètre dans la pièce sombre, le cœur contracté comme s'il était prisonnier d'un étau. Je cherche de la main l'interrupteur sur le mur. Le salon s'éclaire d'une lumière criarde qui me pique les yeux. Je suis chez moi. Dans la maison de mes parents. J'étais avec ma mère à l'hôpital. Elle a insisté pour qu'on rentre ensemble. Elle voulait que je passe dire bonsoir à mes sœurs, puisque ça fait presque quatre jours que je ne les ai pas vues. J'imagine qu'elle a raison. J'imagine que c'est ce que je devrais faire. Ce qu'un grand frère devrait faire.

Je m'allonge sur le canapé. Les jambes lourdes et cette envie de m'effondrer un peu plus à chaque seconde. L'état de mon père ne s'améliore pas. Il est toujours dans le coma et les médecins n'ont plus beaucoup d'espoir.

L'horloge de la télévision indique 23 heures. Les filles doivent être en train de dormir. Je les verrai demain matin, au réveil. J'ôte mes chaussures avec mes orteils alors que j'entends ma mère entrer dans la pièce à son tour.

— Tu devrais aller te coucher, tu as des cernes monstrueux.

— Je te retourne le compliment, maman.

Ma mère esquisse un vague sourire et me rejoint pour me passer une main dans les cheveux. Elle dépose un baiser sur mon front, et un léger « bonne nuit » se fraie un chemin jusqu'à mon oreille. J'entends ses pas s'éloigner, puis la porte de sa chambre se fermer. Elle va rejoindre son lit. Seule. Et, ça aussi, ça me fait mal. Sa solitude. La mienne. La nôtre. Comme si faire partie de la même famille ne nous suffisait plus. On est tous seuls, mais ensemble.

Mes yeux se ferment. Je pourrais monter dans ma chambre, mais je crois que je n'en ai pas envie. Je n'ai pas envie de m'allonger. Pas envie de penser. Pas envie de souffrir.

J'ai juste envie de le voir.

— Qu'est-ce que tu fais là ?

Je sursaute en entendant la voix de Fallone. Je me retourne vers ma cousine, les yeux écarquillés. Je ne savais pas qu'elle était à la maison en ce moment.

— Euh…, bafouillé-je en me relevant légèrement du canapé. J'étais à l'hôpital avec ma mère. On est rentrés ensemble.

Fallone s'assoit dans le fauteuil en face de moi, les traits tout aussi fatigués que les miens, elle replie ses jambes contre sa poitrine. Elle nage dans un vieux jogging rose délavé et une brassière de sport.

— Comment vas-tu ? demandé-je.

— Drôle de question.

Je reste silencieux, déglutissant péniblement, alors qu'elle enchaîne :

— Comment va Miles ?

— Toujours dans le coma.

— J'aimerais pouvoir l'être aussi, murmure-t-elle. Ne plus supporter tout ça.

— Moi aussi, avoué-je.

— Dommage que tu l'aies provoqué, dans ce cas.

Je lève les yeux vers ma cousine. Je sais qu'elle souffre. Je sais qu'elle a mal plus que n'importe qui ici, parce qu'elle a laissé son petit frère partir et qu'elle le regrette. Je sais bien tout ça, mais, moi aussi, j'ai mal. Ce n'est pas en déversant sa culpabilité sur la mienne qu'elle se sentira mieux.

— Tu as envoyé ce message à Lili, je te rappelle.

— Parce que je devais faire ce que tu n'as pas eu le cran de faire : mettre fin à leur relation.

— C'est ce que j'ai essayé de faire.

— En tombant amoureux de l'autre drogué, grince-t-elle. Belle réussite.

— Ne parle pas de lui comme ça.

— Tu crois que tu peux encore me donner des ordres ?

On s'arrête tous les deux, se toisant du regard comme deux animaux prêts à se battre, sauf qu'il n'y a pas de but ici. Dans une bataille, il y a un trophée à remporter, un prix à gagner. Là, il n'y a rien. Pas de victoire. Pas de défaite. Il y a juste notre colère et notre culpabilité qui s'affrontent en duel. Tout ça pour oublier. Sauf qu'on n'oubliera pas.

— Je suis désolé de ne pas te l'avoir dit avant, pour Noah et Lili, murmuré-je.

— Je suis désolée pour ton enfoiré de Lior Rosenbach que tu ne pourras plus baiser.

La provocation. Sa seule façon de se protéger. Je ne peux pas lui en vouloir. C'est ce que j'ai fait pendant des années. Alors, là, je m'avoue vaincu. Je suis trop crevé pour lui répondre. Au moins, je peux faire semblant de croire qu'elle est vraiment désolée.

Je soupire, puis me lève du canapé, me dirigeant vers les escaliers pour aller dans ma chambre. Je m'arrête brusquement devant les marches, le souffle coupé.

Ma sœur est en train de les descendre, le corps recouvert d'un T-shirt ample à l'effigie d'un groupe de rock quelconque, les cheveux lâchés en cascade sur ses épaules, et le regard… perdu.

Elle a entendu.

— Lior Rosenbach ? répète Charlie, la voix tremblante. Tu te tapais Lior Rosenbach ?

— Je… Attends.

Ma sœur descend rapidement les dernières marches et me bouscule violemment d'un coup d'épaule en arrivant à ma hauteur. Elle se dirige vers le hall, furieuse.

— Charlie ! m'exclamé-je, comprenant qu'elle s'apprête réellement à sortir. Où vas-tu ?

Je la rejoins et lui attrape le bras alors qu'elle tente d'enfiler une veste par-dessus son pyjama.

— Ne me touche pas ! lance-t-elle aussitôt. Tu me dégoûtes !

— Laisse-moi au moins t'expliquer la situation.

— Comment est-ce que tu peux faire ça à Ellen ? crache-t-elle, refermant son blouson jusqu'au cou.

— Lior n'est pas comme eux.

— Tu me dégoûtes, répète-t-elle encore, ses yeux effarés glissant sur mon corps anéanti par tout ce bordel.

— Charlie…

Elle m'ignore, se baissant pour récupérer une paire de baskets, qu'elle enfile, pieds nus. Et où va-t-elle comme ça, bon sang ?

— Il fait nuit, grondé-je. Ne sors pas maintenant.

Charlie ne m'écoute pas. Elle est braquée, jusque dans son âme. J'arrive à le sentir partout en moi, à quel point elle pense ses mots. Je la révulse vraiment. Elle me trouve sale. Sali d'avoir touché l'autre clan.

Les Rosenbach la rendent malade depuis le viol de notre cousine. Elle punit son corps à cause d'eux. Et moi je touche celui de l'un d'entre eux. J'embrasse celui de l'un d'entre eux. J'aime celui de l'un d'entre eux. Ça n'est pas juste. Je le sais.

— Charlie. S'il te plaît, sois raisonnable.

— Raisonnable ?

D'accord, ce n'était probablement pas le terme à employer.

— Ne me parle plus, ne me regarde plus, ne me…

Charlie s'étrangle. Le dégoût retient jusqu'à ses mots, et je ne sais même plus quoi dire pour la retenir.

— Je te hais, conclut-elle.

Ma sœur ouvre la porte brusquement et disparaît comme ça dans la nuit. J'ai les jambes clouées au parquet, pourtant, je sais que je devrais m'élancer à sa poursuite. Je ne peux pas la laisser fuir dans cet état-là, avec tout le mal qu'elle inflige à son corps.

Je me fais violence, j'oublie ses reproches et sa colère, je prends sur moi. Je sors à mon tour de la maison familiale. Je mets plusieurs secondes à la repérer dans l'obscurité. Lorsque je vois son ombre se dessiner au loin, je hurle son prénom et lui cours après… Inutile. Elle est déjà loin, accélérant soudain ses foulées. La fatigue et la pression de ces derniers jours ont raison de moi. Je suis épuisé. Je n'arrive même pas à la rattraper. Je tente une dernière fois de l'appeler, mais même ma voix est trop faible pour qu'elle entende son prénom. Quand bien même, je sais qu'elle ne se serait pas arrêtée.

Je n'ai aucune idée de l'endroit où elle a pu partir, mais je ne peux pas l'abandonner. Je dois rentrer à la maison, prendre ma voiture, conduire dans Londres jusqu'au petit matin s'il le faut.

Mes jambes sont lourdes et tremblantes, mais elles me portent jusque chez moi. Je dois récupérer mes clés. Je traverse le salon à la recherche de ma veste en jean.

Fallone est toujours assise sur le canapé, elle n'a pas bougé. Ma cousine me suit du regard, je l'ignore, ayant plus important à traiter, mais alors des mots emplis d'amertume franchissent ses lèvres :

— On dirait que tu n'es plus un héros pour personne, maintenant.

Une boule d'angoisse me comprime la gorge, mais j'arrive à lui répondre :

— Elle vient de s'enfuir.

— Ton problème.

— Tu peux m'en vouloir, mais Charlie n'a pas à payer pour ce que j'ai fait. Elle est en colère, partie seule en plein milieu de la nuit, elle pourrait faire n'importe quoi ! m'emporté-je.

Fallone ne réagit pas tout de suite, mais je vois bien dans son regard qu'elle sait que j'ai raison.

— Il faut la retrouver, ajouté-je. À plusieurs, on sera plus efficaces.

— D'accord, fait-elle dans un soupir en se redressant. J'appelle les gars pour qu'ils nous aident.

Fallone sort son portable de sa poche de jogging, et je ne peux m'empêcher de me sentir soulagé. Quoi qu'il arrive, mes cousins sont toujours là. Ils l'ont toujours été.

Il n'y a que moi qui leur ai tourné le dos.

🖂 **SMS de** Daël **à** Fallone **;** Stan **;** Aiden
00 h 10. Des nouvelles ?

✉ **SMS de** Fallone **à** Daël
0 h 12. Non, j'ai fait tout le quartier autour de la maison et Chelsea. Je bouge vers Kensington.

✉ **SMS de** Stan **à** Daël
0 h 25. Rien côté ouest, on bouge dans le Sud avec Aiden.

✉ **SMS de** Daël **à** Fallone **;** Stan **;** Aiden
01 h 26. J'ai fait toutes les maisons de ses potes et les endroits qu'elle fréquente. Rien. Votre côté ?

✉ **SMS de** Aiden **à** Daël
01 h 34. Rien...

✉ **SMS de** Fallone **à** Daël
01 h 42. Rien à Kensington non plus. Tu as fait autour de Hyde Park ?

✉ **SMS de** Daël **à** Fallone
01 h 42. Le premier lieu que j'ai fait.

✉ **SMS de** Fallone **à** Daël
01 h 44. Je vais voir à King's Cross. Toi ?

✉ **SMS de** Daël **à** Fallone
01 h 44. Westminster.

✉ **SMS de** Stan **à** Daël **;** Fallone
02 h 21. Toujours rien de notre côté.

✉ **SMS de** Aiden **à** Daël
02 h 27. J'ai appelé Ellen, elle n'a aucune idée d'où elle a pu partir, mais elle va appeler ses amies.

✉ **SMS de** Daël **à** Fallone
02 h 41. Je panique

✉ **SMS de** Fallone **à** Daël
02 h 44. On va la retrouver. Ce n'est pas la première fois qu'elle fugue.

🖂 **SMS de** Stan **à** Daël
02 h 50. Ellen a appelé toutes les amies de Charlie. Elles ne savent rien du tout. Désolé…

🖂 **SMS de** Daël **à** Stan
03 h 01. OK, merci. Je tente un dernier truc.

La personne que vous essayez de joindre est indisponible pour le moment, veuillez laisser un message après le bip sonore.

« Lior, c'est moi, Daël. Je me doute que tu ne veux plus entendre parler de moi, mais écoute ce message jusqu'au bout, s'il te plaît. Charlie, ma sœur, vient d'apprendre pour nous deux. Elle a fugué… Tu sais que c'est grave, si je te laisse ce message. On a cherché partout dans Londres, sauf à Mayfair, c'était trop risqué et on ne veut pas envenimer la situation avec ta famille. Est-ce que tu peux juste vérifier si elle est chez vous ? Peut-être qu'elle s'est cachée là-bas en sachant qu'on ne pourrait pas y entrer ? Je l'ai cherchée toute la nuit. Je perds la tête. Je m'angoisse. Je t'en demande beaucoup, mais je t'en supplie… Aide-moi. »

Lior Rosenbach

Il fait frais dehors. Il est 4 heures du matin, cela dit. Rien d'étonnant. C'est presque agréable, cette promenade. Ce n'en est juste pas une. Malgré tout ce que j'essaye de me faire croire, je suis bien en train de la chercher, sa stupide sœur. J'ignore pourquoi je me suis levé après son message vocal. Je n'y ai pas répondu, mais je me suis levé, et j'ai enfilé un T-shirt et un jogging à la va-vite.

Pourtant, ils la méritent, cette angoisse. Cette peur de perdre la personne qu'on aime. Ce sentiment de ne rien pouvoir faire pour la sauver. Les Hamilton méritent de vivre ça, et surtout lui. Lui qui m'a abandonné après ce coup de feu qui a retiré la vie à mon cousin. Alors pourquoi est-ce que je suis là, à zoner dans Mayfair ? Pourquoi est-ce que j'essaye de l'aider ?

J'y réfléchis, mais je ne trouve aucune réponse. Un acte de bonté, totalement désintéressé ? Peut-être. Dans le fond, Charlie n'a pas mérité de vivre ça. Elle est juste tombée dans la mauvaise famille, un peu comme moi. Si j'ai assez de pitié pour ma misérable personne, je peux avoir encore un peu de pitié pour elle.

Je passe devant une boulangerie française et une douce odeur de croissant chaud me remplit les narines. Je me laisse tomber sur un banc public, en face de la boutique encore fermée. Les rideaux sont tirés, mais la lumière en provenance des cuisines éclaire la ruelle dans laquelle je me suis arrêté.

Le temps défile. Long et silencieux. Je sors mon portable de ma poche pour savoir si Daël m'a réécrit à propos de sa sœur. Pas de message. Enfin, il ne doit pas s'attendre à ce que je la cherche. D'ailleurs, ce n'est pas exactement ce que je fais, réalisé-je, assis là à compter des étoiles que l'on ne voit jamais, sous la pollution londonienne.

Je me lève et poursuis mon chemin. Je déambule dans le quartier, refais certaines rues passantes. Une demi-heure doit s'être écoulée lorsque je bats en retraite, retraçant ma route en sens inverse pour rentrer chez moi.

J'avance vers la grande bâtisse en briques rouges de ma famille. La maison se dessine derrière les premiers rayons du soleil. Le ciel a une couleur orangée. L'aube est mon moment préféré de la journée, car c'est le seul instant où elle n'est pas vraiment commencée. J'aime quand les choses n'existent pas encore, ça leur laisse l'infime possibilité de ne pas devenir totalement merdiques.

Je traverse la chaussée, apercevant une ombre qui attend devant la grille de notre demeure. Une adolescente, capuche sur la tête dont quelques cheveux blonds s'échappent, jambes nues dans des chaussures délacées. J'avance vers Charlie. Je ne l'ai jamais vue, mais je sais que c'est la sœur de Daël.

Je ne l'ai pas trouvée, mais elle si, visiblement.

Je me racle la gorge pour attirer son attention. Charlie sursaute, elle se retourne vers moi en faisant un pas en arrière, craintive. Puis ses yeux rencontrent les miens. Là, ça ne peut être personne d'autre que la sœur de Daël. Le même bleu, le même éclat. Son portrait craché. Mon cœur se resserre monstrueusement, parce que cette vision me rappelle à quel point il me manque. Ce con. Cet ignoble con.

— Tu me cherchais ? demandé-je.

— Je ne sais même pas qui tu es, crache-t-elle, dédaigneuse, en reculant encore d'un pas.

— Alors que fais-tu ici ? Qu'est-ce que tu attends, toute seule, en plein milieu de la nuit ?

— Ça ne te regarde pas, fous-moi la paix.

— Tu attends de croiser un mec bizarre ?

— Tu viens d'arriver, me fait-elle remarquer.

J'esquisse un sourire, je ne peux pas m'en empêcher. Elle ressemble tellement à Daël.

— Passe ton chemin, reprend-elle, essayant de se redonner une contenance.

— Je suis chez moi, dis-je en désignant de la tête la maison.

Son visage se fige, même si je pense qu'elle savait déjà pertinemment qui j'étais. Peut-être que l'entendre est différent ? La peur doit prendre le dessus sur la haine. Charlie voudrait continuer à me tenir tête, mais je suis un Rosenbach. Ça l'effraye, c'est programmé ainsi dans notre corps.

— C'est mon frère qui t'envoie ? lâche-t-elle.

— Il m'a appelé. Et toi, qu'est-ce que tu comptais faire en venant ici ?

Sa mâchoire se crispe, ses cheveux tombant de part et d'autre de son visage, et elle se baisse soudainement, s'asseyant à même le sol, les fesses sur le trottoir et le dos calé contre le grillage de notre propriété.

J'imite sa position.

— Je ne sais pas, murmure-t-elle. Te frapper ?

— Ça te soulagerait ?

— Oui.

— Je t'en prie.

Charlie me fusille du regard, l'air de me dire de ne pas trop la provoquer. Tout en elle me fait penser à Daël. Il y a de la fierté et du dédain dans ses yeux alors qu'elle est détruite, exactement comme lui.

— On est un peu pareils, tous les deux, relancé-je. On est les cadets de nos familles et le cadet de leurs soucis. C'est marrant, cette expression, non ? Celui qui l'a trouvée devait savoir de quoi il parlait.

Charlie esquisse un demi-sourire. Pas que ce fût particulièrement drôle, mais je crois que je lui parais plus sympathique. Elle soupire.

— Je ne comprends pas comment vous avez pu être ensemble, dit-elle après un temps. Vraiment, ça me dépasse.

— Tu lui en veux ?

— Pas toi ? s'étrangle-t-elle.

Si, bien sûr. Je lui en veux de s'être enfui cette nuit-là. Et puis non, même pas. Pas que cette nuit-là. Je lui en veux de n'avoir jamais rien assumé : l'accident de Ian, le conflit avec Grace, la mort d'Ethan.

Daël a passé sa vie à fuir.

— Qu'est-ce que tu attends ? demandé-je.

— Que tu partes.

— On se cache souvent pour être retrouvé. Alors, *qui* est-ce que tu attends ? reformulé-je.

— Pas toi, en tout cas. Je n'aurais jamais dû venir jusqu'ici.

— Daël ?

Charlie sursaute, peut-être que ça lui fait bizarre d'entendre son prénom dans ma bouche.

— C'est pour ça que tu te mets en danger ? enchaîné-je. Pour attirer son attention ?

— Je ne suis pas en danger, parce que je ne suis pas fragile, crache-t-elle. J'ai bientôt quinze ans, j'ai le droit de me promener dans la rue sans putain de chaperon.

— Je ne parle pas de ça.

Elle tourne la tête vers moi, son expression soucieuse radoucit ses traits encore juvéniles. Daël m'a parlé des blessures qu'elle infligeait à son corps. Il me l'a confié, une nuit où on était tous les deux dans son lit, amoureux, et ce moment semble irréel, désormais.

— Il t'a dit ? fait-elle. Je croyais qu'il s'en fichait.

— Ce n'est pas le cas.

— Peu importe, lâche Charlie.

Puis son regard se perd de nouveau vers la route vide devant nous.

— Je sais ce que ça fait, murmuré-je. D'essayer de retenir ceux qu'on aime comme on peut.

— Je me passerais bien de tes conseils, rétorque-t-elle sèchement.

— Ce n'est pas en te faisant souffrir que tu feras en sorte qu'on revienne vers toi, continué-je, malgré sa désapprobation. Le mal, ça fait peur aux gens. De loin, ils essayeront de t'aider, pour se donner bonne conscience, mais ils ne le feront jamais vraiment. Tu le sais, ça ?

— Je ne veux pas parler de ça avec toi, affirme-t-elle, les genoux remontés si haut contre sa poitrine qu'on dirait qu'elle cherche presque à disparaître.

Ce qui est probablement le cas. Et, ça non plus, ça n'aide pas.

— Il faut que tu comprennes qu'ils ne te sauveront pas. C'est ton corps. Si tu décides de l'abîmer, il n'y aura jamais personne pour t'en empêcher. Il n'y a que toi, là-dedans. Il n'y a que toi dans ton bateau.

Elle roule des yeux et se tourne quand même vers moi pour écouter la suite :

— Ou tu coules ou tu restes à flot.

Charlie repose le crâne contre le grillage en fermant les yeux, alors que je poursuis :

— C'est un combat que tu dois mener toute seule, ton frère ne sera pas toujours là pour…

— Mais Daël n'est *jamais* là.

Voilà. Je crois qu'on y est, au fond du problème. Enfin, le masque tombe, ses yeux se voilent.

La colère s'échappe, par les mots qu'elle déverse entre ses lèvres tremblantes :

— Tout est sa faute. Tu ne le connais pas comme moi. Tu ne sais pas. Tu ne sais rien. Tu ne sais pas à quel point il nous a ignorés, nous, sa famille, sous prétexte qu'il en était le chef. C'est une corvée, pour lui, ce clan. Ça se sent. Ça se voit. Il se force, tout le temps. Ça le fait chier d'être avec nous. Il tire la gueule à tous les repas de famille, à chaque fois qu'il vient à la maison, enfin… quand il se donne la peine de le faire. Pour lui, il n'y a que ses cousins qui comptent, parce que ce sont les seuls qui le soutiennent dans ce conflit de merde. Ellen, ma mère, Tess, moi… Il ne nous voit jamais. Il s'en fout… Il s'en fout, répète-t-elle. De tout, de tout le monde. Et maintenant j'apprends que, tout ce temps qu'il ne passait pas avec nous, il le passait avec toi ? Comment peut-il faire ça à sa propre famille, hein ? Toi qui as toujours réponse à tout ! Comment ? Pourquoi ?

— Je ne sais pas, murmuré-je.

— Parmi toutes les personnes qui habitent Londres, il a fallu que ça soit toi, dit-elle en éclatant de rire. Franchement, ça ne t'est jamais arrivé, ce moment où tu comprends que la vie se fout de ta gueule ?

— Presque tous les jours, dis-je.

— Et qu'est-ce que tu fais pour ne pas y penser ?

— Je me drogue.

— Ça t'aide ?

— Il paraît que non.

Charlie baisse la tête vers ses poignets cachés derrière l'épaisseur de son blouson.

— Ça t'aide, toi ? relancé-je. De te faire du mal ?

La sœur de Daël hausse les épaules.

— Il paraît que non.

Je comprends ce qu'elle ressent. Cette pression que l'on exerce sur elle constamment. À lui dire qu'elle gère mal les choses, qu'elle prend les mauvaises décisions. Je connais tout ça. Cette empathie pour les personnes comme nous. On sait bien que les gens essayent de compatir, mais il y aura toujours ce truc dans leur regard, cette lueur qui te dit : « Prends sur toi et fais comme tout le monde. Tu n'es pas tout seul à être malheureux, alors arrête un peu avec tes caprices. Tu nous soûles, avec tes problèmes. Au fond, si tu voulais vraiment t'en sortir, tu ferais des efforts pour être moins sensible. »

Peut-être qu'ils ont raison. Peut-être qu'on ne fait pas d'efforts. Quand j'entends ça, je n'ai pas envie d'en faire, du moins.

— Tu l'aimes ?

Sa voix timide me sort de mes pensées. Je lève le regard vers Charlie. Ses yeux interrogateurs me transpercent.

La question à mille dollars.

Et la réponse encore plus inconcevable.

— Paraît que oui.

— Paraît que lui aussi.

L'espace d'un instant, ça me fait chaud au cœur de l'entendre, même si ça ne vaut plus rien depuis la mort d'Ethan. Ça me donne envie de pleurer mes tripes.

— Qu'est-ce que tu vas faire ? demande Charlie.

Eh ouais, qu'est-ce que je vais faire ? Je n'en ai aucune foutue idée. Enfin, ce n'est pas comme si j'en avais déjà eu une. Une idée de ce que je faisais, je veux dire. L'oublier ? Oui, c'est bien, d'oublier. Probablement la meilleure solution.

Je ferme les yeux et nous restons assis par terre, sans rien dire de plus. Le soleil se lève, les rayons me réchauffent le visage petit à petit, alors que le quartier est encore calme. Je crois que je finis presque par somnoler, là, sur mon bout de trottoir.

Et peut-être même par rêver un peu, car soudain…

— Lior ?

Je frissonne, mes paupières s'ouvrent et mon cœur valse. Il valse si fort dans ma poitrine que je pourrais le vomir. Je me relève en titubant, les jambes un peu tremblantes sous l'effet du choc.

Daël Hamilton.

Sa voiture est garée n'importe comment sur le trottoir, la portière encore ouverte, et il se tient devant moi. Devant nous. Charlie s'est redressée, elle aussi.

Je ne parle pas, trop choqué par ce que je vois. Sa voix résonne encore à mon oreille. Mes yeux ne se remettent pas d'une telle apparition. Il a les cheveux en bataille, des cernes profonds, le teint pâle. Il a la dégaine d'un mec qui a zoné toute la nuit.

— Tu…, bégaye-t-il, avant d'abandonner toute tentative de faire une phrase.

Ses bras retombent le long de son corps alors qu'il se retourne vers sa sœur.

— Je t'ai cherchée partout, dit-il en se tournant vers elle, la voix un peu cassée par l'émotion. J'ai eu tellement peur qu'il te soit arrivé quelque chose.

— Il m'est arrivé quelque chose, dit Charlie. Tu m'as déçue.

— Je sais.

Mon regard dérive de l'un à l'autre, je ne comprends toujours pas ce qu'il s'est passé. Comment Daël a-t-il su qu'elle était ici, avec moi ?

Charlie doit lire l'interrogation dans mon regard, car elle m'informe :

— Je lui ai envoyé un message pour qu'il vienne me chercher, tout à l'heure, quand tu dormais.

Je sens le regard de Daël sur moi, mais je ne me retourne pas vers lui.

— Lior, tu…

— C'était pour elle, le coupé-je avant qu'il n'ait le temps de dire quoi que ce soit d'autre.

Daël se tait, encaissant mon ton dédaigneux et froid, alors que la seule chose à laquelle j'aspire est de fondre dans ses bras et dormir. Juste dormir. Ne plus penser. Ne plus penser que tout ça est arrivé.

— Bien sûr, dit-il, se reprenant. Merci d'être resté avec elle. Je… Je ne sais pas quoi te dire à part merci. Vraiment.

— Ça suffit.

— Oui… Je… D'accord.

Daël bifurque vers Charlie, lui tendant la main pour l'inviter à monter dans la voiture. Et c'est tout ? Plus rien d'autre à se dire ? Son cousin a tué le mien. Et peut-être que c'était un accident, et peut-être qu'il ne l'a jamais voulu, mais c'est arrivé. Ethan n'est plus là, et Daël n'a jamais rien dit à ce propos. Pas un mot. Pas un seul putain de mot.

— Donc, murmure-t-il en glissant maladroitement une main dans la poche arrière de son jean. Je vais ramener Charlie à la maison. Est-ce que tu veux…

Daël s'arrête. Qu'on se retrouve après ? Qu'on discute ? Qu'on rattrape le temps perdu ? Non, il ne dira rien de tout ça, comme je n'accepterai rien de tout ça. C'est trop tard.

Il laisse échapper un soupir et se dirige vers sa voiture, sa sœur sur ses pas.

— Merci encore.

C'est tout ce qu'il ajoute lorsque sa portière se referme. Ça me fait mal au cœur de les voir tous les deux, côte à côte. Il a retrouvé sa sœur. Il a eu cette chance. Moi pas. Ethan n'est pas caché quelque part dans un quartier de Londres. Il est parti pour toujours. Je crois que c'est à cet instant précis que je le réalise enfin. Que je me dis qu'il est *mort*.

Ethan est mort. Mort. Mort. Mort. Un poids m'écrase les épaules, je crois que ça s'appelle la fatalité.

Soudain, je me mets à courir comme un forcené. Je cours sans destination. De toute façon, je n'ai nulle part où aller. Je n'ai pas envie de rentrer chez moi. D'entendre Lili ou Ian pleurer dans leur chambre. De voir Edward au bord du gouffre. D'assister à la comédie de Grace prétendant qu'elle est toujours la cheffe de clan, forte et indestructible.

Je repense au pont. Westminster. C'est là-bas que je me sens vivant. J'en prends la direction, continuant ma course. Ethan est mort. Ça se répète en boucle dans ma tête. J'accélère à chaque foulée, comme pour faire disparaître les mots, mais ils résonnent encore plus fort dans ma boîte crânienne.

Je m'arrête, essoufflé. J'y suis, au pont. Je ne sais même pas comment j'ai fait pour aller aussi vite. Ma respiration est tellement saccadée qu'elle me fait souffrir. J'accroche mes doigts à la rambarde. La Tamise. Toujours là. Toujours calme et sauvage à la fois.

Et je hurle.

Je hurle toute ma colère et ma frustration. Je hurle et je sens mon portable vibrer dans la poche de mon blouson. Je le sors.

Je souris devant l'écran lumineux, comme si l'écho venait de répondre à mon cri.

C'est un message de Daël, mais ce n'est pas lui qui l'a écrit.

🖂 **SMS de** Grand méchant loup **à** Boucles d'or
5 h 30. Ou tu coules ou tu restes à flot. Charlie.

Chapitre 3

Lior Rosenbach

— Eh bien… Quelle histoire.

Je me retourne vers Karen, avec un haussement de sourcils pour lui indiquer tout le mépris que m'inspire ce commentaire.

— Quoi ? fait-elle.

— « Quelle histoire », répété-je en imitant sa voix de pimbêche. Je viens de te raconter la tragédie du XXIe siècle et c'est tout ce que tu trouves à me répondre ?

— La tragédie du XXIe siècle ? Tu te fous de ma gueule ?

— Non.

— Ton histoire de cul est loin d'être l'intérêt du siècle, mon chou.

Ma meilleure amie accélère la cadence, juste pour me planter là, comme un con. Bien sûr, elle ne pense pas ce qu'elle dit. Karen a peut-être l'air idiote, mais elle est assez futée pour savoir qu'entre lui et moi c'était plus qu'une histoire de fesses. Elle le sait, mais elle prétend le contraire, puisque c'est déjà foutu. Elle essaye de dédramatiser.

— Du coup, vous ne vous voyez plus ? me demande-t-elle lorsque je la rattrape en quelques pas.

Il faut dire qu'avec ses escarpins Prada elle ne risquait pas d'aller bien loin.

— Non, dis-je sombrement.

Ça fait trois mois. Trois mois ont passé depuis cette brève apparition qu'il a faite devant chez moi, lorsqu'il est venu récupérer Charlie à Mayfair.

Karen s'arrête devant un café, remontant un peu sa fausse fourrure sur ses épaules. Elle inspecte la devanture avec une moue un peu dubitative, mais elle doit repérer un serveur mignon à travers la vitre de l'établissement, puisqu'elle semble décidée à s'y arrêter quand même. Elle rejoint la terrasse extérieure – chauffée, Dieu merci, nous sommes en plein mois de novembre. Elle prend place à une table libre, quelque peu isolée, et s'affale sur une chaise en retirant son manteau à poils d'un geste presque théâtral.

Ma meilleure amie sort aussitôt son paquet de cigarettes de son sac, alors que je m'installe en face d'elle. Elle en prend une, une longue et fine, évidemment, c'est plus classe, qu'elle coince entre ses lèvres tartinées d'un brun chocolat.

Le feu crépite, une petite touche de couleur qui égaye un peu son visage. Ça faisait cinq mois qu'on ne s'était pas vus, tous les deux. Apres son overdose, ses parents friqués – mais absents – sont soudainement réapparus pour l'envoyer en cure de désintoxication.

Karen est revenue à Londres la semaine dernière. Les appels n'étaient pas vraiment autorisés dans sa clinique, c'est pour dire qu'elle a loupé pas mal de choses dans ma vie. Comme l'enterrement de mon cousin, par exemple. Ou la fuite de Noah, toujours porté disparu, ma rupture avec Daël et ses non-excuses, entre autres.

Et elle a répondu : « Quelle histoire. » Sérieusement ? Je n'arrive pas tellement à lui en vouloir. Elle est comme ça, Karen. Je sais qu'elle a du mal avec tout ce qui est sentimental. Elle préfère envoyer bouler les gens plutôt que de les rattraper. Ma détresse, ça la dépasse. Elle ne sait pas comment la gérer. Donc elle l'ignore, et je crois que ça me fait du bien. C'est la seule qui se comporte toujours comme avant avec moi.

Un serveur arrive à notre table, certainement pas celui qu'elle a repéré, car Karen ne lève même pas le regard dans sa direction.

Je commande deux cafés et l'homme repart dans l'autre sens.

— J'ai vu Neil, hier, dit Karen. Il a un nouveau mec.

Ça m'affecte, sans que je puisse me l'expliquer.

— Ah ouais ? répliqué-je, feignant l'indifférence.

— Plutôt beau gosse, d'ailleurs, commente-t-elle, cette pétasse. Et super bien foutu.

— C'est qui, ce type ?

— Un de ses clients, je crois.

— Pour changer, ironisé-je.

— En même temps, ce sont les seules personnes qu'il fréquente depuis que ses amis lui ont tourné le dos, dit Karen, la fine clope toujours coincée entre les lèvres.

Elle est parfumée à la menthe, pour parfaire le cliché.

— On était ses clients aussi, je te rappelle.

Elle me fait rire, à toujours oublier une partie de l'histoire. Comme si deux gosses pleins aux as comme nous avaient réellement eu un jour un élan d'amitié pour un mec des quartiers. C'était notre dealer, à la base, et on n'a jamais été mieux que tous les merdeux à qui il pompe du fric pour survivre.

— Tu es chiant, conclut-elle, tirant une nouvelle taffe sur sa cigarette.

Elle inhale la fumée, la main un peu tremblante. Karen dit qu'elle est *clean*, désormais, mais dans ses yeux je vois qu'elle y pense encore. Moi aussi, pour être honnête, même si je n'y ai jamais retouché. Je n'ai plus de dealer et plus d'occasions de faire la fête, je crois que ça m'a aidé à arrêter. Et puis, surtout, je me sens juste tellement vide. Je n'ai envie de rien, la plupart du temps.

Le serveur revient avec notre commande et dépose les deux tasses fumantes devant nous. Je règle pour Karen et moi. Ma meilleure amie s'empare de sa boisson, soufflant à la surface du liquide sombre, sans la porter à ses lèvres.

Elle repose simplement la tasse dans la soucoupe, le regard un peu absent.

— Tu vas mieux ? lancé-je.

Karen hausse les épaules, regarde vers l'extérieur. Londres est plongée dans un brouillard grisâtre et pluvieux.

— Tu vois toujours Matt ?

— Il m'a quittée.

— À cause de ça ?

— Ça ? fait Karen. Mon overdose ? Ma cure de désintoxication alors que j'ai tout juste dix-huit ans ? Ouais, je crois que ça faisait un peu tache pour sa famille de rentiers.

— Je suis désolé.

— Bon débarras, conclut-elle en rejetant sa longue chevelure brune et brillante derrière son épaule. S'il n'est pas capable de me soutenir, alors il n'est pas pour moi, tout comme Daël n'est pas pour toi. Va de l'avant.

— Ce n'est pas si facile, rétorqué-je.

— Si, ça l'est, déclare ma meilleure amie, effleurant l'anse de sa tasse. J'ai failli y passer. Alors, tu vois, mon mec du moment, ça m'est passé au-dessus. C'est quoi, ta vie, après tout ? Tu n'en sais rien. Si ça se trouve, tu vas crever demain, toi aussi. Je sais que c'est moche, tout ce qui t'arrive. Tu as perdu ton cousin, évidemment que ça fait mal. Et peut-être que ça va te sembler horrible, ce que je vais te dire, mais c'est comme ça, c'est arrivé, tu ne peux plus rien y changer, désormais. Tu vas te lamenter tout le reste de ta vie ?

— Ça semble un bon programme, ironisé-je.

Karen se tait, ne sachant quoi ajouter. Elle porte la tasse à ses lèvres, avale une gorgée, et je l'imite. La chaleur de la boisson me réchauffe, c'est agréable.

— Je suis désolée, reprend-elle, le visage plus soucieux qu'à l'accoutumée. J'ignore comment réconforter les gens. C'est juste… trop, pour moi. Je ne sais pas faire.

— Je ne t'ai pas demandé de le faire.

— Ouais, mais c'est ce que les amis font, normalement.

— Ça non plus, je ne t'ai pas demandé de l'être, rétorqué-je, amusé.

Elle me tire la langue pour simple réponse et avale une nouvelle gorgée. Son rouge à lèvres laisse une marque sur la faïence blanche.

La discussion repart naturellement. Nous rattrapons le temps perdu. Je lui raconte comment ma vie a repris son cours depuis la mort d'Ethan. J'ai fait ma rentrée à la fac, en septembre, en licence d'économie. C'est ce que voulaient mes parents et Grace, et moi, je ne voulais pas grand-chose, alors je me suis dit : autant leur faire plaisir. Ça se passe plutôt bien pour le moment, même si je ne m'y suis fait aucun ami. Je vais simplement en cours, puis je rentre à la maison. Je n'ai jamais été aussi studieux.

Je lui parle aussi de ma famille. Karen écoute, attentive. Ian a quitté Londres, il est dans un centre spécialisé dans le handisport et il semble vraiment heureux là-bas, je pense qu'il a enfin trouvé sa voie. Edward est resté chez nous. Hors de question qu'il parte en Chine sans son frère, a-t-il déclaré. Ses parents n'ont pas trop insisté, ils ont compris qu'ils ne pouvaient pas lui retirer Grace, son seul pilier désormais. Lili est dans sa dernière année de lycée, je crois qu'elle a hâte de terminer sa scolarité pour partir étudier à l'étranger. Elle ne veut plus rester à Mayfair. Je crois que notre quartier l'étouffe. Et Grace… est toujours Grace. Certaines choses ne changent jamais.

Karen m'informe qu'elle doit rentrer, il se fait tard. J'acquiesce, je l'enlace fermement contre moi, puis nos routes se séparent. Je prends un taxi pour arriver plus rapidement à la maison.

Le contraste est frappant dès que je pousse le battant de l'entrée. La vie extérieure semble s'arrêter ici, sur le pas de la porte. La demeure est silencieuse, comme d'habitude.

Je pénètre dans le salon, ma mère est assise sur un canapé et lit un livre, mon père, sur l'ordinateur, et Lili, en train d'écrire son journal intime. C'est depuis la mort d'Ethan qu'elle s'y adonne, je crois que ça lui fait vraiment du bien. De s'énerver dans le vide. À ce stade, il n'y a bien que des pages blanches pour recevoir toute cette peine sans sourciller. Les feuilles absorbent l'encre, comme elles absorbent un peu de sa douleur.

— Salut, murmuré-je en m'installant à côté de ma mère.

— Tu es rentré, dit-elle avec un sourire en posant la main sur ma cuisse. Comment va Karen ?

— Bien.

— Et toi ?

— Ça va, maman, arrête de me le demander tous les jours.

— Ne réponds pas comme ça à ta mère, gronde aussitôt la voix paternelle.

Je m'enfonce dans le canapé et je sors mon portable de ma poche pour jouer à des jeux. Je veux éviter de le sentir, son départ, parce que j'ai l'impression qu'il est écrit partout sur les murs. Le silence reprend.

Chacun à ses activités. Chacun prétendant ne pas être un peu anéanti, quelque part dans le fond du cœur.

Un bruit sourd résonne soudain dans la maison. Une porte qui claque. Des bruits de pas qui se précipitent vers nous. Puis Grace qui apparaît, une bouteille de champagne dans les mains.

— Debout, tout le monde ! s'exclame-t-elle, un sourire sur les lèvres qu'on n'avait pas vu depuis longtemps. On a quelque chose à fêter !

— Qu'est-ce qu'il y a ? demande Jensen, visiblement intrigué et dont les yeux se posent directement sur le ventre de sa fille.

— Papa, non ! fait celle-ci, offusquée.

Ma mère pousse un soupir, déçue, avant de se renfoncer dans son siège, signe que ça ne l'intéresse plus.

— Maman, ajoute ma sœur, blasée. Je n'ai même pas de copain.

— Elle n'en a d'ailleurs jamais eu, glisse Lili en levant le nez de son carnet. Ce n'est pas déjà évident, qu'elle est lesbienne ?

— Ah non, pas deux, rétorque mon père d'un air catégorique, comme s'il avait réellement le pouvoir d'en décider.

— Je ne suis pas lesbienne, les interrompt la concernée. Pouvez-vous me laisser finir, maintenant ?

— Oui, qu'est-ce que tu as à nous dire ? demandé-je, pris de curiosité à mon tour.

— La fin prochaine de l'ennemi numéro un.

— Miles Hamilton ? lance tout de suite Jensen, dont le visage s'éclaire d'un sourire.

— Plus de trois mois de coma, les médecins pensent à le débrancher, déclare Grace. Dans quelques jours, il ne sera plus de ce monde !

Le ricanement de mon père, un sourire de ma mère, et une douche froide pour moi. Malgré la rupture, malgré la distance, malgré la colère, je crois que je suis tellement connecté à lui que j'ai l'impression qu'on est en train de m'annoncer la mort de mon propre géniteur. Je pense à lui et à tout ce qui va s'effondrer bientôt.

Ma sœur ouvre la bouteille tandis que j'entends mon père commenter l'état de santé de son pire ennemi, disant qu'il attendait ça depuis au moins deux ans.

Je me relève, blême, et me dirige vers ma chambre. Il est hors de question que je reste ici plus longtemps.

— Qu'est-ce qu'il se passe ? me demande ma sœur, inquiète.

— Je te le demande, ironisé-je en me retournant vers elle. Qu'est-ce qu'il se passe, là ?

— Quoi ?

Je lève les yeux au ciel. Je n'ai même pas envie de me confronter à cette image de ma famille. À ce jour où on a décidé qu'on ne serait plus des êtres humains normaux.

— Rien, lâché-je avec un soupir. Je vous laisse vous réjouir de la mort d'un père de trois enfants.

Ma remarque refroidit l'ambiance. Je m'apprête à sortir, mais j'entends la voix de Grace dans mon dos :

— On a nos morts de chaque côté.

— On en est rendus là ?

— Rendus où ?

— À les compter, asséné-je.

Grace ne répond pas à ça, probablement parce que, oui, je crois qu'on en est rendus là. Peu importe. Je ne veux plus jamais entendre parler de ce conflit, ni de leur côté ni du nôtre.

Je tourne les talons.

Daël Hamilton

Il va mourir, mon père. C'est ce qu'ont annoncé les médecins à ma famille, tout à l'heure, qu'il fallait penser à le débrancher. Ils n'ont plus d'espoir qu'il se réveille un jour. Maintenant, la décision nous appartient du moment où il s'éteindra. Personne n'est assez fort pour une telle décision. Pas moi, en tout cas.

Je m'écroule sur mon lit, les yeux fermés. J'ai l'impression que la pièce tourne tant ma tête est embuée. J'ai envie d'alcool. J'ai besoin d'alcool. Je me redresse, il doit rester des bouteilles dans le bar de mon père. Je m'apprête à quitter ma chambre lorsque je croise le regard de Fallone. Elle se tient là, adossée au chambranle, sur le pas de la porte.

Ma cousine sait ce que j'allais faire. C'est pour ça qu'elle est là. Meilleur être humain que je ne saurais jamais l'être.

— Ça n'aidera pas, dit-elle simplement.

Je soupire et retombe lourdement sur le matelas. Ma cousine pénètre dans ma chambre. Elle avance lentement, regardant un peu partout, juste pour éviter mon regard, puis elle finit par s'asseoir sur mon bureau, les jambes pendant dans le vide.

— Je suis désolée pour ton père, ajoute Fallone.

Elle est emmitouflée dans une épaisse chemise à carreaux. Sa frange est plus longue que d'habitude, lui tombant bientôt sur les yeux.

— Toujours pas de nouvelles ? lancé-je.

— Non.

Sa voix est sourde, légèrement cassée. Noah s'est comme volatilisé. Avec la police qui surveille nos appels, impossible de rester en contact avec lui. On ignore totalement où il peut être, avec qui, s'il va bien. C'est absolument terrorisant, et je crois que, chaque jour, ma cousine regrette un peu plus de l'avoir forcé à fuir.

— Tout est parti de ce message stupide envoyé à Lili, reprend-elle en coinçant ses mains sous ses genoux. On voulait juste faire peur à Ethan. Il allait partir en Chine et il n'avait reçu aucun retour pour le traumatisme crânien de Stan. On voulait qu'il ait peur, on voulait qu'il parte, la boule au ventre, en se disant que peut-être, un jour, on recommencerait à s'en prendre à quelqu'un qu'il aime... Mais on ne voulait pas *ça*. Je ne voulais pas ça. Je ne voulais pas qu'il meure et je ne voulais pas que Noah disparaisse.

Je l'écoute, je sais que tout ça tourne en boucle dans sa tête et qu'elle ferait tout pour revenir en arrière. Moi aussi, honnêtement. J'aurais empêché Lior et Ethan de les rejoindre, déjà.

Enfin, on peut retordre le truc dans tous les sens, ça ne changera pas le résultat.

— Tu te fais du mal, à ressasser tout ça, dis-je.

Elle sourit ironiquement.

— Tu ne ressasses pas, toi ? Tout ce que tu aurais pu faire de mieux ?

— Bien sûr que si.

— Alors ferme-la, s'il te plaît.

J'accepte, parce que je suis fatigué de me mentir. Évidemment, que j'y pense, à la meilleure version que j'aurais pu être. Dans une vie parallèle, je n'aurais pas créé ce conflit avec les Rosenbach, je n'aurais pas blessé un adolescent de quinze ans, je n'aurais pas empêché Noah d'aimer qui il veut, je n'aurais pas eu à fuir à la mort d'Ethan, j'aurais su retenir Lior, parce que c'est l'amour de ma putain de vie. Mais il n'y a pas de vie parallèle, et celle que j'ai est un beau ramassis de merdes.

Je lève le regard vers ma cousine. Elle sort un papier de la poche arrière de son jean, jouant avec la feuille blanche pliée en quatre.

— Qu'est-ce que c'est ? demandé-je.

— Un mot que Noah a écrit pour Lili.

Je fronce les sourcils tandis que Fallone explique :

— Il l'a écrit juste avant de prendre le bateau, cette nuit-là.

— Tu ne lui as toujours pas donné ?

— Je n'y arrive pas, avoue-t-elle.

Fallone tient le mot entre ses doigts tremblants, je ne sais pas si elle l'a ouvert.

— C'est... C'est la dernière chose qu'il m'a donnée, poursuit-elle. Je n'arrive pas à m'en séparer.

— Je comprends.

— Sauf que je lui ai promis, souffle-t-elle. J'ai promis de le donner à Lili.

Fallone saute de mon bureau, ses pieds nus claquent sur le parquet de ma chambre. Elle avance, le bout de papier dans une main, qu'elle tend vers moi.

— Je n'y arrive pas, mais peut-être que, toi, si ?

Je refuse le papier d'un geste de la tête.

— Je pense que Noah aurait aimé que ça vienne de toi.

La main de Fallone se resserre sur le mot, mais elle sait que j'ai raison, car elle ne dit rien, le remettant à sa place, dans sa poche de jean.

On toque à ma porte, ma cousine et moi nous tournons immédiatement vers l'entrée.

Stan pénètre dans la pièce, interrogeant à la volée :

— Vous ne savez pas où est Ellen, par hasard ?

Nous répondons par la négative. Le visage de notre cousin se tend encore un peu plus.

— Tu ne peux pas contrôler le moindre de ses faits et gestes, lui dit Fallone d'un ton de reproche.

— Je n'aime pas quand elle traîne dehors.

— Elle est assez grande pour se débrouiller toute seule, Aiden et toi, vous la couvez trop.

Stan le sait pertinemment, il a juste du mal à la laisser partir. Il pousse un soupir de frustration alors qu'il vient nous rejoindre. Il s'assoit à son tour sur mon lit. Silencieux.

Je pense qu'ils m'en veulent toujours pour ma relation avec Lior, mais, avec la fuite de Noah, l'état détérioré de mon père et ma vie partie en fumée, ils n'ont pas le cœur à me le faire ressentir. C'est déjà ça.

En fait, c'est comme si la vie avait repris son cours. On fait comme si rien n'était arrivé, chacun a ses occupations. Moi, c'est la banque. Le travail acharné m'aide à m'échapper de tout ça : la culpabilité, les reproches, l'absence. Je construis ma carapace jour après jour, pour que plus personne ne puisse y entrer, pour que plus personne ne puisse ravager l'intérieur.

J'ai assez donné.

🖂 **SMS de** Boucles d'or **à** Grand méchant loup
22 h 07. J'ai appris pour ton père.
22 h 10. Je suis désolé.

🖂 **SMS de** Grand méchant loup **à** Boucles d'or
22 h 20. Est-ce qu'on peut se voir ?

🖂 **SMS de** Boucles d'or **à** Grand méchant loup
22 h 40. Je suis au pont.

Lior Rosenbach

Daël est dans mon dos. Je ne me suis pas retourné, mais je le sais, je le sens. Il y a toujours quelque chose d'un peu électrique qui plane lorsqu'il est trop proche.

L'héritier s'accoude à la rambarde, alors que je suis assis sur le pont. J'ignore pourquoi il a demandé à me voir. Le connaissant, ce n'est pas pour parler de la mort certaine de son père. Daël n'est pas le genre de garçon à se lamenter sur sa vie. Il encaisse et il avance, comme Grace.

En fait, je sais pertinemment ce qu'il fait ici, avant même qu'il ne prononce ces mots :

— Je ne pourrai pas remplir ma promesse, Lior.

Je continue de fixer l'horizon. Je ne suis pas surpris. Je suis même plutôt soulagé qu'il soit honnête, pour une fois.

— Venir te chercher, reprend-il. Je ne pourrai plus venir te chercher.

— Parce que tu cours dans l'autre direction ?

C'est une question sans question. Je connais sa réponse.

— Oui.

— Et où est-ce que tu vas comme ça ? demandé-je.

Daël hausse les épaules. Il a les lèvres pincées, les mains crispées sur la rambarde.

— Je dois reprendre l'entreprise de mon père, m'occuper de ma famille, soutenir ma mère, mes sœurs, Fallone, essayer de redonner un sens à tout ça.

— D'accord.

— Je suis désolé.

Je ne sais pas si ce sont les excuses que j'attendais depuis tout ce temps, mais, maintenant qu'elles sont prononcées, elles me semblent futiles.

Daël s'est enfin retourné vers moi et je lis dans ses yeux qu'il n'y a plus de retour possible. Alors, oui, décidément, ses excuses ne servent à rien.

Je descends du pont, préférant partir, mais il attrape mon poignet pour poursuivre :

— Ça ne veut pas dire que je ne t'aime plus.

— Qu'est-ce qu'il te manque ?

— La force, murmure-t-il. Je n'ai plus la force.

Je le regarde de biais. Il a l'air éteint, épuisé. Il n'est plus le Daël Hamilton que j'ai connu, le chef de clan, l'arrogant, le fort, l'indestructible. Il est une brindille. Un effleurement et il s'effondre. La peine, la peur et la haine ont remporté la partie sur lui, sur nous. Daël n'a plus la force de se battre. Honnêtement, je ne l'ai plus non plus. On l'a perdue, sûrement, l'étincelle.

Le plus dur, dans une histoire d'amour, c'est de savoir où mettre le point final. Trop tôt ou trop tard ? On ne tombe jamais bon. Je parierais sur « trop tard », cependant.

— Je devrais rentrer chez moi.

— Ouais, moi aussi, dit Hamilton.

On se regarde, longuement. Ses yeux bleus qui m'ont fait chavirer. Ce soir, ils sont remplis de larmes. Au fond de mon cœur, je sais que je ne le rendrai plus heureux, que ses larmes, ce n'est plus moi qui les effacerai, qu'il est temps qu'il parte. Que je parte aussi.

— Je ne t'oublierai jamais, Daël *fucking* Hamilton.

L'héritier plante un baiser sur mes lèvres. Sa lèvre inférieure happe ma lèvre supérieure. Il exerce une légère pression, mais son geste reste doux. C'est tendre. Mon ventre se tord de douleur, j'en voudrais plus, mais je me retiens de le réclamer.

Il caresse doucement mes lèvres avec les siennes, puis murmure à mon oreille :

— Merci pour tout, Lior *fucking* Rosenbach.

Daël s'éloigne, pas après pas. Je ne le retiens pas.

Je crois qu'on a trouvé notre point final.

Ellen

Je fais rouler des cailloux sous la semelle de mes baskets, observant les fines pellicules de poussière s'envoler. Je lève les yeux vers le ciel. Je me demande s'il le voit aussi, entre ces murs de béton et de barbelés. J'espère que non. J'espère qu'il ne voit rien d'autre que le plafond de la cellule dans laquelle il est enfermé.

Je bifurque vers la prison. Je suis là depuis plusieurs heures. Pourtant, j'ai été incapable d'avancer jusqu'aux grilles, je suis restée sur le parking, comme une idiote.

Le temps est froid et pluvieux, aujourd'hui. Je réajuste un peu ma capuche, puis glisse les mains dans les poches de ma veste. Je suis sûre que mes frères me tueraient s'ils me savaient ici. D'ailleurs, je ne sais pas bien moi-même ce que je suis venue chercher.

On a appris que mon oncle allait bientôt être débranché, tout à l'heure. Ça m'a fait un coup, même si je n'ai jamais été très proche de Miles. Enfin, personne n'a jamais été proche de Miles, pas même son propre fils. Mon oncle a érigé des murs tout autour de lui pour que rien ne l'atteigne, et parfois j'ai l'impression que c'est ce que je fais aussi depuis mon viol.

C'est étrange, je ressens le besoin d'aller voir Greg. Peut-être que j'attends une explication : pourquoi moi ? Ou juste : pourquoi ?

Je fais un pas vers les portes, les jambes un peu tremblantes. Je suis presque convaincue de ce que je fais, lorsque je croise soudain son regard. Grace Rosenbach, sortant de la prison. Est-ce que c'est une blague ? Est-ce qu'il fallait qu'elle soit là, précisément, à cet instant ? Est-ce que c'est un signe du destin ?

Je m'arrête, sans voix. Elle aussi. Grace me toise d'un air un peu interdit, avant de finir par franchir les derniers mètres qui nous séparent. Elle est en jean, T-shirt blanc, avec un large gilet gris, en laine, par-dessus, une queue-de-cheval retenant sa crinière caramel. Elle semble plutôt quelconque, vu comme ça, disons loin de l'allure qu'elle se donne d'habitude.

Je retiens un haut-le-cœur lorsque mon prénom sort de sa bouche.

— Ellen ?

Grace sait bien qui je suis, elle m'a déjà vue, au tribunal.

— Est-ce que tu comptais aller voir Greg au parloir ? m'interroge-t-elle, les sourcils froncés.

Comme si j'allais lui répondre.

— Tu sais qu'il faut des permissions pour entrer en prison ? reprend Grace, croisant les bras sur sa poitrine pour se protéger du vent. Surtout lorsqu'on est encore mineur.

Je reste muette. Je n'ai pas envie de lui parler. D'ailleurs, je ne sais pas ce que je fais encore plantée devant elle.

Je tourne les talons, faisant demi-tour.

— En tout cas, je trouve ça plutôt courageux de ta part, ajoute Grace, dans mon dos.

Je me fige. Pas certaine qu'elle ose réellement me parler de courage. Je me retourne, la toisant de bas en haut. Grace est le modèle de la fille parfaite, couronnée de succès, que personne n'ose ne serait-ce même qu'effleurer. La vérité, pour moi, c'est juste qu'elle se croit montée tellement haut qu'elle n'a plus aucune considération pour ce qu'il se passe à ses pieds.

— Tu voulais vraiment voir Greg ? reprend-elle.

Qu'est-ce que ça peut lui foutre ? Tout ça pour savoir si elle peut m'en empêcher ? Elle est Grace Rosenbach, bien sûr qu'elle le peut.

— Pourquoi est-ce que tu veux le voir ? insiste-t-elle. Est-ce que ça te soulagerait ?

— La seule chose qui me soulagerait, c'est que tu arrêtes de m'adresser la parole.

Elle baisse un peu le regard vers le sol. Coupable, peut-être ? Au fond, elle a de quoi l'être. Je la revois encore, au tribunal, en train de protéger son ignoble cousin.

— Tu fais pitié, lâché-je très sincèrement.

— J'ai défendu mon clan, murmure-t-elle. Daël a fait de même pendant le procès de Ian. Je comprends ta colère, cependant.

Pourtant, je doute qu'elle ressente de la compassion pour quelqu'un d'autre qu'elle-même.

— C'est horrible, ce que tu as traversé, poursuit Grace. Mais ta vie n'est pas finie. Tu te relèveras. Si tu as du sang de Hamilton dans les veines, tu seras assez forte pour ça.

Je ne vois pas vraiment où elle veut en venir avec son *mea culpa*. Si elle cherche à me consoler, à se donner bonne conscience, ou simplement à me faire croire qu'elle en a quelque chose à foutre de tout ça.

— De quel droit te permets-tu de me dire ça ? dis-je en soupirant.

— Mon cousin est mort par votre faute. Je dois apprendre à me relever, moi aussi.

Est-ce qu'elle est sérieusement en train de comparer nos situations ?

— À te relever ? répété-je, amère. Mais à te relever de quoi, au juste ? Tu n'as jamais fait partie des dommages collatéraux, toi. Tu en es responsable.

Elle tique, mais je continue, soulagée de pouvoir enfin me libérer d'un poids :

— Tu sais que je les ai lues, toutes tes interviews dans les journaux du pays ? Grace Rosenbach, égérie du *girl power*, une femme, jeune, puissante, à la tête d'une des plus grosses banques du pays. Tu fais rêver beaucoup de gens, avec tes espoirs d'égalité entre les sexes, tes beaux discours et ton parcours exemplaire. Mais qui es-tu, en vrai ? Tu es comme Daël. Tu es une marionnette dans les mains de ton père. Tu joues à la femme qui a réussi dans la vie alors qu'on t'a tout imposé à la naissance. Alors ouais, tu te bats. Tu te bats pour faire croire que tout ça t'appartient. Sauf qu'une marionnette ça se casse, si elle n'obéit plus aux fils qui la contrôlent. Et, toi, tu es prête à tout pour rester sur le chemin qu'on t'a tracé, au point d'en excuser un violeur. Et tu t'estimes encore au-dessus de tout le monde ?

Grace ne répond pas et je m'approche un peu plus, poursuivant :

— Je me suis fait violer, mais ça ne définira jamais le genre de personne que je suis. Toi, par contre, qui le protèges, ça définit l'hypocrite que tu es… N'ose plus jamais me dire de me relever, tu es bien plus basse que moi, Grace.

Chapitre 4

Fallone

Je m'assois sur le bord de mon lit, ma serviette de toilette à la main. Je me suis réveillée, préparée à prendre une douche, puis, comme d'habitude, j'ai perdu la motivation de commencer une nouvelle journée.

Depuis la rentrée, je ne vais plus beaucoup à l'école, mes notes sont en chute libre et je frôle l'exclusion. C'est con, c'était pourtant ma dernière année avant d'être diplômée. À la place, je vais à l'athlétisme quasiment tous les jours, c'est la seule activité qui me permet de ne pas devenir complètement folle, ça me permet d'évacuer.

Un coup timide est frappé à la porte de ma chambre. Ça m'étonne. Il est encore tôt, personne ne doit être levé, hormis Daël pour le travail. Mon cousin est revenu s'installer dans la demeure familiale. Je suppose que c'est donc lui qui doit avoir besoin d'un coup de main pour je ne sais quoi.

Je murmure un « entrez » un peu sceptique. C'est la tête de mon père qui apparaît dans l'entrebâillement. Jackson, cinquante-deux ans, un mètre quatre-vingts et bien vingt kilos de trop. Sans parler, il se contente d'entrer dans ma chambre. Il ne ferme pas la porte, s'assoit sur le lit à côté de moi et passe une main dans mes cheveux. Un geste si inattendu venant de lui que j'ai juste le temps de froncer les sourcils avant de l'entendre me murmurer en un souffle rauque :

— Je suis désolé, Fallone. J'aurais aimé ne pas t'annoncer cela comme ça, mais je… je n'ai pas de… Je veux dire, ton…

Les mots viennent jusqu'à moi, mais je ne percute pas, jusqu'à la phrase de trop.

— Ton demi-frère est décédé. Noah, il nous a quittés.

Ses lèvres se referment après ces quelques mots, puis elles se meuvent de nouveau pour répéter :

— Je suis désolé.

Je jette un œil vers la table de chevet et m'arrête sur les aiguilles de mon réveil. Il est 6 h 17.

Mon père continue :

— La police française vient de nous appeler pour nous annoncer son décès. On ignore encore ce qu'il s'est passé. L'enquête est en cours, et son corps nous sera ramené en Angleterre dès que cela sera terminé. Il aura un bel enterrement, ici, avec nous.

Il est toujours 6 h 17. Ce n'est pas normal. Pourquoi les aiguilles s'arrêtent-elles de bouger ? me demandé-je tout en continuant de fixer le cadran de mon réveil avec plus d'intensité. Je me focalise sur la petite aiguille des secondes pour m'assurer qu'elle tourne correctement. Je la perds de vue, sans trop savoir pourquoi.

— Je sais que c'est brutal, Fallone, poursuit mon père, la main toujours dans mes cheveux blond platine. Ça fait terriblement mal, mais nous sommes là, ensemble. Patricia, Maha et moi. Tu n'es pas seule dans cette épreuve.

Je retrouve juste à temps la petite aiguille rouge du réveil. Elle vient de passer la barre du 12. Pourtant, l'aiguille des minutes ne se déplace pas. Il y a une minute de passée. Il y a même une éternité de passée. Pourquoi plus rien ne bouge ? Pourquoi plus rien n'a de sens ?

— Fallone ?

Je me retourne brusquement vers mon père, me rappelant sa présence. Je sens sa main chaleureuse qui compresse mon crâne, comme s'il avait peur que je m'enfuie à toutes jambes. Puis je remarque enfin ses yeux, rouges, gonflés, et son regard totalement perdu. Pourquoi semble-t-il si désemparé ?

Un reniflement brusque me détache de sa vision. Je me retourne vers la porte de ma chambre. Patricia, ma belle-mère, se tient devant l'entrée, les yeux noyés de larmes et une main fine crispée sur un mouchoir en papier qu'elle serre si fort qu'elle doit s'en faire mal aux phalanges.

— Fallone ? répète mon père, l'inquiétude vibrant dans sa voix.

De nouveau, je sursaute. C'est comme si j'oubliais chaque seconde précédant celle que je vis.

— Ça va ? s'enquiert-il.

— Mon réveil est cassé, murmuré-je. Il faudrait acheter des piles.

— D'accord, répond-il, déconcerté, en continuant de me caresser l'arrière de la nuque. J'en achèterai un aujourd'hui, si tu veux.

— Non, ce n'est pas si urgent.

— Je crois qu'il en reste dans le placard de l'entrée, ajoute Patricia, la gorge nouée. Des petites piles, elles vont dans ton réveil, il me semble.

— Il en faut des grandes, dis-je.

— Tu peux peut-être prendre celles de la télécommande de notre chambre ? propose Jackson, fébrile. On ne s'en sert jamais.

Je m'arrête pendant un instant. Pourquoi est-ce qu'on parle de ça ? Et puis pourquoi est-ce que tout le monde pleure pour des foutues piles ? Le réveil est cassé, pas *mort*.

— Je vais prendre une douche, déclaré-je lorsque je sens la serviette dans ma main, me rappelant ce que je m'apprêtais à faire avant qu'il ne soit dans ma chambre.

Pourquoi est-il rentré, déjà ?

— Je dois aller à l'école, j'ai cours dès 8 heures.

J'ai cours dès 8 heures ?

Je m'éloigne du lit. Plus le temps de traîner, je vais être en retard. La main de mon père retombe sur la couverture et un sanglot résonne dans mon dos. Je préfère ne pas m'attarder. Je passe devant Patricia, qui ne camoufle plus ses larmes, les écrasant dans son mouchoir. Je sors de la pièce et m'enferme dans la salle de bains. Tout ça pour des piles à la con.

Pourquoi est-ce que j'ai si mal au ventre ? Je sens ma tête tourner et j'ôte mon T-shirt de pyjama, que je laisse choir sur le carrelage. J'entre dans la douche, tourne le robinet d'eau froide à son maximum. Aucune réaction lorsque le jet d'eau glacé percute brutalement mon corps nu. Je penche la tête vers l'avant pour laisser l'eau couler le long de mes cheveux et ferme les yeux. Ma poitrine se contracte douloureusement. Depuis combien de temps n'ai-je pas respiré ? me demandé-je en ouvrant les yeux.

Au moment où j'ouvre la bouche pour laisser l'air s'engouffrer dans mes poumons, un cri me déchire la gorge et je m'écroule dans la douche. J'étouffe. Je suffoque. Les poings plantés dans le sol en faïence.

Décédé. La phrase de mon père fait sens, tout à coup. Noah est mort. Parti. Disparu. Il nous a quittés, a-t-il dit.

Un liquide brûlant traverse ma gorge et mon estomac se contracte pendant que je vomis ma bile. C'est ma faute, rien que ma faute. J'ai tué mon frère. Je ne suis pas venue le chercher. Je n'ai pas tenu ma promesse. Je l'ai envoyé à la mort.

Le jet de la douche continue de couler sur mon dos, comme des lames de rasoir qui se plantent dans ma chair. Mort. Noah est mort. Les larmes se mettent à dégouliner le long de mes joues, se confondant avec l'eau de la douche. Noah est mort. Ça se répète en boucle dans ma tête.

Un cri de désespoir éclate, encore, sans que je le contrôle, mais il est camouflé par le bruit de mon poing qui tape contre le sol de la douche. L'eau devient légèrement rosée, et cette couleur me ramène à la raison l'espace d'une seconde.

Je ferme le robinet pour stopper les lames qui me transpercent la peau. C'est alors que je les entends. Mon père, il frappe violemment contre la porte de la salle de bains pour me supplier de sortir. Daël, aussi, je reconnais sa voix. Une voix qui me hurle qu'il ne me lâchera pas. Jamais. Que la porte il la défoncera s'il le faut.

Mon poing me lance douloureusement et ma tête tourne si vite que j'ai peur de vomir mes tripes de nouveau. Je laisse mes fesses toucher le sol et j'apprécie cette position plus confortable. Je frissonne. À cause du froid, des cris derrière la porte, et de cette pensée écrasante qui m'anéantit le cœur : Noah est mort. Disparu. Envolé.

Qu'est-ce qu'il s'est passé ? Est-ce qu'il s'est tué ? Parce qu'il n'a pas supporté d'être séparé de nous, de Lili ? Est-ce qu'il s'est fait attaquer ? Un simple accident ? Est-ce qu'il a souffert ? Est-ce qu'il a pensé à nous ? À moi ?

Les questions se bousculent dans ma tête, j'entends à peine les cris de Daël derrière la porte, des cris de rage mêlés à de la peine, à des sanglots à peine camouflés qui font trembler sa voix d'habitude autoritaire. On ne sait même plus contre qui il crie, contre moi, contre Noah, contre lui-même, contre la vie, peut-être.

Jamais un moment de répit, avec celle-là.

— Ouvre, Fallone ! hurle Daël.

Je n'entends plus mon père. Je pense qu'il a abandonné. Ou qu'il est parti réconforter sa femme. Je ne sais pas. Je m'en fous, je crois. Je veux qu'on me foute la paix.

— Fallone !

Des mots parviennent à sortir, des mots faux et absurdes :

— Je prends ma douche.

— Arrête tes conneries, ouvre-moi.

Je titube en sortant de la cabine en verre. Mon poing saigne, je crois. J'ai juste le temps de récupérer mon T-shirt sur le sol et de l'enfiler sur mon corps tremblant. Je suis encore mouillée. Glacée. Je m'en fiche. Ce que je m'en fiche, sérieux.

J'ouvre la porte. Il y a Daël, devant moi, comme ça, en larmes. Ça me fait presque rire, parce qu'il ne trouve rien à me dire, ce con. Tout ce boucan pour ça.

— Putain, lâche-t-il.

Puis il éclate simplement en sanglots.

Daël Hamilton

Je m'accroche à Fallone comme je peux. Je suis dévasté. Je ne sais plus quoi faire de mon corps, du sien : dois-je l'enlacer, lui frotter le dos, essuyer ses joues noyées de larmes ? Nous sommes accroupis sur le sol de la salle de bains, écrasés l'un contre l'autre pour atténuer le choc de la nouvelle.

Le grand Daël Hamilton qui a réponse à tout n'a plus réponse à rien. Cette fois, j'utilise mon joker. Je n'ai pas de mots, aucun mot pour ce qu'on vit.

Non, ce qu'on subit. Ce n'est plus vivre, ça.

— C'est quoi, ce bordel ?

Aiden débarque dans la salle de bains, une trace d'oreiller sur la joue. Ses yeux fermés à cause de la fatigue s'ouvrent brusquement quand il nous voit, là, par terre, sur le carrelage froid. Une lueur de non-retour apparaît dans ses yeux. Une lueur de compréhension. La compréhension que notre quotidien va s'écrouler encore un peu plus.

— Quoi ? Qu'est-ce qu'il y a ?

— Noah, dit simplement Fallone.

Et ça suffit à ce qu'il comprenne.

— Non, souffle-t-il, livide, en se retenant au chambranle de la porte. Non, pas lui.

Un bruit dans le couloir. Ça vient de la chambre de son frère. Comme ramené à la réalité, Aiden se précipite dans la salle de bains et referme la porte à clé derrière nous.

— Chut, siffle-t-il en s'agenouillant pour être à notre niveau. Stan va entendre.

— Il doit savoir, rétorqué-je.

— Non, déclare Aiden sèchement. Il ne s'en relèvera pas.

— Mais…

— J'ai dit « non », gronde-t-il.

Fallone et moi, on ne commente pas. Son refus n'a aucun sens, mais sa souffrance lui fait perdre la raison.

Des coups à la porte de la salle de bains. On sursaute tous les trois.

— Il se passe quoi, là-dedans ? demande Stan.

Silence.

— Sérieux, les gars, j'ai entendu des voix. Qu'est-ce que vous faites tous levés à cette heure-là ?

Je regarde Aiden. Il a l'air paniqué. Ça se voit à ses paupières qui tremblent et à la façon dont il lui répond, la voix étouffée :

— Je prends une douche.

— Tu fais chier, lâche Stan derrière la porte. Ce n'est pas l'heure pour une douche. Vous m'avez réveillé, avec tout ce bordel.

— J'ai bientôt fini.

— Tu peux ouvrir ? Je vais juste pisser.

— Retourne te coucher.

De nouveau, un silence, puis un coup de pied lancé rageusement contre le battant.

— Ouvre, c'est bon, je veux juste pisser !

— C'est ridicule, chuchoté-je à l'attention de mon cousin. Ouvre-lui, il doit savoir.

— Non, rechigne Aiden, catégorique.

— Mais à qui tu parles ? Tu te touches ou quoi ?

Je me retourne vers Aiden. Je le supplie de faire quelque chose, parce que je ne pourrai pas contenir ma douleur une minute de plus. Je vois mon cousin peser le pour et le contre. Stan saura. Tout le monde saura. Il faudra le dire aux filles, à Maha, surtout. Le monde l'apprendra et chaque jour sera toujours plus difficile que celui d'avant. Est-ce qu'on a le choix ?

Aiden avale sa salive. Il se dirige vers la porte et déverrouille le loquet. Comme si Stan s'attendait à ce qui va encore lui tomber dessus, il ouvre le battant lentement. Il reste planté devant nous trois. Son regard passe du poing en sang de Fallone à mon visage dévasté, et à la détresse de son frère, qui se tient plus loin dans la salle de bains.

Stan ne dit pas un mot, il se contente de nous regarder d'un air incrédule, refusant de comprendre. Puis il se tourne vers son grand frère, un véritable appel à l'aide au fond des pupilles.

— Aiden ? bégaye-t-il.

— Noah n'a pas survécu à tout ça, répond-il.

Son frère l'a rattrapé au bon moment. Ils ne se sont pas dit un mot, mais Aiden a compris. Comme deux âmes liées l'une à l'autre, il a lu dans les yeux de Stan. Alors il a bondi vers lui, le récupérant au moment où Stan s'écroulait. Il avait même compris avant lui que ses jambes ne supporteraient pas un tel choc, compris avant lui que ses larmes allaient bientôt lui brouiller la vue et lui ôter la parole.

Et maintenant, écroulé dans les bras de son frère, Stan pleure, les mains accrochées au sweat d'Aiden. Je vois ces deux frères que rien ne séparera. Cette force qui les lie à cet instant où ils se comprennent sans parler. Ce lien fraternel. Ce lien incroyable. Ce lien magique.

Je me retourne vers Fallone.

Elle, elle a perdu son lien magique.

Lior Rosenbach

Mon portable sonne, faisant vibrer mes crayons, sur lesquels je l'avais négligemment posé quelques minutes plus tôt. Je relève la tête de mon cours d'économie, un peu étourdi par le son. J'avais oublié de le couper, et tous les élèves de la bibliothèque universitaire me foudroient des yeux pour les avoir dérangés pendant leurs révisions. Oups. Je me saisis de mon portable précipitamment. C'est un SMS. Je lis les trois mots qui forment le nom de l'expéditeur.

Je crois halluciner.

Il n'a pas le droit de m'écrire, pas après notre adieu, que j'ai enfin digéré.

Pourtant, j'ouvre le message.

🖂 **SMS de** Grand méchant loup **à** Boucles d'or
11 h 03. Noah a été retrouvé mort.

Le mobile me reste dans la main, mes yeux relisent ces mots qu'il m'a adressés, encore et encore. Quoi ?

Mon cœur tape dans ma poitrine sourdement et mon souffle me quitte, s'échappant par mes lèvres en un long sifflement.

Lili !

Je me redresse aussitôt, les pieds de ma chaise grinçant sur le parquet, et de nouveau tous braquent le regard sur moi, pestant en silence.

Cette fois, je me fiche de déranger leur quiétude. Je range mon ordinateur et mes affaires en vrac dans mon sac à dos et sors à toute vitesse de la bibliothèque. Lili est-elle au courant ? Si oui, comment va-t-elle réagir à la nouvelle ? Mal, forcément mal. Très mal, même. Malgré tout ce qu'il s'est passé, je n'ose même pas imaginer ma réaction si ça avait été Daël à sa place.

Je me précipite dans la rue, cherchant un taxi des yeux. Il pleut, pour changer. Ma vision est brouillée par toute cette flotte, et ce gris, et ce froid. Je finis par arrêter un véhicule et donne mon adresse au chauffeur. J'appelle Lili sur son portable alors que le taxi démarre. On est mercredi, elle n'a pas cours. Est-ce qu'elle est à la maison ? Est-ce qu'elle est seule ? Elle doit l'être, mes parents, Grace et Edward travaillent. Ian n'est pas là en semaine. Moi, j'étais cloîtré à la bibliothèque depuis ce matin.

Je tombe sur son répondeur et raccroche. J'ai un mauvais pressentiment. Comme toujours, j'ai le sentiment que ma vie s'échappe entre mes doigts et que je retiens du vent. Je commençais à me reconstruire. Je commençais à réussir à vivre sans Ethan, sans Daël. Je commençais et…

La voiture s'arrête devant chez moi. Je règle la note au chauffeur et sors précipitamment du véhicule. Je cours dans l'allée menant à notre entrée, criant déjà, la voix un peu étranglée :

— Lili ?

J'ouvre la porte à la volée. Elle n'était pas fermée à clé, ça veut dire qu'elle est bien dans la maison.

— Lili ? répété-je, angoissé.

Rien. Rien que le silence.

Je me précipite dans les escaliers. Une marche, puis une autre, encore une, la dernière.

— Lili ! crié-je. Où es-tu ?

J'avance jusqu'à sa chambre, sans courir, cette fois, car je suis terrorisé par ce que je vais y trouver. Elle m'aurait répondu, si elle allait bien ? Elle m'aurait répondu de sa voix pétillante et un peu agacée, si elle n'était pas déjà au courant pour Noah ?

Parce qu'elle n'aurait pas eu de raison d'être silencieuse.

Je pose la main sur la poignée, pousse le battant. Son corps est sur le sol de sa chambre. Un hoquet me secoue et je trébuche en arrière, m'écroulant par terre. Ses cheveux blonds sont éparpillés sur les lattes du parquet, sa main est tendue devant elle, comme si elle avait voulu chercher de l'aide.

Je rampe jusqu'à ma cousine, appelant de nouveau :

— Lili, tu vas bien ?

Je passe la main sur sa nuque, elle est trempée de sueur, son visage tombe dans ma paume. Du vomi a séché à la commissure de ses lèvres et elle ne bouge plus. Un souffle très léger sort de sa bouche.

Je regarde partout, ne comprenant pas. Elle est… Elle est dans le même état que Karen ? C'est impossible, elle ne peut pas avoir…

Mon regard tombe sur un sachet de poudre blanche. C'est ça qui est tombé de sa main tendue. Un sachet de coke. La mienne. Celle qu'elle m'a piquée, dans ma chambre, il y a des mois de cela. Elle l'avait toujours. Elle l'avait encore et elle en a consommé. Il en reste encore. Je récupère le sachet, sans réfléchir, et l'enfonce dans ma poche, comme si ça pouvait faire disparaître la réalité.

OK, Lior, concentre-toi. Tu as vu Daël le faire, tu es capable de la sauver, comme il a sauvé Karen. Tu en es capable.

— Lili ! Reste avec moi ! m'exclamé-je, lui tapotant les joues.

Ses paupières s'ouvrent un peu, dévoilant ses pupilles dilatées, avant de se refermer d'épuisement. Bien, elle n'est pas en arrêt cardiaque. Je prends une inspiration, restant focalisé malgré l'angoisse qui hurle dans ma tête. Je mets Lili en position latérale de sécurité, je pose la main devant ses lèvres, je sens toujours un souffle, mais il est si ténu. Bordel de merde.

Je prends mon portable et appelle les secours. J'explique la situation.

— Qu'est-ce qu'elle a pris ? demandent-ils.

— De la cocaïne.

— Autre chose ?

Je parcours sa chambre du regard, je tombe sur des boîtes de médicaments étalées sur son bureau.

— Elle prend des antidépresseurs depuis quelques mois.

Comme moi. Comme toute ma famille. Putain de tous détraqués.

Les secours me disent de rester auprès d'elle et de vérifier son pouls. Je m'exécute en essayant de ne pas penser à ce qu'il se passe, jusqu'à leur arrivée, une bonne dizaine de minutes plus tard. Ils se précipitent dans la chambre et prennent le relais. Alors je m'autorise à réaliser. Je recule, tremblant, le sachet dans ma poche semble peser dix tonnes. C'est ma faute. C'est ma faute si elle a pris de la drogue.

Mes pas finissent par me faire percuter le mur du couloir, dans mon dos. Je ne peux plus m'échapper et la scène se déroule juste sous mes yeux.

Je récupère mon portable, que j'avais abandonné au sol. J'envoie un message à Grace pour la prévenir. Elle, elle saura gérer, pas comme moi. Elle ne laissera rien transparaître, elle réglera le problème, comme si ce n'en était qu'un parmi les autres, elle saura répondre aux questions des secours : âge, taille, poids, groupe sanguin. Elle saura ça, elle, elle sait tout. Grace dira où. Elle dira quand. Elle dira comment. Elle tentera de dire pourquoi. C'est ce qu'elle a toujours fait.

Elle pourra le contrôler, ce… suicide ?

Je suis toujours écrasé contre le mur et je ne sais même plus quoi penser. Pourquoi a-t-elle fait ça ? Ah oui, putain, Noah. Est-ce que je devrais aussi en parler à Grace ? Est-ce que je devrais répondre au message de Daël ?

Les urgentistes se relèvent, ils viennent de déposer Lili sur un brancard pour l'emmener à l'hôpital. « Lavage d'estomac, elle s'en sortira, elle est prise en charge. » Et leurs mots viennent jusqu'à moi, mais ne changent presque rien.

Je les vois déjà tous, à l'hôpital, les membres de ma famille. Mais elle était à qui, cette drogue ? demanderont-ils, et ce ne sera même pas une question, car le coupable sera juste sous leurs yeux.

— Vous venez avec nous ? demande un secouriste.

Je fais un signe négatif de la tête, prétextant que ma famille est en route. Il n'insiste pas et ils disparaissent avec Lili pour la conduire à l'hôpital le plus proche.

La maison redevient silencieuse, ma main glisse dans ma poche, je sens du bout des doigts le petit sachet en plastique.

Ce qu'il contient, c'est le poison des temps modernes.

Chapitre 5

Lior Rosenbach

Je marche. Un pied devant l'autre. Le droit, le gauche, le droit, le gauche. Ma vision est brouillée, ma gorge, sèche, mes jambes, lourdes. Mon cœur, je n'en parle même pas. Détraqué, tout comme mon cerveau. Drogué, en fait. Je suis drogué, parce que j'ai terminé le sachet que j'ai retrouvé dans la chambre de Lili. Et voilà, après des mois d'abstinence, des mois de lutte, j'en suis revenu au point de départ. Tanguant, coké, sur le pont de Westminster.

Je m'écroule sur la rambarde, ma poitrine tape dans le fer rouillé, mes jambes lâchent sous le poids de mon corps. Je m'accroche pour rester à moitié debout, mes yeux rencontrent la Tamise, parcourant le remous apaisant de la surface obscure du fleuve. Il fait nuit, désormais. Je me suis planqué toute la journée. Grace n'a pas arrêté de m'appeler. Je sais que Lili va bien, mais je n'ai pas eu le courage de les affronter dans cet état lamentable.

J'ai le cœur au bord des lèvres, prêt à le vomir. Je fais un bilan. Ethan est mort. L'héritier m'a rayé de sa vie. Ma cousine a pris ma drogue pour en finir avec la sienne. Je fais le bilan encore une fois. Je me le répète comme si je n'y croyais pas vraiment. Je ne ravale plus mes larmes, je les laisse couler. Ethan est mort. L'héritier m'a rayé de sa vie. Ma cousine a pris ma drogue pour en finir avec la sienne. Encore une fois. Ethan est mort. L'héritier m'a rayé de sa vie. Ma cousine a pris ma drogue pour en finir avec la sienne.

C'est une liste que je pourrais compléter : j'ai rechuté, je me suis drogué. Et lorsque mes parents le sauront – puisqu'ils le sauront forcément – ils m'enverront loin d'ici. Probablement sur un autre continent pour me faire « prendre l'air ».

Je ris en imaginant cette expression dans la bouche de mon père : « Prendre l'air. » Ce qu'ils ne comprennent pas, c'est que j'étoufferais dans n'importe quel coin du monde. Sans Ethan, sans Lili, sans Daël, je ne peux même pas respirer. Mon oxygène, c'est eux.

Je vomis par-dessus la rambarde. Ça me vide un peu, du moins ça me remet assez sur pied pour que je me redresse. Les yeux toujours perdus sur la Tamise.

Je sors mon portable de ma poche et j'écris, peut-être par provocation :

✉ **SMS de** Boucles d'or **à** Grand méchant loup
23 h 41. L'eau n'a pas l'air si froide.

Je repose le téléphone sur la rambarde du pont. Je n'attends pas particulièrement de réponse. Pourtant, j'en reçois une, presque immédiatement.

✉ **SMS de** Grand méchant loup **à** Boucles d'or
23 h 41. Qu'est-ce que tu racontes ?
23 h 41. Lior ?
23 h 41. Réponds-moi.
23 h 41. Ne fais pas de conneries.
23 h 41. Tu n'as pas le droit de me faire ça, Rosenbach.
23 h 41. Je t'interdis d'y penser.

Je lis ses messages sans y répondre. Je ne sais même pas pourquoi je pense à lui, à cet instant. Je lève les yeux vers le London Eye.

Notre première conversation me revient à l'esprit.

« — Qu'est-ce que tu fous assis là-dessus ?

— J'oublie. »

J'oublie ? Je regarde tout autour de moi. Je vois bien la grande roue, je vois bien la Tamise, je vois bien les lumières des devantures des commerces qui se reflètent dans le fleuve. C'est la même image qu'avant, mais c'est différent. C'est différent, parce que ça ne me soulage plus. C'était mon endroit. C'était ici que j'étais Lior sans Rosenbach.

Je me rends compte que, ça aussi, je l'ai perdu.

Que Rosenbach suivra toujours Lior.

Que Lior n'existera jamais sans Rosenbach.

Peut-être que les deux devraient disparaître ?

Daël Hamilton

Il n'aurait pas osé ? Pas cette nuit ? Pas comme ça ? Pas avec un stupide message sur la température de cette eau de mes deux ? C'est encore un de ses coups de bluff ? Un de ses appels au secours ?

Je me rassure. Pourtant, je continue de marcher de plus en plus vite. J'ai le cœur qui tape dans la poitrine, si fort que ça me coupe presque la respiration. J'ai la vision trouble et les maintes moites. Je cours, désormais. Je dois en avoir le cœur net. Je dois le retrouver, assis sur ce pont, les écouteurs dans les oreilles.

J'arrive à Westminster. Je veux le voir, lui, mais ce n'est pas ça, sous mes yeux. Je vois des lumières de toutes les couleurs qui déchirent le ciel. Du bleu, du jaune, du rouge. Les secours, la police, les passants.

Mes jambes m'abandonnent. Je tombe au sol, les genoux contre le béton froid de la chaussée. C'est une erreur, ça doit être une erreur ? Mes yeux parcourent la scène, à sa recherche, ses foutues boucles brunes, son bonnet sur la tête, ses slims bien trop serrés, Lior est forcément là, quelque part ?

Je me relève, titube, essaye de rejoindre le pont, malgré le groupe qui s'agglutine autour des barrages de protection pour voir ce qu'il s'y passe. Je me glisse sous la bande jaune qui bloque le passage. Personne ne me retient, dans la confusion générale. J'avance à tâtons. Je réalise que je déteste cet endroit et que je l'ai toujours détesté. Il me narguait depuis tout ce temps.

Il y a une ambulance, des plongeurs en combinaison qui descendent sur la berge, une voiture de police. Je me dirige vers eux, comme un automate.

— Il se passe quoi ? demandé-je.

— Qu'est-ce que vous faites là ? rétorque aussitôt un homme en uniforme. C'est un périmètre sécurisé.

— Je le connais… peut-être.

— Peut-être ?

— Je n'étais pas là, mais… Dites-moi ce qu'il s'est passé, je vous en prie.

— Je n'ai pas le temps.

Je voudrais insister. Je voudrais attraper cet homme et lui foutre mon poing dans la gueule pour qu'il m'écoute. Qu'il sache que je le connais, que Lior venait là presque toutes les nuits, qu'il écoutait *Running Up That Hill*, la reprise de Placebo. Qu'il avait ses deux écouteurs dans les oreilles, puis qu'après il n'en portait plus qu'un seul pour que je puisse écouter avec lui. Je voudrais qu'il sache qu'il avait fini par aimer d'autres chansons, les miennes, principalement, surtout celle qui lui disait qu'il n'était pas tout seul. Je voudrais qu'il sache qu'il ne l'était pas, seul. Je voudrais qu'il sache que ce n'est pas ma faute. Je voudrais qu'il sache qu'une fois on s'est pris dans les bras, sur ce pont, précisément, et que c'était fort. C'était beau et fort à la fois. Je voudrais qu'il sache à quel point c'est important de le sauver. Je voudrais qu'il sache à quel point je l'aime. Je voudrais qu'il sache… Non, pas lui. J'arrête le cours de mes pensées. Je voudrais que Lior le sache. Je voudrais qu'il soit là pour le savoir.

— Tu es de la famille ?

— Je suis son petit ami, si c'est bien lui que vous cherchez.

Le policier soupire. Je crois que mon visage dépité lui fait pitié, alors il finit par accepter de me donner plus de détails.

— On a reçu l'appel d'un passant qui a vu un jeune homme tomber dans la Tamise. On a retrouvé son portable et appelé sa famille. Ils ne devraient pas tarder à nous rejoindre. Je suis désolé, mon garçon. C'est tout ce que je sais pour le moment.

L'homme s'autorise à poser une main sur mon épaule, comme s'il pouvait imaginer une seule seconde que son geste allait me sortir du tsunami qui vient de ravager ma vie. Je tremble alors qu'il s'éloigne de moi, gueulant des ordres à son équipe. Des codes et des chiffres. Lior est devenu des codes et des chiffres.

Une voix brisée me sort de ma torpeur :

— Hamilton !

Je me retourne brusquement vers la route. Grace Rosenbach. Elle arrive vers moi, trébuchant et continuant de gueuler :

— Qu'est-ce que tu fous là, toi ? Dégage d'ici !

Grace hurle, elle essuie les larmes de rage qui coulent sur ses joues d'un geste brusque. Je la laisse venir à moi, sans bouger.

— Pars !

Je ne sais même pas quoi répondre à tant de détresse. J'ai assez de la mienne, je crois.

— Pars ! répète-t-elle, les yeux écarquillés, comme si elle ne réalisait pas vraiment que je me tiens devant elle. Qu'est-ce que tu lui as fait ? Pourquoi est-ce que tu es là ? Tu as quelque chose à voir avec ça ?

Je suis tellement dépassé que je ne lui réponds pas.

— Pourquoi es-tu là ? hurle-t-elle de plus belle en s'arrêtant à ma hauteur.

Elle m'empoigne par les épaules pour me secouer.

— Pourquoi, Hamilton ? Pourquoi es-tu là ? Tu l'as poussé dans le vide ? Si c'est ce que tu as fait, je te jure que je te tuerai de mes propres mains.

Ça n'a aucun putain de sens, mais elle continue de crier en serrant le tissu de ma veste en jean entre ses poings. Elle ne remarque même pas mes larmes sur mes joues. Comme d'habitude, elle ne voit qu'elle et son clan qui ne ressemble plus à rien.

— Pourquoi es-tu là ? répète-t-elle encore. Est-ce que tu viens savourer ta victoire ? Est-ce que tu viens me montrer que tu as gagné cette putain de guerre ? Est-ce que… Toi…

Sa colère est si forte qu'elle s'étouffe avec ses propres mots.

— Je te hais, Daël Hamilton, assène-t-elle, à défaut de quelque chose de plus cohérent.

Grace Rosenbach. La puissante et indestructible Grace Rosenbach qui me défie du regard. Encore à cet instant, alors que son frère est quelque part entre la vie et la mort, elle use son temps à exprimer la colère qu'elle ressent pour moi. Alors, moi aussi, je la hais. Je la hais d'être venue au monde. Je la hais de porter ce nom de famille. Je la hais d'avoir entretenu cette guerre. Je la hais, elle, tout simplement. Ses yeux, sa voix, son odeur, sa personne. Je la hais de m'avoir pris Lior. Je la hais de l'avoir enfermé. Je la hais de ne pas avoir réussi à le sauver.

Et je me hais pour les mêmes putains de raisons.

— Comment est-ce que tu as su qu'il était ici ? parvient-elle à prononcer.

Puis elle s'étouffe dans ses sanglots, incapable d'aller plus loin. Ses poings se relâchent doucement, les fissures de son âme apparaissent dans ses yeux.

— Il est..., murmure-t-elle, les mots étranglés entre ses lèvres pincées. Il est où ? Où est mon frère ?

Je crois qu'elle réalise, à cet instant. Ses yeux se voilent, elle devient blanche. Elle va lâcher prise, elle va s'abandonner, là, devant moi. Il y avait une faille, chez elle. Une minifaille du nom de Lior, et elle vient de se déchirer. Une crevasse dans la carapace qui laisse tout ressortir pour la première fois de sa vie.

Grace s'effondre. Je la rattrape, maladroitement, les mains sur ses épaules, qui se voûtent sous le poids de la douleur. Elle pleure, et moi je la retiens pour ne pas qu'elle s'écroule sur le trottoir.

J'ai attendu ça toute ma vie, la voir à mes pieds, à terre... Sauf que je le suis avec elle. Peut-être qu'on a finalement eu ce qu'on voulait : l'anéantissement de l'autre. On a tous les deux gagné, en quelque sorte.

On aurait dû s'en douter. À la guerre, il n'y a jamais de gagnant, il y a juste un clan moins anéanti que l'adversaire, et on appelle cela une victoire.

Dans ma victoire, j'ai tout perdu.

Grace

J'ai le regard fixé sur mes chaussures. La semelle de mes bottines a fait une trace noire sur le sol blanc et impeccable de l'hôpital. J'essaye de frotter pour l'effacer, mais c'est pire. Subtile métaphore de ma vie. Quoi que je fasse, il semble que tout ce que je touche se dégrade sous mes doigts. Ellen a raison. Je ne suis pas un modèle, je suis même loin de l'être. J'ai menti à propos de Greg, parce que c'est moi que ça protégeait. Ellen, Lior, et tous les autres, ils mènent un combat bien plus noble que le mien. Je suis une imposture.

Je fais tourner mon portable entre mes mains en retraçant le cours de cette journée cauchemardesque. D'abord, le message de mon frere me disant qu'il a retrouvé Lili inconsciente dans sa chambre. J'ai quitté mon travail, foncé à l'hôpital, les médecins m'ont appris qu'elle avait fait une overdose… Une overdose probablement volontaire. Cocaïne et antidépresseurs ne font pas bon ménage. Lili s'en est sortie, mais j'ai dû prévenir toute la famille, ses parents, Ian, Greg. Lior était injoignable. Je lui en ai tellement voulu de m'abandonner dans un moment pareil. Je l'ai appelé, sans cesse, jusqu'à ce que ça décroche enfin, en fin de soirée. J'étais prête à hurler dans le combiné, mais ce n'était pas sa voix. C'était une femme, plutôt âgée, qui m'annonçait que le propriétaire du téléphone était tombé dans la Tamise, au niveau du pont de Westminster, et que les secours étaient à sa recherche.

Je n'y croyais pas. Je suis restée sans répondre pendant un long moment, avec mon téléphone à l'oreille et mon père qui m'interrogeait du regard. Je n'ai rien dit à ma famille. J'en ai été incapable. Je me suis levée, j'ai prétexté le besoin de faire un tour et je suis partie au pont, juste pour m'assurer que c'était faux.

Spoiler : ça ne l'était pas.

Je lève les yeux et parcours la pièce du regard. Je suis dans la salle d'attente des urgences. Pour la deuxième fois de la journée. Retour à la case départ. Lior a été retrouvé par les plongeurs, il est en soins intensifs. Ils ne savent pas encore s'il va s'en sortir. Il est tombé dans une sérieuse hypothermie.

Je regarde de nouveau mon portable, j'ai des messages et des appels manqués d'Edward. Il me supplie de revenir à la maison. Lili s'est réveillée, en fin d'après-midi, mais on ne pouvait pas rester auprès d'elle pour la nuit, alors nous sommes tous rentrés à Mayfair.

Le téléphone sonne. Je ne réponds pas, je ne peux pas leur dire que je suis encore à l'hôpital. Pour Lior, cette fois. Non, je ne peux certainement pas leur annoncer ça, alors qu'on ne sait pas encore s'il va s'en sortir. Mes parents ne tiendraient pas le coup.

Je quitte ma chaise, je n'en peux plus de rester ici sans rien faire, inutile. Bientôt une demi-heure que j'attends. J'ai toujours mon portable dans les mains. Il vibre de nouveau. Un appel de mon père, désormais. Je ne décroche pas. Je déambule dans la salle. Je ne suis pas seule. Il y a une mère et son fils, le gamin dort dans ses bras. Deux jeunes sont assis côte à côte. J'ai compris en écoutant leur discussion qu'un troisième avait fait un coma éthylique. Est-ce que Lior avait bu, lui aussi ? Est-ce qu'il avait repris de la drogue ? Est-ce que c'est pour ça qu'il est tombé du pont ?

Est-ce qu'il est vraiment *tombé* ?

Je ne veux pas voir ma famille, mais j'ai besoin de parler à quelqu'un. Je regarde l'écran de mon portable et mes yeux s'attardent sur une lettre. Sur la lettre D de mon répertoire. Je devrais le prévenir, non ? Ils ne sont plus ensemble, mais il tient forcément encore à lui et… Ouais, je dois le prévenir.

J'appelle, me dirigeant vers la sortie pour discuter tranquillement. Ça sonne. Je pousse les portes battantes, un long couloir blanc, éclatant, s'offre à moi.

Une sonnerie dans mon oreille.

Une sonnerie dans la pièce, résonnant entre les murs opaques, comme en écho.

Je m'arrête, tourne les yeux vers le fond du corridor. Daël Hamilton est adossé contre le mur. Qu'est-ce qu'il fait encore là, lui ? Pourquoi est-ce qu'il m'a suivie ? Ça ne lui a pas suffi, de me voir effondrée ? Il fallait vraiment qu'il vienne jubiler jusqu'ici ?

Une sonnerie dans mon oreille.

Une sonnerie dans la poche de son jean.

Je fronce les sourcils, resserrant ma poigne sur mon téléphone. Lui, il sort le sien, dans un non-sens inexplicable.

Hamilton blêmit devant l'écran, il le regarde pendant un temps qui semble infini, puis finit par se retourner dans ma direction. Un air hébété dessiné sur son sale visage d'héritier.

Une sonnerie dans mon oreille.

Une sonnerie dans sa main.

Nos regards se croisent. Dans ses yeux, je vois qu'il est vaincu. Il laisse la vérité remonter lentement, sonnerie par sonnerie. Il n'a pas la force de la retenir. *À quoi bon ?* me disent ses yeux remplis de larmes. *Tu comprends, maintenant. Voilà, prends tout ça dans la gueule. Démêle tout ça comme j'ai essayé de le faire depuis des mois. Je n'en ai plus rien à foutre.*

Une sonnerie dans mon oreille.

D, Daël.

Une sonnerie qui fait éclater la vérité.

La distance entre nous, ce couloir blanc et la vérité. C'est tout ce qu'il me reste, désormais. Hamilton me regarde, les yeux dans les yeux. *Tu voulais comprendre, hein ?* me dit-il en silence. *Tu voulais savoir qui était ce gars. Bien, tu as compris. Tu as enfin compris, Grace.*

Une dernière sonnerie dans mon oreille.

Un silence.

Le répondeur qui se déclenche.

Je reste accrochée au téléphone, parce que, dans un ultime et stupide espoir, je me dis encore que c'est une erreur.

Daël Hamilton à l'appareil. Je ne suis pas disponible pour le moment, vous pouvez me laisser un message après le bip sonore, merci.

Le « D » de mon répertoire et Hamilton dans une seule et même personne. La révélation me ravage. Ma main retombe, glisse le long de mon corps. J'ai toujours mon téléphone dans la paume, je le serre si fort que je pourrais en briser l'écran. C'est impossible, un Rosenbach et un Hamilton, pas encore.

Noah et Lili, je pouvais l'accepter, ce n'étaient que des enfants, mais pas eux. Pas mon frère avec mon pire ennemi. Pas avec le pire d'entre eux.

Je continue de le regarder. Je repense aux messages que je lui ai envoyés, au fait que je l'ai aidé à fuir avec Lior, à l'appel que je lui ai passé à la mort d'Ethan. J'ai l'impression d'avoir accepté l'inacceptable, d'avoir pardonné l'impardonnable, d'avoir rendu possible l'impossible.

Je ne veux pas comprendre, je ne *peux* pas comprendre. Ça, c'est au-dessus de mes forces, bien au-dessus de ce que j'ai déjà dû supporter pour cette famille.

Je ne pensais pas que Lior pouvait me faire ça, me trahir de la sorte. Et il me reproche, à moi, de lui avoir menti ? Alors qu'il n'a cessé de le faire depuis des mois ? Tout ça pour protéger Daël Hamilton ? À croire que sa famille ne vaut rien, que je ne vaux rien. Je suis peut-être une imposture, mais il l'est autant que moi.

Je me mets à les haïr encore plus fort, tous les deux. Lui, Hamilton, d'être ce lâche répugnant, sans fierté ni honneur, et mon frère, d'être cet égoïste sans cœur, ce gamin immature. Celui qui se drogue, celui qui refuse de parler à Ian, parce que ça lui fait trop mal aux yeux alors qu'il baise avec le type qui l'a handicapé à vie, celui qui fout sa vie en l'air, sans penser à moi, à Edward, à Lili, à Ian, à nos parents, à ceux qui restent. Parce qu'il y en a toujours qui restent sur le côté, et ça il n'y pense pas.

Je hais ce Lior-là, celui qui a toujours vécu rien que pour lui, rien que pour son petit bonheur, qu'il arracherait aux mains des autres, même à celles de sa propre famille.

Et Daël Hamilton est toujours sous mes yeux. Lamentable.

Je n'ai pas envie de lui adresser la parole, pas même envie de le regarder une seconde de plus. Ça non plus, je n'en ai plus la force. Combattre, crier, m'indigner. Non, ça ne m'intéresse plus.

Je pivote brusquement, retourne dans la salle d'attente pour récupérer mon sac. Je le fais glisser sur mon épaule, puis sors de nouveau de la pièce. Hamilton est toujours dans le couloir. Il n'a pas changé de place. Je ne le regarde pas et tourne au premier virage sur ma gauche.

Je suis hors de sa vue, hors d'atteinte. Je pleure, je ne l'avais même pas senti venir. Je me mets à courir, je tente de fuir cet endroit, cet hôpital, cette ville. Je me fraie un chemin entre les patients, les infirmières et les médecins. Personne ne m'arrête. J'imagine que c'est fréquent, ce genre de réactions. Les gens qui pètent les plombs contre leur vie à eux, contre la mort des autres. Les gens qui cherchent à échapper à la réalité. Il faut dire que cette pute m'a prise de court.

Je sors de l'hôpital. Il fait sombre, je rejoins le parking, traversant la route à toute allure sans regarder réellement où je vais. Je me dis que, si une bagnole me fauchait maintenant, le destin aurait raison des Rosenbach. Ça serait une belle revanche, depuis le début, on croit tout contrôler, juste avec ce nom de famille.

Je le vomis, ce nom de famille. Je le jette par-dessus bord. Je le laisse derrière moi. Je revois « Rosenbach » écrit dans tous les journaux. À part annoncer nos morts, il ne sert plus à rien.

Je m'arrête sur le trottoir, essoufflée. Mes larmes s'échouent dans mon cou. Ça me fait bizarre, de les sentir strier mes joues. Cette nuit rattrape toutes ces années où je les ai retenues. Pourtant, je suis loin de me sentir libérée. Je me sens faible et je déteste ce sentiment. Ce sentiment que tout peut t'atteindre, parce que tu ne sais plus te défendre, que tu n'en as même plus envie. La tristesse l'emporte sur le moral. À partir de là, c'est la fin, tu bascules dans l'autre clan. Celui des faibles, celui de ceux qui se font marcher dessus, celui de ceux qui refusent de se battre, parce que c'est trop haut, trop dur, trop loin. Le clan de ceux qui ne vivent plus, ceux qui subissent.

Comme Lior.

Je ne suis pas comme Lior.

J'essuie les larmes sur mes joues. Si je n'arrive plus à vivre, j'arriverais à survivre. C'est ce que j'ai toujours fait. Je reprends mon souffle. Je calme les battements de mon cœur. *Inspire, Grace. Tu ne peux pas tout abandonner.*

Je dois retourner à l'intérieur, attendre que Lior se réveille – parce qu'il se réveillera. Et, s'il ne le fait pas, c'est moi qui le tuerais. Une deuxième fois. Avec Daël, en prime. Juste pour les emmerder. Ils seront certainement ensemble en enfer.

Je respire profondément, l'air frais s'infiltre dans mes poumons, calmant mes nerfs. J'avance un pied vers l'hôpital, je dois rester forte. Je ravale mes larmes, ma haine et mon amertume.

Je redeviens Grace Rosenbach, et Hamilton ne restera pas une seconde de plus au chevet de mon petit frère.

Chapitre 6

Daël Hamilton

J'enfonce les clés dans la serrure, arrivant à peine à m'étonner que la porte soit déjà ouverte tellement je suis épuisé. Je m'engouffre à l'intérieur de mon appartement. Les volets sont fermés, tout est sombre. Je retire ma veste en jean et la laisse tomber au sol. Je n'ai pas dormi cette nuit, pas mangé, à peine bu. Je ne sais même pas ce qui me tient encore debout : l'attente, probablement. L'attente d'un coup de fil, l'attente de deux paupières qui s'ouvrent, l'attente d'un cœur qui se décide à battre vraiment. Lior est toujours en soins intensifs. Sans moi.

Lorsque Grace a compris pour nous deux, elle a quitté l'hôpital précipitamment. J'ai hésité à la rattraper, mais je me suis rendu compte que je n'en avais pas la force, ni de lui courir après, ni de m'expliquer alors qu'elle ne voudrait rien entendre. Puis elle est revenue, quelques minutes plus tard, le regard fier et l'allure de quelqu'un qui ne se laissera pas démonter par tout ça. Elle m'a demandé de partir. J'ai refusé. Elle m'a ignoré. Je suis resté toute la nuit, à zoner dans les couloirs, en espérant que Lior se réveille.

Au petit matin, j'ai aperçu les Rosenbach arriver, les uns après les autres. Je suppose que Grace a fini par les prévenir. J'ai réalisé que je n'avais plus aucune chance de m'approcher de sa chambre. La seule chose que j'ai réussi à comprendre en harcelant les médecins est que Lior est désormais branché à des machines qui l'aident à respirer… et qu'il avait de la coke dans le sang. Ils ne savent pas encore s'il va s'en sortir.

Je suis parti de l'hôpital, je n'y tenais plus, tourner en rond là-bas me rendait fou. De toute façon, je ne suis pas de la famille, ce n'est pas moi que l'on viendra chercher quand il y aura une amélioration… Ou pire, mais ça je refuse de l'envisager.

J'allume la lumière de mon salon et m'immobilise au milieu de la pièce, hébété. Fallone est assise sur le canapé. Elle était là depuis tout ce temps, plongée dans la pénombre de mon appartement, peut-être parce qu'elle s'est dit que ses larmes passeraient inaperçues dans le noir. Elles roulent silencieusement le long de ses joues et ne semblent pas vouloir s'arrêter.

Ma cousine se retourne vers moi. J'ai le cœur qui se serre et seul un son étranglé sort de mes lèvres :

— Salut.

Elle ne me répond pas, le visage ravagé et creusé, et je me laisse tomber à côté d'elle sur le canapé.

— Pourquoi es-tu comme ça, Daël ?

La voix de Fallone tremble sous ses sanglots et je n'ose même pas la regarder.

— On vient d'apprendre la mort de mon frère, dit-elle, la voix grave. On l'a apprise juste ce matin, et toi tu disparais toute la nuit ?

— J'étais à l'hôpital, déclaré-je. Lior est tombé dans la Tamise.

— Tombé ? répète Fallone dans un petit rire.

— Il n'est pas encore tiré d'affaire. Grace a su pour nous deux et… J'ai dû quitter l'hôpital.

— Et Noah est toujours mort, complète ma cousine.

Fallone a toutes les raisons du monde de m'en vouloir, parce que j'ai fui au pire moment de sa vie. Mais j'ai vécu le mien aussi, de pire moment, et je le vis encore, parce que Lior est entre la vie et la mort. Moi aussi je suis dépassé et je n'ai plus aucune idée de comment gérer la douleur.

— Tu l'aimes plus que nous, alors ? reprend Fallone. Tu l'aimes au point d'abandonner ta propre famille ?

Je ne veux pas répondre à sa provocation, alors je rétorque :

— Je l'aime tout court. Non, je l'aime à en crever, même. Et, s'il ne se réveille pas, c'est ce qui va m'arriver : crever.

— Courageux, ironise Fallone.

Je hausse les épaules, mon corps s'enfonce dans le dossier épais de mon canapé.

— Peut-être, murmuré-je. Mais je n'ai plus de courage s'il n'est pas à mes côtés.

— Tu n'en as jamais eu. C'est pour cette raison qu'il n'est plus là.

Ça fait mal. De l'entendre, mais surtout de le comprendre. C'est moi qui ai rompu avec lui. Moi qui l'ai laissé partir en désintoxication. Moi qui ai fui à la mort d'Ethan. Moi qui n'ai pas eu le cran de le récupérer.

Et tout est trop tard.

— On devrait aller dormir, conclus-je.

Je me lève, Fallone me suit jusque dans ma chambre, sans rien dire. Malgré tout ce qu'on se reproche, on serait bien incapables de se séparer, c'est peut-être la seule personne dans ma vie qui me donne encore la force de tenir le coup.

Il est 6 heures du matin et on s'échoue tous les deux sur mon lit. Écrasés, éreintés, vidés. Je retire mon jean et me glisse en T-shirt et caleçon sous mes draps. J'ai juste envie de fermer les yeux et ne plus penser. Fallone s'allonge à son tour après avoir retiré son sweat à capuche. C'est la première fois qu'on fait ça, dormir dans le même lit. Je ne sais pas. Ça semble naturel, presque essentiel. Enfin, je n'ai pas vraiment le temps de m'attarder sur la question, je m'effondre instantanément dans le sommeil.

Je flotte dans une barque. Le ciel est rose, ou jaune, vert ? Je ne sens pas mes jambes, on dirait du coton. Tout est léger autour de moi. Pourtant, je me sens lourd. Quelque chose me pèse, appuyant sur mes épaules.

J'aperçois Lior, assis sur un pont, juste au-dessus de ma tête. Il saute. Je veux hurler, mais aucun son ne sort de ma bouche. La chute est longue, elle s'éternise, comme si quelque chose en moi me rappelait que j'aurais pu le rattraper… J'aurais pu. J'aurais dû.

Lior tombe. Son corps se fracasse à la surface de l'eau. On dirait qu'il vient de se briser sur du béton. J'essaye d'avancer dans sa direction, mais ma barque est immobile. Je plonge les mains dans l'eau, ce n'est que du vent, du froid entre mes doigts. Je hurle si fort son prénom dans ma tête que ça me brise les tympans.

Lior ne sort pas de l'eau. Je ne le vois pas ressortir. Les images deviennent floues. Je mets tout mon poids en avant, essaye de renverser la barque. Puis tout devient noir et froid. Je crie et l'eau pénètre dans mes poumons. Je suffoque, englouti brusquement par les flots. Je me sens sombrer, je me débats pour remonter à la surface, mais chaque mouvement m'enfonce davantage dans le noir.

Est-ce que Lior a vécu ça pour de vrai ?

Cette pensée me comprime le cœur et j'ai l'impression que mes oreilles vont éclater. Il y a des bruits, des cris, des coups. Je ne comprends plus rien. L'air entre dans mes poumons et ça brûle. Je n'en veux même plus, je veux retourner dans l'eau, avec lui, où qu'il soit parti. Ça tape encore dans mes oreilles, comme un poing s'abattant sur mon corps. Non, plutôt comme un poing contre le battant d'une porte.

Je me réveille en sursaut, le cœur au bord de l'explosion. Je suis assis sur mon lit ; mon souffle est erratique. Je me retourne vers Fallone. Ma cousine dort encore. Je passe une main sur ma nuque et réalise seulement à cet instant que je suis trempé de sueur.

Des coups, encore, contre le battant. Mais il y a quelqu'un devant chez moi, en fait ? Je saute du matelas, cours jusqu'à l'entrée et ouvre la porte précipitamment.

Grace Rosenbach.

Grace Rosenbach à Kensington.

Grace Rosenbach en larmes, une nouvelle fois.

Mon rêve me revient en mémoire, me brûle les yeux, piétine mon cœur. J'observe Grace en silence, je me dis qu'il n'y a aucune putain de raison qu'elle soit ici à moins qu'il soit… Qu'il soit…

Mes jambes chancellent, je me retiens au chambranle de la porte tandis qu'elle continue de me regarder, de ses yeux remplis de dédain.

Le souffle vient à me manquer, alors qu'elle tend le bras vers moi. Je la regarde, interdit.

— Prends, murmure-t-elle.

Je vois son bras, je vois surtout sa main qui tient son portable dans sa paume, attendant que je le récupère.

— Prends, répète-t-elle.

J'avance d'un pas, sans savoir d'où me vient encore cette force. Mes doigts effleurent les siens au moment où je prends le téléphone, mais ça ne me fait rien. Ni à elle. Je suis en caleçon devant Grace Rosenbach et… Peu importe.

Je dirige mon regard vers l'écran, une communication est en cours avec un numéro inconnu. Tremblant, je porte le combiné à mon oreille. Si, moi, je ne respire pas, j'entends bien un souffle. Ma poigne se resserre sur le téléphone, mes jambes me lâchent et je tombe, les genoux contre le sol.

— Lior ?

Sa respiration. Je sais que c'est *sa* respiration.

— C'est moi.

J'explose. De joie, de larmes, d'épuisement. Je voudrais lui parler, mais je ne peux pas. Mes sanglots m'enveloppent tout entier, ne me laissent même pas respirer. Le téléphone est serré dans ma poigne, je suis un noyé qui s'accroche à sa bouée.

Lior *fucking* Rosenbach.

— Daël.

Mon prénom entre ses lèvres, c'est la plus belle des mélodies. Il s'est réveillé. Je pleure et ris en même temps, plus rien n'a d'importance en cet instant. Ni Grace qui me voit me donner en spectacle, ni ce conflit qui nous a séparés. Je l'entends pleurer aussi dans le téléphone et je crois qu'il s'excuse entre ses sanglots, mais, même ça, ça n'a pas d'importance. Je veux juste le revoir, le tenir dans mes bras et l'embrasser.

— Mon amour, murmuré-je, un sourire tremblant au bord des lèvres.

L'agitation a dû réveiller Fallone. Je l'entends qui avance jusqu'à l'entrée, le pas un peu traînant. Je redresse la tête vers elle. Ma cousine regarde Grace. Une expression soucieuse se dessine entre ses sourcils, puis elle me voit, moi, à terre, terrassé par le soulagement.

— Il est vivant, dis-je. Lior est vivant.

Malgré la peine que je lis dans son regard, je crois qu'une demi-seconde elle parvient à être heureuse pour moi.

— Rentre, dit-elle.

J'imagine qu'elle s'adresse à Grace, car la voilà justement qui fait un pas vers nous, pénétrant dans l'appartement. La porte se referme derrière elle, puis Fallone lui propose quelque chose que je ne comprends même pas, j'ai l'esprit encore trop embrumé par ce qui m'arrive. Je les vois simplement disparaître dans la cuisine. Elles me laissent seul.

Non, pas seul.

Je serre le portable à nouveau, le collant encore plus à mon oreille, comme si cela avait le pouvoir de me rapprocher de lui.

Je réussis enfin à formuler une phrase cohérente.

— Tu es réveillé, tu vas bien ?

— J'ai mal à la tête et à la gorge, mais je vais bien.

C'est vrai qu'il a la voix un peu cassée. On dirait qu'il a du mal à parler, mais je ne parviens pas à lui dire de ne pas se forcer, j'ai trop besoin d'entendre le son de sa voix.

— Les médecins ont dit que j'allais m'en sortir, poursuit-il.

— Tu m'as fait peur.

Il n'y a plus que son souffle dans mon oreille.

Pourquoi…

— Je n'oubliais plus, dit-il. J'étais sur le pont et je n'oubliais plus.

Je ferme les yeux, retenant mes larmes. Je n'ai jamais autant pleuré de toute ma vie, je m'étonne même d'en avoir encore qui pointent.

— Est-ce que je peux venir te voir ? demandé-je.

Il y a un petit silence avant que Lior ne me réponde :

— Il faut que tu t'arranges avec Grace. Mon père ne te laissera pas rentrer.

— Grace m'aiderait ?

— C'est bien son téléphone que tu as, non ?

— Mais…, bégayé-je. Elle me déteste.

— Oui. Mais c'est ma sœur.

Je reste muet. Pourtant, je réalise que ça ne m'étonne pas tant que ça. Grace a lâché prise, cette nuit, au pont, devant moi. J'ai vu dans ses yeux à quel point elle aimait son frère. Surtout, à quel point elle ferait tout pour le sauver. Et, si je fais partie de l'équation, peut-être qu'elle trouvera le courage de m'accepter pour arriver au bon calcul ?

Soudain, je crois que je la comprends un peu. Grace ne se bat pas contre les autres. Elle se bat contre elle-même. Elle se bat pour ne pas tomber, elle se bat pour ne pas faiblir, elle se bat pour rester à sa place. À la tête d'une banque à la fortune colossale, à la tête d'une famille à majorité masculine, à la tête de ce qu'elle a toujours voulu construire : son monde, à sa manière. Son courage m'impressionne. Sa façon d'aimer m'impressionne.

— D'ailleurs, Grace n'est pas avec toi ? s'enquiert Lior, à l'autre bout du fil.

— Avec Fallone, dans la cuisine.

— Elles ne vont pas sortir les couteaux ?

C'était une blague, je crois, mais je vais quand même pour vérifier. J'ai les jambes encore un peu tremblantes quand je me dirige vers le bar qui sépare la cuisine du salon. Fallone est adossée à l'évier, elle vient de donner un verre d'eau à Grace. Elles parlent de Noah et Lili, mais s'arrêtent au moment où elles m'aperçoivent, m'interrogeant du regard.

— Lior voulait vérifier que vous ne vous entretuiez pas.

Je l'entends protester, mais c'est le soupir de sa sœur qui vient remplir mon appartement.

— Dis à mon frère que je veux récupérer mon portable, ajoute-t-elle en se tournant vers moi. Je suis sûre que mon père va me harceler de messages pour savoir où je suis.

— Lior ? Je rends le téléphone à ta sœur et je te rappelle tout de suite avec le mien, d'accord ?

— Hors de question ! s'exclame Grace. Il a besoin de se reposer.

J'entends Lior rire et je rétorque à l'intention de sa sœur :

— Je lui ai parlé cinq secondes !

— Et il a besoin de se reposer, réplique-t-elle, sans concession. Je t'interdis de le rappeler.

— Tu m'avais bien interdit de le regarder dans les yeux.

Elle s'offusque en silence, se retenant certainement de me sauter au visage. Je me dis que ça ne changera jamais vraiment, le fait qu'on soit incapables d'accepter un ordre de l'autre.

— Ne le rappelle pas, gronde-t-elle.

— On ne parlera pas, c'est juste pour l'entendre dormir.

— Merde, Hamilton, ne te rends pas plus niais que tu ne l'es déjà, tu me donnes la gerbe. Allez, dis-lui au revoir. Tout de suite.

— Je peux aller le voir demain ?

— Non. Pas à l'hôpital. Il y a nos parents et ce n'est clairement pas le moment de leur annoncer ça.

Je n'insiste pas. Je crois qu'elle a déjà fait beaucoup d'efforts pour venir jusqu'ici. Je devine à ses traits fatigués qu'elle n'est pas allée se coucher depuis qu'on s'est quittés, la nuit dernière.

— Lior, je vais raccrocher. On se voit dès que possible, d'accord ?

— Tu vas me rappeler dès qu'elle sera partie, hein ? s'assure-t-il en chuchotant.

— Évidemment.

Comme si j'avais déjà une seule fois dans ma vie obéi à Grace Rosenbach.

Lior Rosenbach

Quelques heures plus tôt

Quand je me suis réveillé, je n'ai vu que ma sœur et mes parents. Ils pleuraient. Pas Grace. Je ne l'ai jamais vue pleurer, de toute façon. D'ailleurs, ses yeux n'étaient pas seulement secs, ils étaient morts. J'ai su tout de suite qu'elle avait compris, pour Daël et moi. Ça se lisait partout sur son corps. Ça se lit encore, même deux heures après que mes paupières se sont ouvertes. Son corps est la déception incarnée. Un regard éteint, des cernes énormes, des épaules lâches, une peau pâle, un sourire désabusé.

Il est tôt. Mes parents et ma sœur sont restés à mon chevet cette nuit. Ils n'ont pas dormi et ils continuent encore à lutter contre le sommeil. Le temps s'écoule lentement, parce qu'il y a cette énorme bombe qui plane dans la chambre d'hôpital et ni Grace ni moi ne savons à quel moment elle va finir par exploser. Nos parents parlent, mais on ne les écoute pas vraiment, trop plongés dans le regard de l'autre.

Puis ça arrive enfin, le moment. Ils annoncent qu'ils vont descendre se prendre un petit déjeuner à la cafétéria.

— Grace, tu viens avec nous ? interroge ma mère.

— Non, merci, répond-elle. Je reste ici.

Nous y voilà.

La porte se referme après leur départ.

Je brise le silence.

— Tu sais, pour lui ?

— Oui.

— Je suis désolé.

— Moi aussi, je suis désolée, lâche-t-elle.

Je la regarde, étonné d'entendre ces mots, mais comprenant bien vite leur sens, puisqu'elle poursuit :

— Je suis désolée que tu sois cette lâcheté monumentale, désolée que tu nous aies trahis de cette façon. Je suis désolée que la seule solution que tu aies trouvée pour te déculpabiliser, ce soit de te droguer et de faire le con sur un pont, comme si tu étais seul au monde. Je suis désolée d'avoir cru que tu valais mieux que ça. Et je suis probablement désolée de ne pas avoir été assez bien pour t'en empêcher.

Sincèrement, qu'est-ce que l'on peut répondre à ça ?

— Tu m'as abandonnée, continue Grace, froidement. Après tout ce que j'ai fait pour toi, tu m'as abandonnée. Mais qu'est-ce qu'il s'est passé dans ta tête ?

J'entends la colère dans sa voix. Je vois la haine dans son regard. Je ressens la peine dans tout son corps.

— Lior, qu'est-ce qu'il y avait dans ta tête ? Comment as-tu pu faire quelque chose d'aussi inconscient ? Après ce qui est arrivé à Ethan, puis à Lili… Mais il y avait quoi, putain, dans ta tête ?!

Là, elle se met carrément à hurler. Et moi, à pleurer, parce que je ne sais pas. Pourquoi est-ce que j'ai fait ça ? Ça semblait juste… plus simple.

— Putain ! s'écrie-t-elle, en ravalant les larmes que sa fierté l'empêche de verser. Pourquoi je n'étais pas là, moi ? Pourquoi je n'étais pas dans ta tête à ce moment-là ? Pourquoi ça ne t'a pas retenu ?

J'essaye de me souvenir. J'essaye de retracer les événements de la nuit dernière. Je me rappelle le pont, le London Eye, la lumière sur la Tamise, je me souviens du message laissé à Daël, de m'être assis sur la rambarde, comme avant, puis… Ce n'était plus comme avant.

— Comment as-tu pu me laisser ?

— Je ne sais pas, avoué-je. Je ne sais plus.

— Tu voulais mourir ? me demande-t-elle.

La simplicité de sa question est d'une sincérité effroyable.

— Je voulais oublier, dis-je.

— Oublier quoi ?

— Que j'avais mal.

Ses yeux se voilent et sa mâchoire se crispe.

— On a tous mal, Lior.

— Toi, moins que les autres, rétorqué-je. Je ne suis pas aussi fort.

Je crois que ça l'énerve, ma réponse. Qu'est-ce que j'y peux ? C'est ce qu'elle a montré toute sa vie, ce qu'elle a essayé de prouver, du moins, qu'elle est inatteignable. Son courage, elle l'a gardé pour elle. Ses larmes, elle les a ravalées toute seule. Elle n'a pas empêché les miennes de couler, elle n'a pas essayé de le faire. Je sais que c'est injuste de l'accuser, mais je crois que ce sentiment a toujours été là, dans le fond, cette jalousie que j'éprouve à son égard. Grace est tellement puissante que je me sens minable, à côté. Et, oui, je lui en veux d'être comme ça, d'être une Rosenbach avant d'être ma sœur.

Grace le sait pertinemment, puisqu'elle finit par avouer :

— Il fallait que l'un de nous deux le soit. Papa aurait sûrement préféré que ce soit toi, cela dit.

— Non. Tu es parfaite pour ce rôle.

— Rôle, souligne-t-elle.

— Quoi ?

— Un rôle, ça se joue. Ça se surjoue, même.

C'est vrai qu'elle n'est pas née avec ça. Elle était juste Grace, à la naissance, et on lui a appris à être une Rosenbach. Année après année, les couches se sont épaissies. Si j'étais né le premier, j'aurais été à sa place.

J'aurais été comme Daël, résigné à jouer un rôle toute ma vie, comme le personnage d'une pièce de théâtre.

Nos vies, une putain de tragédie à ciel ouvert.

J'en suis coupable aussi, parce qu'un comédien n'existe pas sans son public. Si on n'avait pas autant cru à leur mise en scène, ça ferait peut-être longtemps qu'ils seraient descendus des planches.

— Je suis amoureux de lui.

Il y a un silence. On ne parlait pas de ça, mais c'est ce qui planait derrière nos mots, et je ne veux plus mentir.

— Je sais, dit-elle.

— Et il est amoureux de moi.

Cette fois, elle ne dit pas un mot, faisant un signe négatif de la tête. Je n'ai pas la force de la convaincre, alors je dis simplement :

— Si je te demandais de l'appeler pour le prévenir que je vais bien, tu le ferais ?

— Jamais, déclare-t-elle. Il doit sortir de ta vie.

Je ravale ma peine et ma colère, j'encaisse. Je n'ai plus mon téléphone, Grace sait que je n'ai qu'elle à cet instant.

— S'il te plaît, insisté-je. Il mérite de savoir que je suis réveillé.

— Il mérite de crever pour t'avoir touché.

— Personne ne mérite de crever parce qu'il aime.

— Ah ouais ? ironise-t-elle. C'est marrant, parce que moi aussi je t'aime, et pourtant ça ne t'a pas empêché de te droguer et de te retrouver là, branché à des machines.

— Donc tu te venges sur lui ? Pour qu'il ait aussi mal que toi ?

— Daël n'aura jamais aussi mal que moi, grince-t-elle entre ses dents.

— Il est exactement comme toi.

— Non.

La porte de la chambre se rouvre sur nos parents, et Grace en profite pour s'échapper sans un mot. Ma mère m'interroge du regard et je fais comme si ce n'était rien. Et elle, elle fait comme si elle me croyait. Elle vient s'asseoir sur le bord du matelas, récupérant ma main pour la serrer dans la sienne. Je lui demande mon portable, et mon père intervient aussitôt pour me dire que je ferais mieux de me reposer.

Je voudrais insister, mais il a raison. Je suis dans un état déplorable et mes paupières se ferment bientôt toutes seules. Ma colère contre Grace est en train de retomber et mes nerfs lâchent peu à peu. Je crois que je finis même par m'endormir, sur les paroles apaisantes de ma mère.

Une sonnerie stridente me tire brusquement de mon sommeil. Je me réveille en sursaut, je regarde tout autour de moi. Je suis seul, désormais. Je ne sais pas combien de temps s'est écoulé et je mets un moment à retrouver mes esprits, avant de réaliser que c'est le téléphone de l'hôpital, celui qui est posé sur ma table de chevet, qui sonne. Je ne savais même pas qu'il y avait un numéro attribué pour ma chambre.

Je décroche, la voix encore ensommeillée :

— Allô ?

— C'est Grace.

— Qu'est-ce que…, bafouillé-je.

— Je suis à Kensington.

Je crois avoir mal entendu et me redresse, le dos calé contre la tête de lit.

— Quoi ?

— Je suis devant chez lui, dit Grace, tout aussi calmement que la première fois.

Mon pouls s'emballe, j'ai la main crispée sur le boîtier du téléphone.

— Pourquoi ?

— Tu as intérêt à avoir raison.

— Sur quoi ?

— Le fait qu'il soit amoureux de toi.

— J'ai raison, lui assuré-je. Je… Je peux l'avoir ?

Je l'entends à travers le téléphone frapper du poing à une porte. J'ai du mal à y croire. Mon cœur bat à tout rompre, aussi fort que les coups qu'elle donne contre le battant. Je serre le combiné, à tel point que j'en ai mal aux doigts. Des mots indistincts me parviennent, une conversation étouffée et des mouvements un peu brusques.

Puis, soudain, la délivrance :

— Lior ?

Sa voix tremble, comme s'il avait peur que je ne lui réponde pas, comme s'il n'y croyait pas vraiment.

— C'est moi.

Ian

J'observe mon cousin. Ça fait trois jours qu'il est à l'hôpital, il devrait sortir en fin de journée, si tout va bien. Toute la famille est venue passer l'après-midi ici, en attendant ses derniers résultats. Sauf que, pour le moment, je suis seul avec lui. Ses parents sont dans le couloir avec les médecins, Grace a dû retourner faire un saut à la banque, Lili et Edward sont descendus à la cafétéria se prendre à boire.

Lior dort. Ou fait semblant. Comme souvent quand je suis là, il feint de ne pas être présent.

— Tu es un enfoiré, dis-je en tapant son épaule avec mon poing

Je l'entends grommeler, il fronce les sourcils et tourne la tête vers moi. Mon cousin ouvre les paupières, comateux.

D'accord, peut-être qu'il dormait réellement. Ses médicaments doivent le shooter. C'est presque ironique, sachant qu'il est ici parce que la coke lui a donné la bonne idée de faire des acrobaties sur la rambarde d'un pont.

— Bonjour à toi aussi, ironise-t-il.

Je ris, même si le cœur n'y est pas vraiment. Il y a deux jours, j'étais au chevet de ma petite sœur, maintenant, au sien. Quand est-ce que cela va s'arrêter ?

— Tu ne crois pas qu'on a déjà tous assez souffert ? demandé-je. Que, moi, je n'ai pas assez souffert ?

— Si.

— Alors pourquoi est-ce que tu me fais revivre ça ? Après Ethan, après Lili ?

Je suis en colère et il l'entend à ma voix. J'en ai assez de me taire, assez de ne jamais rien exprimer, parce que chaque mot prononcé plus haut que l'autre les fait culpabiliser, et j'en ai marre de les protéger de ce que je ressens.

— Des fois, murmuré-je, j'ai l'impression que je n'existe plus pour toi.

Lior se redresse aussitôt, s'appuyant contre sa tête de lit, même si le mouvement semble le faire souffrir à cause des aiguilles qu'il a encore dans le bras.

— C'est faux dit-il.

— Tu es sûr ? Parce que je crois sincèrement que tu penses que je suis mort, ce jour-là.

Il y a un silence pesant dans la chambre. Les yeux verts de Lior sont plongés dans les miens, des petits yeux, en forme d'amande, cernés de cils blonds et lumineux.

J'ai peut-être perdu de mon éclat après l'accident, mais je suis encore capable de briller, même dans ce fauteuil à quatre roues.

— C'est ce que tu as dit, reprend Lior. Une fois, tu as dit que tu étais mort.

Son regard est trouble, et je comprends qu'il se repasse très exactement la scène. Ça a l'air de le ravager depuis des années, alors que je suis à peine sûr de savoir de quel moment il parle. Je ne me souviens même pas d'avoir dit ces mots-là.

Certains souvenirs se creusent en nous, marquant les corps et les esprits, d'autres s'estompent, avec le temps. Du même souvenir commun, lui a gardé la cicatrice, pas moi.

— Eh bien, j'ai eu tort de dire ça, déclaré-je. Je suis handicapé. Alors, oui, il y a des choses que je ne peux plus faire comme vous, mais je suis toujours le même. Je voudrais que tu me voies comme avant, que tu ries avec moi comme avant, que tu te foutes de ma gueule comme avant, que tu me chahutes comme avant. Je voudrais que tu arrêtes de m'effacer de ta vie comme si je n'y avais plus ma place.

La peau de mon cousin est pâle, presque translucide. Je sais bien qu'il ne le fait pas exprès. Lior le veut autant que moi, mais il s'en prive, parce qu'il se sent responsable de l'accident.

Il est temps qu'il tourne la page, lui aussi.

— Reviens vers moi, terminé-je.

— Je ne suis pas sûr de savoir comment faire, avoue-t-il. Je ne sais plus comment me comporter avec personne.

— Commence par me dire la vérité.

La frayeur s'invite sur ses traits, comme par automatisme. Ses mains se posent sur le drap, le tissu disparaît entre ses doigts, un souffle passe ses lèvres.

Je la connais déjà, la vérité. Je veux juste l'entendre de sa bouche.

— Lior, insisté-je.

— J'aime Daël Hamilton.

Cette fois, son regard ne fuit plus le mien. Il m'a regardé droit dans les yeux lorsqu'il me l'a dit.

— Pourquoi as-tu attendu autant de temps pour me l'avouer ? demandé-je.

— J'avais peur de ta réaction, peur que tu ne comprennes pas, peur que…

— Il a provoqué mon accident, le coupé-je. Évidemment, que je ne comprends pas ce que tu ressens pour lui.

Lior se tait. De nouveau, il baisse les yeux vers ses mains, qui triturent son drap blanc dans tous les sens.

— Il s'en veut, tu sais, reprend-il.

— Je sais. Et Greg s'en veut certainement pour ce qu'il a fait subir à Ellen, Grace, de nous avoir menti pendant des années, Noah, d'avoir tué Ethan, Lili, d'avoir touché à ta drogue. Et après ? Il y a des remords, et après quoi ? Ça ne change rien à notre réalité.

— Non, reconnaît-il.

— Mais ces remords-là appartiennent au passé, continué-je. Donc, toi, maintenant, fais en sorte de ne plus en avoir. En tout cas, pas de ceux qui feront que tu te retrouveras encore dans un lit d'hôpital parce que tu ne supporteras plus les choix que tu t'es imposés. Pour ce qui n'est pas trop tard, tu peux encore agir. Fais ce qui est bon pour toi, s'il te plaît.

Mon cousin m'observe, étonné par la tournure de la conversation et par son sens. Il n'est pas sûr de le comprendre, et peut-être que moi non plus.

Dans le fond, je veux juste qu'il soit heureux. Je crois qu'on le mérite tous.

— Où sont les autres ? finit-il par demander.

— Ils ont fui, ils ne supportent déjà plus ta gueule.

Lior rit et l'atmosphère se détend. C'est agréable. Je pose ma main sur la sienne et son regard retrouve le mien. Chaud et réconfortant.

— Je suis désolé de t'avoir inquiété, ajoute mon cousin.

— Je n'étais pas inquiet, tu es un Rosenbach.

— Un Rosenbach est un surhomme ? ironise-t-il.

— Un Rosenbach n'est pas seul, rectifié-je. Il a une famille. Elle est loin d'être parfaite, mais elle est là quand même. Jamais elle ne t'abandonnera. Accroche-toi à ça.

Comme pour compléter mes mots, Lili et Edward font leur apparition dans la chambre, ayant manifestement récupéré Grace au passage, qui franchit le pas de la porte à son tour, son portable encore collé à l'oreille et un thermos de café à la main.

Lili pose un sac de friandises sur le lit. Elle et mon cousin ont donc dévalisé la cafétéria. Bon point pour eux.

Même si la situation est glauque, je crois que je me sens heureux. Ça faisait longtemps qu'on n'avait pas été tous ensemble dans la même pièce. On parle de tout et de rien. Surtout de rien, en fait. On plaisante à propos de la dernière bizarrerie culinaire de Mona, notre gouvernante, sur le dernier copain en date de Jess, la pote de Lili, qui, selon ma sœur, est un « connard-de-droite », sur l'assistant de Grace, que tout le monde est persuadé qu'elle se tape alors qu'elle jure que non.

Ouais, on ne parle de rien, parce que l'on ne sait pas parler de tout, justement. De la mort des gens, des suicides ratés, de la guerre avec les Hamilton.

Pourtant, ma main est toujours posée sur celle de Lior. Elle ne la lâche pas, disant les mots que personne n'ose prononcer.

« Je reste avec toi, quoi qu'il arrive. »

Chapitre 7

Daël Hamilton

🖂 **SMS de** Grand méchant loup **à** Boucles d'or
22 h 10. Est-ce qu'on peut se voir, ce soir ?

🖂 **SMS de** Boucles d'or **à** Grand méchant loup
22 h 26. Pont de Westminster, minuit.

Je n'aime plus ce lieu de rendez-vous.

Pourtant, j'avance sur le pont de Westminster. C'est comme avant, sans l'être. Mes pas traînant sur le goudron et ses boucles brunes qui s'échappent de son bonnet.

Je l'aperçois déjà, il n'est pas assis sur la rambarde, pour une fois. Il se tient sagement derrière, les mains sur le métal vert clair et ses écouteurs dans les oreilles. Nous ne nous sommes pas revus depuis qu'il est sorti de l'hôpital, il était en convalescence, chez lui, à Mayfair. Moi aussi, en quelque sorte. On a réparé notre corps abîmé et notre âme ravagée. Ces derniers jours, j'ai dû faire avec la mort de Noah, la culpabilité de Fallone, mon père toujours entre la vie et la mort, la colère de Grace, la perte de Lior.

Je m'approche. Il ne m'entend pas arriver, à cause de sa musique, *grâce* à sa musique ? Si cette nuit-là, la toute première, il ne m'avait pas entendu lui adresser la parole, rien de tout ça ne serait jamais arrivé.

Est-ce que ça aurait été une chance ou une tragédie, de passer à côté de lui ?

Je m'accoude à la rambarde et mon mouvement le sort de ses pensées. Lior se retourne vers moi.

Son visage, ses cheveux, ses yeux, ses lèvres. Une bouffée d'oxygène m'envahit. Je pose le regard partout où je peux, comme pour le graver pour toujours dans ma mémoire. Je n'avais pas réalisé à quel point il avait manqué à ma vie.

Évidemment que ça aurait été une tragédie de passer à côté de lui. Je ne me suis jamais senti aussi vivant que depuis le jour où on s'est rencontrés.

Je n'arrête plus de le contempler, peut-être par crainte qu'il ne s'évapore encore une fois. Nous ne disons rien, nos iris liés l'un à l'autre dans un silence entendu. Pourtant, j'aurais tellement de choses à lui dire, tellement de choses à me faire pardonner, tellement de choses à...

J'approche mes lèvres et les dépose sur les siennes. Elles ont le goût de la délivrance. J'attrape son visage entre mes mains. Il entrouvre les lèvres, les miennes suivent le mouvement, et sa langue me fait frissonner de partout. Je chavire. Une bouffée de chaleur s'infiltre jusqu'à mon estomac. J'ai l'impression de me réveiller, comme si j'avais été atone pendant tout ce temps. Ses lèvres, elles me redonnent envie de vivre.

J'espère que les miennes aussi, parce que je ne veux plus jamais traverser ça.

— Daël, murmure-t-il, la gorge serrée, les mots s'étouffant entre mes baisers. Je suis désolé.

— Est-ce que tu as une putain d'idée d'à quel point j'ai eu mal ? lancé-je, n'arrêtant jamais de l'embrasser encore et encore.

Et ses lèvres, et ses joues, et son nez, et ses fossettes, et ses pommettes, et son cou.

— Je suis désolé, répète-t-il encore, répondant à chacun de mes baisers.

Ses mains se faufilent sous ma veste en jean et il me serre contre lui.

— Qu'est-ce qu'il t'a pris de faire ça ? demandé-je.

J'embrasse de nouveau ses lèvres, presque brutalement, peut-être parce que je n'ai pas tellement envie d'avoir une réponse à ma question.

— J'ai... J'ai retrouvé Lili, commence-t-il. Elle avait pris ma drogue. Elle était couchée sur le sol de sa chambre. J'ai cru qu'elle était morte. J'ai repensé à Karen... Et à nous, plus ensemble. J'ai fait comme si ça allait, mais j'avais mal, de tout ça. J'ai sniffé le reste de la coke et je suis allé au pont, et tout est confus, à partir de là.

Je me recule, et ce que je lis dans ses yeux me détruit.

— Dis-le, Lior, murmuré-je.

La vérité est coincée dans sa gorge. Il refuse de la faire sortir. Son corps se contracte et ses yeux fuient mon regard.

— N'aie pas peur de le dire, insisté-je.

Il recule d'un pas, mais je le rattrape aussitôt, emprisonnant ses mains froides dans les miennes.

— Tu dois laisser sortir ça. C'est en train de te dévorer de l'intérieur.

— Arrête, fait-il en soupirant.

— Tu as failli mourir. Ce n'est pas rien. Alors dis-le.

— C'est trop dur.

— Je suis là, je le serai toujours.

Je sens que c'est là, tout proche. C'est au bout de ses lèvres et je sais exactement ce qu'il va dire.

C'est là et ça finit par sortir :

— Tu es là, mais pas Ethan.

Je serre ses mains dans les miennes, encaissant la suite, parce qu'elle devait sortir et j'ai été égoïste de ne pas vouloir l'entendre :

— Il me manque atrocement, poursuit Lior. Ça fait trois mois et je voudrais le revoir avec la même intensité que le jour où je l'ai perdu, peut-être même plus fort que ça. Je voudrais lui parler, je voudrais rire avec lui, je voudrais faire la fête avec lui, je voudrais ne rien faire avec lui, mais qu'il soit là quand même. Je voudrais qu'il soit là, avec moi.

À chaque mot, sa peine grandit, plus cruelle à chaque seconde où il réalise qu'Ethan est mort et que son souhait le plus cher ne s'exaucera jamais.

— Dis-le, répété-je, la voix tremblante.

— Je vous déteste.

C'était là, depuis le début. Ça ne voulait pas sortir, mais c'était là.

— Je vous déteste de nous l'avoir pris, continue-t-il, ravagé par la colère. Il était mon cousin. Il était mon meilleur ami. Il avait dix-huit ans. Il était innocent. Il avait juste peur pour Lili, mais il n'aurait jamais tiré sur qui que ce soit. Sauf que, maintenant, il est mort à cause de vous. Et toi, t'es parti. Mon monde s'écroulait et tu as fui avec eux. Je t'en veux tellement, putain. Je t'en veux d'avoir tout gâché entre nous et de ne pas avoir eu le courage de t'accrocher à moi.

Je sais qu'il a raison. Je sais que j'ai tout foutu en l'air. J'ai pris peur et j'ai abandonné, en premier.

— Je voudrais t'aimer plus fort que ça. Je croyais y arriver…

Lior lâche mes mains.

— Je t'aime, reprend-il. Je t'aimerai toujours, malgré tout ce que ta famille et toi avez fait à la mienne, mais…

Je le vois se mordre les lèvres. Lior m'a dit qu'il n'oubliait plus, mais je crois qu'il vient seulement de comprendre la portée de ses mots.

— Je ne pardonnerai pas, conclut-il. On ne pardonne pas la mort de quelqu'un qu'on aime.

Lior Rosenbach

Nous sommes encore au pont, silencieux, assis à même le sol, la rambarde dans le dos. Nous observons les passants, la circulation sourde de la capitale, les lumières de la nuit se reflétant sur les bâtiments sombres. Le bruit de la Tamise résonne sous nos pieds. Les choses qui ne changent pas, immuables. C'est rassurant. Un peu effrayant aussi, mais rassurant.

Personne n'ose reprendre la conversation, c'est une sorte d'adieu qui ne s'assume pas. L'héritier sourit. Pas d'un sourire heureux, mais d'un sourire triste et mélancolique. Il vient attraper ma main. Une chaleur timide me parcourt l'échine.

Je sors un paquet de cigarettes de ma poche, j'en coince une entre mes lèvres et l'allume. Le feu crépite, Daël se retourne vers moi. Il m'observe tirer une première taffe, puis saisit la clope. Ses doigts frôlent alors mes lèvres, et ce contact me fait mal au cœur. Il inspire à son tour le tabac, mais je crois que c'est loin d'apaiser son âme brisée.

Il me la rend, je tire longuement dessus, puis la lui redonne. Une deuxième taffe pour lui. C'est un peu nul, et pas franchement à la hauteur de ce que nos familles ont vécu, mais c'est nous. Cet énième adieu qu'on s'accorde avec cette cigarette. On termine de la consumer ensemble, pour donner une vraie fin à tout ça.

Je la tends de nouveau à Daël. Il ne reste presque plus rien, désormais. Pourtant, on pourrait continuer à s'en brûler les doigts. Finalement, c'est métaphoriquement assez juste.

Daël me la redonne. Je la porte à mes lèvres, sentant la chaleur du feu se rapprocher. C'est un peu douloureux, mais ce n'est pas grand-chose par rapport à ce qui nous attend. Personne ne veut être celui qui termine cette foutue cigarette.

Or elle s'éteindra, comme tout ce qui doit s'éteindre un jour ou l'autre.

Fallone

Je suis devant le lycée des Rosenbach, bien que j'ignore toujours ce que j'y fais. Je parcours des yeux le grand portail sombre du prestigieux établissement, dont les pointes s'élevant vers le ciel sont recouvertes de peinture dorée, donnant au lieu un aspect presque monarchique.

Bon sang, je déteste ce quartier prétentieux.

La grille est ouverte, puisque c'est la fin de journée. Les élèves s'échappent de la cour intérieure, tous en uniforme, sortant les uns après les autres, clope au bec et portable greffé à la main.

Je m'adosse contre le mur, ma main serrant le bout de papier dans la poche de mon manteau. J'ai enfilé un bonnet, essayant de masquer ma chevelure blond platine, qui est facilement reconnaissable.

Je soupire longuement, hésitant sérieusement à faire marche arrière, sauf que je finis par l'apercevoir : Lili.

Une petite blonde qui traverse la cour de son école avec ses copines. Je les reconnais, je les ai déjà vues, surtout Jade, depuis son histoire avec Stan.

Je sens un pincement au cœur de plus en plus intense. J'ai appris, pour l'overdose de Lili. Je ne pensais pas qu'elle serait déjà de retour au lycée, mais c'était le seul endroit où je pouvais la trouver, alors j'ai essayé ici…

C'était hors de question que je me rende à leur maison de famille. L'effort de ma présence dans ce quartier de malheur est déjà à saluer. Et je ne le fais que pour Noah. Que pour lui et son mot à la con. C'était une promesse, et je lui dois bien ça.

À la pensée de mon frère, je dois aussitôt ravaler mes larmes. Je suis anéantie depuis cinq jours. Son corps sans vie est toujours en France pour l'autopsie, et nos avocats s'occupent du rapatriement. Cinq jours, et je me demande comment mon corps à moi est encore là. Il se déplace, il parle, il mange, il boit, et pourtant il est vide. Aussi vide que la maison.

Patricia, ma belle-mère, n'est plus que l'ombre d'elle-même, allongée toute la journée dans son lit, à pleurer la mort de son fils, mon père se réfugie dans le travail pour ne pas y penser, Maha, quant à elle, s'est murée dans le silence. Elle ne parle plus, ni à moi ni à personne. Je ne l'ai même pas vue verser une seule larme, elle est juste enfermée dans ce silence qui semble l'apaiser. Discrète, comme toujours, même dans son deuil. Mes cousins ne vont pas mieux. Aiden et Stan sortent tous les soirs, buvant plus que de raison. Daël a encore disparu, comme d'habitude, lorsqu'il ne sait plus gérer une situation. Il doit être terré à Kensington, à penser à ce connard de Lior. Les petites sont plus solidaires entre elles. Charlie, Ellen et Tess ne se quittent plus, elles dorment dans la même chambre depuis qu'on leur a annoncé la disparition de leur cousin.

Et moi, moi… Moi, rien. Fallone et rien. Je n'ai plus rien à l'intérieur. Je suis faite de chair et d'os, alors la vie se poursuit, corporellement, mais mon âme est partie avec lui.

J'aperçois Lili passer les grilles du lycée. Elle est dehors, discutant avec ses amies. Elle ne sait pas que je suis là, que je l'observe. J'en profite pour la regarder. Elle n'a pas de paillettes sur les yeux, je crois qu'elle en porte, d'habitude. Ses cheveux blonds sont retenus en une queue basse. Son uniforme enveloppe son corps, qui se tient droit, lisse. Je ne la connais pas bien, mais je sais que mon frère n'est pas tombé amoureux de cette personne-là.

Je me rappelle du bal de son anniversaire. Je l'avais trouvée belle, avec sa robe et son masque doré, gracieuse et souriante. Pas étonnant que Noah se soit pris les pieds dans le tapis.

Je continue de la scruter. Je vois ses lèvres bouger, répondant, sa tête opiner, écoutant, son sourire en coin, mentant. Le corporel bien présent, mais l'âme absente.

Exactement comme moi.

Je serre le papier dans ma poche. Je ne l'ai jamais ouvert. Je ne sais pas ce que Noah lui a écrit, ses mots ne m'appartiennent pas. Ils sont les siens, et si je continue de les retenir ils ne seront plus à personne. Évanouis, comme mon frère.

Je prends une longue inspiration et fais un pas vers leur groupe. Jade est la première à remarquer ma présence. Je vois ses lèvres prononcer mon prénom.

Lili se retourne immédiatement vers moi. Nos regards se figent, ne se disant plus rien d'autre que la peine mutuelle que nous ressentons. C'est triste de constater qu'il a fallu connaître la mort pour que nous partagions enfin quelque chose d'autre que la haine.

— Est-ce que je peux te parler ? demandé-je.

— On est là, si besoin, dit Jade dans son dos, mais Lili m'a déjà suivie.

Nous nous éloignons de l'effervescence du groupe de lycéens qui continuent de sortir, heureux d'avoir terminé leur journée.

En fait, je marche sans savoir quand ni comment m'arrêter, si bien que c'est Lili qui finit par briser le silence :

— Merci de m'avoir prévenue pour Noah.

Mon corps se tend. Ça aussi, ça fait partie des nombreuses erreurs que je dois endosser, en plus de tout le reste.

— Merci pour quoi ? lancé-je en me retournant vers elle. Pour t'avoir laissé l'occasion de te foutre en l'air ?

Son visage se referme davantage et elle baisse les yeux au sol.

— Je n'aurais jamais dû t'appeler, ajouté-je. Ce jour-là.

— Ce n'est pas ta faute, m'interrompt-elle. Tu ne pouvais pas savoir que j'allais faire ça. Je ne le savais pas non plus. J'ai juste… vrillé.

— Tu te drogues ?

— C'était la coke de mon cousin, répond-elle. Je n'y avais jamais touché.

Je ne suis pas si étonnée d'apprendre que Lior est une telle plaie. Qu'est-ce que Daël peut bien lui trouver, à ce type ? Le bourgeois drogué et torturé qui cherche un sens à sa vie est passé de mode depuis les années 2000.

Daël est un cliché, et son histoire d'amants maudits l'est également, et je n'en ai plus rien à foutre, de tout ça. Noah a perdu la vie à cause de cette guerre et ça n'aurait jamais dû arriver.

Je sors le papier de ma poche. Il est toujours plié en quatre, exactement comme avant que mon demi-frère me le tende et disparaisse sur ce putain de bateau.

Je le tends à Lili.

Elle le regarde, interdite.

— Qu'est-ce que c'est ?

— Un mot… de Noah.

Ses yeux s'ouvrent brusquement, semblant reprendre vie.

— Il l'a écrit avant que je ne l'aide à s'enfuir, il est pour toi, expliqué-je, le bras toujours tendu vers elle. Je n'avais jamais eu le courage de te le donner, et puis… Tu sais. Mon frère aurait voulu que tu l'aies.

Lili avance timidement la main vers moi, elle attrape le papier entre ses doigts tremblants, l'air de ne pas y croire.

— Merci, souffle-t-elle.

Elle plonge le papier dans sa propre poche de manteau et laisse la main à l'intérieur. Je devine qu'elle le serre dans sa paume pour s'assurer qu'il ne s'envole pas.

Je comprends qu'elle ne l'ouvre pas devant moi. D'ailleurs, à sa place, je ne sais même pas si j'aurais le courage de le faire. Elle, elle semble l'avoir. Je le vois dans ses yeux et dans sa façon de se tenir encore debout malgré la douleur.

Lili n'a pas seulement perdu Noah, elle a aussi perdu Ethan, quelques mois auparavant. Pourtant, elle est toujours là, quelque part. Même si elle n'a plus de paillettes sur les joues, même si elle ne sourit probablement plus comme avant, même si elle a été brisée, il reste une lueur de lutte dans ses yeux. C'est là que je réalise que ce n'est pas la cousine de Grace pour rien.

— Voilà, conclus-je. C'est tout ce que je venais faire là.

Lili acquiesce, la main toujours dans sa poche de manteau. Elle fait un pas en arrière, ignorant comment me saluer, puis décide de ne rien faire d'autre qu'un pâle sourire et de tourner les talons.

— Lili ! appelé-je.

Elle s'arrête, se retourne dans ma direction. Elle ne me doit rien, parce que je sais que tout ça est ma faute, mais je ne peux m'empêcher de lui poser la question :

— Est-ce qu'on peut s'en remettre ?

Mes mots viennent jusqu'à elle et je vois ses yeux se couvrir d'un liquide transparent. Je suppose qu'elle aurait préféré ne pas les entendre. Pourtant, je continue, la voix étouffée :

— Parce que j'ai l'impression que ça ne s'arrêtera jamais, le manque. J'ai l'impression que ça sera toujours là.

— Ça sera toujours là, déclare-t-elle, sachant exactement à quoi je fais référence.

Je déglutis, douloureusement. Comment est-ce qu'on peut survivre avec un tel trou dans la poitrine ?

Lili doit lire mon interrogation, puisqu'elle finit par ajouter :

— Tu vas juste t'y habituer. Et le truc, avec l'habitude, c'est qu'on finit par oublier comment c'était avant.

Chapitre 8

Lior Rosenbach

Il a été débranché, son père. Finalement, la décision a dû être prise par sa famille. Je l'ai appris ce matin, à la radio, la mort du P-DG du Hamilton Banking Group… La mort du père de Daël.

Je suis allongé sur mon lit, j'y suis resté quasiment toute la journée. Les heures se sont écoulées, sans que je fasse rien, rien d'autre que de faire tourner mon portable entre mes mains.

J'hésite à lui écrire, lui envoyer mon soutien ou quelque chose y ressemblant, mais, à chaque fois que j'essaye, j'efface mon message aussitôt et mon téléphone retombe sur mon ventre.

Je soupire. J'entends la musique dans la pièce d'à côté. Ian est rentré pour le week-end. Je pourrais aller lui rendre visite pour m'occuper l'esprit, mais je sais que j'y retournerai forcément. À l'héritier. D'ailleurs, il n'aura jamais mieux porté son nom qu'aujourd'hui.

Je le ressens si fort. Ce besoin de l'appeler. De savoir s'il va bien, s'il tient le coup. Daël s'y attendait, à la mort de son père, mais ça ne veut pas dire qu'il la supporte. Je le connais et je sais que ce n'est pas le cas, c'était la peur de sa vie et elle est là, désormais, face à lui. Je prends mon portable, les mains tremblantes. Je vais dans le répertoire, effleurant son nom du doigt sur l'écran, puis je laisse tomber et remets le téléphone en veille.

Nous nous sommes dit adieu.

C'était la chose à faire.

La chose qu'il faut continuer de faire.

Sa vie, chacun de son côté.

Et puis c'est ridicule. Est-ce qu'il l'a fait, lui ? Est-ce qu'il m'a appelé, à la mort d'Ethan ? Est-ce qu'il a cherché à savoir comment j'allais ? Non. Non. Non. Il n'a rien fait de tout ça. Il ne mérite pas que je m'inquiète pour lui.

Je me couche dans mon lit, remonte la couverture sur moi. Il pleut, dehors. J'entends les gouttes s'écraser contre les vitres de ma chambre. Grace était partie courir, plus tôt. Je me dis qu'elle doit être trempée par l'averse et qu'elle va encore penser que le monde lui en veut, vu qu'elle est persuadée d'être le centre de l'univers.

D'accord, je suis de mauvaise humeur.

Je me retourne de l'autre côté du lit. Est-ce que ma famille, en bas, se réjouit de la mort du chef de l'autre clan, du *big boss,* de l'ennemi numéro un ? Est-ce qu'ils auraient tort de le faire, après tout ce que les Hamilton nous ont fait subir ? Mon esprit s'embrouille. Je n'arrive plus à penser, plus à réfléchir, plus à rien ressentir.

Mon portable vibre et cela secoue ma couverture. Je tâtonne pour le trouver et le récupère.

« *Grand méchant loup.* »

Je me redresse d'un seul coup en décrochant :

— Allô ? Daël ?

— Bonsoir, me répond une voix rauque qui ne lui appartient clairement pas.

Pourtant, je tente à nouveau :

— Daël ?

— Non, je suis… Je suis le gardien de l'immeuble de M. Hamilton. On a dû se croiser plusieurs fois dans le hall.

Oh ! la blague.

— Pourquoi avez-vous le téléphone de Daël ? demandé-je, suspicieux.

Ce type nous déteste tellement tous les deux que ça m'inquiète un peu, honnêtement.

— Il est ivre mort, m'informe le gardien.

Je me crispe, même si je me doutais plus ou moins qu'il allait être dans cet état.

— Pourquoi est-ce que vous m'appelez ?

— Parce que j'ai autre chose à foutre de ma soirée que de m'en occuper.

— Pourquoi ne pas avoir appelé ses cousins ?

Un silence au bout du fil, puis la voix du type qui serait prêt à m'étrangler :

— Je suis gardien d'immeuble, pas nourrice. Je ne sais pas qui sont ses foutus cousins, et la seule personne à laquelle j'ai pensé c'était vous… Boucles d'or, achève-t-il en riant.

Préférant ignorer le passage où il se fout de ma gueule, j'enchaîne précipitamment :

— Depuis combien de temps est-il dans cet état ?

— Dix minutes. J'ai voulu l'aider à monter dans son appartement, mais il est intenable. Est-ce que vous pouvez venir ?

— Oui, tout de suite, dis-je en raccrochant.

Je sors de mon lit, sans réfléchir. Je retire mon jogging pour enfiler un slim, qui sera quand même plus présentable, puis passe un sweat à capuche. J'attrape mon bonnet sur mon bureau et l'enfonce sur ma tête.

Je sors de ma chambre, dévale les escaliers et enfile mon blouson dans le hall d'entrée.

La porte s'ouvre à cet instant et Grace apparaît derrière le battant, mouillée de la tête aux pieds. Elle est en tenue de sport, une queue-de-cheval tire ses cheveux en arrière, son visage est rouge, sa respiration, saccadée par l'effort de sa course.

— Où est-ce que tu vas ? parvient-elle à me demander, malgré son essoufflement.

Telle que je la connais, elle a dû faire vingt fois le tour du pâté de maisons. Ça faisait bien deux heures qu'elle était partie courir.

— Faire un tour.

— Il pleut, rétorque-t-elle.

— Je suis au courant.

J'enfonce les pieds dans mes baskets, assis sur la première marche de l'escalier, ignorant son regard inquisiteur.

— Tu vas le voir ? demande-t-elle. Pour son père.

Je ne réponds pas et me redresse.

— Il n'était pas là pour Ethan, dit-elle. Et tu m'as promis que c'était terminé entre vous.

— C'est son père.

— C'était notre cousin et il n'était pas là, répète-t-elle. Pourquoi est-ce que tu cours encore vers lui ?

Grace se tient devant la porte d'entrée, les mains sur les hanches et la poitrine se soulevant à mesure qu'elle essaye de reprendre une respiration normale.

— Laisse-moi passer, rétorqué-je.

— Lior…

J'avance pour lui faire face, lui faisant comprendre qu'elle ne me retiendra pas. Elle soupire, désapprouvant, mais se décale sur le côté pour me laisser sortir de la maison.

Je suis dehors, la pluie s'écrase sur mon bonnet et mes épaules, alors j'accélère mes foulées et hèle un taxi dans la rue.

La voiture s'arrête et je donne l'adresse de Daël au chauffeur. Avant, je prenais plus de précautions que ça. J'évitais de prendre un taxi dans Mayfair, parce que les conducteurs nous connaissent un peu au fil du temps et il ne faudrait pas qu'il y en ait un qui ait l'idée de raconter que je suis parti à Kensington. Mais, là, je m'en fous. Qu'est-ce que je risque, de toute façon ? Le monde entier est au courant, désormais.

Le taxi démarre. Le trajet est rapide, il suffit de contourner Hyde Park. Je paye le chauffeur et m'extirpe du véhicule, courant jusqu'au hall de l'immeuble de Hamilton. Là non plus, je ne fais plus attention. Est-ce que ses cousins sont dans le coin, par exemple ? Ça pourrait être le cas, vu que je suis persuadé que tout le clan doit être à sa recherche, connaissant son penchant pour l'alcool. Peu importe, on s'est trop cachés. On s'est cachés et ça ne nous a jamais aidés.

Le gardien m'interpelle dès qu'il me voit passer les grandes portes en verre. Il me fait un signe de la main et je les rejoins. Daël est avachi sur le sol, il a du vomi sur son T-shirt et au coin de la bouche. Ça a séché. Il pue l'alcool et la gerbe, mais je ne pense pas une seule seconde à être dégoûté.

Au contraire, je me précipite sur lui, alarmé.

— Mais il est inconscient, en fait ! Ce n'est pas moi qu'il fallait appeler mais une ambulance !

— Il n'était pas comme ça tout à l'heure, réplique le gardien, qui profite de mon arrivée pour s'éloigner de Daël. Il vient juste de perdre connaissance.

Un raclement de gorge interrompt notre discussion. C'est Daël qui essaye de parler.

— Non, ça va, murmure-t-il en essayant d'ouvrir les yeux. J'suis pas inconscient.

— Oui, c'est flagrant, commenté-je.

Il fronce les sourcils au son de ma voix.

— Lior ?

Je passe une main sur son front pour retirer les mèches de cheveux qui y collent. Daël est fiévreux.

— Je suis là, je vais te monter à ton appartement, d'accord ?

Il acquiesce, alors que sa tête retombe lourdement contre ma paume.

— Je vais avoir besoin d'aide, déclaré-je au gardien.

— Pour changer, ironise-t-il.

Je ne relève pas, car ce n'est pas le moment de faire de l'humour Je me redresse et l'homme m'aide à hisser Daël sur mon dos. Je coince ses cuisses entre mes bras et mes côtes, le gardien noue ses bras autour de mon cou, puis il appelle l'ascenseur et il reste derrière moi lorsque j'avance jusqu'à la cage d'acier, pour le cas où Daël retomberait en arriere. Mais l'héritier est bien accroché.

— Ça ira, pour la suite ? demande le gardien.

J'ai bien envie de répondre par la négative, car je ne vois pas bien ce qui pourrait aller, maintenant que nous ne sommes plus ensemble, mais je devine qu'il posait simplement la question sur le fait de le porter jusque chez lui, alors je garde mes états d'âme pour moi.

Pour cette partie, je devrais encore pouvoir m'en sortir.

— Allez, on y est presque.

J'entends sa voix. Je sens son odeur et sa peau contre la mienne. Les muscles de ses bras se raidissent pour me maintenir contre son dos. J'aimerais le remercier mille fois d'être là, mille fois d'exister, sauf que je n'arrive pas à parler, à peine à respirer.

J'ai bu toute la journée. C'est ma manière à moi d'oublier. Oublier que mon cousin est mort alors qu'il était un fugitif, oublier que mon père a été débranché. Oublier que je deviens officiellement le P-DG de la boîte.

J'ai laissé ma famille et je suis allé me réfugier dans un bar, toute la sainte journée. J'avais besoin de me remplir pour combler le vide. Ça n'a jamais suffi. Peu importent les litres, la marque, le prix. Peu importe l'ivresse. Ça continuait de sonner creux.

M'échapper est ma plus belle performance. Plus le drame est grand, plus ma fuite est magistrale, et lâche. Comme le soir où Ethan est mort. Je suis parti pour ne pas voir la douleur dans les yeux de Lior.

Pourtant, il est là, en train de m'aider. Je repense à ce que je lui ai dit, une fois, sur le pont : « Je te mériterai pour deux. » Quelle connerie. Je ne le mérite même pas pour moi tout seul. Je ne mérite personne. Et dire qu'à partir d'aujourd'hui on me met des milliers de dollars entre les mains, des milliers d'emplois, des milliers de vies. Ça va être un carnage.

— Daël, fais un dernier effort, on est presque à l'appartement.

Je ne sais pas de quoi il parle. Quels efforts ? Comment est-ce que je pourrais l'aider ? Je n'ai même pas conscience de mon propre corps.

Lior reprend, en sortant de l'ascenseur :

— Tu es en train de t'avachir sur moi, je vais m'écrouler dans deux secondes.

— Dé-…

Un hoquet bruyant me secoue.

— … -solé, terminé-je.

— Fort charmant, ironise Rosenbach. Où sont tes clés ?

— Descends-moi… avant.

— Je t'ai déjà reposé.

Choc brutal lorsque je réalise que j'ai bien les pieds au sol, le dos calé contre le mur. Putain, à quel moment c'est arrivé, au juste ?

— Poche, dis-je.

Lior glisse sa main à l'intérieur. Rien que son contact à travers le jean me fait frissonner, mais il s'empare rapidement de la clé, feignant de ne rien ressentir bien que j'aie vu son corps se raidir. Il s'éloigne de moi pour ouvrir la porte de l'appartement. J'essaye de le suivre, mais je trébuche.

La chute est tellement rapide que j'ai juste le temps de m'écrouler piteusement dans son dos.

— Doucement ! s'exclame-t-il en me rattrapant.

— J'ai perdu… l'équilibre.

— Ouais, avec ta dignité. Il faudrait penser à les retrouver, un de ces jours.

Ça fait mal, mais je l'ai mérité, donc je ne dis rien. Rosenbach attrape mon bras et le fait glisser le long de ses épaules pour que je m'appuie sur lui. Nous avançons lentement ; le silence qui nous entoure traduit la culpabilité qui nous accable. Pour lui, celle de me venir en aide. Pour moi, de la lui demander.

— Ta famille sait ? me demande-t-il.

— Sait quoi ?

— Que tu es bourré, en train de les fuir, parce que tu n'as pas les couilles de les voir souffrir du décès de ton père.

Deuxième coup, plus violent. En même temps, à quoi je pouvais m'attendre ? C'est déjà bien qu'il soit venu me chercher. D'ailleurs, non, ce n'est pas bien. Il ne devrait pas être ici. Il n'a rien à faire ici.

Nous ne devions plus exister l'un pour l'autre.

— Rentre chez… toi, parviens-je à balbutier alors que je recule, tanguant dangereusement sur le côté.

— Ferme ta gueule, Hamilton.

Lior me récupère en passant son bras autour de ma taille et essaye de nous faire avancer jusqu'à ma chambre. Je ne mérite pas tout ça. Cette attention de sa part. L'attention de tout le monde. De mes cousins, qui m'appellent sans cesse depuis ce matin pour savoir comment je vais, alors que je les ai abandonnés. Eux. Mes sœurs. Ma mère. Ma famille, que je prétends aimer.

Je ne sonne même pas creux, en fait. Je sonne faux. Complètement faux. Je ne suis pas chef de clan. Je suis chef de rien, et surtout pas d'un clan. Un clan, c'est solide, ça aide à tenir debout. La seule chose qui nous tenait, nous, c'était la vengeance. Maintenant qu'on n'a plus ça, qu'on n'arrive plus à le justifier, on s'effondre. Je m'effondre. Littéralement, d'ailleurs. Je n'arrive plus à avancer et mes jambes me lâchent. Je tombe dans le couloir, Rosenbach étant incapable de rattraper mes soixante-dix kilos de lâcheté.

— Merde, ça va ? fait-il, ce con, en se baissant vers moi. Désolé, j'ai été surpris, je t'ai lâché.

— Pars.

— Ton père est mort. Je ne te laisserai pas.

— Ton cousin est mort, rétorqué-je en le repoussant, mais le geste est vain, vu mon état. Et moi je n'ai pas fait tout ça pour toi. D'ailleurs, tu me détestes de ne pas l'avoir fait, tu me l'as dit. Pourquoi est-ce que tu es encore là ?

— Parce que, la vie, c'est plus qu'un calcul, Daël, répond-il en s'asseyant en face de moi, à même le sol, car il a bien compris que je ne serai pas capable de me relever. La vie ne se résume pas à une équation, genre « un égale un ». Le donnant-donnant, ça ne marche pas, avec les sentiments.

— Mais…, bafouillé-je. Mais j'aurais dû… J'aurais…

— Oui, tu aurais dû, approuve-t-il. Tu aurais dû venir me relever comme j'essaye de te relever maintenant.

— Je suis tellement, tellement, tellement désolé.

Les larmes me brouillent la vue. Je lâche tout. Ma peine, ma peur, ma colère, ma honte. Je suis fatigué de tout ça et de lui, surtout. Fatigué de ses yeux verts, de son sourire, de ses cheveux stupidement bouclés. Fatigué de tout l'amour que je lui porte et que je n'arrive pas à lui prouver. Ça me tue, petit à petit, cet amour que je ne sais pas exprimer.

— Moi aussi, je suis tombé, reprend-il. Et tu es venu me relever, à l'époque.

— Parce que j'avais promis de venir te chercher.

— Donc c'est à mon tour, maintenant, murmure-t-il. De venir te chercher.

Lior me tend la main, comme s'il me demandait d'accepter son aide, ce qui me rend encore plus malade. Sauf que je l'aime trop pour refuser, je l'aime trop pour faire semblant de ne pas avoir besoin de lui plus que tout au monde.

Je glisse mes doigts dans les siens et il me relève. Doucement, nous nous dirigeons vers la salle de bains. Je laisse mes larmes couler le long de mes joues. Je laisse ce que je suis à l'intérieur paraître à l'extérieur : un mec paumé qui vient de perdre son père, un lâche qui ne sait plus quoi faire de sa vie, un alcoolique en manque d'amour. Je n'ai plus besoin de me cacher, devant lui. Ça fait du bien de se laisser aller, complètement aller. Je le laisse me déshabiller. Mes vêtements sont tachés de vomi, mais il n'a pas l'air dégoûté. Il est juste attentionné et timide. Je le regarde rougir à travers mes larmes lorsqu'il enlève mon boxer avec pudeur. Je suis nu devant lui comme je le suis depuis le début. Nu. Il est le seul à m'avoir vraiment vu ainsi. Je souris, parce que je l'aime aussi pour m'avoir confronté à ma propre image.

— Viens, souffle-t-il en me prenant la main. Il faut qu'on te nettoie un peu.

Là aussi, je me laisse faire. Il retire ses vêtements pour entrer dans la douche avec moi, puis passe le jet d'eau sur mon corps. Il fait couler du savon sur ses mains et vient les glisser le long de ma peau. Je pleure encore, parce que je n'aurais jamais imaginé une seconde qu'il me touche à nouveau, et c'est beaucoup trop bon pour ne pas le vouloir indéfiniment. On reste une dizaine de minutes ainsi. Lui, à me laver, et moi, à chialer comme un con. Puis il sort de la cabine pour attraper une serviette en coton. Il m'enroule à l'intérieur, frictionnant par la même occasion mes cheveux et mon corps.

Lior se sèche rapidement à son tour et renfile son caleçon et son T-shirt, avant d'ajouter :

— Je vais te prendre des vêtements propres, ne bouge pas.

J'acquiesce, tandis qu'il se dirige vers ma chambre. J'ai envie de lui crier que je l'aime, mais les mots restent coincés dans ma gorge. Il revient avec un short de sport. Il me le donne et je l'enfile sans même qu'un « merci » ne parvienne à sortir de mes lèvres. À la place, je me remets à pleurer.

— Je sais ce que ça fait, dit Lior. De perdre quelqu'un. Et je ne te dirai pas que ça va aller, parce que ça ne sera pas le cas.

— C'est… mon père.

Le rappel, brutalement. Le souvenir de sa mort, que ma mère m'a annoncée ce matin.

— Je ne le détestais pas.

— Je sais.

— Je ne le détestais pas.

Là, je crois qu'il comprend, parce qu'il me prend dans ses bras et qu'il murmure à mon oreille :

— Lui aussi, il le sait.

Mes sanglots repartent de plus belle et je me laisse aller dans ses bras, dans la chaleur de son corps et la fermeté de son étreinte. Je dépose mes lèvres dans son cou. J'en avais besoin, mais je le sens se raidir. Il s'éloigne, gardant juste sa main dans la mienne pour m'emmener jusqu'à ma chambre.

— Va dormir.

— Ne pars pas, supplié-je.

— Va dormir, répète-t-il.

Je m'allonge sur mon lit, ne le quittant pas du regard.

— Reste, insisté-je.

— Tu n'as pas le droit de me demander de rester.

— Je sais.

— Pourquoi le fais-tu ? me demande-t-il.

On sourit, parce qu'on l'a déjà eue, cette conversation. Le soir où il était en manque et que je me suis infiltré dans la maison des Rosenbach pour le retrouver.

Alors, avec ses propres mots, je lui réponds :

— Parce que j'ai envie que tu restes.

Ses yeux bleus. Sa voix. L'odeur de sa peau. Tout me donne envie de ne plus jamais le quitter, de ne plus avoir à arrêter de l'aimer.

Je suis près de la porte. J'ai le choix, maintenant, tourner les talons ou m'allonger avec lui. J'ai le choix et l'impression de trahir l'un des deux camps : lui ou ma famille. Lui ou Ethan, Grace, Edward, Ian, Lili. Lui ou eux. La question à laquelle je n'ai jamais voulu répondre.

Daël continue de me fixer de ses yeux remplis de larmes. Il ne dit plus rien, son regard parle à sa place. Je glisse la main le long de l'encadrement de la porte. Je ne sais plus ce que je dois suivre. Mon cœur ou ma raison. Je tremble d'indécision et de peur. Je tremble de ne jamais savoir, de m'embarquer dans l'inconnu à chaque fois que nos regards se croisent. Ma main tâtonne le mur. Mes doigts trouvent l'interrupteur. Avec hésitation, ils pressent le bouton. La lumière s'éteint, la pièce se retrouve plongée dans l'obscurité.

Le choix, je l'ai fait à l'instant où j'ai rejoint son appartement, alors je me donne le droit d'y toucher encore un peu, à l'interdit. Je m'avance de deux, trois pas. Quatre. Cinq. Je suis au bord du lit, je reste debout. L'ambiance est lourde, presque angoissante. On n'a aucune idée de ce qui va se passer.

Daël ne m'a pas quitté des yeux un seul instant, même à travers ses larmes, qui coulent encore le long de ses joues.

— Il est parti pour toujours, murmure-t-il.

— Quand aura lieu l'enterrement ?

— Dans trois jours.

— Est-ce que tu veux que je vienne ?

L'héritier semble surpris par ma question. Pourtant, il finit par me répondre avec un demi-sourire :

— Oui, j'aimerais bien.

— D'accord. Je serai là.

Il me sourit vraiment, cette fois. Puisque ce soir est une parenthèse, on a le droit de croire que c'est possible, après tout.

— Tu m'as atrocement manqué, reprend-il, ses yeux commençant à se fermer doucement.

— Toi aussi, soufflé-je.

Je m'allonge au-dessus de lui, m'appuyant sur mes bras pour ne pas l'écraser.

Daël est beau, je veux dire : je l'ai toujours su, mais, là, ce soir, sous cette lumière, entre ses larmes, avec toute cette peine qui ressort enfin, il est plus beau que jamais. Beau et inaccessible. Beau et tellement malheureux.

Alors un soulagement brusque envahit mes entrailles. Je crois que je ne lui en veux plus. Pour la mort d'Ethan. Ce n'est pas sa faute. Ce n'est pas ma faute. Ce n'est pas *notre* faute. En cet instant, dans nos regards, il y a bien trop d'amour pour que ce soit une faute. Je ne regretterai jamais de l'avoir aimé, ni même de l'aimer encore. Je ne regretterai pas tous ces risques, parce qu'ils m'auront permis de le rencontrer, malgré leur morale et leurs interdits, malgré leur guerre des temps modernes.

Je suis toujours au-dessus de lui. On ne se lâche pas du regard. Mon pouce vient essuyer une larme qui roule sur sa joue. Il a perdu son père. Je lis dans ses yeux à quel point ça l'affecte, à quel point il se sent seul et abandonné. J'aimerais avoir la force de remplir ce vide.

Je romps le contact, glissant le long de son corps. Je dépose mes lèvres sur son ventre nu. Sur sa peau fine et encore chaude de la douche. C'était notre geste, celui qu'il faisait pour me réconforter. C'est mon tour, désormais.

Daël frissonne, ses mains se posent instantanément dans mes boucles brunes et j'exerce une pression plus forte, aspirant sa peau doucement avec mes lèvres. L'odeur de son corps m'enivre et je me déplace lentement le long de son torse, caressant et embrassant. Daël gémit, et ça brûle à mon oreille dès que je l'entends faire ce genre de bruits. Il y a une chaleur insoutenable qui s'installe. Un désir bien trop fort pour être contenu. Je passe mes mains sur son torse, continuant mes baisers, mes doigts s'enfonçant dans ses côtes. Il se raidit dans son short, je le sens rien qu'à la façon dont les muscles de son abdomen se contractent sous mes lèvres. Ses mains glissent dans mes cheveux. Il m'incite à descendre, encore et encore. Moi aussi, je suis excité, mais je ne peux pas.

Mes lèvres parcourent de nouveau son torse, je remonte jusqu'à sa poitrine, puis son cou. Ses mains viennent se poser sur mes hanches, de manière à m'aligner sur lui.

— Pas plus que ça, murmuré-je à son oreille, malgré tout le désir que je ressens pour lui.

— Je sais, fait-il dans un soupir, ses mains continuant de glisser dans mes boucles. D'accord.

Nos regards se croisent dans une compréhension mutuelle. Pas ce soir. Pas comme ça. Pas au décès de son père.

— Embrasse-moi, Lior… Juste embrasse-moi.

Je pose ma bouche sur la sienne, après une demi-seconde d'hésitation. Il aspire mes lèvres immédiatement. Nos langues se retrouvent, entament cette valse qu'elles connaissent par cœur. La douceur de ses lèvres contraste avec la fermeté avec laquelle il tient ma nuque, pour me maintenir contre lui, comme s'il avait peur que je change d'avis.

On s'embrasse comme ça, dans les bras l'un de l'autre, presque toute la nuit. Je crois qu'aucun de nous deux ne veut s'arrêter. Aucun de nous deux ne veut se réveiller. Mais, alors que je lâche les lèvres de Daël pour plonger mon visage dans son cou, pour sentir son odeur et m'endormir dans l'étreinte de ses bras, je l'entends murmurer à mon oreille :

— Je ne te comprends toujours pas.

— Comprendre quoi ?

Daël reste silencieux. Une seconde, deux, puis trois.

— Pourquoi tu es resté.

— Parce que je t'aime toujours, abruti.

— Pour ça non plus, je ne te comprends pas.

Il le dit avec tellement de sincérité que je ne trouve rien à lui répondre. À la place, je ferme les yeux pour faire comme si je n'avais pas mal.

On s'endort ainsi.

Parenthèse refermée.

Extra deux

Lili Rosenbach

Il y a le prénom de mon cousin gravé sur une pierre tombale, juste sous mes yeux. Parfois, je repense à ce qu'était ma vie avant qu'elle ne bascule. D'habitude, les gens ne se sentent pas sombrer. Un beau matin, ils se réveillent et se découvrent malheureux, et ils ne savent pas comment c'est arrivé, ni comment arranger cela. Moi, je sais exactement. Je sais le jour, je sais la minute, je sais la seconde.

Je revois la scène comme si j'y étais encore. Noah se jette sur Ethan pour récupérer l'arme qu'il braque sur Fallone, et un coup de feu part dans la bagarre. Mon cousin s'écroule dans l'eau de la fontaine, qui devient rose. Rose du sang qui s'échappe de sa plaie, lui ôtant la vie.

C'était un accident stupide, mais un accident stupide qui a ravagé la mienne, par la même occasion.

— Toi aussi, tu le vois encore ?

Je me retourne vers Lior. Mon cousin a tenu à m'accompagner au cimetière, et il vient certainement de remarquer mon expression alors que je suis perdue dans ces souvenirs atroces.

— Oui, avoué-je.

— Moi aussi, dit-il.

Nous sommes assis dans l'allée du cimetière, Lior triture les brins d'herbe qui poussent entre les tombes. L'endroit est quasiment vide, hormis un couple de personnes âgées devant une sépulture, un garçon solitaire emmitouflé sous un épais sweat à capuche, un enfant avançant dans un chemin de terre, la main dans celle de son père.

Quand on a enterré Ethan, c'était l'été. On entendait les oiseaux, il y avait de jolies fleurs dans les parterres, et les rayons du soleil faisaient briller la pierre polie de sa tombe. L'hiver est passé par là, le ciel est gris, l'air, froid, et les arbres n'ont plus que leurs branches nues, semblant décharnés à l'horizon.

Cette fois, le temps reflète la réalité. Sans Ethan, le monde est un peu plus triste et un peu plus sombre.

— Je suis désolé, reprend Lior. Pour la drogue.

On n'en avait encore jamais reparlé, ni de lui me trouvant inconsciente sur le sol de ma chambre, ni de moi me réveillant le lendemain et apprenant qu'il est en soins intensifs. Je crois qu'on a assez conscience d'avoir tous les deux bien déconné, et aucun de nous ne pourrait le reprocher à l'autre, alors…

— J'aurais dû m'en débarrasser il y a longtemps.

— Je vais retourner à la clinique, lâche mon cousin.

Je jette un œil dans sa direction, observant son profil. Ses cheveux bouclés, en désordre, ses yeux verts, recouverts de cils fins et clairs, sa bouche rose, ses lèvres épaisses. Il a l'air calme, serein, ce qui m'étonne, vu ce qu'il vient tout juste de me dire.

— Tes parents, murmuré-je. Ils t'obligent à y retourner ?

— Non.

Je fronce les sourcils, surprise, alors que Lior poursuit :

— Ça vient de moi.

— Vraiment ?

— Je dois me soigner, m'assure-t-il. Il est temps que je me reprenne en mains.

— Tu as repris de la coke, depuis que tu es tombé du pont ? osé-je demander.

Ses lèvres se pincent, silencieusement, douloureusement, puis il dit :

— Je ne suis pas tombé.

Je crois que je le savais, dans le fond. C'est seulement la première fois qu'il en parle.

— C'est pour ça que je dois me soigner, reprend-il, la gorge nouée. Dans ma tête.

— Est-ce qu'on soigne aussi les cœurs brisés, là-bas ?

Lior esquisse un sourire, me faisant un signe négatif de la tête. Non, évidemment, pour ça, il n'y a pas de remède. Juste le temps. Il faut le laisser cicatriser la plaie. Même si c'est long et douloureux.

— Quand est-ce que tu repars ? relancé-je.

— Demain matin.

— C'est rapide, dis-je, surprise.

Il hausse les épaules, l'air de dire que ça aurait dû arriver plus tôt, au contraire. En tout cas, je le trouve drôlement courageux. Je sais à quel point il avait peur de partir là-bas, d'être séparé de notre famille et de…

— Et Daël ? ajouté-je. Il est au courant ?

— Non.

— Tu vas lui dire que tu pars ?

— Non.

Lior arrache une touffe d'herbe plus violemment. Je ne sais pas si je dois creuser la question. Il était avec lui, cette nuit. Mon cousin n'est rentré qu'au petit matin, les yeux éclatés de fatigue, et Grace faisait la gueule au petit déjeuner. Le lien n'a pas été difficile à faire.

— Son père est mort, reprend-il.

— J'ai entendu ça, oui.

— Je suis allé le voir.

Je pose ma main sur la sienne pour qu'il arrête de détruire tout ce qui pousse autour de la tombe d'Ethan. Lior lève le regard vers moi.

Il a l'air soucieux.

— Qu'est-ce qu'il s'est passé ? demandé-je, intriguée.

— Je lui ai dit que je l'aimais toujours.

— Et ce n'était pas vrai ?

— Si, ça l'était.

— Alors pourquoi est-ce que tu pars sans lui dire ?

Mon cousin soupire, abandonnant les brins d'herbe qui lui collent entre les doigts.

— Qu'est-ce que ça changerait ? demande-t-il. Nous deux, c'est terminé. On a beau lutter, on en revient toujours au même point. Nous ne sommes pas compatibles, pas dans ce monde-là. Cette nuit, j'étais là pour lui, parce que lui aussi a su être là pour moi quand j'en avais besoin. Et ça restera la plus belle histoire de ma vie, c'est juste qu'elle est… finie. Je dois l'accepter, et lui aussi.

Lior se redresse, époussetant son jean plein de terre.

— Je vais à la maison préparer ma valise, est-ce que tu rentres avec moi ?

— Je préfère rester encore un peu.

— D'accord.

Lior se penche vers moi et m'embrasse sur le front, puis il s'éloigne, les mains dans les poches de son slim. J'observe ses jambes élancées le mener le long des allées sinueuses du cimetière.

Je me retourne vers la tombe d'Ethan. Je glisse mes mains dans mon manteau et récupère le bout de papier de Noah.

Je le relis sans cesse, je connais les mots par cœur, comme s'ils étaient gravés sur ma rétine.

Ne les laisse pas te couper les ailes, mon ange.

C'est ce que j'essaye de faire, de remonter la pente, mais sans Ethan, sans lui, sans Lior, qui va quitter Londres… Merde, comment est-ce que je suis censée voler, avec ce poids sur mes épaules ? J'ai plutôt l'impression d'être terrassée. C'est Noah qui s'est envolé. Et il s'est envolé tout seul.

Je replie mon bout de papier, l'enfonce dans ma poche et me relève subitement. Je m'essuie les yeux, appuyant fort, d'un geste presque rageur et incontrôlé, juste pour m'empêcher de pleurer encore une fois.

Je rebrousse chemin, percutant dans l'allée le garçon solitaire au sweat. Sa capuche glisse de son visage dans la collision, mais je poursuis ma route sans m'excuser.

Il m'attrape aussitôt le poignet et une voix…

— Lili ?

Je m'arrête dans mon élan, tétanisée. Je n'ose pas me retourner. Suis-je devenue complètement folle, pour entendre la voix d'un fantôme ?

— Regarde-moi.

— Tu es mort, dis-je comme pour me le rappeler.

Je dégage mon bras brusquement et pars à toute allure entre les allées du cimetière, affolée.

— Lili !

Sa voix résonne encore dans mon dos, je trébuche sur une racine et m'écroule. Ou ce sont peut-être simplement mes jambes qui m'ont lâchée. Parce que… Qu'est-ce que c'est que ce bordel ?!

Le garçon à la capuche accourt vers moi, et chacun de ses pas qui tapent contre le chemin de terre fait pulser violemment mon cœur. C'est impossible.

Il se penche vers moi, puis sa main se pose délicatement sur mon épaule, avant que sa voix ne me parvienne.

— Tu vas bien ?

— Tu ne peux pas être réel.

— Pourtant, je le suis.

Je relève aussitôt les yeux vers lui. Vers Noah. Tout s'arrête autour de moi. Il est… là ? Le visage amaigri, le regard éteint, des cernes sous les yeux, ses cheveux noir de jais écrasés sur sa tête, aplatis par sa capuche, mais là quand même.

— Tu es… en vie ? soufflé-je.

Il hoche la tête, et je ne sais même plus comment on respire.

— Je devais te voir avant de me rendre à la police, explique-t-il. Je devais te dire que j'étais désolé et que je n'ai jamais voulu faire du mal à Ethan, tu dois me croire, Lili… Je suis fou de toi et je n'aurais jamais fait ça intentionnellement.

— Pourquoi ? balbutié-je, encore sous le choc. Pourquoi ont-ils dit que tu étais mort ?

— Je ne sais pas, avoue-t-il. J'étais déjà en chemin pour revenir en Angleterre lorsque j'ai appris qu'on m'avait déclaré mort. J'ai perdu mes affaires dans un entrepôt qui a pris feu, un endroit où je dormais avec d'autres personnes sans abri. Il a dû y avoir une confusion et je…

Ses autres mots sont étouffés dans mon étreinte. Noah tombe en arrière : je viens de m'échouer contre lui avec une force dont je ne me croyais pas capable.

Sûrement mes ailes qui ont repoussé.

Chapitre 9

Grace

J'avance sur un terrain vague en relisant le SMS de Lili. Ma cousine me dit que c'est urgent, de simples mots pas plus explicites, accompagnés d'une carte avec un point de rendez-vous, ici même. Je regarde tout autour de moi. Il n'y a personne, j'aperçois seulement un entrepôt désaffecté à quelques mètres de là. La nuit est déjà tombée, minuit approche.

Je ne suis pas peureuse, mais mon rythme cardiaque commence à s'accélérer un peu. Un lieu de rencontre dans un coin isolé de la capitale, en plein milieu de la nuit, ça sent le guet-apens.

Est-ce que ce seraient les Hamilton, derrière le message de ma cousine ? Ils l'ont bien fait pour Ethan. Sauf que, cette fois, je ne vois pas bien ce qu'ils auraient à nous reprocher.

— Lili ?

C'est ridicule, ma voix est si basse que je me suis à peine entendue moi-même.

Je continue d'avancer vers l'entrepôt désaffecté. Je suppose que ma cousine m'attend là-bas. À mesure que mes yeux s'habituent à l'obscurité, je commence à percevoir une ombre. Une personne adossée contre le mur décrépit de l'entreprise abandonnée.

— Lili ? appelé-je, un peu plus fermement.

Mes baskets foulent l'herbe sauvage du terrain. Je suis contente de les avoir enfilées avant de venir ici, au cas où les choses tourneraient mal. J'aurais peut-être dû informer quelqu'un de l'endroit où j'allais.

Stupide Grace qui s'entête à jouer à l'héroïne solitaire.

L'ombre se redresse, la personne m'aperçoit et je m'arrête aussitôt, tendue. Ce n'est pas Lili, parce que ce n'est pas une silhouette féminine.

Je m'apprête à partir en courant, lorsque j'entends mon prénom :

— Grace ?

Putain. Cette voix.

— Hamilton ?

L'ombre approche et le visage de Daël m'apparaît plus nettement. Est-ce que c'est une blague ?

— Qu'est-ce que tu fiches ici, toi ? craché-je lorsqu'il se plante devant moi.

— J'ai reçu un message de ta cousine.

Ah oui ? Lui aussi ? Qu'est-ce qu'elle trame encore, celle-là ?

— Où est-elle ?

— Aucune idée, dit-il en haussant les épaules. Je l'attends aussi. Je pensais que c'était elle qui arrivait.

— Je vais l'appeler.

J'ai déjà essayé et ça ne répondait pas, mais je me dis que ça m'empêchera d'avoir à faire la conversation avec Hamilton. Je m'éloigne de quelques pas, mon portable à l'oreille. Les sonneries retentissent dans le vide, à nouveau, et je tombe sur le répondeur de Lili.

Je soupire, range mon portable dans la poche arrière de mon jean et revient vers Daël. Je lui fais un signe négatif de la tête.

— Bon sang, s'énerve-t-il. J'enterre mon père demain, je n'ai pas que ça à faire, de poireauter au milieu de nulle part sans raison.

— Moi aussi, j'ai autre chose à faire, rétorqué-je. C'est la dernière soirée de mon frère.

Daël se tourne immédiatement vers moi :

— Pourquoi « dernière » ?

Je ne réponds pas, lançant un coup d'œil autour de nous. Lili doit bien être quelque part, elle ne nous aurait pas fait venir pour rien.

— Grace, insiste-t-il. Où est-ce qu'il va ?

— Il part.

Les yeux de Daël se voilent.

— Quoi ? Où ça ?

— À la clinique. Il y retourne.

— Pourquoi ? balbutie-t-il.

— C'est son choix.

Après tout, ce n'est pas à moi de m'épancher sur le sujet.

— Quand ? gronde-t-il. Il part quand ?

— Demain matin.

La nouvelle semble rester coincée en travers de sa gorge. Il me regarde, perdu.

— Pourquoi ne me l'a-t-il pas dit ? interroge-t-il.

Je hausse les épaules.

— Pourquoi, toi, tu me le dis ?

Je pourrais continuer de faire semblant d'avoir fait une gaffe et de n'avoir pas voulu délibérément lui donner l'information, mais ça serait faux.

— Je sais mieux que personne à quel point c'est important de pouvoir dire au revoir, murmuré-je.

Daël comprend et fait immédiatement demi-tour, repartant à toute allure vers le parking. Je le regarde disparaître et réalise que, moi, je suis toujours plantée au milieu de ce terrain vague sans en connaître la raison.

Je m'apprête à rebrousser chemin à mon tour, lassée par la devinette de Lili, lorsque mon portable vibre à nouveau. J'observe l'écran, c'est un message de ma cousine. Elle me dit d'avancer jusqu'à l'entrepôt et qu'elle m'y attend.

Je soupire et m'y rends.

Je pénètre dans le bâtiment, par l'une des portes coulissantes qui est légèrement entrouverte. C'est sombre à l'intérieur et la poussière se soulève à chacun de mes pas.

— Lili ? appelé-je encore. Tu m'expliques ce bordel ?

Un bruit dans mon dos. Je sursaute et fais volte-face brusquement. Ouf, c'est bien Lili qui se tient devant moi. Je reconnais ma cousine, emmitouflée dans un large sweat qui n'est pas à elle, vu la taille.

— Tu vas bien ? demandé-je aussitôt.

— Où est Daël ? rétorque-t-elle.

— Il est reparti.

— Quoi ? Où ça ?

— Courir après Lior ou faire un truc héroïque comme ça. Pourquoi l'as-tu appelé aussi ?

— Parce que j'ai besoin de vous deux.

— Non, réfuté-je. Il n'y a absolument aucune situation que je ne pourrais pas gérer sans lui.

Lili soupire, se retournant pour faire un signe de tête. Je remarque alors une deuxième ombre, plus en retrait. Merde, on n'est pas seules ? Je me crispe alors que la personne avance vers nous deux d'un pas hésitant, presque craintif.

Puis Noah Hamilton sort de l'ombre.

— Putain de bordel.

Daël Hamilton

Je ne sais pas ce qu'il me prend, mais, aux mots de Grace, je me mets à courir. Je retourne à ma voiture, que j'ai garée aux abords de ce terrain vague. Peu importe, pour le message de Lili. Grace saura s'occuper de ça mieux que moi, c'est sa famille, après tout.

Je saute dans ma bagnole, direction Mayfair. Je ne réfléchis pas à la situation, au danger ou à l'irrespect que signifie ma présence dans le quartier, je roule sans m'arrêter.

Lorsque j'arrive dans sa rue et que j'abandonne ma Lamborghini sur la chaussée, je réalise l'heure qu'il est. Tard, trop tard certainement pour venir frapper à la porte des Rosenbach. Sauf qu'il part demain matin, il ne me laisse pas le choix.

Je me plante devant leur maison ; une large porte en bois me fait face, imposante, comme tout ce qui vient de chez eux. Je frappe trois coups secs contre le battant. Il est minuit passé, et peu importe. Il ne partira pas sans un adieu.

Il ne partira pas… tout court ?

Je m'apprête à frapper encore, mais le visage de Jensen Rosenbach apparaît devant moi. Il est en pyjama, en train d'enfiler une robe de chambre bleu marine, nouant la ceinture à sa taille. Lorsque ses yeux remplis de vieillesse se posent sur moi, il a un mouvement de recul. J'avoue que je n'avais pas envisagé cette possibilité.

— Qu'est-ce que tu viens faire ici ? gronde-t-il, l'air bien plus réveillé qu'il y a quelques secondes.

Trop tard pour faire marche arrière, cependant.

— Je veux parler à Lior.

— Je ne te laisserai jamais entrer dans cette maison, Daël Hamilton.

— S'il vous plaît.

— Ian vit ici, rétorque Jensen. Tu ne rentreras pas, par respect pour lui.

Ne fuis pas, Daël. Ne recule pas. Arrête d'avoir peur, putain, arrête d'avoir peur de l'aimer.

— Je suis amoureux de votre fils.

Je vois sa mâchoire se crisper, mais il n'a pas l'air très surpris. J'imagine que Grace a dû les tenir au courant de toute l'histoire. C'est peut-être pour ça qu'ils l'ont convaincu de quitter la capitale, pour qu'il parte très loin de moi.

— Je veux le voir avant qu'il s'en aille, insisté-je.

— Pourquoi ? demande-t-il. Pour qu'il se retrouve de nouveau avec toi à l'autre bout de l'Europe ? Et vous irez où, cette fois ? En Andalousie ? Lior a enfin compris qu'il devait arrêter de fuir. Dégage de cette maison.

— Pourquoi le laissez-vous me fuir, moi, alors ?

Son père soupire. Je pense qu'il avait prévu autre chose pour cette nuit que de débattre avec moi.

— Pars d'ici, souffle-t-il. Il est tard. Nous avons besoin de dormir.

— J'ai besoin de le voir.

— Mon fils est déjà couché.

Il ment, je le vois dans ses yeux.

— Je resterai là toute la nuit s'il le faut, lui annoncé-je. Je serai là demain matin dès que vous quitterez cette maison.

— Pars, répète-t-il, à bout d'arguments.

Jensen Rosenbach s'apprête à refermer la porte et je l'arrête en calant mon pied dans l'entrebâillement.

— Je suis comme mon père, vous savez que je ne lâcherai rien avant d'avoir eu ce que je veux.

— Tu n'auras pas mon fils.

— Je veux juste lui parler. Une dernière fois. S'il vous plaît...

Je la vois, dans son regard, la lueur d'hésitation. Le moment où il comprend qu'il serait peut-être temps qu'on arrête nos conneries, parce qu'on souffre tous autant les uns que les autres.

Il se mord la lèvre et ouvre la porte.

Lior Rosenbach

Le générique du film apparaît sur l'écran et je me retourne vers mes cousins. Ian est déjà à moitié endormi, le visage calé dans le creux de sa paume, et Edward essuie discrètement les larmes sous ses yeux. On vient de regarder une comédie, alors je sais que ce n'est pas cette histoire qui l'a mis dans cet état. C'est l'autre, la réelle, celle qui ne nous échappe jamais vraiment.

Je ne dis rien, me relevant pour allumer la lumière de sa chambre.

— Je suis naze, lâche Ian.

— On sait, tu as ronflé pendant tout le film, rétorque Edward.

— Je ne ronfle jamais.

On pouffe de rire, mon cousin et moi, parce que, clairement, c'est faux.

— Elles abusent, les filles, enchaîne Ian pour changer de conversation. Elles auraient pu faire un effort pour qu'on puisse passer notre dernière soirée tous ensemble, comme avant.

Je tique sur « dernière ». Je n'aime pas ce genre de mots, il porte en lui trop d'importance, trop de pression aussi. Et puis ça fait bien longtemps que ce n'est plus « comme avant ». Ce n'était déjà plus « comme avant » dès la mort d'Ethan. Et, ça, personne ne l'avait prévu.

« Dernier » est un mot qu'on ne prévoit jamais.

— D'ailleurs, où est Lili ? demandé-je. Je ne l'ai pas vue revenir du cimetière.

— Je ne sais pas, répond son frère. Peut-être qu'elle est allée chez Jade.

— Et Grace ?

— Ta sœur a dû partir en urgence, dit Edward. Mais je suis sûr qu'elle aurait aimé être là ce soir. Ça devait être vraiment important.

Je ne suis pas certain des priorités de Grace, mais je fais un signe négatif de la tête, leur assurant :

— Ce n'est pas si grave. Des soirées, on en fera d'autres lorsque je sortirai de là-bas.

Personne ne me répond.

— Bref, ajouté-je en me levant. Je dois aller finir ma valise.

— Bonne nuit, mec ! lance Ian.

Je sors de la chambre d'Edward, me dirigeant vers la mienne. Ma valise est au milieu de la pièce. J'ai menti. Elle est finie et pliée depuis longtemps. Il y a juste tout le reste qui n'est pas plié, tout ce que je quitte, tout ce que j'abandonne. Je m'affale sur mon lit et, après avoir récupéré mon portable sur ma table de chevet, j'observe l'écran d'un air absent. Est-ce que je devrais l'appeler ? Est-ce que je devrais le voir ? Est-ce que ce n'est pas trop tard ?

La dernière fois qu'on s'est vus, on était enlacés, dans son lit, nos lèvres collées comme des aimants. Puis je suis parti, au petit matin, quand il dormait encore. J'ai embrassé son front et j'ai décidé de quitter sa vie, pour de bon. C'était plus facile de le faire après lui avoir pardonné.

Je lance ma chanson et ferme les yeux. Les premières notes me font frissonner, exactement comme avant. Ça me rend triste, un peu. Que tout ce que je ressens lorsque j'entends ces mots n'ait pas changé. Ça résonne encore. Si seulement nos familles avaient réussi à échanger leurs places, juste pour se comprendre, rien qu'une fois.

Je me sens sombrer doucement dans le sommeil lorsque deux coups résonnent contre ma porte. Je me réveille, en sursaut.

— Oui ?

Le battant s'ouvre et j'aperçois la tête de mon père dans l'encadrement. Étonnant, à cette heure de la nuit.

— Ça va ? demandé-je, inquiet.

— Je suis désolé de te réveiller.

— Je ne dormais pas.

Mon père entre dans la chambre, et je trouve ça encore plus étrange de sa part.

— Papa, qu'est-ce qu'il y a ?

— Daël Hamilton est en bas.

J'ai besoin de quelques secondes pour enregistrer l'information.

Daël ? Daël. Daël !

— Quoi ?

— Il veut te parler.

Je n'attends pas la suite et saute de mon lit pour me ruer dans les escaliers. C'est une blague ? Sérieusement, il n'est pas venu jusqu'ici ?

Je m'arrête, hébété, au milieu de la cuisine. Mon cœur rate un battement quand mon regard tombe sur Daël, assis à la table avec ma mère.

Ce n'est pas une blague.

J'entends mon père arriver dans mon dos, il me contourne et s'installe à son tour à la table. Solennel.

— Je crois qu'il est temps qu'on parle, reprend-il. Tous ensemble.

Je suis incapable de bouger. J'ai tout avoué à mes parents en sortant de l'hôpital. Ma relation avec Daël, bien sûr, et puis tout le reste. La drogue, Neil, Noah et Lili à l'anniversaire de ses seize ans, les brûlures de cigarette dans la ruelle, ma fuite à Brighton en plein milieu de la nuit, la soirée au KOKO, mon départ à Barcelone, la mort d'Ethan, et Daël, Daël, Daël. Ils m'ont écouté, sans rien dire. Leur silence a été encore plus cruel que ce que j'aurais pu imaginer.

Donc, oui, je suis tétanisé de savoir qu'ils veulent en parler... devant lui.

— Je sais que tu pars, Lior.

La voix de Daël me sort de mon état de stupeur et j'ose enfin le regarder dans les yeux. J'ignore comment il l'a su, mais je ne crois pas que ça soit réellement important.

— Je suis désolé, murmuré-je. Je ne savais pas comment te le dire.

— Viens t'asseoir, nous interrompt ma mère. Il est temps qu'on discute de tout ça sérieusement.

En silence, je m'installe juste en face de Daël. Je glisse mes jambes sous la table et je sens les siennes me toucher presque immédiatement, comme pour me rappeler que je ne suis pas tout seul dans cette histoire. Je camoufle un sourire alors qu'une bouffée de chaleur me tord le ventre délicieusement.

— Donc, reprend mon père. Lior part demain matin pour la clinique.

Il se tourne vers moi et ajoute à mon intention :

— Je pense que tu as pris la bonne décision et qu'il serait regrettable de revenir en arrière.

— Je sais, dis-je.

— Mais peut-être que..., commence Daël.

— Non, le coupe froidement mon père. Lior a besoin d'être soigné. La sécurité de mes enfants sera toujours ma priorité.

Ça laisse un blanc, forcément. Ce n'est un secret pour personne qu'il a lamentablement échoué, vu l'état de notre vie. Avec cette guerre à la con et son refus de voir la vérité.

— Je suis désolée, déclare ma mère. Désolée de ne pas avoir su comment arrêter ce conflit entre nos deux familles. Je sais que c'est injuste, mais... Lior, souffle-t-elle, attrapant ma main pour la serrer dans la sienne. Tu sais bien que c'est trop tard. Vous ne pourrez jamais être ensemble.

Les jambes de Daël se resserrent contre les miennes.

— Après tant de malheurs, tant de pertes, le mieux, pour vous deux, ce serait de passer à autre chose, poursuit-elle. Vous ne le croyez pas ?

C'est ce que je croyais aussi, mais, dès que cet abruti réapparaît, rien ne me semble plus important que de retrouver la chaleur de ses bras.

— Je ne sais pas, balbutié-je.

J'évite le regard de Daël, parce que je ne suis pas sûr d'être capable de le supporter.

— Lior, enchaîne Jensen. Tu es jeune. Tu retomberas amoureux.

— On ne dénigre pas ce que tu ressens, chéri, continue ma mère. On sait que c'est douloureux. On a été jeunes, nous aussi. Mais tu as perdu Ethan, tu as perdu tellement de choses. Tu as besoin de te reconstruire, besoin de temps pour toi. Juste toi.

Je ne réponds pas, les poings serrés si fort que mes ongles se plantent dans ma paume. Je ne sais pas quoi penser. Je ne sais même pas quoi leur répondre.

— Je ne l'empêcherai jamais de se reconstruire, finit par dire Daël. Je veux qu'il soit heureux, moi aussi. Et je regrette tout ce que j'ai fait. Je regrette l'accident de Ian, je regrette d'être venu à la soirée d'anniversaire de Lili, je regrette d'avoir empêché Noah de l'aimer, je regrette d'avoir envenimé ce conflit, je regrette la mort d'Ethan, je regrette…

Il s'arrête, l'air de ne pas avoir assez de mots pour toutes ses pensées.

— Je regrette tout, putain… Sauf lui.

Mon père observe Daël, sans rien dire, puis il se retourne vers moi. Du regard, il me demande comment je me suis débrouillé pour me foutre dans une situation pareille. J'aimerais bien savoir lui répondre.

— Daël, dis-je.

Ses yeux bleus viennent me percuter en plein cœur.

— Moi non plus, je ne regrette pas ce qu'on a vécu ensemble, mais… j'ai fait une promesse à mes parents, quand je suis sorti de l'hôpital. Je leur ai promis que je me soignerai. Je leur ai promis qu'ils n'auraient plus à s'inquiéter pour moi. Je ne peux pas… Je ne peux pas rompre cette promesse.

Un blanc vient compléter ma réponse, alors que ma mère reprend soudainement :

— Il est tard et nous avons beaucoup de route à faire demain. Laissons-les dormir.

« Les » ?

Je me retiens de m'étouffer avec ma salive.

— Hors de question qu'il reste ici ! s'écrie mon père immédiatement.

— Chéri, c'est leur dernière nuit ensemble, laissons-les en profiter. Il vaut mieux qu'ils se disent au revoir maintenant, ici, qu'en fuguant encore, comme la dernière fois.

— Promis, on ne fuira pas, ajoute tout de suite Daël, les yeux pétillants.

— Très bien, finit par lâcher mon père. Pour les heures qu'ils vous restent, de toute façon.

Je crois que mon cœur quitte ma cage thoracique, comme si la scène se déroulait sans moi. Ce qui est un peu le cas, d'ailleurs, puisque je suis trop ahuri pour participer.

Ma mère quitte la cuisine pour rejoindre sa chambre, après avoir tendrement passé la main dans mon dos.

Mon père, quant à lui, se retourne vers Daël et déclare :

— Je te donne le droit de rester ici, mais demain matin il part avec nous et tu n'as pas ton mot à dire.

— Oui, monsieur.

— Bien. Bonne nuit.

Il quitte à son tour la cuisine et on se retrouve rien que tous les deux. Daël a un sourire béat aux lèvres.

— C'était plutôt… inattendu, souffle-t-il.

— Toi qui débarques dans ma cuisine en plein milieu de la nuit, ouais, plutôt.

— Ou toi qui décides de partir de Londres sans me le dire.

Le ton a changé, et le sourire, disparu.

— On monte ? dis-je.

L'héritier acquiesce et nous nous dirigeons vers ma chambre en silence. Je referme la porte derrière nous. Il observe la pièce, jusqu'à ce que son regard se pose sur ma valise.

— C'est vraiment ce que tu veux ?

— J'imagine qu'on n'a pas toujours ce qu'on veut.

Il se retourne vers moi, les yeux plantés dans les miens.

— Donc tu le ne veux pas ? insiste-t-il.

— Je voudrais ne pas le vouloir, mais je ne peux pas rester dans cet état, je dois rassurer ma famille, ils doivent…

— Qu'est-ce que tu veux, Lior ?

Toi. Non. Je ne sais pas. Partir ou rester. J'ai la désagréable sensation que ça ne changera rien.

— Je dois aller là-bas.

— Tu le veux ?

— Ne rends pas les choses plus compliquées.

— Excuse-moi de te demander des explications sur un départ dont tu n'as pas jugé bon de m'informer, ironise-t-il.

— On a rompu. Tu l'as voulu en premier. Tu as dit que tu allais dans l'autre direction.

— Maintenant, c'est toi qui y vas.

— Mauvais timing, dis-je, amer.

C'est à peine une blague, c'est un peu le *running gag* de notre histoire. On a abandonné chacun notre tour, puis tenté de se rattraper, mais on n'est jamais parvenus à le faire au même moment.

— Pas cette nuit, ajoute-t-il. Celle-ci, elle nous appartient.

Daël se tait, attendant un geste de ma part. Je respire, les yeux toujours ancrés dans les siens. Qu'est-ce que je veux, bon sang ? Qu'est-ce que *je* veux ?

— Est-ce que tu peux fermer les yeux, s'il te plaît ?

Je m'exécute.

— Écoute ce qu'il y a à l'intérieur de toi, continue Daël.

Une tempête. C'est ce qu'il y a, à l'intérieur. Ce qu'il y a toujours eu. La réaction de deux vents contraires qui se sont rencontrés. Les Hamilton et les Rosenbach. Deux vents qui ne vont pas dans la même direction, alors ils luttent, avec acharnement. Et, dans cette lutte incessante, ils finissent par se mélanger, se mélanger si brutalement qu'ils ne peuvent plus repartir chacun de leur côté. Ils tournent.

Trop fort. Trop vite. Trop haut.

Il y a des vents contraires dans ma tête. Il y a l'amour que je porte à Daël et la haine que je porte à Hamilton. Il y a la façon dont il me rend vivant et ce qu'il a tué à l'intérieur de moi quand Ethan est parti et qu'il a fui avec les autres. Il y a le passé et le futur. Il manque le présent.

Je suis en plein milieu de la tempête et tout est flou autour de moi. J'ignore comment sortir de là. Si je mets un pied dehors, je me fais emporter. Soit par un vent, soit par l'autre. Il n'y a pas d'issue.

— Ouvre les yeux.

Lentement, mes paupières s'ouvrent. Je m'habitue à la lumière et reste bloqué devant Daël. Je n'étais pas là. Je n'étais pas aussi près lorsque j'ai fermé les yeux. Désormais, mes lèvres pourraient presque frôler les siennes… C'est moi qui ai avancé jusqu'à lui ?

— Tu as bougé ? demandé-je, perplexe.

— Non, m'affirme-t-il.

Peut-être que le vent tourne, parfois.

— On ferme les yeux et tout s'arrange ? lancé-je.

— Ça serait un peu facile.

— Et rien ne l'est, pas vrai ?

Il acquiesce.

— Qu'est-ce qu'on fait ? demandé-je.

— On profite ? suggère-t-il. De nos dernières heures rien que tous les deux.

— Je ne sais pas.

— S'il te plaît, laisse-nous ces dernières heures…

Je reste fixé sur ses lèvres, et je sais pertinemment ce qui va en sortir.

— Fais-moi l'amour avant de partir.

Ça fait mal au cœur, parce qu'il met trop d'espoir dans ces quelques mots. Trop d'attente. Trop de tendresse. Et moi je n'arrive pas à lui donner tout ça. Je n'y arrive plus depuis la mort d'Ethan.

— Je vais partir, rappelé-je.

— Je sais.

— Alors pourquoi ? demandé-je.

— On ne fait rien de mal.

Moi, j'ai bien l'impression que si. C'est bien ça, le problème.

— Je ne sais pas, soufflé-je.

— Est-ce que tu en as envie ? Est-ce que tu as toujours envie de moi ?

Bien sûr, qu'il est con.

— Lior ?

— Comment est-ce que tu peux t'imaginer une seule seconde que je n'ai plus envie de toi ?

— Alors arrête de réfléchir, je t'en prie.

Daël avance vers moi, approche les lèvres, puis il ne bouge plus, attendant mon signal. Mon regard se pose sur sa bouche et j'acquiesce d'un hochement de tête. Daël glisse sa main sur ma nuque, puis il y a une légère pression sur mes lèvres pour que je les entrouvre.

Je le sens tout près de moi, je sens son cœur qui bat dans sa poitrine et sa peau qui frissonne à mon contact. Sa main descend jusqu'en bas de mon dos. Son baiser glisse sur ma joue, puis mon cou. On se serre dans les bras. Son odeur, partout en moi. Il y a de la tendresse, dans ce câlin. Ça faisait longtemps que je n'avais pas été aussi bien. J'en oublie presque pourquoi on n'est plus ensemble. Ça semble évident, nos peaux, nos lèvres, nos caresses. Il n'y a que le monde extérieur qui rend notre vie compliquée. Nous, c'est simple.

On se cherche. On tâtonne. On se taquine. On se murmure des mots qu'on est incapables de comprendre nous-mêmes. Daël craque le premier. Il enveloppe mes joues de ses deux mains et m'embrasse plus fermement, poussant nos corps enchevêtrés jusqu'à mon lit. Je fonds lorsque son corps s'écrase sur le mien, nos bassins pressés l'un contre l'autre. On gémit, se vautrant sur le matelas. Ça fait un bruit épouvantable.

— Chut, soufflé-je, en riant contre ses lèvres. Chut, ils vont…

Je l'embrasse sans même finir ma phrase.

— C'est la deuxième fois que je suis dans ce lit, murmure Daël à mon oreille.

— Je me rappelle.

Ça fait tout aussi drôle que la première fois. Lui, dans ma chambre d'enfant. Daël tire sur le drap. Il nous recouvre entièrement. Dans notre bulle, comme avant. J'attrape sa nuque pour le tirer à moi. Daël se cherche une place, toujours plus proche, coinçant une de ses jambes entre les miennes, ses mains sous mon T-shirt, ses lèvres dans mon cou.

— Je dois éteindre la lumière, soufflé-je.

— Ne bouge pas, je m'en occupe, chuchote-t-il.

Ça me fait rire que l'on soit aussi discrets, comme deux adolescents que l'on pourrait surprendre en train de faire l'erreur de s'aimer. Toute ma famille sait qu'il est avec moi, ils ne sont pas dupes, mais je crois qu'on veut garder ça pour nous, rien que pour nous. Personne ne doit rien voir, rien entendre. C'est notre moment. Juste le nôtre.

Daël s'extirpe du drap et sort du lit à tâtons pour éteindre la lumière. La pièce est plongée dans le noir, mais je m'habitue à l'obscurité lorsqu'il revient s'asseoir en face de moi. Je monte aussitôt sur ses cuisses et lui retire son T-shirt. Il se laisse faire. Les lignes de son torse juste sous mes doigts. Je l'embrasse, caressant chaque centimètre de peau qui m'est offert.

Daël me fait basculer contre le matelas. Il remonte mon haut du bout des doigts, un sourire nostalgique aux lèvres. Il vient embrasser mon ventre. Une *dernière* fois. Avant même notre premier baiser, à lui et moi, il y avait ce geste entre nous. Il y avait ses lèvres sur mon ventre. Il y avait cette tendresse que je n'avais encore jamais expérimentée. Pas aussi intensément, en tout cas.

Je sens les lèvres de Daël trembler contre ma peau. Il continue à m'embrasser, mais je vois bien ses épaules secouées par la douleur. Il presse sa bouche contre mon nombril, puis s'arrête là. Une seconde, puis deux, puis trois. Une de ses larmes s'échoue sur mon ventre.

— Daël, murmuré-je, en passant une main dans ses cheveux. Ne craque pas maintenant.

Il attrape le drap pour le serrer dans ses poings.

— J'essaye.

L'héritier soupire contre mon ventre pour se ressaisir, l'air chaud qui sort de sa bouche me fait frissonner. Je me retiens réellement d'éclater en sanglots à mon tour.

— Ça va, reprend-il. Laisse-moi juste… Putain.

Daël se relève, passe les mains sous ses yeux et inspire un grand coup. Il tremble encore un peu. Je n'en reviens pas, que ça soit moi qui puisse le rendre si triste.

— Est-ce qu'on devrait bannir mon estomac de la « zone à embrasser » ? lancé-je.

Hamilton rit alors qu'une larme s'échappe encore de son œil, il se mord la lèvre au passage, ce qui le rend monstrueusement sexy.

— Jamais, répond-il. Enlève-moi ce foutu T-shirt.

Je me redresse, pas pour faire ce qu'il me dit mais pour l'embrasser.

Encore. Sauf que Daël glisse les mains sur mes côtes, tirant sur mon vêtement. Je me décolle de ses lèvres avec regret pour le laisser me le retirer.

Avec un sourire satisfait et les yeux encore humides, Daël plonge les lèvres dans mon cou, puis descend lentement le long de mon torse, m'obligeant à me rallonger avec sa main. Il embrasse mon nombril, glisse ses lèvres jusqu'à ma taille, expert dans la façon de me rendre totalement fou.

— Daël ! murmuré-je, déjà essoufflé.

— Chut, fait-il en s'esclaffant, remontant immédiatement jusqu'à mes lèvres pour me faire taire. Tais-toi, je ne veux pas me faire tuer par ton père.

Il a soufflé ces mots si près de mes lèvres que j'en suis encore plus excité.

— Remets le drap.

— Ça ne va pas empêcher le bruit, chéri.

— Pour qu'on soit que tous les deux, insisté-je.

Daël se redresse légèrement pour chercher le drap du bout des doigts. Un voile blanc nous enveloppe. Et, lui, il est là, juste devant moi, rien que pour moi. Je passe mes pouces au coin de ses yeux pour ôter les dernières traces de larmes.

— Je veux te faire l'amour, dis-je. Être en toi.

Il n'y a plus de mots pour le reste. Nos derniers vêtements disparaissent, glissant sur nos peaux fiévreuses. Mes baisers s'écrasent dans sa chair, tout comme les siens dans la mienne.

Je me retiens de gémir, parce que je veux que ça reste silencieux. Je veux qu'on ne s'aime qu'à l'intérieur. Qu'on s'aime rien que pour nous. Je veux que ça reste dans cette chambre, dans ce lit, que ça ne sorte pas de ces murs. Je veux qu'on soit les seuls à s'entendre, les seuls à savoir ce qu'il se passe.

— On ne fait pas de bruit, hein ? Il y a ma famille, à côté.

« Oui », me dit-il avec ses yeux. Nos corps se retrouvent, se frottent, se complètent. C'est délicieux et enivrant. Mes mains glissent jusqu'à ses fesses, que je caresse. Il pose une de ses jambes sur ma hanche pour m'inviter à aller plus loin. Je n'ai plus peur. Je n'ai pas peur quand c'est lui.

Mon doigt est accueilli par un gémissement guttural.

— Chut ! fais-je en riant.

— Continue, râle-t-il.

— Si tu te tais, parce que…

— Rosenbach ! me coupe-t-il, en m'embrassant fermement, comme pour me rappeler ce qu'on est en train de faire.

J'enfonce mon doigt lentement en lui. Je ne veux pas lui faire mal, et l'effort a l'air d'être apprécié, les bruits qu'il fait sont recouverts par nos baisers. Je me souviens de la fois où il m'a fait l'amour. Le temps et la tendresse qu'il a mis dans ses gestes. J'embrasse son épaule nue, continuant mes caresses alors qu'il halète dans mon cou.

C'est difficile de se donner autant de plaisir en tentant de rester le plus silencieux possible, mais ça nous oblige à nous embrasser pour ravaler le bruit à l'intérieur, alors je ne vais pas me plaindre.

Après un long baiser, je me sépare de ses lèvres pour glisser les miennes jusqu'à son oreille :

— Retourne-toi.

Daël Hamilton

Je m'allonge sur le ventre, lui offrant mon corps ; mes cheveux transpirants sont collés à mon front, et il les repousse de la main, avant de s'écraser dans mon dos.

Je ne retiens pas mon gémissement au contact de son corps.

— Oreiller, souffle-t-il.

J'enfonce ma tête dans son coussin, libérant mon excitation dans le tissu en coton. Une douleur chaude me prend aux tripes alors que Lior commence à entrer en moi. Il me fait l'amour et c'est atrocement bon

Mes doigts se resserrent de plus en plus fort contre le drap. Je meurs de cette nouvelle sensation. Je meurs des lèvres de Lior écrasées dans mon cou pour contenir tout ce désir qui l'envahit. Ma peau disparaît entre ses succions et parfois, même, entre ses dents, lorsque le plaisir est trop intense. Ça aussi, c'est putain de merveilleux.

— Daël, ne t'étouffe pas, hein ?

Il passe de nouveau une main dans mes cheveux pour relever les mèches collées à mon front. Je tourne la tête vers lui, l'air s'infiltre si rapidement dans mes poumons que je réalise seulement maintenant que je ne respirais plus.

— Ça va ? s'enquiert-il.

Il est si bien emboîté en moi que la seule réponse que je suis capable de lui donner est un hochement de tête appréciateur.

— Je suis désolé, reprend-il. Je t'ai dévoré le cou.

— J'ai niqué ton oreiller.

Le rire qui le secoue me fait frissonner de bas en haut.

— Continue.

— À vos ordres, dit-il en riant.

Sa bouche ne tarde pas à rejoindre mon épaule, ma mâchoire, mon oreille, mais, même ainsi, je l'entends retenir ses gémissements.

Je m'écarte de l'oreiller pour quémander ses lèvres. Il s'empresse de les joindre aux miennes.

— Je veux t'entendre, murmuré-je. Juste pour moi.

Son visage repose sur ma nuque, il noue les bras autour de mon cou et il laisse échapper tout le plaisir que je lui procure en collant ses lèvres à mon oreille. Son souffle est si chaud qu'il me brûle de l'intérieur. Mon tympan fait des fourmis bizarres, tant c'est bon à entendre.

Les mouvements reprennent, encore plus merveilleux, nous faisant atteindre l'apothéose. Son corps bouillant s'écrase contre le mien alors que je peine à retrouver mon souffle. J'attends que mon cœur ralentisse, là, écrasé entre lui et le matelas.

Lior est le premier à réagir, m'embrassant la joue. Je me retourne vers lui pour que l'on soit dans les bras l'un de l'autre. Il s'écroule aussitôt contre moi. Nos corps sales et puant le sexe merveilleusement enchevêtrés.

— Ça va ? demande-t-il. Tu as trouvé ça bien ?

Je viens encadrer son visage de mes mains, essuyant le coin de ses yeux encore humides avec mes pouces. Il pleure toujours, après l'orgasme, et je ne m'habituerai jamais à cette vision incroyable.

— Mieux que ça, lui assuré-je.

— Je ne t'ai pas fait mal ?

— Le plaisir était plus grand.

Il me regarde longuement, en silence, et j'espère qu'il médite sérieusement sur cette idée impensable de quitter la ville, de *me* quitter.

Alors que je m'apprête à lui poser la question, je vois son regard s'assombrir soudainement.

— Quoi ? demandé-je.

— Ton cou !

— Tu es sérieux ?

Lior vient poser sa main sur ma joue, de manière à tirer ma tête pour mieux voir l'étendue de sa connerie.

— Merde, je suis un putain de vampire.

— Quoi ? Ça ne peut pas être si terrible.

Lior ne répond pas. Je me lève, même si je suis sûr qu'il exagère encore. Je m'emmêle les pieds dans le drap, qui a décidé de me suivre, puis j'arrive à traîner mon corps jusqu'au miroir accroché au-dessus de sa commode. Je suis prêt à engueuler Lior pour m'avoir forcé à me lever pour rien, sauf que je m'arrête, hébété, face à mon reflet.

— La vache, lâché-je. Tu m'as littéralement bouffé ?

Je l'entends se défendre, penaud :

— Je n'avais pas d'oreiller, moi…

— Bordel, mais comment est-ce que je vais cacher ça ? Ça remonte jusqu'à mon oreille !

Je me rapproche du miroir, observant les dégâts avec encore plus d'attention. J'ai quelques morsures et des taches violacées, sur une seule partie de mon cou. Et dire qu'elles vont foncer avec le temps.

— Je vais avoir l'air de quoi, au boulot ? continué-je, catastrophé.

— Les cols roulés sont très tendance, cet hiver…

Lior est toujours allongé sur son lit, entièrement nu puisque le drap est tombé sur le sol. Il est foutrement trop sexy pour que je ne le rejoigne pas immédiatement. On se colle instinctivement l'un à l'autre.

Blotti dans ses bras, enfermé dans son étreinte, ses yeux dans les miens. Je glisse la main sur sa joue, peut-être pour m'assurer que tout cela est bien réel.

— Ne le dis pas, prévient-il, la gorge nouée.

Je ravale mon « je t'aime » en l'écrasant contre ses lèvres. C'est aussi pour m'empêcher de suffoquer, m'empêcher de penser qu'il part, m'empêcher de réaliser qu'il ne souhaite pas que je le retienne. Je presse ses lèvres si fort que je dois lui faire du mal, mais c'est la seule solution que j'ai trouvée pour ne pas m'effondrer.

— Ne m'en veux pas, souffle-t-il.

— Pourquoi je t'en voudrais ?

— Parce que je pars.

— Est-ce que je dois venir te chercher ?

Il ne me répond pas.

— Lior, insisté-je. Est-ce que je dois venir te chercher ?

— Non.

— Je peux le faire. Je peux venir te chercher, si tu me le demandes. On ira où tu veux.

— Non, répète-t-il.

— Pourquoi ? Pourquoi tu abandonnes ?

— Daël. Tu as promis à mon père de ne rester que quelques heures. C'est tout.

— À toi, j'ai promis beaucoup plus. J'ai promis de venir te chercher.

— Tu as rompu cette promesse, me rappelle-t-il.

— Je peux me rattraper. On peut se rattraper. On peut peut-être y arriver.

Lior soupire et je me redresse pour observer son visage. Il a un air résigné. Il n'y croit plus.

— On n'est pas les héros de l'histoire, déclare-t-il.

— Ça n'existe pas, les héros. Pas dans la réalité.

— Oui, m'accorde-t-il. Et les fins heureuses non plus.

Cette fois, il soutient mon regard, parce qu'il pense vraiment ce qu'il dit. On n'a pas le droit à une fin heureuse. Peut-être que c'est ainsi que ça devait se terminer, depuis le début. L'aimer ne m'interdit pas de le laisser partir.

Je l'embrasse au coin des lèvres en le serrant dans mes bras.

— Je ne t'en veux pas, promis.

— Merci.

Lior se blottit contre moi et je referme les bras autour de son corps.

Demain, Lior quitte Londres.

Demain, on enterre mon père.

Demain, chaque famille restera de son côté. Le pont de Westminster n'aura pas servi à rendre le chemin plus accessible. Il nous aura simplement rappelé que la distance qu'il reste à parcourir est infinie.

Apparemment, un pont n'efface pas un fleuve.

Lior Rosenbach

J'ignore l'heure qu'il est lorsque Grace débarque soudainement dans ma chambre. Je sursaute, remontant immédiatement le drap sur Daël et moi alors qu'elle allume la lumière.

Elle cligne à peine des paupières lorsqu'elle tombe sur le corps nu de l'héritier, enchevêtré avec le mien. Il est encore à moitié endormi, le visage contre ma poitrine.

— Tu fais quoi ? m'emporté-je.

Grace avance jusqu'à mon bureau, toujours sans rien dire, et me balance un sweat en se couvrant les yeux lorsque Daël se redresse à son tour pour voir ce qu'il se passe.

— Il a le droit de rester, papa et maman sont au courant, commencé-je. Et puis qu'est-ce que…

— Habillez-vous, ordonne-t-elle. Réunion de crise.

— Que… Quoi ? bégayé-je. En plein milieu de la nuit ?

— Oui, affirme-t-elle. Hamilton, on fait ça dans ton appartement. Appelle tes abrutis de cousins et tout le monde se rejoint là-bas.

— Maintenant ? dit-il enfin, hébété.

— Maintenant.

— Grace, dis-je en tentant de l'arrêter alors qu'elle continue de chercher des affaires dans mon placard pour nous les balancer. Si les parents ne me voient pas à la maison demain matin, on est morts. Tous les deux.

— C'est urgent, Lior, plus que leur pseudo-autorité, rétorque-t-elle.

— Qu'est-ce que ma famille vient faire dans vos histoires ? interroge Daël, semblant déjà un peu mieux réveillé.

Grace se retourne vers lui. Elle ne lui répond pas tout de suite et je me demande à quoi elle pense. Je veux dire : l'héritier est nu dans le lit de son petit frère et, vu l'état de son cou, pas besoin de faire un dessin pour comprendre ce qu'on y a fait.

— Crois-moi, lui répond-elle. Vous voulez savoir ce qu'il se passe.

— Je…

— Habillez-vous, le coupe-t-elle, commençant à sortir de ma chambre. Je vais réveiller les autres, en attendant. Et faites vite, ils nous attendent.

— Grace ! m'exclamé-je, excédé.

Ma sœur s'arrête sur le pas de la porte, bifurquant dans ma direction. Son chignon pend sur sa nuque, des mèches s'en échappent, bouclant aux pointes, elle a une trace de mascara sur la paupière. Ce n'est pas dans ses habitudes, d'avoir l'air aussi négligée.

— Qui nous attend ? Et qu'est-ce qu'il y a, à la fin ?

— Vous ne voulez pas juste obéir ? fait-elle, blasée. Ce n'est pas le lieu, là.

— Le lieu pour quoi ? lancé-je, énervé.

Ma sœur s'adosse contre le chambranle de la porte, son regard se perd dans le couloir sombre de notre maison. Elle n'est pas… seule ?

— Grace, préviens-je. Je ne vais plus te suivre aveuglément.

— Bien.

Elle se retourne de nouveau vers le couloir et fait un signe de la main, puis quelques pas en arrière la font revenir dans ma chambre. Daël et moi sommes fixés sur la porte, et je ne comprends pas mieux ce qu'il se passe lorsque Lili apparaît.

Jusqu'à ce que je voie sa main, enlacée à une autre.

Je fronce les sourcils alors que ma cousine entre entièrement dans la pièce, Noah derrière elle.

Noah.

Derrière.

Elle.

Le hoquet de surprise de Daël me sort de ma torpeur et je me retourne aussitôt vers lui. Le visage livide, la bouche entrouverte, ses yeux bleus parcourant son cousin de la tête aux pieds, Daël éclate en sanglots. Du verbe « éclater ». Il n'y a pas de meilleur terme. Ça éclate en lui et dans la pièce. Une bouffée de bonheur presque palpable. Il me tombe dans les bras et je le rattrape comme je peux. Ses larmes s'écrasent sur ma poitrine nue et ses épaules tremblent si fort que j'ai l'impression de tenir un enfant. Je le serre, dépassé par les événements, moi aussi.

Noah est vivant ? Je lève le regard vers son cousin pour m'en assurer. Il est toujours là, planté devant le lit, le regard rivé sur Daël, qui n'a pas encore repris son souffle.

Je croise le regard sombre de Noah. Ses yeux, c'est la première chose que j'ai vue chez lui, le soir du bal.

— Je suis désolé pour Ethan, prononce-t-il. C'était un accident, mais j'ai fui parce que j'ai pris peur. Je suis prêt à payer, maintenant. Je dois payer pour le mal que je vous ai fait.

Je hoche la tête, toujours aussi incrédule, et Noah tourne le regard vers son cousin.

— Je suis désolé, dit-il en s'adressant à lui cette fois. Je ne voulais pas vous faire vivre ça.

L'héritier se redresse, ses cils sont collés entre eux à cause de ses larmes et il lâche, à moitié mort de rire :

— Je suis à poil, putain, je ne peux même pas me lever !

Noah comprend ce que ça veut dire et se rue sur lui. Ils fondent l'un dans l'autre, et le sourire de Daël est si précieux que mon cœur se compresse. Je n'ose imaginer sa joie, parce que je sais que je ne la connaîtrai jamais.

Je veux me reculer pour leur laisser de l'espace, sauf que la main de Daël attrape la mienne à l'instant où je l'envisage. Il est toujours dans les bras de son cousin, mais sa main serre la mienne.

Fort.

Super fort.

Il s'accroche, à nous deux, en même temps.

Chapitre 10

Stan

Je ne comprends pas pourquoi on lui obéit encore. Le type nous appelle en plein milieu de la nuit, la veille de l'enterrement de son père, pour nous convier chez lui… Et nous, plutôt que de lui raccrocher au nez, on accourt ? Je suis furieux, mais je garde mes remarques pour moi. Je suis avec mon frère et Fallone. Hors de question de réveiller les petites pour une de ses lubies.

Nous passons les portes vitrées de son immeuble de Kensington, croisant le regard du gardien à l'entrée. L'homme ne dit rien, mais ses yeux parlent à sa place. Il nous déteste. Je ne sais pas trop pourquoi, mais il nous a toujours adressé ce genre de regard. Nous le lui rendons bien, l'ignorant en traversant le hall pour appeler les ascenseurs.

Aiden a l'air ennuyé, comme moi, seule Fallone semble plus soucieuse. Malgré ce qu'elle prétend, elle vit mal l'éloignement avec Daël. Son cousin lui manque, et je pense que l'absence est encore plus dure à gérer depuis la disparition de son frère.

Les portes s'ouvrent et nous nous engouffrons à l'intérieur de la cage pour rejoindre l'étage de notre cousin. Le silence est pesant dans l'ascenseur.

Lorsque nous arrivons devant sa porte, finalement, personne ne se donne la peine de frapper.

— Bien, commence Fallone. Je suppose qu'on n'a pas fait le trajet pour rien.

Elle avance d'un pas et cogne contre le battant. Quelques instants plus tard, c'est Lior qui nous ouvre la porte de l'appartement. De mieux en mieux. J'ai vraiment autre chose à faire de ma nuit que de voir sa gueule.

Je fais carrément demi-tour, retenant une insulte.

— Stan ! s'écrie-t-il. Il faut que tu restes !

— Je n'ai rien à faire de toi, ne m'adresse même pas la parole.

J'appuie sur le bouton de l'ascenseur et les portes s'ouvrent automatiquement, la cage n'étant pas encore redescendue.

— Stan !

Je me crispe. Ça, ce n'était pas sa voix. Elle était plus lointaine, en provenance de l'appartement, mais distincte quand même, malgré l'absurdité de l'entendre résonner dans ce couloir.

Je me retourne vers les autres. Je crois qu'ils ont tous entendu la même chose que moi. Je le vois à l'hébétement qui traverse leur visage. Fallone est la première à se jeter dans l'appartement de Daël, et son cri a quelque chose de quasiment inhumain.

Je me rue à mon tour dans le salon, Aiden est juste devant moi, Fallone, tombée à genoux et en larmes, devant… Noah ?!

Je cligne plusieurs fois des paupières, la bouche ouverte béatement. Qu'est-ce que notre cousin mort fait dans le salon de Daël ?

J'ai les jambes qui flanchent et je sens mon frère me retenir juste à temps.

— C'est quoi, ce bordel ? soufflé-je.

Je regarde tout autour de moi. J'étais tellement en état de choc que je n'ai pas vu tout de suite que les Rosenbach étaient là, eux aussi. Grace est adossée au comptoir de la cuisine. Contrairement à d'habitude, elle n'est pas vêtue d'une tenue élégante et chic. Là, elle se tasse dans des baskets, un jean taille haute et un gilet noir en laine. Ses cheveux emmêlés lui tombent sur la nuque. On dirait presque une autre personne. Edward est assis dans un fauteuil, une de ses jambes repliées contre ses cuisses. Il a un air grave, se mâchouillant les ongles sans même lever le regard vers ce qu'il se passe. Ian et Lili sont là aussi, et Lior vient de rejoindre Daël, sa main se pose machinalement sur son bras alors que mon cousin a le regard rivé sur Fallone et Noah, enlacés comme s'il n'était qu'une seule et même personne.

C'est vrai que c'est beau. Et inattendu. Et un soulagement tellement intense que j'ai l'impression de flotter dans du coton. Mais c'est surtout totalement impossible. Qu'est-ce que Noah fait là ? Comment est-il revenu en Angleterre alors qu'on le croyait tous mort ? Et pourquoi est-ce que tous les Rosenbach sont dans l'appartement de Daël ?

Toutes ces questions débordent de ma tête. Pourtant, je les balaye d'un geste de la main lorsque Noah s'approche de moi, après avoir enfin lâché sa demi-sœur. Il me tombe dans les bras, et je le serre si fort que je pourrais le faire clamser une deuxième fois, ce con.

Je sens une masse dans mon dos et devine qu'Aiden s'est jeté dans le tas. Je suis immensément trop heureux pour me soucier du fait de pleurer devant les Rosenbach, et surtout devant Grace, même si je sens son regard dans mon dos.

On finit par se reculer pour le laisser respirer, puis c'est finalement Fallone qui lance la question que tout le monde se pose :

— Donc tu n'es pas mort ?

Je crois apercevoir un sourire sur les lèvres de Lior.

— Je suis toujours là, dit Noah entre ses larmes.

— Et on doit savoir ce qu'on fait de cet assassin.

L'ambiance retombe aussitôt, lourde, sur nos épaules. Edward. Forcément, c'est lui qui a dit ça. Lui qui a perdu son frère, pour de vrai.

Grace s'approche aussitôt de son cousin, posant une main sur son épaule pour lui apporter son soutien. Ça se voit qu'il se retient de réagir trop violemment. Je peux le comprendre. Le retour de Noah ne doit pas l'apaiser, bien au contraire. Il y avait une sorte de justice dans sa mort.

— C'est pour ça qu'on vous a réunis, dit Grace.

— Je vais me rendre à la police, ajoute aussitôt Noah.

— Il y a plutôt intérêt, gronde Edward.

— Seulement, déclare Daël, Noah aimerait pouvoir assister à l'enterrement de son oncle, demain.

Je comprends mieux ce que les Rosenbach font là.

— On attend votre accord ? demandé-je en regardant Grace.

— En effet. Daël et moi pensons qu'il est dans l'intérêt de tous que vous soyez au courant de son retour. Il n'y a plus de place pour les mensonges.

— Nous voulons faire les choses bien, cette fois, ajoute Noah. Je me rendrai pour ce que j'ai fait à Ethan et j'accepterai la sanction, mais, avant ça, si je peux aller à l'enterrement de mon oncle, j'ai besoin que les Rosenbach m'y autorisent.

C'est assez honorable de sa part, même si je doute qu'ils lui laissent une journée de liberté.

Surtout…

— Il a tué mon frère, déclare Edward. On devrait le dénoncer tout de suite à la police et je ne comprends même pas ce qu'on fait encore ici, avec lui, à en discuter !

Surtout Edward, évidemment. Il n'entendra jamais raison. Et personne ne peut vraiment le lui reprocher.

— C'était un accident, rappelle Lili.

Ça lui fait mal de le dire, j'imagine, mais c'est la vérité. Son cousin ne semble pas vouloir prendre cet aspect en compte, cependant. Il se retourne brusquement vers elle, la fusillant des yeux.

— Peut-être, mais un accident qui a coûté la vie à Ethan.

— Et que Noah assiste à l'enterrement de Miles Hamilton ou pas ne changera rien à ça, murmure Lior.

Edward soupire longuement. Manifestement, le débat avait déjà commencé avant notre arrivée. Je comprends qu'il ne soit pas d'accord. À sa place, si j'avais perdu Ellen, je ne sais même pas si je serais encore sagement assis dans un fauteuil alors que le responsable de sa mort est à seulement quelques mètres.

Je le regarde, d'ailleurs, mon cousin. Les yeux de Noah sont remplis de larmes, et je sais qu'il regrette plus que tout ce qu'il s'est passé dans le parc. Pourtant, ça devra le suivre jusqu'à la fin. Les erreurs les plus dures à vivre sont celles que l'on ne peut pas réparer.

— Vous avez tous déjà pris votre décision, crache Edward. Je suis le seul à penser à mon frère !

— Non, rétorque Grace. Il faut que ça soit une décision à l'unanimité, parce que nous sommes une famille.

— Mais vous êtes tous d'accord ? fait-il.

J'observe Lior et Lili, pas difficile de deviner leurs pensées, sachant que leurs mains sont liées à celle d'un Hamilton. Mon regard bifurque vers Ian. Il n'a pas encore ouvert la bouche. Aucune idée de ce qui peut bien le traverser à cet instant. Puis je m'arrête sur Grace, plus longuement.

J'ai du mal à croire qu'elle puisse être d'accord avec ça. Pourtant, je ne vois pas vraiment pourquoi elle aurait organisé cette réunion si elle ne l'envisageait pas un minimum.

— Je…, commence Fallone. C'est moi qui ai forcé Noah à fuir, cette nuit-là. Il voulait se dénoncer, mais j'ai paniqué.

— Gros scoop, vous êtes une famille de connards, merci de l'information, ironise Edward.

— S'il te plaît, lui murmure Grace. Essayons d'avoir une conversation, au moins.

— Il n'y a pas de conversation possible, rétorque son cousin en se levant de son fauteuil. Vous voulez le faire à l'unanimité ? Eh bien, je refuse. Je ne suis pas d'accord. Je ne vois pas pourquoi il aurait le droit de dire au revoir à un de ses proches. Est-ce qu'il m'a laissé dire au revoir à mon frère, lui ?

Les larmes perlent dans ses yeux et personne ne le contredit.

— Non, poursuit-il. Non, je n'ai pas eu le temps. Alors je refuse qu'il y soit. C'est clair ?

— Je comprends, lui dit Grace.

Edward récupère sa veste sur le dossier du fauteuil et l'enfile, avant de quitter l'appartement de Daël sans un regard en arrière.

La porte claque après son départ, et je me retourne vers Noah. Il est de nouveau dans les bras de Fallone. Pour le coup, je n'arrive pas vraiment à en vouloir aux Rosenbach. Noah ne viendra pas à l'enterrement, mais il est là, et c'est le plus important.

— Une fois qu'il se sera dénoncé, vous n'entendrez plus parler de nous, promet Daël à Grace.

Un sourire apparaît sur le visage de l'héritière tandis que son regard se pose quelques secondes sur la main de Daël, fermement accrochée à celle de Lior.

— Si seulement, ironise-t-elle.

Daël Hamilton

Lior est lové entre mes cuisses, sa tête reposant sur ma poitrine ; il sommeille. Mes doigts jouent dans ses boucles, je serre mes jambes contre les siennes pour que l'on reste bien en place. L'air frais sur mon visage me tient éveillé. Nous sommes allongés sur le sofa de mon balcon, j'aperçois les premiers rayons du soleil derrière les immeubles de la capitale. Je nous ai emmitouflés dans ma couette, on est quand même en plein milieu de l'hiver. Je la remonte un peu pour qu'elle recouvre le visage de Lior. Je sens son souffle régulier dans mon cou. Je descends la main sur sa nuque pour le caresser à la naissance des cheveux, je sais qu'il aime bien cet endroit-là. Un bruit satisfait me répond et je souris, embrassant son front.

On s'est retrouvés là, dehors, car j'ai laissé mon lit à Ian, Lili et Noah. Grace et Fallone se sont endormies sur le canapé. Aiden s'est vautré sur le tapis du salon, un pouf sous la nuque, et Stan ne s'est pas gêné pour utiliser le ventre de son frère comme oreiller. Je ne sais pas vraiment comment ni pourquoi ils sont tous restés dormir chez moi et je pense que personne ne l'assumera au réveil. C'est probablement la première fois de notre vie que l'on a été ensemble aussi longtemps dans une même pièce, et surtout sans élever la voix. Pour cause, tout le monde dort, ça aide. En attendant, ça me donnerait presque de l'espoir.

Je dis « presque », parce que je sais que Lior va quand même quitter Londres. Il n'a pas changé d'avis. C'est ce qu'il m'a dit, avant de s'endormir, entre deux baisers paresseux.

Le ciel a une couleur orange, chaude, malgré l'hiver. Je serre Lior plus fort contre moi. Je n'essaye pas de dormir, j'aurais l'impression de gaspiller du temps. Mes mains glissent dans son dos et j'embrasse encore son front, à de multiples reprises.

Mon geste le réveille, il bouge contre moi.

— Désolé, murmuré-je.

— Arrête, tu l'as fait exprès, répond-il d'une voix ensommeillée.

— C'est vrai.

Lior rit, redressant très légèrement la tête, juste pour poser les lèvres dans mon cou déjà parsemé de suçons.

— C'est l'enterrement de ton père, aujourd'hui, dit-il.

— Oui.

Je pense à mes sœurs. Elles sont à la maison, probablement à me détester. Hier soir, on devait répéter notre discours, organiser la cérémonie avec ma mère, passer la soirée ensemble, et je ne suis pas rentré. Il y a eu le message de Lili, ma venue chez les Rosenbach, cette nuit merveilleuse avec Lior, le retour miraculeux de Noah, puis cette réunion absurde entre nos deux familles.

Mes sœurs ne savent rien de tout ça, encore. Pourtant, je ne suis pas certain que ça apaisera leur rancœur. Elles sont passées au second plan, c'est ce qu'elles me reprochent depuis le début et je ne fais que leur donner raison.

Je m'en veux.

— À quoi est-ce que tu penses ? interroge Lior.

— Ma famille.

— Genre : comment leur annoncer que Noah est de retour parmi les vivants ?

Quelque chose comme ça, sûrement. Puisqu'il ne vient pas, Noah pense qu'il est préférable qu'on leur dise la vérité après l'enterrement de mon père. La cérémonie a lieu dans la matinée, avec tout un tas de gens dont on se fiche pas mal. Il voudrait faire ça en privé, au moins pour le moment. On sait bien que tous les journaux à sensation du pays vont se ruer sur l'information dès qu'il se sera rendu à la police.

— Ils vont être tellement heureux, ajoute Lior.

Je le serre contre moi. Il accueille mon câlin avec la même force. C'est presque insensé, la façon dont on s'accroche l'un à l'autre. J'ai l'impression que je suis en train de dire au revoir à une partie de moi. Je ne peux pas le lâcher, même si l'on me forçait, je ne pourrais pas le lâcher. Mon corps me l'interdit.

Sauf que deux coups sont frappés contre la baie vitrée. On se retourne vers mon salon, apercevant Grace derrière la vitre. Elle désigne la montre à son poignet avec une grimace.

J'avais promis à leur père que Lior ne partirait pas avec moi et j'ai embarqué l'intégralité de sa famille. Il ne va même plus me haïr, à ce stade, mais m'assassiner.

Lior commence à se redresser, mes jambes se resserrent instinctivement contre son corps.

— Non, soufflé-je dans son cou. Pas encore.

— On doit rentrer avant que mes parents ne se réveillent, murmure-t-il, même si j'entends bien dans sa voix que ça le déchire aussi.

Doucement, je relâche ma poigne. À quoi ça sert de faire durer le rêve plus longtemps ? Moi aussi, je dois rentrer chez moi, rattraper le coup avec mes petites sœurs. J'ai l'impression qu'il est temps pour tous les deux de récupérer ce qu'on a perdu.

Lior se met debout et la couverture tombe sur le balcon, le froid nous frappe le corps, assez justement. Je me lève à mon tour, passe les mains sur mon visage fatigué. Lior ouvre la baie vitrée et rentre dans mon appartement. Je l'imite, retrouvant toute ma famille. Fallone est debout aussi, le visage plongé dans son téléphone. Seuls Aiden et Stan semblent toujours comater sur le tapis. Les Rosenbach, eux, sont tous réveillés. Lili et Noah manquent à l'appel. Sûrement encore dans ma chambre ?

Je pourrais proposer un petit déjeuner, mais la situation semble si surréaliste que je crois que personne ne pourrait rien avaler.

— On va partir, dit Grace, osant enfin mettre des mots sur le moment. On vous fait confiance pour Noah. Il n'assiste pas à la cérémonie, puisque c'est la volonté d'Edward.

— Je la respecterai, assure le concerné en pénétrant justement dans le salon, suivi par Lili.

Ils sortent bien de ma chambre, les yeux rouges et humides. Eux aussi ont dû se dire adieu.

— Et je me rendrai à la police quand ma famille saura pour mon retour.

— Bien, conclut-elle.

La conversation a réveillé Aiden et Stan, qui se relèvent, s'étirant avec une grimace de douleur.

Alors tout le monde finit par réaliser à quel point la situation est étrange. Grace sort de l'appartement avec Ian, signifiant à Lior qu'elle l'attend en bas et qu'il doit se dépêcher. Lili informe qu'elle voudrait rester avec Noah pendant que nous sommes à la cérémonie. Personne n'y voit d'objection, et je leur laisse mon appartement. Aiden, Stan et Fallone finissent par sortir à leur tour, après avoir embrassé Noah mille fois sur le visage et qu'il les a sommés de dégager en riant. Mes cousins me demandent s'ils doivent m'attendre avant de retourner chez nous, mais je leur dis de partir devant pour ne pas être en retard, notre famille doit s'inquiéter de notre absence. Puis Noah et Lili retournent dans ma chambre pour nous laisser de l'intimité.

Ainsi, Lior et moi nous retrouvons dans mon salon, prêts à nous dire adieu. Nos lèvres se retrouvent et ça n'a pas de sens que ça soit la dernière fois que cela se produise, mais j'encaisse. Lui aussi. C'est presque ridicule.

— Tu m'écriras ? lancé-je.

— Je ne suis pas certain d'avoir droit à mon téléphone.

Il presse une dernière fois mes lèvres, avant de murmurer :

— Grace m'attend, je dois vraiment filer avant que mon père ne se réveille et qu'il ne retourne toute la ville pour me retrouver.

J'acquiesce et il disparaît, juste comme ça. La porte de l'appartement se referme. C'est nul. Affreusement nul. Je devrais courir pour le rattraper, mais j'ai un père à enterrer, et lui, une santé à rebâtir. Et la vie est nulle. Vraiment à chier.

J'attrape ma veste en jean sur le portemanteau de l'entrée, puis enfonce mes pieds dans la première paire de baskets qui me tombe sous la main. J'attrape mes clés sur le comptoir de l'entrée et sors de chez moi.

J'agis mécaniquement. Je monte dans ma voiture, conduis jusqu'à la demeure familiale. J'essaye de ne pas penser. Juste bouger. En quelques minutes, je suis devant la maison de mes parents, je me gare sur le trottoir. Je me dis que, si on avait été dans un film, il aurait plu à torrents. Sauf qu'il fait beau, aujourd'hui, et que ça ne marche pas comme ça, le temps ne s'adapte pas à mon humeur, car le monde ne s'adapte pas à ma vie. Il tourne comme avant, et moi j'ai l'impression de tourner dans le mauvais sens. Je me prends le vent dans la gueule depuis un bon bout de temps, déjà.

Je m'arrête devant la porte, juste quelques secondes, avant de me décider à entrer. Il y a de l'effervescence à l'intérieur. Ma mère est au téléphone et crie quelque chose à propos de fleurs qui ne seront pas livrées à temps. Tess essaye de se coiffer, mais elle s'énerve contre ses cheveux.

Je pénètre dans le salon, ma mère me jette un rapide coup d'œil. Elle ne s'arrête pas longtemps sur moi et retourne à sa conversation, sans un mot pour moi. Je n'ose même pas annoncer ma présence. Je crois que, présent ou absent, je suis totalement invisible à leurs yeux. Je le mérite, probablement.

Charlie descend les escaliers en trombe. Elle s'arrête devant moi lorsqu'elle m'aperçoit.

— Salut, murmuré-je.

Elle s'apprête à répondre, mais je vois son regard s'arrêter sur les marques, dans mon cou. Les suçons de Lior.

— Tu fais pitié.

— Charlie…

— C'est l'enterrement de notre père, gronde-t-elle. Même ça, ce n'est pas assez important pour que tu nous choisisses ?

Ma sœur me plante là, rejoignant Tess pour l'aider à se coiffer. Je ne trouve rien à répondre et me dirige vers les escaliers. Je monte les marches une par une, le cœur un peu plus lourd à chaque pas. Je dois me doucher et me changer. Je suis dans un état lamentable. J'entends Tess se disputer avec Charlie. Ma mère s'emporte au téléphone.

— Je m'occupe des filles ! crie Fallone.

— Tata, je peux m'occuper des fleurs, assure Stan.

Mes cousins sont bien revenus, réalisé-je. Je ne les avais même pas vus.

La conversation devient indistincte lorsque je pénètre dans ma chambre. Je récupère la tenue que j'avais préparée pour l'enterrement, un costume sombre et élégant que mon père aurait certainement adoré, puis je vais m'enfermer dans la salle de bains. J'ôte tous mes vêtements et les laisse sur le sol. J'entre dans la douche et ouvre le robinet. Je me lave rapidement, je dois me dépêcher si je ne veux pas qu'ils partent sans moi à la cérémonie. Honnêtement, ils seraient capables de le faire. Je sors, me sèche et enfile mon costume. Je n'ai pas spécialement envie de voir mon reflet maintenant, mais je me force pour constater les dégâts sur mon cou. Le trop-plein d'amour qui y apparaît ressemble à de la honte, désormais.

Je respire calmement pour reprendre mes esprits, puis quitte la salle de bains. Je me rends jusqu'à la chambre de ma sœur, frappe sur le battant. Je sais qu'elle est remontée, je l'ai entendue lorsque j'étais encore sous la douche.

— Oui ?

Je m'engouffre dans la pièce, même si Charlie détourne le regard quand elle me voit entrer.

— J'ai besoin de ton aide en maquillage, lui dis-je.

— Va te faire foutre, sérieux.

— S'il te plaît.

Elle soupire et me fait signe de m'asseoir sur son lit. Je m'empresse de le faire, la remerciant du bout des lèvres. Ma sœur se lève et attrape son fond de teint sur sa coiffeuse.

Sans parler, elle me saisit le visage et observe mon cou. Elle prend son pinceau et poudre la zone. Elle évite mon regard. Ses gestes sont si froids et distants que j'en ai mal au cœur.

— Tu l'as rencontré, toi, murmuré-je. Tu sais.

— Tu aurais dû passer la soirée avec nous, rétorque-t-elle. C'est l'enterrement de papa.

Je le sais. Pourtant, je me défends quand même.

— Il part. C'était notre dernier moment ensemble.

Charlie hausse les épaules, observant son travail dans mon cou. Elle décide de repasser une couche.

— Je l'aime, ajouté-je.

— Qu'est-ce qu'il a fait de plus que nous pour avoir cet honneur ?

Charlie referme son poudrier, mais c'est comme si elle m'avait mis un coup de poing dans le ventre. Elle s'éloigne pour reposer son fond de teint sur sa coiffeuse et s'installe devant pour continuer son maquillage à elle.

— Je vous aime aussi, bafouillé-je, perplexe.

— J'ai des choses à faire.

Ça me brise encore un peu plus le cœur, mais il est déjà tellement mal en point que je ne trouve pas la force d'insister. Je me relève, quittant la pièce d'un pas lent.

Je rejoins ma famille, au rez-de-chaussée. Personne ne fait attention à moi, alors je me contente de préparer du café. Je les observe organiser les préparations de dernière minute, puis finis par suivre le mouvement lorsqu'on part pour la cérémonie.

Nous sommes dans un bel endroit, en extérieur. Des chaises blanches ont été installées dans le grand parc accolé au cimetière. Mon père souhaitait avoir un enterrement civil pour qu'on puisse convier le maximum de personnes. Il est comme ça, même mort, il a besoin d'être admiré par le plus grand nombre. Le cercueil en bois massif et sombre avec son portrait trône sous un grand arbre. Les places situées devant nous sont réservées, nous nous y installons. L'enterrement est classique, presque trop sobre. À l'image de mon père, cela dit. Rien de particulier ne ressortait de sa vie. Alors, rien de plus ne ressort de sa mort.

Les hommes importants de la ville sont présents. Oui, je parle d'hommes, c'est bien ce qu'ils sont. Il y a peu de femmes qui trouvent leur place dans ce monde-là, parce que, quand elles le font, comme Grace, on finit toujours par le leur reprocher.

Ils sont tous là, les associés de mon père, les Russes, les Japonais, les Américains. Ils sont tous là, avec leur culture différente, mais leur même sale gueule de mecs faussement désolés. Un décès, dans toutes les cultures, ça rime avec pognon. Et, mon père, il en avait, de ce foutu fric. Du coup, ils sont tous là à attendre de ramasser les miettes du gâteau.

Il y a aussi la famille éloignée, ceux qu'on entraperçoit certains soirs de fête, puis qui disparaissent aussitôt. On ne sait même plus vraiment par quel lien de parenté on est attaché, le frère du cousin de la belle-tante, des trucs comme ça qui ne sont pas plus clairs couchés sur le papier que prononcés à voix haute.

La cérémonie commence. J'ignore tout ce beau monde pour me concentrer sur ma rangée. Mon vrai clan. Je retiens mes larmes lorsque je vois mes petites sœurs se tenir par la main pour se réconforter.

Vient le moment des discours. Nous avions commencé à en préparer un, Charlie, Tess et moi, mais je leur ai fait faux bond, alors je ne sais pas s'il est toujours d'actualité. Pourtant, elles se lèvent toutes les deux. Courageuses. Ma mère me soutient du regard et je finis par les suivre. Je ne peux pas me dégonfler maintenant. Nous nous dirigeons tous les trois vers le pupitre. Je m'arrête devant le micro. Nous nous étions mis d'accord sur le fait que je parlais pour nous trois, mais je n'en ai absolument pas la force. Je lève les yeux vers l'assemblée, elle me scrute et ça me fait me sentir encore plus mal.

Je me racle la gorge et commence :

— Je vous remercie d'être venus pour nous soutenir dans cette difficile épreuve.

Je me déteste. Moi, et mes mots clichés. Moi, et mon discours tout fait.

— Je… Enfin…

La feuille est devant mes yeux, mais je m'y perds. Ce n'est même pas moi qui ai écrit la suite, Charlie et Tess ont dû le retoucher. Et c'est beau, ce qu'elles ont fait. Beau et sincère. Plus que ce que je prétends être. Les larmes me montent aux yeux et ma gorge me brûle.

— Mon père est… était…

Je perds tous mes moyens, le regard des gens me fait mal, tout me fait mal.

— Je n'y arrive pas, dis-je à Charlie, sauf que je viens de parler dans le micro et que toute l'assemblée me regarde avec un air encore plus peiné.

Le rouge me monte aux joues. J'ai envie de m'enfoncer sous terre. Je cherche le regard de ma sœur, mais le sien est perdu dans la foule devant nous.

— Ils sont là, souffle-t-elle.

— Je sais que les gens sont là, murmuré-je, sans comprendre. C'est juste que…

— Non, ils sont là, répète-t-elle. Les Rosenbach sont là.

Je relève brusquement le visage vers le parc. Grace se tient devant, une rose blanche dans les mains. Lili est juste derrière, elle a une rose, elle aussi. Ils ont tous une rose. Edward, Ian, Jade… Lior. Lior est là. Leurs parents sont un peu plus loin, dans le fond du parc.

Je reste tétanisé devant eux, je suis incapable de me détacher de la vision que j'ai sous les yeux. Ils sont venus. Ils sont venus à l'enterrement de mon père. Je descends de l'estrade, titubant légèrement, peut-être parce que mes jambes ne savent plus très bien pourquoi elles doivent me porter. J'avance vers eux, tous les invités nous dévisagent, en silence. Mais personne ne dit rien, ni ma mère, ni Aiden, ni Fallone, ni Stan.

Je suis dans l'allée, je sens qu'on me dévisage, mais je ne peux pas m'empêcher de les regarder, eux, les Rosenbach, ici.

Grace finit par avancer vers moi, à son tour. On est chacun à notre bout de l'allée. L'image est presque écœurante. Les deux chefs de clan, les deux chefs de rien. Il y a une famille détruite derrière elle, un cercueil dans mon dos.

On se rapproche, les yeux dans les yeux.

— Toutes nos condoléances, déclare Grace lorsque j'arrive à sa hauteur.

Je me retourne vers sa famille. Je suis incapable d'ouvrir la bouche, totalement perdu. Ils sont là, devant moi, devant nous. Sobres et respectueux. Ils sont venus jusqu'ici pour nous alors qu'ils devaient emmener Lior dans sa clinique. Même Edward est là ? Même…

Je blêmis en apercevant le garçon derrière Lili, emmitouflé dans un pull à capuche. Je le reconnais, ce vêtement, c'est le mien, et je sais pertinemment qui se cache en dessous.

Il y a quelque chose d'apaisant dans l'air. Des cœurs meurtris qu'on libère de leur cage. J'ai la main de Lili dans la mienne. Sa respiration est calme, elle fait un geste de la tête à l'intention de Noah. Il fait un pas vers elle, se démarquant du groupe. C'est nous qui l'avons amené ici, Grace les a récupérés dans l'appartement de Daël, puis elle a roulé jusqu'ici. Entre-temps, elle a convaincu mon père de faire un crochet par le cimetière avant de m'emmener à la clinique.

Je dirige le regard vers Edward, c'est surtout grâce à lui qu'on est ici. Il a changé d'avis. Peut-être pour son frère, peut-être pour Jade, qui se tient à ses côtés, peut-être parce qu'il est, lui aussi, fatigué de se battre et qu'il sait qu'il n'y aura pas de trêve tant qu'un des deux clans n'aura pas levé le drapeau blanc. Mon cousin n'a pas dit un mot depuis que nous sommes arrivés, parce que la douleur est encore trop vive pour pardonner à celui qui lui a pris son frère, mais il est là. Il tient une rose, comme nous. C'est ça, son drapeau à lui, sa paix, celle qu'il commence à faire avec lui-même.

Je croise le regard de Daël. Je le percute, plutôt, comme au bal de Lili. Déjà, à l'époque, il y avait cette histoire de roses blanches, ces deux familles ennemies l'une en face de l'autre et ce regard entre nous. Cette connexion qui nous tombait dessus sans qu'on sache pourquoi.

Tout y est, exactement comme cette fois-là, la haine en moins. Pas parce qu'elle a perdu. Bien au contraire, cette conne a gagné la partie. Ça fait des années qu'elle a gagné et que, nous, on se battait pour du vent en croyant la maîtriser. C'est quand les deux adversaires sont à terre que le duel est abandonné. Plus de partie remise. *Game over.*

Grace lève le bras en direction de Daël, lui tendant la main. Il l'accepte et leurs poignes se serrent dans un silence réconfortant. Je lis un « merci » sur les lèvres de l'héritier, puis ma sœur recule. Elle se décale pour laisser Noah passer. Il effleure le bras de ma cousine sur son passage et avance dans l'allée pour rejoindre son cousin. Lili serre ma main, toujours plus fort. J'aperçois les larmes briller au coin de ses yeux pailletés, et c'est un joli tableau. Elle est redevenue celle qu'elle était et accepte celle qu'elle doit être. Celle qui voit la personne qu'elle aime partir. Qu'elle aime malgré notre passé, qu'elle aime malgré la mort d'Ethan, qu'elle aime malgré tout. On aura beau lutter, ni elle ni moi n'oublierons les Hamilton. Nous le savons, maintenant.

Noah continue son chemin dans l'allée. Il porte toujours sa capuche, mais déjà une jeune fille à la peau mate, comme la sienne, se lève de sa chaise. Elle fronce les sourcils, semblant émerveillée et effrayée à la fois. Elle n'ose pas faire un pas vers lui, mais, lorsque Noah ouvre les bras pour l'accueillir, sa capuche glisse de sa tête et un brouhaha confus envahit l'assemblée. La fillette disparaît dans son étreinte, je suppose qu'il s'agit de sa sœur, Maha. J'ai du mal à suivre le reste de la scène. La mère de Noah, certainement, s'écroule en larmes dans les bras d'une autre femme. Les gens s'amassent autour de lui, pleurant leur joie et leur soulagement.

Nous y assistons, de loin, observant des retrouvailles qui nous seront pour toujours refusées. Je crois que nous avons enfin compris que nous n'étions pas sacrés. Ce n'est pas de l'or qui coule dans nos veines de bourgeois privilégiés mais du sang, comme chez tout le monde. On ne vit pas au-dessus des lois, ni au-dessus de la vie.

Je sens une main se poser sur mon épaule. Je reconnais aussitôt la poigne de mon paternel.

— Il est temps de partir, glisse-t-il.

J'acquiesce. Je cherche Daël des yeux, mais je ne le vois pas dans la masse qui s'agite devant moi.

— Tu lui as déjà dit au revoir, déclare mon père. On a beaucoup de route à faire.

— D'accord.

Lili lâche ma main, puis elle suit mon mouvement sans résister. Nous quittons le cimetière. Mes cousins ont tenu à m'accompagner jusqu'à la clinique. Mes parents sont en tête avec Grace. Ian et Edward, derrière Lili et moi.

— Lior !

Je frissonne au son de la voix qui me parvient. J'ai à peine le temps de me retourner que le corps de Daël rencontre le mien. La bouffée de chaleur qu'il m'offre me coupe le souffle. Je l'accueille en le serrant fermement contre moi, inspirant son odeur.

J'entends mon père soupirer dans mon dos.

— Lior, s'il te plaît.

Je me détache lentement de Daël. Ses poings sont serrés, je les prends dans mes paumes pour les porter à mes lèvres. Je les embrasse. C'est ma façon de lui dire au revoir devant toute sa famille, sauf qu'il a l'air de n'en avoir rien à foutre et desserre les poings afin d'attraper ma nuque. Ses lèvres se posent sur les miennes. C'est la première fois qu'on s'embrasse devant les Hamilton, devant les Rosenbach également. Je les entends presque s'arrêter de respirer, mais je m'en fiche. J'approfondis notre baiser en me rapprochant de lui. Le temps s'est mis sur pause. Comme si, pour une fois, le monde avait décidé de nous regarder, comme s'il s'était arrêté de tourner pour qu'on ait le temps de s'embrasser, qu'on ait le temps de s'aimer pour rattraper toutes ces années où on n'a pas eu le droit de le faire. Comme s'il nous avait enfin écoutés, comme si tout le monde nous écoutait enfin. Personne ne nous arrête. Personne ne saura jamais nous arrêter.

Je comprends que, si on n'a jamais réussi à se faire nos adieux convenablement, c'est parce qu'il est hors de question qu'ils existent.

Épilogue

Lior Rosenbach

J'ouvre les paupières. Je suis allongé dans mon lit, entre les quatre mêmes murs, depuis un an. Je me lève, la couverture rugueuse tombe au sol, mes pieds s'emmêlent et je grommelle un juron. Je me retourne vers mon colocataire, enfin, je ne sais pas comment le qualifier, disons le patient qui partage ma chambre. Apparemment, je ne l'ai pas réveillé. Il dort encore, j'entends le ronflement qui franchit ses lèvres gercées et croûtées de sang, Joshua passe son temps à se les mordre nerveusement.

Je me dirige vers mon bureau. Je récupère mon baladeur et mes écouteurs dans le tiroir. Ici, nous n'avons pas le droit au téléphone portable. J'ai enregistré ma playlist avant de venir me cloîtrer dans le Nord de l'Angleterre, dans une clinique pour toxicos.

Je retourne dans mon lit, me glisse sous la couverture. J'enfonce mes écouteurs dans mes oreilles et lance ma musique, la même que d'habitude, celle du pont, celle que j'écoute toutes les nuits, sans jamais réussir à m'en lasser. C'est toujours la même mélodie, les premières notes instrumentales, le début de la chanson… Puis le grésillement d'un enregistrement.

Je souris toujours, à ce moment-là, le moment juste avant que la voix de Daël ne vienne résonner dans mes oreilles :

« Surprise ! »

Il rit, et mon cœur se contracte à chaque fois que j'entends ce son. « Je t'ai bien eu, hein ? Tu croyais vraiment que je t'aurais laissé mettre cette chanson déprimante sur ton baladeur sans même intervenir ? Tu me connais mal. Et puis je me dis que le son de ma voix est nettement moins chiant, non ? »

La première fois que j'ai entendu qu'il avait fait un enregistrement à la place de ma chanson, je me suis demandé si je n'étais pas devenu fou. J'étais seul dans mon lit, monsieur Lèvres-gercées n'avait pas encore fait son apparition, à l'époque. Je n'ai pas passé une seule nuit sans l'écouter, depuis que je suis ici. Ça me fait du bien d'entendre sa voix, de le sentir proche de moi.

L'enregistrement dure dix minutes. Je connais chaque mot par cœur, chaque intonation, chaque pause, chaque respiration, chaque rire. Je sais à quel moment il y a un grésillement, parce qu'il se déplace dans une pièce. Mon moment préféré, c'est celui où on entend Stan gueuler en fond sonore : « *Espèce de connard !* » Même si je l'ai entendu mille fois, ça me fait toujours autant rire. Surtout l'énervement de Daël, juste après. L'héritier hurle qu'il est en train d'enregistrer un mémo vocal et qu'il ferait mieux de fermer sa « *grande gueule* ». Puis Daël réalise qu'il vient de crier à son tour et s'excuse, tout penaud, de m'avoir certainement percé un tympan.

Enfin, on arrive à la fin de l'enregistrement. Ce sont toujours les mêmes mots qui me compriment le cœur. Je ferme les yeux.

« *Lior* », chuchote-t-il, parce que j'imagine qu'il a peur que quelqu'un de sa famille ne l'entende. « *Je t'attendrai autant de temps qu'il le faudra.* »

L'enregistrement s'arrête là et je reste avec mon baladeur dans les mains, les yeux rivés au plafond.

— Tu es stressé ? m'interroge-t-on soudainement.

Je sursaute, me retournant vers mon colocataire. Je ne sais pas à quel moment Joshua s'est réveillé. Je m'assois sur mon lit pour lui faire face. Il est assis sur le sien.

— Tu écoutes encore la même chose ? demande-t-il.

— Bien vu.

Il hausse les épaules, avant de reprendre en triturant nerveusement ses doigts :

— Ça doit faire tout drôle de sortir d'ici. Demain matin, tu seras libre.

Mon cœur valse dans ma poitrine, je crois que j'ai encore du mal à le réaliser.

— Ça t'angoisse ? De sortir ?

Je lui fais un signe négatif de la tête.

— Quelqu'un m'attend dehors.

— Qui ça ? demande Joshua, intrigué.

Je souris, serrant mon baladeur – enfin, le sien, en réalité.

— Le grand méchant loup.

Daël Hamilton

J'observe le London Eye, dont les lumières se reflètent sur la Tamise plongée dans l'obscurité de la nuit. Ça fait un an que j'évite cet endroit. Je pose les mains sur la rambarde. Je suis encore surpris de lui avoir proposé ce point de rendez-vous, je n'en garde pas un si bon souvenir. La nuit où

Lior a sauté hante encore mes nuits, même après tout ce temps. Pourtant, c'est aussi là qu'on s'est rencontrés, une nuit comme une autre. J'imagine que je dois laisser le positif l'emporter sur le négatif. Comme nos familles tentent de le faire depuis la fin de la guerre.

J'inspire la bouffée d'air frais qui frôle mon visage. Je n'ai pas revu Lior depuis l'enterrement de mon père. Je n'en avais pas vraiment l'autorisation, ni le temps. La vie s'est accélérée après son départ. Noah a été jugé et purge encore sa peine pour homicide involontaire et délit de fuite. J'ai repris l'entreprise de mon père, Fallone est à mes côtés au conseil d'administration. Les petites dernières de la famille nous donnent pas mal de fil à retordre avec mes cousins. Elles suivent notre voie pour les conneries, et c'est nettement moins drôle lorsqu'on est de l'autre côté.

— Tu n'es pas assis sur le pont ?

Lior. Quel bâtard. C'est bien son genre, de débarquer d'un seul coup, comme ça, l'air de rien.

Je reste stoïque face à lui. Il n'a pas tant changé, mais il est encore plus beau que dans mes souvenirs. Ses cheveux ont été coupés, mais ils bouclent toujours aux pointes. Ses yeux pétillent, ses yeux verts enveloppés de cils épais. Son sourire, ses fossettes, ses joues pleines, son aura si particulière, envoûtante. Il est toujours le garçon dont je suis tombé amoureux, à cet endroit même.

— C'était toi, ça, murmuré-je. Être assis sur le pont.

— Tu me suivais, à l'époque, remarque-t-il.

— Je t'aurais suivi n'importe où.

Il se crispe et moi aussi, parce que c'est faux. Je l'ai laissé partir.

— Tu vas mieux ? demandé-je.

— Oui.

Je suis soulagé, mais pas entièrement. Il y a cette question qui trotte dans ma tête depuis des mois, celle que j'ai toujours conservée dans un coin de mon esprit.

— Est-ce que tu as oublié ?

Lior sait à quoi je fais référence. Nous étions sur ce pont lorsqu'il l'a constaté, lorsqu'il a compris qu'il n'oublierait pas ce qu'il s'est passé avec Ethan et qu'il n'aurait pas la force de me pardonner, malgré tout l'amour qu'il me porte.

Lior se retourne vers la vue du pont. Il fait plutôt bon, ce soir. Sa veste est remontée sur ses avant-bras. Mon regard se perd sur les trois brûlures de cigarette qui creusent sa peau. Ça fait presque deux ans. Pourtant, elles se devinent encore. J'approche la main et les touche du bout des doigts, la peau y est plus pâle et boursoufflée. Je sais que le regard de Lior a suivi mon geste.

— Je suis désolé.

— Je n'ai pas oublié, répond-il.

Ma main retombe lourdement le long de mon corps alors qu'il poursuit :

— Je ne le pourrais pas, car ça me fait encore mal. C'est comme une cicatrice, notre histoire, à tous. Cette guerre a ouvert une brèche, elle nous a fait saigner, et seul le temps finira par refermer les plaies.

Je le regarde, intrigué.

— Les cicatrices sont là pour nous rappeler pourquoi on est en vie, pourquoi on doit le rester, achève-t-il. Et, toi, tu es ma plus belle cicatrice.

Lior pose sa main sur ma joue et m'embrasse. Une bouffée de chaleur envahit mon corps. Il est toujours le même, à me surprendre à chacune de ses putains d'initiatives. Je glisse les mains dans ses cheveux, approfondissant notre baiser. Un couinement de plaisir me parvient. Ça faisait trop longtemps qu'on ne s'était pas touchés, pour lui comme pour moi. Mes deux mains descendent sur son torse, je sens son cœur battre à tout rompre. Je suis rassuré qu'il soit dans le même état que le mien.

— Au fait, reprend Lior, essoufflé et s'écartant très légèrement de mes lèvres pour reprendre la parole. Tu l'as quand même fait.

— Qu'est-ce que j'ai fait ?

— Sauver un gamin dépressif, dit-il, me citant.

Lior sourit, du bout des lèvres. Ce sont les premiers mots que je lui ai adressés. Pourtant, ils sont faux. Du moins, je ne l'ai pas plus sauvé que lui ne l'a fait, et je crois que c'est à cela qu'il pense lorsqu'il me regarde. Il revoit certainement tout le chemin qu'on a dû parcourir pour en arriver là, pour se retrouver au milieu de ce pont, tous les deux.

Surtout, pour ne plus jamais avoir peur de le franchir.

« *It's you and me, won't be unhappy*[1]. »

1. Toi et moi ne serons pas malheureux.
Running Up That Hill, Placebo

Bonus

Brighton, quelques jours plus tard

Lior Rosenbach

Il y a des sons qui m'apaisent, le bruit de la mer en fait partie. Quand les vagues s'échouent sur les galets, que l'écume crépite sur la roche avant de se retirer pour revenir aussitôt. C'est la constance qui me plaît, l'idée d'être dans un endroit immuable, hors du temps. J'aime le silence de la plage aussi, le silence de la nuit, et par-dessus tout la douce respiration que je perçois à mes côtés. Daël est allongé, les mains croisées sous sa tête, le visage paisible, si paisible que je le suspecte de s'être endormi là.

C'est la nuit de la Saint-Sylvestre, je n'avais rien de spécial de prévu pour la nouvelle année, je passais la soirée avec ma famille. Karen m'avait bien invité à sa fête, mais mes parents n'ont clairement pas applaudi l'idée. J'avoue que je me suis un peu caché derrière leur refus pour ne pas y aller. Ça fait deux semaines que je suis sorti du centre de désintoxication, je ne me sentais pas de retrouver les travers de ma vie d'avant. Daël, lui, fêtait le nouvel an avec ses cousins. À l'origine, on n'avait pas tellement insisté pour le passer ensemble. Pourtant, nous voilà de nouveau à Brighton, au beau milieu de la nuit. Ça s'est passé simplement, sans qu'on y réfléchisse vraiment. Il m'a appelé à minuit pour la bonne année et je lui ai dit que j'aurais aimé qu'on se le souhaite en personne. Vingt minutes plus tard, l'héritier des Hamilton était stationné devant la porte de chez moi. Mes parents n'ont même pas protesté, alors j'ai embarqué mon bonnet et mes chaussures et je suis monté dans sa voiture. Daël a démarré, je n'avais aucune crainte à avoir sur son état, il ne boit plus une goutte d'alcool depuis des mois. Je n'ai même pas eu besoin de demander où il m'emmenait, je m'en suis douté dès que le moteur s'est mis à vibrer. Direction Brighton, la plage de galets au sud du pays. On n'y était jamais retournés depuis cette fois-là, celle où on avait fui ensemble sur un coup de tête. Plus j'y pense et plus je me dis que c'est là que ça a vraiment commencé, notre *truc*.

Avant ça, on se fréquentait en prétendant se détester. Là-bas, on n'avait plus aucune excuse pour justifier le fait d'être ensemble.

Je lève la tête vers le ciel étoilé, ferme les yeux pour profiter du vent frais sur mon visage. La main de Daël vient chercher mon contact, elle agrippe mon poignet, remonte lentement sur mon bras pour m'attirer à lui.

— Viens, murmure-t-il.

Je ne me fais pas prier et m'allonge à ses côtés, posant ma tête sur sa poitrine. Aussitôt, ses deux bras m'enveloppent fermement et ses lèvres se posent sur mon front pour m'embrasser. C'est drôle de repenser à notre première excursion ici. À l'époque, on était juste allongés l'un à côté de l'autre et le bout de nos doigts se frôlaient sans qu'on l'assume tellement. Déjà ça me paraissait la folie de ma vie, je n'aurais jamais imaginé qu'on puisse aller plus loin.

— À quoi penses-tu ? demande Daël.

— À la dernière fois que nous sommes venus là.

— Moi aussi, m'avoue-t-il en riant. Tu avais été tellement stupide.

Je me redresse d'un bond, ce qui le fait ouvrir les yeux.

— Ah bon ? lancé-je, vexé.

— Est-ce que je dois te rappeler que tu as eu la brillante idée d'aller te baigner alors qu'on n'était même pas encore sortis de l'hiver ?

Je souris en me remémorant effectivement ce passage peu glorieux de la nuit. Enfin, c'est quand même grâce à ça qu'on a fait notre premier vrai câlin.

— Heureusement qu'on n'est plus aussi insouciants, conclut Daël.

— Tu crois ?

Daël Hamilton

Qu'est-ce que je n'ai pas encore dit ? *Bon sang, je devrais connaître Lior, depuis le temps !* Qu'est-ce qui m'a pris de lui lancer une perche comme celle-là ?

Avant que je ne puisse ajouter quoi que ce soit, il se met debout, puis retire son bonnet et son manteau avec précipitation.

— Il fait encore plus froid que la première fois, dis-je en secouant la tête.

— Juste un petit saut ! insiste-t-il en enlevant maintenant son sweat.

— Et on n'a toujours rien pour se sécher, ajouté-je.

— Arrête de réfléchir.

Je ne peux m'empêcher de sourire, il faut croire qu'il y a des choses qui ne changent pas entre nous. Lior est toujours le gamin irréfléchi et moi le casse-couille.

Mon copain ôte son T-shirt noir, l'abandonnant à ses pieds sans hésitation. Je vois son corps trembler de froid et pourtant il continue de se déshabiller. Il déboutonne son jean qu'il glisse contre ses cuisses, puis le vêtement passe ses chevilles pour s'échouer avec le reste de sa tenue. Lior n'est plus qu'en boxer. Son regard se plante dans le mien avec défi lorsqu'il retire le dernier tissu qui le recouvre. C'est l'étape qu'on n'avait pas franchi la première fois et désormais il le fait tout naturellement. Lior est nu. Il n'y a que la lune dans son dos qui éclaire son corps. Ses muscles sont tendus à cause du vent glacial qui lui fouette la peau, et ses mèches ondulées volent autour de son visage. Si j'étais un bon petit ami, je me serais empressé de le rhabiller pour lui éviter une pneumonie, mais le spectacle est trop fabuleux, trop enivrant. J'attrape les doigts qu'il me tend et le tire sans ménagement contre moi. Lior se plaque sur mon torse sans trop de résistance. J'écarte mes cuisses pour qu'il s'y blottisse et emprisonne sa nuque entre mes mains. Mes lèvres trouvent le chemin des siennes sans difficulté et je crois qu'on n'est pas loin de se rouler la pelle du siècle. Je dévore sa bouche, sa langue, enivré par son odeur et l'épiderme vibrant sous mes doigts. Mes mains sont partout sur lui pour le rapprocher et mon petit ami n'est pas en reste, se frottant contre moi pour chercher de la chaleur. Lior passe son visage dans mon cou, coinçant ma peau fine entre ses lèvres pour y exercer une succion. Je tremble d'excitation. *Le con*, il va bien réussir par me déshabiller. Déjà ses mains s'activent autour de ma braguette. Ses doigts sont gelés quand ils s'immiscent dans mon sous-vêtement et je gémis à son oreille. J'agrippe ses fesses pour l'inciter à continuer, mais Lior se redresse, assis sur mon bassin. Je sais très bien ce qu'il veut, alors j'obéis parce que je suis prêt à tout lui donner pour le garder près de moi. Je suis à peine redressé qu'il s'active à retirer mes vêtements. Je ne l'aide pas beaucoup, trop occupé à embrasser ses lèvres pendant qu'il se bat avec ma veste en jean.

— S'il te plaît, murmure-t-il contre ma bouche.

— Dès que je serais nu, tu iras te jeter dans la mer pour que je vienne avec toi, grogné-je.

Lior rit en m'embrassant car c'est exactement son plan et je le sais putain de trop bien. Je le connais par cœur. Alors pourquoi je le laisse faire ? Ma veste est maintenant derrière moi et les mains de mon copain saisissent le bas de mon T-shirt pour le faire passer par-dessus ma tête, me privant de sa bouche l'espace de quelques secondes. Je la récupère aussitôt que mon torse est nu.

— Bordel, il fait super froid, parviens-je à articuler malgré nos baisers successifs.

— C'est revigorant, bon pour la santé.

Foutaises. Foutaises. Foutaises. Mais je suis tellement accro à ce mec que ma résistance est proche de zéro, voire du moins dix mille. C'est limite si je ne l'aide pas dans sa tâche en soulevant mes fesses pour qu'il m'ôte plus facilement mon jean, puis mon caleçon. Et voilà, je suis aussi nu que lui. Et avec une érection qui ne durera pas bien longtemps si on se jette dans cette foutue mer glaciale. Putain de Rosenbach.

Lior happe mes lèvres et se remet rapidement debout en me tendant sa main :

— À l'eau !

— Tu es taré.

— Tu as dit que tu me suivrais n'importe où.

Je saisis ses doigts qui se mêlent aux miens. Je me lève à mon tour, le vent est encore plus violent ainsi. Pourtant, je me sens bien, vivant, libre, comme quand on était assis sur le pont de Westminster, mais là il n'y a plus aucun danger. Lior se met à courir jusqu'à la mer et je le suis, ma main fermement accrochée à la sienne. Nos corps rencontrent les vagues et une odeur iodée remplit mes narines. Pas bien longtemps cependant, car celle de mon petit ami vient prendre toute la place. On fait l'amour ici, au milieu de la mer, sous les étoiles du premier jour de l'année. C'est précipité et maladroit, car c'est le corps qui agit, plus la tête. Quand j'atteins la jouissance, je me répands dans la main de Lior et ma tête s'échoue contre son épaule. Alors je l'entends murmurer à mon oreille :

— En fait, c'est ça.

— « Ça » quoi ?

— Mon son préféré.

Remerciements

Lovers a connu différents noms, différents formats, on pourrait même dire différentes vies. Ces mots ont d'abord été partagés sur internet, puis imprimés sur papier, via l'auto-édition. Quelques années plus tard, ils ont été modifiés, améliorés et ont ainsi pris la forme de l'histoire que vous venez de lire. D'abord en version numérique, puis grâce à votre enthousiasme et à Roxane, une éditrice en or, dans ce livre papier.

J'ai écrit cette romance il y a maintenant huit ans. À l'époque, peu de personnes de mon entourage lisaient mes romans, mais je me rappelle qu'une amie, Caroline, m'a dit un jour : « Cette histoire ira beaucoup plus loin que tu ne le penses. » et effectivement, je ne pensais pas qu'on arriverait jusqu'ici. Et je dis bien « on », parce que je n'ai pas été seule. À aucun moment. Depuis le début, c'est un roman que vous portez avec moi, que vous portez presque plus que moi. Alors, du fond du cœur, merci à vous, lectrices et lecteurs, qui avez donné vie à ce livre.

Merci particulièrement à Ana, ma sœur et première partenaire d'imagination, sans qui le cœur même de cette histoire n'aurait pas pu exister. Merci à ma famille, notamment à ma mère Danièle. Merci aux amies fidèles, je pense à Lucile, Cindy, Émilie, Caroline (la prémonitrice), Léo, et tant d'autres. Merci à Léticia (@apaintingbee sur *Instagram*), l'artiste qui a si joliment dessiné et peint mes personnages. Merci à toutes les autrices que j'ai rencontrées depuis la sortie de ce premier roman, avec une mention spéciale pour les jumelles « Aimée Lou ». Merci pour toutes les rencontres que *Lovers* a permis de créer que ce soit sur Twitter, Instagram, TikTok, mais également dans la vraie vie.

Une nouvelle fois, merci à vous toutes et tous, présents depuis le commencement, merci à celles et ceux qui le sont maintenant.

Merci d'avoir contribué à réaliser mon rêve.

Composé et édité par HarperCollins France.

Achevé d'imprimer en août 2022.

CPI

FIRMIN-DIDOT

à Mesnil-sur-l'Estrée (Eure)

Dépôt légal : septembre 2022.

Pour limiter l'empreinte environnementale de ses livres, HarperCollins France s'engage à n'utiliser que du papier fabriqué à partir de bois provenant de forêts gérées durablement et de manière responsable.

Imprimé en France